T   S
las
MUJERES
de la Biblia

TODAS
las
MUJERES
de la Biblia

Herbert Lockyer

La misión de Editorial Vida es ser la compañía líder en comunicación cristiana que satisfaga las necesidades de las personas, con recursos cuyo contenido glorifique a Jesucristo y promueva principios bíblicos.

TODAS LAS MUJERES DE LA BIBLIA
Edición en español publicada por
Editorial Vida – 2004
Miami, Florida

© 2004 por The Zondervan Corporation

Originally published in the USA under the title:
All the Women of the Bible
© 1967 por The Zondervan Corporation
Published by permission of Zondervan, Grand Rapids, Michigan 49530

Traducción: *Wendy Bello y Abel Angulo*
Edición: *Elizabeth Fraguela M.*
Diseño Interior: *artserv*
Adaptación cubierta: *Tobias Outewear for Books*

RESERVADOS TODOS LOS DERECHOS.

ISBN: 978-0-8297-4066-0

CATEGORÍA: Vida cristiana / Mujeres

IMPRESO EN ESTADOS UNIDOS DE AMÉRICA
PRINTED IN THE UNITED STATES OF AMERICA

HB 01.18.2024

Contenido

Acerca del autor

El Dr. Herbert Lockyer nació en Londres en 1886. *Antes* de venir a los Estados Unidos, en 1935, fue pastor en Escocia e Inglaterra durante veinticinco años.

En 1937 el *Northwestern Evangelical Seminary* [Seminario Evangélico del Noroeste] le otorgó el título honorífico de Doctorado en Divinidad.

Regresó a Inglaterra en 1955 y allí vivió muchos años. Luego regresó a los Estados Unidos donde continuó dedicándose al ministerio de las Escrituras hasta su muerte en noviembre de 1984.

Introducción

Pat Zondervan, de la editorial Zondervan, y yo nos reunimos en un hotel de Londres, durante uno de sus viajes de negocio a Europa en 1956, para conversar asuntos de interés mutuo. Ya que estuve asociado con Pat y Bernie Zondervan desde el pequeño comienzo de lo que ahora es su gran compañía de publicación, siempre me entusiasmaba cualquier nueva aventura que emprendieran. Sin embargo, no estaba preparado para la sorprendente propuesta de Pat: que yo fuera el autor de un extenso libro [*All the Men of the Bible*] Todos los hombres de la Biblia. Luego de comentar todo el proyecto, acepté la encomienda un tanto a regañadientes. En aquel momento no me di cuenta de que la Biblia menciona unos tres mil hombres y cuando me percaté, me asusté ante la tarea de tratar de bosquejar la galería de retratos que Dios tiene de los personajes masculinos. No obstante, el libro salió en 1958 y ya ha pasado por muchas ediciones.

El tomo complementario que por lógica debió haberle seguido era *Todas las mujeres de la Biblia*, pero en 1955 ya había salido un libro de la talentosa escritora Edith Deen con ese título, publicado por *Harper and Brothers* en Nueva York. Esta cobertura fascinante e incomparable del tema es el más abarcador que existe y ningún estudiante de los personajes femeninos de las Escrituras debe carecer del mismo. Es excelente en su clasificación y exposición de toda mujer conocida y desconocida de la Biblia y seguirá siendo un clásico en su campo. Junto con una multitud de otros amantes de la Biblia yo expreso con gratitud mi deuda para con Edith Deen por su obra monumental.

Luego de recibir decenas de peticiones de los lectores con relación a un manual sobre las mujeres de la Biblia, el editor me instó a que accediera a su deseo de escribir este libro. Después de mucho pensar en oración, decidí asumir la tarea en mi propio estilo, de aquí esta nueva adición a la serie de Todos.

Una estancia continua durante más de un año en el mundo de las mujeres de la Biblia le hace a uno reconocer cuán íntimamente relacionadas estaban con el propósito de Dios que se estaba desarrollando. Con la primera mujer que él creó vino la primera promesa y la profecía de su plan redentor para la humanidad. Ya que él no hace acepción de persona o sexo, usó y todavía usa a las mujeres para lograr su beneficioso ministerio en un mundo necesitado. Aunque es tristemente cierto que fue una mujer quien trajo el pecado al universo justo de Dios, también fue una mujer quien le dio al mundo el Salvador de su pecado. Aun más, el que estudia las biografías femeninas de la Biblia se impresiona ante el hecho de que las mujeres ejercen influencia en los hombres y las naciones por su calidad y sigue siendo verdad que «la mano que mesa la cuna es la que gobierna al mundo».

Otro hecho impresionante que descubrí es la forma en que las mujeres de los tiempos bíblicos encuentran eco en los rasgos de las mujeres de hoy, como lo prueba de forma tan convincente el Dr. W. Mackintosh Mackay en sus dos tomos *Bible Types of Modern Women* [Tipos bíblicos de las mujeres modernas], y como lo hace el Dr. George Matheson en *The Representative Women of the Bible* [Las mujeres representativas de la Biblia]. En esta última obra, el Dr. Matheson presenta quince mujeres bíblicas como la representación de diferentes tipos de cualidades femeninas así como de la humanidad universal. Una de sus observaciones es que: «Las mujeres de la Galería Sagrada dependían mucho más del medio ambiente que los hombres; los hombres podían buscar la influencia extranjera, mientras que las mujeres tenían que esperar a que la influencia extranjera las buscara a ellas».

Los milenios pasan pero la naturaleza humana sigue siendo prácticamente la misma. La historia continúa pero las mujeres siguen siendo mujeres a pesar de su esfuerzo actual por volverse más masculinas. Al mirar en el espejo de las Escrituras, las mujeres de hoy pueden ver su contrapartida tanto en las mujeres cuyos nombres permanecen como en las vidas de aquellas que son anónimas. Mujeres poco atractivas como la Lea de antaño todavía se sujetan con fuerza y luchan desesperadamente por mantener al hombre que aman. Otras, hermosas como Raquel, la hermana de Lea, todavía creen que la vida les debe romance y felicidad. Esto no se debe a su inteligencia sino simplemente a su belleza que, a pesar de todas las ayudas artificiales para mejorarla, es solo superficial. Ana representa la desesperación al no poder tener hijos y también la gracia de una noble maternidad (1 Samuel 1-2:11); y en los consejos maternales a un hijo, Salomón presenta la vida incansable de una esposa y madre buena y fiel (Proverbios 31).

H.V. Morton, al referirse al hecho de que las mujeres de la Biblia conforman una galería de retratos femeninos sin precedentes en toda la literatura, señala que: «el cambio, los inventos y las modas que son la tónica de nuestros tiempos tal vez nos hacen olvidar que los hombres y las mujeres no han cambiado mucho desde la época del Génesis».

Eugenia Price menciona a veintiséis mujeres de las Escrituras en *God Speaks to Women Today* [Dios habla hoy a las mujeres] y no solo nos proporciona de una manera más estimulante y provocadora vívidos esbozos del carácter de estas mujeres sino que además nos brinda un resumen de sus dilemas, tan comunes para las mujeres de nuestro siglo. Esta popular autora «de quien cada nuevo libro es noticia» también nos recuerda que no podemos estudiar a las mujeres de la Biblia como un grupo aislado cuyas vidas se desarrollaron en una isla, aisladas del resto de los seres humanos. Al estudiar lo que la Biblia dice sobre ellas «también aprendemos sobre sus esposos, hijos, sus parientes y amigos». ¡Cómo puede alguien leer acerca de Rut, la moabita, sin saber de su relación incluso con el rey David y hasta con nuestro Señor Jesucristo! La mujer es una parte integral de la humanidad y si la humanidad ha de purificarse y cristianizarse en un grado aún mayor, es imperativo tener mujeres instruidas y espirituales. Que Dios aumente el número de mujeres cristianas a través de quienes él pueda acercar hacia sí a una tierra maldita por el pecado y agotada por las guerras.

1

Vida y suerte de las mujeres de la Biblia

Aunque las mujeres de la Biblia, en su mayoría, son figuras sombrías y subordinadas, especialmente en el Antiguo Testamento, hubo algunas sobresalientes como Sara, Rebeca, Raquel, Miriam, Débora, Rut y Ester, cada una con su propia distinción según nos muestra el próximo capítulo. Lo sorprendente es que ya sea que las mujeres fueran reinas o plebeyas, castas o malas, sus vidas se muestran con toda franqueza, demostrando que la Biblia es una biografía fiel de la humanidad.

El registro sagrado de la creación especial de la mujer (Génesis 1:26, 27; 2:18-24) no solo declara su completa humanidad sino su superioridad en relación con el mundo animal que Dios también creó. La mujer apareció como la contrapartida y ayudante del hombre, y al ser parte de lo más profundo de su ser, posee una íntima relación con él. Adán, como término colectivo para la humanidad, incluye a las mujeres. «Hagamos al hombre...» «a imagen de Dios *lo* creó; varón y hembra *los* creó» (Génesis 1:26, 27). Mujer es el femenino de hombre. Aunque la alta crítica y la evolución restan credibilidad al registro bíblico que indica que la mujer se formó de la costilla del hombre (Génesis 2:21-24), el pasaje destaca de manera bien profunda, la inseparable unidad y compañerismo de la vida de una mujer con la del hombre. Ella no es solo la ayuda idónea del hombre (Génesis 2:18), sino también su complemento, que es esencial para la perfección de su ser. El comentario de Matthew Henry acerca de la creación de Eva es bien elocuente:

Si el hombre es la cabeza, ella [la mujer] es la corona, una corona para su esposo, la corona de la creación visible. El hombre era polvo refinado, pero la mujer era doblemente refinada, un paso más distante de la tierra... La mujer fue hecha *de la costilla de Adán*, no de su cabeza para que gobernara sobre él, no de sus pies para que él la pisoteara sino de su costado, de debajo de su brazo para que la protegiera y cerca de su corazón para que la amara.

Así que Eva fue la segunda parte de Adán y solo se diferenciaba de él en el sexo no en la naturaleza. La prioridad de la creación le dio a Adán dirección pero no superioridad. Tanto al hombre como a la mujer se les dotó de igualdad y de mutua interdependencia. En muchas ocasiones la mujer supera al hombre en su capacidad para soportar el mal trato, la tristeza, el dolor y la separación. A lo largo de la historia el hombre ha tratado a la mujer como muy inferior a causa del orgullo, la ignorancia o la perversión moral y como consecuencia la ha esclavizado y degradado. En la actualidad, en muchas tribus paganas, la mujer es apenas un objeto, la que lleva la carga, sin ningún derecho de igualdad con el hombre.

Aunque el mundo antiguo era en su mayoría un mundo de hombres, en Israel la mujer disfrutaba de una posición social que por lo general no se experimentaba en el Oriente. Los judíos, aferrados a la revelación dada a Moisés con respecto a los dones, el valor y la posición legítima de la mujer, sobresalían entre el resto de las naciones orientales al concederle a la mujer alta estima, honor y afecto. El cristianismo, como veremos, le dio una emancipación total a la mujer y donde quiera que se reconozca a Cristo como Salvador y donde se obedezca su verdad, a la mujer se le estima como la compañera amada del hombre, su amiga íntima y en muchas maneras, su mejor mitad.

Antes de tratar con las numerosas características de la vida de las mujeres de la Biblia, sería útil hacer un breve esbozo del enfoque de las mujeres en las Escrituras. Primero que todo nos referiremos a

La época del Antiguo Testamento

La posición de las mujeres en Israel tenía un marcado contraste con su nivel social en las naciones paganas de los alrededores. La ley israelita estaba diseñada para proteger la debilidad de la mujer, salvaguardar sus derechos y preservar su libertad (Deuteronomio 21:10-14; 22:13, 28). Bajo la ley divina sus libertades eran mayores, sus tareas más variadas e importantes y su posición social más respetable y autoritaria que la de su hermana pagana. La Biblia ha preservado la memoria de mujeres cuya sabiduría, destreza y dignidad se reconoce de buen grado. Las páginas del Antiguo Testamento están adornadas con los nombres de mujeres hebreas devotas y eminentes. Hasta cierto punto, una mujer era propiedad de su esposo (Génesis 12:18; Éxodo 20:17; 21:3) y le debía fidelidad absoluta. Aunque el esposo no tenía derechos formales sobre la persona de su esposa, no obstante se le reconocía como señor y amo. Mediante su castidad, su diligencia y amor, la mujer se creaba una posición honorable dentro de los círculos familiares y de la comunidad.

Cualquier prominencia que la mujer alcanzara se obtenía a través de la fuerza de carácter. Estaban las que, como Débora, lograron grandeza. A otras, como Ester, se les impuso la grandeza. Las virtudes femeninas se desconocían en la cultura pagana en la que la mujer estaba sujeta a condiciones infe-

riores y degradantes. La decadencia de la mujer en Israel siempre se debió a la invasión de influencias paganas. La moral decayó cuando se aceptaron las costumbres idólatras. «La prominencia de las mujeres en la idolatría y en las abominaciones de las religiones paganas se indica en los escritos de los profetas (Jeremías 7:8; Ezequiel 8:14, véase Éxodo 22:18). El sórdido efecto de mujeres idólatras arruinó la vida religiosa de Judá e Israel y contribuyó a su derrumbamiento».

La época intertestamentaria

Durante los llamados 400 años de silencio entre Malaquías y Mateo, las mujeres descritas en la literatura apócrifa de los judíos «revelan todas las características variadas de su sexo tan evidentes en la historia del Antiguo Testamento». Ana, Edna (Tobías 1:9; 2:1-14; 7:10, 12), Sara (Tobías 10:10; 14:13), Judit (16:1-17), Susana, cuyas historias se cuentan en la versión de la Septuaginta, tipifican las virtudes femeninas ideales de «piedad devota, patriotismo ardiente, fervor poético y devoción de la mujer casada». Cleopatra (1 Macabeos 10:58), con influencia en el concilio de los reyes y prominente por sus intrigas políticas, es un ejemplo sobresaliente del uso pervertido del poder de una mujer.

La época del Nuevo Testamento

Es de la enseñanza de nuestro Señor, así como de su ejemplo, que deducimos la función original de la mujer y el deber de pureza para con ella (Mateo 5:27-32). ¡Qué comprensión y qué simpatía él manifestó para las mujeres! (Lucas 10:38, 42; Mateo 5:27-32.) La reverencia que Jesús sentía por la mujer y «el nuevo respeto a su engendro en la enseñanza se basaba, en la parte humana, en las cualidades de su propia madre. El hecho de que él naciera de una mujer se ha citado para alabanza de ella en los credos ecuménicos de la cristiandad». Con la venida de Cristo surgió una nueva era para la mujer y dondequiera que él es exaltado, la mujer tiene su parte. Desde el comienzo de su estancia en la tierra, las mujeres fueron instintivamente sensibles a sus enseñanzas y devotas a su persona.

La época de la iglesia primitiva

Mediante los ejemplos de Jesús en su actitud para con la mujer y como resultado de la verdad que él enseñó, las mujeres ocuparon un lugar prominente en las actividades de la iglesia primitiva. Entre los primeros convertidos de Europa (Hechos 16:13-15), los apóstoles establecen modelos elevados para las mujeres cristianas (1 Timoteo 3:11; Tito 2:3-5; 1 Pedro 3:1-6) y se exalta a la mujer como un tipo de la iglesia, la esposa del cordero (Efesios 5:21-33). Las mujeres ministraron a los apóstoles con sus riquezas y llegaron a ocupar puestos oficiales de influencia espiritual en la iglesia (Romanos 16:1). Más adelante Tertuliano escribió acerca de la riqueza espiritual y el valor de las mujeres cristianas y de cómo su modestia y sencillez eran una amonestación y una reacción ante las desvergonzadas extravagancias de las inmoralidades de las mujeres paganas. El que estuvieran entre los ejemplos más visibles del poder transformador del cristianismo se manifiesta en la admiración y el asombro del pagano Libano, quien exclamó: «¡Qué mujeres tienen estos cristianos!»

La época actual

A través de los siglos ha fluctuado la posición social y legal de la mujer. Sufrieron mucho en tiempos de aguerrida persecución. Donde el paganismo todavía reina, la vida y suerte de las mujeres dista mucho de la libertad y la alegría que estas experimentan donde el cristianismo se reconoce. Desde el siglo dieciocho en adelante, las mujeres de las tierras civilizadas han experimentado educación universal y el derecho de votar, y mediante el impacto de la fe cristiana son iguales que los hombres en los grandes logros de la educación, el arte, la literatura, los servicios sociales y las actividades misioneras. En particular, las mujeres cristianas le presentan al mundo moral, felicidad hogareña y piedad, honestidad familiar y una devoción completa a Cristo. Esposas y madres temerosas de Dios son más que nunca factores vitales en el auge espiritual de la nación a medida que los principios morales se vuelven más permisivos y la sociedad se degenera. La mujer de hoy se enfrenta a dos caminos. Uno consiste en la búsqueda de placer, el amor al pecado, la exaltación del divorcio y la perversión del sexo, todo como resultado de un rechazo a Cristo. El otro camino es el más noble y el más beneficioso para nuestros hogares, nación e iglesia, es decir, uno de devoción inspirada por Dios que se centra en el hogar, el esposo, los hijos y en las Escrituras. La debilidad moral entre las muchachas de hoy y la tasa de divorcio en continuo aumento con su gradual poligamia, constituyen un llamado a una intercesión progresiva para que Dios eleve a la mujer a la noble altura que él planeó para todas las hijas de Eva.

Ya que pudiera resultar interesante aprender cómo las mujeres de la Biblia vivían, trabajaban, se vestían y se expresaban religiosamente, comenzaremos en primer lugar con la institución para la que en un principio Dios las creó, es decir:

El matrimonio

Jesús recalcó que la naturaleza indisoluble del matrimonio se demostraba así mismo en la única esposa del primer hombre (Mateo 19:3-11). En el principio, Dios aprobó la monogamia, es decir, el matrimonio con una esposa o esposo a la vez. Desde los primeros tiempos el matrimonio simbolizaba un gozo festivo en el antiguo Israel, ya fuera secular o espiritual así como la unión y comunión entre Dios y su pueblo. «Me deleito mucho en el SEÑOR; me regocijo en mi Dios. Porque él me vistió con ropas de salvación y me cubrió con el manto de la justicia. Soy semejante a un novio que luce su diadema, o una novia adornada con sus joyas» (Isaías 61:10, véase Juan 3:29). Dios ordenó el matrimonio, sacramento de la sociedad humana, con el propósito de que un esposo y una esposa compartieran y perpetuaran su felicidad en la creación de una familia dentro del círculo de su propio amor. El matrimonio no fue concebido para ser un fin en sí mismo sino el medio para obtener un fin más allá de los casados. Por la voluntad creadora de Dios, Adán y Eva fueron hechos una sola carne para que el mundo pudiera poblarse con unidades de familias.

Pictorial Bible Dictionary [Diccionario pictórico de la Biblia] nos recuerda que:

Lógicamente el matrimonio cristiano es aquel en el cual el esposo y la esposa hacen un pacto mutuo con Dios y son testigos públicos de su compromiso no solo del uno para con el otro sino juntos para con él, con el fin de que en unidad puedan cumplir sus propósitos durante toda la vida (1 Corintios 7:39; 2 Corintios 6:14). El matrimonio se contrae «en el Señor», se recibe como una vocación divina, se reconoce con humildad y acción de gracias y se santifica mediante la palabra de Dios y la oración (1 Timoteo 4:4, 5).

Poligamia

Con el desarrollo de la civilización, y el incremento del pecado, el hombre pervirtió el ideal divino y el propósito del matrimonio y se volvió polígamo, un hombre con más de una esposa. Lamec, de la familia de Caín, el primer asesino del mundo, parece ser el primero en violar el mandamiento original, pues se dice que tuvo dos esposas, Ada y Zila (Génesis 4:23). En los tiempos de Noé, la poligamia se había degenerado en matrimonios interraciales de los más incestuosos e ilícitos (Génesis 6:1-4). Cuando Moisés escribió la Ley, parece que la poligamia ya se

había generalizado, y aunque se aceptaba como una costumbre predominante, nunca se aprobó. La ley mosaica trató de restringir y limitar tal desviación del propósito original de Dios mediante regulaciones sabias y humanitarias. Vemos la maldición que casi invariablemente acompaña a la poligamia en la vida hogareña de Elcaná y sus dos mujeres, Ana y Penina. El Antiguo Testamento presenta otros ejemplos indirectos similares de las consecuencias de la poligamia. Los fracasos y calamidades en los reinados de David y Salomón se atribuyen a las numerosas esposas que cada uno de ellos tuvo (2 Samuel 5:13; 1 Reyes 11:1-3, véase Deuteronomio 17:7).

Bajo la poligamia, el poder se transfería de las esposas a la reina madre, o esposa principal (1 Reyes 2:9; 15:13). El esposo tenía que dar vivienda y alimento a sus esposas. Algunas veces se ofrecían lugares separados para las mujeres, ya fuera en colectivo o de forma individual: «La casa de las mujeres» (Ester 2:3, 9; 1 Reyes 7:8, RVR 1960). Con frecuencia las esposas tenían tiendas separadas (Génesis 31:33). Para las comidas y para el intercambio social, las esposas se reunían en una mesa común. Desde la llegada de Hollywood, la capital cinematográfica del mundo, el mandamiento con relación a múltiples esposos y esposas se ha pasado por alto (Deuteronomio 17:17). El comportamiento de las películas ha traído resultados desastrosos, especialmente con respecto a desechar la santidad del matrimonio. Se ha descrito a Hollywood como «una ciudad donde demasiadas veces el matrimonio se echa a un lado con la misma despreocupación que el sombrero que se usó en la pascua del año pasado». El rápido cambio de pareja es un principio deshonroso, especialmente en lo que respecta a los niños. ¡Qué tremenda parodia del propósito divino para el matrimonio cuando una mujer tiene varios hijos de una sucesión de esposos!

Una de las razones por las que Hollywood es un sumidero matrimonial es que los esposos y esposas están continuamente en los brazos de otros, enamorándose en la pantalla. Esta asociación antinatural no solo contribuye a la infidelidad por parte de aquellos que hacen el amor en las películas, sino que tiende a crear celos y contiendas en el hogar de los actores casados.

Las películas que se producen en televisión, además de las del cine, están sin lugar a dudas inclinando la balanza en contra de la moral cristiana y constituyen uno de nuestros males más graves y siniestros. Con tal amenaza al matrimonio y la moral, que resultan en el derrumbamiento de una vida hogareña según la ordenanza divina, ¿cómo podemos esperar que la nación sea fuerte? Mucha de la perversión sexual de nuestro tiempo puede colocarse a las puertas de Hollywood cuyo terrible desafío a los valores morales ha producido la atmósfera de inmoralidad que contamina a una nación que profesa confiar en Dios.

Divorcio

Aunque el divorcio fue originalmente instituido «para proteger la santidad del matrimonio ilegalizando al ofensor y a su ofensa moral», y se concedía solo en caso de adulterio (Mateo 5:32), es irrisorio ver con cuánta rapidez las personas se divorcian hoy día por razones triviales. He leído de un matrimonio que se disolvió porque el esposo roncaba mucho. Es deplorable la libre extensión del divorcio para incluir cualquier desacierto marital, en la cual Hollywood lidera el camino. El alarmante incremento de la tasa de divorcio está produciendo un efecto desastroso en los caracteres de los niños de hogares rotos. Sin embargo, lo que en la actualidad nos preocupa, es el aspecto bíblico del divorcio con respecto a las mujeres.

La ley de Moisés permitía, en algunos casos, la desintegración pública del contrato matrimonial, pero los licenciosos abusaban de dicha concesión porque buscaban separarse de la esposa por las causas más triviales (Deuteronomio 24:1-4). Hasta cierto punto una mujer era propiedad de su esposo y este podía repudiarla si encontraba en ella «algo indecoroso» (24:1). Ningún tribunal dictaba el divorcio. El esposo hacía un anuncio público y se le daba a la esposa una carta de divorcio declarando el repudio y la libertad de la esposa. «Ni ella es mi esposa ni yo su esposo» (Oseas 2:2). La mujer divorciada usualmente regresaba a la casa de sus padres, y quedaba libre para casarse otra vez. Ningún sacerdote estaba autorizado para casarse con una mujer repudiada (Deuteronomio 24:1; Isaías 50:1; 54:6; Jeremías 3:8; Levítico 21:14). La ley mosaica negaba el derecho de divorcio a un hombre obligado a casarse con una muchacha a la que había humillado o a un esposo que acusara erróneamente a su esposa de mala conducta antes del matrimonio (Deuteronomio 22:19,29).

Jesús enseñó la indisolubilidad de la unión matrimonial, y afirmó que esta era simbólica de la indisoluble unión entre él mismo y su iglesia, así como los profetas hablaron de la monogamia como un símbolo de la unión de Dios e Israel (Isaías 54:5; Jeremías 3:14; 31:32; Oseas 2:19; Mateo 9:15). Aunque Jesús reconoció el acta de divorcio mosaica que declaraba al adulterio como la única razón para la separación, no hizo del divorcio algo obligatorio. Tras sus enseñanzas acerca del tema (Mateo 5:31, 32; 19:3-9; Marcos 10:2-12; Lucas 16:18) parece estar el principio subyacente de que si un matrimonio se destruye por infidelidad, el divorcio no puede destruirlo más que eso.

La enseñanza de Pablo sobre el mismo problema ha dado lugar a mucha polémica, con algunos que afirman que el apóstol permite que las llamadas partes inocentes vuelvan a casarse (1 Corintios 7:12-16, véase Romanos 7:2). Pablo, que en el Nuevo

Testamento es el único además de Cristo que habla sobre el divorcio, de ninguna manera modifica lo que Cristo enseñó. El apóstol no discute las causas responsables de la ruptura del matrimonio, sino solo los aspectos de los modales y las morales de la relación. En ninguna parte enseña que el cristiano abandonado por su pareja impía es libre de casarse con otra persona. Si el esposo o la esposa le abandona, la parte restante debe permanecer como está. En ninguna parte la Biblia ofrece una vía de salida fácil del matrimonio como se ofrece hoy día. «Nada podría ser más hermoso en la moral de la relación matrimonial que la directiva que brinda Pablo para el comportamiento de todas las personas involucradas en el matrimonio en todas las situaciones». Todavía en la iglesia cristiana se sostiene ampliamente que aunque las dificultades maritales severas pueden justificar una separación, bajo ninguna circunstancia debe nunca haber divorcio.

Familia

En la Biblia se hace mención honrosa de muchas madres. La referencia constante a ellas en la biografía de los reyes indica su importancia como factores determinantes en la vida de sus hijos soberanos. «La enseñanza de tu madre» (Proverbios 1:8; 6:20) paga tributo a su enseñanza, autoridad y ejemplo. El menosprecio de las mismas merecía la maldición divina (Proverbios 19:26; 20:20; 30:11, 17). Entre los judíos, las mujeres administraban los asuntos del hogar con una libertad, sagacidad y liderazgo que era desconocida para los pueblos orientales que los rodeaban. Sus diversas tareas hogareñas eran más independientes y honorables y en ningún sentido la mujer era la esclava ni la propiedad de su marido. «En Israel, tal vez más que en cualquier otro lugar, la familia era la piedra angular de la sociedad. En los tiempos antiguos en particular, el individuo representaba muy poco, la familia lo era todo y la tribu era sencillamente la familia a mayor escala».

La ley de Dios requería que los hijos honraran a la madre de la misma manera que al padre (Éxodo 20:12) y tal estima conjunta prosiguió hasta los tiempos de los patriarcas, trayendo como resultado una vida hogareña próspera y feliz (Salmos 127:4, 5; 144:12-15). El juicio temible se apoderaba de aquellos que maldecían a sus padres (Levítico 20:9). Las madres atendían con cuidado a sus hijos en sus años dependientes y solo el amor de Dios por los suyos sobrepasaba su amor hacia los retoños (Isaías 49:15). Los israelitas eran cuidadosos con respecto a la moral y a la instrucción religiosa de sus hijos al creer que si tenían la ley de Dios escrita en sus corazones, estarían a salvo cuando les llegaran los años de la responsabilidad (Deuteronomio 4:4; 11:19; Josué 4:6, 21; Salmos 78:5, 6; Proverbios 4:3, 4). La disciplina, aunque un tanto severa, no era infructuosa (Proverbios 22:15; 23:13; 29:17). El afecto paternal y maternal abundaba para con los hijos que lo merecían (Génesis 22:7; 37:3,35; 43:14; 44:20; 1 Samuel 1:27; Lamentaciones 2:11, 19; 4:4, 5; 5:13). Los judíos tenían en alta estima la devoción filial y prevalecía la felicidad mutua (Éxodo 20:12; Levítico 19:3; Proverbios 1:8; 17:6; Efesios 6:1-3). Jesús expresó una justa indignación cuando se insultaba el carácter sagrado de la niñez. Para él, los niños pequeños eran un modelo para los que aspiraran a entrar en el reino de los cielos (Mateo 11:25; 18:2-6; Marcos 9:36, 37; Lucas 9:47, 48, etc.).

Viudas

La suerte de las viudas, quienes desde los tiempos más antiguos usaron un atuendo distintivo (Génesis 38:14, 19), era por lo general precaria y por lo tanto se consideraba que las viudas estaban bajo el cuidado especial de Dios, (Salmos 68:5; 146:9; Proverbios 15:25). La mayoría de las veces las viudas que no tenían hijos regresaban a casa de sus padres (Génesis 38:11; Levítico 22:13). Una viuda, desprovista de un esposo y protector, estaba expuesta a todo tipo de malas acciones y extorsiones, de aquí las leyes para protegerla y defender su causa. Se castigaba al que la tratara mal (Éxodo 22:22; Deuteronomio 14:29; 2 Samuel 14:4; 2 Reyes 4:1; Isaías 1:17; Jeremías 7:6). La iglesia primitiva se ocupaba de las viudas pobres, especialmente si estas sobresalían por sus buenas obras (Hechos 6:1; 1 Timoteo 5:4, 9, 10, 16; Santiago 1:27). La viuda más notable de la Biblia tal vez sea la viuda pobre que al echar sus dos últimas blancas o un cuadrante, la moneda de cobre más pequeña de Herodes Antipas, entregó todo lo que tenía para el servicio del templo (Marcos 12:42; Lucas 21:1-4).

Ropa y adornos

Desde que la primera mujer pensó en usar las hojas para ropa (Génesis 3:7), las mujeres se han vuelto hábiles en la provisión y variedad de sus ropas y adornos. Enseguida las hojas dieron paso a la piel de los animales cuando Dios mismo fue el autor de una manera de vestir tan cálida y cómoda (Génesis 3:21). Aunque ninguno de los tejidos que usaban los antiguos ha sobrevivido, se han encontrado muchas de las herramientas que utilizaban para preparar las pieles y sujetarlas. El amplio catálogo que da el profeta Isaías acerca del extenso ropero y las joyas de las mujeres hebreas nos demuestra que las mujeres progresaron mucho, en su vestuario personal y los adornos, en unos tres milenios y medio, desde los días de Eva hasta los tiempos de Isaías. Había:

> hebillas, diademas, broches, pendientes, pulseras, velos, pañuelos, cadenillas de los pies, cinturones, frasquitos de perfume, amuletos, anillos, argollas para la nariz, ropas de gala, mantos, chales, bolsos, espejos, telas finas, turbantes y velos.

A las mujeres modernas con sus enormes roperos, costosos y elaborados, les sería difícil igualar el atuendo femenino de hace dos mil años. La amonestación de Isaías a la altanería femenina y el atavío excesivo estaba dirigida a tendencias excepcionales a la extravagancia (Isaías 3:16). ¿Cómo podrían las mujeres moler la harina y ocuparse de otras tareas hogareñas propiamente femeninas si estaban vestidas así? (Isaías 47:2). A la luz de la represión del profeta podemos entender el consejo de Pedro a las mujeres cristianas para que no se preocuparan demasiado por su atuendo exterior como peinados ostentosos, joyas de oro y vestidos lujosos, sino que más bien debían buscar la belleza que procede de lo íntimo del corazón y consiste en un espíritu suave y apacible. (1 Pedro 3:3,4).

Aunque a las mujeres hebreas se les prohibía usar el mismo tipo de ropa que llevaban los hombres (Deuteronomio 22:5), no obstante la ropa femenina tenía un cierto patrón básico similar al de los hombres. Pero «siempre había suficiente diferencia en el estampado, los bordados y la costura de manera que a la vista la línea divisoria entre los hombres y las mujeres pudiera detectarse con facilidad». La cofia de las mujeres era de calidad, tipo o color diferente al que usaban los hombres, sus vestiduras eran más largas que las de estos, llegaban casi hasta los tobillos. Las mujeres de circunstancias económicas módicas eran capaces de producir hermosas vestiduras con el fruto de sus manos (Proverbios 31:19). En la Biblia se mencionan muchos artículos de ropa femenina, algunos de los cuales no pueden identificarse con exactitud. La ropa interior se hacía de algodón, lino o seda, según la riqueza y posición de la mujer. Las túnicas exteriores y las faldas se hacían con una costura refinada en hilos multicolores. El velo del que habla Ezequiel era probablemente una especie de cofia (13:18, 21), mientras que los velos a los que se refiere Isaías eran probablemente una especie de velo en dos partes: una que cubría el rostro por debajo de los ojos, y la otra cubría desde la cabeza hasta el cuello (3:16-24). En la historia antigua, los velos no cubrían los rostros de las mujeres excepto cuando estas se presentaban ante los hombres con quienes se casarían (Génesis 24:16, 65). En el Museo del Cairo se puede apreciar el vestido original de una dama egipcia de la realeza. Su cabello natural, trenzado, está recubierto por una enorme peluca de pelo negro humano y lana de oveja. Lleva un collar que consiste en tres vueltas de piedras semipreciosas y su vestido es una sola pieza de lino extremadamente fino, plegado sobre un dibujo con galones. Es entallado y el borde del frente tiene flecos. Otras partes del vestuario femenino eran las tocas o chales y los petos, la parte del vestido de la mujer que cubría sus senos y la boca del estómago y que muchas veces estaba muy adornada. Saúl vistió de escarlata a las hijas de Israel (2 Samuel 1:24).

La Biblia habla del furor moderno entre las mujeres por pintarse los párpados, sacarse las cejas y dibujárselas de manera artificial para supuestamente realzar la belleza, como un recurso indigno de mujeres temerosas de Dios. La malvada Jezabel se pintaba los ojos (2 Reyes 9:30). Es interesante encontrar en la Biblia referencias al maquillaje cuando en estos tiempos se gastan colosales sumas de dinero en cosméticos. Excavaciones hechas en Siquén han descubierto frascos, que usaban las mujeres egipcias para maquillaje, en los que echaban antimonio, un compuesto que se frotaba con aceite o ungüentos y se usaba como un polvo que se aplicaba en las cejas y pestañas con un cepillo para hacer que el globo del ojo se viera más blanco y los ojos más grandes. «¿Para qué te maquillas los ojos?»; «se pintaron los ojos» (Jeremías 4:30; Ezequiel 23:40). En *Daily Life in Bible Times* [La vida diaria en los tiempos bíblicos] Albert E. Bailey, al describir la

vestimenta y los adornos que usaba Sara como ciudadana de una ciudad de Ur de los Caldeos, señala que ella tenía «en su cinturón una pequeña caja de cobre, en forma cónica y con una tapa de piel en la que guardaba su equipo de aseo: pinzas, palillo para las orejas, estilete y un palito de madera con punta redonda. Es muy probable que en casa tuviera una hoja de afeitar de bronce y que usara huesos de sepia para depilarse. Para estar lista para el paseo, tenía que estar bonita. Aunque tal vez desechó una buena cantidad de este maquillaje de ciudad cuando Abraham, su esposo, se volvió nómada, dejó algo con ella para ocasiones especiales. De acuerdo con la historia que se narra en Génesis 12:12-16, cuando ella regresó a la civilización para pasar un tiempo en Egipto, ni el faraón pudo resistirse ante ella».

Entre los descubrimientos arqueológicos en Ras Shamrah estaba un collar hecho con cuentas de oro, plata, ámbar y perlas que se usó en el antiguo Israel. Sin lugar a dudas este formó parte de los broches, pendientes, anillos y otros adornos de oro que la Biblia menciona (Éxodo 35:22; Proverbios 1:9; 25:12; Cantares 1:10). Algunas veces se usaban como pendientes una joyas en forma de media luna y pequeños frascos de perfume (Isaías 3:18, 19). También se tenía en cuenta el necesario espejo de mano y consistía en una pieza fundida de plata o bronce con forma convexa. El lavamanos de bronce para el Tabernáculo se hizo «con el bronce de los espejos de las mujeres que servían a la entrada» (Éxodo 38:8). Eliú habla del cielo que es tan sólido como espejo de bronce bruñido (Job 37:18).

Las joyas eran variadas y abundantes. Las esposas y también sus hijos e hijas usaban aretes de oro (Génesis 35:4; Éxodo 32:2; Números 31:50). Había anillos que también se utilizaban como sello y los israelitas se los colocaban alrededor del cuello (Génesis 38:18) y los egipcios en un dedo, más adelante los israelitas lo hicieron así (Génesis

41:42; Jeremías 22:24). Se añadieron los brazaletes de oro para favorecer la belleza femenina (Génesis 24:22; Ezequiel 16:11,12). Los anillos o joyas para la nariz hacían necesaria la perforación de las fosas nasales y con frecuencia se usaban anillos en los dedos de los pies y cadenillas o lentejuelas en los tobillos (Isaías 3:18). Se dice que a los árabes les gustaba besar a sus esposas a través del anillo que estas llevaban en la nariz y que a menudo se mencionan en las Escrituras (Génesis 24:22; Jueces 8:24; Proverbios 11:22; Oseas 2:13). Las argollas en la nariz también se usaban para arrastrar a los prisioneros en las procesiones victoriosas de sus conquistadores (2 Reyes 19:28; Isaías 37:29, etc.).

Tareas

Nosotros tenemos el adagio que dice que «los hombres deben trabajar y las mujeres deben llorar». En los tiempos bíblicos las mujeres hacían ambas cosas. Aunque no se les trataba como a bestias de carga, como incluso sucede hoy en día en algunos rincones de la tierra, las mujeres tenían que llevar sobre sus hombros diversas tareas. Por ejemplo, ellas eran las moledoras del grano, en un molino de mano giratorio trabajaban juntas dos mujeres. Moler era el trabajo de una mujer para preparar el horneado y por lo general se hacía durante la noche cuando se molía harina suficiente para tener al día siguiente (Deuteronomio 24:6; Job 41:24; Proverbios 31:15; Mateo 24:41, véase Jueces 9:53). Para un hombre o un joven era un insulto humillante que se le asignara moler (Jueces 16:21; Lamentaciones 5:13).

Las mujeres no solo molían el grano, batían la mantequilla y preparaban las comidas (Génesis 18:6; 2 Samuel 13:8; Juan 12:2), tenían que invitar y recibir invitados (Jueces 4:18; 1 Samuel 25:18; 2 Reyes 4:8-10) y sacar agua para el uso de la familia así como de los invitados y los camellos (Génesis 24:11, 15-20; 1 Samuel 9:11; Juan 4:7).

Las jarras llenas de agua se cargaban sobre la cabeza. Las esposas de los campesinos cargaban en sus cabezas el combustible de estiércol y paja en forma de unas tortas planas y secas. Muchas veces estos bloques de estiércol y paja eran una carga pesada. Las mujeres también tejían la lana y hacían la ropa de la familia (Éxodo 35:26; 1 Samuel 2:19; Proverbios 31:19). A veces la costura y lo que tejían contribuían a los ingresos familiares (Proverbios 31:14, 24) y ayudaban a la caridad (Hechos 9:39).

En tiempos de guerra los conquistadores se llevaban a las mujeres y a los niños en carretas de bueyes. Bajo los asirios el trato a los prisioneros era muy severo y cruel. A diferencia de los hombres, no se encadenaban a las mujeres (Nahúm 3:10), pero los soldados groseros que las escoltaban se divertían levantándoles las faldas y descubriendo su desnudez (Nahúm 3:5). Los relieves antiguos de prisioneras las describe arrancándose el pelo, echándose polvo sobre la cabeza y lamentándose de su suerte. ¡Qué bautismo de lágrimas, angustia e indignidad han recibido las mujeres a través de los siglos a causa de las bestialidades de los hombres!

Servicio religioso

Al llegar al final de esta sección relacionada con la vida y suerte de las mujeres de la Biblia, hay que notar su preeminencia en el reino espiritual. Es verdad que la mujer fue la líder de la primera transgresión (2 Corintios 11:3; 1 Timoteo 2:14) pero redimió su posición para convertirse en la influencia principal en la vida religiosa de la humanidad. Las páginas del Antiguo Testamento llevan los nombres de mujeres que trascendieron debido a su devoción a Dios. Las oraciones y la piedad de Ana, por ejemplo, purificaron y revitalizaron la vida religiosa de toda la nación judía. María, la madre de nuestro Señor, siempre será venerada como la más bendita entre las mujeres porque ella creyó que Dios haría algo milagroso. En la biografía bíblica, las mujeres son más prominentes en su devoción religiosa que los hombres. Cuando Jesús inició su ministerio, las mujeres respondieron instintivamente a sus enseñanzas, se compadecieron de él en sus horas más aciagas y hallaron en él su benefactor y amigo. Las mujeres fueron las últimas en marcharse de la cruz, las primeras en la tumba de Cristo el día de la resurrección y las primeras en proclamar la noticia gloriosa de su victoria sobre la tumba.

Asimismo, en los anales de la iglesia primitiva, las mujeres se destacan por su devoción espiritual, su fidelidad al enseñar la Palabra de Dios y su sacrificio para apoyar a los siervos de Dios. Su fe y oraciones se mezclaron con las de los apóstoles en la preparación para el Pentecostés y a través de toda la era cristiana la iglesia le debe más de lo que se imagina a las oraciones, la lealtad y los dones de sus miembros femeninos. Si no fuera por la presencia, perseverancia y por las oraciones de las mujeres, las iglesias de hoy quedarían deshechas. Las mujeres superan con creces a los hombres en la asistencia a la iglesia y en el trabajo de la Escuela Dominical, las reuniones y grupos de mujeres, el servicio misionero y en las actividades de la iglesia, las mujeres llevan la delantera en la tarea espiritual. Desde la época en que las mujeres trabajaban con Pablo por el evangelio (Filipenses 4:3), los líderes religiosos han dependido del ministerio de las mujeres. El valor espiritual de la influencia de una mujer piadosa puede apreciarse en el hecho de que muchas llegaron a ocupar una posición eminente como profetizas (Éxodo 15:20; Números 12:2; Jueces 4:6; 2 Reyes 22:14; Lucas 2:36; Hechos 21:8; Romanos 16:1, 6, 12; 1 Corintios 11:5). En la labor de Pablo figuran con prominencia mujeres talentosas y consagradas. Dado a lo mucho que debían al Redentor por su emancipación y enaltecimiento, la mujer se ha esforzado por pagar su deuda con una devoción incondicional a aquel que nació de una mujer. En el siglo trece Chaucer preguntó:

> ¿Qué es mejor que la sabiduría? Una mujer.
> Y ¿qué es mejor que una buena mujer?
> Nada.

Miríadas de mujeres fueron y son buenas, porque junto con Cowper han aprendido a cantar:

> Basta mi gozo, el que llena mi ser
>   Postrarme a tus pies queridos;
> Tú no me dejarás caer más bajo,
>   Y nadie más alto puede volar.

2

Mujeres con nombres (en orden alfabético) que aparecen en la Biblia

Desde Abí hasta Zilpá

Muchos de los nombres propios por los cuales se conoce hoy a las personas datan del temprano crepúsculo de la historia de la humanidad cuando el hombre aprendió a distinguir a sus semejantes mediante estos. Una gran cantidad de nuestros nombres, especialmente los apellidos, son los que tenían los personajes bíblicos. Por otro lado, los judíos de la antigüedad le concedían un significado especial a sus nombres, la mayoría de estos tenía un significado definido y se hacía énfasis en el uso frecuente de la frase: «Se llamará su nombre». El historiador inglés William Camden (1551- 1623) escribió en *Remains Concerning Britain* [Ruinas relacionadas con Gran Bretaña]:

> Parece haber sido la costumbre, en cuanto a poner un nombre, desear que los niños desempeñaran y cumplieran con sus nombres como cuando Gunthrarn, rey de los franceses, nombró a Clotharious en la pila bautismal. Él dijo: *Crescat puer et Lujus sit nominis ejecutor*, que significa: «Dejad que el niño crezca y él cumplirá con su nombre».

En la historia inglesa antigua se escogían nombres bíblicos relacionados con características personales y también con incidentes dramáticos como nombres bautismales, tal y como revela la lista de nombres femeninos del diccionario. De ahí que Eva, debido a su relación con la creación del mundo, junto con sus análogos Eva y Evelyn, disfrutaran de amplia popularidad al igual que varios nombres poéticos como Sarai que significa dama, princesa, reina; Susana que significa lirio; Ana que significa gracia; Miriam, amargura o pena; Ester, estrella; Agar, vuelo, etc.

Una característica descollante de la Era Puritana fue la selección de nombres que expresaran el sentido de humillación y la conciencia de pecado. No hay otra explicación para la mentalidad de los padres que escogían para sus hijas nombres como Dalila, Tamar y Safira. En estos tiempos modernos en que la razón con tanto orgullo rechaza la fe puritana, es bueno que recordemos lo que les debemos a los hombres y mujeres cuyos nombres bíblicos dan testimonio de una vida consagrada a lo que es mejor y más noble.

Como esperamos demostrar, las mujeres de la Biblia constituyen la galería iconográfica más notable en existencia. Muchas de ellas se encuentran entre los inmortales con expedientes guardados como reliquia para nosotros en la biografía que Dios hizo de la humanidad. Como expresara H.V. Morton:

> Las mujeres de la Biblia conforman una galería de retratos femeninos sin precedente en toda la literatura. Sus historias, la diversidad de su destino y la influencia que la historia de sus vidas ha ejercido sobre el mundo las hacen únicas. Uno pudiera preguntarse por qué, estas mujeres tan lejanas de nosotros en el tiempo y a quienes se les describe con tanta brevedad, viven tan intensamente

en la imaginación. No es simplemente porque aparezcan de casualidad en las Escrituras, es por estar tan tangiblemente vivas.

George Matheson desarrolla una idea similar en su libro *Representative Women of the Bible* [Mujeres representativas de la Biblia].

Entre las galerías del mundo antiguo hay una donde las figuras femeninas son únicas, me refiero a las de la Biblia. Al contemplar esta galería judaica lo que más me atrae es su comienzo y su final. La mano del artista ha estado presente de manera sorprendente en su apertura y en su conclusión, y en cada caso de un retrato femenino. Tanto el salón de entrada como el de salida están ocupados por el retrato de una mujer. Los retratos son diferentes en su realización y difieren en su expresión, pero en cada uno la idea es la misma: la emancipación del alma femenina...

El retrato de la entrada es de Eva, un himno de la conquista femenina expresada en colores... A la mujer se le reconoce como la futura dueña del jardín de la vida, la futura ama del hogar... En el otro extremo de la galería, el extremo final ... tenemos una mujer triunfante que proclama a toda la tierra las nuevas de su emancipación. «El Poderoso ha hecho grandes cosas por mí». Escuchamos a la feminidad regocijarse al levantarse su cadena... la predicción de la mañana en que el espíritu femenino golpearía la cabeza de la serpiente.... Uno de los efectos del cristianismo ha sido la emancipación de la mujer... No obstante, no es sencillamente *uno* de los resultados, es *el* resultado del cual provienen todos los demás cambios.

Además, nuestra exposición de las mujeres de la Biblia que sobresalen en su género y tiempo como ninguna otra mujer de generaciones posteriores, estará vinculada con aplicaciones al tiempo presente, un aspecto que W. Mackintosh Mackay ha desarrollado de manera tan admirable en *Bible Types of Modern Women* [Tipos bíblicos de mujeres modernas]. Veremos cómo las mejores de entre los personajes femeninos de las Escrituras fueron pioneras de una mayor libertad de pensamiento y acción, contribuyeron a la ele-

vada posición social de la mujer actual y cómo las peores mujeres de la Biblia permanecen como señales que marcan los escollos peligrosos, las arenas movedizas y las piedras de la vida. Las circunstancias que arruinaron sus vidas todavía existen como trampas mortales.

Dado que la naturaleza humana no ha cambiado mucho en los últimos milenios, la Biblia nos presenta la esencia total de la mujer, una naturaleza inalterable e invariable de una época a otra. La galería bíblica tiene retratos que están dibujados con una economía maravillosamente escueta y su variedad es insuperable en toda la literatura. Eva es la madre de todas aquellas madres que han visto a su primogénito favorito marcado por la vergüenza. Entre nuestras amigas podemos tener a alguien devoto y de mente firme como Saray; un monumento a la maternidad intensa y consentidora como el que encontramos en Rebeca; una Raquel bien favorecida «cuyo encanto se desvanece fácilmente en una vejez envidiosa y petulante». Dentro de nuestra propia familia tenemos oportunidades para estudiar a María y a Marta. En cuanto a la mujer de Potifar, ella «aparece en los periódicos con diversas apariencias y Dalila es un personaje conocido para la policía y los que están en la profesión legal: la versión femenina de Judas que por dinero siempre está dispuesta a tender una trampa a Sansón».

Por cuestión de conveniencia hemos decidido enumerar a las mujeres nombradas en la Biblia por orden alfabético en lugar de cronológico. De esta manera a los que utilicen el material les será más fácil identificar el personaje. Como la verdad es propiedad común de todos, el autor espera con toda sinceridad que los bosquejos que dibujó sean útiles para el ministerio de aquellos que tienen la oportunidad de ganar a muchachas y mujeres para el Maestro. Solo la eternidad revelará la magnitud de la influencia de las mujeres cuyos espíritus llegaron a regocijarse en

Dios, su Salvador y quienes al descubrir la fuente de la vida dejaron a un lado los cántaros de agua.

ABÍ
LA MUJER CON UN ESPOSO MALO, PERO CON UN HIJO BUENO

Referencias bíblicas: 2 Reyes 18:2; 2 Crónicas 29:1; 26:5

Significado del nombre: Mi padre es Jehová o la voluntad de Dios

Nexos familiares: Abí era la hija de Zacarías quien tenía una comprensión de las visiones de Dios y fue uno de los testigos que usó Isaías (Isaías 18:2). Además, se convirtió en la esposa del impío rey Acaz y fue la madre del piadoso rey Ezequías. También se le llama Abías, nombre del cual Abí es una contracción. Abías también fue el nombre de varios hombres incluyendo al hijo y sucesor de la esposa de Jezrón, el nieto de Judá, donde se establece el origen de Tecoa (1 Crónicas 2:24).

A pesar de la idolatría de su esposo rey, Abí o Abías fue fiel a su nombre y se aferró a la paternidad de Dios y buscó hacer su voluntad. Contrarrestó toda influencia maligna de Acaz sobre su joven hijo, Ezequías, quien cuando llegó al trono hizo lo que era correcto a los ojos del Señor según lo que el rey David, su ancestro real, había hecho. Ezequías, inspirado por Dios de quien aprendió mucho a través de su noble madre, originó un poderoso avivamiento religioso en toda la nación. El nombre Ezequías significa fuerte en el Señor, y sin lugar a dudas su madre Abías o Abí tuvo mucho que ver en la selección de dicho nombre que reflejaba su confianza en Jehová. En el mundo hay muchas madres como Abí que tienen esposos impíos ¡pero tienen buenos hijos cristianos! Lo contrario también es verdad pues hay mujeres que tienen esposos piadosos aunque los hijos son más impíos.

ABÍAS
LA MUJER QUE FUE UNA ANTEPASADA DE CRISTO

Referencias bíblicas: 1 Crónicas 2:24

Significado del nombre: Dios es Padre

Nexos familiares: Era la esposa de Jezrón, el nieto de Judá por parte de Fares y la madre de Asur, el padre de Tecoa. Abías tiene el honor de estar en la genealogía de Jesús (Mateo 1; Lucas 3), quien vino de la tribu de Judá, como ancestra del Salvador.

Algunos escritores identifican a Abías con la forma masculina Abías (Mateo 1; Lucas 3) teniendo en cuenta que Abí y Abías son variantes del nombre. Abías era también el nombre del segundo hijo del profeta Samuel (1 Samuel 8:2). No se nos dice nada con respecto a la influencia de la vida hogareña de Abías. Debe esperarse que ella conociera y honrara a Dios como su Padre celestial.

ABIGAÍL No. 1
LA MUJER CON BELLEZA E INTELIGENCIA

Referencias bíblicas: 1 Samuel 25:1-42; 2 Samuel 3:3

Significado del nombre: Padre del gozo o causa del gozo

Nexos familiares: La Escritura no nos da ningún indicio del origen o la genealogía de Abigaíl. Ellicott sugiere que el nombre dado a esta famosa belleza judía, quien se convirtió en el ángel bueno de la familia de Nabal, probablemente se lo pusieron los campesinos de la hacienda de su esposo. Con el significado de «cuyo padre es el gozo», Abigaíl era «una expresión de su naturaleza risueña y portadora de felicidad». Su testimonio religioso y su conocimiento de la historia judía dan prueba de una instrucción temprana en un hogar devoto y de un conocimiento de las enseñanzas de los profetas de Israel. La súplica delante de David también revela que comprendía los sucesos de su mundo.

Los tres personajes principales en la historia de una de las mujeres más encantadoras de la Biblia son Nabal, Abigaíl y David. Se le describe a Nabal como a un hombre «insolente y de mala conducta» (1 Samuel 25:3) y su historial así lo demuestra. La palabra que se usa para insolente significa grandulón, grosero, rudo y bruto. Carente de las cualidades más refinadas que tenía su esposa, él era avaricioso y egoísta. Rico y con muchos bienes y oro, solo pensaba en las posesiones y podría clasificarse entre aquellos de quienes se ha escrito:

El hombre respira pero no vive
Todo lo recibe pero nada da
Es una mancha en la creación,
     un blanco en la creación
A quien nadie puede amar ni agradecer.

Nabal era, además, un borracho miserable, aparte de ser también intratable, terco y de mal genio. No hay duda alguna de que muchas veces estaba «muy borracho». Esta miseria de hombre era igualmente un incrédulo, «un hijo de Belial» que doblaba sus rodillas ante el dios de este mundo y no ante el Dios de sus padres. Además, como seguidor de Saúl, compartía el celo que el rey rechazado sentía de David. A su actitud cruel y a su mala conducta se añadía la insensatez, como sugiere su nombre. Al rogar por su indigna vida, Abigaíl pidió misericordia debido a su tontería. «Le hace honor a su nombre, que significa "necio". La necedad lo acompaña por todas partes» (versículo 25). Nabal quiere decir «tonto» y lo que Abigaíl dijo en realidad fue: «No le preste atención a mi miserable esposo porque él es tonto por nombre y por naturaleza». En verdad, un hombre así siempre provocará la mayor aversión en todo el que lea su historia.

Abigaíl es una «mujer de buen entendimiento y hermosa apariencia». En ella se combinan el encanto y la sabiduría. Tenía tanto inteligencia como belleza. En la actualidad muchas mujeres tratan de cultivar su belleza y descuidan su inteligencia. Una cara bonita esconde una mente vacía, pero en Abigaíl el encanto y la inteligencia iban de la mano, en ella la inteligencia acentuaba su atractivo físico. Una mujer bella con una mente bella, como la que ella tenía, es con certeza una de las obras maestras de Dios.

A su encanto y sabiduría se añade la piedad. Ella conocía a Dios y aunque vivía en un hogar tan infeliz, siguió siendo santa. Su propia alma, como la de David, «se encontraba amarrada en medio de la vida con el Señor Dios». W. Mackintosh Mackay, al escribir acerca de Abigaíl como «una mujer de tacto», dice que: «en armoniosa combinación ella tenía dos cualidades que son valiosas para cualquiera pero esenciales para la que tiene que manejar a los hombres: el tacto de una esposa sabia y el principio religioso de una buena mujer».

Eugenia Price, quien describe a Abigaíl como «una mujer con el equilibrio propio de Dios» dice que «solo Dios puede darle a una mujer una compostura como la que Abigaíl poseía y Dios solo puede hacerlo cuando una mujer está tan dispuesta a cooperar con él en cada aspecto como lo estuvo Abigaíl». Fiel al significado de su propio nombre, ella experimentó que en Dios, su padre, había una fuente de gozo que le permitía ser independiente de las circunstancias adversas y difíciles de su miserable vida hogareña. Ella debe haber tenido una confianza implícita en Dios para hablarle a David como lo hizo acerca de su futuro predestinado por decisión divina. En armonía con sus muchos atractivos estaba «el adorno de un espíritu suave y apacible que es más brillante que los diamantes que engalanan los dedos delicados de nuestros superiores, brillaban como una diadema alrededor de su cabeza, como collares en su cuello».

David es el otro personaje sobresaliente en la historia. Él era el que peleaba las batallas del Señor y en quien nunca se había hallado maldad (25:28). Él podía igualar la belleza de Abigaíl pues se decía que era «buen mozo, trigueño y de buena presencia» (1 Samuel 16:12). ¡Cuando Abigaíl y David se unieron deben haber sido una hermosa pareja! Además, encima de ser muy musicales, David era igual que Abigaíl en cuanto a sabiduría y piedad pues era «prudente en sus palabras... y Jehová está con él» (1 Samuel 16:18, RVR 1960).

El historiador sagrado nos cuenta cómo estas tres personas se reunieron de manera trágica. David era un forajido por causa del odio de Saúl y vivía en los baluartes de las montañas con su leal banda de unos seiscientos seguidores. Ya que en varias oportunidades había ayudado a los pastores de Nabal y como además necesitaba alimento para su pequeño ejército, David le envió una amable petición de ayuda a Nabal. Este, usando su acostumbrada grosería, se negó rotundamente a darle unas migajas a David para sus hombres hambrientos y lo despidió como si fuera un truhán merodeador. David, enojado, amenazó con saquear las posesiones de Nabal y matarlo a él y a todos los que imitaran su rebeldía. Abigaíl, al enterarse por medio de los sirvientes de la petición de David y la ruda negativa de su esposo, actuó a espaldas de este con tino, cuidado y gran rapidez. Como comenta Ellicott:

> Ya que muchas veces ella había actuado como mediadora de paz entre su desmedido esposo y sus vecinos, al escuchar la historia y con cuánta imprudencia su esposo se comportó, no perdió tiempo pues con el ingenio de una mujer inteligente vio las graves consecuencias que de seguro vendrían tras la grosera negativa y las palabras ásperas que a la vez traicionaron al celoso partidario de Saúl y enemigo acérrimo del poderoso fugitivo.

Abigaíl, luego de reunir una cierta cantidad de comida y vino suficiente, según su parecer, para satisfacer la necesidad inmediata de David, se montó en un asno y se encontró con David y sus hombres en la ladera de una montaña y qué tremendo encuentro resultó ser este. Con delicado tacto Abigaíl desvió la justa ira de David por causa del insulto de los mensajeros de Nabal poniendo a sus pies comida para los hombres hambrientos. Además, demostró su sabiduría postrándose a los pies de David, como un inferior ante su superior, asintiendo en la condena de su grosero y tonto marido.

Como las costumbres restringían a la mujer hebrea a solo dar consejo ante una emergencia y en un momento de gran necesidad, Abigaíl, quien se expuso al desagrado de su esposo cuya vida estaba amenazada, no actuó de forma impulsiva al ir a David para implorarle misericordia. Ella siguió los dictados de su disciplinada voluntad y al hablar en el momento oportuno, su hermosa súplica, salida de sus hermosos labios, cautivó el corazón de David. «Al igual que su arpa apaciguó a Saúl, el tono dulce de la voz de Abigaíl exorcizó al demonio de la venganza y despertó al ángel que dormitaba en el interior de David». Nunca podemos medir el efecto de nuestras palabras y las acciones sobre otros. La intervención justo a tiempo de Abigaíl nos enseña que cuando tenemos sabiduría para dar, fe para compartir y ayuda que ofrecer, no debemos vacilar ante el riesgo que pueda implicar.

Abigaíl tuvo que enmendar muchas veces los exabruptos coléricos de su esposo. Los vecinos y amigos conocían demasiado bien al borracho empedernido de su marido pero con paciencia ella calmaba los ánimos, así que cuando se acercó humildemente con una gran ofrenda de paz, su serenidad apaciguó la ira de David y la puso en una posición ventajosa. Ella recibió la bendición del rey por su misión apaciguadora (25:33). Su sabiduría se pone de manifiesto en que ella no trató de detener los turbulentos sentimientos de David por medio de la razón sino que se lo ganó mediante palabras sabias y amables. Al tener una inteligencia celestial, autocontrol, sentido común y visión, ejerció una influencia ilimitada sobre un gran hombre y se destacó a sí misma como una mujer verdaderamente grande. Después de la exitosa y persuasiva súplica de Abigaíl por la vida de su despreciable esposo, el resto de la historia termina como un cuento de hadas. Ella regresó junto a su malvado cónyuge para asumir otra vez la vida amarga y difícil.

Hay que darle el crédito a esta noble mujer que no abandonó al impío de su marido ni trató de divorciarse de él sino que siguió siendo una esposa fiel y protectora de su despreciable cónyuge. Ella estaba con él para bien o para mal, y para ella la vida era lo peor de lo peor. A pesar de lo miserable que era su vida, lo despreciable, los insultos y golpes que debe haber recibido en las juergas de Nabal, Abigaíl se aferró al hombre a quien le había jurado fidelidad. Abigaíl puso de manifiesto un amor más fuerte que la muerte. Pero la hora de la liberación llegó diez días después de su regreso a casa cuando, como por un toque divino, la vida inútil de Nabal llegó a su fin. Cuando David puso oído a la petición de Abigaíl y aceptó su persona, él se alegró de que el consejo de ella le hubiera impedido tomar por sus manos la prerrogativa de Dios en cuanto a la justicia (Romanos 12:19).

Cuando David le dijo a Abigaíl: «Bendita seas tú por tu buen juicio», prosiguió confesando con su habitual franca generosidad que se había equivocado al ceder a una pasión fiera e ingobernable. Si Abigaíl no hubiera intercedido, él hubiera seguido adelante con su propósito y habría destruido toda la casa de Nabal y dicha masacre habría incluido a la propia Abigaíl. Pero la muerte apareció como el gran árbitro y la maravillosa esposa de Nabal no tuvo lágrimas de arrepentimiento pues en medio de mucho sufrimiento y desencanto, ella cumplió con sus votos matrimoniales. En la casa de aquel campesino estuvieron «la bella y la bestia». La bestia estaba muerta y la bella estaba legalmente libre de su terrible yugo.

Después de la muerte de Nabal, «envió David a hablar con Abigaíl» (25:39 RVR 1960), un tecnicismo que equivale a pedir la mano de alguien en matrimonio (Cantares 8:8) y la tomó por esposa. Abigaíl, casada con el rey más ilustre de Israel, comenzó una carrera más feliz. Tuvo un hijo con David llamado Quileab o Daniel (compárese 2 Samuel 3:3 con 1 Crónicas 3:1). Este último nombre significa «Dios es mi juez» y uno tiene el indicio de que la elección de tal nombre fue de Abigaíl debido a su experiencia de vindicación divina. Ella acompañó a David a Gat y a Siclag (1 Samuel 27:3; 30:5, 18). El comentario de Mateo Henry en este punto es: «Abigaíl se casó con David por fe, no hay dudas al respecto aunque en ese momento él no tenía casa propia, sin embargo, la promesa que Dios le hizo a él por fin se cumpliría». Abigaíl le dio a David no solo una «fortuna en sí misma» sino mucha riqueza que sería de gran utilidad para que David hiciera frente a sus múltiples obligaciones.

Entre las lecciones que pueden aprenderse de la vida de Abigaíl, la primera es sin dudas evidente, especialmente por toda la angustia que viene cuando una mujer cristiana se casa con un inconverso. El yugo desigual no fomenta una felicidad real y duradera. La tragedia en la carrera de Abigaíl comenzó al casarse con Nabal, un joven de Maón. Ya nos hemos hecho estas preguntas: ¿por qué se casó con un hombre así? ¿Por qué una muchacha tan encantadora se arrojó en brazos de un hombre tan bruto? De acuerdo con la costumbre de aquellos tiempos, los matrimonios los arreglaban los hombres y las mujeres tenían muy poco que decir en cuanto a la elección de un esposo. El matrimonio era en gran parte un arreglo familiar. Nabal era de ascendencia acaudalada y con riqueza propia, tenía unas tres mil ovejas y mil cabras y por ende parecía un buen partido para Abigaíl. Pero el carácter debe considerarse primero que las posesiones.

Muchas mujeres en el mundo de hoy escogen su propio cónyuge. Tal vez ella conocía sus fallas y pensó que después del matrimonio lo reformaría, pero se encontró unida a alguien cuyas acciones se hacían cada vez más malas. Entonces considere a esas valientes y silenciosas esposas que tienen que vivir con un esposo tonto cuya conducta borracha y obscena es repugnante y quienes no obstante, por la gracia de Dios, aceptan y viven su prueba y debido a su profunda creencia en la suficiencia divina, mantienen su compostura. Tales mártires vivientes están entre las heroínas de Dios. Todos conocemos a estas buenas mujeres encadenadas a los grilletes de una miserable vida matrimonial para quienes sería muchísimo mejor:

> Yacer en sus tumbas donde la cabeza, el corazón y el pecho,
> Del cuidado, el trabajo y la pena, descansarán para siempre.

Al pensar en las Abigaíl de los tiempos modernos, vienen a la mente las palabras de la ilustre Elizabeth Barrett Browning:

> Las vidas más dulces son aquellas comprometidas con el deber, cuyas obras grandes y pequeñas son las hebras muy unidas de una cuerda que no se rompe; donde el amor ennoblece a todos. Puede que el mundo no toque trompetas ni haga sonar campanas: el Libro de la vida cuenta la refulgente historia.

ABIGAÍL No. 2

Era medio hermana de David y de quien no sabemos nada además del hecho de que tuvo la misma madre que David aunque un padre diferente cuyo nombre era Najás y que

se convirtió en la esposa de Jéter, también conocido como Itrá. Esta Abigaíl fue la madre de Amasá, un líder del ejército de David (2 Samuel 17:25; 1 Crónicas 2:16, 17). Amasá tuvo un final trágico en manos de su primo Joab.

ABIJAÍL

En las Escrituras, este nombre se usa tanto para hombres como para mujeres.

Significado del nombre: Padre, Motivo de fuerza o Padre de esplendor

ABIJAÍL No. 1

Era la hija de un hijo de Merari, de la tribu de Leví, la madre de Zuriel, un «príncipe» entre las familias de Merari (Números 3:35).

ABIJAÍL No. 2

Era la esposa de Abisur, de la tribu de Judá por la línea de Jezrón y Jeramel (1 Crónicas 2:29).

ABIJAÍL No. 3

Era la madre de Majalat, la esposa de Roboán, hija de Eliab, el hermano mayor de David. En la casa davídica el matrimonio entre parientes era frecuente. La versión de los setenta pone a Abijaíl como la segunda esposa de Roboán (2 Crónicas 11:18).

Abijaíl era también el nombre del padre de la reina Ester (2:15; 9:29).

ABISAG
LA MUJER QUE CUIDÓ A UN REY

Referencias bíblicas: 1 Reyes 1:3, 4; 2:13-25

Significado del nombre: Mi padre vaga o deambula o mi padre hace deambular

Nexos familiares: La muchacha era una sunamita de Isacar. A causa de la debilidad del rey David, sus médicos recomendaron que le buscaran una doncella joven para que lo abrigara, un tratamiento que implicaba que mediante el contacto físico ella pudiera darle a David la ventaja de su sobreabundante vitalidad. Se escogió a Abisig para la tarea con mucho cuidado y teniendo en cuenta su virginidad, juventud, belleza y vigor físico y como una enfermera asistente para el rey que había envejecido. El método sugerido no surtió efecto ya que David murió poco después de que Abisag asumiera su tarea.

Después de la muerte de David, Adonías, el hijo rebelde de David y Jaguit, quería a Abisag como esposa y fue a ver a Betsabé, la madre de Salomón con una petición aparentemente inofensiva pero en realidad insidiosa: «Pídale usted al rey Salomón que me dé como esposa a Abisag la sunamita».

Betsabé, al no ver nada malo en la petición y creyendo que era sencillamente un asunto del corazón, actuó inocentemente como casamentera. Salomón, con el debido respeto, recibió a su madre pero tan pronto como esta le presentó la petición, la perspicacia mental del rey percibió la estratagema. Él interpretó el deseo de Adonías como una traición implícita al ver que había derechos legales al tener en matrimonio a la esposa de un rey fallecido. Mateo Henry señala: «El hecho de que Abisag se hubiera casado con David antes de acostarse con él, y que fuera su esposa secundaria resalta que se le impute como un gran crimen a Adonías el que quisiera casarse con ella luego de la muerte de su padre». Aunque David no «conoció» a Abisag (1:3), es decir, no tuvo relaciones sexuales con ella, no obstante, se le consideraba heredera y con ella podían ir los derechos al trono. «Adonías, que ya una vez había fallado en un intento frustrado de apoderarse del reino, ahora buscaba conseguir su objetivo de una manera más sutil».

Pero su ardid le costó la vida y un juicio implacable cayó sobre su intriga. Debido a la relación cercana con David, Abisag estaba presente cuando, mediante la intercesión de Betsabé, pusieron a Salomón en el trono. «Si ese hecho se hubiera cuestionado, ella habría sido un testigo muy importante. Por esta razón y por sus encantos, ella podía convertirse en una fuerte colaboradora de cualquier rival de Salomón que armara una intriga para ocupar su lugar». Con aguda perspicacia Salomón vio lo que estaba detrás del deseo de Adonías de casarse con Abisag y este murió a manos de Benaías.

ABITAL
Referencias bíblicas: 2 Samuel 3:4;
    1 Crónicas 3:3

Significado del nombre: Cuyo padre es como
    el rocío

El historiador usó apenas cinco palabras para decirnos todo lo que se sabe acerca de este descolorido personaje femenino. Nació en Hebrón, fue una de las muchas esposas de David. W.F. Wilkinson, en su muy provechoso estudio *Personal Names in the Bible* [Nombres propios de la Biblia] nos recuerda que en el lenguaje figurado de la poesía bíblica «el rocío muchas veces representa la bendición, la benevolencia, la renovación, la consolación y pudiera entenderse en este sentido en un nombre así. O cuando así se usara, su significado podría encontrarse en la presencia temprana y el rápido desvanecimiento del rocío (Oseas 6:4; 13:3) y así podría sugerir la muerte de un esposo joven o el nacimiento de un hijo». Tal vez el nombre Abital lo escogieron los padres para quienes su nacimiento vino como una bendición, una fuente de consolación.

ACSA
LA MUJER QUE QUERÍA MÁS
Referencias bíblicas: Josué 15:16, 17;
    Jueces 1:12, 13; 1 Crónicas 2:4, 9

Significado del nombre: Adornada o romper
    el velo

Nexos familiares: Acsa era la hija de Caleb, príncipe de la tribu de Judá. Era la única mujer de la familia y tenía tres hermanos (1 Crónicas 4:15). Se convirtió en la esposa de Otoniel, hijo de Quenaz, el hermano menor de Caleb. Otoniel fue uno de los jueces de Israel y tenía, mediante el Espíritu de Dios, la fe noble de su raza (Jueces 3:8-11).

La historia de Acsa se cuenta en el pasaje mencionado anteriormente con detalles encantadores y pintorescos. Su padre se la prometió en matrimonio al caballero galante que fuera capaz de conquistar Debir o Quiriat Séfer que quiere decir: la ciudad del libro. Otoniel realizó la proeza y Caleb le dio a su hija y como dote una porción de la tierra del sur. Todavía no satisfecha, ella quería manantiales para regar los campos así que Caleb le dio manantiales en las zonas altas y en las zonas bajas. Aunque por ser judía Acsa esperaba grandes cosas mediante la fe en la promesa de Dios con respecto a la tierra, su petición de añadir algo más a la generosa dote que ya se le había concedido revela algo de ambición en su actitud. W. Mackintosh Mackay en su estudio del carácter de Acsa la describe como «la novia descontenta».

Descontenta con el noble regalo que su padre Caleb le había hecho, incitó a Otoniel, su esposo, para que este hiciera una petición más, pero al leer la historia entre líneas creemos que a él le pareció descortés pedir más. Así que Acsa, quien no aprendió a contentarse con lo que tenía (Hebreos 13:5), se acercó a su padre con una palabra significativa: «dame también» y como expresa el Dr. Mackay: «Siempre se necesita algo más para completar el círculo de la paz perfecta en toda fortuna terrenal el

... poquito más y cuánto es;
el poquito menos y cuán lejos estamos».

Salomón nos recuerda que el corazón humano es como la sanguijuela cuyas dos hijas nunca se satisfacen y tienen por nombre Dame y Dame (Proverbios 30:15). Por supuesto, existe un descontento santo que todos debemos albergar. Al estar insatisfechos con nuestro crecimiento en santidad de vida, debiéramos orar constantemente: «Dame más santidad» y así como el padre de la novia amablemente le concedió a la hija su petición, nuestro padre celestial responderá a nuestro deseo de una vida más abundante.

Caleb le dio a Acsa los manantiales que ella quería y en los manantiales de las zonas altas y bajas tenemos un tipo de las misericordias espirituales y temporales de nuestro Padre arriba. Como herederos de su promesa, los hijos pueden con humildad y confianza pedirle y esperar grandes bendiciones de su mano generosa. Tanto *las zonas altas* o provisiones celestiales, como *las zonas bajas* o necesidades terrenales provienen de él en quien están todos nuestros manantiales (Salmos 81:10; 84:11; Isaías 33:16; Lucas 11:13; Juan 4:13, 14; 7:37-39; Efesios 3:20; 1 Juan 3:22). En ocasiones parece como si los «manantiales de las zonas bajas» se secaran, como le sucedió a Job cuando el Señor le quitó tantas de sus posesiones y placeres terrenales. Pero los «manantiales de las zonas altas» nunca se secan porque, tal y como los que Acsa recibió, fluyen de las colinas eternas. «El río del agua de la vida que fluye del trono de Dios y el cordero» no puede fallar. Cuando las aguas de la tierra se agotan, tenemos arriba una reserva que la sequía nunca puede empobrecer.

ADA No. 1
LA MUJER QUE LE DIO AL MUNDO SU PRIMER MÚSICO

Referencias bíblicas: Génesis 4:19-23

Significado del nombre: Adorno, belleza, placer. El nombre hebreo puro se encuentra en los compuestos, Adaías, «a quien Jehová adorna» y Madías, «adorno que proviene de Jehová».

Nexos familiares: Ada y Zila, la otra esposa, son las primeras mujeres que se mencionan después de Eva. No se dan los nombres de la esposa de Caín ni de las otras hijas de Adán y Eva. Ada era una de las dos esposas de Lamec quien era de la séptima generación de Adán. Ada fue la madre de dos hijos: Jabal y Jubal. Jabal llegó a ser un pastor famoso, el padre de los que viven en tiendas y de las tribus nómadas. Jubal fue la primera persona que introdujo el arte noble de la música en el mundo, «el antepasado de los que tocan el arpa y la flauta». Mateo Herny dice: «Cuando Jabal los puso en el camino de la riqueza, Jubal los puso en el camino de la alegría. Jabal era su Pan y Jubal su Apolo».

Sin duda que el mundo tiene una gran deuda con los dos hijos de Ada, especialmente con el musical Jubal. Martín Lutero, el gran reformador, escribió en su *Tischreden* [Charlas de sobremesa]:

> La música es un don hermoso y glorioso de Dios y ocupa un lugar junto a la teología ... Es el don más hermoso y glorioso de Dios. Los reyes, príncipes y grandes señores debieran dar su respaldo a la música. La música es una disciplina, es una instructora, vuelve a la gente más dulce y gentil, más ética y razonable.

Lamec no solo tuvo dos hijos con Ada, quienes le dieron mucho al mundo, sino que también fue el primer polígamo de la Biblia y probablemente del mundo. La insipiente familia polígama de Lamec marcó la pauta en el celo, la angustia y el sufrimiento.

Ada y Zila consintieron en convertirse en esposas de un mismo hombre, y por consecuencia se rindieron a una unión que degradaba la dignidad de la feminidad, profanaba las ordenanzas de Dios y trajo sobre la raza humana terribles complicaciones por causa del pecado. La destrucción de la verdadera vida familiar y la inyección de veneno en las venas de los hijos nacidos en una familia polígama deben considerarse responsabilidad de Lamec.

Además, vale notar el *poema* de Lamec en alabanza a sí mismo y dedicado a sus dos esposas. El fragmento poético más antiguo de la Biblia, se conocía como la «Canción del terrible Lamec»:

> «¡Escuchen bien, mujeres de Lamec!
> ¡Escuchen mis palabras!
> Maté a un hombre por haberme herido,
> y a un muchacho por golpearme.
> Si Caín será vengado siete veces,
> setenta y siete veces Lamec será vengado».

Lamec, con las armas que otro hijo, Tubal Caín, inventó, se regocija en la violenta venganza que puede tomar contra cualquiera que lo ataque. Y así, con el enérgico poema de exaltación a la defensa armada y el derramamiento de sangre, unido a los indicios de lujos y de una vida de placer, el historiador concluye la historia de la raza de Caín.

ADA No. 2
LA MUJER QUE SE CONVIRTIÓ EN UNA AMARGURA

Referencias bíblicas: Génesis 26:34; 36:2

Nexos familiares: Esta segunda Ada fue la hija de Elón, el hitita. Ella se convirtió en una de las esposas de Esaú y fue la que causó «mucha amargura» a sus padres: Isaac y Rebeca. Fue la madre de Elifaz, el primogénito de Esaú y junto con las demás esposas de Esaú, luego de asentarse en la región montañosa de Seír, fue parte de los ancestros de los edomitas, a quienes los israelitas trataban como hermanos. Los eruditos concuerdan en que esta Ada es la Basemat que menciona Génesis 26:34; 36:2. Cuando las mujeres se casaban recibían nombres nuevos. Bullinger sugiere que este segundo nombre se omitió en Génesis 36:2 para evitar confusión con la hija de Ismael. En Génesis 26 tenemos una historia general, pero en Génesis 36 encontramos una genealogía precisa.

AGAR
LA MUJER QUE PERDIÓ UN BALDE
PERO ENCONTRÓ UN POZO

Referencias bíblicas: Génesis 16; 21:9-17; 25: 12; Gálatas 4:24, 25

Significado del nombre: Agar, nombre egipcio, se parece mucho a la raíz árabe de *vuelo* que nos resulta familiar en la historia de Mahoma, descendiente de Agar. Pudiera considerarse como una adaptación de su nombre original al acontecimiento más importante de su vida y entenderse su significado como *fugitiva* o *forastera* que fue en lo que Agar se convirtió.

Nexos familiares: Aunque la Biblia no nos ofrece ningún registro de la genealogía de Agar, la leyenda ha provisto su abolengo como hija del faraón, rey de Egipto, el mismo que en vano codició poseer a Sara. Esta fuente legendaria afirma que la princesa egipcia se apegó tanto a Sara que le dijo a su soberano padre que la acompañaría cuando esta regresara junto a Abraham.

—¿Qué? —gritó el rey— ¡No serás más que una criada para ella!

—Es mejor ser una criada en las tiendas de Abraham que una princesa en este palacio —replicó la hija.

Agar no se quedaría detrás para volver a los ritos idólatras de su hogar, así que cuando Abraham y Sara partieron, ella se marchó con ellos. Sara era una misionera activa de la fe de Jehová entre las mujeres, como lo era Abraham entre los hombres así que Agar se convirtió a la adoración del Dios verdadero. Aunque esta era una tradición atrayente, lo más probable es que Agar fuera una esclava egipcia que Sara consiguió para su familia mientras ella y Abraham estuvieron en Egipto. Agar le dio a Abraham su primer hijo, Ismael, y así se convirtió en la fundadora de los pueblos ismaelitas y árabes de quienes vino Mahoma, el fundador del Islam.

Si Agar era una esclava, entonces su ama tenía el derecho legal de hacer con ella lo que le pareciera. Convencida de que humanamente era imposible que ella tuviera hijos con Abraham, le entregó a su criada para tener hijos a través de esta, una costumbre consecuente con los valores morales que prevalecían en aquella época. Abraham le recordó a Sara que su palabra era ley con respecto a su propia esclava y que él no tenía opción en el asunto. Esta cláusula aparece en código Hamurabi bajo la ley sumerio-babilónica:

> Si ella le ha dado a su esposo una criada y esta ha tenido hijos y luego esa criada se hace igual a su ama, porque ha tenido hijos, su ama no la podrá vender por dinero, la someterá a esclavitud y la contará entre las mujeres esclavas.

Pero Sara se adelantó a Dios al darle a Abraham una idólatra gentil de un país pagano para que tuviera la simiente prometida. La pobre Agar se convirtió en la víctima impotente de la estratagema de Sara. Todo el asunto era un pecado delante de Dios, un pecado del cual los tres eran culpables. Sara desconfió de Dios al recurrir a tan malvado recurso. Como una hija de fe, ¿no sabía ella que Dios es capaz de darle a Abraham hijos de las piedras? En cuanto a este «amigo de Dios», a pesar de la costumbre imperante, debió rechazar tenazmente la estratagema de Sara, obedecer la ley de Dios y creer en la promesa divina que se le había hecho.

El intento de conseguir el hijo de la promesa por medio de Agar fue el resultado de la falta de fe en la omnipotencia de Dios. Agar, por su parte, aunque la menos libre y la menos responsable, no debió ceder a una alianza tan impía simplemente para gratificar cualquier ambición que pudo haber tenido. Qué pesar, angustia y soledad cosechó

Agar al conformarse con semejante plan y anticiparse a la promesa de Dios para darle un heredero a Abraham (Génesis 15:4, 5).

Aunque el capítulo es corto, narra el método indigno de cumplir un propósito divino, y al igual que el versículo más corto de la Biblia, está saturado de lágrimas. Génesis 16 consta solo de dieciséis versículos y en ellos encontramos estos tres aspectos:

La tontería de Sara

Ya hemos visto que la tontería de Sara tuvo su origen en la incredulidad. Ella era impaciente y quería sin demora el hijo prometido. Su incredulidad se volvió contagiosa pues «Abraham aceptó la propuesta que le hizo Sara». Las frases piadosas que ella pronunció carecían de valor. «¡Que el Señor juzgue entre tú y yo!» (16:5). Sara debió apelar al Señor antes de dar el mal paso. Era una mujer piadosa (Hebreos 11:11), pero cayó en las redes de la incredulidad. Con la desconfianza vino la deshonra. Sara confesó su error pero en realidad Agar era quien sufría y el pecado de Sara trajo un fruto amargo pues al darle a Agar a Abraham, provocó una rivalidad que ha estado generando la más aguda hostilidad a través de las edades y cuyo mar de sangre todavía no se ha aplacado.

La huida de Agar

Tras el arreglo humano que Sara hizo, pronto surgió la contienda. Al haber concebido de Abraham, Agar critica a la estéril Sara y el engendro de celo entre estas dos mujeres se transplantó a sus corazones maternales y penetró incluso hasta sus hijos. Ismael molestaba y fastidiaba a Isaac y la discordia surgió entre Abraham y Sara. El maltrato de Sara a Agar no era solo cruel sino irracional. ¿Acaso no instigó Sara la maldad que causaba su celo? Por lo tanto era ilógico que le echara la culpa a otro. Las cosas llegaron a un punto en que el ama y la criada apenas podían habitar juntas, así que Agar huyó. ¡Mejor huir que

pelear! Verse obligada a huir era algo prohibido para una esclava.

Lejos de su hogar, en el camino hacia la región de Sur, la aparición de un mensajero angelical tranquilo y gentil debe haber sido un alivio para la pobre fugitiva embarazada. Mientras Agar se alejaba de su ama celosa, el Señor se le apareció y en medio de su angustia le dijo: «Vuelve junto a ella». Agar se había marchado sin avisar y sin permiso, debía regresar. Sara le había hecho daño pero a ella no se le permitía vengarse haciendo el mal. Dos males no hacen un bien. No era asunto fácil para Agar regresar y someterse a Sara, pero era el único camino correcto y una revelación divina la ayudó a buscarlo.

En aquel famoso pozo Agar se encontró con Dios y atemorizada gritó: «El Dios que me ve». Él le dio un consejo, y aunque nada agradable para la gente de carne y hueso, Agar lo tomó y regresó junto a Sara. Si hubiera insistido en quedarse en el desierto, podría haber muerto en él. Dios le dio una promesa y aunque la maldad de su ama y señora la había puesto en una mala posición, no obstante él la favorecería y ella tendría un hijo que sería el padre de una gran multitud. La promesa reconfortante de Dios fue un bálsamo para el espíritu herido de la pobre y humilde criada. Aunque Ismael, nombre que Dios le dio a Agar para su hijo, no sería el hijo de la promesa como pasaría con Isaac, no obstante sería el hijo de una promesa que se le hizo a ella.

¿Será acaso de extrañar que ella llamara el pozo, donde Dios le habló y le reveló el futuro de su hijo, «Beth-lahai-roi» que significa «Pozo del Viviente que me ve»? Fue allí donde cayó el velo de los ojos de Agar y ella recibió la certeza de que era el objeto del cuidado especial de Dios. El Dr. Alexander Whyte elogia a Agar por su sumisión a Dios de la siguiente manera:

> Yo diría que Agar, debido a la intensidad de su pena; debido a la total desolación y dolor de su corazón y debido a la gracia soberana

y a la abundante misericordia de Dios, se destaca ante nosotros en la fila principal de la fe, la confianza, la experiencia y la seguridad. Para mí, Agar se encuentra entre los santos más escogidos de Dios. Hay solo una o dos personas más que pueden situarse al lado de Agar en su descubrimiento de Dios, en su cercanía a Dios, en su compañerismo cara a cara con Dios, en lo aleccionador, en la comodidad, en el optimismo de su comunión tan cercana con Dios... Los mejores y los más bendecidos de ellos no lo fueron más que Agar, la impura desechada en su camino de lágrimas hacia la región del Sur. Los puros de corazón verán a Dios.

La predicción con relación a Ismael

Fortalecida, gracias a la revelación de Dios que recibió en el desierto, Agar regresó a su dueña y dio a luz un hijo de Abraham. Este tenía 86 años (Génesis 16:16) y más tarde, cuando alcanzó sus 100 años de vida (Génesis 21:5), Sara dio a luz a Isaac.

Esto significa que durante más de 14 años Agar y su hijo vivieron en el hogar del patriarca con toda la tensión y los sentimientos que debe haber habido con Sara mirando día tras día al hijo de su esposo con otra mujer. Después del nacimiento de Isaac, Agar e Ismael comenzaron a manifestar sus celos, y cuando Ismael comenzó a maltratar a Isaac, Sara no lo pudo soportar más y obligó a Abraham para que este expulsara a la esclava y a su hijo. Como los nombres bíblicos a menudo establecen algunos rasgos del carácter o la historia de aquellos que lo llevan, así pues mientras estuvieron en el desierto, Agar comprendió con claridad el nombre de Ismael, que significa «Dios oye», (Génesis 21:9-21) Dios oyó los gemidos de su corazón herido.

¡Cuántos pintores y poetas se han asido al patético incidente de esta pobre mujer y su hijo en el desierto, sedientos y a punto de morir! Una de las más finas obras maestras que adornan la Galería de Dresden es un cuadro llamado *Agar en el desierto*, y frío es el corazón que pueda contemplarlo sin sentir una profunda emoción. El muchacho se encuentra acostado de espaldas, muriéndose de sed, mientras su pobre pero hermosa madre, en una agonizante oración, «comenzó a llorar desconsoladamente», diciendo: «No quiero ver morir al niño». ¿Puede haber algo más conmovedor? Es cierto que Agar había mirado «con desprecio» a Sara y «se burlaba de su hijo Isaac», pero de seguro que no merecía un trato tan cruel como ese: ¡morir de hambre y sed en una tierra desierta!

Pero miren como el apuro de Agar se convirtió en la oportunidad de Dios. Cuando se les terminó la última gota de agua, y Agar recostó con ternura el cuerpo moribundo de su muchacho bajo los arbustos, Dios oyó los sollozos del muchacho y el gemido del corazón quebrantado de Agar, pues de los cielos se escuchó su voz: «¿Qué te pasa, Agar? No temas».

Luego Dios abrió los ojos de Agar y esta vio un pozo de agua que sirvió para que ella y el muchacho se salvaran de la muerte. Abraham le había dado a Agar un odre de agua, pero esta pronto se vació. Dios le dio un pozo, y el muchacho bebió y Dios estuvo con él, y creció y se convirtió en un arquero en el desierto. La última imagen que tenemos de Agar es la de ella asegurando una esposa para su hijo, de la tierra de Egipto, su propia tierra (Génesis 21:21), la tierra de los ídolos y la mundanalidad. Lejos de la piedad e instrucción de Abraham, y de la misericordia que Dios tuvo con ella, Agar le falló en la elección de una esposa como esa para el muchacho a quien Dios había bendecido.

La lección que debemos aprender de la historia de Agar la ha resumido adecuadamente el Dr. Santiago Crichton en su artículo sobre Agar en *The International Standard Bible Encyclopedia* [Enciclopedia de la Biblia Standard Internacional]:

La vida y experiencias de Agar enseñan, entre otras verdades, una nueva posición en lo relativo a las tentaciones; lo tonto de las acciones precipitadas en tiempos de prueba y dificultad; el cuidado que ejerce el Dios que todo lo ve sobre el que está solo; el propósito divino para la vida de cada persona, a pesar de cuán oscura y desolada sea; cómo Dios obra sus benevolentes propósitos por métodos aparentemente severos; y la fortaleza, consuelo y aliento que siempre acompañan a las experiencias difíciles de sus hijos.

Solo resta decir que Pablo utiliza la historia de Agar en sentido figurado para diferenciar entre la ley y la gracia (Gálatas 4:21-31). A la esclava Agar se le contrasta con Sara la libre, e Ismael que «nació por decisión humana» con Isaac nacido «en cumplimiento de una promesa»; de aquí que la libertad y la gracia aparecen como las cualidades características del cristianismo. Agar representa el Antiguo Pacto y Sara el Nuevo Pacto que es superior al antiguo en sus ordenanzas. Bajo la gracia todos los de la familia de la fe viven por fe, y Sara representa «la Jerusalén celestial», «nuestra madre», que es la ciudad espiritual libre a la que todos los hijos de la promesa pertenecen incluso desde ahora (Filipenses 3:20).

AHOLÁ (véase MUJERES SIMBÓLICAS)

AHOLIBÁ (véase MUJERES SIMBÓLICAS)

AHOLIBAMA u OLIBAMA
Referencias bíblicas: Génesis 36:2-25

Significado del nombre: Tienda del lugar alto

Este personaje femenino fue una de las esposas de Esaú, y la madre de Jeús, Jalán y Coré, de quienes se habla como «los jefes» (Génesis 36:18). Parece haber confusión en cuanto a las referencias sobre ella. Por ejemplo, se le llama hija de Elón el hitita y también hija de Aná (Génesis 26:34; 36:2). A Aholibama también se le identifica con la Judit mencionada en Génesis 26:34. Cada una de las esposas de Esaú tiene un nombre en la genealogía que es diferente al de la historia. Aholibama era su nombre personal, y Judit su segundo nombre. Su padre, Aná, recibió un segundo nombre también proveniente de su descubrimiento de las aguas termales, Beerí de Beer, un pozo.

A través de Aholibama, los descendientes de Esaú, los edomitas, se convirtieron en los habitantes del monte Seír, y fueron problemáticos para los descendientes de Jacob (Números 20:14-21). Ellos fueron la casta ancestral de los idumeos, de quienes provino Herodes el Grande.

AJINOÁN No. 1
Referencias bíblicas: 1 Samuel 14:50

Significado del nombre: Mi hermano es el gozo

Por este nombre se conocen a dos mujeres en el Antiguo Testamento. La primera Ajinoán era la hija de Ajimaz. Fue esposa de Saúl, primer rey de Israel, a quien le dio un hijo noble, Jonatán, que heredó los rasgos encomiables de su madre. Fue su hija, Merab, la que primero se le prometió a David en matrimonio, pero fue Mical, la que le seguía en edad, la que se convirtió en la primera esposa del joven campeón. Saúl tuvo dos hijos más de Ajinoán: Isví y Malquisúa.

Su nombre es muy sugerente. Como hemos visto, significa «mi hermano es el gozo», en el sentido de «hermano querido o agradable». Un nombre paralelo es el de Abinoán, padre de Barac, uno de los héroes del libro de los Jueces, cuyo nombre significa «deleite de mi hermano». Wilkinson sugiere como origen factible de dicho nombre, «Parcialidad extrema de afecto mostrado por un infante hacia su hermano, fenómeno doméstico nada inusual».

AJINOÁN No. 2
Referencias bíblicas: 1 Samuel 25:43; 27:3; 30:5; 2 Samuel 2:2; 3:2; 1 Crónicas 3:1

Fue la jezrelita que llegó a ser una de las ocho esposas de David. Se convirtió en la madre del primer hijo de David, Amnón, quien deshonró a su media hermana Tamar, y al que Absalón, el hermano de Tamar, asesinó por este acto de seducción. ¿Heredó Amnón su trato malvado de su madre jezrelita quien era probablemente tan mala como hermosa? La belleza exterior fue la trampa de David, y por esto algunos de sus hijos fueron más atractivos externamente que agraciados en el interior. Los amalecitas en Siclag capturaron a Abinoán, junto con Abigaíl, la viuda de Nabal, pero David los atacó y recuperó a ambas esposas.

AJLAY No. 1

Referencias bíblicas: 1 Crónicas 2:31, 34

Significado del nombre: ¡Ojalá!

La primera Ajlay fue la hija de Sesán quien tuvo varias hijas, y descendiente de Fares, hijo mayor de Judá y Tamar cuyo nombre aparece en la genealogía real de Jesús (Mateo 1). Fue dada en matrimonio a un siervo egipcio, Yarjá, y llegó a ser la madre de Atay.

AJLAY No. 2

Fue la madre de Zabad, uno de los grandes hombres de David (1 Crónicas 11:41).

ANA No. 1

LA MUJER QUE PERSONIFICA
LA MATERNIDAD IDEAL

Referencias bíblicas: 1 Samuel 1; 2:1, 21

Significado del nombre: El origen hebreo de Ana tiene el hermoso y atractivo significado de «llena de gracia» o «favor». Este nombre toca el mundo clásico con especial interés. Ana fue el nombre que Virgilio le dio a la hermana de la abandonada reina Dido.

> Y ahora, Aurora, de los cielos apartó el
> rocío,

> Su hermana (Ana), enferma del alma,
> revela quién comparte su corazón.

Nexos familiares: Ana era la esposa favorita de Elcaná, un levita zufita de Ramatayin que pertenecía a una de las familias más honorables de esa porción sacerdotal de la descendencia de Jacob: los efraimitas. Aunque era un hombre piadoso, seguía la costumbre común de la poligamia en aquellos días cuando «cada uno hacía lo que le parecía mejor». Como el ardiente deseo de todo padre hebreo era tener un hijo, Ana, que era estéril, debe haber insistido en que su marido tomara otra esposa, tal y como Sara acordó con Abraham, para poder perpetuar el nombre de Elcaná. La segunda esposa fue Penina, de quien nada sabemos excepto que le dio varios hijos a Elcaná y que afligió a Ana con su cruel e injuriosa lengua. «El escritor sagrado no nos mantiene durante mucho tiempo en compañía de Penina», dice Alexander Whyte, «le pasa por encima a Penina para hablarnos de Ana, aquella abrumada y aislada mujer que bañaba el lecho con sus lágrimas». La maldición que acompañaba la poligamia se muestra en la vida hogareña de Elcaná. Ana llegó a ser la madre del renombrado Samuel, y también le dio a Elcaná otros tres hijos y dos hijas, cuyos nombres no se mencionan (1 Samuel 2:21).

A la Biblia se le ha llamado «La galería mundial de la fama duradera», y en esta galería el retrato de Ana ocupa un lugar prominente. Todo lo que se registra de esta madre, que fue una de las más nobles hebreas que han vivido, es una inspiración y una bendición. No se nos dice si era tan hermosa como Sara, pero a juzgar por su serenidad interior, debe haber tenido «un rostro muy sensible, en el que se reflejaban sus estados de ánimo como los rayos del sol y la sombra en un tranquilo lago». La historia que tenemos de ella es «una nota del triunfo inmortal de la paciencia». Ana es un hermoso ejemplo de cómo las circunstancias más desagradables y adversas pueden producir un carácter bendecido en el mundo. «Los detalles bosquejados en su vida», dice Juan F. Jurst, «sombríos y tristes al principio, pero radiantes de fe y esperanza al final, forman la introducción perfecta para la narración de la carrera de su gran hijo Samuel en su carácter combinado de juez y profeta de Israel». Quizás podemos resumir la trayectoria de Ana en las siguientes cinco maneras:

Su santidad

Por la historia que tenemos de Ana, parece haber sido una mujer de un carácter sin tacha. La piedad reinaba en su corazón y mantenía una comunión constante con las ordenanzas religiosas de su nación. La piadosa Ana fue separada para el Señor y en medio de difíciles relaciones hogareñas, ella supo cómo recurrir a él para obtener la gracia necesaria para soportar sus problemas. Día y noche clamaba al Señor y aquel a quien su alma amaba la escuchó. El Señor la bendijo notablemente debido a su santidad, devoción, confianza, paciencia y sacrificio personal y a cambio le transmitió a Samuel, su afamado hijo, algo de la santidad de su vida y carácter. No era tarea fácil vivir durante años con una mujer vil como Penina, pero Ana mantuvo la serenidad de su alma y fue como un lirio entre las espinas.

Su dolor

Aunque Ana tenía casa no tenía hogar. El ideal de toda judía era ser «la cabeza del hogar», pero ella no tenía hijos, ni familia. Es verdad que tenía un esposo devoto que la amaba y la colmaba con regalos más ricos que a su otra esposa, pero no tenía hijos. Elcaná, para consolar los anhelos de su corazón, le dijo: «¿Acaso no soy para ti mejor que diez hijos?». Sin embargo, Ana deseaba un hijo de su propio vientre a quien amar y acariciar. Con el pasar de los años su agonía se hizo más intensa y su esterilidad se convirtió en una carga mayor gracias a los celos y a la crueldad de Penina, su rival, quien a menudo atormentaba a Ana por no tener hijos. Pero fiel a su nombre, ella manifestaba la gracia del autocontrol en medio de las crueles críticas y reproches de Penina «su rival, [que] solía atormentarla para que se enojara». ¿Podemos entonces cuestionar que Ana se refiriera a sí misma como «una mujer angustiada»? La envidia, «el monstruo verde que se mofa de la carne que se come», se posesionó de Penina pero no de Ana. Aunque el Señor «le había cerrado el vientre» su corazón seguía abierto para él. Ana, a quien sus más allegados hacían sufrir, nunca fue culpable de ninguna conducta poco femenina o vengativa. Cada vez que su esposo trataba de consolar su angustiado corazón, provocaba en su adversaria nuevos insultos y burlas. El hecho de que Elcaná amara a Ana y le otorgara una doble porción solo añadía más leña al fuego de desprecio que había en el corazón de Penina.

Su súplica

Ana carecía de hijos pero no de oración. Aunque estéril, ella creía y su dolor encontró un refugio en la oración. En la casa de Dios le imploró al Creador «que la elevara hasta el imperio de la maternidad» y que interfiriera a su favor en las leyes de la naturaleza. ¡Qué conmovedor es el pasaje de Ana derramando su alma delante de Dios y prometiéndole que si le concedía un hijo, ella se lo devolvería a Dios para su servicio exclusivo! Ana negoció con Dios y cumplió con su pacto. Llevó su dolor específico delante de Dios y oró, no para que el gozo de Penina disminuyera sino para que él quitara la causa de su angustia. Se entregó a la oración y en la presencia de Dios su tristeza rompió las ataduras. No obstante, al principio, ni en la casa de Dios en

Siló encontró la compasión y la comprensión que buscaba. Considere por un instante las características de su sincero clamor.

En primer lugar, su oración era de un tipo singular. Era una súplica sin un lenguaje externo. Sus labios se movían, pero no había sonido. Su oración era interna y así, al hablar consigo misma, daba la impresión de estar borracha de vino. Ella había aprendido que la oración es la respiración natural del cristiano, «en silencio o en voz alta». Aunque nunca pronunció una oración, «expresó su deseo en el alma y lo envió silenciosamente al trono de Dios. Es una experiencia única en la época de los jueces, la piedad de Ana es una flor abierta en una campo casi estéril». A Elí, el anciano sacerdote, sin intención de ser cruel cuando vio los labios de Ana moviéndose y todo su ser atrapado en el fervor de su súplica pero sin escuchar palabras, de alguna manera le pareció que Ana estaba borracha y la reprendió por entrar en la casa de Dios en semejante estado. Cuánta tristeza añadió a la pena de su corazón estas apresuradas e infundadas conclusiones.

Ana protestó por su inocencia y declaró que nunca había tomado vino ni cerveza, luego derramó su alma delante de Elí quien, al discernir que su deseo de tener un hijo era tan intenso y que tenía un espíritu sacrificial, le aseguró que su oración inarticulada había sido escuchada. «Vete en paz. Que el Dios de Israel te conceda lo que le has pedido». Ella descendió a su casa porque *creía*. Dejó de sentirse triste, afligida, anhelante de corazón; ahora estaba alegre y feliz. Dios le concedió su deseo y el esperado niño llegó y ella le puso por nombre Samuel, que quiere decir «Al Señor se lo pedí».

Su canción

El salmo de acción de gracias de Ana le hace sobresalir como una poetisa y profetisa excelente. Al cumplirse su deseo, ella irrumpe en una canción y expresa su gratitud a Dios por su bondad y su Magníficat se convirtió en la base para el Magníficat que la bendita virgen María le ofrecería al mismo Dios que guarda los pactos. El lector encontrará una gran semejanza entre la canción de Ana y la de María (Lucas 1:46-55). La lírica espiritual de Ana se iguala a cualquiera de lo Salmos y es elocuente en cuanto a los atributos divinos de poder, santidad, conocimiento, majestad y gracia. Una expresión poética tan elevada, resultado de la respuesta de Dios a su oración, ha conmovido los corazones de los santos a lo largo de los siglos. El siguiente paralelismo muestra los puntos de semejanza entre la canción de Ana y la de María:

Canción de María	Canción de Ana
Mi alma glorifica al Señor,	Mi corazón se alegra en el SEÑOR;
y mi espíritu se regocija en Dios mi Salvador.	en él radica mi poder.
Hizo proezas con su brazo; desbarató las intrigas de los soberbios.	El arco de los poderosos se quiebra, pero los débiles recobran las fuerzas.
De sus tronos derrocó a los poderosos, mientras que ha exaltado a los humildes.	Del SEÑOR vienen la muerte y la vida; él nos hace bajar al sepulcro, pero también nos levanta.
A los hambrientos los colmó de bienes,	Los que antes tenían comida de sobra, se venden por un pedazo de pan;
y a los ricos los despidió con las manos vacías	los que antes sufrían hambre ahora viven saciados.

Su sacrificio

Ana oró y prometió, y cuando recibió respuesta a la oración, cumplió tranquilamente su promesa. Ella quería un hijo más que nada en el mundo y cuando Dios se lo concedió, ella se lo devolvió al Señor. Aunque Samuel no nació en el sacerdocio, su madre lo había consagrado al Señor; y ese compromiso debía guardarlo sin considerar cuánta soledad le costaría. Así que cuando lo destetaron, llevaron a Samuel a la casa del Señor, para quedarse allí por «el resto de su vida».

Una vez al año ella lo visitaba y qué detalle tan humano vemos en el hecho de que le tejió una pequeña túnica para que la usara. La santidad y sacrificio de Ana tuvo su recompensa al darle cinco hijos más a Elcaná. En cuanto a Samuel, creció para reflejar la piedad de su venerada madre. Fiel al significado de su nombre, y a semejanza de la intercesión predominante de su madre, se convirtió en un hombre de oración e intercesión todos los días de su vida, y más que todos los hombres, tuvo poder con y de Dios. Cuán apropiadas son las líneas de Tennyson cuando pensamos en Samuel y en su santa madre Ana:

¡Feliz él

Que con una madre tal! Fe en la feminidad
Vence con su sangre, y confía en todo lo que
  es alto
Viene a él con facilidad, y aunque tropieza y
  cae
No cegará su alma con barro.

Las lecciones que debemos reunir de la fascinante historia de Ana son bien evidentes. Primero que todo, cuando pensamos en todo lo que Samuel llegó a ser, nos damos cuenta de cómo la excelencia de muchos hombres usualmente se ha presagiado, si no ejemplificado, en el carácter de sus madres. «El genio y envergadura intelectual de Goethe se indicó por adelantado en las múltiples capacidades de Frau Rath». La madre de Juan Wesley se destacó por su inteligencia, piedad y habilidad ejecutiva ganando así el título de «La madre del metodismo». Como nadie en todo el frío mundo es más adecuado para encaminar a esos pequeños pies hacia Dios, quiera Él concedernos muchas más madres como la piadosa Ana.

En el trato tan duro que Penina le dio a Ana, descubrimos cómo una palabra poco amorosa y dicha sin pensar puede traer dolor a otros. ¡Cómo necesitamos guardar nuestras lenguas! (Santiago 3:9, 10). De la conducta de Ana ante tanta provocación, aprendemos en primer lugar que el corazón de Dios es un santuario reconfortante para el alma dolorida. Sea cual sea nuestra aflicción, el Varón de Dolores espera para encargarse de todo. Ana llevó su carga y anhelo ante Dios en oración y nos enseña algo acerca del espíritu de intercesión. Compare la oración silenciosa de su corazón con el Salmo 19:14. De Elí, quien juzgó mal a Ana aprendemos a no apresurarnos en nuestras conclusiones. Con bastante frecuencia hacemos mal a otros al malinterpretar sus motivaciones. En la suave y digna defensa de Ana aprendemos cómo defender nuestros derechos con toda humildad (véase Juan 8:48, 49; Hechos 26:24-26).

ANA No. 2
LA MUJER QUE LLEGÓ A SER
LA PRIMERA MISIONERA CRISTIANA

Referencias bíblicas: Lucas 2:36-38

Significado del nombre: Favor o gracia. Ana es la misma del Antiguo Testamento, y era el nombre fenicio que usó Virgilio para la hermana de Dido, reina de Cartago.

Nexos familiares: Ana era hija de Penuel, nombre idéntico a Peniel, y que significa «Rostro, o apariencia de Dios». No se nos da el nombre de su esposo quien murió joven. Como Ana, él también esperaba sin dudar, la salvación de Dios. Su padre era de la tribu de Aser, una de las llamadas «tribus perdidas». Esto es todo lo que sabemos de los antepasados de Ana, quien vivió una vida fragante, aunque su biografía es una de las más cortas de la historia bíblica. Su nombre es popular para las chicas. Elsdon C. Smith en *The Story of Our Names* [Historia de nuestros nombres] dice que solo en los Estados Unidos hay más de medio millón de chicas y mujeres con el nombre de Ana.

En nuestra exposición de esta conocida viuda de la Biblia creemos mejor tomar el registro que nos da Lucas, el médico amado, quien dice de ella que:

Era profetisa

La única otra persona en el Nuevo Testamento que lleva esta designación es Jezabel, la autodesignada y falsa profetisa (Apocalipsis 2:20). Las cuatro hijas de Felipe también profetizaban (Hechos 21:9). La narración no nos dice por qué se le conocía como profetisa. Puede ser que su difunto esposo hubiera sido profeta o porque bajo inspiración divina predijo acontecimientos del futuro, o pasaba el tiempo celebrando las alabanzas de Dios (1 Samuel 10:5; 1 Crónicas 25:1-3). Profetizar simplemente significa proclamar un mensaje divino, y a Ana se le dio a conocer sucesos de antes y después, fue alguien a través de la cual Dios habló a otros. Ana debe incluirse en esa continua línea de profetas y profetizas que han anunciado el advenimiento del Mesías en las generaciones venideras. Cuando miró el rostro del niño de Belén, Ana supo que las predicciones pasadas acerca de él se estaban cumpliendo. A lo largo de su larga y piadosa vida se saturó la mente de las profecías del Antiguo Testamento concernientes a la venida de la simiente de la mujer que heriría la cabeza de la serpiente. Esperaba incesantemente a Cristo y, junto con Simeón, creyó que el primogénito de María era verdaderamente el retoño del tronco de Isaí (Isaías 11:1; Miqueas 5:2).

Era muy anciana

Ana solo estuvo casada durante siete años, y permaneció viuda durante ochenta y cuatro años. Esto significa que debe haber pasado los cien años de edad cuando sus cansados ojos vieron al Salvador que tanto había esperado. Envejeció sirviendo en el santuario y estaba lista para partir en paz luego de ver con Simeón la salvación de Dios. Qué alentador es conocer a aquellos que a lo largo de la vida han permanecido fieles al Señor y quienes sus canas son honrosas debido a una vida vivida en la voluntad divina, y quienes, cuando mueren, están listos para la gloria.

Era viuda

Pablo exhortó al joven Timoteo a reconocer «debidamente a las viudas que de veras están desamparadas», y ciertamente todos debemos honrar a Ana, una viuda digna. De hecho, nos preguntamos si el apóstol tenía a la anciana Ana ante los ojos de su mente cuando le dio a Timoteo esta idea:

> «La viuda desamparada, como ha quedado sola, pone su esperanza en Dios y persevera noche y día en sus oraciones y súplicas». (1 Timoteo 5:3, 5).

Ana estaba desamparada, es decir, sola, o solitaria. Una viuda sabe lo que es encarar una vida larga, solitaria y apesadumbrada, y una soledad más agudizada por el recuerdo de los días felices, pero con Ana no era así. Cuando era una esposa joven y sin madre, Dios la apartó del amor terrenal en que se regocijaba y ella no enterró su esperanza en una tumba. Dios, en lugar de lo que le quitó, le dio más de él mismo y ella se dedicó a aquel que prometió ser un esposo para la viuda y durante su larga viudez su devoción a él fue incansable. «Confiaba en Dios» y su cabeza canosa era una corona de gloria (Proverbios 16:31). Durante ochenta y cinco años tuvo reposo en el alma ya que la única cosa que deseaba era que la casa de Dios fuera su morada todos los días de la vida.

No salía del templo

Cuando la muerte desoló su hogar, Ana le dio la espalda a todas las preocupaciones lógicas para unirse al grupo de santas mujeres que se dedicaban a servir continuamente en el templo, día y noche. Ella no era una asistente ocasional ni un miembro de banco sino una adoradora constante y devota. Su puesto en el templo siempre estaba ocupado. ¡Qué tremenda inspiración representan los adoradores de este tipo para un pastor fiel que siente que puede ministrar con más libertad cuando estos están presentes y lo apoyan en oración! Cuando sus puestos están vacíos en la iglesia, él sabe que la causa de su ausencia es algo inusual.

Servía a Dios con ayunos y oraciones

Sin lugar a dudas Ana era una de los muchos elegidos de Dios, que clamaba a él de día y de noche y a quien se le escuchaba en aquello que ella temía. Ella no oraba en alguna esquina apartada del templo ni en un rincón donde solo las mujeres le imploraban a Dios. Ella se unía a otros abiertamente en presencia de la congregación y de forma audible derramaba su alma en el templo. Aquel de cuyo nacimiento ella fue testigo diría que el ayuno y la oración son requisitos necesarios para una vida que Dios usa, y Ana no solo oraba, sino que también ayunaba. Estaba dispuesta a pasar por alto una comida con tal de pasar más tiempo delante de Dios. Su vida era de un autocontrol piadoso. Aprendió a crucificar la carne para servir a Dios más aceptablemente.

Asimismo daba gracias al Señor

Las oraciones de Ana iban de la mano con las alabanzas. Qué impresionante es la frase «Llegando en ese mismo momento». Esto no era una simple coincidencia. En su largo peregrinaje, día tras día Ana iba al templo para orar por la venida del Mesías, y ella lo esperaba, aunque parecía retrasarse, porque cría que vendría. Un día ocurrió el milagro, y al entrar en el templo oyó sonidos de gozo y júbilo procedentes del atrio interior, y escuchó de labios del venerable Simeón las palabras: «Según tu palabra, Soberano Señor, ya puedes despedir a tu siervo en paz. Porque han visto mis ojos tu salvación». Luego de mirar al santo niño que no era otro sino el tan esperado Mesías, Ana también estuvo lista para partir en paz y reunirse con su esposo.

Hablaba a todos del niño

Ana no solo oró y alabó, sino que salió a proclamar las buenas noticias a aquellos que también tenían su fe y esperanza. Fíjese una vez más en la idea que nos da el breve registro que tenemos de Ana. La vemos, en primer lugar, como:

Una de las hijas de Penuel de la tribu de Aser, un hecho interesante dado que ella es la única persona de importancia en la tribu de Aser que se menciona en la Biblia, aunque el nombre significa bienaventuranza.

Una viuda anciana.

Una devota adoradora del Dios viviente. Una profetisa proclamando la palabra profética.

Ahora asume otro papel. Aunque anciana, sigue adelante para convertirse en...

Una misionera.

Ana era parte del piadoso remanente de Israel que, a través de los siglos, incluso en los días más oscuros antes de que Cristo viniera, esperaba que llegara la primavera de lo alto. Así que, cuando oyó la alabanza de Simeón por el cumplimiento de la profecía, fue hacia sus piadosos amigos para anunciarle las buenas noticias. Su fe, luego de largos años de espera, se vió recompensada y ella se convirtió en el primer heraldo femenino de la encarnación para todos los que esperaban al Redentor en Jerusalén. En Ana encontramos «un ejemplo de la fe perseverante de una anciana así como Simeón lo es de un anciano». Bienaventurados aquellos que esperan con paciencia y oración la segunda aparición de Cristo (Hebreos 9:28).

ANÁ

Referencias bíblicas: Génesis 36:2, 18, 25

El significado de este nombre es incierto. Cruden sugiere que puede significar «el que responde, o el que canta», «quien es pobre, o afligido». Aná fue la hija de Zibeón y madre de la anterior Aholibama. Es también el nombre de dos hombres (Génesis 36:20, 24, 29; 1 Crónicas 1:38, 40, 41). Aná es la única madre que se menciona de las esposas de Esaú.

Algunas autoridades leen hijo en vez de hija y sugieren que es bastante posible que todas las referencias anteriores pertenezcan a una sola persona.

APIA

Referencias bíblicas: Filemón 2

Significado del nombre: Fructífera

De esta creyente de Colosa, la antigua ciudad frigia que pertenece en la actualidad a Turquía, se habla como «la hermana» o «amada hermana» (RVR 1960). Es probable que haya vivido a la altura del significado de su nombre siendo una rama fructífera de la vid. Se piensa que Apia haya sido la esposa de Filemón y madre o hermana de Arquito, quien evidentemente era miembro de la familia. Debe haber estado íntimamente relacionada con Filemón pues de lo contrario no se le habría mencionado en conexión con un asunto doméstico (Filemón, versículo 2). La tradición dice que Filemón, Apia, Arquipo y Enésimo fueron apedreados hasta la muerte durante el reinado de Nerón. Enésimo es quien fue a Colosa con un mensaje para el hogar de Filemón.

ASENAT
LA MUJER QUE UN REY LE DIO
A SU PRIMER MINISTRO

Referencias bíblicas: Génesis 41:45-50; 46:20

Significado del nombre: Nombre egipcio que sugiere «aquel que pertenece a Neit, la diosa pagana de la sabiduría, de Sais».

Nexos familiares: De Asenet se habla tres veces como «hija de Potifera, sacerdote de On». Este sacerdote estaba asociado con el «Gran Templo del Sol» en Heliópolis, cerca de la actual Cairo. Ella llegó a ser la esposa de José, el gran libertador de Egipto, y antes de que la hambruna acechara la tierra, dio a luz a dos hijos: Manasés, que significa «Dios ha hecho que me olvide de todos mis problemas, y de mi casa paterna»; y Efraín, sugiriendo: «Dios me ha hecho fecundo en esta tierra donde he sufrido».

El matrimonio que el el faraón arregló entre José y Asenat reveló su determinación de identificar a José con la vida egipcia. José se había convertido en el hombre más valioso de la tierra de Egipto, y era el segundo en poder después del el faraón. Entre los honores que investió sobre José, estuvo el casamiento dentro de la casta de los sacerdotes de alto rango de Egipto. Estos eran los mismos hombres entrenados en la sabiduría de Egipto (Hechos 7:22), y al casarse con la hija de uno de estos sabios, José se incorporó a la casta sacerdotal, pagana por naturaleza. Como lo expresa Kuyper en *Women of the Old Testament* [Mujeres del Antiguo Testamento]:

> El matrimonio de José fue un acuerdo diplomático, que disignó el faraón para colocarlo dentro de una sociedad aristocrática, estrictamente delimitada, y así convertirlo en un egipcio naturalizado. Pero al convertirse en yerno de Potifera, José se involucró en la idolatría egipcia y se hizo miembro de una casta que debía todo su prestigio a dicha idolatría.

Aunque alrededor del siglo V d.C., se hicieron esfuerzos por ligar a Asenat como heroína de un distinguido romance judío y pagano en el que ella renunciaba a sus falsos dioses antes del matrimonio, es el hecho que por ser un hebreo con una marcada conciencia de Dios llenando su vida, José debió haberse negado a casarse con una idólatra. Si se hubiera resistido al arreglo del faraón, igual que resistió los tentadores encantos de otra mujer egipcia, la esposa de Potifar, aun así hubiera conservado su posición de poder, pues como estadista, José era indispensable para el faraón y para Egipto. La historia futura probó que parte de la sangre de Asenat corría por las venas de Efraín y Manasés, inyectando separación e idolatría en las generaciones de Jacob. La influencia y distinción que José alcanzó fue arrasada, y la gloria de la familia de Jacob pasó solamente a Judá. Si se pregunta por qué la tribu de José fue eliminada tan rápidamente, la Escritura señala una sola respuesta: José se casó con la hija de Potifera, sumo sacerdote de los adoradores del Sol en la ciudad de On. ¡Qué buen ensayo para el mandato de Pablo a los creyentes de no tener ningún acuerdo con el templo de los ídolos! (2 Corintios 6:11-18).

ATALÍA
LA MUJER QUE FUE UNA NOTORIA ASESINA

Referencias bíblicas: 2 Reyes 8:26, 11; 2 Crónicas 22; 23:13-21; 24:7

Significado del nombre: Alejada del Señor o Jehová ha afligido. Atalía es el nombre de dos hombres (1 Crónicas 8:26, 27; Esdras 8:7).

Nexos familiares: Era la hija de Acab y Jezabel, por lo que era medio israelita y medio fenicia, y personificó toda la maldad de sus padres y transfirió el veneno de la idolatría a las venas de Jerusalén. Era nieta de Omrí, sexto rey de Israel, «quien ascendió mediante la masacre a un trono que nunca heredó». Atalía se casó con Jorán, hijo de Josafat. Tras muchos años de luchas entre los reinos de Judá e Israel, las relaciones políticas eran más amistosas y como resultado de la conveniencia política por parte de Josafat, que opacaba su buena memoria, dio a Jorán, su hijo mayor, en matri-

monio a Atalía cuyos hermanos, leales a la adoración a Jehová, fueron asesinados por Jorán. De esta unión nació Ocozías quien, con una figura tan repugnante como la de su madre que era licenciosa y la personificación misma de la arrogancia despreciable, nunca tuvo la oportunidad de desarrollar un carácter con características más adecuadas. Con una madre así de malvada como consejera, qué otra cosa podía hacer sino seguir el camino del impío Acab (2 Crónicas 22:3).

Luego de reinar durante ocho años, Jorán murió de una enfermedad incurable predicha y sin que nadie llorara su muerte. Durante su reinado, estuvo dominado por Atalía que era quien tenía el carácter más fuerte de los dos, y quien, habiendo heredado de su malvada madre fuerza de voluntad y devoción fanática a la adoración de Baal, llevó a Judá a la idolatría. Ocozías solamente reinó un año. Herido por Jehú en una batalla, huyó a Meguido donde murió, y su malvada madre (2 Crónicas 24:7) comenzó a envidiar el trono. Pero los hijos de Ocozías se interpusieron en su camino, y la madre, con ambición fanática, aprovechó la oportunidad y masacró a todos los herederos legales, o al menos eso pensaba. Esta asesina en masa, inmisericorde y de corazón cruel trató de exterminar todo vestigio de la casa de David mediante la cual vendría el Mesías prometido. Detrás de su vil crimen de destruir «la simiente real» podemos detectar las malvadas maquinaciones del diablo, asesino desde el principio, para aniquilar la prometida simiente de la mujer predestinada para herir la cabeza satánica. Una mujer mala inclinada hacia la destrucción es doblemente peligrosa.

Después de dar muerte a sus jóvenes nietos, Atalía reinó durante seis años, y fue la única mujer que reinó en Judá. La hija de un rey, esposa de un rey, madre de un rey, y ahora la reina. Mientras su esposo reinó, ella era el poder *detrás* del trono, ahora ella es el poder *en* el trono, y a lo largo del reinado se aprecia su energía, pujanza y destreza. Como gobernante déspota que fue, cada gesto suyo se tenía que obedecer. Durante su reinado se derribó parte del templo de Jehová y se empleó el material en la construcción de un templo a Baal, pero el Dios que domina los destinos de los hombres y las naciones intervino para redimir su promesa de un Salvador de la tribu de Judá.

Atalía no supo que mientras se proponía masacrar a todos sus nietos, le escondieron al más pequeño de la orgía de la destrucción. La hermana de Ocozías, Josaba, esposa del sumo sacerdote Joyadá, escondió a Joás hasta que cumplió siete años (2 Reyes 11:2; 2 Crónicas 22:11). Joyadá había planeado poner a Joás en el trono y esperar el momento oportuno para proclamar al hijo de Ocozías como legítimo rey de Judá. Atalía entró al templo mientras se desarrollaba la coronación de Joás, y rasgando sus vestiduras, gritó: «¡Traición!» Para evitar que el templo se profanara con su malvada sangre la mataron fuera de la puerta donde esperaban los guardias para acabar con su infame vida. Así lo expresa Edith Deen:

> Los caballos pisotearon su cuerpo que yacía a las puertas. En un fin miserable, Atalía tuvo un singular parecido a su madre Jezabel, cuyo cuerpo fue abandonado a los perros. A Atalía la dejaron donde transitaban los caballos para que la atropellaran. Como su madre, murió siendo reina, pero sin una mano que la ayudara ni un ojo que se apiadara de ella.

Entre las lecciones que podemos sacar de los informes de las asesinas es que uno recoge lo que siembra. Para Atalía la vida tenía poco valor, por tanto, todos los que impedían su objetivo se debían destruir. Pero al matar a espada, murió a espada. Respiró asesinato y a cambio la asesinaron. Otra lección que aprendemos de su manchada historia es

que nadie puede torcer los propósitos de la gracia de Dios. Él había prometido un Salvador para un mundo pecador y nadie podía anular dicha promesa. La persecución y el martirio nunca han podido destruir la fiel adoración al Dios verdadero. La idolatría y la infidelidad no pueden ni remotamente aniquilar la imperecedera palabra de Dios. Al terminar la vergonzosa historia de Atalía, nos encontramos completamente de acuerdo con el resumen que de su sanguinaria carrera hace el Dr. Robert G. Lee:

> Tan solo su nombre es detestable. Ella puso a toda la nación bajo la sombra de un gran horror. Pisoteó toda fe. Violó toda responsabilidad. Vivió con los gritos de aquellos a quienes despedazó en sus oídos. Vivió con unas manos rojas de la sangre de príncipes y princesas. Murió, frenética de ira, con la acusación de traición en sus labios. Murió en el corral bajo las hachas de batalla de un pueblo enardecido.

ATARÁ

Referencias bíblicas: 1 Crónicas 2:26

Significado del nombre: Corona

Nexos familiares: Atará fue la segunda esposa de Jeramel, nieto de Fares, y madre de Onam. No se menciona el nombre de la primera esposa de Jeramel con la cual tuvo cinco hijos (1 Crónicas 2:26, 28).

AZUBA NO. 1

Referencias bíblicas: 1 Crónicas 2:18, 19

Significado del nombre: Desolación desolada

Unos pocos nombres simbólicos confirman la promesa de Dios de no abandonar a su pueblo. Por ejemplo, en la frase: «Ya no te llamarán "Abandonada", ni a tu tierra la llamarán "Desolada"» (Isaías 62:4), la última palabra es Azuba. La primera persona que llevó este nombre fue la primera esposa de Caleb, no el amigo de Josué, sino uno de sus descendientes. Llegó a ser la madre de los tres hijos de Caleb: Jéser, Sobab y Ardón.

AZUBA NO. 2

Referencias bíblicas: 1 Reyes 22:42; 2 Crónicas 20:31

La segunda Azuba fue la hija de Siljí cuyo nombre, que significa «Armado del Señor», habla de un hombre que conoció a Dios como su defensa. Llegó a ser la esposa del rey Asá, tercer rey de Judá, que reinó durante cuarenta y seis años y a quien se le reconoce entre los reyes nobles y buenos de Judá. Azuba fue la madre de Josafat, quien, a pesar de las malas alianzas que hizo, sobresale como otro rey encomiable. Incluso hay evidencia de que ella fue una de las mujeres temerosas de Dios de su tiempo y que fue una fuerte influencia religiosa en la vida de su hijo. La frase recurrente en la genealogía de algunos de los gobernantes de Israel: «El nombre de su madre era... [él] hizo lo que agrada al Señor» da testimonio de la influencia piadosa de la madre en la vida de su hijo.

BARÁ

Referencias bíblicas: 1 Crónicas 8:8

Significado del nombre: La que arde

Bará era una moabita con quien Sajarayin, un benjaminita, se casó cuando fue a la tierra de Moab. Su otra esposa era Jusín. El nombre de Bará tiene una conexión interesante y se deriva de Beerá: «arder» o «una quemazón», «astillas de fuego». Algunos eruditos suponen que se refiere a la misma persona a la que luego se le llama Hodes, en alusión a las astillas de fuego como señales de aviso, lo cual era costumbre entre los israelitas en tiempos muy antiguos para anunciar la aparición de la luna nueva.

BASEMAT

Significado del nombre: Fragante o perfumada

El nombre proviene de basam, y quiere decir «el bálsamo». La NVI usa Basemat en todas las referencias siguientes.

BASEMAT No. 1

Referencias bíblicas: Génesis 26:34; 36:10

Era una de las esposas de Esaú a quien también se le llama «la hija de Elón, el hitita». Esaú se casó con ella por rencor ya que su padre no estaba complacido con sus demás esposas pues estas eran hijas de Canaán. Sin lugar a dudas, Basemat fue el nombre de alabanza que se le confirió a ella al casarse (véase ADA).

BASEMAT No. 2

Referencias bíblicas: Génesis 28:9; 36:3, 4, 13

Era la hija de Ismael y la última de las tres esposas de Esaú, de acuerdo a la genealogía de los edomitas. De esta Basemat vino su hijo Reuel de quien descienden cuatro tribus edomitas (véase MAJALAT).

BASEMAT No. 3

Referencias bíblicas: 1 Reyes 4:15

Basemat era hija de Salomón y fue la esposa de Ajimaz, uno de los recaudadores de impuestos del rey en Neftalí.

BERENICE
LA MUJER CULPABLE
DE CONDUCTA INCESTUOSA

Referencias bíblicas: Hechos 25:13, 23; 26:30

Significado del nombre: Berenice (Griego: *Bernicke*), o Bernice, es una corrupción macedonia de *Ferenice*, y significa, «victoriosa», o «trayendo la victoria». Wilkinson nos informa que el nombre aparece antes en la historia, dado «a la esposa de Ptolomeo, uno de los generales de Alejandro... quien llegó a ser rey de Egipto y fundador de una dinastía ilustre». Otro nombre compuesto con *nice*, implicando «victoria», lo encontramos en Eunice (Griego: *Eunicke*) el nombre de la madre de Timoteo. «La palabra expresa una victoria buena o feliz, y en sus orígenes sin lugar a dudas conmemoraba dicho acontecimiento. Es digno de notar que *nike* o *nice* era una terminación favorita para nombres femeninos en la era macedonia, como por ejemplo: *Tesalonice*, hija de Felipe, rey de Macedonia, y *Estratonice*, nombre de la esposa de Antígono, uno de los generales y sucesores de Alejandro».

Nexos familiares: Berenice era la hija mayor de Herodes Agripa 1, que reinó 38-45 d.C., y se le describe como quien «hizo arrestar a algunos de la iglesia» (Hechos 12:1). Josefo dice que ella estaba casada con Marco. Después de un tiempo se casó con su tío Herodes, rey de Chalsis. Cuando este murió, se sospecha que tuvo relaciones pecaminosas con su propio hermano Agripa, junto a quien siempre aparecía. En compañía de Agripa, Berenice visitó a Festo cuando este se convirtió en procurador de Judea. Dejando a Agripa, se casó con Polemon, o Ptolomeo, rey de Cilicia, quien abrazó el judaísmo por causa de ella mediante el rito de la circuncisión. Poco tiempo después, sin embargo, dejó a Ptolomeo durante un período posterior de intimidad con su hermano. Luego fue la amante de Vespasiano, después de Tito, hijo de Vespasiano, pero cuando Tito se convirtió en emperador, la echó a un lado. «Si las cosas se heredan, sus lecciones se enseñan de modo convincente en la historia de la familia herodiana». Por ejemplo, Berenice y su hermana Drusila (Hechos 24:24, véase DRUSILA), fueron dos de las mujeres más corruptas y desvergonzadas de su tiempo en la historia romana. Cuando vemos a Berenice, una mujer malvada que vivió una vida incestuosa, que escuchó la apasionada apelación de Pablo repitiendo lo que Dios había hecho por su alma, uno se pregunta qué efecto tuvo sobre su malvado corazón. Al escucharlo su hermano, le dijo a Pablo: «Un poco más y me convences a hacerme cristiano». Qué recuento tan diferente se habría escrito si Agripa y Berenice se hubieran arrepentido de su sórdido pecado y hubieran rendido sus vidas a aquel cuya sangre puede limpiar al más sucio.

BETSABÉ
LA MUJER CUYA BELLEZA TRAJO COMO RESULTADO EL ADULTERIO Y EL ASESINATO

Referencias bíblicas: 2 Samuel 11:2, 3 12:24; 1 Reyes 1:11-31; 2:13-19; 1 Crónicas 3:5

Significado del nombre: La séptima hija o la hija de un juramento. «Bet» significa hija. Un nombre afín es Betsuá, nombre cananeo que implica "hija de la opulencia». A la esposa de Judá se le llama «la hija de Súa». (Génesis 38:2; 1 Crónicas 2:3). Betsabé fue también el nombre de la hija de Amiel y esposa de David (1 Crónicas 3:5).

Nexos familiares: Betsabé provenía de una familia temerosa de Dios. Era la hija de Elián o Amiel, quien era hijo de Ajitofél. Elián cuyo nombre significa «Dios es misericordioso», era uno de los valientes oficiales de David. Betsabé se convirtió en la esposa de Urías, el más leal de los hombres de David. Después del asesinato de Urías, se volvió la esposa de David y la madre de cinco hijos suyos. El primero murió durante la infancia. Los otros fueron: Salomón, Simá, Sobab y Natán. A ella se le menciona en la genealogía de nuestro Señor como la que «había sido la esposa de Urías» (Mateo 1:6). El historial sagrado nos informa que la relación de David con Betsabé fue la única mancha en el escudo de David. «Porque David había hecho lo que agrada al SEÑOR, y en toda su vida no había dejado de cumplir ninguno de los mandamientos del SEÑOR, excepto en el caso de Urías el hitita». (1 Reyes 15:5). Si este fue el único borrón en su página, fue de los que se impregna muy bien y no pudo borrarse, en lo que concierne a los efectos del trato que le dio a Urías. Aunque Dios libremente perdona al pecador, muchas veces permanecen los efectos del pecado cometido. El trágico episodio en la vida del hombre con el corazón conforme al de Dios se construyó con un arte perfecto, desde el primer vistazo que David le dio a Betsabé hasta el clímax de su indecible remordimiento cuando al darse cuenta de la monstruosidad de su pecado más doloroso, se arroja en los brazos de la misericordia de Dios.

La triste historia comienza con la significativa frase: «Pero David se quedó en Jerusalén». (2 Samuel 11:1). Los israelitas estaban en guerra con los amonitas y el rey que había demostrado ser valiente y victorioso en el campo de batalla debió haber estado con su ejército. Pero ahora David que ya era un hombre maduro, un veterano de muchas guerras y gobernante de Israel durante unos doce años, se volvió un tanto blando e indulgente. Él tuvo su época de lucha y de fatiga a causa de la guerra. Había llegado el momento de dejar los rigores y los riesgos de la batalla a sus oficiales, cruzarse de brazos y tomar las cosas con calma. Pero al no estar luchando la batalla del Señor, David se expuso al ataque y, por consiguiente, se vio involucrado en un triángulo de pasión, intriga y asesinato.

David, paseándose por la azotea de su palacio, vio a una mujer desvistiéndose y bañándose en el techo de una casa cercana y sus pasiones se enardecieron. Betsabé, la mujer que se estaba exponiendo desnuda «era sumamente hermosa» y David, a quien siempre le atraían las mujeres hermosas, la codició y se hizo culpable de una desgracia vergonzosa. Aunque David confiesa que su repugnante pecado fue solo suyo y de nadie más, uno se pregunta hasta qué punto Betsabé fue cómplice del mismo así como de la provocación. De haber sido una mujer cuidadosa, modesta, de seguro hubiera mirado a los techos adyacentes, que se veían con facilidad, y si otros podían verla, habría sido más recatada en su baño.

Además, cuando David la manda a buscar, si ella hubiera sido una esposa fiel y una mujer de principios, se hubiera negado a obedecer el llamado del rey. Cuando ella vio a David deleitándose la vista con ella, ¿tuvo algún presentimiento de lo que pasaría? Si no, entonces una vez frente al rey, debió haberse negado a ceder al adulterio. Más adelante, en el historial sagrado, una mujer pagana, la valiente reina Vasti, se rehusó tenazmente a exponerse frente a hombres enardecidos por el vino y la expulsaron de la corte. Si Betsabé hubiera mostrado la misma determinación para preservar su dignidad, David, el ungido de Israel, nunca hubiera pecado como lo hizo. Después del adúltero incidente en la recámara del rey, Betsabé no mostró ningún sentimiento de culpa pero casi de inmediato, luego del asesinato de su esposo, fue al palacio para complementar a las muchas esposas de David.

Betsabé solo añadió agravio a la herida al deleitarse en una relación ilícita con otro hombre mientras que su fiel esposo estaba arriesgando la vida al servicio del seductor. Al enterarse de que Betsabé estaba embarazada, David hizo traer apresuradamente a Urías para disipar las sospechas pero en su regreso, el dedicado soldado, un hombre de los más altos principios, se negó a tener ningún tipo de contacto físico con su esposa. El astuto plan de David fracasó y la trama se complicó. Tenía que deshacerse de Urías así que de nuevo lo envió al campo de batalla con una carta dirigida a Joab para que pusiera a Urías en el frente de la batalla donde estaba destinado a morir. El piadoso y gallardo Urías no tenía idea de que la carta sellada contenía su sentencia de muerte. Así que para David la lujuria, el adulterio, el engaño, la traición y el asesinato vinieron uno detrás del otro.

Luego del acostumbrado período de luto, Betsabé se convirtió en esposa de David y el hijo de su adúltera unión nació sin percances aunque murió una semana después de su nacimiento. «El Señor se llevó al niño que la esposa de Urías le dio a David». La profunda pena de David a causa de la enfermedad y la muerte del niño, aunque no exoneraba al rey de su crimen sangriento, nos da una idea de su mejor naturaleza y de su fe en el encuentro más allá de la tumba. Tal vez ningún otro pasaje de la Biblia se ha usado tanto para consolar los corazones entristecidos en la hora de la muerte como ese en el que David nos asegura la inmortalidad. Lamentándose sobre el hijo muerto dijo: «¿Acaso puedo devolverle la vida?» No, no podía. Luego salieron palabras que revelaban la cruel herida que causa la muerte: «Yo iré a donde él está, aunque él ya no volverá a mí». Las almas de David y Betsabé deben haber agonizado a medida que penetraba en sus conciencias el hecho de que la muerte de su hijo, concebido fuera del matrimonio, era un juicio divino por su oscuro pecado.

Según las instrucciones divinas, el profeta Natán hizo que David se diera cuenta de su terrible maldad, y con la sincera confesión de su iniquidad, recibió de Natán las reconfortantes palabras: «El Señor ha perdonado ya tu pecado». Se ha escrito mucho acerca del arrepentimiento de David que ha llegado hasta nosotros en el Salmo 51, un salmo saturado de lágrimas penitentes, y del Salmo 32, expresando la gratitud de David hacia Dios por su gracia y misericordia perdonadora. Pero aun perdonado, ni siquiera Dios podía impedir las consecuencias naturales de la transgresión de David, y vino a experimentar su posterior e inevitable dolor. El mal se levantó contra él en su propia casa (2 Samuel 12:11). Uno de sus hijos deshonró a David (13:4), otro lo desterró (15:19), otro

se rebeló contra él (1 Reyes 2), un sirviente lo desafió, los amigos lo traicionaron, un pueblo lo abandonó, y David se vio privado de sus hijos.

¿Y Betsabé? ¿Estaba consciente, como David, de su parte en la inmoral transacción del pasado? Responsable, como también era, del pecado de David, ¿se mezclaron sus lágrimas de arrepentimiento con las de su esposo? Parece que sí, porque Dios los bendijo con otro hijo al que llamaron Salomón, que significa: «Amado del Señor». ¿Por qué no se le dio un hijo como ese a otra de las esposas de David? El hecho de que Salomón le fuera dado a David y Betsabé, ¿no es una evidencia y expresión del amor perdonador de Dios hacia ambos? Además, la inclusión de Betsabé en la genealogía de Jesús (Mateo 1), ¿no es otra señal de que Dios había olvidado los pecados? Restaurado el favor divino, ahora virtuosa y sabia a la vez que hermosa, Betsabé crió a su hijo Salomón con toda diligencia y cuidado piadoso. Salomón mismo llegó a escribir: «Instruye al niño en el camino correcto, y aun en su vejez no lo abandonará» (Proverbios 22:6), consejo que refleja su crianza piadosa. La tradición dice que fue Betsabé quien compuso Proverbios 31, como amonestación a Salomón por su matrimonio con la hija del faraón. Si esto fuera así, entonces son comprensibles todas las advertencias contra las adulaciones de la mujer extraña que abunda en los Proverbios.

Después de su desliz, restauración y el nacimiento de Salomón, el resto de la vida de Betsabé permanece velado en el silencio. Podemos imaginar que llegó a tener una noble serenidad, amable dignidad y la valentía de una reina. El hecho de que mantuvo influencia sobre David hasta su muerte prueba la manera en que le recuerda al rey la promesa de convertir a su hijo Salomón en su sucesor. El velo del silencio se levanta nuevamente cuando Salomón se convierte en rey, y Betsabé, a quien Salomón respetaba, vino a su presencia a pedirle que Abisag, quien cuidó de David durante los últimos días, le fuera dada en matrimonio a Adonías, hijo de Jaguit, otra de las esposas de David.

Una lección que podemos aprender de Betsabé es que, una vez que recibió el perdón de Dios, no dejó que este pecado arruinara el resto de su vida. Arrepentida, usó su error como guía para mejorar una conducta futura. Cuando seguimos pensando en pecados de los que Dios ha dicho que no se acordará más, estamos en realidad dudando de su misericordia, y nos privamos a nosotros mismos de poder y progreso espiritual. Lea nuevamente el Salmo 51 y luego el Salmo 32.

BILHÁ
Referencias bíblicas: Génesis 29:29; 30:3, 4, 5, 7; 35:22, 25; 37:2; 46:25; 1 Crónicas 4:29; 7:13

Esta muchacha esclava era la criada de Raquel, la esposa a quien Jacob amaba más; Labán se la dio a su hija cuando se casó con Jacob. Sin poder tener hijos durante muchos años, Raquel le dio a Jacob una esposa secundaria, Bilha, para poder tener hijos por medio de ella. Dicho actuar estaba en estricta conformidad con el Código de Hamurabi. En este sistema polígamo, Bilhá estaba catalogada por encima de una simple concubina, pero no tenía el prestigio ni la posición de una señora libre de nacimiento. Bilhá le dio dos hijos a Jacob, Dan de donde descendía Sansón (Jueces 13:2), y Neftalí, fundador de una tribu muy grande.

Rubén, el primogénito de Jacob cometió incesto con Bilhá e «Israel se enteró de esto» (Génesis 35:22). Por haber deshonrado de esta manera a la señora de su padre, privaron a Rubén de los derechos de la primogenitura y estos se los dieron a los hijos de José (Génesis 35:22; 49:4; 1 Crónicas 5:1). Información adicional acerca de ese tiempo nos la da Blunt, el comentarista que nos recuerda

que el deseo del Redentor prometido era tan intenso que:

> La esposa provocaba, en vez de resentir, la infidelidad de su esposo; la madre enseñaba a sus propios hijos el engaño; las hijas preparaban la vergüenza de su padre y la suya propia; la nuera requería la cama incestuosa; y no tener hijos era un reproche.

(Véase Génesis 16:2; 30:3, 9; 25:23; 27:13; 38:14.)

BITIÁ
Referencias bíblicas: 1 Crónicas 4:18

Significado del nombre: Hija de Jehová

Bitiá, evidentemente una mujer de buena posición, se menciona como una de las hijas del faraón. No es fácil determinar si aquí el faraón se usa como un título egipcio o como un nombre propio hebreo. Dice Wilkinson: «Este el faraón puede haber sido un israelita, cuyo nombre se deriva de la palabra hebrea *pernoth* o *paroth*, de *para* que significa "guiar". Si suponemos que haya sido realmente un rey de Egipto, lo cual no es del todo inconcebible, el nombre de la hija puede sugerir su conversión a la fe israelita, y su admisión al vínculo del pacto». Quizás ella estaba entre los egipcios que se convirtieron en prosélitos tras el desastre del Mar Rojo, y, como Rut, renunciaron a su casa natal, a su país y a su pasado para casarse con un israelita y tener al Dios de Israel como su Dios. Ella se casó con Méred, descendiente de la tribu de Judá, cuya otra esposa fue Jehudaía (RVR 1960), «la judía», para distinguirla de Bitiá, de procedencia egipcia.

CANDACE
Referencias bíblicas: Hechos 8:27

Significado del nombre: Gobernadora o Reina de los niños. Lucas no nos da el nombre exacto de esta reina etíope. Era el nombre de una dinastía, no de un individuo, y durante muchos años lo usaron las reinas de Etiopía, tal y como el faraón era el título hereditario que se le daba a los antiguos reyes egipcios y César a los emperadores romanos. El fascinante contexto que Lucas nos narra está relacionado con el eunuco, un hombre de gran autoridad, una persona influyente, en su camino de regreso a través del desierto hacia Meroe, Etiopía, interesado en el Antiguo Testamento. Felipe, el evangelista, lo encontró sentado en su carruaje leyendo Isaías 53, y a partir de este capítulo tan lleno de la verdad de la cruz, le predicó sobre Jesús. El eunuco se convirtió a Dios, se bautizó allí en el desierto y regresó alegre a su país. La tradición dice que él le testificó del Salvador que recién había encontrado a la Candace y que ella también abrazó la fe cristiana. Tal fue la influencia de este eunuco convertido que muchas almas se salvaron y finalmente él se convirtió en el obispo de la primera iglesia cristiana de Etiopía. Es interesante notar que el actual emperador (año 1967) de Etiopía es un cristiano profesante.

CESIA

Referencias bíblicas: Job 42:14

Significado del nombre: Casia

Esta segunda hija de Job tiene un nombre de perfume que se refiere a una hierba aromática (Salmo 45:8) y era una expresión de su belleza. (Véase JEMIMA.)

CETURA

Referencias bíblicas: Génesis 25:1-6; 1 Crónicas 1:32, 33

Significado del nombre: Incienso

Tras la muerte de su amada Sara, Abraham tomó como tercera esposa, si contamos a Agar como esposa, a la joven Cetura. Cuando Sara murió, y su hijo Isaac se casó, sin lugar a dudas Abraham, ya un hombre anciano, se sentía muy solo y se volvió a casar buscando compañía. A Cetura se le llama concubina (1 Crónicas 1:32). Su nombre es como Cezia, el nombre de un perfume. Ella fue la madre de seis hijos de Abraham: Zimrán, Jocsán, Medán, Madián, Isbac y Súah quienes se convirtieron en los progenitores de seis tribus árabes del sur y el este de Palestina. Los antiguos israelitas consideraban a los árabes como parientes lejanos. Fue mediante la descendencia de Cetura que Abraham llegó a ser «el padre de muchas naciones». En sus años decadentes, el patriarca estuvo rodeado por el cuidado y el amor de una mujer y por un círculo de hijos queridos. Kuyper, al escribir de la relación entre Abraham y Cetura, señala que no podemos pensar que fuera romántica. Fue un matrimonio en el que un amor menos apasionado y vehemente alcanza altas cualidades éticas.

A Cetura no se le describe como a una joven esposa que ha alcanzado una posición de independencia en una tienda de campaña propia. Ella aparece como una esposa que cuida y provee para los ancianos. Tal actitud también implica devoción pero una devoción que combina el amor de una esposa con el de una hija.

Aunque Cetura, la esposa de Abraham, lo sustentó y cuidó como lo haría la hija mayor de una familia con un padre, ella tiene algo que decirle a cualquier mujer soltera que se case con un hombre mucho mayor que ella con una experiencia marital previa. «Tiene que haber una devoción sincera y consagración del más alto grado en la que el amor se combine con un deseo sagrado de ser un buen compañero para los afligidos y los desamparados».

CLAUDIA

Referencias bíblicas: 2 Timoteo 4:21

Significado del nombre: Cojo

La tradición tiene más que decirnos acerca de esta obrera cristiana romana que la

Biblia. La podemos incluir entre las principales mujeres honorables de origen gentil que oyeron y creyeron el evangelio. Sin duda era miembro de una de las grandes casas antiguas de Roma. La encontramos junto con Pablo y los demás miembros de su iglesia que envían saludos a Timoteo. Varios eruditos sugieren que Claudia era la esposa de Pudente, con quien se menciona, y que Lino, quien llegó a ser obispo de Roma, era su hijo. Sin embargo, no hay justificación para asumir que Claudia haya sido la esposa de Pilatos, a quien tradicionalmente se le conocía como Claudia.

Existe una leyenda interesante que afirma que Claudia era una señora británica de noble cuna, hija de un rey británico Cogidubnus. La pusieron bajo el patrocinio de Pomponia, esposa de Aulus Plautius, conquistador de Gran Bretaña y de este cristiano aprendió las verdades del evangelio. El historiador romano Tácito habla de una inscripción encontrada en Chichester, Inglaterra, que declara que Claudia era de ascendencia británica. Todo lo que la Biblia nos dice de ella es que se encontraba entre las mujeres devotas que animaron grandemente al apóstol Pablo en su arduo trabajo por el Maestro que tanto amaba.

CLOÉ

Referencias bíblicas: 1 Corintios 1:10, 11

Significado del nombre: Hierba verde

No se nos dice nada del pasado de esta matrona corintia y cabeza de un hogar cristiano. Evidentemente era bien conocida de los corintios por su nombre personal que significa «hierba verde», y en griego representa el primer brote verde de las plantas. Cloé es, por tanto, simbólico de fructífera gracia y belleza. Mientras se beneficiaba de la hospitalidad de su hogar, Pablo recibió informes de contienda entre los líderes de la iglesia primitiva, asunto que trató en su primer capítulo de Primera a los Corintios. La iglesia en Corinto le dio a Pablo bastantes dolores y preocupaciones a causa de su pobre espiritualidad.

COZBÍ

Referencias bíblicas: Números 25:6-18

Significado del nombre: Engañador, engaño

Esta mujer madianita, hija de Zur, jefe de una de las principales familias de Madián, tenía un nombre hebreo cuyo significado corresponde con su carácter, pues Cozbi se deriva del verbo *cazab* que significa «engañador» o «engaño». El nombre, dado por sus padres, puede haber expresado su desilusión por el nacimiento de una hija en vez del hijo que esperaban. Pero dice Wilkinson en *Personal Names* [Nombres personales]: «Es concebible que este nombre sea producto de la observación de una inclinación hacia la falsedad y el engaño desde temprano en la niñez. En la degradada condición moral de los madianitas de aquel tiempo, las malas mañas y el engaño eran frecuentes.

Aunque era una princesa, su influencia sobre los líderes era mala. Estuvo entre los que ocasionaron la corrupción moral y religiosa de los israelitas. Hechizó a Zimri, hijo de Salu, príncipe de los hijos de Simeón. A esta tentadora la mató Finés, hijo de Eleazar y nieto de Aarón (véase Salmo 106:30, 31). Pareciera como si la lanza que «atravesó al israelita y a la mujer» detuviera la plaga que dominaba a Israel por su prostitución e idolatría. ¡Qué día tan triste en el que miles de israelitas perecieron! (Números 25:9; 1 Corintios 10:8.)

DALILA
LA MUJER QUE TRAICIONÓ
A SU ESPOSO POR DINERO

Referencias bíblicas: Jueces 16:4-21 (Léase Proverbios 5)

Significado del nombre: Dalila es un nombre

agradable al oído que cualquier mujer vanidosa envidiaría, pues significa «delicada» o «exquisita». Debido al malvado acto del que Dalila fue culpable, en las Escrituras no aparece ninguna otra mujer con ese manchado nombre. De hecho, realmente es raro encontrar a una mujer que se llame así.

Nexos familiares: La Biblia no nos dice nada acerca de su ascendencia y antecedentes excepto que procedía del valle de Sorec que se extiende desde Jerusalén hasta el Mediterráneo, cuya entrada se hermoseaba con raras flores que perfumaban el aire con dulces olores.

La historia de Dalila, la destructora de un poderoso hombre, se nos da en solo dieciocho versículos; la descripción de la traición, caída, esclavitud y muerte de Sansón es una de las más gráficas de la Biblia. Por supuesto, no podemos escribir acerca de Dalila sin mencionar a Sansón. ¡Qué tremendo contraste nos presentan y qué simbólicos son de ciertas personas hoy día! Sansón era físicamente fuerte pero moralmente débil. Aunque era capaz de desmenuzar a un león, no podía luchar contra su lujuria. Pudo romper sus ataduras, pero no sus hábitos. Pudo conquistar a los filisteos pero no sus pasiones. Dalila fue una mujer que usó sus encantos personales para seducir a un hombre para su destrucción física y espiritual, y se destaca como una de las mujeres más bajas y malvadas de la Biblia, la Judas del Antiguo Testamento.

Esta prostituta filistea fue una mujer de persistencia impura y engaño diabólico con encanto personal, habilidad mental, autonomía y nervios de acero, pero que usó todas sus cualidades con un solo propósito: *dinero*. Nunca conoció el honor ni el amor, pues detrás de su hermoso rostro había un corazón tan sombrío como el infierno, lleno de traición viperina. «Su mayor maldad no es el traicionar a Sansón contra sus enemigos, sino llevarle a quebrantar su fe y sus ideales». Shakespeare bien puede haber tenido en mente a Dalila cuando escribió:

> ¡Oh, Naturaleza! Qué tenías tú que ver con
> el infierno
> Que encerraste el espíritu de un demonio
> En mortal paraíso de tan dulce carne.

Al engañar a Sansón para que creyera que realmente lo amaba, Dalila lo vendió a la ceguera, la esclavitud y la muerte. La facilidad con la que traicionó a su esposo reveló que pertenecía a los enemigos del pueblo de Dios, pueblo del que Sansón era el líder reconocido. A los filisteos no les gustaba que Sansón anduviera por allí porque era el campeón de Israel y como tal interfería con sus prácticas. Por lo tanto, tenían que deshacerse de él, y en Dalila, la prostituta filistea, los filisteos tenían alguien que estaba dispuesta a dejarse sobornar para actuar como su agente. Ella tenía un propósito definido, que era conseguir dinero, y no tuvo ningún reparo en jugar con el amor a cambio de las riquezas. Así, como expresa Kuyper: «Durante todo el tiempo mantuvo una fuerza policial acuartelada en sus habitaciones y esperó el momento en que pudo entregar a su amante en manos de los enemigos».

Sansón se traicionó a sí mismo porque no pudo resistir los encantos de una mujer. Primero una mujer y luego otra se aprovecharon de su profundamente arraigada debilidad y de su principal pecado, y Dalila fue la más eficiente para destruirlo. Ella permanece como una advertencia para todos los hombres de tener cuidado con los encantos y artimañas de la mujer malvada y calculadora. Como dijo un escritor desconocido:

> Las mujeres de la Biblia pasan ante la imaginación en la visión de los tiempos antiguos, como estrellas puras y radiantes, poco más frágiles que el ala de una nube transparente sobre esas hermosas esferas. De repente surge Dalila de las tinieblas, como un

glorioso meteorito, describe un arco de luz romántico y fatal, y desciende en un horizonte de horrible oscuridad.

Los jefes de los filisteos ofrecieron una enorme suma como soborno, mil cien monedas de plata. Judas vendió a Jesús por solamente treinta piezas de plata. Semejante fortuna no era una tentación pequeña para Dalila y ya que compartía la pasión de la venganza de sus tentadores, se dio a la tarea, de manera sutil, de ganarse el precio de la sangre. Intentó mediante su forma astuta y malvada que Sansón le revelara el secreto de su fuerza sobrenatural. Las tres primeras veces Sansón mintió jocosamente al responder la pregunta de Dalila enumerando las siete cuerdas verdes, las sogas nuevas y el tejido de su pelo. Dalila, la encantadora, engañada tres veces, empleó su última arma: las lágrimas. Le dijo llorando: «¿Cómo puedes decir que me amas, si no confías en mí? Ya van tres veces que te burlas de mí, y aún no me has dicho el secreto de tu tremenda fuerza».

Sansón quedó conquistado. Una mujer llorona derritió su corazón y él confesó la verdad de su voto nazareo y cómo si se le despojaba de su pelo largo, su fuerza lo abandonaría y sería como cualquier otro hombre normal. Al darse cuenta de que se había dicho la verdad, Dalila arrulló a Sansón hasta que se quedó dormido. Mientras él dormía, los filisteos destruyeron la marca del voto y cuando Sansón se despertó, aunque trató de ejercer su poder como antes, se dio cuenta de que este lo había abandonado. El resto de la trágica historia le pertenece a Sansón. Sus enemigos le sacaron los ojos, lo ataron con grilletes en Gaza, donde la fuerza que Dios le había dado se puso de manifiesto, y lo obligaron a moler maíz. El Hércules espiritual quedó reducido a la mayor degradación. Sansón sabía que su amarga servidumbre era el resultado de su pecado y podía confesar:

«Soy un sepulcro; una tumba andante, una prisión dentro de una prisión.

¡Inseparablemente oscura!
Ninguna de estas maldades me ha sobrevenido,
Sino con justicia, que solo yo me las busqué.
Yo el único autor, la única causa. Si algo parece vil, igualmente vil ha sido mi locura».

Pero desde las profundidades Sansón clamó al Señor y como leemos, su cabello comenzó a crecer. Olvidado por todos, había alguien que estaba al alcance de la mano y el Dios de gracia le restauró a su siervo pecador y ahora arrepentido, el poder que había perdido. El aprieto de Sansón se convirtió en la oportunidad de Dios. Mientras Sansón estaba en la prisión, tres mil filisteos se reunieron en el palacio para honrar a su dios Dagón por la victoria sobre su temido enemigo. Mientras los corazones latían fuertemente con el vino del banquete y el baile, se escucha el grito pidiendo que se les trajera al ciego Sansón para que fuera el blanco de sus bromas y mofas. Un muchacho trae al gigante y lo coloca entre las columnas del templo pagano para que todos pudieran verlo. Comienza la mofa de la embriagada multitud. Piden un acertijo y Sansón dice uno que no esperaban. Con sus brazos alrededor de las columnas y profundamente penitente por sus pecados, oró: «Oh soberano Señor, acuérdate de mí. Oh Dios, te ruego que me fortalezcas sólo una vez más, y déjame de una vez por todas vengarme de los filisteos por haberme sacado los ojos».

Entonces, sacudiéndose como en los viejos tiempos, rodeó las columnas con sus brazos, el enorme templo se tambaleó y los tres mil filisteos, incluyendo a la traicionera Dalila, perecieron. Fue una victoria que le costó a Sansón su propia vida y podemos ver que mató a más en su muerte que en los tiempos en que su poder estaba en pleno apogeo.

Carece de evidencias la idea de Juan Milton respecto a que Dalila se arrepintiera profundamente por el crimen que cometió contra Sansón y que lo visitara en la cárcel implorándole perdón ni de la severa respuesta de él:

> «¡Fuera! Fuera! Hiena, estas son tus
>   habituales artimañas
> y las artimañas de una mujer falsa como tú;
> quebrar toda fe, todo voto, engañar,
>   traicionar.
> Luego, como penitente, se somete, implora,
> Y la reconciliación se mueve con fingido
>   remordimiento».

En su drama «Sansón agoniza», Milton continúa describiendo los esfuerzos posteriores de Dalila para asegurarse el perdón y acude a su último recurso y alega el amor hacia su país y la alta estima en la que se le tendrá por la posteridad. Pero una mujer como Dalila no sabe cómo arrepentirse y así como Judas fue y se ahorcó, pareciera como si Dalila, regodeándose en el precio que recibió por la tracción a Sansón, tuvo una muerte terrible al quedar enterrada bajo las ruinas del templo, resultado de la restauración de la fuerza divina de su esposo.

¿Qué lecciones deben aprenderse de Sansón y Dalila, a cuya historia Hollywood no pudo resistirse y la convirtió en una película sexy apelando a la taquilla? Pudiera hacerse la pregunta, ¿cómo podemos aprender algo de una historia tan desagradable? ¿Por qué está en la Biblia esta historia sórdida en grado sumo? La lectura acerca de un hombre que hizo un voto a Dios, con gran fuerza física y agilidad mental que escoge a una mujer sin moral ninguna pudiera considerarse inadecuada para incluirse en las Sagradas Escrituras. Sin embargo, *toda* Escritura es inspirada por Dios y el Espíritu guió al escritor del libro de Jueces para que expusiera los detalles de la vida amorosa de Sansón. Nuestra respuesta es que la Biblia no sería realista ni fiel a su misión en el mundo si no reflejara y nos revelara, en un lenguaje moderado, las obras del mal y el amor y gracia infinita de Dios para con aquellos cuyas vidas están tan carentes de virtudes que le agraden a él. La Biblia, como biografía de la humanidad, está más que al día para nosotros, como nos recuerda H.V. Morton:

> «Los tribunales policiales siempre recuentan la vieja historia de Sansón y Dalila. Aparece en unos cuantos disfraces ingeniosos, un tema capaz de infinitas variaciones, pero de principio a fin el tema principal es el de un hombre que se hunde cada vez más en su propia falta de autocontrol hasta que llega el momento en que, atrapado y despojado de su fuerza, se queda ciego y marcado».

Este mismo escritor prosigue diciendo que Dalila desapareció, como hacen tales mujeres, cuando terminó su tarea y recibió su recompensa. Luego Morton relata la conversación que tuvo con un abogado criminal con respecto al proceso judicial en un caso reciente cuando un hombre quedó arruinado al imputársele determinados cargos.

—Es sencillo —dijo el abogado—. Una chica pretendió estar enamorada de él y lo entregó.

—¿Quiere decir que los enemigos de él la sobornaron?

—Por supuesto —dijo él.

Este incidente, como la historia de Dalila, no necesita moraleja. La historia es suficiente. A Dalila no le preocupaba la debilidad de Sansón sino su fuerza. Una vez que el hombre traiciona su fuerza, no tiene reservas y está cortejando el desastre. Otra lección que puede aprenderse de esta historia es que el verdadero encanto femenino y la atracción del amor son dones que se reciben del creador y cuando estos, los dones más hermosos y eficaces, se usan incorrectamente o se juguetea con ellos de forma deliberada, la retribución divina supera a aquellos que prostituyen dichos dones.

Otra lección que debemos sacar del registro antiguo que tenemos ante nosotros es lo disparatado que es unirse en yugo desigual. Sansón se casó con alguien fuera de su país, su pueblo y religión. Si Sansón, el héroe de Israel, se hubiera casado con una muchacha israelita, nunca le hubiera sucedido la tragedia que le sobrevino. Pero decidió hacer su esposa a una devota de un dios pagano lo cual estaba en contra de lo que Dios ordenó para el juez de Israel, y pagó el fatal precio por sus actos.

DÁMARIS

Referencias bíblicas: Hechos 17:34

Significado del nombre: Becerra

Esta mujer convertida por el testimonio de Pablo en la colina de Marte (Hechos 17:34) debe haber sido una ateniense bien conocida. Su nombre es de la forma *Damalis*, que quiere decir «ternera», y se usaba para denotar a una muchacha joven. Destacada junto con Dionisio el areopagita, uno de los jueces del tribunal, indica cierta distinción personal o social (Hechos 17:12). No existe evidencia de que fuera la esposa de Dionisio como afirman algunos escritores. Cuando se burlaron de Pablo en Atenas, Dámaris y Dionisio se unieron al apóstol y creyeron. ¡Cómo debe haber alegrado su corazón la conversión de ellos! Con qué toque tan precioso termina el capítulo: «y otros más». Aunque no se nos dan sus nombres, sí están registrados en el gran Libro de la Vida del Cordero.

DÉBORA

Entre los personajes femeninos de la biografía de las Escrituras hay dos con el nombre de Débora: una fue la nodriza que sirvió con la leche de sus pechos en la familia patriarcal de Jacob; y la otra fue la profetisa y única jueza en la época en que jueces o salvadores que el Señor levantaba gobernaron a Israel.

DÉBORA No. 1

LA MUJER QUE PASÓ SU VIDA COMO NODRIZA

Referencias bíblicas: Génesis 24:59; 35:8

Significado del nombre: Débora significa «abeja», y es emblemático de laboriosidad, paciencia, sagacidad y utilidad, un nombre perfectamente apropiado para una criada o niñera. El comportamiento de Débora, a lo largo de su larga vida, satisfizo la expectativa o esperanza que expresa su nombre. Tal y como la abeja, simboliza actividad constante, laboriosa diligencia y cuidado, el Dios de gracia capacitó a Débora para vivir su vida como una niñera devota, tranquila y fiel.

Nexos familiares: No sabemos nada del pasado de Débora. Probablemente nació en servidumbre, no obstante su linaje era lo suficientemente encomiable como para garantizarle el oficio doméstico de gran confianza en la familia patriarcal de Najor.

Débora, como nodriza de Rebeca, acompañó a su ama hacia el nuevo hogar después que esta se casara con Isaac. Cuando Jacob y Esaú nacieron, podemos imaginar con cuanto amor Débora cuidó de ellos. Luego, cuando Jacob se casó, y su familia creció rápidamente, es probable que Rebeca e Isaac se los dieran a Débora para que esta los amamantara. Cuando la niñera no le fue de utilidad a Rebeca, esta no la despidió, Débora permaneció en la familia y la retuvieron con gran respeto. Se convirtió en un tesoro indispensable en aquel antiguo círculo patriarcal. Cuando murió a una edad avanzada, casi 100 años de acuerdo con algunos escritores, la lloraron como si fuera de la familia, y se honró grandemente en su muerte. Su nombre y lugar de entierro están inmortalizados en las palabras: «Por esos días murió Débora, la nodriza de Rebeca, y la sepultaron a la sombra de la encina que se encuentra cerca de Betel. Por eso Jacob llamó a ese lugar Elón Bacut». Toda la familia lamentó su partida, y todos los que se habían beneficiado de la fiel devoción de Débora lloraron por ella como si fuera uno de los suyos. Mediante su fe en Dios, ella transformó los lazos de la servidumbre en lazos de amor y se ganó la devoción y gratitud de aquellos a quienes sirvió durante tanto tiempo y con tanta lealtad. Débora trajo la gloria de Dios a las tareas más ordinarias del hogar de Jacob. No es de extrañarse que todos los ojos estuvieran llenos de lágrimas al enterrar su cuerpo envejecido y encorvado a la sombra de aquel roble. Hombres famosos como Earl Shaftesbury y Robert L. Stevenson han dado testimonio de la deuda que tienen con nodrizas dedicadas que fueron tan bondadosas y afectuosas con ellos en sus primeros años y quienes influyeron mucho en sus vidas, incluso más que sus propios padres.

DÉBORA No. 2
LA MUJER QUE FUE
UNA VALIENTE PATRIOTA

Referencias bíblicas: Jueces 4 y 5; Hebreos 11:32-34

Significado del nombre: Aunque no sabemos mucho de la historia anterior de esta jueza-profetiza, pudiera ser que sus padres, conociendo del servicio desinteresado e incansable de Débora, la nodriza, le pusieran el mismo nombre a su niña que, como ya se ha dicho, significa abeja. Lo que sí sabemos es que las cualidades prácticas que la laboriosa abeja representa eran tan necesarias para Débora como para el correcto desempeño de las tareas menos prominentes y más humildes de la Débora anterior, la nodriza. Aunque Débora la patriota recogía miel para sus amigos, ella, al igual que una abeja, tenía un aguijón fatal para sus enemigos, tal y como los cananitas llegaron a experimentar. «La ciencia confirma la antigua creencia de que en todo el reino animal, la abeja se encuentra entre los de mayor inteligencia», señala Mary Hallet. «Así que Débora sobresale entre las mujeres más sabias de todo el Antiguo Testamento».

Nexos familiares: No tenemos genealogía de esta guerrera y escritora. El único contacto personal que tenemos es que «era esposa de Lapidot» (Jueces 4:4), cuyo nombre es la única cosa que la Biblia nos da. Su hogar estaba entre Betel y Ramá en la región montañosa de Efraín. La palmera bajo la cual Débora juzgaba y posiblemente vivía era un punto de referencia ya que en aquel entonces las palmeras eran inusuales en Palestina. En honor a su trabajo se llegó a conocer como «la Palmera de Débora» (Jueces 4:5). Aunque se habla de ella como «una madre de Israel», no tenemos constancia de que Débora haya sido la madre de hijos biológicos de Lapidot.

De vez en cuando una mujer única, de espíritu independiente, irrumpe en la historia y mediante sus proezas deja en los acontecimientos la influencia de su personalidad y obtiene un honor imperecedero. Inglaterra, por ejemplo, nunca olvidará las intrépidas acciones de Margarita de Anjeo quien, a la cabeza de sus fuerzas norteñas, barrió el país como un ciclón destruyendo ejércitos y echando tronos abajo. En Francia, Juana de Arca, la santa patrona de su país, profesaba tener visiones divinas con respecto a su destino de restaurar la paz de su perturbada nación mediante la coronación de Carlos. Desde que estudiábamos en la escuela, aprendimos que ella dirigió un ejército de 10.000 contra los ingleses en Orleans y los obligó a retirarse y cómo siguieron otras victorias mientras su bandera consagrada sembraba el terror en los corazones de sus enemigos. A la postre la quemaron en la hoguera como «un mártir por su religión, país y rey». Sus cenizas, echadas al Sena, llegaron hasta el mar, el mar las llevó alrededor del mundo y se convirtieron en un símbolo de su fama universal.

Igualmente talentosa fue Débora, con prominentes poderes espirituales, mentales y físicos que dejaron su marca en los anales del tiempo, a quien Dios levantó y dotó con una personalidad notable y dones diversos para la liberación de su pueblo afligido y derrotado. Débora, una mujer de logros poco comunes, se hizo su hornacida en la historia. Ocupó diversos puestos con una resolución característica.

Fue esposa

Aunque no se menciona nada de su esposo ni de su vida hogareña, no hay razón para afirmar, como hacen algunos escritores, que al haber nacido para mandar, Débora era quien mandaba en su hogar. Algunos escritores opinan que ya que Lapidot era el esposo de una mujer prominente, Débora era «quien llevaba los pantalones». Wharton sugiere en *Famous Women* [Mujeres famosas] que Lapidot era un hombre débil casado con una mujer de espíritu independiente y cuerpo fuerte. «En el original hebreo su propio nombre no aparece en género masculino sino femenino. Yo no tengo dudas de que aunque no tan grande, no obstante era tan "manso como Moisés"». Aunque manso, de ningún modo Moisés era débil.

Preferimos creer que Lapidot admiraba la habilidad e influencia de su esposa que era más prominente. Su nombre significa «antorchas» o «destellos relampagueantes» y podemos muy bien imaginar cómo con su modo de ser más tranquilo él animaba a Débora en todas sus actividades. Aunque no era tan enérgico ni hábil como su esposa, no obstante él sobresalía de su propia manera y detrás del telón era tan bueno y tan prominente en la fe como la mujer que amaba y en cuya gloria él se regocijaba. Muchos de los hombres notables del mundo han dado testimonio del socorro y la inspiración que recibieron de sus esposas quienes caminaron junto a ellos mientras escalaban las alturas. Tal vez la tortilla está virada del otro lado en aquel hogar temeroso de Dios. Débora nunca se habría convertido en la figura deslumbrante que llegó a ser de no haber tenido el amor, la simpatía, el consejo y el ánimo de un esposo que estaba contento de permanecer entre bastidores.

Fue profetisa

Débora es una de las varias mujeres en las Escrituras que se distinguió por poseer el don de profecía, lo que significa la capacidad de discernir la mente y el propósito de Dios y declarárselo a otros. En los tiempos del Antiguo Testamento, los profetas y las profetisas eran los medios de comunicación entre Dios y su pueblo Israel y el don que ellos tenían de percibir y proclamar la verdad divina les ponía el sello de tener inspiración divina. Tal oficio, ya fuera de un hombre o de una mujer, era de alta estima y el paralelo actual corresponde con el ministerio de la proclamación de la palabra de Dios. ¿Se imagina usted la sed con que llegaban los israelitas a aquella famosa palmera debajo de la que se sentaba Débora, imponente, con sus penetrantes ojos negros derramando sabiduría e instrucción mientras declaraba todo el consejo de Dios? Como mujer ella tenía intuición al igual que inspiración lo que es siempre mejor que el frío razonamiento de un hombre. Si Poncio Pilato hubiera escuchado el consejo de su esposa, no habría firmado la sentencia de muerte de Jesucristo.

Fue agitadora

Como uno de los significados de «agitación» es instigar o despertar el debate público con el objetivo de producir un cambio, entonces Débora fue una agitadora eficiente que despertó la preocupación de Israel por su condición espiritual. El país estaba corrompido y casi arruinado, y la libertad se perdió bajo el gobierno de los cananeos. El pueblo estaba abatido y temeroso pues los ánimos estaban quebrantados y toda esperanza de liberación se había desvanecido. Pero Débora hizo más que profetizar; ella levantó a la nación de su letargo y desesperanza. Su devoción a la emancipación del pueblo de Dios era valiente y espontánea, ella despertó en el pueblo una decisión de liberarse a sí mismos del yugo miserable y de la degradación. Su llamado y su desafío salieron para que el Señor les diera su ayuda en contra del enemigo. Día tras día ella instigaba a los que se reunían a escuchar sus palabras de sabiduría divina con la certeza de liberación de un enemigo pagano si tan solo ellos se despojaran de su necedad y su temor y salieran a pelear.

Fue gobernadora

Débora fue la quinta de los líderes de los «Jueces» que Dios levantó en Israel para liberar a su pueblo del yugo que su idolatría le había causado y rápidamente, tanto de palabra como de hecho, cumplió su papel como jueza en un tiempo en que los hombres trataban de hacer lo que les parecía mejor. Como la posición de la mujer en aquellos días era la de un personaje claramente subordinado, la prominencia de Débora como gobernadora es de cierto modo extraordinaria. Todo Israel estaba bajo su jurisdicción y desde la palmera que llevaba su nombre y en el resto de los lugares, con el nombre de «el santuario de la palmera», ella impartía rectitud, justicia y misericordia. Después de la victoria sobre los enemigos de la nación, ella gobernó con equidad una tierra que descansó de la guerra y el cautiverio durante cuarenta años.

Fue guerrera

Luego de luchar con las palabras, ella salió adelante a quitar con espada el yugo del opresor ¡y qué guerrera demostró ser esta heroína e inspirada patriota! Débora mandó a buscar a Barac, el hijo de Abinoán de Neftalí y le dijo que era la voluntad de Dios que él dirigiera el ejército de ella y liberara al país. La prolongada esclavitud y los repetidos fracasos hicieron que Barac dudara pero al fin decidió dirigir el ejército con la condición de que Débora, la valiente e intrépida gobernante, fuera con él. Barac sentía que podía enfrentarse al enemigo si la gobernante estaba cerca y así fue que salieron a encontrarse con Sísara, un poderoso guerrero que había aterrorizado a Israel durante muchos años. Las posibilidades en contra de Débora y Barac eran muchas ya que su ejército consistía de unos 10.000 hombres. Sísara lideraba 100.000 soldados y tenía 900 carros de hierro. Cuando llegó el memorable momento del combate, el espíritu intrépido de Débora no se desalentó. Es cierto que todo estaba en contra de ellos, pero Débora tenía a Dios como aliado y «desde los cielos lucharon las estrellas, desde sus órbitas lucharon contra Sísara». Una horrible tormenta de granizo sobrecogió la tierra y la lluvia prácticamente segó a los cananeos siendo, por último, aplastados por la crecida del río Quisón. Sísara escapó, pero Jael lo mató mientras dormía en su tienda. (Véase JAEL.) Así Débora ganó fama imperecedera como la mujer guerrera que rescató a su pueblo de sus crueles enemigos.

Fue poetisa

La prosa y la poesía de Jueces 4 y 5 se asocian con el mismo acontecimiento histórico y revelan que Débora no solo podía profetizar, instigar, gobernar y pelear, sino también escribir. De Julio César se dice que: «escribía con la misma habilidad con la que peleaba». Esta observación también se aplica a Débora, quien, tras su victoria contra los cananeos, compuso una canción que está considerada una de los especímenes más finos de la antigua poesía hebrea, superior al famoso canto de Miriam (véase MIRIAM). Este canto de alabanza, que se encuentra en Jueces 5, magnifica al Señor como el que hizo posible que los líderes de Israel conquistaran a sus enemigos. De la prueba y la conquista salió la purificación moral de la nación, y el genio inspirador de esto fue una mujer atrevida y dinámica en el liderazgo de su nación. Ningún personaje del Antiguo Testamento se destaca más que Débora: profetisa, gobernante, guerrera y poetisa. Su cántico es inmortal porque dedicó la vida a Dios y sus hechos fueron heroícos y sublimes.

Fue una figura maternal

El último vislumbre que tenemos de Débora es «como una madre en Israel» (5:7). Bengel, al comentar acerca de la acción de nuestro Señor cuando cargó en sus brazos a los niños y los bendijo actuando como un padre a la usanza hebrea, dijo: «Jesús no tuvo hijos para poder adoptar a todos los niños». Tal vez sucedió así con Débora quien, hasta donde sabemos, nunca experimentó la verdadera maternidad, no obstante vino a ser como una madre para todos en Israel, y la fuente de su maternidad espiritual fue su piedad. Por encima de todos sus extraordinarios dones estaba la confianza en Dios, quien es la fuente de los más exquisitos adornos de cualquier mujer.

Cuando se sentaba bajo la palmera a juzgar en justicia y traducir la revelación de Dios, su corazón estaba lleno de «gracia divina que se difundía como dulce olor por toda la tierra». La suya fue una carrera brillante debido a un corazón fijo en Dios. Meroz le falló a Dios, y bajo maldición, desapareció, pero Débora es inmortal porque sirvió a Dios hasta los límites de sus habilidades y capacidades. Verdaderamente ella fue la Oliver Cromwell del antiguo Israel que salió a pelear las batallas del Señor con un salmo en los labios y una espada en la mano.

DINA
LA MUJER CUYO PASEO TRAJO
RESULTADOS FATALES

Referencias bíblicas: Génesis 34

Significado del nombre: Dina significa «justicia» o «el que juzga», y sin dudas se lo pusieron como símbolo de la creencia de sus padres en la justicia divina.

Nexos familiares: Era hija de Jacob y Lea, y como miembro de una familia bajo las bendiciones del pacto debía haber sido más cuidadosa en cuanto a su obligación personal de mantener el honor de su familia y de su nación.

El amor de Dina por los paseos desencadenó una serie de trágicas consecuencias. Joven y atrevida, y curiosa por conocer algo nuevo del mundo exterior, un día se escapó de las tiendas de su padre para ver qué tal les iba a las muchachas de la vecina ciudad de Siquén vestidas con espléndidos atavíos orientales. Mientras deambulaba por allí, los ojos del príncipe Siquén, hijo de Jamor, se fijaron en ella. Cuando dice *la vio* significa que sintió deseos (véase Job 31:1), y entonces, como dice el registro: «la agarró por la fuerza, se acostó con ella y la violó» (Génesis 34:2). Aunque la vanidad de Dina se vio adulada por las atenciones de Siquén, de tal manera que fue a su palacio, ella nunca pensó que llegara tan lejos. *La agarró por la fuerza* implica que la forzó, y aunque puede que ella se haya resistido, fue inútil y la sedujo.

Si Dina se hubiera contentado con ser «cuidadosa del hogar» (Tito 2:5), se hubiera evitado una terrible masacre, pero su deseo por lo novedoso y la compañía prohibida trajeron consigo el desastre. Josefo nos dice que Dina fue al festival anual cananeo de la adoración a la naturaleza (Números 25:2), una reunión prohibida para los israelitas. A través de las ventanas de sus ojos y oídos entró el pecado, la vergüenza y la muerte a Dina y Siquén (véase Génesis 39:7). El joven príncipe ofreció la usual compensación por seducir a Dina: el matrimonio y pago a su padre de lo requerido por la ley hebrea (Deuteronomio 22:28, 29). Evidentemente, había más que un simple deseo lujurioso por parte de Siquén, pues leemos que «se enamoró de ella y trató de ganarse su afecto». Cuando Jamor fue a donde estaba Jacob y sus hijos para discutir el asunto del matrimonio entre su hijo y Dina, les dijo: «Mi hijo Siquén está enamorado de la hermana de ustedes. Por favor, permitan que ella se case con él».

Los hijos de Jacob, furiosos por la vergüenza traída sobre su hermana y su nación, dijeron que eso «era algo que nunca debió haber hecho». En lo que se había convertido Dina, una mujer seducida, hizo que los «habitantes de este lugar» rechazaran a su padre.

Jacob aparentó acceder a la sugerencia de Jamor de que su hijo y Dina se casaran y que establecieran una asociación más amistosa entre los israelitas y los siquenitas. Los hijos de Jacob, particularmente Simeón y Leví, dijeron que aceptarían la proposición de Jamor con una condición: que todos los varones siquenitas se sometieran al rito de la circuncisión, un acto de consagración sacerdotal. Al tercer día, cuando el dolor de la operación estaba en su clímax y el movimiento era difícil, Simeón y Leví atacaron y mataron a todos los varones de la ciudad, incluyendo al joven Siquén. Durante siglos, entre los árabes, la violación se condenaba con la muerte y por lo general, los hermanos de la seducida ejecutaban el juicio. Por su crimen, Simeón y Leví recibieron una maldición en vez de una bendición por parte de Jacob su padre, cuando este estaba a punto de morir.

Un efecto saludable de esta tragedia fue la reconsagración de Jacob quien en alguna medida se había enfriado como resultado de su asentamiento en las cercanías de Siquén (Génesis 33:17-20). Al recordar su voto de hacer un altar en Betel al Dios que se le había aparecido mientras huía de Esaú años atrás, su familia entregó los dioses extraños y se purificaron, y en Betel se cumplió el pacto olvidado. De esta manera Dios hizo que el mal obrara para bien (Génesis 35:1-5). ¡Cuántas jóvenes Dinas hay en la actualidad cautivadas por el brillo y el encanto del mundo, y, cansadas de vivir en casa, la abandonan sin previo aviso y se pierden en el remolino de una gran ciudad. Hay un incremento alarmante del número de chicas quienes, ansiosas por un cambio y esperando ver algo del mundo, dan la espalda al refugio de un buen hogar y nunca más se sabe de ellas. Muchas terminan en pecado, crimen y degradación. ¡Nunca dejemos de orar por aquellos que tratan de buscar y rescatar a las jóvenes perdidas de nuestros días!

DORCAS
LA MUJER QUE SE HIZO FAMOSA POR SU COSTURA

Referencias bíblicas: Hechos 9:36-43

Significado del nombre: Dorcas implica «el femenino del corzo», «una gacela», símbolo de belleza. Dorcas es el primer nombre griego femenino que se menciona en el Nuevo Testamento, su equivalente hebreo es *Tabita* que es la forma sirio-caldea del hebreo *Ziblah*, o *Tsibiah*, nombre de una princesa de Judá, madre del rey Joás. Wilkinson dice que «el equivalente griego del nombre siríaco puede explicarse debido a su residencia en Jope, un puerto de mar muy frecuentado y sin duda parcialmente habitado por extranjeros que hablaban principalmente el idioma griego».

Nexos familiares: La Biblia calla respecto a los ancestros y genealogía de Dorcas. En el pueblo costero de Jope ella se hizo popular por sus obras de caridad y un grupo caritativo llamado *Dorcas Society* [Sociedad Dorcas] se llama así en memoria de ella. He aquí una mujer «que con una aguja bordó su nombre de manera imborrable en las beneficencias del mundo». ¿Dónde aprendió a coser, a hacer los vestidos para los pobres y destacarse por sus obras caritativas? Posiblemente pudo haber sido en un hogar piadoso en el que le enseñaron a usar sus dedos y su dinero para consolar y aliviar al necesitado. Dorcas debe haber sido una mujer de buena posición para servir a la humanidad con la libertad que lo hizo. En el relato histórico que Lucas nos da, nos muestra cinco vislumbres de su testimonio y de su obra.

Era cristiana

Se le llama: «una discípula», y de esta manera se le incluye entre los numerosos discípulos que se mencionan en el Nuevo Testamento. Mediante el ministerio de Felipe, el evangelista con poder del Espíritu, se estableció en Jope, conocida ahora como Jaffa, una iglesia cristiana, y desde una fecha temprana la iglesia no solo fue un fervoroso centro de evangelismo sino también de un muy bien organizado servicio social.

Dorcas posiblemente conoció a Cristo como su Salvador en esta iglesia, y allí comprendió la visión de cómo podía servir a Cristo con su dinero y aguja. Dorcas sabía lo que era tener un corazón regenerado y esta fue la fuente de su vida desprendida y sus obras caritativas. Detrás de su costura estaba un alma salvada. El dar limosnas y hacer vestidos en sí no tiene ningún mérito delante de Dios quien, en primer lugar, pide nuestros corazones antes que nuestros talentos. Fue solo cuando rescataron a María Magdalena de su pasado manchado que Cristo aceptó el deseo de ministrar sus necesidades.

En nuestras iglesias y también en organizaciones encomiables hay muchas mujeres que, con ideales humanitarios, se involucran en varias actividades de ayuda con el único objetivo de hacer el bien. Pero Cristo no las puso en ese servicio. Se embarcan en

la tarea tratando de imitar a Dorcas, aunque se olvidan de que cuidar a las viudas y a otros necesitados brota de una «religión pura y sin mancha» que también se revela a sí misma mediante el «conservarse limpio de la corrupción del mundo» (Santiago 1:26, 27). Cuando Lucas dice que Dorcas *se esmeraba en hacer buenas obras*, emplea la palabra «esmeraba» para referirse principalmente a que su gracia interior motivaba los hechos exteriores. «Las buenas obras solo son genuinas y cristianas cuando el alma del que las ejecuta está impregnada con ellas». Para que el vaso de agua fría sea aceptable debe darse en Su nombre. Entonces, al igual que Dorcas, *ser* buena significaba *hacer* lo bueno. Sus multiformes buenas obras fluían de un corazón agradecido hacia Dios por su gracia salvadora.

El comentarista Lange dice que: «La gacela se destaca por su forma esbelta y hermosa, sus gráciles movimientos y sus delicados pero brillantes ojos; los hebreos y otras naciones orientales a menudo la presentaban como imagen de la belleza femenina, y con frecuencia el nombre se empleaba como nombre propio, en el caso de las mujeres». No se nos dice si Dorcas, cuyo nombre significa «gacela», era una mujer hermosa o no. Ciertamente vivió una vida hermosa, y sus ojos reflejaban la compasión del Maestro a quien tan fielmente servía. Todos los que estuvieron bajo su influencia y recibieron su ayuda vieron en ella la belleza de Jesús. Como discípulo que era, ciertamente tenía fe en el que la había llamado, pero llegó a ver que la fe sin obras está muerta. Ella también sabía que las obras sin fe no tienen mérito alguno ante Dios, así que las manos que repartían limosnas y cosían vestidos estaban inspiradas desde el interior por Aquel cuyas manos fueron clavadas a un madero.

Fue un alma generosa

Dorcas la creyente fue asimismo Dorcas

la benefactora. «Ésta *se esmeraba en hacer buenas obras* y en ayudar a los pobres». ¡Qué significativas son esas cuatro palabras! Por ahí hay muchas personas bien intencionadas que se sientan y hablan acerca de obras de caridad que nunca llevan a cabo. A veces proponen algunas obras y dejan que otros sean quienes las ejecuten. Dorcas no solo pensó en maneras de ayudar a los necesitados sino que también llevó a cabo sus planes. *¡Se esmeraba en hacer!* Ella sabía lo que podía hacer y lo hizo. Al estudiar los personajes femeninos de las Escrituras es interesante descubrir cómo varios de ellos se destacan por una u otra gracia o acto de misericordia.

A Rizpa la recordamos por su amoroso cuidado de los muertos.

A la viuda de Sarepta por dar pan al hambriento.

A Ana la profetiza por su ayuno y oración día y noche.

A Marta, como la reina de la hospitalidad.

A María por su frasco de ungüento perfumado.

Juana, y su servicio a Jesús.

A Dorcas, por su cuidado de las viudas y por abrigar a los pobres.

Además, unos pocos personajes de la Biblia han servido de inspiración a valiosas instituciones para el bienestar de la sociedad humana:

María Magdalena: hogar para las chicas perdidas y descarriadas.

Lázaro: cuyo nombre llevan algunos hospitales que cuidan del enfermo y el pobre.

Dorcas: fuente e inspiración para las Sociedades Dorcas en todo el mundo.

Entre sus buenas obras estaba la confección de abrigos y vestimenta para las viudas y los necesitados de la iglesia y la comunidad con sus amorosas manos. El servicio práctico y desprendido de esta cristiana humanitaria ha llenado el mundo con su fragancia, pues de aquel pequeño pueblo de Jope fluyeron una multitud de organizaciones caritativas y de benevolencia en las que las mujeres se han destacado. Ante Dorcas se presentó la misma pregunta que se le hizo a Moisés cuando sintió que él no era el hombre que debía librar a Israel de la esclavitud egipcia: «¿Qué tienes en la mano?» Y Moisés respondió: «Una vara» (Éxodo 4:2). Y esa vara se convirtió en el símbolo del poder divino que se le había otorgado. «¿Qué tienes en la mano?», le preguntó el Señor a Dorcas. Ella dijo: «Una aguja», y él tomó lo que ella tenía y ella cosió por Cristo. Toda la alabanza vaya entonces a la aguja que representaba la generosidad práctica entre los necesitados. Las vestimentas que Dorcas cortó y cosió representaban la fe cristiana en acción. «Necesité ropa, y me vistieron», dijo Jesús de aquellos que vistieron a sus hijos pobres y destituidos.

Lloraron su muerte y la extrañaron

Fue un día triste para la iglesia en Jope cuando uno de sus más amadas y devotas miembros murió en medio de sus obras de caridad. «A la muerte le gusta una marca brillante, un silbido como señal», y la muerte encontró dicha marca en la bondadosa Dorcas cuya muerte fue un golpe para la comunidad. La vasija que contenía el costoso ungüento se rompió y el olor llenó la casa como nunca antes. Unas manos cariñosas lavaron el cuerpo y lo colocaron en la recámara superior con los sentimientos expresados por el poeta:

Hermana, fuiste dulce y adorable,
Suave como la brisa del verano,
Agradable como el aire de la mañana
Cuando flota entre los árboles.

Aunque sin lugar a dudas Dorcas era dueña de su casa, parece que no tenía familiares que lloraran su partida. Las viudas a las que había vestido y para quienes había sido una amiga, la prepararon; y prevaleció una gran tristeza. Aunque fue tan diligente por el bien de otros, Dorcas murió en medio de una vida útil. El escritor tenía un amigo predicador que siempre decía que quería morir con sus botas puestas, y así sucedió un domingo en la mañana mientras predicaba el evangelio. ¿Es posible que Dorcas haya sido llamada de repente con su aguja en la mano? ¡Qué tremenda forma de partir!

Resucitó de los muertos

Los demás discípulos de la iglesia en la que había adorado, supieron que Pedro estaba cerca y enviaron a dos miembros a rogarle al apóstol que visitara la dolida comunidad. Ellos sabían que él había ejercido poder sobrenatural, y sin duda albergaron la esperanza de que su muy amada benefactora pudiera vivir nuevamente. Como fiel ministro que era, Pedro no demoró en acompañar a los dos hombres a la recámara de defunción en Jope donde estaban reunidas las viudas llorando. El apóstol debe haberse conmovido al ver cómo exhibían reverentemente los abrigos y vestidos que Dorcas había hecho para ellas. Entonces, siguiendo el ejemplo de Cristo cuando resucitó a la hija de Jairo, «Pedro hizo que todos salieran del cuarto; luego se puso de rodillas y oró» (véase Juan 11:41, 42). Cuando sintió que su petición había sido recibida, Pedro habló la palabra de poder y autoridad: «Tabita, levántate», y la vida regresó a ella. Dorcas se sentó, y Pedro la presentó viva a los santos y a las viudas (véase Mateo 9:25; Marcos 5:40, 41).

¡Qué escena tan conmovedora debe haber sido! Qué tremendo gozo debe haber reinado entre los santos y las viudas, ahora que la tan querida Dorcas estaba viva nuevamente, y en su vida resucitada, con entera dedicación al servicio del Maestro, estaba dispuesta a volver a tomar la aguja. Su regreso de la muerte debe haber sido de gran ganancia para la iglesia. Su único problema era que

tendría que enfermarse nuevamente y cruzar por segunda vez las puertas de la muerte.

Fue motivo de avivamiento

La resurrección de Dorcas tuvo un doble efecto. Primero que todo, el milagro consoló a los que se lamentaban pues había regresado a su vida de buenas obras y limosnas. Este milagro fue como los de nuestro Señor, de misericordia. El segundo efecto fue convencer a todos de la verdad de la fe cristiana por el testimonio de un poder milagroso. El mensaje resonó por todo Jope: «¡Dorcas está viva!» «y muchos creyeron en el Señor». El milagro efectuado en aquel aposento alto no fue entonces un milagro por el mero hecho de hacer un milagro. Dorcas resucitada de la muerte física se convirtió en la causa de la resurrección de muchos de sus tumbas de pecado e incredulidad. Cómo deben haber aumentado los miembros de la iglesia de Jope debido a los que recibieron la salvación como resultado del regreso de Dorcas del imperio de la muerte. Leemos que tras la resurrección de Lázaro muchos de los judíos creyeron en Jesús. ¿No se cumple lo mismo en una resurrección espiritual? Una vida transformada atrae a otros hacia el Salvador. Leemos que después del milagro, Pedro permaneció en Jope durante muchos días, y podemos asumir que su ministerio ayudó grandemente a la iglesia allí en el afianzamiento de los recién convertidos. Pedro se hospedó con Simón el curtidor, un santo que preparaba pieles para la gloria de Dios, de igual forma que Dorcas confeccionaba sus vestidos con manos consagradas.

Una lección que debemos recordar cuando dejamos a nuestra piadosa benefactora es que ella no estaba consciente de la magnífica obra que hacía y del largo alcance de sus consecuencias. Dorcas no aspiraba a ser una líder, sino que estaba contenta con quedarse en su casa y tratar de hacer todo lo que podía de todas las formas que podía. De esta manera, a pesar de sí misma, se convirtió en una gran líder de una causa filantrópica casi universal, igual que hizo «La señora de la lámpara», Florence Nightingale, cuando fue a Crimea a cuidar de los soldados heridos y moribundos en el campo de batalla. ¡Que tengamos la gracia suficiente para hacer lo que venga a nuestras manos, como si fuera para el Señor!

DRUSILA
LA MUJER HERMOSA PERO LICENCIOSA

Referencias bíblicas: Hechos 24:10-27

Significado del nombre: «Drusila» es el diminutivo de Drusis, un nombre célebre entre los romanos y que significa «regada por el rocío». ¡Qué legado tan diferente hubría dejado Drusila si su corazón se hubiera refrescado con el rocío del cielo, y su vida fuera como «un jardín regado, lleno de una fragancia poco común».

Nexos familiares: Era la nieta de Herodes el Grande, y la hija más joven de Herodes Agripa 1 «el primer soberano perseguidor de la Iglesia» cuyas otras dos hijas eran Mariana, no mencionada en las Escrituras, y Berenice (véase BERENICE). Estas tres muchachas eran sobrinas de Herodes Antipas quien decapitó a Juan el Bautista. A la edad de 15 años aproximadamente, Drusila se casó con el rey Aziz de Emesa al hacerse judío. Le fue infiel a su esposo, a quien abandonó. Se casó ilegítimamente con el gobernador romano Félix, quien, enamorado de su belleza oriental, la raptó con las artimañas de Simón, un judío nigromántico. Su matrimonio con Félix fue pecaminoso porque se casó con un pagano que no profesaba la fe de sus padres. También era pecaminosa porque se casó con Félix ilegalmente, siendo el caso de que su primer esposo, de quien

no se había divorciado, todavía vivía. Su único hijo, nacido de Félix, fue Agripa.

Drusila era más hermosa que sus hermanas, y entre ella y Berenice existió un gran odio. Ninguna de las dos tampoco tenía vergüenza. A Drusila se le menciona primero en relación con la segunda comparecencia de Pablo ante Félix, y por ese entonces debía tener unos veinte años. A Félix, cuyo nombre significa «afortunado», lo escogió el dictador Sila, y ciertamente la elección estaba justificada por su extraordinaria suerte. Comenzó la vida como esclavo y terminó como gobernador de una provincia romana, pero como dice Tácito: «Bajo las ropas reales de Félix permanecía el corazón de un esclavo». Salvaje, traicionero y empapado de sangre como estaba, tenía toda la razón del mundo para temblar ante la predicación de Pablo.

Como judía, y malvada que era, Drusila tenía una conciencia culpable acerca de Pablo en su celda esperando el juicio ante el tribunal de Félix, y sin lugar a dudas instó a Félix a hacerlo venir otra vez para escuchar lo que tenía que decir sobre su fe en Cristo. Tanto Drusila como Félix oyeron el mensaje que no esperaban. «Al disertar Pablo sobre la justicia, el dominio propio y el juicio venidero», Félix tembló o tuvo miedo, ¡y no era para menos! Lo que Pablo dijo sobre la «justicia» convenció a Félix de su acción injusta e ilegal de tomar a Drusila. El énfasis en el «dominio propio» o estricto autocontrol de las pasiones y deseos golpeó duro en su estilo de vida licencioso. «El juicio venidero» le recordó a Félix la certeza de la eternidad y de la cosecha que recogería por sus pecados. También le recordaría el hecho de que estaba juzgando a un hombre inocente y que no había razón para mantenerlo en la posición en que estaba, pero por causa de Félix mismo había un tribunal esperando por él. Así que, como lo expresa Alexander Whyte:

Félix se sentó en silencio mientras Pablo se

paraba ante él y hundía la espada de dos filos de la palabra de la santa ley de Dios en su culpable conciencia hasta que el endurecido reprobado no pudo dominarse más. Nunca antes se le había puesto un sello mayor al poder de la predicación de Pablo que cuando Félix se estremeció y no pudo permanecer sentado ante las palabras del apóstol.

Tan tocado y turbado estaba Félix que hizo retirar a Pablo diciendo que en otro momento lo escucharía nuevamente. Aunque después de eso se comunicó a menudo con Pablo, el apóstol se negó a pagar un soborno por su liberación. ¿Y Drusila? ¿Cómo reaccionó ella ante la fiel predicación de Pablo? Dice Alexander Whyte que él sospecha que la verdad convincente de Pablo perturbaba tanto la conciencia de Drusila que ella interrumpió el discurso e hizo que enviaron al apóstol de regreso a la prisión.

> Lo que yo pienso acerca de esta pareja real es que si Drusila no hubiera estado sentada al lado de Félix aquel día, Félix se habría bautizado y Pablo habría sido puesto en libertad antes de la puesta del sol. Pero Drusila y sus hermanas han llevado a la tumba a muchos heridos. Ellas han masacrado a muchos hombres fuertes. Su casa es el camino al infierno, y sus pasos descienden a las recámaras de la muerte.

Si Drusila se hubiera arrepentido y, como judía que era, una hija de Abraham, le hubiera pedido a Pablo que orara por ella para que fuera salva, en qué tremendo trofeo de gracia se habría convertido. Pero la vehemente mirada y el comportamiento de Pablo, y el poder con que predicaba, llenando el palacio con la luz del Gran Trono Blanco mismo, no pudieron traer de rodillas a la lujuriosa Drusila. Ella vio en Pablo al enemigo de todo lo que ella representaba y lo odió por exponer sus pecados privados.

Después del juicio, Félix y Drusila desaparecen de las páginas de la historia sagrada. ¿Qué fue de ellos? Con respecto a Drusila, el historiador Josefo, quien vivió más o menos en la misma época, relata que unos veinte años después de que transfirieron a Pablo de Félix a Festo, ocurrió la terrible erupción del Vesuvio en la que el próspero Pompeyo y Herculano fueron sepultados bajo la ardiente lava. Muchos huyeron para escapar de la catástrofe, pero Drusila, trató de escapar con su hijo Agripa demasiado tarde como para evitar el desastre. Subestimando el peligro, pospuso demasiado la retirada, y quedó enterrada bajo la lava con su hijo. Al fin la alcanzó el juicio, y descubrió demasiado tarde lo que era caer en las manos del Dios viviente.

EFÁ

Referencias bíblicas: 1 Crónicas 2:46

Significado del nombre: Oscuridad

Efá era el nombre de la concubina de Caleb, príncipe de Judá, a quien se le entregó Hebrón como herencia. Le dio tres hijos a Caleb: Jarán, Mosá y Gazez. Efá es también el nombre de dos varones (Génesis 25:4; 1 Crónicas 2:47).

EFRATA

Referencias bíblicas: 1 Crónicas 2:19, 50; 4:4; véase Génesis 35:16

Significado del nombre: Tierra fructífera

La forma abreviada de Efrata es Efrat. Así como Belén significa: «casa de pan» el término anterior implica fertilidad porque la región de Efrata producía maíz en abundancia (Salmo 132:6). *Cruden's Concordance* [Concordancia de Cruden] tiene la siguiente nota: «Se cree que la ciudad de *Efrata*, también denominada *Belén*, tomó su nombre de Efrata, la esposa de Caleb». Ella fue su segunda esposa, madre de Hur y abuela de Caleb el espía. Después de la muerte de su esposo cohabitó con su hijo, y de la unión ilícita nació un hijo que llegó a ser el padre de Tecoa.

EGLÁ

Referencias bíblicas: 2 Samuel 3:5;
1 Crónicas 3:3

Significado del nombre: Becerra o Carruaje

Eglá fue una de las ocho esposas del rey David de quien conocemos bien poco. Fue la madre del sexto hijo de David, Itreán. Se han realizado esfuerzos insatisfactorios para identificar a Eglá como otro nombre de Mical, hija de Saúl y primera esposa de David.

ELISABET, No. 1

Referencias bíblicas: Éxodo 6:23

Significado del nombre: Juramento de Dios o Dios es su voto

La forma hebrea de este nombre es Elisheba y puede ser una alusión a la gran promesa hecha a Abraham confirmada por el juramento de Dios. Wilkinson destaca que, «Quizá el nombre era una apelación al juramento en momentos extremos de depresión y angustia nacional; pues ella debe haber nacido al final de la esclavitud en Egipto, y alrededor del tiempo durante el cual estaba en efecto el cruel edicto del faraón para la destrucción de los hijos varones».

Elisabet era la hija de Aminadab, y hermana de Naasón, capitán del ejército de Judá. Fue la esposa de Aarón, sumo sacerdote y hermano de Moisés, y con este matrimonio conectó las tribus reales y sacerdotales. A Aarón y Elisabet les nacieron Nadab, Abiú, Eleazar e Itamar (Éxodo 6:23). De esta manera Elisabet se convirtió en la fundadora de todo el sacerdocio levítico. Isaac Williams, en su *Female Characters of Scripture* [Personajes femeninos de las Escrituras] hace esta interesantísima comparación:

> No es solo en el Nuevo Testamento que aparecen relacionadas Elisabet y la santa María. Sus figuras en el Antiguo Testamento aparecen de igual manera combinadas, pues hay una circunstancia extraordinaria que establece de antemano lo que ahora

está sucediendo, y allí las encontramos en una conexión similar. Elisabet fue, como dice Lucas, de la descendencia de Aarón, pero se menciona en el libro de Éxodo que la esposa del propio Aarón se llamaba Elisabet (6:23); una vez más encontramos en Lucas, que la virgen María era prima de Elisabet, en el ejemplo anterior la hermana de Aarón se llamaba Miriam, o sea, María, pues es el mismo nombre; Miriam o María, la profetisa virgen, que lideró al resto de las mujeres en el cántico de acción de gracias por la milagrosa liberación de Israel (15:20). Así mismo, ahora a la bienaventurada María le siguen las demás mujeres entonando su *Magnificat;* la virgen y la profetisa, ella guía la sagrada congregación en la Iglesia hasta este día.

ELISABET, No. 2
LA MUJER QUE TUVO UN HIJO A EDAD AVANZADA

Referencias bíblicas: Lucas 1:5-80

Significado del nombre: Elisabet significa: «Dios es mi voto» es decir, «un adorador de Dios». En su himno de alabanza, expresado poco antes del nacimiento de su hijo, Zacarías hace alusión al significado del nombre de su esposa cuando dice: «Así lo juró a Abraham nuestro padre». Al hijo lo llamaron Juan por indicación divina y significa «misericordia o favor de Dios».

Nexos familiares: Lucas describe a Elisabet como «descendiente de Aarón» lo que significa que venía de una línea sacerdotal honorable (Éxodo 6:23). Era la esposa de un sacerdote, Zacarías, del grupo de Abías, o sea, uno de los grupos de sacerdotes que ministraban en el templo de sábado en sábado (1 Crónicas 24:10). Así que por ambos lados tenía ascendencia sacerdotal. A los sacerdotes se les permitía casarse con mujeres piadosas (Levítico 21:7). Elisabet fue la madre de Juan el Bautista, predecesor de Jesucristo. Si evaluamos la vida y carácter de Elisabet sabemos que se destacó como:

Una mujer piadosa

Tanto de Elisabet como de Zacarías se dice que eran «rectos e intachables delante de Dios; obedecían todos los mandamientos y preceptos del Señor». ¡Qué elogio tan codiciado! La esposa sacerdotal era una mujer de devoción inusual, fuerte fe y dones espirituales. A lo largo de su vida mantuvo las benditas tradiciones de Aarón y sus descendientes.

Una mujer que no tenía hijos

Aunque recta ante Dios y fiel a su esposo, tenemos cuatro palabras que contienen un mundo de dolor y desilusión: «Pero no tenían hijos». Durante años ambos habían orado y deseado un hijo; ahora eran bien entrados en años y la esperanza de tenerlo había pasado. El no tener hijos, aun más para quien era hija y esposa de un sacerdote, era humillante, pues todas las mujeres de Israel tenían el sueño de ser la privilegiada madre del Mesías prometido a Eva, la primera madre de la tierra.

Una mujer privilegiada

Dios hizo un milagro para esta amada esposa con un corazón pío y un intelecto refinado, al igual que lo hizo para María su prima. «Elisabet va a tener un hijo en su vejez». Fue mientras Zacarías oficiaba en el santuario que el mensajero angelical apareció y le dijo: «No tengas miedo, Zacarías, pues ha sido escuchada tu oración. Tu esposa Elisabet te dará un hijo, y le pondrás por nombre Juan». Aunque estaban más allá de la edad en que es posible tener un hijo, ¿creyeron Zacarías y su esposa que Dios podía hacer lo imposible, y aun a su avanzada edad quitar «la vergüenza que yo tenía ante los demás»? Bueno, el milagro sucedió. Dios hizo que Elisabet concibiera, y pasado seis meses de su embarazo, ocurrió otro milagro cuando, sin relaciones sexuales, María concibió por el Espíritu Santo.

Zacarías, quien había quedado mudo como señal de que Dios cumpliría su palabra y le daría un hijo, recuperó el habla cuando nació Juan. Él recibió el nacimiento de Juan con un canto de alabanza a Dios en la cual dijo acerca del niño que Dios les había dado: «serás llamado profeta del Altísimo». Este famoso hijo, que vino a preparar el camino del Señor, tuvo el privilegio de tener esos piadosos padres que le enseñaran lecciones imborrables. Pero Dios también alimentó a Juan en el desierto donde vivió «hasta el día en que se presentó públicamente al pueblo de Israel». Así, como nos recuerda Donald Davidson en *Mothers of the Bible* [Madres en la Biblia]:

> No fue a los pies de su madre que Juan aprendió los misterios del reino de los cielos, sino en el desierto solitario donde, en el silencio y la soledad, encontró estrecha comunión con Dios y conoció los secretos de su voluntad.

Debido a la avanzada edad que ambos tenían cuando nació su hijo, podemos asumir que Zacarías y Elisabet murieron años antes de que su hijo fuera cruelmente asesinado por Herodes.

Elisabet también fue una mujer privilegiada por ser la primera mujer en reconocer a Jesús en la carne. Cuando tenía seis meses de embarazo, su prima María fue a visitarla y en cuanto la virgen entró a la casa, el bebé brincó en el vientre de Elisabet como si le diera la bienvenida a Aquel a quien María daría a luz. Tanto la madre como el niño fueron llenos del Espíritu Santo, y Elisabet le dio a María el más honroso de los nombres: «La madre de mi Señor». Elisabet sabía que el Mesías había llegado y le oró y lo confesó. Todas las esperanzas mesiánicas estaban a punto de cumplirse pues, «Allí, bajo las ropas de aquella mujer, está escondido mi Salvador». Fue su saludo lleno del Espíritu lo que hizo que María respondiera con un canto llamado *El Magnificat* (Lucas 1:46-56; véase 1 Samuel 2:1-10).

Elisabet ha sido un nombre favorito para reinas y mujeres de todas las condiciones sociales, constatado por el hecho de que solamente en los Estados Unidos hay casi dos millones de mujeres que llevan ese honorable nombre. Si todas las que llevaran ese nombre fueran «justas ante Dios» y de carácter intachable, qué tremenda fuerza espiritual habría en la vida de la nación de la que formaran parte. La actual soberana de Gran Bretaña es la reina Elizabet 2, quien trata de vivir una vida por encima de toda crítica, y que manifiesta un profundo interés en la obra del Dr. Billy Graham.

ESTER
LA MUJER QUE SALVÓ A SU NACIÓN
DEL GENOCIDIO

Referencias bíblicas: El libro de Ester

Significado del nombre: Ester era el nombre persa de esta descendiente de Benjamín y viene de «aster» que significa «estrella» e implica, como Venus, una de «buena suerte». Nos referimos a «la estrella de esperanza», «la estrella del gozo», «la estrella de la preeminencia» y, para su pueblo, Ester era todo eso pues en «la espléndida galaxia de las mujeres hebreas de los tiempos antiguos, ningún otro nombre sobresale más o brilla con más rica luz». El Rabí Jehudah afirma que Ester es «seter», que significa «esconder», porque a ella la escondieron en la casa de su guardián y porque su nacionalidad fue encubierta (2:7). Mardoqueo le hizo prometer a la chica que no le revelaría su nacionalidad al rey, lo cual no hizo sino hasta que llegó el momento oportuno. Jadasá, que significa «mirto» era el nombre original de Ester. El cambio de nombre de Jadasá a Ester puede indicar el estilo de belleza por el que era famosa esta muchacha que antes era cautiva y ahora es una reina persa. Se le muestra como «una mujer de claro juicio, de un excelente dominio propio y capaz de los más nobles sacrificios». Las líneas de Byron pueden aplicarse perfectamente a Ester:

Camina en belleza, como la noche
De regiones despejadas y cielos estrellados;
Y lo mejor de la luz y las tinieblas
Se encuentra en su apariencia y en sus ojos
    delicados.

Nexos familiares: Esta última mujer del Antiguo Testamento de cuya vida íntima nada sabemos, estaba emparentada con una familia que fue cautiva junto con Jeremías, por el año 600 a.C. Ella nació en una familia que prefirió permanecer en la tierra de cautividad antes que regresar a Jerusalén. Ester era hija de Abigaíl quien vivía en Susa, la ciudad real persa. Cuando sus padres murieron, quedó bajo la custodia de Mardoqueo, un oficial del palacio, a quien estaba relacionada por el matrimonio. Mardoqueo sentía un profundo afecto por ella y la crió como hija suya. Ester fue siempre obediente a su tío, e incluso cuando se convirtió en reina, buscó sus prácticos consejos. Ella confiaba en este gentil judío como si fuera su propio padre. Como expresa Alexander Whyte: «Mardoqueo crió a Ester, y el único amor de su vida, después del amor a Israel y al Dios de Israel, era su amor por esta pequeña hija adoptada ... Él ayudó y vio a la hija de su hermana exaltada en un momento del exilio y de pobreza, y literalmente la hizo reina del mayor imperio que existía sobre la faz de la tierra.

La historia de Ester como la tenemos en el libro que lleva su nombre es un romance de la cautividad en Persia, pues un rey hizo a un lado la ley persa y el prejuicio para hacerla su reina. El matrimonio de Asuero con Ester, una judía, iba contra la ley persa que establecía que quien perteneciera a la realeza tenía que buscar para casarse una esposa que perteneciera a las siete grandes familias persas. Lo que hizo Ester y cómo lo hizo se describe en diez intensos y vívidos capítulos y su historia tiene un gran poder dramático en los cuales «cada incidente se relaciona con el otro hasta llegar el clímax de la dificultad y la situación que es tan complicada que parece imposible escapar. Entonces se produce un desenlace con una destreza maravillosa».

Una característica particular del libro de Ester es que comparte, junto con Cantar de los Cantares, la distinción de no mencionar a Dios ni a ningún nombre divino ni una sola vez en todas sus páginas. Sin embargo, la rápida acción de este drama es elocuente por el predominio de la providencia de Dios al traer a Ester al trono en semejante momento. En ocasiones pudiera parecer que Dios se está escondiendo pero ya sea que lo veamos o no, él siempre cumple aquello que está de acuerdo con su voluntad. Debido a su belleza, Ester se convirtió en residente del palacio y cuando destronaron a la valiente reina Vasti, escogieron a Ester para que fuera la sucesora. La combinación de la sabiduría de Mardoqueo y el valor de Ester se convirtieron en el medio para aligerar la carga del judío bajo el mandato persa. Junto a Mardoqueo, Ester compartió la fe en el alto destino de Israel como nación.

Amán, el favorito principal de la corte, era enemigo de los judíos, el Adolfo Hitler del Antiguo Testamento, e inventó un plan para masacrar a los judíos en *masa*. Ester, incitada por Mardoqueo, le reveló al rey su nacionalidad judía y esta valiente acción trajo como resultado un cambio total del decreto. Ejecutaron a Amán, el rey dio honra a Mardoqueo y la posición de Ester como reina se fortaleció considerablemente. Debido a que ella salvó a los judíos de la destrucción, estos leen cada año el libro de Ester en la fiesta de Purim que

se celebra el día 14 del mes de Adar. Tenemos que estar de acuerdo con el resumen de que Ester, una de las mujeres más atractivas del Antiguo Testamento:

> Como un personaje histórico, Ester es la más grande heroína que libra a su nación del desastre: como mujer, es una persona fuera de lo común, una mezcla de encanto, fuerza y astucia; un ser humano cuyo carácter está protegido de la podredumbre de la riqueza, la prosperidad y el poder.

Está de más decir que Ester tenía una gran belleza personal. Sus rasgos trigueños, exóticos, la hacían sobresalir y por ello la escogieron como candidata para el favor del rey quien, al verla por primera vez, debe haberse sentido cautivado por sus encantos físicos. Pero a través de su belleza brillaban una personalidad y un carácter que realzaban su belleza y le daban distinción ante los ojos de Asuero quien la escogió como su reina. Kuyper, quien no tiene nada bueno que decir acerca del carácter de Ester cuando se refiere a ella en su libro *Women of the Old Testament* [Mujeres del Antiguo Testamento], confiesa que Asuero la consideró la más hermosa de las doncellas que le presentaron cuando él estaba buscando una sucesora para Vasti. La única cosa que no podemos entender con respecto a Ester es la forma en que reflejó el carácter vengativo de la época y del país cuando pidió que colgaran a los diez hijos de Amán y que se estableciera un día en que los judíos pudieran vengarse de los enemigos que pretendían matarlos. Ella no aprendió a amar a sus enemigos. Vivía del otro lado de la cruz y, por consiguiente, ignoraba el clamor de esta por el perdón de los enemigos.

¿Cuáles son algunas de las lecciones que podemos obtener de la fascinante historia de Ester? En primer lugar, su historia permanece porque ella fue alguien que mantuvo su promesa. ¡Que podamos nosotros tener igual lealtad! Ella obedeció fielmente a su padre de crianza. Como no tenía un padre o madre natural a quien honrar, amaba y era leal a su tutor. ¡Cuán admirable es que los jóvenes respeten mucho a sus padres y les obedezcan en el Señor! Más aun, Ester amaba y se aferraba (aunque lo ocultaba) a su despreciada pero honorable ascendencia. Ella fue una verdadera patriota y en el momento crítico no se avergonzó de su propia raza. H.V. Morton ha aplicado la lección que podemos aprender del momento dramático cuando ella revela su identidad judía de la siguiente manera:

> Cuando una persona ha subido en el mundo y ha alcanzado una posición de poder y eminencia, hace falta fortaleza y belleza de carácter para que esa persona siga amando y recordando al pueblo humilde de donde salió. En muchas ocasiones muchachas humildes se casan con hombres ricos y se olvidan de su origen. De hecho, se avergüenzan de cualquier cosa que pueda recordárselo.

Luego de dar testimonio de la roca de la que había sido tallada, Ester se atrevió a arriesgar su vida por su pueblo y así escapó de morir con ellos. Por su patriotismo obtuvo una gran liberación para su nación y Dios la usó como instrumento de su providencia para llevar a cabo un glorioso propósito. Había preparativos de humillación y oración, y cuando el rey extendió su cetro y ella se acercó para hacer su petición, el grito de angustia estaba en su corazón: «¿Cómo podría yo ver la calamidad que se cierne sobre mi pueblo? ¿Cómo podría ver impasible el exterminio de mi gente?» Cuán urgentemente necesita nuestra vida nacional patriotas devotos que sigan esta orden. Puede que te sientas tentado a suspirar y decir: «Si yo fuera como Ester que tuvo grandes oportunidades, ¿qué no haría yo para glorificar a Dios?» Fíjese que en todas partes, no importa cuán mezquino pueda ser el ambiente que lo rodea, hay oportunidades magníficas y únicas de servir a Dios y un mundo de necesidad que los ángeles envidian. Sirve al Maestro hasta el límite de tus habilidades donde él te ha colocado en su providencia, y así prepárate para un círculo mayor de servicio si fuera su voluntad.

Las líderes de grupos de mujeres pudieran desarrollar temas sobre los siguientes puntos al tratar la historia de Ester, la mujer de espíritu independiente de la historia antigua:

De su personalidad aprendemos,

1. A buscar la dirección divina en tiempos de dificultad (4:15-17).
2. A obtener conocimiento de la naturaleza humana, para saber cómo sacar provecho de cualquier circunstancia que pueda favorecer nuestra causa si esta fuera legítima.
3. A estar listo, cuando existe una necesidad, para renunciar a nosotros mismos y ejercitarnos por el bien de los demás.
4. A valorar y buscar la cooperación de los demás creyentes.

Concerniente a la seguridad de los judíos que Ester consiguió, aprendemos:

1. A tener confianza ilimitada en la providencia de Dios y no subvalorar las cosas pequeñas.
2. A reconocer a Dios como el autor de toda misericordia.

Pensando en el infortunio de Amán, provocado por Ester, aprendemos,

1. Que existe la justa retribución. Amán recibió lo que se había propuesto para otros. Se le pagó con la misma moneda.
2. La naturaleza transitoria de la grandeza terrenal y el fin de todo el poder y las posesiones ganadas ilegalmente.

EUNICE
LA MUJER CUYO HIJO FUE
UN FAMOSO EVANGELISTA

Referencias bíblicas: Hechos 16:1-3; 2 Timoteo 1:5; 3:14, 15; 4:5

Significado del nombre: Eunice implica «conquistar bien», y fue un nombre que expresaba una victoria buena o feliz, y en sus orígenes indudablemente conmemoraban algunos de dichos acontecimientos. *Nice* o «nike» era una terminación favorita en los nombres femeninos de la era macedónica. Eunice vivió a la altura de su nombre porque venció en su esfuerzo por criar a su hijo en el cuidado y la amonestación del Señor.

Nexos familiares: Eunice era hija de Loida cuyo nombre es de origen griego. Las Escrituras callan en cuanto a la identidad de su padre. Eunice, que era judía, se casó con un gentil; y como no se dice nada de él, podemos asumir que había muerto para el tiempo en que Pablo se relacionó con la familia. La característica dominante del registro de las Escrituras acerca de Eunice y su madre es la influencia religiosa que tuvieron sobre Timoteo quien desde la niñez conoció las Escrituras (2 Timoteo 3:14, 15). Estas dos piadosas mujeres le habían instruido en el camino correcto (Proverbios 22:6). ¡Qué complacidas deben haber estado cuando Timoteo partió a hacer la obra de evangelista! (2 Timoteo 4:5). Su nombre, Timoteo, significa «temeroso de Dios», y debe haberlo escogido su madre judía y no su padre gentil quien probablemente debe haber tenido poca inclinación hacia Dios. La evidencia parece apuntar hacia la opinión de que Loida, Eunice y Timoteo fueron ganados para Cristo por Pablo en una visita anterior de este a Listra donde vivía la familia (Hechos 14:6, 7). Aunque Loida y su hija eran judías, conocedoras de las Escrituras del Antiguo Testamento y le enseñaron al niño Timoteo lo mismo, fue Pablo quien les hizo ver que el que murió en la cruz para salvar a los pecadores era el Mesías prometido desde hacía mucho tiempo. La forma en que Pablo habla de Timoteo como su «querido hijo» y su «hijo de la fe» prueba que fue el apóstol quien llevó a Timoteo a Cristo. ¡Qué agradecida a Dios debe haber estado Eunice cuando Pablo escogió a su amado hijo para que fuera el compañero en la obra evangelística! ¡Cuánto apreciaría las palabras de Salomón: «¡Que se regocije la que te dio la vida!» (Proverbios 23:25).

La piedad heredada y la fe personal están implícitas en la referencia de Pablo a la fe sincera que primero habitó en la abuela de Timoteo, Loida, y luego en su madre, Eunice, y después en él también. Aunque la fe de un padre puede santificar a un hijo (1 Corintios 7:14), es la fe personal en Cristo la que salva el alma. Se hace referencia a la fe de la madre de Timoteo pero no de su padre. Después de la referencia de Pablo a Loida y Eunice en su segunda carta a Timoteo, a ellas no se les menciona más. No obstante, pudiera haber una mención encubierta en lo que Pablo dijo sobre las viudas y los hijos de las viudas (1 Timoteo 5:4, 5).

Lo importante que aprendemos de la historia de Timoteo es el valor de una enseñanza cristiana positiva en el hogar. De hecho, pareciera que Pablo le está diciendo a Timoteo: «Que siempre hayas sido educado en las Escrituras constituye un privilegio inestimable por el que siempre debes dar gracias a Dios». Podemos estar seguros de que Timoteo alababa a Dios constantemente por un hogar en el que moraba el honor a él. Agustín siempre confesaba la deuda que tenía con su piadosa madre, Mónica. No todos los niños tienen padres piadosos ni la seguridad de un hogar cristiano, pero aquellos que nacen en un hogar donde Cristo es la cabeza, son privilegiados y crecen para bendecir a Dios por su herencia espiritual. ¡Ay, el dolor de los padres piadosos es tener hijos que al llegar a la edad de la responsabilidad, desprecian la influencia cristiana del hogar que tuvieron!

EVA
LA MUJER CON UNA DISTINCIÓN ÚNICA

Referencias bíblicas: Génesis 2 y 3; 2 Corintios 11:3; 1 Timoteo 2:13

Significado del nombre: A la esposa de Adán se le dan tres nombres. Se le llama «"Mujer," porque del hombre fue sacada» (Génesis 2:23). «Mujer» es más una designación genérica que un nombre propio, y se asocia a la relación entre Eva y Adán, una relación que ella completa. Literalmente «mujer» significa «varona». Luego, tanto a Eva como a su esposo se les llama «Adán». «Varón y hembra los creó; y los bendijo, y llamó el nombre de ellos Adán» (Génesis 5:2, RVR 1960). Este nombre hasta implica que el ideal divino para el hombre y la esposa no es meramente el de una asociación sino una unidad indisoluble.

Dios los hizo «un solo ser» y les dio un solo nombre. Eva, el nombre que se le dio después de su transgresión y de la profecía de sus consecuencias, fue escogido por Adán, quien «llamó Eva a su mujer, porque ella sería la madre de todo ser viviente» (3:16, 20). Este era el nombre que describía su función y destino en la historia espiritual de la cual ella era el comienzo. Eva significa «vida» o «dadora de vida», o «madre de todo ser viviente», y su vida está en todos nosotros. En los tiempos bíblicos se le adjudicaba gran importancia al cambio de nombre.

Entonces, ¿por qué Adán le cambió el nombre a su esposa de Adán a Eva? Donald Davidson dice que, «En vista del terrible juicio pronunciado sobre ellos, el hombre podía haber sido perdonado si la hubiera reprochado nombrándola «Muerte», pues fue su pecado el que introdujo la muerte y toda nuestra aflicción en el mundo. Pero Adán le da un nombre que expresa la vida profética ligada a ella, pues a través de la simiente de la mujer, un día el pecado sería vencido y la muerte sería absorbida en victoria».

A nuestro camafeo de Eva le hemos puesto el subtítulo de «La mujer con una distinción única» porque ella es diferente, en muchas maneras, de todas las demás mujeres que han existido. A ella se le acreditan muchos «Primeros».

Eva fue la primera mujer sobre la tierra

Como resultado de la creación divina, Eva apareció como una mujer completa y perfecta. Nunca fue niña ni hija ni soltera. La primera niña que nació en este mundo fue la primera hija de Eva (Génesis 5:4). No se nos dice cuántas hijas tuvieron Adán y Eva. Si Eva vivió tanto como su esposo, 930 años (Génesis 5:5), es muy probable que la primera familia sobre la tierra tuviera muchos hijos e hijas. Por tanto, Eva no nació. Ella fue creada de Adán. Ella existió en la mente de Dios y apareció sobre la tierra.

Los modernistas, evolucionistas y escritores seculares pueden burlarse de la «costilla de Adán» de la cual fue hecha Eva. Dios creó directamente a Adán del polvo de la tierra, pero a Eva la formaron de un hueso del costado de Adán. George Herbert comenta: «El hombre era polvo refinado, pero la mujer era polvo doblemente refinado». Dice Secker: «La costilla fue tomada de debajo de su brazo. Así como el uso del brazo es para proteger al cuerpo contra los golpes, la tarea del esposo es evitar los golpes contra su esposa».

Hay una aplicación espiritual en la prometida que Dios creó para Adán. Habla del sagrado misterio, la esposa del Cordero que debe su existencia a su costado herido (Juan 19:36), quien, aun más que Eva, ocupa un lugar cerca del corazón del Novio (Jeremías 31:3), y disfrutará de su compañía en el paraíso (Apocalipsis 2:7; 21:9). Las bodas del Cordero, como la de Eva, tienen lugar en el paraíso inmaculado.

Eva fue la primera esposa

Formada del hombre, se convirtió en la compañera y contrapartida del hombre. Dios vio que aunque Adán estaba en un estado de inocencia, no era bueno que él estuviera solo. Tener una esposa era bueno para él espiritual, intelectual y socialmente. Necesitaba alguien a quien amar y quien diera a luz a sus hijos ya que se les había dicho: «multiplíquense; llenen la tierra y sométanla». Así, junto con Adán,

> El mundo estaba triste,
>   el huerto desordenado
> y el hombre ermitaño suspiraba
>   hasta que la mujer sonrió.

Dios se refirió a la mujer que iba a darle a Adán como su «ayuda adecuada», una ayuda hecha o adaptada para él, un término que le da a la mujer su verdadera posición en el mundo. Solo donde existe la Biblia y se practica el cristianismo alcanza ella tal posición como ayuda o contraparte del hombre. En los lugares donde reina la oscuridad, la mujer es una esclava, posesión del hombre. Adán recibió a Eva y sus corazones palpitaron como uno solo con amor el uno por el otro y para Dios. Eva fue formada mientras Adán dormía. Él no sufrió dolor alguno durante la operación pues hasta ese momento no existía el pecado en el mundo. ¡Cuán cierto es que Dios continúa trabajando mientras los hombres duermen! Él a menudo imparte bendiciones a los suyos mientras ellos duermen (Salmo 127:2).

> Cuando despierto del sueño,
> La desesperación ha huido, y la esperanza
>   me acompaña;
> El cielo parece azul y las claras visiones
> Han hecho desaparecer
>   todos mis temores y miedo.

Eva era la mujer más hermosa del mundo

Siglo tras siglo se reconocen a las mujeres por la belleza de su rostro y cuerpo, pero Eva las supera a todas. Creada por un Dios perfecto, Eva reflejaba la perfección divina. La suya no era una belleza artificial. Su rostro, facciones y forma eran las más bellas que ninguna mujer haya tenido. Aunque la Biblia no nos describe la apariencia física de Eva, la primera reacción de Adán, cuando vio a la hermosa figura ante él, fue expresar el primer poema de la tierra:

> Ésta sí es hueso de mis huesos
> y carne de mi carne.
> Se llamará «mujer»
> porque del hombre fue sacada.

Aunque tenemos base bíblica para afirmar la belleza de Sara, el talmudista dice:

> En comparación con Sara, todas las mujeres son como los monos comparados con los hombres, pero entre Sara y Eva no hay comparación, como no la hay entre un mono y el hombre.

Juan Milton expresa un elogio similar en una de sus frases idiomáticas más atrevidas:

> Adán, el hombre más hermoso
>   de los hijos después nacidos;
> Eva, la más bella de sus hijas.

El poeta ciego continúa hablando de la belleza que Adán vio:

> Tan absoluta parece
> Y es ella misma completa.

La Venus de Milo, en mármol, o la *Venus de Titian* en óleo, solo transmiten una leve idea de cómo debió haber lucido Eva cuando salió de las creadoras manos de Dios. No en balde la han descrito como

> El mejor y último regalo del cielo.

Citamos otra vez las palabras de Milton en su *Eva*:

> Oh, la más bella de la creación, última y mejor de todas las obras de Dios, criatura a quien excede cualquier cosa que la vista o el

pensamiento puedan formar, ya sea santa, divina, buena, amable o dulce.

Una vez más, la belleza original de Eva está expresada en estas líneas:

Lo que parecía hermoso en el mundo ahora parece miserable, o contenido en ella o en su mirada;
En todos sus pasos había gracia, y en sus ojos el cielo,
En cada gesto, dignidad y amor.

Eva fue la primera y única mujer nacida sin pecado

Por ser la primera mujer, Eva no heredó pecado alguno. Por venir de la mano de Dios, Eva tuvo la ventaja que ninguna otra mujer jamás ha tenido: era pura y santa, con la imagen divina intacta. Aunque creada sin pecado, se convirtió en la primera pecadora del mundo e introdujo el pecado en su descendencia, y así, desde ella en adelante todos han «nacido en pecado y formado en iniquidad». El mejor y más santo de la raza humana tiene en su naturaleza la tendencia al mal (Romanos 7:21). Aunque moldeada con «inocencia e inmaculada perfección, dotada hasta lo sumo con dones de cuerpo y mente, y rica en bendiciones externas sin mancha o mezcla, ella desobedeció con el pecado que hizo pecar a Adán». Fresca aún de la mano de Dios con gracia inigualable y belleza de cuerpo y mente, vinieron el pecado y la ruina. Renunciaron al paraíso a cambio de un mundo de espinas, cardos y lágrimas.

Eva fue la primera sobre la tierra contra la que arremetió Satanás

Antes de su creación, Satanás, que, como Eva, había sido creado como un ser santo, lideró una rebelión contra el creador y fue destituido de su encumbrada posición. Ahora en la tierra y entre los seres creados, Satanás comienza su rebelión con una que se fascina con su acercamiento. Así encontramos la caída y la fuente del pecado original. De primera instancia, Eva no tuvo mucho deseo de pecar. Como Adán y Eva desconocían el pecado cuando Dios los creó, Eva no vio nada malo en la obra maestra de la sutil sugerencia satánica. Satanás no le dijo que pecara, sino que le insinuó, de la manera más astuta posible, que no había nada de qué preocuparse en cuanto a comer del fruto prohibido. Como lo describe George Matheson: «La tentación en sí no fue el deseo de transgredir, sino el deseo de poseer; la transgresión es simplemente un medio... Si el tentador le hubiera dicho: "Roba," no le hubieran prestado atención. Pero en vez de decir, "¡Roba!", dijo, "¡Reflexiona!"... Desde los días de Edén, la tentación no ha dejado de vestirse con un ropaje atractivo».

Satanás tuvo éxito en pintar el camino descendente como si guiara hacia uno ascendente trayendo consigo semejanza con Dios o una caída hacia arriba, «llegarán a ser como Dios, conocedores del bien y del mal». Eva sucumbió ante la astucia de Satanás y se iluminaron los pasos que la llevaron a su rendición: vio, codició, tomó, etc. «El fruto del árbol era bueno para comer», la tentó en su apetito físico. «Tenía buen aspecto» la tentó en su naturaleza sensual. Además, «era deseable para adquirir sabiduría», la tentación más poderosa de todas, «la tentación espiritual de ir más allá de mi experiencia normal y probar de la sabiduría que solo le pertenece a Dios».

¿Y su esposo? Bueno, Adán no hizo ningún esfuerzo por evitar que Eva comiera del fruto aunque la prohibición divina estuvo dirigida tanto a él como a Eva. Si él no fue el primero en arrancar el fruto, debe haber estado parado bajo el árbol, y cuando vio que no era peligroso comer, tomó su porción del fruto prohibido. Cuando Dios confrontó a Adán en aquel primer acto de pecado, él no solo culpó a Eva, sino a Dios mismo: «La mujer que me diste» como diciendo: «Si sabías que Eva me iba a tentar, ¿para qué la creaste para mí?» H.V. Morton dice que «las palabras del primer Adán son como las palabras de un pequeño engañador a quien el director de la escuela atrapa y entonces el muchacho culpa a otro. *Ella* me dio de ese fruto, y yo lo comí». Pero de ahí en adelante, en la Escritura, a Adán, el cabeza de la raza humana, se le hace responsable del pecado adámico. («en Adán todos mueren»; «Por medio de un solo hombre el pecado entró en el mundo»; Romanos 5:12; Job 31:33.) Lo que trajo consigo la desobediencia de los primeros pecadores del mundo es demasiado bien conocida: dolor en el parto, la introducción del pecado y la servidumbre en el mundo, la maldición de la tierra, la expulsión del paraíso y la introducción de la enfermedad y la muerte.

Eva fue la primera costurera del mundo

Si Adán fue el primer jardinero de la tierra, Eva fue la primera en confeccionar vestidos con hojas. «Para cubrirse entretejieron hojas de higuera» (Génesis 3:7). Andrew Johnson, quien fue presidente de los E.E.U.U. tras el asesinato de Abraham Lincoln, fue sastre en Greenville, Tennessee, donde tenía una tienda. En un discurso pronunciado en Gallatin en 1874 dijo:

> Adán, nuestro gran padre y cabeza, señor del mundo, fue sastre por profesión. Adán y Eva «cosieron hojas de higuera, y se hicieron delantales». Ésa es la primera vez que oímos hablar de sastres, y no veo por qué —sin que sea nada personal— nadie tenga que avergonzarse de ser un sastre, ni ninguna jovencita debe avergonzarse de ser una costurera, pues su madre Eva, al parecer manejaba la aguja con habilidad.

La ropa es un recordatorio del pecado, pues en su inocencia nuestros primeros padres no sentían vergüenza puesto que no tenían sentido de pecado. «En ese tiempo el hombre y la mujer estaban desnudos, pero ninguno de los dos sentía vergüenza» (Géne-

sis 2:25). Dice Mateo Henry: «No sentían vergüenza en sus rostros, aunque no tenían ropa en sus cuerpos». Pero después que pecaron se abrieron sus ojos, y tomaron conciencia de que estaban desnudos. Aunque la vergüenza puede tener un rostro más gentil y liberal que el pecado, es su hermana gemela. La vergüenza puede ser una expresión de remordimiento por el pecado, o la protesta de la conciencia contra este. Cuando Esdras se abochornó y sentía vergüenza de levantar el rostro, la misericordia perdonadora de Dios vino a su encuentro (Esdras 9:6).

Conscientes de su desnudez, ¿por qué Adán y Eva buscaron con qué cubrirse? No solo porque sabían que estaban sin ropa, sino también porque estaban expuestos a la mirada de aquel contra quien habían pecado. Sin embargo, las hojas de higuera con que hicieron sus vestidos no eran suficientes para ocultarlos de los penetrantes ojos de Dios, así que se escondieron entre los árboles. Aun así, estaban expuestos a su mirada y que los descubrieran, y trataron de cubrirse con vanas excusas (3:7, 8, 11, 13).

Quien encubre su pecado jamás prospera (Proverbios 28:13, véase Job 31:33). Dios rechazó la primera envoltura que hicieron los primeros pecadores de la tierra porque representaba sus propios esfuerzos. Por tanto, Dios les proporcionó «ropa de pieles» (3:21), y las colocó sobre los culpables. Los antiguos hebreos le atribuyen a Dios la maravillosa invención de unir pieles de animales. Las pieles hablan de sacrificio. Para que el hombre pueda cubrirse con ropas o zapatos, hay que sacrificar a los animales. Ciertamente la provisión divina de aquellas pieles de sacrificios anunciaba el Calvario, donde Jesús mediante el sacrificio de sí mismo proveyó un inmaculado vestido de justicia para todo el que se arrepiente y cree.

> Tú que estás desnudo,
> ven a Él para que te vista.

Eva fue la primera madre de hijo asesino

Qué rastro de dolor y angustia vinieron con su transgresión. Cuando Caín, su primogénito, llegó a su vida y a su hogar, Eva debe haberlo amado mucho. Ella le puso por nombre Caín, que significa «obtener», «poseer» o «adquisición». Llegó a ser labrador de la tierra. Su segundo hijo fue Abel, nombre que implica «lo que asciende» o «vapor», algo destinado a desvanecerse. El último fue un hombre espiritual y sacrificó de lo primero de sus rebaños para el Señor.

El primer hijo trajo del fruto de la tierra, o sea, lo que él había producido, y lo presentó al Señor, quien lo rechazó y aceptó la ofrenda de Abel debido a su contenido de sacrificio. Caín se enojó a causa de este acto divino de aceptación y rechazo, y mató a su hermano Abel. De esta forma, el primogénito, favorito de Eva fue marcado con vergüenza y Abel el espiritual se convirtió en mártir.

Detrás del asesinato de Abel por su hermano Caín, estaba la serpiente que había hecho de su madre la primera pecadora del mundo. Jesús dijo que Satanás era asesino desde el principio (Juan 8:44). Tras el crimen y destierro del primogénito, y el entierro del segundo, Dios le dio otro hijo a quien llamó Set. «Porque dijo: "Dios me ha concedido otro hijo en lugar de Abel, al que mató Caín"». Al nombrar a su tercer hijo, expresó su fe en el amor, misericordia y provisión de Dios. Fue a través de Set que se mantuvo el linaje espiritual, y después de su nacimiento, el nombre de Eva desaparece de las páginas del Antiguo Testamento, aunque se le menciona dos veces en el Nuevo Testamento. Sin lugar a dudas, Eva compartió el tiempo de vida de Adán, 930 años, y dio a luz un número indefinido de hijos e hijas, no tenemos registro de su maternidad aparte del de los tres hijos que se mencionan.

Eva fue la primera en recibir la divina profecía de la cruz

Eva fue la primera pecadora y vio el fruto de su pecado cuando estuvo parada ante la primera tumba y enterró a su muerto. Después de confesar su pecado, oyó la voz del Señor diciéndole a la serpiente antigua, el diablo: «Pondré enemistad entre tú y la mujer, y entre tu simiente y la de ella; su simiente te aplastará la cabeza, pero tú le morderás el talón» (Génesis 3:15). Con esta primera promesa del Redentor comenzó el camino escarlata que terminó en la cruz donde Cristo, nacido de mujer, proveyó una victoria gloriosa sobre el pecado y sobre Satanás. Mediante una mujer, el universo hermoso de Dios se manchó y se convirtió en «un mundo de pecadores perdidos y arruinados por la caída». Ahora, mediante una mujer, Dios ha provisto una salvación perfecta para una raza pecadora. A causa del pecado de Eva, entró la muerte al mundo, pero en la cruz se conquistaron el pecado y la muerte, porque «al morir, mató a la muerte». Cuando Jesús gritó: «Todo se ha cumplido», quiso decir que la cabeza de la serpiente, representativa de poder y autoridad, había sido aplastada. Él sujetó todos los principados y poderes satánicos que la transgresión de Eva trajo al mundo, y los puso bajo sus pies. ¡Aleluya! ¡Qué gran Salvador!

Al terminar nuestra reflexión sobre la primera mujer, primera esposa, primera pecadora y primera doliente del mundo, hay una o dos lecciones que podemos obtener de la historia. Por ejemplo, «muchas hijas de Eva han descubierto que la serpiente nunca es más peligrosa que cuando se expresa como la sincera deseadora del bien e interesada solo en la prosperidad y bienestar». Qué engañador tan cruel y sutil es Satanás. Cuántos ignoran sus engaños. Además, la tentación es una experiencia universal, y cada uno de nosotros debe aprender de la primera persona en la tierra que fue tentada, la manera en que se aproxima y los pasos sucesivos, y guardarse de caer mediante la apropiación de la victoria de Cristo sobre el enemigo. Ser tentado no es pecado. Solamente pecamos cuando cedemos a la tentación. Si nos negamos a ceder ante el atractivo del pecado, nuestro jardín del Edén permanece inalterado. Sin embargo, en el corazón de la patética historia de Eva está la lección moral de que una mujer tiene el poder de traer desgracia o bendición a la vida de un hombre. Si ella cae, el hombre cae con ella. Qué bien expresan los versos que Juan White Chadwick cita en su capítulo sobre Eva en *Women of the Bible* [Mujeres de la Biblia]:

Ah, disipadora mujer,
que puso precio a su dulce ser
Sabiendo que no podemos elegir sino pagar,
Cuánto ha abaratado el paraíso;

Como dio por nada su inestimable facultad,
Como echó a perder el pan y derramó el vino
Que, usados con la debida frugalidad,
Habría hecho a los hombres brutos y divinos.

Oh, reina, reconoce tu fama,
Exige lo que nuestra riqueza te puede dar,
Usa la corona y comprende la grandeza
De tu privilegio despreciado.

Se dará cuenta que no hemos dicho nada sobre si la historia de la creación y la aparición de Adán y Eva deben tomarse literal e históricamente, o tratarse como una alegoría de sagrado simbolismo.

Nosotros rechazamos firmemente la no demostrada y anticristiana teoría de la evolución, así como también rechazamos que el relato de la creación de Adán y Eva, y las tentaciones de la serpiente sean un mito antiguo o folklore que transmite una verdad o mensaje pertinente. Se está volviendo algo cada vez más usual que los predicadores y escritores modernistas hablen de las hermosas fábulas y mitos de la Biblia. Nosotros creemos que los tres primeros capítulos del Génesis contienen realidades históricas. Si Adán es un mito, también lo es Cristo. Lucas nos recuerda que Adán fue hijo de Dios (3:23-38), y lo cita como el primer hombre del cual desciende Cristo. ¿Cómo pudo un hijo mítico convertirse en uno de los ancestros del Cristo real? Toda la genealogía de Jesús que Lucas nos da se basa en la suposición de que Adán era una persona real. Además, cuando argumenta que Adán y Cristo son las dos cabezas principales de la raza human, Pablo dice: «Pues así como en Adán todos mueren, también en Cristo todos volverán a vivir». No se puede morir en un mito. Por deducción, si Adán es una figura mítica, también lo es Cristo.

Entonces, de la misma manera, Eva y su asociación con la serpiente también se trata como un mito. Pablo dice que la serpiente engañó a Eva (2 Corintios 11:3). Pablo no se refiere al tentador de Eva como un mito, sino como una poderosa y certera realidad. Si nunca ha habido un diablo personal, entonces nos gustaría saber quién está haciendo la obra que solo un habitante del infierno podría hacer. Al instar lealtad a Cristo, Pablo usa a Eva para ilustrar lo fácil que uno puede corromperse, y para él, ella era una figura histórica cuyo recuento debe tomarse literalmente (véase 1 Timoteo 2:12-14). El trato mítico de las figuras históricas y acontecimientos del Antiguo Testamento es una evidencia de la espantosa apostasía de nuestros tiempos.

EVODIA
LA MUJER QUE DISCUTIÓ CON SU AMIGA

Referencias bíblicas: Filipenses 4:2 (véase Hechos 16:13-15; 17:12)

Significado del nombre: Evodia significa «viaje próspero, fragante». Wilkinson anota: «Evodia es "buen viaje" y se usaba en el griego ático coloquial de la misma forma en que los franceses usan la expresión *bon voyage*». Evodia está unida a otra mujer, Síntique, y puede que ambas hayan estado entre las mujeres que se reunieron para orar en la ribera del río (Hechos 16:13-15) y entre las mujeres distinguidas que creyeron (Hechos 17:12). La Escritura guarda silencio con respecto a la genealogía y la asociación familiar de estas dos mujeres quienes después de su conversión se convirtieron en colaboradoras de Pablo en el evangelio (Filipenses 4:3). Ya que pertenecían a una clase que daba muestras de prosperidad, sin lugar a dudas le ministraron a Pablo de sus propios bienes.

En Filipo fueron las mujeres quienes primero escucharon el evangelio y Lidia fue la primera que se convirtió. Si allí llevaron a Evodia y Síntique al Señor, desde luego que asumieron un papel de liderazgo para enseñar el evangelio en un sector de trabajo privado una vez que la iglesia quedó establecida allí (1 Timoteo 2:11, 12).

Cuando Pablo exhortó a estas dos prominentes obreras a que «se pusieran de acuerdo en el Señor», él implicó que ya antes ellas habían tenido un desacuerdo. No se nos dice qué fue lo que causó la brecha entre estas dos diaconisas de la iglesia filipense. Tal vez una tenía una personalidad más dominante que la otra y obtenía mayor atención. Cualquiera que haya sido la disputa, se convirtió en algo serio y entorpecía la obra del Señor, así que Pablo les imploró a estas dos mujeres que renunciaran a sus diferencias y vivieran en paz en el Señor. La falta de armonía entre Evodia y Síntique perturbaba al apóstol y, por tanto, él pedía encarecidamente la reconciliación, ya que los que profesan haber sido redimidos deben vivir en paz y esforzarse por agradar a aquel que los salvó.

Un humorista ha sugerido que debido a la lucha que había entre estas hermanas en Cristo, deberían haberse llamado *Odiosa* y *Enojadiza*. Es triste que haya esta diferencia de criterio, y es aun más trágico el hecho de que las divisiones hayan mantenido separados a los cristianos durante tanto tiempo. «¿Pueden dos caminar juntos sin antes ponerse de acuerdo?» es un viejo adagio que hemos perdido de vista. Nos gusta creer que el ruego de Pablo no fue en vano, y que Evodia y Síntique se reconciliaron por completo y continuaron unidas sirviendo al Dios de paz. ¿Existe en tu vida como cristiano la necesidad de una reconciliación como esta? Si es así, por tu propia paz de corazón y tu influencia en el mundo, ve y arregla lo que esté mal.

FEBE
LA MUJER QUE LLEVÓ EL DISTINTIVO DE LA BONDAD

Referencias bíblicas: Romanos 16:1, 2

Significado del nombre: Pura o radiante como la luna

No sabemos nada de esta piadosa mujer que llevó a Roma el «inestimable paquete», la Epístola a los Romanos. Solo contamos con la breve mención de su nombre y servicio. Febe, una cristiana devota, llevó sin cambiarlo y sin reproche el nombre de la diosa de la luna de los griegos. La diosa Artemisa, conocida por el epíteto de «Febe», se identificaba supuestamente con la luz de la luna, pero la Febe que Pablo tanto elogia, brilló como una luz por Jesús, la «Luz del mundo». Que debe haber sido una mujer con alguna trascendencia lo muestra el hecho de que ella planificó un largo viaje a Roma por cuestiones de su negocio, y se ofreció para llevar a los cristianos de allá la carta de Pablo, «una inspirada obra maestra de lógica que da en la clave de la ortodoxia para la iglesia universal a través de los siglos subsiguientes».

En unas cincuenta palabras Pablo nos da un hermoso retrato de esta santa sierva de Cristo, por quien Pablo le pide a los santos de Roma que hagan todo lo que puedan. La importancia de su visita lo indica la apelación de Pablo a los romanos para que le presten «toda la ayuda que necesite». Febe fue:

Una hermana

Útil para Pablo, esta designación implica una relación espiritual. Él llama a la pareja de creyentes, el hermano y la hermana (1 Corintios 7:15; 9:5, RVR1960). El joven Timoteo era su «hijo en la fe». Por tanto, Febe era miembro de una familia espiritual en la que las relaciones se basan en la redención de Cristo y la obra regeneradora del Espíritu Santo (Gálatas 4:4-7). Aparte de las relaciones naturales, ninguna mujer es mi «hermana» a menos que comparta mi experiencia de la gracia salvadora de Dios mediante la cual somos hechos miembros de su familia redimida. No se nos dice cómo ni cuándo Febe se hizo cristiana y hermana en el Señor. Lo que es evidente es la manifestación de su amor y trabajo fraternal entre sus hermanas y hermanos en Cristo. «Nuestra hermana» es un término que indica su calidad de cristiana.

Una sierva de la iglesia

Febe no era solo un miembro de una familia espiritual, sino también una miembro de la iglesia visible de Cencreas cuando Pablo llegó allí en su tercer viaje misionero y de donde escribió Romanos. Febe no era simplemente una creyente profesante y activa, ella también era sierva, diaconisa, de la iglesia. La palabra para «sierva» es *diakonos*, de la cual se deriva diácono y diaconisa. No es seguro que en aquel tiempo existiera una orden femenina de «Diaconisas». Febe, no obstante, ocupó dicha posición en la iglesia, y como tal podía ser una maestra de todas las mujeres de la fe, y ser activa en el alivio de las necesidades temporales de los pobres en el rebaño. Podemos asumir sin temor a equivocarnos que Febe fue una de las primeras, si no la primera, del noble grupo de diaconisas

de la iglesia cristiana. Si el suyo no era un ministerio oficial, fue verdaderamente uno bien amable y efectivo, y fue una de las precursoras del vasto ejército de mujeres que han prestado un servicio leal a Cristo y a su iglesia.

Ha ayudado a muchas personas, entre las que me cuento yo

La palabra que Pablo usó para «ayudado», *prostatis*, es muy expresiva. Literalmente significa «uno que está allí en caso de necesidad». Es una forma clásica griega de describir a un entrenador en los juegos olímpicos, quien ayuda a los atletas para cerciorarse de que estén adecuadamente entrenados y ceñidos cuando se sitúen en la línea de salida. Moule traduce esta frase como: «Ella, por su parte, ha probado ser una ayudadora (casi una *campeona*, una que se levanta por otros) de muchos, sí, y de mí entre ellos». Febe era la patrocinadora o ayudadora desinteresada y liberal de los santos, destacada por sus obras de caridad y por su hospitalidad. De nuevo cito a Moule:

> Ella había sido una devota, y parece que particularmente *una amiga valiente*, de los convertidos que atravesaban por dificultades y del mismo Pablo. Quizás, en el curso de sus visitas a los afligidos, había peleado difíciles batallas de protestas, donde encontró aspereza y opresión. Quizás ella había defendido la causa olvidada del pobre, con el valor de una mujer, ante algún «hermano» negligente más rico.

En cuanto al toque personal «...*entre las que me cuento yo*», se ha sugerido que Pablo tenía en mente la visita que hizo a Cencreas donde, rapándose la cabeza, hizo un voto judío (Hechos 18:18). «El voto parece señalar una liberación de un peligro de enfermedad en el que Febe puede ser que le haya auxiliado». Debido a su santidad y obras prácticas, Pablo instó a los creyentes de Roma a recibirla «dignamente en el Señor, como conviene hacerlo entre hermanos en la fe». Todos somos santos en el Señor, pero unos son más santos que otros. La piadosa Febe es testigo de lo que Cristo puede hacer mediante la soltería consagrada.

FUVÁ

Referencias bíblicas: Éxodo 1:15

Significado del nombre: Partera o gozo de los padres

Alarmado por el rápido incremento de la población israelita en Egipto, el faraón ordenó a dos parteras egipcias que mataran a los niños varones tan pronto como nacieran (Éxodo 1:15-20). Él nunca habría empleado a mujeres hebreas para destruir a los varones de su propia nación. La respuesta de las dos parteras llamadas Sifrá y Fuvá, ante la ira del faraón cuando descubrió que su cruel edicto no se estaba cumpliendo, implica que ellas acostumbraban a servir solo a las mujeres egipcias que nada más las empleaban cuando había dificultades en el parto (Éxodo 1:19). Las mujeres hebreas rara vez empleaban parteras pues «están llenas de vida», o tienen partos mucho más fáciles que las egipcias.

Sifrá y Fuvá son nombres egipcios. Aben Ezra, el antiguo historiador judío, dice que esas dos mujeres «estaban al frente de todas las parteras, que eran más de 500». Como supervisoras de un equipo tan grande sobre el que el gobierno egipcio las había puesto, el faraón les ordenó que cumplieran su terrible orden tal y como le habría dado órdenes a otro oficial cualquiera. Como es probable que solo los jefes hebreos pudieran pagar los servicios de las parteras, posiblemente la orden del faraón se aplicaba solo a ellos. Aunque egipcios de nacimiento, parece ser que habían aceptado la fe judía, porque se nos dice que Sifrá y Fuvá se mostraron «temerosas de Dios» (Éxodo 1:21).

Al recibir la orden real de cometer asesinato, esas dos leales y vigorosas mujeres de mediana edad se encontraron entre la espada y la pared. ¿A quién debían obedecer?, ¿al Dios de los hebreos en quien creían, o al tiránico rey de Egipto? Fieles a su conciencia y a su honroso llamamiento, sabían que estaba en contradicción con el mandamiento divino sobre matar, y, por tanto, «dejaron con vida a los varones». De esta manera, obedecieron a Dios antes que a los hombres, y al hacerlo trajeron sobre sus cabezas la ira del faraón. Enfrentándose a su ira, Sifrá y Fuvá se refugiaron en una verdad parcial. Dijeron que, debido a que las mujeres judías tenían partos fáciles, sus hijos nacían antes de que ellas llegaran a ayudar a las madres en el parto.

Aunque Dios sabía que lo que las parteras decían era una verdad parcial, él sabía toda la crítica situación que rodeaba el asunto y alabó a Sifrá y Fuvá por su valor y fe. Ellas habían arriesgado su vida por la de muchos infantes judíos. Un acto así era meritorio ante los ojos del Señor, y las recompensó honrosamente prosperando a sus familias. Fausset sugiere que la naturaleza de dicha recompensa era que las dos parteras se casaron con hebreos y fueron madres en Israel (2 Samuel 7:11, 27). Sifrá y Fuvá son testigos contundentes contra la escandalosa práctica del aborto, que varias naciones han legalizado.

GOMER
LA MUJER INDIGNA POR SU PROSTITUCIÓN

Referencias bíblicas: Oseas 1:1-11; 3:1-5

Significado del nombre: «Completo», es decir, el colmo de la medida de la idolatría, o madurez de la maldad consumada. Su nombre era indicativo del adulterio y la idolatría en gran escala del reino que representaba. Como «prostituta», esta mujer del reino del norte, considerada una idólatra, se convirtió en un símbolo de su pueblo.

Nexos Familiares: Gomer era hija de Diblaim cuyo nombre, que significa «doble capa de pastel de uva», habla de alguien entregado completamente a la sensualidad. Con un padre como este podemos comprender por qué Gomer se convirtió en una mujer así, entregada al placer sensual. Se convirtió en la mujer de Oseas, el santo profeta, y simbolizaba la gracia de Dios al sacar «un mundo que se había alejado de él, prostituyéndose, una Iglesia para santificarla por la comunión consigo mismo en Cristo de la misma manera que la comunión con el profeta santificó a Gomer (1 Corintios 7:14). El Salvador une consigo mismo lo impuro para hacerlo santo».

A Oseas y Gomer le nacieron tres hijos cuyos nombres son insignificantes si fuéramos a tomar el relato de Gomer como una simple alegoría, como hacen algunos críticos. La experiencia matrimonial de Oseas fue una parábola actuada para que lo viera toda la nación, y la descripción poética de un personaje tan feo habría sido antinatural en un escritor como este si no hubiera tenido una amarga experiencia de todo lo que representaba la figura. «Solo el verdadero dolor de esa experiencia pudo haber hecho a este hombre lo suficientemente valiente como para usarlo como figura del trato de Dios hacia Israel». Los nombres simbólicos que Oseas y Gomer dieron a sus hijos indican el descontento divino con Israel por sus prostituciones. Algunos escritores sugieren que estos tres hijos no eran de Oseas sino de los amantes que su esposa tuvo durante sus períodos de infidelidad, de ahí el término «hijos de prostitución» (1:2). Pero los nombres mismos descartan dicha idea.

Jezrel, el primogénito, significa «Dios sembró», lo cual es susceptible a tomarse en dos sentidos: «Dios esparce» o «Dios planta» (1:4). Calvino, comentando sobre este nombre típico presenta a Dios como si dijera: «Ustedes no son *Israel* sino *izrael*, un pueblo a quien Dios esparcirá y desterrará». Más adelante, el mismo nombre aparece en relación con la promesa de restauración del favor divino, «grande será el día de Jezreel». «éstos le responderán a Jezrel. Yo la sembraré para mí en la tierra» (1:11; 2:22, 23). *Israel*, antes llamado *izrael*, «dispersado por Dios», no serán llamados *izrael*, como «los plantados por el Señor» (Isaías 60:21). Al momento del nacimiento de su primer hijo, Oseas no estaba conciente de la prostitución de su esposa.

Lo-ruhama significa «A ella no se le mostrará ninguna compasión». El nombre de esta muchacha, que quiere decir «inepto» habla del rechazo de Dios hacia la casa de Israel debido a su iniquidad. Él tuvo más compasión con la casa de Judá (1:6, 7).

Lo-ammi. El nombre de esta tercera hija quiere decir: «No es mi pueblo o pariente» amplía el juicio sobre la nación que se expresa en los primeros dos nombres. Gomer y sus hijos, por lo tanto, nos dan una idea clara del obstinado Israel en su relación con Dios. No obstante, como veremos, la historia culmina con el maravilloso amor de Dios y su fidelidad.

No podemos asumir que en el momento del casamiento de Oseas con Gomer esta fuera depravada. Debido a sus ancestros, el estigma estaba en sus venas y al haber heredado las tendencias inmorales, estas se pusieron de manifiesto. Así, la infiel esposa del profeta, se adentró más en el pecado, abandonó a Oseas y se convirtió en la esclava de uno de sus amantes (3:1). Oseas, por órdenes de Dios, la volvió a comprar y pagó por ella el precio de una esclava ordinaria. Lo que el profeta experimentó en su propia vida era típico de la infidelidad de Israel y de su exilio, y también de la disposición de Dios para volverlo a aceptar. El amor de Oseas hacia su obstinada esposa no se apagó por su traición al amor y a la fidelidad. «Ve, ama a una mujer amada de su compañero (el propio Oseas), aunque adúltera». De esa manera, a causa de su angustia, llega a tener una comprensión más profunda del amor perdonador de Dios. Como lo expresa Dean Farrar: «Si el amor del hombre puede ser tan profundo, cuán insondable debe ser el amor de Dios». Si el amor de Oseas hizo posible que él recogiera a su pobre esposa descarriada y arrepentida, con cuánta más compasión nos recibirá el amor de Dios y nos amará gratuitamente.

Dr. G. Campbell Morgan en *The Minor Prophets* [Los profetas menores], nos da el excelente resumen que sigue del significado de la angustia de Oseas:

> De la agonía de su propio corazón Oseas aprendió la naturaleza del pecado de su pueblo. Ellos estaban jugando el papel de ramera, gastando los dones de Dios con otros amantes. De dicha agonía él aprendió cuánto Dios sufre por el pecado de su pueblo, por su amor imperecedero. Del amor de Dios nació en Oseas un nuevo interés por Gomer, y en el método que Dios determinó que él utilizara con ella, descubrió el método de Dios con Israel. De todo este proceso de dolor, salió confianza absoluta en la victoria final del amor. Equipado de esta manera, entrega sus mensajes y en ellos resuenan aquellas profundas notas de Pecado, Amor y Esperanza.

HAMOLÉQUET

Referencias bíblicas: 1 Crónicas 7:17, 18

Significado del nombre: Reina o Regente

Este nombre largo que encontramos en la genealogía de Manasés, sugiere características de eminencia. La tradición dice que reinó sobre parte de Galaad. Era hija de Maquir, hermana de Galaad, nieta de Manasés y madre de Isod, Abiezer, de cuya descendencia salió el poderoso Gedeón, y Majlá.

HELÁ

Referencias bíblicas: 1 Crónicas 4:5, 7

Significado del nombre: Enferma

Muchos nombres en las diferentes listas de genealogías que encontramos en el Antiguo Testamento se derivan de las aflicciones, peligros y otras circunstancias alrededor del momento del nacimiento. Majlí, que significa «enferma», y Majlá, «enfermedad», se entiende que aluden al estado precario de la madre en el momento del parto. Majalat tiene un significado similar, de igual forma Helá que era una de las esposas de Asur, el póstumo hijo de Jezrón, y padre de Tecoa. Asur era el cabeza de una familia de la tribu de Judá, y Helá le dio tres hijos, Zéret, Yezojar y Etnán.

HEPSIBA

Referencias bíblicas: 2 Reyes 21:1; Isaías 62:4

Significado del nombre: Mi deleite

Este nombre simbólico y musical lo llevaba la esposa del piadoso rey Ezequías, quien llegó a ser la madre de su hijo Manasés. Manasés, que reinó sobre Judá durante cincuenta y cinco años, más que ningún otro rey, fue tan impío como su padre fue piadoso. Fue exactamente lo opuesto de su padre tanto en estilo de vida como en el liderazgo de la nación.

Hepsiba es el nombre simbólico de Sión para Jehová cuando lo restaure a su favor:

> «recibirás un nombre nuevo... Ya no te llamarán «Abandonada» (*Azuba, nombre de la madre de Josafat*), ni a tu tierra la llamarán «Desolada» (*Shemamah*), sino que serás llamada «Mi deleite» (*Hepsiba*); tu tierra se llamará «Mi esposa» (*Beula*)» Las palabras «Abandonada», «Desolada», y «Mi esposa» también aparecen en una promesa similar (Isaías 54:1, 6).

Luego de vivir y profetizar en los días del buen rey Ezequías, era apropiado que Isaías empleara el uso de nombres simbólicos en la escritura de sus profecías. El matrimonio de Ezequías con Hepsiba naturalmente sugirió Beula, que significa «casada», y también la

inferencia del nombre de la reina, «Mi deleite». Estos nombres también son simbólicos
de la iglesia. Pablo habla de ella como casada
con Cristo cuyo deleite está en ella.

HERODÍAS
LA MUJER RESPONSABLE DEL ASESINATO
DE UN PREDICADOR

Referencias bíblicas: Mateo 14:3-12;
Marcos 6:14-24; Lucas 3:19, 20

Significado del nombre: Como miembro de la
dinastía herodiana, quizás la dinastía
más despreciable que haya conocido la
historia, el nombre Herodías no es sino el
femenino de Herodes, nombre real para
los dirigentes políticos durante el tiempo
de Cristo y los apóstoles. Fue bajo las
viles y crueles órdenes de Herodes que a
menudo persiguieron y castigaron a Jesús y sus seguidores. Herodes significa
«heroico», no muy aplicable que diga-
mos a la familia herodiana, la mayoría de
los cuales, particularmente Herodías, era
más diabólica que heroica.

Nexos familiares: Herodías era hija de Aristóbulo, hijo de Herodes el grande y Mariana, hija de Hircano. Su primer esposo fue
Felipe I, hijo de Herodes el grande y Mariana, así que se casó con su tío, de quien
tuvo una hija, Salomé, a quien utilizó
para destruir a Juan el Bautista. Cuando
Herodes Antipas visitó Roma, Felipe y Herodías lo agasajaron. Herodes se robó la
esposa de su propio hermano. Su esposa,
una princesa árabe, era un obstáculo para
su matrimonio ilícito, así que se divorció
de ella, y en su lugar Herodías se convirtió
en reina y se instaló con su hija en el palacio. «La corrompida inmoralidad de la
raza herodiana se muestra en su matrimonio con Herodías, la esposa de su hermano y la licenciosa ofensa hecha contra las
sensibilidades judías».

Entre los caracteres femeninos en la galería de los retratos, hay muchas mujeres malvadas como estamos descubriendo, pero ciertamente Herodías sobresale entre ellas como
una de las más viles y viciosas. Sin embargo,
en medio de la influencia putrefacta del palacio, había un hombre que no conocía el miedo, Juan el Bautista. Herodes «temía a Juan»
y «sabía que era un hombre justo y santo» a
quien «escuchaba con gusto». Herodes encontró música en el mensaje del predicador
hasta que este lo acusó severamente diciéndole acerca de Herodías: «La ley te prohíbe tener-
la por esposa». Pero esa campana de advertencia haría mella en el destino del Bautista.
Por su fiel reprensión del pecado de Herodes,
fue echado a la cárcel, y la mente malvada y
calculadora de Herodías comenzó a funcio-
nar. La había pinchado la flecha de la carcaza
del predicador y lo odiaba por exponer su vergüenza. «Por causa de Herodías» fue encarcelado y así esta lasciva y viciosa mujer sacrificó
al más grande de los profetas. Pero el rencor
de una vil criatura como esta era más deseable que su afecto (Mateo 10:23; Lucas 6:26).
Herodías, con su conciencia agitada a causa
de su acusador, planeó silenciarlo. Ella no quería que Herodes prestara una atención demasiado constante a la vigorosa predicación de
Juan. Temía que su ilegal esposo, pues su primer esposo aun vivía, se arrepintiera y peligra-
ra su posición como reina.

Herodías conocía muy bien a Herodes. Él
sucumbía muy fácilmente a la excitación sensual y, cuando se acercó su cumpleaños, llevó
a cabo la sucia idea. El día que el vino fluyó libremente, Herodías usó a su propia hija para
inflamar las pasiones de Herodes. Ella estaba
dispuesta a sacrificar la modestia de su hija
para hacer que Herodes hiciera lo que ella quisiera. Herodes estaba rendido ante la silueta
de Salomé visible a través del ligero vestido
que llevaba puesto, e influenciado por el acto
de la bailarina hizo un juramento tonto y apresurado de darle cualquier cosa que pidiera,

incluso la mitad de su reino. Acercándose a la madre, Salomé dijo: «¿Qué pido?» Sin dudar, Herodías, la hiena, respondió: «Pide la cabeza de Juan el Bautista». Al regresar a donde estaba Herodes, le presentó su pedido y a Herodes le entristeció mucho la petición. No obstante, por causa del juramento, sacrificó al predicador que consideraba justo y santo, y todo como consecuencia de su amor culpable hacia una mujer vil. No en balde lo sobrecogió el miedo cuando oyó de la fama de Jesús, pues pensó que era Juan el Bautista que había resucitado de los muertos para seguir atormentando su conciencia. Nos preguntamos, ¿cómo se sintió Salomé cuando le entregaron el plato ensangrentado con la cabeza del predicador? (véase SALOMÉ.)

El equivalente de Herodías en el Antiguo Testamento es Jezabel. Lo que Herodías era para Herodes, era Jezaebel para Acab. Tanto Acab como Herodes fueron malos, y en ambos casos la mujer fue aun más malvada. Tanto Jezabel como Herodías albergaron un odio que fue mortal para un profeta de Dios. Jezabel odiaba a Elías y trató de matarlo. Herodías odiaba a Juan el Bautista, el Elías del Nuevo Testamento, y logró su asesinato. ¿Cuál fue el fin de Herodías? Como mismo fue la fuente del pecado de Herodes, Herodías también se convirtió en la fuente de su vergüenza. Según Josefo, la ambición de Herodías fue la ruina de Herodes. Celoso del poder de Agripa su hermano, ella estimuló a Herodes para que le exigiera a Calígula, el emperador, el título de rey. Agripa se las arregló para que su demanda fuera rechazada y Herodes fue desterrado y terminó sus días en vergüenza y exilio. El orgullo de Herodías la obligó a serle fiel a su esposo en la desgracia y el infortunio que ella misma le había ocasionado.

HODES
Referencias bíblicas: 1 Crónicas 8:8, 9
Significado del nombre: Luna nueva

Este es el nombre de una de las esposas de Sajarayin. La otra esposa de este benjamita era Jusín. Notaremos que en la genealogía de la familia de Benjamín, se dice que las esposas de Sajarayin fueron Jusín y Bará; pero, cuando se enumeran los hijos de cada una de sus esposas, aparece el nombre de Hodes en vez del de Bará. Wilkinson da la siguiente explicación de estos dos nombres para la misma persona: «La palabra Bará se deriva de *baar*, "arder" y por lo tanto pudiera significar "calor", "encendido" que es el sentido de *beera* en Éxodo 22:6; de aquí que algunos supongan que este designa a la misma persona llamada Hodes por alusión al encendido de fuego como torre de aviso con lo que los israelitas de los tiempos antiguos, de acuerdo a su costumbre, anunciaban la aparición de la luna nueva».

HODÍAS
Referencias bíblicas: 1 Crónicas 4:18, 19; Nehemías 10:18

Significado del nombre: El esplendor de Jehová

Es evidente que había cierta confusión en cuanto a si este era un nombre de hombre o de mujer. Varios eruditos lo identifican con Hodías, el levita, (Nehemías 10:18). La versión King James dice que Hodías era la esposa, una de las dos esposas de Méred (1 Crónicas 4:18, 19) pero la RV y la NVI muestran que Hodías era un hombre que se casó con la hermana de Naján, que se contó en la tribu de Judá. Si por Hodías se quiere decir Jehudaía, entonces ella fue la madre de los tres hijos Jéred, Héber y Jecutiel.

HULDÁ
LA MUJER QUE REVELÓ EL FUTURO DE UNA NACIÓN

Referencias bíblicas: 2 Reyes 22:14-20; 2 Crónicas 34:22-33

Significado del nombre: Huldá que significa

«comadreja», se cree que haya sido el nombre de un antiguo tótem de un clan.

Nexos familiares: Todo lo que sabemos de ella, aparte de su ministerio, es que era la esposa de Salún, el encargado del vestuario real. Como profetisa, durante el reinado del rey Josías, se le podía encontrar sentada en la parte central de la ciudad lista para recibir y aconsejar a cualquiera que quisiera preguntar a Jehová.

Clasificada con Débora y Ana entre las mujeres excepcionales del Antiguo Testamento, sobre la posición social y reputación de Huldá da fe el hecho de que la fueron a consultar a ella, en vez de a Jeremías, cuando se encontró el libro perdido de la ley, y que todos aceptaron sus palabras como dadas por revelación divina. Cuando el sacerdote Jilquías encontró el libro en el templo, inmediatamente Josías mandó a buscar a Huldá y, dando fe de la autenticidad del rollo, profetizó la ruina nacional debido a la desobediencia de los mandamientos de Dios. Su mensaje profético y la lectura pública de la ley trajeron consigo un avivamiento que dio como resultado las reformas llevadas a cabo por Josías. Con una vida espiritual renovada, el rey y el pueblo juraron seguir al Dios de sus padres con mayor fidelidad. Cuando los hombres recuperan las verdades perdidas de las Escrituras y las aplican a su vida y moralidad, ¡qué cambios tan grandes y poderosos ocurren!

ISCÁ

Referencias bíblicas: Génesis 11:29

Significado del nombre: Ella vigilará.

Aquí tenemos el interesante nombre de la hija de Jarán, el hermano menor de Abraham. Esperamos que haya compartido la visión de su tío hacia la ciudad sin fundamentos (Hebreos 11:10). Josefo identifica a esta hija de Lot y Milca con Sara, la esposa de Abraham. Sin embargo, no existen suficientes pruebas para la afirmación del historiador.

JADASÁ

Este es el nombre judío de Ester (véase ESTER). El judaísmo reconoce este reverenciado nombre en las Sociedades Hadassah que existen con propósitos de beneficencia.

JAEL
LA MUJER QUE MATÓ A UN HOMBRE MIENTRAS DORMÍA

Referencias bíblicas: Jueces 4:17-22; 5:6, 24-27

Significado del nombre: Jael significa «cabra salvaje o montañés» o «gacela», y como dice Dean Stanley, es «un nombre adecuado para la esposa de un beduino, especialmente para uno cuya familia había venido de las rocas de Engedi, lugar de origen de las cabras salvajes o gamuzas».

Nexos familiares: La única asociación que se nos da de esta mujer que aparece de la nada producto de un solo hecho que, por su naturaleza, a duras penas merece la fama, es que era la esposa de Héber, el quenita. En aquellos tiempos, todo lo relacionado con la carpa era trabajo de la mujer y estas se convertían en expertas en todas las áreas de hacer, apuntalar y desarmar. Por eso Jael fue capaz de usar sus habilidades con un buen resultado cuando, con una estaca en una mano y un mazo en la otra, la clavó atravesando el cráneo de Sísara mientras dormía, hecho que no se le atribuye a la dirección divina aunque la victoria sobre Sísara sí lo fue (Jueces 5:10).

¿Cómo podemos explicar o justificar un acto así de traición en concordancia con la moral de los tiempos de Jael? «De todas las obligaciones del desierto, la hospitalidad era la que seguían más rigurosamente, y era una cuestión de honor entre los hebreos», dice Mary Hallet. «Al traicionar a Sísara, Jael quebrantó este código suyo; pero para nosotros eso es más fácil de comprender que la repulsiva crueldad del método de asesinato». «Así murió Sísara», y la traición de Jael quedó en el olvido ante el hecho más importante de su valentía. Las circunstancias que ocasionaron tan repulsivo acto ya las hemos analizado (véase DÉBORA). Israel se encontraba exasperado bajo el severo reinado de Jabín, rey de los cananeos, y Débora y Barac salieron a pelear contra las fuerzas armadas de Jabín. Dios intervino, y desatando los poderes de la naturaleza desorganizó por completo el ejército de Jabín. Sísara, capitán del ejército, y cruel opresor de Israel, escapó y cayó en las manos de una mujer (4:9).

Sísara huyó hasta la tienda de Héber el quenita, cuya esposa Jael recibió a Sísara y le instó a que entrara y descansara sin temor. Al ver lo cansado que estaba Sísara, Jael lo cubrió con un manto, y cuando le pidió agua para calmar su sed ella le dio a tomar leche. Luego, asegurándole que ella lo protegería de los que lo anduvieran buscando, esperó a que se durmiera. Acercándose suavemente a su lado, Jael atravesó su cabeza con una estaca de la carpa, clavándola en el suelo. Shakespeare dice de la mujer que «puede sonreír y sonreír y ser una villana». Jael no era una mujer tosca o bárbara, ni una tigresa. Como no tenía valor, no se atrevió a atacar a Sísara limpiamente. Recurrió al engaño, pues aunque recibió a Sísara con un rostro radiante, en su corazón había asesinato, y lo mató empleando medios sucios y censurables. Si Sísara hubiera tratado de violar a Jael, y en defensa de su honor ella lo hubiera matado, habría sido otra cosa, pero matarlo como un asesino mata a una víctima era algo diferente. Su crimen nos recuerda a Judit de Behulia, quien clavó una espada a través del cuello de Olopernes mientras este dormía.

Jael no mató a Sísara como David a Goliat, un campeón del Señor decidido a destruir a sus enemigos. Aunque el juicio divino cayó sobre Sísara, Jael erró en que no le permitió a Dios escoger los medios de castigo. Quizás sintió un impulso irresistible de matar al persistente enemigo del pueblo de Dios, pero permanece censurable para siempre por la manera cruel en que mató a Sísara, aunque Débora sintió satisfacción por el acto y lo alabó en forma poética. Cuando Débora dijo: «¡Sea Jael, esposa de Héber el quenita, la más bendita entre las mujeres, la más bendita entre las mujeres que habitan en carpas!», quizá estaba tan solo alabando su fe y no su traición. Cualquier mujer que matara al enemigo del país era amigo de Israel, así que el método de la muerte de Sísara le interesaba muy poco a Débora, quien sin lugar a dudas pensaba que en tiempo de guerra todo era permitido. ¡Qué crímenes tan atroces se han cometido en nombre del patriotismo! Jael no tenía idea de que ella sería la persona que en el momento oportuno aplicaría «justicia sobre un enemigo de Dios». Al saber que la batalla se había vuelto contra los cananeos, ella se dio cuenta que Sísara sería capturado y ejecutado, por tanto, actuó como ejecutora de la sentencia, consolidando como consecuencia una amistad con Débora, la conquistadora, quien consideraba a Jael digna de alabanza por causa de su amor por Israel.

JAGUIT

Referencias bíblicas: 2 Samuel 3:4, 5; 1 Reyes 1:5, 11; 2:13; 1 Crónicas 3:2

Significado del nombre: Festival o bailador

Este personaje femenino fue la quinta esposa de David, y madre de su cuarto hijo, Adonías. En todas las referencias que se hace a su persona lleva la designación de «madre de Adonías». Este nació en Hebrón mientras David tenía allí su capital.

JAMUTAL

Referencias bíblicas: Jeremías 52:1, 2; 2 Reyes 23:31; 24:18

Significado del nombre: Pariente del rocío o suegro del rocío

Esta mujer, esposa de un rey y madre de

dos hijos que llegaron a ser reyes, tiene un nombre muy interesante. Era hija de Jeremías, oriunda de Libná, y madre de los reyes impíos Joacaz y Matanías, o Sedequías, a quien Jeremías condena por su maldad.

Dondequiera que aparece la frase «su madre se llamaba», se sugiere la influencia potencial de su madre en las características del hijo o hijos, ya sean buenas o malas. No parece ser que los dos hijos hayan seguido el ejemplo de su padre quien, cuando todavía era joven: «comenzó a buscar al Dios de su antepasado David», y durante su vida, «no se desvió de él en el más mínimo detalle».

JAZELELPONI

Referencias bíblicas: 1 Crónicas 4:3

Significado del nombre: Libérame, oh Dios, que me estima, o la liberación del Dios que me estima.

Esta palabra, con su sonido un poco extraño y tosco para un nombre femenino incluye el nombre sagrado *El*, que significa «Dios» como una de sus sílabas intermedias. Zelel o Tselel significa «sombra o penumbra», y la encontramos en la formación de nombres propios como Bezalel, Ziletay, e implica «la sombra se volvió hacia mí», e indudablemente sugiere un sentido, reconocimiento o esperanza de protección divina, y contiene la idea que conlleva la convicción: «El SEÑOR es tu sombra protectora». Jazelelponi es el nombre de una de las hijas de Etam, y era la hermana de Jezrel, Ismá e Idbás que aparecen en la genealogía de Judá.

JECOLÍAS

Referencias bíblicas: 2 Reyes 15:2; 2 Crónicas 26:3

Significado del nombre: Poderosa

El único registro que tenemos de este personaje femenino es el de su nombre y el hecho de que su hijo «hizo lo que agrada al SEÑOR» y que mientras «buscó a Dios, Dios le dio prosperidad», una evidencia segura de su buena influencia sobre su hijo. Jecolías fue la esposa de Amasías, rey de Judá, y madre de Azarías, o Uzías, rey de Judá cuya muerte el profeta Isaías lamentó profundamente (Isaías 6:1-3). En cuanto al significado de su nombre, Wilkinson destaca que existe similitud entre los nombres de los padres de Uzías y el de este; los tres son una combinación del nombre de Jah con diferentes palabras. En Amasías, el nombre de su padre, la palabra Amas o Amats significa «es fuerte» o «tiene fortaleza», y en Jecolías, el nombre de su madre, Jecol significa «es poderoso» o «ha prevalecido».

JEDIDÁ

Referencias bíblicas: 2 Reyes 22:1, 2

Significado del nombre: Querida de Jehová

No debemos confundir este nombre sacramental con el nombre de nacimiento de Salomón, Jedidías, que significa «amado de Jehová» (2 Samuel 12:24, 25) aunque son similares. Jedidá era hija de Adaías, de Boscat, y esposa de Amón, el malvado rey a quien sus propios sirvientes asesinaron. Jedidá fue la madre de Josías, que sucedió a su padre muerto cuando tan solo tenía ocho años y reinó con prosperidad durante treinta y un años. A pesar de que Josías tuvo un padre malvado, su madre Jedidá debe haber sido una mujer piadosa que influyó grandemente en su hijo, pues tras su nombre encontramos esta frase sugerente: «hizo lo que agrada al SEÑOR».

JEMIMA

Referencias bíblicas: Job 42:14 (RVR 1960)

Significado del nombre: Palomita

Muchos comentaristas se refieren a las tres hijas de Job como las que le nacieron luego de que le regresara la prosperidad. Lo mismo se dice de los siete hijos que le nacieron después que llegara la paz tras pruebas difíciles, pero ¿quién se supone que hayan sido las «tres hermanas» (1:4) que murieron cuando un huracán destruyó su casa? Aunque tantos los hijos como las hijas estaban comiendo y bebiendo cuando llegó la tormenta (1:18), leemos que esta golpeó la casa y «cayó sobre los jóvenes y todos murieron» (1:19). Sin embargo, no se menciona que las hijas hayan muerto junto con los jóvenes.

¿Tenemos razón para decir que «los jóvenes» que murieron eran los hijos de Job? Entonces, al ver que el versículo 1:2 es idéntico al 42:13, ¿no estamos en lo cierto al afirmar que la abundancia que Job tuvo al final se refiere solamente a bendiciones materiales en forma de camellos, bueyes y asnos? (42:12) y no a otros hijos? Si los hijos estaban incluidos en la oración «el SEÑOR lo hizo prosperar de nuevo y le dio dos veces más de lo que antes tenía» (42:10) y sus siete hijos y tres hijas (1:2) murieron a causa del huracán que destruyó su casa, al ganado y a los sirvientes, así que debiéramos leer que después de la restauración de su salud y su prosperidad, cuando su fin fue de mayor bendición que su comienzo, «Tuvo catorce hijos y seis hijas». Pero el versículo dice «Tuvo (tiempo pasado) siete hijos y tres hijas» (RVR 1960). Si el Señor le quitó todo lo que le había dado, entonces sería una extraordinaria coincidencia que le hubiera dado otra vez a Job, al final de su prueba, la misma cantidad exacta de hijos.

Job fue ciertamente bendecido en esta área viviendo para amar cuatro generaciones que brotaron de sus siete hijos y las tres hijas originales. El escritor añade a la mención original de las tres hijas, los nombres y detalles sobre su belleza y herencia. No se mencionan los nombres de los hijos.

Jemima, nombre de la hija mayor, se considera que tenía una procedencia arábica porque su nombre quiere decir «palomita». Dice Wilkinson: «el nombre, como el de sus dos hermanas, al parecer se debe a alguna ocurrencia o experiencia insignificante, relacionada con su infancia». La Septuaginta traduce Jemima como una forma derivada de la palabra hebrea para «día», de manera que su nombre podría significar «brillante o hermosa como el día». En toda la tierra no había ninguna que sobrepasara en belleza a las tres hermanas (42:15). Según cuenta la tradición, los árabes llamaron una provincia de Arabia central *Jemama*, en honor de la primera hija de Job.

JEODÍAS (Véase además HODÍAS)
Referencias bíblicas: 1 Crónicas 4:18

Se hace referencia a ella como la esposa de Méred, para diferenciarla de su Bitiá, su esposa egipcia.

JERIOT
Referencias bíblicas: 1 Crónicas 2:18

Significado del nombre: Telas de la carpa

Este era el nombre de la esposa de Caleb, hijo de Hezrón. Algunos escritores consideran que Jeriot es otro nombre de Azuba.

JERUSA
Referencias bíblicas 2 Reyes 15:33; 1 Crónicas 6:12; 2 Crónicas 27:1-6

Significado del nombre: Tomada en posesión o casada.

Este nombre perteneció a la hija de Sadoc, un sacerdote durante el reinado de David. Llegó a ser la esposa del rey Uzías, quien murió de lepra, y cuya muerte Isaías lamentó profundamente (6:1). Jerusa le dio un hijo a Uzías, Jotán, que fue rey de Israel. Su familia debe haber sido una familia santa pues leemos que Jotán «hizo lo que agrada al SEÑOR» y «llegó a ser poderoso porque se propuso obedecer al SEÑOR su Dios».

JEZABEL No. 1
LA MUJER QUE ERA UN DIABLO

Referencias bíblicas: 1 Reyes 16:31; 18:4-19; 19:1, 2; 21:5-25; 2 Reyes 9

Significado del nombre: Esta despiadada mujer con una historia sangrienta contradecía el nombre que llevaba, pues Jezabel significa, «casta, libre de vínculo carnal»; pero por naturaleza era una mujer muy licenciosa. Era una amante del placer, con todas las artes de mal gusto de una mujer libertina. Así que no hay nombre más inapropiado para una mujer tan despreciable como esta.

Nexos familiares: Era hija de Et Baal, rey de los sidonios, y rey y sacerdote de los adoradores de Baal. Los fenicios eran una raza importante, y sobresalieron como los grandes pueblos marítimos de la antigüedad, pero eran idólatras que consideraban que Jehová era solamente una deidad local, «el dios de la tierra». Sus dioses eran Baal y Astarot o Astarté, con sus innumerables sacerdotes, 450 de los cuales Acab instaló en el magnífico templo al dios sol que construyó en Samaria. Otros 400 sacerdotes fueron ubicados en un santuario que Jezabel erigió para ellos, y a los que alimentaba de su propia mesa. Con la adoración a Baal se asociaban ritos crueles y licenciosos. Jezabel provenía de antepasados idólatras, la misma fuente que luego produjo el mayor soldado de la antigüedad, Haníbal, que era tan atrevido e inclemente como ella.

Fue esta mujer pagana la que se casó con Acab, rey de Israel, quien al hacerlo, se constituyó culpable de un acto precipitado e impío que trajo consigo malas consecuencias. Como judío que era, Acab pecó contra su fe hebrea al tomar como esposa a la hija de un hombre que, tan solo su nombre, Et baal, significa: «Hombre de Baal». No se nos dice cómo ni dónde se conocieron la voluntario-sa e idólatra mujer y el débil e inestable rey. Sin lugar a dudas, Acab la vio y se quedó fascinado por su belleza y fuerza de carácter, y se enamoró de ella, y Jezabel, ambiciosa y orgullosa, buscaba con ansias la oportunidad de compartir el trono de un rey. Cualquier hombre, capaz de resistir el ardid de una mujer hermosa pero malvada es un verdadero héroe. José salió airoso contra la bella pero lujuriosa esposa de Potifar, pero César y Antonio, después de conquistar casi el mundo entero, fueron conquistados por la hermosa pero sucia Cleopatra.

> Que se jacten los conquistadores
> De sus campos de fama.
>   El que llena de fortaleza
> A un espíritu joven y cándido, contra los
>   encantos de la belleza,
> Quien siente su resplandor, pero a su
>   esclavitud se resiste,
> Es el mejor y más valiente conquistador que
>   existe.

Acab, cautivado, «se casó con Jezabel..., y se dedicó a servir a Baal y a adorarlo». Todos los demás pecados de Acab eran de poco peso comparados con su matrimonio con Jezabel y su dedicación a servir a Baal que vino después (1 Reyes 16:31, véase Miqueas 6:16). Durante más de 60 años, la idolatría cercenó la vida y obra de los hebreos y significó más para ellos que el quebrantamiento de los dos primeros mandamientos de la ley; esto produjo una desintegración moral y espiritual que se acentó por el esfuerzo resuelto de Jezabel de destruir la adoración de Jehová. Permítanos tratar de delinear el carácter de Jezabel, nombre que a lo largo de los siglos ha venido a tener el proverbial significado de poder seductor, sutileza mundanal y maldad de la peor clase.

Extraordinaria fortaleza de carácter

Jezabel no era una mujer común y corriente. Tal era su comportamiento que inmediatamente llamaba la atención. Edward B. Coe escribió sobre ella describiéndola como «la Clytemnestra, la Macbeth de la historia hebrea. Aunque de ninguna manera es un personaje atractivo, estaba investida de su extraordinaria fortaleza de carácter y su espantosa suerte con una grandeza trágica que no tiene ninguna otra mujer de la Biblia». La Biblia no analiza ni siquiera describe su carácter, sino que simplemente explica los sucesos en los que ella jugó un papel prominente, aunque si leemos entre líneas no podemos dejar de verla como una mujer de una prodigiosa fuerza de intelecto y voluntad. La narración sagrada no registra que tuviera ninguna de las cualidades femeninas más finas y nobles. Ella no sabía nada del comedimiento de principios más elevados. Salvaje e implacable, esta mujer orgullosa e independiente ejecutó sus sucios planes. Por ser una mujer dotada, prostituyó todos sus dones en pro del avance del mal, y sus talentos mal dirigidos se volvieron una maldición. Persuasiva como era, dirigió mal su influencia. Más resuelta que cualquier otra mujer, utilizó su fortaleza de carácter para destruir a un rey y a sus propios hijos, así como para contaminar la vida de una nación.

Fue una idólatra ferviente

Baal no tuvo una devota más dedicado que Jezabel. Nadie podía igualar su celo por la adoración de Astarot, la famosa diosa de los sidonios, como lo prueba la manutención celosa y liberal de cientos de sacerdotes idólatras. No contenta con establecer la adoración idolátrica de su propio país en el palacio de su esposo, trató de convertir a Israel a la adoración de Baal. Se construyeron dos santuarios paganos, uno en Samaria con sus 450 sacerdotes, y el otro en Jezrel con 400 sacerdotes. Jezabel, de la manera más implacable trató de expulsar de la tierra a los verdaderos profetas de Jehová, convirtiéndose así en la primera perseguidora religiosa de la historia. De su idólatra padre, un sumo sacerdote de Astarot, heredó su fanático entusiasmo

religioso que la inspiró a exterminar la adoración del Dios vivo y verdadero, y casi tiene éxito en el intento.

La inundación de la nación con todas las inmoralidades y crueles supersticiones de un culto tan desmoralizador como el de Baal, hizo entrar en escena al principal de los verdaderos profetas, Elías. Este apareció de repente ante Acab, predijo tres años de sequía, y al final del período apareció otra vez inesperadamente y retó a los 850 profetas de Baal a una prueba suprema en la cima del monte Carmelo. «En un lenguaje de audacia sin precedente Elías se burló de la impotencia de sus presuntuosas deidades y la extraña competencia terminó en la vindicación triunfante de Jehová». El pueblo atrapó a los sacerdotes de Baal y los masacraron; Acab estaba completamente atemorizado.

Sin embargo, el triunfante Elías todavía tenía que tener en cuenta a Jezabel, quien, cuando supo a través de Acab sobre el asesinato de todos sus bien alimentados sacerdotes, hizo un terrible juramento de destruir a Elías y sus compañeros antes de «mañana a esta hora». Pero Elías, aunque había desafiado al rey y enfrentó solo al grupo de sacerdotes y adoradores de Baal, sintió que la furia de una mujer asesina era mucho para él, así que huyó atravesando el reino de Judá para salvar su vida, dejando a la arrogante reina, por el momento, en posesión indiscutible del escenario.

Fue una esposa dominante

Acab fue una marioneta en las manos de su esposa controladora. Como él era dócil y débil, a Jezabel le fue fácil alcanzar sus sangrientos proyectos. ¿Cómo podía el inútil y blando Acab oponerse a los planes malévolos de su inescrupulosa compañera? Como Lady Macbeth, Jezabel fue el genio malo del hombre, y sucedió un crimen espantoso. Fue Jezabel quien se convirtió en la temible comandante de Israel y no el esposo cobarde a quien tenía en un puño. Puede que Acab fuera más amante de la lujuria y lo sensual que cruel, pero bajo la total dominación de una mujer despiadada, se vio forzado a actuar en contra de sus sentimientos más correctos. «Su culpabilidad en este drama horrendo radica principalmente en el uso de su poder personal como medio para los fines malvados de Jezabel», dice Mary Hallet. «Porque sin la autoridad de Acab, Jezabel habría sido una serpiente sin colmillos». En este matrimonio, Acab era la parte más débil con una esposa que se burlaba de sus escrúpulos concienzudos y lo ató a las perversidades como si fuera con fuertes cadenas.

Era un árbol corrupto

Nuestro Señor usó una figura contundente para ilustrar la continua influencia del mal que emana de una vida desprovista de principios piadosos:

> ¿Acaso se recogen uvas de los espinos, o higos de los cardos?... el árbol malo da fruto malo... un árbol malo no puede dar fruto bueno (Mateo 7:16-20).

Jezabel estaba completamente podrida, así que todo lo relacionado con ella estaba contaminado. Qué apropiadas son las líneas de Shakespeare cuando pensamos en Jezabel quien, en su fortaleza de carácter, ansias de poder, rechazo de la piedad sin remordimiento alguno, y acciones resueltas e intrépidas para abolir todo lo que interfiriera con el cumplimiento de sus malvados planes, era un prototipo auténtico de Catalina de Médicis:

> Una fuerte adversaria, una miserable inhumana, incapaz de sentir lástima, vacía y privada de todo vestigio de compasión.

Su descendencia se impregnó y continuó con la maldad en medio de la que crecieron. La mala influencia de Jezabel revivió en su hija Atalía de Judea (véase ATALÍA). Su carácter maligno reaparece en su hijo mayor, Ocozías, quien al igual que su idólatra madre, fue un devoto adorador de Baal. Su segundo hijo, Jorán, fue también la viva imagen de su madre, otra fruta podrida de un árbol podrido. Fue Jorán el que oyó de los labios de Jehú, quien se había levantado para erradicar la dinastía de Acab: «¿Cómo puede haber paz mientras haya tantas idolatrías y hechicerías de tu madre Jezabel?» (2 Reyes 9:22). No debemos extrañarnos que Jorán sufriera una suerte similar a la de su madre a manos de Jehú.

Fue una maquinadora traicionera

La tragedia de Nabot y su viña revela qué mujer tan despreciable era Jezabel. La vida no valía nada para una mujer como esta a quien el crimen le corría por las venas. Su padre, Etbaal, asesinó a su predecesor, Feles. Criada en un hogar así de intriga y masacre, ¿qué otra cosa podíamos esperar sino un diablo como lo fue Jezabel? Clarence E. Macartney, en su volumen *Bible Characters* [Personajes de la Biblia], al tratar el tema de Nabot, dice:

> Su negativa fue la introducción a uno de los dramas más extraños, poderosos y terribles de la Biblia; un drama, por una parte, de inocencia, valor, independencia, y temor de Dios, y, por la otra parte, de ambición, avaricia, crueldad, perjurio, muerte y castigo terrible. Fuera de la Biblia misma, haría falta un Shakespeare o uno de los poetas trágicos de Grecia para hacerle justicia.

Como un típico déspota oriental, Jezabel estaba preparada para asesinar en su avance hacia el objetivo deseado, como lo revela el incidente de la viña de Nabot. Sucedió que el rey Acab vio esta fructífera viña y preguntó quién era su propietario. Al saber que pertenecía a Nabot, Acab lo llamó al palacio y ofreció comprarle la viña; pero no estaba a la venta. Pertenecía a sus antepasados y se había convertido en algo precioso para Nabot, y como israelita que era, Acab comprendió su deseo de retenerla. Frustrado en lo que ambicionaba, Acab se metió en su cama y no quiso comer alimentos.

Entonces entró en escena Jezabel. Enterada de lo que había sucedido, y como extranjera de un país donde los deseos de un rey nunca se cuestionaban, se manifestó como una mujer de autoridad acumulada cuando consoló a Acab diciéndole:

> ¡Anda, levántate y come, que te hará bien! Yo te conseguiré el viñedo del tal Nabot.

Jezabel, mediante cartas acuñadas con el sello real, ordenó una fiesta pública. También instituyó una asamblea del pueblo de Jezrel para juzgar al pío Nabot por blasfemia contra Dios y contra el rey. Arrestaron a Nabot, lo juzgaron y condenaron bajo el falso testimonio que Jezabel consiguió. Ella buscó a esos testigos para aparentar que estaba actuando conforme a la ley. Una vez hallado culpable, apedrearon a Nabot hasta que acabaron con su inocente vida, y Acab se apoderó de la viña que tanto ambicionaba. Pero la sangre del piadoso Nabot no se derramó en vano. Dios llamó a Elías de su retiro para que fuera ante Acab y pronunciara el temible destino que le esperaba a la pareja asesina y a su impía descendencia. El profeta le dijo al rey cuál sería su suerte:

> ¡En el mismo lugar donde los perros lamieron la sangre de Nabot, lamerán también tu propia sangre!

Esta profecía se cumplió poco después de pronunciada porque se desató una guerra entre los israelitas y los sirios, y Acab, mientras montaba su carruaje, recibió su herida mortal. El carruaje ensangrentado fue llevado al manantial que atravesaba la viña de Nabot, y vinieron los perros y lamieron el agua sanguinolenta. En cuanto a Jezabel, Elías dijo: «Los perros se la comerán junto al muro de Jezrel», y en breve veremos como también se cumplió esa profecía de punta a cabo.

Amaba los adornos personales

La muerte de la persona a quien Jezabel había «animado... para hacer lo que ofende al SEÑOR» mostró que ella era tan incapaz de sentir remordimiento como lo era de sentir miedo. No hubo señal de arrepentimiento en ella cuando salió con arrogancia a encontrarse con su destino profetizado. Jehú había sido designado y ungido como el vengador de Jehová, y comenzó su lúgubre tarea de impartir justicia a aquellos que habían contaminado la tierra. El hijo y el nieto de Jezabel se encontraron con Jehú en la viña manchada de sangre que una vez fue de Nabot. Jehú mató al hijo de Jezabel, el rey de Israel, y en la huida alcanzaron al nieto de ella y lo asesinaron. La aún orgullosa y desafiante reina madre sabía que le había llegado su última hora, y aunque era una bisabuela, se tomó el tiempo para arreglarse el cabello y pintarse el rostro, y se asomó por la ventana para saludar a Jehú mientras pasaba. Quizás como sugiere Morton, «Jezabel no se pintó con el objetivo de coquetear o por vanidad. Ella sabía que la muerte estaba a punto de llevársela. Por tanto, tomó la decisión de morir como una reina... Como Cleopatra, que cuando estaba a punto de morir se vistió con vestidos de fiesta, así Jezabel se pintó los ojos con antimonio y se puso su corona decorada con joyas; entonces, subiendo a la torre del palacio, observó el estruendoso avance del carro de Jehú».

Este toque de grandeza en su vana vida dio pie a la amarga burla, «una Jezabel pintada», que se puso de moda en Inglaterra durante el siglo dieciséis cuando, como nos recuerda Edith Deen, «pintarse la cara era aceptado como evidencia suficiente de que una mujer había perdido la moral. Verdaderamente ningún nombre de mujer en la historia ha sido tan comúnmente aceptado como sinónimo de maldad».

Murió una muerte horrible

El clímax se alcanzó cuando Jehú entró por las puertas de la ciudad. Al llegar al palacio, miró hacia la ventada de la que provenía la voz provocadora de Jezabel: «¿Cómo estás, Zimri, asesino de tu señor?» Tal atrevimiento enloqueció a su victorioso enemigo y, mirando a los dos eunucos que estaban parados junto a la ventana al lado de la desafiante reina, les gritó: «¿Quién está de mi parte? ¿Quién? ¡Arrójenla de allí!»

Ellos obedecieron y la lanzaron por la ventana, y al caer, las paredes se salpicaron con su sangre. Debajo de ella estaban los soldados con sus lanzas, los caballos para pisotearla y los perros hambrientos esperando por su carne. El triunfante Jehú entró al palacio pasando por encima del cuerpo de Jezabel. Mientras comía y bebía, recordó que la que acababa de morir como se había profetizado había sido reina y madre de reyes, así que ordenó:

> «Ocúpense de esa maldita mujer; denle sepultura, pues era hija de un rey». Pero cuando fueron a enterrarla, no encontraron más que el cráneo, los pies y las manos.

De esta forma murió Jezabel, la idólatra, la tirana, la asesina. Sembró viento, y cosechó un tornado. Muchos de los hombres piadosos de Israel deben haber sentido que mientras Jezabel mantuvo su malvado dominio sobre la tierra, los molinos de Dios parecían moler lentamente. No obstante, se dieron cuenta de que muelen excesivamente seguro y fino. Así Jezabel encontró una «misteriosa, terrible y divina retribución».

Antes de que terminemos con nuestro perfil de una de las mujeres más malvadas que haya existido, hay un par de lecciones que aprender de su gravemente manchado expediente. Sin importar desde qué ángulo nos acerquemos a la vida de Jezabel, ella sobresale como una advertencia tanto para naciones como para individuos de que la paga del pecado es muerte. De esta gran figura trágica de la literatura y la historia también aprendemos cuán importante es que la influencia de las esposas y madres se mantengan del lado de todo lo bueno y noble. Como el genio malo de Acab, Jezabel fue la negación absoluta de todo lo que Dios pretende que sea una mujer, que es, una verdadera ayuda idónea del hombre. Leemos que Jezabel «animó» a Acab, pero en una dirección incorrecta.

Cuando un hombre se casa con una mujer por causa de su belleza o fuerte personalidad, o se casa con una mujer malvada o con alguien opuesto a su religión, por lo general trae consigo aflicción, dolor y desilusión. Jezabel mantuvo su carácter obstinado e inflexible hasta el fin. La muerte del hombre cuya vida contaminó, no le trajo arrepentimiento. ¡Qué historia tan diferente se habría escrito si ella hubiera aprendido cómo animar a su esposo e hijos al amor de Dios y a seguir las buenas obras! (2 Timoteo 1:6; 2 Pedro 1:13). Sin embargo, sus talentos mal dirigidos trajeron la maldición sobre ella. El mal que perpetró se realizó con el pretexto de la religión, al igual que lo fueron las crueldades de la Inquisición y las torturas de Smithfield.

Finalmente, el mal y la impiedad dieron su fruto y la impía segó lo que sembró. La retribución alcanzó a Jezabel cuando lanzaron su cuerpo por la ventana, la pisotearon, y los perros la desgarraron y se la comieron. Como hija de Satanás, sufrió un pago aún peor en el reino de los condenados. Milton escribió acerca del que rechaza a Dios:

> El Padre todopoderoso arrojó de cabeza llameando con ruina y combustión horrorosa a la perdición del abismo, a habitar allí con duras cadenas y fuego de castigo, a quien se atreviera a desafiar al Omnipotente.

Existen los que rechazan una descripción tan horrible del destino del pecador que, como Jezabel, desafía y niega a Dios, pero la divina Palabra permanece inmutable diciendo que Cristo se revelará del cielo para vengarse de los que desprecian a Dios y rechazan el evangelio salvador de su amado Hijo (2 Tesalonicenses 1:5-10).

JEZABEL No. 2
LA MUJER QUE SEDUJO
A LOS SIERVOS DE DIOS

Referencias bíblicas: Apocalipsis 2:18-29

En este mensaje a la iglesia de Tiatira, Cristo, cuyos ojos son como llama de fuego, escudriña el carácter de otra Jezabel, la contrapartida en el Nuevo Testamento de la Jezabel que acabamos de analizar. La pregunta es la siguiente: ¿la Jezabel que Juan menciona, era una persona real, o debemos considerarla en un sentido simbólico? Walter Scott en su exposición del libro de Apocalipsis sugiere que Jezabel representa el auge y el poder del papado a lo largo de los siglos.

Jezabel (A.T.) fue una mujer, una reina, una idólatra, una perseguidora, y prácticamente gobernante y directora del gobierno de Israel. Acab era una marioneta en sus manos (1 Reyes 18–21). Todo esto y más es la Jezabel del Apocalipsis. Al combinar en sí misma estas y otras características de una iglesia apóstata (Apocalipsis 17:18), con arrogancia asume el título de «profetisa». Pretende enseñar con autoridad. Combinado con la enseñanza, puede emplear todas las mañas y seducciones de las mentes especialmente entrenadas para efectuar todo su propósito.

Es evidente que en la iglesia de Tiatira se levantó un grupo culpable de una mezcla pecaminosa de declaraciones cristianas con necromancia idolátrica, y que esta sección de la iglesia se volvió en contra de la integridad espiritual de la verdadera fe cristiana. Con una sentimental indulgencia fanática en un terrible crecimiento del libertinaje y la fornicación, el nombre de Jezabel se le da a este elemento indigno de la iglesia por la semejanza entre su perversión de la verdad y la idólatra esposa de Acab. «Profetisa» puede significar «un conjunto de falsos profetas, el femenino hebreo expresa colectivamente una multitud, tan estrechamente ligada a la iglesia de Tiatira como una esposa debe estarlo a su esposo, e influyó tan poderosamente sobre esa iglesia para el mal como hizo Jezabel con su marido».

Es más que probable que existiera una mujer fuerte e influyente dentro de la iglesia que predominaba sobre aquellos que se jactaban de un liberalismo ilustrado (2:24), y cuyas magias, presagios y moralidad libertina ejercían una influencia peligrosa sobre los cristianos más débiles de la congregación. Es interesante observar cuántos falsos sistemas religiosos comenzaron con una mujer descarriada. Debido a la prominencia de esta mujer autoritaria en Tiatira se ganó el nombre que es sinónimo de idolatría e impiedad, pero en un sentido más amplio, el nombre abarca el culto que ella fundó. Recesamos nuestro caso con el comentario de Ellicott:

> Parece mejor ver el nombre como simbólico, recordando siempre que el espíritu de orgullo, autoridad autoconferida, pretensiones jactanciosas de santidad superior, o de un conocimiento más elevado como Jezabel, ligado a una falta de atención, y quizá menosprecio por el «legalismo», seguido por una abierta inmoralidad, ha conmocionado una y otra vez a las iglesias de Dios.

JOADÁN
Referencias bíblicas: 2 Reyes 14:2; 2 Crónicas 25:1

Significado del nombre: Su adorno es Jehová

Jordán, hijastra de Atalía, se convirtió en la esposa de Joás, que Josaba rescató. Su esposo enfermo fue asesinado en la cama tras un reinado de aproximadamente veintisiete años. Joadán fue la madre de Amasías, que sucedió a su padre asesinado. Aunque comenzó a gobernar la nación con rectitud, volvió a introducir la idolatría en la tierra. Amasías fue asesinado igual que su padre.

JOCABED
LA MUJER CUYOS HIJOS
SE HICIERON GRANDES

Referencias bíblicas: Éxodo 1; 2:1-11; 6:20; Números 26:59; Hebreos 11:23

Significado del nombre: Jocabed quiere decir: «Gloria de Jehová» o «Jehová (es su o nuestra) gloria. El nombre de la madre de Moisés aclara que el anuncio del nombre de Dios como Jehová, no se hizo por primera vez cuando de una manera especial Dios se reveló bajo ese título a Moisés en la zarza ardiente. Jocabed es la primera persona en las Escrituras que tiene un nombre compuesto por Jah o Jehová. Uno no puede evitar sentirse fascinado ante el sugerente comentario de Alexander Whyte con respecto al nombre de Jocabed:

Es muy tentador que se nos diga su nombre tan relevante y nada más. ¿Sería Dios-su-gloria el distinguido nombre que Moisés le daba a su madre cada vez que recordaba todo lo que le debía y cada vez que se levantaba y la llamaba bienaventurada? ¿O sería este nombre extraordinario obra de su propia invención? ¿Sería su notable nombre el sello que ella le puso al voto que hizo con su Dios después de que este le concediera algún favor o bondad extraordinaria? ¿O sería que el ángel del Señor visitó a esta hija de la casa de Leví alguna noche como la de la anunciación, y le puso este nombre mientras el sol subía luego de pasar toda una noche orando?

Nexos familiares: Se dice que Jocabed es una hija de Leví que se casó con un hombre de la tribu de Leví (Éxodo 2:1; Números 26:59), cuyo nombre era Amirán. Por extraño que parezca, ella se casó con su sobrino y por ende era tanto la esposa como

la tía de Amirán, hermana de su padre (Éxodo 6:20). Los casamientos con tías y sobrinas no eran ilegales antes de la ley de Moisés; eran muy comunes en el oriente.

A Amirám y Jocabed le nacieron tres hijos y cada uno de ellos se hizo famoso en su propio campo (Números 26:59). Ella los crió y los amamantó a los tres con la misma buena leche, hasta que los destetó y los alimentó con el tuétano de los leones. El roble tiene sus raíces alrededor de la roca y los hijos de Jocabed tuvieron las suyas alrededor de su piadosa madre.

Estaba Moisés quien llegó a ser uno de los mayores líderes nacionales y legisladores que el mundo haya conocido.

Aarón, quien se convirtió en el primer sumo sacerdote de Israel y en el fundador del sacerdocio aarónico.

Miriam, una virtuosa poetisa y música que estuvo íntimamente ligada a sus dos hermanos en la historia de Israel.

Así que el lugar prominente de Jocabed en la galería divina está seguro y el aspecto de su carrera que se destaca en las Escrituras es su ingenioso plan para salvar la vida de su bebé. Fue por el valor y la confianza que ella mostró al hacer algo así, de tanta repercusión, que se le incluye entre las heroínas de la fe de Hebreos 11:23. Recordemos las circunstancias de la conservación de Moisés que hicieron que su madre esté incluida en la «gran nube de testigos» cuyas vidas y obras testifican de su fe en el cuidado providencial de Dios y en su bondad.

En los tiempos del faraón los hebreos se habían multiplicado tanto que hicieron que el monarca temiera que ellos llegaran a sobrepasar en número a los egipcios y se apoderaran de la nación. Así que ordenó que todos los niños hebreos recién nacidos fueran arrojados al Nilo ¡qué edicto tan vil! Jocabed estaba embarazada. Ya tenía a Miriam, quien en ese entonces tendría unos diez años, y a Aarón, quien posiblemente tendría tres. Ahora otro hijo estaba en camino. Consciente de la orden de faraón y sabiendo que como un estricto mandatario, él chequearía los nacimientos de todos los niños varones, Jocabed debe haber estado en un intenso suspenso mientras esperaba la llegada de su tercer hijo. ¿Sería un varón a quien le arrancarían y arrojarían en el Nilo? ¿Cuáles serían sus sentimientos cuando el niño naciera y la partera le dijera que era varón? ¡Qué sufrimiento maternal debe haber experimentado ella!

Pero el horror de aquel Nilo lleno de cocodrilos transforma a Jocabed en una heroína y en la protectora de un niño que se convirtió en una de las figuras más grandes del mundo. Desde el mismo instante en que vio a su bebé, ella decidió luchar por su vida. En tres oportunidades leemos que «ella vio que era hermoso» (Éxodo 2:2; Hechos 7:20; Hebreos 11:23). Esto no solo significa que Moisés era un niño hermoso a la vista sino que, como se explica al margen, era «agradable a los ojos de Dios», queriendo decir que había algo más allá de este mundo o algo angelical en sus rasgos. Mientras el pequeño yacía en su regazo, Jocabed sintió que Dios lo había enviado y que él, junto con su fe y amor entremezclados, preservaría al niño de alguna manera.

Es un misterio cómo Jocabed se las arregló para esconder a su bebé que sin lugar a dudas lloraba tan vigorosamente como los demás, en algún lugar secreto donde no fuera visto. Cuando ya ella no pudo seguir escondiéndolo, «Dios mediante la intesidad de la fe de ella hizo que tuviera una visión de lo que él tenía preparado para Moisés». Ella hizo una cesta de papiro, pues se creía que este servía de protección contra los cocodrilos y puso la cesta con su tesoro secreto entre los juncos en la ribera del río y le pidió a Miriam, su hija que se quedara cerca para que vigilara la pequeña embarcación. El breve pero vívido relato de lo que sucedió nos lo brinda el historiador,

Moisés mismo, quien, en sus últimos años y por inspiración divina, escribió los cinco primeros libros de la Biblia.

A la hora que solía hacerlo, la hija del faraón vino a la fresca y verde orilla del antiguo Nilo para lavarse, y sus sirvientas, paseando por la ribera vieron al pequeño entre los arbustos. Cuando la señora real vio al hermoso bebé y escuchó sus gritos, se compadeció de él. Hacía falta encontrar una madre hebrea para que alimentara al niño. Jocabed estaba vigilando atemorizada por la suerte que correría el precioso hijo que había traído al mundo y la tosca cuna que había confeccionado. La joven Miriam también estaba bastante cerca, y con bastante timidez le dijo a la hija del faraón: «¿Quiere usted que vaya y llame a una nodriza hebrea, para que críe al niño por usted?»

La hija del faraón dijo «¡Ve a llamarla!» Miriam no tardó en llamar a su madre y presentarla como nodriza. La hija del faraón le pidió que alimentara al niño por ella a cambio de un sueldo. De esta manera el bebé de Jocabed no solo se salvó sino que a Jocabed le pagaron para cuidarlo hasta que lo destetara. La hija del faraón debe haber amado al niño porque lo crió como hijo suyo. Sin embargo, más tarde Moisés rehusó ser llamado hijo de la hija del faraón, aunque ella le había dado su nombre, Moisés, que significa «sacado de las aguas» (Éxodo 2:10). Si Dios quió a Jocabed para hacer aquella pequeña cesta, colocar en ella a su bebé de tres meses y ocultarlo entre los juncos, es seguro que el mismo Dios ordenó los pasos de la hija del faraón, aunque era una idólatra. A ella le debía Jocabed la vida de su hijo, así como la protección real y todas las ventajas de tener como hogar el palacio del faraón durante los primeros cuarenta años de su vida.

No se nos dice cuántos años vivió Jocabed después que el hijo que dio a luz no necesitó más de la leche de su pecho. Sin duda alguna, ella ya había muerto cuando Moisés huyó al desierto a los cuarenta años. Aunque no vivió para ver lo famoso que serían sus hijos, aún muerta brilla su completa devoción a Dios. Había vivido su vida para él, y sus hijos e hija encendieron sus antorchas en la llama de la de ella. Jocabed fue la principal influencia de Dios en su preparación para las grandes tareas que iban a llevar a cabo al sacar a su pueblo de la esclavitud egipcia. Fue el amor, fe y valor de Jocabed lo que salvó a sus hijos de una muerte cruel y los preservó para bendecir al mundo. La madre que ama al Salvador y que se angustia grandemente cuando sabe que no es la vida de su hijo la que está en juego, sino su alma, puede descansar en la seguridad de que el Dios de Jocabed sigue vivo, y es capaz de salvar a sus queridos de la muerte eterna.

JOGLÁ

Referencias bíblicas: Números 26:33; 27:1-11; 36:1-12; Josué 17:3

Significado del nombre: Perdiz o boxeador

Este es el nombre de la tercera de cinco hijas que tuvo Zelofejad, mujer de la tribu de Manasés. Estas hijas se agruparon para luchar por sus derechos sobre las propiedades de su padre fallecido y ganaron una decisión que aun hoy día se mantiene en efecto en las cortes legales. Su derecho de herencia se decidió a su favor porque no había varones coherederos, y con la condición de que se casaran con hombres de su propia tribu.

JOSABA

Referencias bíblicas: 2 Reyes 11:2; 2 Crónicas 22:11

Significado del nombre: Su juramento es Jehová

Aquí tenemos otro nombre divino, un nombre que hace referencia a alguna promesa solemne hecha a Dios, o representándolo a él como el ser a quien se le deben ofrecer los votos, o a quien único se le deben hacer las peticiones, como en la frecuente frase, «Jurar por su nombre». Josaba era hija del rey Jorán por parte de su esposa secundaria, y media hermana del rey Ocozías. Se casó con el sumo sacerdote Joyadá, y es el único caso de una princesa que se casa con un sumo sacerdote. También fue la valerosa mujer que raptó a su sobrino Joás de entre los cadáveres de los hijos del rey y lo escondió durante seis años de la asesina Atalía. De esta forma Josaba recibe el crédito por preservar «la descendencia real,» porque si Joás hubiera muerto, la línea de Judá se habría extinguido.

JUANA
LA MUJER QUE HONRÓ A CRISTO CUANDO ESTE LA SANÓ

Referencias bíblicas: Lucas 8:1-3; 23:55; 24:10

Significado del nombre: El nombre hebreo de esta mujer a quien se enumera entre los discípulos de Cristo, tiene el mismo significado que «Juan»: «Jehová ha mostrado su favor» o «El Señor es gracia» o «El Señor da generosamente». Fue porque el Salvador mostró su favor para con Juana que ella se levantó y le siguió.

Nexos familiares: Lo que sabemos de la historia de Juana es que era esposa de Cuza, el administrador de Herodes el Tetrarca a quien algunos escritores identifican con el funcionario real de Juan 4:46-54. Juana (Joana, RVR 1960) era también el nombre de un hombre, el hijo de Resa (Lucas 3:27), uno de los ancestros de Cristo que vivió alrededor del año 500 a.C.

Al leer entre líneas, en la breve historia que Lucas nos da en su relato sagrado del personaje femenino Juana, vemos que ella era una fiel discípula de aquel a quien le debía tanto. Hay tal diferencia entre ella y la monstruosa Jezabel que analizamos anteriormente como la hay entre la luz y la oscuridad. Respiramos un aire más puro en compañía de

Juana, cuya vida y hecho se nos presentan de cinco maneras:

Una mujer enferma a quien Cristo sanó

Juana, junto con María Magdalena y Susana, estuvo entre «algunas mujeres que habían sido sanadas de espíritus malignos y de enfermedades» (8:2). No se nos dice si Juana estaba poseída por un demonio o si sufría de alguna enfermedad mental o incapacidad física. Es evidente que esta mujer de la clase alta, a quien Cristo le restauró la salud, le entregó su vida. Aquí ella aparece como una de los viajeros que precedían a Cristo y a los doce para que tuvieran un recibimiento hospitalario. Sufragaba muchos de los gastos con sus propios recursos y de esta forma servía a Cristo con sus bienes. Así como recibió de manera gratuita el toque sanador de Cristo, ella le daba sin restricciones de sí misma y de sus medios para el bienestar de Él.

Una testigo fiel en un ambiente inusual

Cuza, el esposo de Juana, era el administrador de Herodes, que es la misma palabra que se usa para «mayordomo» (Mateo 20:8, RVR 1960) o «tutores» (Gálatas 4:2). Cuza debe haber sido un hombre inteligente y capaz para ocupar el cargo que tenía como administrador de las ganancias y gastos de Herodes. Luego de conocer la fama de Jesús, Herodes creyó que se trataba de Juan el Bautista, a quien él había asesinado, que había resucitado de entre los muertos. Es probable que tanto Cuza como Juana estuvieran entre los sirvientes a quienes Herodes les impartió esa creencia. Es natural que Juana, quien era una discípula del Señor, hablara de él a los a los sirvientes de Herodes, (Mateo 14:2), y a menudo Herodes oiría sobre Jesús pues su hermano de crianza, Manaén, era uno de los maestros de la iglesia (Hechos 13:1). El oficio de Cuza le dio a Juana una excelente oportunidad de testificar en el palacio, y podemos imaginarnos que sacó buen provecho

de ello. Como hija del rey celestial sentía que tenía que hablar de su gozo por todos lados. Por la gracia divina, a menudo los cristianos se encuentran en los lugares más inesperados, donde pueden dar buena profesión de su fe en Cristo. Pablo, prisionero en Roma, a quien perseguía Nerón, el peor gobernante que ha existido, pudo escribir acerca de los santos en la casa del César. Cuenta la tradición que Cuza perdió su puesto en el palacio de Herodes debido a la conversión de su esposa al cristianismo y su valeroso testimonio entre los siervos de Herodes. Si esto en realidad ocurrió, sabemos que el Señor albergó a ambos.

Una generosa sustentadora de Cristo

Una vez sanada y salvada, Juana dio gracias. Cristo había ministrado para su restauración física y su salvación y en pago ella le sirvió a él. Por «recursos» debemos entender posesiones materiales como dinero y propiedades, y Juana honró al Señor con ellas. Sabía que él y los discípulos que lo acompañaban tenían poco con qué sustentarse, así que Juana, de su abundancia, dio con liberalidad para las necesidades de estos y de esa manera ejemplificó la gracia de dar. Se dice que el filósofo Cato, al final de su respetada vida, les dijo a los amigos que a su avanzada edad «lo que más satisfacción le causaba era el recuerdo placentero de los muchos beneficios y trabajos amistosos que le había hecho a otros». Podemos imaginar entonces qué gozo llenó el corazón generoso de Juana cada vez que ella recordaba cómo había servido y ayudado a satisfacer las necesidades materiales del Señor que tanto hizo por ella.

Una afligida doliente en la tumba de Cristo

Juana fue una de las mujeres que estuvieron al pie de la cruz, su corazón debe haberse desgarrado de angustia al ver a su amado Señor muriendo en agonía y vergüenza. ¿No era ella una de las mujeres consagradas que lo habían seguido desde Galilea y quien tras esa muerte brutal preparó especias y ungüentos para su cuerpo (Lucas 23:55, 56)? Aquel que curó su cuerpo y alma se había convertido en algo precioso para Juana, y así como le sirvió mientras estaba vivo, continúa su ministerio de amor aunque su cuerpo yace inmóvil y frío por la muerte. Muchos guardan sus flores para la tumba. Juana le dio las suyas a Jesús cuando estaba vivo y podía apreciarlas, así como también las presentó en la tumba en honor suyo. Su «último homenaje» fue el símbolo externo de la reverencia interna que siempre había sentido hacia su Salvador.

Un heraldo jubiloso de la resurrección de su Señor

Juana estuvo entre las mujeres afligidas que se reunieron en el sepulcro temprano en la mañana de ese memorable día del Señor para permanecer un poco más en presencia de los muertos. Pero para su asombro, la tumba estaba vacía, porque el Señor viviente no estaba ya entre los muertos. Aún perplejas de ver la tumba vacía, vieron a los guardianes angelicales y les oyeron decir: «No está aquí; ¡ha resucitado! Recuerden lo que les dijo cuando todavía estaba con ustedes en Galilea». ¡Cómo podrían olvidar sus palabras! Al recordar todo lo que él les había dicho acerca de su sufrimiento, muerte y resurrección, María Magdalena, Juana, y María la madre de Santiago, se convirtieron en los primeros heraldos humanos de la resurrección. Deprisa fueron a donde estaban los apóstoles y les dijeron las buenas noticias, pero por un rato sus palabras parecían una tontería hasta que Pedro vio personalmente las vendas de lino pero no a su Maestro muerto (Lucas 24:1-12). Entonces creyó la declaración de las mujeres acerca del Señor que vive por siempre jamás. Así que Juana estuvo entre las últimas a los pies de la cruz, y entre las primeras en presenciar la tumba vacía y de igual manera entre las primeras en proclamar que el Señor al que tanto había amado verdaderamente había resucitado. ¡Cuánto le debe la causa de Cristo a las consagradas Juanas!

JUDÁ

Referencias bíblicas: Jeremías 3:7, 8, 10

(véase el capítulo sobre las MUJERES SIMBÓLICAS DE LA BIBLIA)

JUDIT

Referencias bíblicas: Génesis 26:34

Significado del nombre: El alabado

Esta hija de Beerí, el hitita, y una de las esposas de Esaú con quien se casó cuando tenía cuarenta años, fue una hitita con un nombre semita. Esaú tenía exactamente la misma edad cuando violó el principio abrahámico acerca de casarse con una idólatra (Génesis 24:3), que tuvo su padre Isaac, sesenta años antes, cuando se casó con Rebeca. Con este acto de tomar como esposas a Judit y Basemat, que eran hititas, Esaú causó mucha amargura o mezcla de ira y aflicción a sus padres (Génesis 26:34; 36:2), y también le hizo perder su derecho de primogenitura. Judit es la forma femenina de Judá. Wilkinson observa que «Judit, como nombre hebreo puro es la forma femenina de Jehudie, que es un nombre propio que tiene el mismo sentido que Judá, "alabanza" o "el que es alabado"». Se han hecho esfuerzos infructuosos para identificar a Judit con Aholibama, de la que se habla como esposa de Esaú (Génesis 36:2, 24, 25). Como nombre femenino, Judit siempre ha sido popular. Solamente en los Estados Unidos de América hay más de 250.000 muchachas y mujeres que tienen este nombre. Judit es la heroína del libro apócrifo que lleva su nombre.

JULIA

Referencias bíblicas: Romanos 16:15

Significado del nombre: Que tiene el pelo rizado

Julia, que de nacimiento era miembro de una de las familias más antiguas de Roma, sin duda alguna era miembro de la corte imperial y, por tanto, estaba entre los santos que se encontraban en la casa de César. Tal vez fuera la esposa o hermana de Filólogo junto a quien se le menciona. Pablo la incluye entre las personas a quien les manda un caluroso saludo. La extensión de su nombre, Julio, implica, «pelirizado» (Hechos 27:1, 3).

JUSÍN

Referencias bíblicas: 1 Crónicas 8:8, 11, véase Números 26:42; 1 Crónicas 7:12

Significado del nombre: Apresurar

Este nombre es de Jus (chush), y supuestamente denota un nacimiento apresurado o prematuro. Jusín, moabita, fue una de las dos esposas de Sajarayin, benjamita que se fue a vivir a Moab, y madre de dos hijos: Abitob y a Elpal. Jusín es también el nombre de dos varones.

KEREN-HAPUC o LINDA (RVR1960)

Referencias bíblicas: Job 1:2; 42:14

Significado del nombre: Embellecedora o cuerno de pintura

Este era el nombre de la última de las tres hijas de Job, y compartió con sus dos hermanas la herencia paternal (véase JEMIMA). Su nombre habla de «caja de pintura» que era una vasija que contenía líquidos con frecuencia hechos de cuerno, y llamados «cuernos». Un nombre como este es indicativo de ojos hermoseados por el tinte usado para colorear las pestañas y hacer que los ojos se vieran más brillantes (2 Reyes 9:30; Jeremías 4:30).

LEA

LA MUJER A LA QUE LE FALTABA BELLEZA
PERO QUE ERA LEAL

Referencias bíblicas: Génesis 29; 30; 49:31; Rut 4:11

Significado del nombre: El nombre de Lea se ha explicado de muchas maneras. La sugerencia de Wilkinson es «Cansada» o «Débil por enfermedad» que posiblemente hace referencia a su precaria condición en el momento del parto. Otros dicen que el nombre significa «casada» o «señora». La narración nos dice que «tenía ojos apagados (o tiernos)» (Génesis 29:17), lo que tal vez quiera decir que su vista era débil o que sus ojos carecían de ese brillo que se considera una parte sobresaliente de la belleza femenina y que evidentemente sí lo tenía su hermana Raquel, que era una mujer muy hermosa.

Nexos familiares: Como Jacob era hijo de Rebeca, este estaba emparentado con Lea. Lea era la hija mayor de Labán, quien mediante el engaño la casó con Jacob de quien tuvo seis hijos y una hija. Gracias a su criada Zilpá, Lea añadió dos hijos más a su familia.

La historia romántica de Jacob y sus esposas nunca pierde su encanto. Después de huir de Esaú y encontrar a Dios en Betel, Jacob llegó a Harán y en el pozo de Labán conoció a su prima Raquel que estaba sacando agua para las ovejas. Para Jacob fue amor a primera vista, y ese amor permaneció firme hasta la muerte de Raquel mientras daba a luz al segundo hijo. Jacob trabajaba para su tío Labán y este le ofreció un salario a cambio del servicio prestado, pero Jacob acordó servir a Labán durante siete años con la condición de que al final de ese período Raquel fuera su esposa. Como amaba tanto a Raquel esos años le parecieron unos pocos días.

Al final del período especificado su tío engañó cruelmente a Jacob. Como la costumbre de la época era llevar a la novia a la recámara del esposo en silencio y en la oscuridad, no fue sino hasta que amaneció que Jacob descubrió que Labán lo había engañado al ver que era Lea y no Raquel la que estaba a su lado. Labán excusó su injusto actuar diciendo que la hija menor no se podía casar antes que la mayor, y Jacob pactó servir otros siete años por Raquel; su verdadero amor lo inspiró a ser paciente y perseverante. Quizás Jacob tomó el engaño como una retribución providencial, pues antes él había engañado a su ciego y moribundo padre.

No sabemos si Lea participó o no en el engaño para ganarle a Jacob a su más hermosa hermana. El tono moral del hogar era bajo, y Lea pudo haber tenido la influencia del ambiente.

Una cosa es evidente y es que, aunque ella sabía que el amor de su esposo no era para ella sino para Raquel, Lea verdaderamente amaba a Jacob y le fue fiel hasta que este le dio sepultura en la cueva de Macpela. A pesar de que Jacob estaba locamente enamorado de la belleza de Raquel, y la amaba, nada nos indica que ella lo amara a él de la misma manera. «Raquel sigue siendo una de esas mujeres cuya única recomendación es su belleza», dice H.V. Morton. «Ella era amargada, envidiosa, buscapleitos y petulante. Toda la fuerza de su odio estaba dirigido contra su hermana Lea».

Los nombres que Lea le puso a sus hijos testifican de la milagrosa fe que Dios había sembrado en su corazón. Fue un tanto despreciada por Jacob, no obstante el Señor se acordó de ella. A pesar de su matrimonio polígamo, ella fue la madre de seis hijos que se convertirían en representantes de seis de las doce tribus de Israel. Los nombres que Lea escogió revelan su piedad y sentido de obligación para con el Señor.

Rubén, su primogénito, significa «He aquí un hijo», y Lea alabó a Dios por haberla favorecido. Así se atesoró cuidadosamente la compasión divina en un nombre como ese, que también el portador manchó.

Simeón, el segundo hijo, significa «Escuchar», que Lea le dio porque Dios había oído su clamor a causa del odio de Raquel. Un nombre como ese es un monumento a la oración contestada.

Leví, el que le siguió, implica «Unido» y Lea se regocija al sentir que su esposo la va a amar ahora y que mediante el nacimiento de Leví ella estará más unida a su esposo.

Judá fue el cuarto hijo que le nació a Lea, y le puso un nombre que significa «Alabanza». Tal vez ahora Jacob se había vuelto un poco más afectuoso. Ciertamente el Señor era bueno con Lea y con Jacob, derrotando el egoísmo de su corazón, y Lea entona un sincero *Soli Deu Gloria*: «Alabaré al Señor». Lea tuvo otros hijos llamados Isacar y Zabulón, y una hija, Dina. Lea era poco atractiva en comparación con su hermosa hermana, pero lo que le faltaba en belleza le sobraba en lealtad a Jacob como esposa y como buena madre para sus hijos. «Al parecer, la poco atractiva Lea era una persona de piedad bien enraizada y, por tanto, más adecuada que su agraciada pero material hermana Raquel para ser el instrumento que llevara a cabo los planes de Jehová».

Una lección que podemos aprender del triángulo de amor de este antiguo hogar israelita es que las decisiones importantes no deben tomarse basándose solamente en la apariencia externa. Raquel era hermosa, y tan pronto como Jacob la vio se enamoró de ella, pero era Lea, no Raquel, la que dio a luz a Judá de cuya línea vino el Salvador. La poco atractiva Lea puede que haya desagradado a otros, pero a Dios le atraía debido a la belleza interior de la que carecía Raquel. «Existen dos tipos de belleza», nos recuerda Kuyper. «Está la belleza que Dios da a la hora de nacer, y que se marchita como una flor; y está la belleza que Dios concede cuando por su gracia, los hombres nacen de nuevo. Ese tipo de belleza nunca se desvanece sino que florece eternamente». Detrás de muchos rostros regulares o feos, hay una disposición hermosa. Además, Dios no mira la apariencia externa, sino el corazón.

LIDIA
LA MUJER QUE ERA DILIGENTE
EN SUS NEGOCIOS

Referencias bíblicas: Hechos 16:12-15, 40; Filipenses 1:1-10

Significado del nombre: El nombre de Lidia, que era de Asia Menor, se deriva del país fronterizo con Tiatira, su ciudad natal. Originalmente no era un nombre griego, sino probablemente un nombre fenicio muy común que significa «curvatura». Los lectores de Horacio estarán familiarizados con Lidia como un nombre popular para las mujeres. Están aquellos escritores que piensan que significa: «la lidiana», ya que Tiatira era una ciudad de Lidia, y que se desconoce su nombre personal.

Nexos familiares: Las Escrituras no nos suministran ninguna información concerniente a los antecedentes de Lidia, aparte del hecho de que vivía en Tiatira, que era una de las colonias macedonias. De acuerdo a los nombres descubiertos en monumentos, es evidente que la ciudad estaba formada de una mezcla de muchas naciones, y que el principal objeto de adoración era Apolo, al que se le adoraba como el dios del sol bajo el nombre de Tirino. También había en la ciudad un fuerte grupo de judíos que mantenían la fe en Jehová. Lidia, una de las mujeres prominentes de Tiatira, se nos presenta de varias maneras:

Como una mujer de negocios

Tiatira era conocida por sus muchos gremios unidos por objetivos y ritos religiosos comunes. Uno de ellos era el de los tintoreros. El agua de la zona era tan buena para teñir que ningún otro lugar podía producir la tela escarlata con la que se teñían gorros tan radiantes y duraderos. Esta exclusiva tintura púrpura le dio a la ciudad reconocimiento universal.

Lidia era una bien conocida vendedora de este producto (Hechos 16:14), y tipifica a una exitosa mujer de negocios en una ciudad próspera. Ella poseía entusiasmo, propósitos bien definidos y una mente ágil, y prosperó grandemente en la honorable y deseada profesión de «vendedora de púrpura». Lidia fue un ejemplo de la posición relativamente independiente que ostentaban algunas mujeres en el Asia Menor. El hecho de que prosperara en el negocio lo vemos en que era propietaria de una espaciosa casa, y tenía sirvientes que la atendían.

Como una mujer devota

Aunque no es seguro si Lidia era descendiente de judíos, sí es evidente que era una prosélita judía. Se nos dice que «adoraba a Dios». A menudo la gente de negocio está tan sumida en sus asuntos, que no tiene tiempo para la religión. Pero Lidia, en medio de sus obligaciones seculares, encontraba tiempo para adorar de acuerdo con la fe judía. Todos los días iba hasta la orilla del río donde se acostumbraba hacer la oración. Ella sabía que para vencer la dura competencia de los mercaderes Filipenses, necesitaba gracia y conocimientos. Quizás conoció a otros tintoreros judíos en las reuniones de oración a la orilla del río, y junto a ellos esperó ansiosa el ministerio de Pablo y sus compañeros.

Como una mujer que buscaba la verdad

Aunque era una religiosa sincera, Lidia no era cristiana. Sin embargo, sí tenía hambre de una experiencia espiritual más profunda. La mente se cierra contra la verdad absoluta, o por ignorancia o por prejuicio, y no puede discernirla, o por orgullo y perversión, y no la admitirá. La ignorancia era la responsable de la mente cerrada de Lidia, pero al prestarle atención a la verdad de Cristo de la que Pablo habló en su estilo conversacional en aquella pequeña reunión judía, la luz emergió y su corazón se abrió para recibir a aquel Cristo como su Salvador. Como lo dice Crisóstomo: «Abrir es tarea de Dios, y prestar atención es la de la mujer». Su fe nació al oír la palabra de Dios (Salmo 119:18, 130; Lucas 24:45).

Como una mujer cristiana

Como evidencia de su entrega a las afirmaciones de Cristo, se bautizó en «las aguas de Europa, usadas por primera vez ceremonialmente, para sellar la fe y el perdón de Dios en Cristo». Su conversión se puso de manifiesto mediante una confesión pública, y el entusiasmo fue tal que le comunicó de inmediato a su familia lo que había sucedido, y todos creyeron de igual forma y se bautizaron como discípulos del mismo Salvador. De esta forma Lidia tuvo el honor de ser la primera europea convertida de Pablo, la precursora de una gran multitud en honrar al Señor. Ser cristiana no le restó éxito como mujer de negocios. Ahora tenía a Cristo como su socio principal, y podemos imaginar que con él las ventas se mantuvieron buenas y que una gran parte de sus ganancias se usó para ayudar a los siervos en la obra del evangelio.

Como una mujer hospitalaria

La transformación de la vida de Lidia lo demostraba su ardiente deseo de brindar a los misioneros la hospitalidad de su excelente hogar. La verdad que había en su corazón se manifestaba en su bondad para con los demás, ¡tal y como debía ser! «Sean bondadosos y compasivos unos con otros». Primero fue la fe de Lidia, luego el ganar a sus sirvientes para Cristo, después su amor mostrado en una amable hospitalidad, y por último la acogida que le dio a Pablo y a Silas en su hogar después que salieron de la cárcel, golpeados y maltratados como estaban. Ella no se avergonzó de los prisioneros del Señor (véase 1 Timoteo 5:10; Hebreos 13:2; 1 Pedro 4:9). Mientras se estaban beneficiando de la generosa hospitalidad de Lidia, Pablo advirtió a todos los presentes las terribles pruebas que tendrían que pasar, y despidiéndose de la piadosa Lidia, alabaron a Dios por todo lo que ella había significado para él y sus compañeros.

Como una mujer consagrada

Lidia siempre tuvo «las puertas abiertas» para los santos de Dios y su casa se convirtió en un centro de compañerismo cristiano en Filipos donde quizás se formó la primera iglesia cristiana. Podemos estar seguros que cuando Pablo escribió esta carta a los Filipenses, Lidia estaba incluida en todos los santos en Filipos a quienes les envía saludos (Filipenses 1:1-7); y estaba también en su mente como una de aquellas mujeres que lucharon a su lado en la obra del evangelio (Filipenses 4:3). William Ramsay piensa que Lidia puede haber sido Evodia o Síntique (Filipenses 4:2).

Cuando Pablo escribió la triple exhortación: «En lo que requiere diligencia, no perezosos; fervientes en espíritu, sirviendo al Señor» (Romanos 12:11, RVR 1960), no sabemos si recordaba a la hospitalaria Lidia. Verdaderamente ella ejemplifica esas tres virtudes, y nosotros haríamos bien en imitarlas.

«En lo que requiere diligencia, no perezosos»

Si nuestro negocio es honorable y somos diligentes, y si somos del Señor, tenemos la seguridad de que si lo honramos a él en todas nuestras transacciones, él nos honrará a nosotros. Él no premia la vagancia ni la indolencia. ¿No dijo el mismo Pablo que el que no trabaja, tampoco coma?

«Fervientes en espíritu»

La traducción de Moffatt es muy sugerente. Él dice: «Mantengan el brillo espiritual», lo cual, por la gracia de Dios, Lidia fue capaz de hacer preocupándose por los intereses y metas de su negocio, que no constituían una traba para su espiritualidad. Con mucha frecuencia permitimos que lo secular nos robe nuestro brillo. Nuestra mirada se fija demasiado en las cosas de abajo.

«Sirviendo al Señor»

Lidia no solo vendía sus telas, ella servía a su Salvador. Permaneció en el negocio para tener dinero y ayudar a los siervos de Dios en su ministerio. La manera generosa en que cuidó a Pablo y a Silas, y a muchos otros, debe haber alegrado sus corazones. Lidia era, en primer lugar, una cristiana consagrada, y en segundo lugar una mujer de negocios seria que continuó vendiendo sus telas de púrpura para la gloria de Dios. Cuando lleguemos al cielo, encontraremos a esta mujer que «vendía telas de púrpura» llevando vestiduras aún superiores, túnicas que no se manchan ni con el prestigioso tinte de Tiatira, sino que las han «lavado y blanqueado... en la sangre del Cordero».

LO-RUHAMA O LORRUJAMA (NVI)
Referencias bíblicas: Oseas 1:6, 8

Significado del nombre: Indigna de compasión o misericordia

No se conoce nada más que el nombre de esta persona. Fue la hija de Oseas y Gómer, y su nombre simbólico se aplicaba a Israel de quien Dios había retirado su amorosa compasión debido a las fornicaciones espirituales de la nación (Oseas 2:1, 23; Romanos 9:25).

LOIDA
Referencias bíblicas: 2 Timoteo 1:5

Significado del nombre: Agradable o deseable

Aunque en la Biblia se mencionan muchas abuelas, como lo muestran estos camafeos, el término «abuela» como tal, se emplea una sola vez en la Biblia, y esto ocurre en relación con Loida, la madre de Eunice y abuela de Timoteo (véase EUNICE). Loida conserva en su nombre una antigua palabra griega que corresponde a Noamá y Noemí, teniendo ambos un significado similar. Nos imaginamos que la naturaleza de Loida estaba de acuerdo con el alcance de su nombre.

Loida era una judía devota que había instruido a su querida hija y a su nieto en las Escrituras del Antiguo Testamento. La familia vivía en Listra, y es posible que Pablo haya tenido el gozo de llevar a Loida, Eunice y Timoteo a los pies de Cristo durante su visita a ese lugar (Hechos 14:6, 7; 16:1), y luego escribió de la «fe sincera» que habitó en ellos tres. No tenemos ningún registro del padre de Timoteo, aparte del hecho de que era gentil. Fausset hace la siguiente observación: «Un padre piadoso puede contrarrestar la mala influencia del impío y ganar al hijo para Cristo» (1 Corintios 7:14; 2 Timoteo 3:15). Pablo solamente habla de la fe de la madre y la abuela a la hora de formar la instrucción espiritual de Timoteo, quien llegó a ser su hijo en la fe.

MACÁ
Significado del nombre: Opresión o depresión

Las Escrituras emplean este nombre de tres formas diferentes. Designa una ciudad de Siria (2 Samuel 10:8; 1 Crónicas 19:6, 7); es el nombre de tres o cuatro hombres (2 Samuel 10:6; 1 Reyes 2:39; 1 Crónicas 11:43; 27:16); y de varias mujeres:

1. Macá, hijo de Najor con su concubina Reumá (Génesis 22:24).

2. Macá, la concubina de Caleb, hijo de Jezrón (1 Crónicas 2:48).

3. Macá, una mujer de la tribu de Benjamín, esposa de Maquir, el manasita que fue el padre o fundador de Galaad. Esta Macá fue la nuera de Manasés, hijo de José y madre de Peres y Seres (1 Crónicas 7:12, 15, 16).

4. Macá, la esposa de Jehiel, padre o fundador de Gabaón, y ancestro del rey Saúl (1 Crónicas 8:29; 9:35).

5. Macá, hija de Talmay, rey de Guesur y, por tanto, una mujer de la realeza. Tomada en batalla por David, llegó a ser una de sus ocho mujeres y madre de Absalón (1 Crónicas 3:2; 2 Samuel 3:3).

6. Macá, hija o nieta de Abisalón. Según una costumbre oriental, «hija» debe comprenderse como «nieta». Abisalón tuvo solo una verdadera hija, Tamar, quien se casó con Uriel de Guibeá, tuvo a Macá o Micaías, como hijas (2 Crónicas 13:2). La Macá de la que hablamos se convirtió en la esposa favorita del rey Jeroboán y madre del rey Abías de Judá (1 Reyes 15:1, 2; 2 Crónicas 11:20-22). Aunque era una mujer fuerte de carácter, su influencia se inclinó hacia el lado de la idolatría. Mantuvo su posición en el palacio hasta el reinado de su nieto Asa, quien finalmente la degradó por un peculiar acto de infamia (1 Reyes 15:18; 2 Crónicas 15:16).

7. Macá, hija de Abisalón, madre de Asa, rey de Judá, quien siguió a su antepasado David en hacer lo correcto ante los ojos del Señor (1 Reyes 15:10; 2 Crónicas 15:16).

MAJLÁ
Significado del nombre: Enfermedad o padecimiento

Este nombre que se encuentra en varias listas de genealogías es un nombre dado al nacer y puede haber estado relacionado con las aflicciones, peligros y otras circunstancias personales del momento del parto, ya sea de la madre o la criatura. Así pues, se emplea como título del Salmo 53 y 88, su significado es muy apropiado si vemos que en los Salmos el escritor se basa en el tema de la enfermedad espiritual del hombre.

1. Majlá, la hermana de Machir e hija de Hamoléquet, e identificada como la nieta de Manasés, primogénito de José (1 Crónicas 7:18).

2. Majlá, hija de Ismael, el hijo de Agar, hermana de Nebayot, y mujer que Esaú tomó como su tercera esposa (Génesis 28:9).

3. Majlá, la primera de las dieciocho esposas del rey Jeroboán, quien tuvo sesenta concubinas. Fue la nieta de David (2 Crónicas 11:18).

4. Majlá, una de las hijas de Zelofejad (Números 26:33; 27:1; 36:11; Josué 17:3. Véase JOGLÁ).

MARA
Referencias bíblicas: Rut 1:20

Significado del nombre: Amarga

Al regresar de Moab, la misma Noemí se escogió este nombre porque sintió que era apropiado para su lastimosa situación (véase NOEMÍ)

MARÍA
LA MUJER MÁS HONRADA DE TODAS

Referencias bíblicas: Mateo 1; 2; 12:46; Lucas 1; 2; Juan 2:1-11; 19:25; Hechos 1:14

Significado del nombre: Ninguna otra mujer ha sido tan honrada como lo ha sido María, gracias a lo cual se debe que millones de personas alrededor del mundo le hayan puesto María a sus hijas. Este nombre hebreo ha tenido mucha popularidad en todos los países del mundo occidental, y tiene en total unas veinte variaciones, siendo las más sobresalientes: María, Marie, Miriam y Mariana. María es prácticamente el único nombre femenino que tiene prominentes formas masculinas como Mario, Marion y María. Elsden C. Smith dice que *Mary* [María] encabeza la lista de nombres femeninos en los Estados Unidos de América, de acuerdo al estimado de hace unos diez años con 3.720.000; Marie: 645.000; Marion: 440.000; Mariana: 226.000. «Al nombre de María se le han dado al menos setenta interpretaciones diferentes en un esfuerzo desesperado por alejarlo del significado bíblico de amargura». En la actualidad, el nombre de niña más común es el de María, de la misma manera que el nombre bíblico Juan lo es para los niños. En tierras cristianas, el nombre de María es el primero.

El nombre María aparece cincuenta y una vez en el Nuevo Testamento, y su predominio se atribuye a la popularidad de Miriam, el último representante de la familia de los jasmoneos, que fue la segunda esposa de Herodes I. Como un nombre, María está relacionado con la Miriam del Antiguo Testamento, y con Mara, el nombre que Noemí usó para describir su aflicción (véase NOEMÍ), y el de las aguas amargas que encontraron los israelitas en su viaje por el desierto. El sentido original y difundido de la raíz de estas formas es el de «amargura», derivado de la idea de «dificultad, aflicción, desobediencia, rebelión». Cruden da «la rebelión de ellos» como el significado del nombre Miriam. La virgen María, a quien estamos considerando, ciertamente tuvo muchas experiencias «amargas», como veremos más adelante.

Nexos familiares: De acuerdo con el registro sagrado, María era una humilde aldeana que vivía en un pequeño pueblo, un lugar tan insignificante que llevó a Natanael a decir: «¿Acaso de allí puede salir algo bueno?» (Juan 1:46), pero de él y del vientre de la campesina vino el hombre más grande que el mundo haya conocido. María era de la tribu de Judá, y del linaje de David. De la genealogía real de Mateo y de la genealogía humana de Lucas, solo se menciona a María en esta última, pero sus antecesores inmediatos no se mencionan. Ella se convirtió en la esposa de José, el hijo de Elí (Lucas 3:23). A Jesús se le llama su «primogénito», término que implica que otros hijos vinieron después según el orden natural de generación (Lucas 2:7). María todavía era una virgen cuando engendró a Cristo de manera milagrosa, y Elisabet le dio de manera espontánea y sincera el más honroso de los títulos: «Madre del Señor», y sin escatimar la alabó diciéndole: «Bendita tú entre las

mujeres». Más tarde María se casó con José el carpintero y tuvo cuatro hijos y varias hijas. Los nombres de los hermanos eran Santiago, José, Judas y Simón, pero de las hijas no se nos dan los nombres (Mateo 13:55, 56; Marcos 6:3). Durante su ministerio, ninguno de sus hermanos creyó en él. De hecho, se burlaban de él y en una ocasión llegaron a la conclusión de que estaba loco, y querían arrestarlo y alejarlo de Capernaúm (Marcos 3:21, 31; Juan 7:3-5). Como resultado de su muerte y resurrección, los hermanos creyeron y estuvieron entre los que estaban reunidos en el aposento alto antes del Pentecostés. Ninguno de los hermanos fue apóstol mientras él vivió (Hechos 1:13-14).

La iglesia católica romana produce dos teorías con respecto a «los hermanos de Jesús». La primera, que eran hijos de José de un matrimonio anterior, no teniendo así ninguna relación de sangre con María ni Jesús. La segunda, que eran primos de Cristo, hijos de María, la esposa de Alfeo (Mateo 27:56; Marcos 15:40). El término «hermano» solamente implica un parentesco, así como Labán llamó a Jacob, el hijo de su hermana, su «hermano» (Génesis 29:15). Sin embargo, rechazamos estas teorías, pues preferimos tomar las Escrituras en su sentido literal. Marcos dice «sus hermanos y hermanas», y creemos que estos fueron hijos naturales de José y María después del nacimiento de Jesús por el poder del Espíritu. En cuanto a los sucesos de la vida de María, así como la excelencia de su carácter, quizás podamos agruparlas en los siguientes encabezados:

Su supereminencia

María, como madre de Jesús, es más conocida que ningún otro personaje femenino de la Biblia, y ha sido la mujer más conocida del mundo desde los días del pesebre en Belén. Han pasado los siglos y todavía permanece la afirmación: «Bendita tú entre las mujeres» (Lucas 1:28, RVR 1960). Aunque no se nos dice nada sobre su belleza o genealogía, sabemos que era pobre. No obstante, tanto en la Biblia como fuera de ella vino a ocupar el lugar más alto entre las mujeres. Abundan las vírgenes por las cuales los eminentes artistas se han disputado tratando de imaginar cómo sería físicamente. Lo que sí poseía era belleza de carácter. Gibbons era un cardenal católico y dice muy correctamente:

> Al mundo lo gobiernan más los *ideales* que las *ideas;* tienen más influencia los modelos vivos y concretos que los principios abstractos de virtud. El modelo que se le presentó a las mujeres cristianas no es el de las amazonas, gloriándose en sus actos marciales y proezas; no es el de las mujeres espartanas que hacían que la perfección femenina consistiera en el desarrollo de la fuerza física a expensas del decoro y la modestia femenina; no es la diosa del amor impuro, como Venus, cuyos adoradores consideran que la belleza de cuerpo y los encantos personales son el prototipo máximo de excelencia femenina; ni es la diosa de la voluntad imperial como Juno. No, el modelo que se le presentó a las mujeres desde los inicios mismos del cristianismo es la incomparable madre de nuestro bendito redentor. Ella es el patrón de virtud tanto para la soltera, la esposa como la madre. Ella exhibe la modestia virginal de la señorita, la fidelidad y lealtad conyugal de la esposa, y la devoción incansable de la madre. Por tanto, difícilmente se puede sobrevaluar la influencia de María en el ascenso moral de las mujeres.

Aunque la exageración dogmática y sentimental acerca de la eminencia de María la ha sacado de la clara y viva imagen que tenemos de ella en los Evangelios, no podemos dejar de impresionarnos por su carácter aunque no se nos dice más que lo que tenemos en la historia sagrada. De por sí la estimación bíblica le da un pedestal propio por haber «recibido el favor de Dios» y porque Dios ha «concedido su favor» (Lucas 1:28, 30).

María pertenece a aquellas majestuosas mujeres que el espíritu de profecía inspiró y que son capaces de influir a los que llegan a ser dirigentes de los hombres y del destino de las naciones.

Su selección

Entre todas las piadosas señoritas judías de aquel tiempo en Palestina, ¿por qué Dios seleccionó a una humilde joven campesina como María? El que Dios la haya escogido para que fuera la madre del Hijo encarnado es tan misterioso como su concepción dentro del vientre de la virgen. Cuando llegó la plenitud del tiempo para que Jesús se manifestara, él no fue a una ciudad, sino a un pueblo remoto e insignificante —no a un palacio, sino a una pobre habitación, no a los grandes y conocedores sino a los de humilde cuna— para que una mujer trajera al Salvador a un mundo perdido. El Padre eligió a la gentil y humilde María de Nazaret para que fuera la madre de su Hijo amado, y es evidente que ella se sintió sobrecogida ante la gracia condescendiente de Dios que la escogió como se manifiesta en su cántico de alabanza en el cual glorifica a Dios por considerar a su humilde sierva y por exaltarla.

Entonces, la sabiduría divina escogió a María entre los más humildes y fue en ese ambiente que el Padre preparó a su Hijo para trabajar entre la gente común que le oía con agrado. El determinado consejo y previo conocimiento de Dios arregló de antemano aquella de quien nació y el lugar donde nació. Siglos antes de que María se convirtiera en la madre del Salvador de la humanidad, se profetizó que así sería (Isaías 7:14-16; 9:6, 7; Miqueas 5:2, 3). Al nacer de una campesina y tener un padre de crianza que se ganaba la vida como carpintero, Jesús fue capaz de simpatizar con el hombre como hombre, y ser considerado por todos los hombres como perteneciente a todos.

Su santidad

Como el divino niño de María iba a ser «santo, irreprochable, puro, apartado de los pecadores», ella tenía que ser santa para el Señor. Cuando Gabriel le anunció a la virgen llamada María que ella daría a luz un hijo y que se llamaría Jesús, él reconoció su aptitud espiritual para un honor como ese cuando le dijo: «El Señor está contigo» (Lucas 1:28). La mujer que iba a traerlo al mundo, cuyos senos serían su almohada y que lo amamantaría y cuidaría durante su infancia, que guiaría sus pasos durante su niñez y lo rodearía con verdadera atención maternal hasta su adultez, tenía que ser una vasija santificada y apropiada para el uso del Señor. De acuerdo con el registro que tenemos sobre su carácter, es evidente que María sobresalía en las cualidades espirituales necesarias para la sagrada tarea. Agustín dice que: «María, antes de concebir a Cristo en su vientre, lo concibió primero en su corazón por fe», y el testimonio de Elisabet expresa y confirma la totalidad del carácter de la virgen: «Dichosa tú que has creído», implicando que ella llevaba la corona de la fe por encima de las demás.

María mostró una piedad verdadera y genuina, así como una profunda humildad, el acompañante de la santidad. A medida que leemos la narración de Lucas, a quien, como médico, María podía hablarle íntimamente de su profunda experiencia, nos impresiona su quietud de espíritu, profunda disposición interior, admirable dominio propio, el devoto y agraciado don del sagrado silencio, y una mente saturada con el espíritu y las promesas del Antiguo Testamento. Todo el que respeta a María por su carácter verdadero y femenil se duele por la forma en que algunos de los padres de la iglesia primitiva la trataron. Orígenes, por ejemplo, escribió que «la espada que debía atravesar su corazón era la incredulidad». Crisóstomo no controló su «boca dorada» cuando acusó a María de «ambición excesiva, tonta arrogancia, y vanagloria», durante el ministerio público de su Hijo.

Promovida como lo fue al más alto honor que se le puede conceder a una mujer, no obstante, María retuvo un profundo sentido de indignidad personal. Ella habría sido la última en reclamar el ser perfecta. Nacida como el resto de las mujeres en pecado y concebida en iniquidad, tenía sus fallas humanas y necesitaba un Salvador como los demás: «mi espíritu se regocija en Dios mi Salvador». Pero el testimonio de las Escrituras es que en circunstancias de una responsabilidad sin precedente ella tuvo un carácter correcto y piadoso, y a pesar de cualquier debilidad femenina que pudo haber tenido, fue «la más pura, tierna y fiel, la más humilde, paciente y amorosa de todas las que han llevado el honroso nombre de María».

Su sumisión

Lo que lo maravilla a uno sobre la anunciación es la manera en que María la recibió. De ninguna manera fue incrédula o escéptica. Ciertamente le hizo preguntas inteligentes a Gabriel acerca de cómo llegaría a ser la madre de Jesús, puesto que era una virgen pura. Después de una explicación completa de cómo ocurriría el milagro, ella respondió con una tremenda muestra de fe: «Que él haga conmigo como me has dicho». En estos días en que la razón está tratando de destronar a la revelación, y se rechaza el nacimiento virginal de Cristo como hecho fundamental tratándolo como un mito, nosotros afirmamos nuestra fe en este milagro inicial del cristianismo. Aceptamos por fe la afirmación bíblica de que Jesús fue concebido por el Espíritu Santo al venir este sobre la virgen. Así, como lo plantea Fansset:

> Cristo fue hecho de la sustancia de la virgen, no de la sustancia del Espíritu Santo, cuya sustancia no puede hacerse. No se le

atribuye otra cosa al Espíritu que lo necesario para hacer que la virgen ejecutara las acciones de una madre.

Cuando voluntariamente María le cedió su cuerpo al Señor diciendo: «Aquí tienes a la sierva del Señor... Que él haga conmigo como me has dicho», el Espíritu Santo, por su obra generosa, tomó la deidad y la humanidad y las fusionó formando la unión de amor entre las dos naturalezas de nuestro Señor dentro del ser de María. Por tanto, cuando Jesús vino, lo hizo como el Dios-hombre, «Él se manifestó como hombre», o «al santo niño que va a nacer lo llamarán Hijo de Dios». Hijo de María, ¡humanidad! Hijo de Dios, ¡deidad! Tal vez no comprendamos el misterio de lo que sucedió cuando María cedió su cuerpo para que Cristo fuera formado en su interior, pero creyendo que para Dios no hay nada imposible, aceptamos lo que dicen las Escrituras en cuanto al nacimiento de Cristo. Además, hay un argumento incontestable que Donald Davidson nos recuerda: «Jesucristo mismo es un milagro tal, que no hay que forzar mucho la fe para creer que su nacimiento fue también un milagro». No podemos tener en cuenta su perfecta santidad aparte de su nacimiento virginal. Nacido de una mujer, pero limpio.

Su saludo

María, apoyándose en la palabra del Señor, lo alabó como si lo que había declarado se hubiera cumplido completamente. ¡Qué maravillosa canción de regocijo es el Magnificat! Revela un genio poético y profético del más alto orden, y ocupa un lugar entre las más finas producciones del mundo. Esta oda improvisada expresando el gozo de María es verdaderamente una de las joyas selectas de la poesía hebrea. Según Lucas (1:46-55), su letra expresa el gozo sacro y desinteresado, interior y profundamente personal de María, y de igual forma su fe en el cumplimiento mesiánico. Es elocuente con su espíritu reverente también. Su adoración fue por su Hijo, porque su espíritu se regocijaba en él como su Salvador.

Su «himno» también hablaba de su humildad, porque estaba consciente del hecho de que no era sino una «humilde sierva» en quien el Señor «se ha dignado fijarse». El «primogénito» de María diría de sí mismo: «yo soy apacible y humilde de corazón», y dicha pobreza de espíritu es la primera bienaventuranza y el umbral mismo del reino de los cielos. Al decir «humilde sierva» María no solo se refería a la pobreza material a la que estaba acostumbrada, sino también a la más aguda de todas las pobrezas, el bajo estado de quien nació en la realeza. María nunca reclamó nada para sí, pero la cristiandad erróneamente la ha seleccionado como objeto de adoración y con más derecho a consideración que su Hijo.

Su servicio

Lo que no debemos olvidar es el hecho de que María no solo dio a luz a Jesús, sino que también fue su madre durante los treinta años que este esperó en el pobre hogar de Nazaret. Así que, desde la infancia hasta la adultez, hizo todo lo que una madre devota podía hacer por el hijo que ella sabía no era un hombre ordinario. «Su cara era la que más se parecía a la de Cristo». Aunque María no desatendió sus deberes como madre para con los hijos e hijas que tuvo con José, pero debido a todo lo que sabía que Jesús era, durante sus primeros años lo rodeó de influencias que formaran su carácter. Desde el punto de vista divino sabemos que Jesús «crecía y se fortalecía; progresaba en sabiduría, y la gracia de Dios lo acompañaba», y que «siguió creciendo en sabiduría y estatura, y cada vez más gozaba del favor de Dios y de toda la gente». Pero desde la perspectiva humana, Jesús estuvo sujeto al control del hogar de José y María.

Hubo algunas cosas que María no pudo

darle a su hijo. No pudo rodearlo de riquezas. Cuando presentó al divino infante en el
templo, todo lo que pudo ofrecer como
ofrenda fue un par de palomas, la ofrenda de
la gente muy pobre. ¡Pero lo poco es mucho
si Dios está en ello! Luego, no pudo introducir a Jesús en la cultura de la época. Pobres
como eran, y soportando un exilio forzado
en Egipto, tenía muy poco de la educación
que adquirió alguien como Lucas, que luego
registró la historia de María, pero le dio a su
hijo-Salvador dones de infinitamente más
valor que las ventajas materiales y seculares.
¿Qué fue lo que le dio?

En primer lugar, desde la óptica humana,
le dio la vida, y él fue hueso de sus huesos,
carne de su carne y, hasta que fue destetado,
su leche lo alimentó.

Luego, junto con José, le dio un hogar a Jesús, que aunque modesto, fue el único hogar
que conoció mientras estuvo en la carne. A
juzgar por el carácter de María, sentimos
que su hogar estaba impregnado de confianza y amor mutuo y comprensión.

La pureza de corazón estaba entre las flores del carácter que María cultivó en el hogar
en que crecieron Jesús y los demás hijos. ¿Pudiera ser que cuando Jesús dejó el hogar para
convertirse en un predicador tuviera presente a su piadosa madre cuando dijo: «Dichosos los de corazón limpio, porque ellos verán a Dios»? La santidad de Cristo era parte
de su naturaleza divina, pero era también
parte de la humanidad que recibió de su
madre, quien se consideraba «la sierva del
Señor».

Otra cualidad que Jesús aprendió a apreciar en su madre fue el sentido de la presencia de Dios. Gabriel le dijo a María: «El Señor está contigo» y esta certeza divina rodeó
al santo niño Jesús. Para María, Dios no era
un ser lejano, a quien su vida o el mundo le
eran indiferentes. Él había creado a uno que
estaba cerca y era bien real. ¿Por qué?,
porque su Hijo era «el mismísimo Dios en

persona»; María estaba constantemente en
la presencia divina y debe haberlo sabido.

La obediencia, un rasgo sobresaliente en
la vida de María, fue otra cualidad en la cual
entrenó a su hijo. Hay un viejo adagio que
dice que al niño que no le enseñan a obedecer a sus padres, no obedecerá a Dios. María
se sometió a la voluntad del Padre como ve-
hículo de la encarnación, y el santo hijo creció no solo obediente a María y a José sino
también a su Padre celestial en cuya voluntad se deleitaba.

Además, el único libro que había en aquella casa de Nazaret era el Antiguo Testamento. Es evidente, en su canción de alabanza,
que la mente de María estaba saturada con
las promesas y profecías de este libro. Al
igual que Timoteo, Jesús, desde niño, se fami-
liarizó con las Sagradas Escrituras (2 Timoteo 3:15). Qué interesado debe haber estado
en los recuentos de los santos y los profetas
que su madre le leía. Entonces llegó el momento en que supo que las Escrituras testifi-
caban de él en cuanto a que vino a ser la
Palabra viviente.

Su aflicción

Cuando María llevó a su pequeño hijo al
templo para dedicarlo, el piadoso anciano
Simeón, tomando al bebé en sus brazos y
bendiciéndolo, le dijo a la madre: «En cuanto a ti, una espada te atravesará el alma». María iba a experimentar las tinieblas, así como
el deleite, cuando su «primogénito» fuera a
cumplir la misión del Cristo en el mundo.
Ella vería cómo él iba a «crear mucha oposición». Como madre del Señor, recibiría múltiples heridas de espada. No podemos imaginar las amargas pruebas de los años que su
hijo vivió en la tierra, particularmente los
últimos tres años y medio que culminaron
con su muerte. María había escuchado las
voces de aquellos ángeles llenando el aire
mientras aclamaban a su bebé recién nacido
como el Salvador de la humanidad, y oyó a

los pastores hacer el recuento de la visión que tuvieron. Ella había presenciado la adoración y homenaje de los hombres sabios que, guiados por una estrella, vinieron a los pies de su hijo; y «guardaba todas estas cosas en su corazón». No se nos dice si ella repitió estas cosas a su hijo cuando creció. Personalmente, creemos que siendo el Hijo de Dios, Jesús tenía un conocimiento pleno de quien era, de dónde venía y cuál iba a ser su misión en el mundo desde temprana edad. Durante los años que Jesús pasó en su casa, María debe haber tenido un dolor interior, pero por la gracia divina tanto entonces como después, permaneció en silencio, sometida, paciente y confiada, sabiendo que la espada que atravesaba su corazón de vez en cuando, estaba en las manos de su Padre celestial.

Al seguir el registro de los Evangelios concerniente a las conversaciones entre y sobre Jesús y María, el primer suceso que vemos ocurrió en Jerusalén cuando María, José y Jesús fueron a la fiesta anual de la Pascua. Cuando terminaron las ceremonias José y María, con sus familiares, partieron de regreso a casa, entretenidos en animadas conversaciones sobre los asuntos de cada uno. De repente, María se percató que Jesús, quien tenía doce años, no estaba a su lado, y tampoco pudo encontrarlo entre sus parientes y conocidos. Regresaron al templo y encontraron a Jesús donde lo habían dejado conversando con los padres del santuario. María, amonestando a su hijo, le dijo: «¡Mira que tu *padre* y yo te hemos estado buscando angustiados!»

La respuesta de Cristo fue como una espada que atravesara su corazón: «¿No sabían que tengo que estar en la casa de mi *Padre*?» Él no tenía un padre terrenal. Nació de una mujer, pero no de una mujer *y* un hombre. Aunque era joven, sabía de su paternidad divina que lo diferenciaba de los demás, y esperaba que su madre comprendiera lo que esa

brecha significaba. Quizás ahora, por primera vez, María comprendió que su hijo sabía que Dios era, en un sentido muy especial, su único Padre. Allí en el templo, Nazaret se desvaneció en la mente de Jesús y las ataduras terrenales retrocedieron en la distancia. Sintió una sola presencia, la del Padre de arriba en cuyo seno había habitado en el pasado eterno. María había dejado atrás a su hijo, atrás con Dios. Su muchacho «perdido» sería la única esperanza de Dios para un mundo «perdido». La mezcla de sentimientos en el corazón de la madre y su lenguaje casi reprobatorio mientras trataba de acusar a Jesús de no haber tenido en cuenta los sentimientos naturales de su madre, deben haberse detenido «por algún tipo de temor reverente» que sintió al verlo en el templo absorto y luego oírle decir que su lugar era en la casa de su Padre. De esta manera, la narración se desarrolla de manera natural, tierna y de la manera más humana posible. Con tan solo doce años, Jesús sabía que todo judío debía sujetarse a sus padres. Así lo indica en su respuesta a María, pues «bajó con sus padres a Nazaret y vivió sujeto a ellos». Durante los siguientes dieciocho años cedió su autoridad en el hogar. Se cree que durante ese tiempo María perdió la protección de su esposo, porque si hubiera estado vivo con seguridad lo habrían mencionado en los acontecimientos posteriores (Marcos 3:31; Juan 2:1; 19:25). José había sido carpintero y al morir este, Jesús se hizo cargo del negocio. En ese taller de carpintería tenemos «el trabajo de la divinidad revelando la divinidad del trabajo». «¿No es acaso el carpintero?» Así entonces, el lugar de José lo ocuparía Jesús el primogénito, que cuidaría de su madre y le daría años de paz.

Pasamos ahora a incidentes que hicieron que María comprendiera que Jesús se había ido de una vez y por todas de su control. Iba a recibir otras estocadas a medida que se diera cuenta que su ilustre hijo era absolutamente independiente de su autoridad y las relaciones humanas.

Durante treinta años María había guardado en su corazón el secreto de su nacimiento y la profecía de su misión mesiánica. Ahora llegaba el momento de separarse y Jesús se iba del hogar que por tanto tiempo lo había albergado. Y lo impresionante es que no leemos que Jesús haya regresado jamás a él. En el hogar que María había hecho para su hijo, Dios, durante treinta años, había estado preparando a Jesús para un breve pero dinámico ministerio que duraría poco más de tres años. Cuando Jesús comenzó su ministerio público, el primer milagro que realizó le dio la oportunidad de inculcar en la madre el hecho de que ya no debía imponerle más su voluntad y deseos (Juan 2). El día que Jesús abandonó el hogar definitivamente debe haberle dolido a María en el corazón, y otra herida en el corazón debe haber sucedido cuando experimentó la falta de reconocimiento oficial como su madre. Era como si la rechazara dondequiera que la encontraba.

En las fiestas de boda en Caná de Galilea, a la que invitaron a Jesús y a María, surgió una situación difícil cuando se agotó el suministro de vino y María, que no se percataba de que el joven se había convertido en hombre, trató de ordenar a su hijo que los sacara de la crisis. Su madre, consciente del poder sobrenatural que Jesús iba a manifestar, se acercó a Jesús y sugirió: «Ya no tienen vino».

Jesús respondió abruptamente: «Mujer, ¿eso qué tiene que ver conmigo? Todavía no ha llegado mi hora». No hubo ninguna falta de respeto en el uso del término «mujer», pues entre los hebreos esa era la manera usual de dirigirse a otra persona. De esa manera, en el original, las palabras de Jesús a su madre no contienen ningún elemento de falta de respeto o dureza. María le dijo a los sirviente: «Hagan lo que él les ordene», y poco después Jesús realizó su primer milagro. El objetivo, al hablar con su madre de la manera que lo hizo, fue impedir que hubiera excesiva interferencia de su parte en la obra mediadora. Como dice Agustín:

> Él no reconoce un vientre humano cuando se trata de hacer la obra divina.

Aunque bendita entre las mujeres, María tenía que aprender que no le era permitido controlar las operaciones del enviado del Padre. Como hijo de María, Jesús estaba voluntariamente sujeto a ella, pero ahora como hijo de Dios, María debía sujetarse a él. El mero hecho de que él se dirigiera a ella como *mujer* y no como *madre* debe haber significado una sola cosa para ella, que de ahora en adelante la dirección de su curso había caído en manos del Padre. El comentario de Fausset es:

> El cristiano le debe lealtad solo a él, no también a ella: una advertencia profética del Espíritu Santo contra la mariolatría medieval y moderna.

Después de un doble recorrido por Galilea durante el cual las multitudes se agolparon alrededor de Jesús para que este les enseñara y sanara, tanto así que tenía tan poco tiempo «que ni siquiera podían comer», su madre y sus hermanos vinieron a amonestarlo para que se cuidara. ¿No es cierto que los hombres de Nazaret habían tratado de tirarlo por el precipicio (Lucas 4:29)? Ahora, preocupados por su seguridad y temiendo que se destruiría a sí mismo por el trabajo constante y la falta de alimento y de descanso, María y sus hijos «salieron a hacerse cargo de él, porque decían: "Está fuera de sí"». (Marcos 3:21, 31-35). Es natural que una madre se preocupe porque su hijo se está desgastando. Puede que caiga exhausto bajo la carga de trabajo y quizás se hunda en una muerte prematura.

Tal vez pensando que ella podía salvar a Jesús de los efectos de un entusiasmo imprudente, María recibe otro leve regaño en el que nos da a entender que la santidad de

María no consiste en ser su madre sino en creer en él y en la misión que Dios le dio, y en obediencia a sus palabras. Jesús vuelve a negar cualquier autoridad de sus parientes terrenales o cualquier privilegio procedente de las relaciones humanas.

¿Quiénes son mi madre y mis hermanos? —replicó Jesús. Luego echó una mirada a los que estaban sentados alrededor de él y añadió: —Aquí tienen a mi madre y a mis hermanos. Cualquiera que hace la voluntad de Dios es mi hermano, mi hermana y mi madre (Mateo 12:46-50; Lucas 11:28).

En efecto, Jesús estaba diciendo: «Yo, al llevar a cabo la obra de la redención, solo puedo reconocer relaciones espirituales». Así se ampliaba la distancia entre María y sus hijos, y la punzada de la espada que Simeón había profetizado, se hizo sentir fuertemente. Aunque todas las generaciones llamarían a María bienaventurada, y ella fue privilegiada y grandemente favorecida más allá de cualquier miembro de la familia humana, aquí tenemos una amarga copa de dolor que se veía forzada a tomar.

La herida de espada más grande que recibió María llegó cuando estuvo de pie en agonía junto a aquella vieja y tosca cruz presenciando la degradación, desolación y muerte del que había traído al mundo y amado profundamente. Ella oyó las blasfemias e insultos de los sacerdotes y el pueblo, y vio apagarse las luces, pero su fe no murió. Si el Calvario fue la corona de aflicción de nuestro Señor, también fue la de María, ¡y qué valiente fue! Puede ser que otros se sienten y observen al Cristo sufriente, o se golpeen el pecho y lloren, pero María estuvo «junto a la cruz». ¿No se le debía haber evitado la agonía de ver al hijo de sus entrañas morir una muerte tan despreciable? ¡No! Estaba en el orden divino que ella se encontrara junto a esa cruz para recibir la bendición final de su Hijo y Salvador, y para que la entregaran al cuidado amoroso del discípulo a quien amaba Jesús.

Al lado de la cruz ella se mantuvo
Llorando la entristecida madre,
Junto a Cristo hasta el final.

Compartió la aflicción de su alma,
Soportando toda su angustia amarga,
Ya ha atravesado toda la espada.

En encuentros anteriores con Cristo, María expresó sus sentimientos. Ahora, mientras él muere, ella se yergue en silencio. Los que están a su lado no tienen idea de la angustia interior que sufre mientras se coloca donde su hijo la pueda ver. Ninguna madre espartana ha manifestado una fortaleza como la que María manifestó en la cruz. Qué impresionados estamos con el valor de María mientras la espada traspasa una vez más su corazón «ahora que moría el que había traído al mundo». Antes de morir, Jesús reconoció su relación humana con María, que había puesto a un lado durante el ministerio para que su relación más elevada sobresaliera. Su relación más elevada debe sobresalir con más prominencia. Al encomendarle a Juan que se encargara de María, Jesús no se dirigió a ella por su nombre, o madre, sino como «mujer». A Juan le dijo: «Tu madre» (Juan 19:26, 27). Pero a pesar de esto, nunca abandonó a su hijo. Algunos de sus discípulos lo abandonaron y huyeron, pero el amor de ella nunca se rindió, aunque su hijo moría como un criminal entre dos ladrones.

A Juan, su discípulo amado, Jesús le dejó a su madre como legado. En los últimos momentos de vida, y en la crisis de su más profunda aflicción, pensó en el futuro de la destrozada madre a la que Juan llevó a vivir a su casa. Así, como lo expresa Agustín: «No necesitaba ayuda alguna para redimirlo todo; le dio afecto humano a su madre, pero no buscó ayuda de hombre alguno». La transferencia del lazo de maternidad de sí mismo a Juan hace que surja la pregunta: «¿Por qué no le encargó a María a uno de sus otros hijos o hijas?» Evidentemente ella era viuda, de lo contrario Jesús no habría recurrido a su amado discípulo para que realizara los deberes de un hermano mayor. Pero, ¿por qué no le encargó a María a su propio hermano que sería ahora el mayor del hogar de Nazaret? Quizás Jesús sabía que en el hogar de Juan, María encontraría una atmósfera espiritual más apropiada para su sed de Dios, y que en Juan, María encontraría un alma encendida con su propio celo por Dios.

Puede que sintamos que debido a los fuertes lazos de amor y comprensión mutua que existían entre Jesús y María, Jesús debió haber usado una palabra más delicada y haber dicho: «Ahí tienes a *mi* madre» y no «*tu* madre». ¿Sería este el último empujón de la espada que Simeón había predicho unos treinta y tres años atrás? ¡No! Él sabía que María sería una verdadera madre para Juan, y que a cambio, él cuidaría de la bendita entre todas las mujeres en sus últimos años. Además, como nos recuerda Donald Davidson: «En ese momento la terrible verdad debe haber emergido ante los ojos de María, que el que colgaba de la cruz no era su hijo; que antes que el mundo fuera, él era; que lejos de ser su madre, ella era su hija». En la mañana de su resurrección Jesús no se le apareció primero a María, su madre, sino a María Magdalena, evidencia segura de su gracia inigualable.

El último detalle que tenemos de María es uno reconfortante. La encontramos entre el grupo de creyentes reunidos en el aposento alto. Se le menciona en último lugar, como si ella tuviera menos importancia que los apóstoles (Hechos 1:12-14). Su hijo vive para siempre, y la vida ha cambiado para ella. Así que ella ocupa su lugar entre los que esperan la venida del Espíritu que los prepararía para el comienzo de la comunidad cristiana. María estaba presente en aquel aposento alto, no como un objeto de adoración, no como la directora de la incipiente iglesia, sino como una humilde discípula que ora junto con los demás, incluyendo sus hijos, quienes, para ese entonces eran creyentes. Así que la última mención de María es una mención feliz. La vemos orando, junto a sus hijos a quienes posiblemente ella había llevado a la fe, así como también los demás discípulos que se habían reunido para orar y esperar el don de Pentecostés.

Esta es la última imagen que tenemos de María. Después de la del aposento alto, su nombre no se vuelve a mencionar en el Nuevo Testamento, lo cual nos enseña explícitamente que ella no tenía los poderes sobrenaturales que algunos le atribuyen. La adoración a María es ajena a la presentación de María que hacen las Escrituras como la más tierna y amable de las mujeres, pero mujer al fin y al cabo. Solo hay que fijarse en la reserva que guarda el Nuevo Testamento con respecto a María, para no ser culpable de opacar la gloria inefable de aquel que, aunque hijo de María, vino como la imagen misma del Padre y único mediador entre Dios y los hombres.

María no se encuentra separada del resto de la raza humana pecadora, nacida inmaculada y sin pecado durante toda su vida. Como miembro de una raza caída ella reconoció su necesidad de liberación del pecado y la culpa cuando cantó: «mi espíritu se regocija en Dios mi Salvador». El «culto» a María no tiene su origen en la Biblia porque «no hay una sola palabra en ella de la que pueda inferirse; ni en el Credo, ni en los padres de los primeros cinco siglos». María nunca se enalteció a sí misma, solo a su Señor. Su glorificación como objeto de adoración, sus funciones como intercesora a través de quien se deben dirigir las oraciones para Cristo, el cuidado perpetuo de Cristo y su actual influencia sobre él, son falsas creaciones. Por tanto, «la mariolatría pertenece, históricamente hablando, a especulaciones no autorizadas; y sicológicamente, a la historia natural del ascetismo y el celibato clerical». La elevación y adoración de María es completamente anti-bíblica e idólatra. La Biblia la describe como una mujer «bendita entre las mujeres», pero solamente como una mujer fiel, humilde y piadosa. La exaltación de María consiste en su mayor parte de dogmas y leyendas ficticias y poco confiables. La verdadera imagen de la madre de Jesús es la que encontramos solo en los Evangelios en los que el Maestro enseña que el hombre tiene acceso a Dios únicamente a través de su suficiente obra mediadora (Juan 14:6).

MARÍA DE BETANIA
LA MUJER QUE SE RECUERDA PARA SIEMPRE

Referencias bíblicas: Véase MARTA

Significado del nombre: Véase MARÍA

Nexos familiares: Véase MARTA

Véanse las comparaciones y contrastes entre María y su hermana Marta. Ambas amaban al Maestro y él las amaba. Marta se sentó a sus pies pero «de igual forma su amor y piedad encontraron una expresión adecuada y satisfactoria en todo tiempo en los oficios ordinarios y amigables de la hospitalidad y el servicio doméstico». María también se sentó a los pies de Jesús y estaba contenta de quedarse allí debido a que su disposición y meditación silenciosa hacían difícil concentrarse en el mundo de los asuntos de la casa. Ocuparse de los asuntos de la casa no nacía de sus emociones profundas. En este camafeo sobre ella, tratemos entonces de bosquejarla tal como era, una individualista.

Al principio planteamos nuestro desacuerdo con aquellos expositores que relacionan a María de Betania con la mujer pecadora (Lucas 7:36-50 con Juan 11:2; 12:1-8). Realmente ambas ungieron los pies de Jesús, pero el lenguaje usado para describir a la mujer pecadora no concuerda en nada con lo que sabemos del carácter encomiable de María. El primer ungimiento expresó la grati-tud de un penitente perdonado y limpiado, el segundo ungimiento fue un acto de gratitud por haber regresado de los muertos a un hermano querido. Aunque ambos ungimientos tuvieron la misma expresión externa, no fueron duplicados. (véase además el capítulo sobre MUJERES ANÓNIMAS.) De la misma manera desvinculamos a María de Betania con María Magdalena. Hay algunos escritores que sugieren que estas dos Marías son la misma, que una vez que Magdalena fue liberada completamente de la posesión demoníaca que la llevó a alejarse de su casa, regresó y se convirtió en la María que tanto amaba sentarse a los pies de Jesús. Nosotros sostenemos que María de Betania no puede identificarse con ninguna otra mujer del Nuevo Testamento de igual nombre. Entre las mujeres que se mencionan en los Evangelios ella ocupa una posición prominente, pues fue quien ganó el elogio de oro del Señor a quien tanto amaba cuando le dijo: «Ella hizo lo que pudo» (Marcos 14:8).

María ocupó un lugar peculiar entre el grupo más íntimo de los amigos de Cristo, y ella tiene cuatro características. Era una mujer que cultivaba pensamientos espirituales profundos, y que estaba más ocupada en su interior que en lo externo. Este mundo interior la cautivaba más a ella que a su hermana Marta, como testifican los detalles que tenemos de ella. Ella era:

Una erudita espiritual

Le gustaba sentarse tranquila y plácidamente a los sagrados pies de Cristo más que cualquier otra cosa, y perderse en su despliegue de la verdad. A María, más que a cualquier otra persona del Nuevo Testamento, se le relaciona con los pies de Jesús, indicando su humildad, reverencia y hambre de conocimiento espiritual. Se sentaba a sus pies como una discípula, deseosa de aprender acerca de su voluntad y su palabra; cayó a sus pies en adoración y tristeza; ungió sus pies con ungüento precioso y los secó con su hermoso y largo pelo, todo lo cual corresponde con su carácter espiritual.

Bebió de las enseñanzas de Jesús creyendo que era el Profeta. Solo él podía enseñar «la verdad», Pablo escribió sobre ser instruido «a los pies de Gamaliel» (Hechos 22:3 RVR). Al igual que lo había hecho su Maestro, el apóstol se sentó en medio de hombres instruidos, aprendiendo y respondiendo preguntas (Lucas 2:46). David se sentó delante del Señor y escuchó su voz (1 Crónicas 17:16). Usualmente los rabinos, o maestros, se sentaban en una silla alta y los estudiantes en el suelo, así que literalmente estaban a los pies de su maestro. Probablemente esta era la posición de María cuando, con toda disposición, prestaba oído al Señor. George Matheson dice: «Vemos a Marta preparando el banquete; vemos a María sentada tranquila a los pies del Maestro escuchando sus palabras, y decimos: "Una es una trabajadora externa y la otra una mística interna cuyas simpatías están todas más allá del velo". Las simpatías de María no son nada de eso. Ambas hermanas dieron su contribución al Maestro». La «buena parte» que escogió María fue la de un mayor reconocimiento de la necesidad de una comunión mística con el Señor. Era esta imagen de María la que tenía en mente Carlos Wesley cuando escribió:

> Oh, si pudiera sentarme para siempre,
> Como María, a los pies del Maestro:
> Sea esta mi elección con gozo;
> Mi único interés, deleite y desvelo,
> Que sea esta mi dicha, en la tierra mi cielo,
> Escuchar la voz del Esposo.

Una hermana afligida

Sin duda alguna, tanto Marta como María amaban a su hermano Lázaro, pero no se nos dice que Marta llorara cuando la muerte lo llevó. Solamente hemos mencionado las lágrimas de María, no obstante no podemos sino creer que el dolor de Marta era tan profundo y conmovedor como el de su hermana. Cuando se supo que Jesús estaba en camino a su ensombrecida casa, Marta se levantó y rápidamente corrió a su encuentro, pero María se quedó sentada en su casa alimentando su dolor.

Sin embargo, cuando Marta se encontró con Jesús, fue a donde estaba María y le dijo que Jesús quería verla. María se levantó y salió con igual premura a encontrarse con él, y cuando lo vio se lanzó a sus pies, lloró y repitió la queja de Marta: «Señor, si hubieras estado aquí, mi hermano no habría muerto». Jesús, profundamente conmovido por las lágrimas de María, mezcló sus cálidas lágrimas con las de ella.

¿Por qué el llanto de María conmovió profundamente a Jesús? El término «se conmovió profundamente», realmente significa: «Respiró indignación». ¿Por qué se indignó? Podía haber sido el hecho de que la muerte era una mancha en la creación y que la muerte de Lázaro había reclamado a uno de las que él amaba? Qué privilegiada fue María al presenciar su percepción de que la muerte no debería existir (Juan 11:28-37), ¡aunque en aquel momento ella no comprendía por qué Jesús había permitido que su hermano muriera!

Una evangelista efectiva

Somos dados a olvidar el poderoso efecto de la resurrección de los muertos sobre los judíos no convertidos que conocían a la familia de Betania. El registro dice que: «Muchos de los judíos que habían ido a ver a María y que habían presenciado lo hecho por Jesús, creyeron en él» (Juan 11:45; 12:9-11).

Habría sido asombroso que después de tal despliegue de poder milagroso, nadie creyera. Estos judíos que vinieron a María fueron los que habían venido a consolar a María y a Marta en el entierro de Lázaro. Ellos habían permanecido con María cuando Marta salió de la casa para encontrarse con

Jesús, y siguieron a María cuando esta fue a verlo. Si le testificó a estos judíos de las gloriosas verdades que había escuchado de los labios de Jesús o no, no sabemos. Lo que sí es evidente es que su hermano estaba vivo nuevamente, y un milagro como ese convenció sus corazones de la necesidad de una resurrección espiritual de la tumba del pecado. Así que «creyeron en él».

Una dadora agradecida

Para honrar a Cristo por el regreso de Lázaro de la tumba, se preparó una fiesta para los regocijados amigos en casa de Simón, un nombre muy común en aquellos días. Él había sido leproso, pero como resultado de su contacto con el Cristo obrador de maravillas, se había sanado y se había convertido (Mateo 26:6-13; Marcos 14:3-9; Juan 11:1; 12:1-11). La nota marginal en la Biblia de referencias Scofield dice:

> Igual que *Marta* representa el servicio y *Lázaro* la comunión, María nos muestra la adoración de un corazón agradecido. Otros antes que ella habían venido a los pies de Jesús para satisfacer sus necesidades, ella vino para darle lo que él merecía. Aunque dos de los evangelistas registran su hecho, solo Juan la menciona por nombre.

Lo que nos impresiona acerca del relato de dicha fiesta de gratitud es la ausencia de conversaciones. María no dice nada. Mientras los demás se sentaban a la mesa, María estaba en su lugar acostumbrado a los pies de Jesús. «En la casa de Marta, María escucha y está callada; frente a la tumba de su hermano llora y está callada; en la casa de Simón ella trabaja y está callada». De hecho, la única vez que María dijo algo fue cuando repitió la queja de Marta (11:32). El amor silencioso puede ser una fuerza poderosa. Las obras mayores del mundo no las llevan a cabo los mejores habladores. En cuanto a la naturaleza de su ofrenda:

Era costosa

María había sido beneficiaria de invaluables verdades de los labios de Jesús, ahora es espléndidamente comunicativa. La vasija de nardo, atesorada para una ocasión como esta (Juan 12:7), valía 300 denarios, una gran suma en aquellos días. «Un denario al día» (Mateo 20:2 RVR1960), significa que 300 denarios cubrirían el salario de casi un año. María hizo de aquella cena un sacramento cuando «mezcló la divina poesía con la prosa de la situación ungiendo a Jesús con una botella de nardo puro muy caro». Cuando María se sentó a los pies de Jesús y escuchó sus palabras, lo reconoció como el *Profeta;* cuando, en su dolor cayó a sus pies supo que él era el *Sumo Sacerdote* compasivo; ahora, mientras ungía sus pies lo conoció como el *Rey* en cuyo cinto se haya las llaves de la muerte y el hades. ¿Acaso no había triunfado sobre la muerte y había resucitado a su amado hermano? No en balde la casa se llenó del olor del ungüento. El olor del servicio amoroso de María ha llenado el mundo entero.

La criticaron

Mientras el olor del nardo era dulce para muchos, para otros olía a derroche. Judas, con su mente maquinadora, enseguida calculó el costo del mismo y dijo que era un desperdicio en Jesús. Su precio habría alimentado a muchos pobres. La palabra que Judas usó para derroche realmente significa «perdición». Una «pregunta muy adecuada», dice Bengel, «en los labios del que nació para perderse» (Juan 17:12). El mezquino Judas solo pensó en el asunto del dinero del costoso regalo de María, porque él tenía puesto su corazón en la bolsa del dinero que «por oficio la llevaba, y por ladrón se lo llevaba».

Lo elogiaron

La rápida respuesta de nuestro Señor al pío comentario de Judas, también contuvo una reflexión sobre María declarando que había hecho una buena obra. Aquí radicaba el encanto de su servicio, ella derramó el costoso ungüento por el Señor. «Ella ha hecho una obra hermosa *conmigo*» (Marcos 14:6). Si hubiera tenido más nardo lo hubiera entregado, pero dio hasta el límite máximo de sus posibilidades: «Ella hizo lo que pudo» (Marcos 14:8).

El egoísmo busca un regalo,
   El amor ama dar;
El amor se entrega a sí mismo
   El amor ama la vida.

La gran generosidad del amor
   No tiene en cuenta el costo;
Sintiendo que aunque nada queda,
   Nada ha perdido.

Fue conmemorativa

Con frecuencia María había escuchado a Jesús hablar de su próxima muerte y sepultura, y su vaso de alabastro de ungüento precioso se atesoraba para ungir su cuerpo. Pero ahora lo saca y lo usa para dedicar al Cordero de Dios para el sacrificio que estaba apunto de hacer. «Ella ha estado guardando este perfume para el día de mi sepultura», y Jesús apreció la fragancia de ese ungüento mientras estaba vivo. El perfume se habría perdido sobre su cadáver. El agradecido Cristo fue un poco más allá y dijo: «Les aseguro que en cualquier parte del mundo donde se predique el evangelio, se contará también, en memoria de esta mujer, lo que ella hizo». Erigió un memorial a María, quien dio todo lo que pudo, más duradero que muchos de los orgullosos monumentos que han sucumbido con el paso del tiempo. El amor de María y su bondad desinteresada han sido inmortalizadas.

¿Cuáles son algunas de las lecciones que debemos extraer de la vida y carácter de Ma-

ría de Betania? Era una mujer de visión pero no era de ninguna manera una visionaria. No solo se sentó a los pies de Jesús, sino también lo ungió con lo mejor que tenía y lo secó con sus cabellos. Era una mujer práctica al mismo tiempo que espiritual. Si hemos aprendido que «el lugar más alto en que podamos estar es humillándonos a los pies de nuestro Redentor», entonces, como María, nuestra visión se volverá una vocación. Moisés escribió acerca del cuádruple privilegio de todos los santos:

Tú eres quien ama a su pueblo;
todos los santos están en tu mano.
Por eso siguen tus pasos
y de ti reciben instrucción
(Deuteronomio 38:8).

María dio hasta el límite de su amor y de su ungüento. ¿Dirá el Señor de nosotros cuando le veamos cara a cara: Hiciste lo que pudiste? ¿Ungimos constantemente al Elegido de nuestros corazones? ¿Están perfumados sus pies con nuestros más ricos dones? Puede que el mundo considere que una vida completamente consagrada a él es una vida desperdiciada, pero la vida abandonada a su influencia es la única que se reproduce ricamente en la propia vida del santo y también en la del mundo pecador en el que este vive.

MARÍA DE ROMA

En la galería de Pablo, donde están los retratos de aquellos santos de la iglesia en Roma, con quienes estaba profundamente endeudado y a quienes enviaba calurosos saludos, hay una mención honorable de otra María. Todo lo que sabemos de ella se encuentra en los saludos personales de Pablo: «Saluden a María, que tanto ha trabajado por ustedes» (Romanos 16:6). Entre los veinte santos que Pablo menciona por nombre, María es la única con nombre judío. Es muy probable que esta señora romana, al momento de su conversión y bautismo, adoptara este nombre que conlleva las asociaciones sagradas, y que dicha combinación ejemplifica cómo el cristianismo nos une a todos en un lazo de compañerismo. Aunque fuera judía, no obstante trabajó por el levantamiento de Roma, el opresor de Judá.

No se nos dice de qué manera María trabajó arduamente por la iglesia de Roma. Evidentemente ella tenía una peculiar capacidad para hacer progresar la causa del Señor. Debido a que se menciona otra mujer romana, Pérsida, como «que ha trabajado muchísimo en el Señor» (16:12), Kuyper se sintió llevado a sugerir que María y Pérsida eran evangelistas empleadas para llevar el evangelio de la misma manera que el Ejército de Salvación usa a las mujeres hoy día. Estas piadosas mujeres ejercieron su influencia de todas las formas posibles para que Pablo pudiera dar a conocer a Cristo. Los dones o medios personales que poseían fueron dedicados al Señor cuya gracia salvadora habían experimentado. De esta forma Pablo las elogia por su servicio sin límites y lleno de sacrificios.

MARÍA, LA MADRE DE JUAN MARCOS

Entre las Marías que se mencionan en el Nuevo Testamento, se nos habla una sola vez de María, la madre de Marcos el que escribió el segundo Evangelio (Hechos 12:12, leer 12:1-19), sin embargo, esta breve descripción sobre ella sugiere su vida y obra. Era probablemente tía o hermana de Bernabé, el que fue compañero de Pablo en una ocasión (Colosenses 4:10), y dicha relación tiene que ver con la decisión de Bernabé de escoger a Marcos como compañero: selección por la que se separaron Pablo y Bernabé. Además, el estar emparentado con María explicaría el liderazgo entre los santos que se reunían en su espaciosa casa. Evidentemente la familia era de Chipre, de ahí que Bernabé escogiera ese lugar como primera parada en sus viajes (Hechos 4:36; 13:4). Sir William Ramsay sostiene que la narración de María en los Hechos la hizo Marcos, lo cual explicaría los detalles de la casa amplia de su madre que se convertía en un muy conocido centro de adoración y vida cristiana. Existe una leyenda con relación a que esta misma casa fue el escenario de una reunión aun más sagrada cuando, en su aposento alto, Jesús celebró la Cena del Señor la noche que fue traicionado.

Fue a la casa de María que Pedro se dirigió tras su milagroso escape, pues sabía que un grupo de creyentes se había reunido allí para orar por su liberación. Pedro sentía un afecto peculiar por el santo hogar. Él llamó a Marcos, «mi hijo» (1 Pedro 5:13), un hijo espiritual, al haberlo guiado para que entregara su vida al Salvador. La manera en que los santos se reunían en la casa de María revela su determinación comprobada y el lazo de intimidad que existía entre ellos. El hecho de que Rode era una de las sirvientas indica que la casa era considerablemente grande, implicando que María era una viuda con medios económicos para mantener una casa tan espaciosa. Así como su pariente Bernabé entregó su tierra para Cristo, María entregó su casa de Jerusalén para que la iglesia naciente la usara.

María era una mujer de cualidades genuinas y era leal a sus ideales cristianos. En ese entonces, los cristianos eran una secta perseguida, sin embargo, ella enfrentó las consecuencias de ceder su casa como un centro de poder e influencia espiritual, y sacrificó su tiempo, esfuerzo y dinero para servir al Señor. Se ha sugerido que Rode, que fue a abrirle la puerta a Pedro, estaba dudosa pensando que quizás eran los soldados de Herodes los que habían venido a arrestar a algunos de los cristianos sin hogar de quienes María era benefactora y protectora.

En cuanto a su hijo Marcos, el evangelista, estaba profundamente ligado a su madre lo cual es probable que fuera la razón por la que regresó a Jerusalén desde Perga (Hechos 13:13). Él quería estar cerca de la que tanto había significado para su vida. Sin lugar a dudas heredó algo del carácter decidido y directo de María que tanto sobresale en el Evangelio que escribió reflejando a Jesús como el humilde siervo de Dios.

MARÍA, LA MADRE DE SANTIAGO Y JOSÉ

Sobre esta María en particular, prácticamente no se nos dice nada, excepto que era la madre de dos hijos, a uno de los cuales Jesús escogió como apóstol, a Santiago (Mateo 27:55-61; Marcos 15:40, 47; 16:1; Lucas 24:10, véase Lucas 23:49-56). Algunos escritores la identifican con «la otra María» (Mateo 27:61), o con la esposa de Cleofas o Alfeo (Mateo 10:3; Lucas 24:18), o como una hermana de María, la madre de Jesús. Sí sabemos que era una de las mujeres que seguían a Jesús y que, teniendo suficiente riqueza, le servían a él y a sus discípulos con cosas materiales ayudándole así en su obra (Lucas 8:2, 3). La narración sugiere que sus dos hijos también le siguieron desde Galilea hasta Jerusalén. «Es interesante notar que dos madres con sus hijos se unieron al grupo de discípulos y que tres de los cuatro fueron miembros del grupo apostólico». Nos parece que los hijos de María eran mayores que Jesús y es probable que de lo contrario no se habrían atrevido a interferir a la fuerza (Marcos 3:21). Los siguientes hechos son evidentes:

María estaba entre las mujeres de Galilea que siguieron a Jesús hasta Jerusalén para presenciar allí su muerte en la cruz (Mateo 27:56; Marcos 15:40).

También fue espectadora en la tumba y huyó cuando los ángeles le dijeron que no estaba allí (Marcos 16:8).

Estuvo entre las primeras en llevar especias para ungir el querido cuerpo de su Señor, y con gozo fue a declarar que estaba vivo para siempre.

Uno de sus hijos llegó a ser apóstol, conocido como «Santiago el menor», o Santiago el pequeño para distinguirlo del otro apóstol más sobresaliente del mismo nombre.

Así que ella sacrificó sus bienes y su hijo para el servicio del Maestro. Motivada por la necesidad interior de mostrarle agradecimiento por todo lo que había hecho por ella, se volvió generosa, fiel, amorosa y genuina. La suya era una fe sencilla y un amor confiado. A lo largo de los siglos, miles de mujeres cristianas se han asemejado a ella en que amó a su Señor y le sirvió con discreción. Kuyper, comparando a esa María con María Magdalena haciendo una analogía con los dos tipos de letras, llama a María Magdalena «vocal» y a María, la madre del apóstol, «consonante».

> La misma analogía se mantiene si comparamos a Pedro con Santiago el menor. Debemos entonces llamar a Pedro, que siempre tomaba la iniciativa, la vocal, y Santiago, que siempre permaneció en un segundo plano, la consonante. Esta María y otras mujeres silenciosas eran muy parecidas a Santiago. Eran consonantes, se unían armoniosamente a la canción de amor que se cantaba por Jesús, pero no eran originalmente creativas.

Entonces, al aplicar esta analogía y destacar que el mundo por lo general considera al servicio silencioso, discreto y ordinario de alguna manera manso y poco emprendedor, Kuyper continuó comentando:

> Pero la escala de valores de Dios pesa diferente a la nuestra. En nuestro alfabeto, Dios nos dio cinco vocales y veintidós consonantes. Así mismo le ha dado a la raza humana muy pocas personas para asumir las partes de los solistas. A todos los demás les ha concedido solo la capacidad de armonizar mientras otros lideran en el himno de amor y alabanza a la creación. Esa situación es bien apropiada. Solo de esa manera puede obtenerse una armonía suprema. Un grupo de exitosos solistas resultaría repulsivo para nuestro buen gusto.

La pregunta es, ¿estoy contento con ser una consonante?

MARÍA MAGDALENA
LA MUJER QUE TENÍA SIETE DEMONIOS

Referencias bíblicas: Mateo 27:56, 61; 28:1; Marcos 15:40, 47; 16:1-19; Lucas 8:2; 24:10; Juan 19:25; 20:1-18.

Significado del nombre: Para el significado de María, véase el estudio sobre MARÍA. La diferencia entre María Magdalena y las demás del mismo nombre es «la magdalena», que la identifica con su lugar de nacimiento, de la misma manera que a Jesús se le llama «el nazareno» por su relación con Nazaret. Magdala significa «torre» o «castillo», y en la época de Cristo era un próspero y populoso pueblo situado en la costa de Galilea a unos cinco kilómetros de Capernaúm. A la riqueza de la comunidad se sumaban obras de colorantes y fábricas textiles primitivas. Puede ser que «la Magdalena» estuviera relacionada con la industria del pueblo porque parece ser que no carecía de medios económicos que le permitieron servir al Señor con sus bienes.

Nexos familiares: No tenemos ningún registro de la genealogía de María, su estado marital ni su edad. El hecho de que estuviera libre para seguir a Jesús en sus viajes sugiere que no tenía obligaciones hogareñas.

Antes que esbocemos la vida y carácter de María, creemos que es necesario desligarnos de aquellos que la relacionan con la mujer anónima «que tenía fama de pecadora». Lucas, que la conoció, escribió sobre esta mujer (Lucas 7:37). El *Talmud* judío afirma que Magdala tenía una mala reputación y que debido a la prostitución que se practicaba allí, fue destruido. Indudablemente, de esta tradición y del hecho que la primera referencia que Lucas hace de ella aparece a continuación de la historia de la mujer pecadora, es que se desarrolló la idea de que María era una prostituta, pero no hay ni una pizca de genuina evidencia que sugiera dicha reputación. Esos teólogos que la describen como una libertina cometen una injusticia, al igual que lo es llamar a instituciones para el cuidado de mujeres caídas «Magdalenas». Un escritor define Magdalena como «presa de una cárcel para mujeres», pero la Biblia describe a María como una mujer pura, aunque profundamente afligida antes de su encuentro con Jesús. Sugerir que era inmoral porque estaba poseída por siete demonios es afirmar que todas las personas dementes son depravadas. No se dice ni una sola palabra en los escritos de los padres cristianos, cuya autoridad se considera junto con la de los apóstoles, en cuanto a que María tuviera una mala reputación.

Tradicionalmente han echado esa calumnia sobre María Magdalena cuando en Naples, en 1324, estableció su primera «Magdalena» para el rescate y manutención de mujeres caídas. Grandes maestros, llevados por la idea de que María era antes una cortesana, han llenado galerías de arte con pinturas representándola como una mujer voluptuosa. El nombre de la mujer que encontraron en adulterio se nos oculta gentilmente, pero con respecto a las referencias a la «Magdalena», se nos da su nombre y después de su liberación de la influencia demoníaca aparece como uno de los personajes más fieles y hermosos de la Biblia. La amplia aceptación de la tradición de que ella era una prostituta, es completamente infundado. María era solamente una pecadora en el mismo sentido que lo somos nosotros por haber nacido en pecado y formado en iniquidad. «Pues todos han pecado y están privados de la gloria de Dios». Luego de procurar el aliviar el nombre de María del estigma que se le ha adjudicado, bosquejemos ahora su trayectoria.

A ella se le menciona catorce veces en los Evangelios, y de las referencias que tenemos vemos claramente lo que hizo y cómo lo hizo.

Una característica notable que vemos en ocho de los catorce pasajes es que a María se le menciona en relación con otras mujeres, pero siempre encabeza la lista, implicando que estaba al frente del servicio que ofrecían las piadosas féminas. Las cinco veces que se le menciona sola están relacionadas con la muerte y resurrección de Cristo (Marcos 16:9; Juan 20:1, 11, 16, 18). En una ocasión su nombre va detrás del de la madre y tía de Jesús. Ella estuvo bien cerca de la cruz con estas mujeres, pero debido a su relación con Jesús no hubiera sido correcto haber puesto su nombre antes que el de ellas (Juan 19:25). Sin embargo, ninguna mujer sobrepasa a María en su absoluta devoción al Maestro.

En esclavitud demoníaca

Aunque María era una mujer de categoría y comodidades, sufría de la afección de la demencia. Ella estaba poseída por «siete demonios». Existe un solo diablo, y es más que suficiente, pero existen legiones de demonios o ángeles, que poseían a hombres y mujeres, ¡y todavía lo hacen! Siete es un número místico que sugiere «plenitud», implicando que cuando los espíritus malos dominaban a María, el sufrimiento era extremadamente severo. Afligida con nerviosismo, debe haber sido víctima de una violenta epilepsia, y cuando Jesús la vio con su paz mental y control de su voluntad destruidos, debe haber sido una cosa repugnante con su pelo desarreglado, ojos brillosos y mejillas hundidas. Su posesión demoníaca no afectó sus valores morales sino solo la mente. Su carácter no se pervirtió, solo se desarreglaron sus facultades mentales. Algunas veces «el amor, amor erróneo y culpable, ha destruido a muchas mujeres llevándolas, primero a la demencia, y luego al suicidio. A veces las mujeres también se vuelven víctimas de la locura por herencia». No se nos dice cuál haya sido la debilidad que tenía María, facilitando la entrada de los demonios. Lo que sí sabemos es que encontraron a su Maestro en aquel que vino a destruir las obras del diablo.

Un alma liberada

Lucas vincula a María con Juana, Susana y «muchas otras» como sanadas por Jesús de espíritus malos y enfermedades. Puesto que a María se le menciona como que tenía «siete demonios», su condición debe haber sido peor que la del resto, pero en el momento en que los compasivos ojos de Jesús vieron a la encorvada y llena de pánico mujer de Magdala, vieron en ella al ángel ministrador que sería una bendición para su propio corazón y para el de otros. En su voz autoritaria ordenó a los demonios que salieran, y permanecieran, fuera de ella. «¡Atrás! ¡Atrás! Al infierno a donde pertenecen, sucios espíritus del abismo», y el milagro sucedió. Su mente trastornada y atormentada se volvió tan tranquila como el lago que Jesús calmó. Regresó la lucidez, volvió el color a sus mejillas, y se sanó por completo. Ahora, «vestida y en su sano juicio», estaba lista para convertirse en una de las más devotas discípulas de aquel a quien tanto le debía. Su empeño en trabajar por su Libertador y su causa demuestra que estaba profundamente agradecida por la sanidad mental y física que recibió. Una vez salvada del terrible poder del infierno, le entregó lo mejor de sí al que la había liberado completamente de la posesión demoníaca. Cuando Cristo la salvó, liberó las más elevadas virtudes de sacrificio, fortaleza y valor.

De viaje con mucha frecuencia

Al quedar liberada, María se convirtió en discípula. Libre de la esclavitud satánica se unió al carruaje del Señor y a sus servicios personales, junto a los de aquellas mujeres que se habían sanado, que ayudaron mucho a Jesús en sus actividades misioneras a medida que iba de un lugar a otro predicando y enseñando su mensaje. Como agradecimiento, estas mujeres se volvieron generosas, ministrándole con sus bienes materiales. María dejó su hogar en Magdala para seguir a Jesús. Estar constantemente en movimiento, como lo estaban Jesús y sus discípulos, creaba muchos detalles en relación con su bienestar y comodidad personal que requerían una atención que estas mujeres podían proveer. Callada y eficazmente María hacía lo que fuera necesario hacer. Además, el dinero también era necesario para la campaña del Maestro. Nunca leemos que él o sus discípulos hayan pedido dinero, aunque los fondos eran necesarios. Gran parte de estos vinieron de María y otras mujeres como ella que fueron tan ricamente bendecidas por el Señor. ¡Qué lástima que no todos los que se han beneficiado sean agradecidos! En una ocasión Cristo sanó a diez leprosos, pero solo uno regresó a agradecerle su gracia y poder. Emancipada, María ayudó a Jesús a evangelizar al dar voluntariamente de sus bienes para ayudar a satisfacer sus necesidades. ¡Cuánto debe haber significado para Jesús su presencia y servicio personal!

En la cruz

María fue con su Señor a las sombras, y así se le representa entre los que siguieron a Jesús en su último triste viaje de Galilea a Jerusalén, y mientras lo seguían, todavía lo «ministraban». María estuvo presente con las otras santas mujeres en el falso juicio de Jesús. Ya él no está en el camino con multitudes reunidas y pendientes de sus palabras. A causa de sus declaraciones y denuncias intrépidas, lo arrestaron y juzgaron. Algunos de sus íntimos amigos lo habían abandonado, pero María y su grupo no lo abandonaron. El poeta nos recuerda:

No le hirió con un beso traidor y cruel,
No le negó con una lengua infiel;
Cuando los apóstoles huyeron, ella los
  peligros enfrentó,

Última en dejar la cruz, y primera al
  sepulcro llegó.

María estaba presente en el palacio de Pilatos y vio y oyó a los líderes religiosos demandando su sangre que tan preciosa era para su corazón. Ella escuchó cómo Poncio Pilatos pronunció la sentencia de muerte por crucifixión a pesar de no haber hallado ninguna falta en él. Ella presenció y lloró cuando Jesús salió del salón para que la multitud sedienta de su sangre lo escupiera y maltratara. Luego vio cómo lo sacaron al fatídico monte Calvario para clavarlo al madero.

María era parte del afligido grupo de santas mujeres que se situaron tan cerca como pudieron para confortar a Jesús con su presencia en las agonías finales de la crucifixión (Lucas 23:49). María escuchó con el corazón destrozado los amargos gritos y veló todas esas terribles horas hasta que al fin el soldado romano clavó su lanza en el costado del Salvador y lo declaró muerto. En la reconocida galería de arte del Louvre, hay un cuadro de desolación, desesperación y amor. El artista representó la noche de la crucifixión. «El mundo está envuelto en sombras; las estrellas están muertas; y no obstante, en la oscuridad se ve una silueta arrodillada. Es María Magdalena con labios amorosos y sus manos presionando los sangrantes pies de Cristo». Sí, ella estaba allí cuando crucificaron a su Señor.

Tan pronto como Jesús entregó su espíritu, surgió la pregunta entre las Marías junto a la cruz: «¿Cómo podrían conseguir aquel cuerpo ensangrentado y prepararlo para su entierro?» José de Arimatea y Nicodemo, para alivio de las entristecidas dolientes, había venido con ese objetivo. El artista Rubens, en su obra maestra, *El descenso de la cruz* representa a María Magdalena y a María la esposa de Cleofas, ayudando a José y Nicodemo a bajar de la cruz el cuerpo magullado, preparándolo para el entierro y luego colocando los preciosos restos en la tumba nueva en el huerto. María Magdalena y las otras mujeres permanecieron «sentadas frente al sepulcro» y «vieron» dónde José puso el cuerpo del Señor (Mateo 27:61; Marcos 15:47; Lucas 23:55).

En el huerto

María Magdalena fue la última en alejarse de la cruz donde Jesús murió como el cordero de Dios, y también fue la primera en la tumba del jardín que presenció el acontecimiento más importante de la historia mundial y la verdad fundamental del cristianismo: la resurrección de Jesucristo. ¡Qué gran honor le concedió Dios a la fiel María Magdalena al permitirla ser la primer testigo de la resurrección! Ella fue a la tumba temprano aquella mañana, y mientras la luz de la mañana se filtraba en Jerusalén, miró dentro del sepulcro. Al ver que estaba vacío, lloró. Luego Juan, el genio inspirado que escribió en un griego inusualmente conciso, describe lo que ocurrió de una manera sin paralelo en la literatura narrativa. María, al encontrar vacía la tumba, corrió a donde estaban Pedro y Juan y les dijo muy agitada: «¡Se han llevado del sepulcro al Señor, y no sabemos dónde lo han puesto!» Estos discípulos regresaron con María Magdalena al sepulcro y encontraron que lo que les había dicho era verdad, luego «regresaron a su casa». Pero María no, ella se quedó llorando a la puerta del sepulcro, y mientras lloraba se le aparecieron unos ángeles, uno a la cabeza y otro a los pies de donde había estado el cuerpo de Jesús. Al ver su angustia y temor, le preguntaron tiernamente: «¿Por qué lloras, mujer?» Temblorosa respondió: «Porque se han llevado a mi Señor y no sé dónde lo han puesto. (RVR 1960)»

Qué compasión encontramos en la palabra «*mi* Señor», el Señor mío, el que tanto hizo por mí y a quien me encanta servir. Al volver la mirada vio una figura, y pensando que era el que cuidaba el huerto respondió a la pregunta: «¿Por qué lloras, mujer? ¿A quién buscas?» Con valientes palabras dijo: «Señor, si usted se lo ha llevado, dígame dónde lo ha puesto, y *yo iré por él*».

María, tan llena de su Señor, sentía que todos los demás tenían que conocer a aquel cuyo cuerpo faltaba en la tumba. «Ella nunca se detuvo a pensar en su propia debilidad como mujer: los nervios daban por sentado que ella era capaz de la bendita tarea de ir a buscar el sagrado cuerpo. Entonces la voz que ahora reconoce pronuncia su nombre: María. Aquel tono familiar apretó su corazón e instantáneamente gritó: «¡Raboni!» que era la expresión más fuerte de su amor reverente. Lanzándose ante su Señor resucitado, habría abrazado sus pies, pero él dijo: «Suéltame». Emocionada al tener a Jesús vivo nuevamente, el amor de María era de una naturaleza que se inclinaba hacia la presencia humana de Jesús. Junto a los demás discípulos, María también tuvo que aprender «a levantarse a una comunión con él más elevada y al mismo tiempo más cercana, pero espiritual.... su afecto terrenal necesitaba elevarse a un amor celestial» (Juan 20:25-29).

Luego, Jesús comisionó a María para que fuera el primer heraldo de su resurrección. Tenía que ir y anunciar las grandiosas buenas noticias que se habían proclamado: «Ve más bien a mis hermanos y diles: "Vuelvo a mi Padre, que es Padre de ustedes; a mi Dios, que es Dios de ustedes". Podemos imaginar con qué velocidad María regresó corriendo por las puertas de Jerusalén para decirles a los discípulos que su Señor, que había muerto, estaba vivo para siempre. María había permanecido junto a Cristo en sus viajes, y había atendido muchas de sus necesidades hasta que acostaron su cuerpo en la tumba. Ahora él la recompensó con un conocimiento más íntimo de cosas divinas y se le concedió un honor que no puede quitársele, el de ser el primer ser humano que viera al Señor resucitado y recibiera el primer mensaje de sus labios (Juan 20:18). Aunque este es el último atisbo que tenemos de María Magdalena, no dudamos en asumir que ella estaba presente con las mujeres (Hechos 1:14) que se reunieron con los apóstoles en el aposento alto en oración y súplica, esperando el advenimiento del Espíritu prometido. En aquel día histórico de Pentecostés en que vino como herencia el Consolador y Guiador, deben haber tomado a María por su poder y constituida en un buen testigo de su Señor resucitado y ahora ascendido.

Hay un par de lecciones importantes que podemos aprender de María Magdalena. En primer lugar, vemos lo que Cristo puede hacer por una mujer. Cuando se encontró con ella por primera vez, era un alma afligida y atormentada, pero Jesús la sanó de la demencia y también de las enfermedades del alma, y la convirtió en su fiel y entregada seguidora. ¿Hemos sido nosotros limpiados de pecados que son como demonios? Esta es la aplicación que Alexander Whyte saca en un estudio de esta María: «Sencillamente no sabemos lo que eran las siete cicatrices de María Magdalena, pero para nuestro aprendizaje, las siete cicatrices de Dante están escritas a lo largo de su magnífico libro autobiográfico:

Siete veces

El rótulo que denota la mancha interior,
Él en mi frente, con la punta fidedigna
De su espada desenvainada inscribió.
Y «Mira», gritó,
Cuando entró, «he aquí que limpió esas
    cicatrices».

Juan Bunyan tiene el mismo número al final de su *Grace Abounding* [Gracia abundante]:

Hasta el día de hoy encuentro estas siete abominaciones en mi corazón: Orgullo, envidia, ira, intemperancia, lascivia, codicia, pereza espiritual —estas fueron las siete marcas de Dante sobre su cabeza santificada... Es mejor entrar al cielo con siete demonios desenterrados de nuestro corazón

como con un cuchillo, que tenerlos atormentando nuestro corazón por toda la eternidad.

Otra lección es lo que una mujer puede hacer por el que tanto ha hecho por ella. Una vez que María salió sana y salva, puso en práctica su fe al seguir a Jesús y servirle de sus bienes materiales, y testificar a otros de su muerte y resurrección. ¿No es cierto que hay un millar de formas en que las mujeres convertidas y consagradas pueden servir aceptablemente al Maestro? La gratitud y el amor de María se manifestaron en devoción hacia Cristo. Ella debía mucho, dio mucho y sirvió mucho. ¿Ha sacado él a Satanás de nuestra vida? Si es así, ¿estamos amándole y sirviéndole hasta el límite de nuestra capacidad, testificando diariamente del poder de su resurrección?

MARTA
LA MUJER QUE ERA MÁS PRÁCTICA QUE ESPIRITUAL

Referencias bíblicas: Lucas 10:38-41; Juan 11; 12:1-3

Significado del nombre: Marta, palabra siria o caldea, es la forma femenina de *moro o more*, una palabra que significa «señor», «amo». Encontramos dicha forma en la bien conocida frase Maran-ata: «El Señor viene» (1 Corintios 16:22). Hay algunos que piensas que Kyria, que se traduce como «señora» (RVR 1960) en 1 Juan, versículo 1, es un nombre propio, el equivalente griego de esta palabra. Carpzov supone que esta Kyria era la misma persona que Marta de Betania.

Nexos familiares: La Biblia no nos cuenta nada de la historia de Marta, con excepción de que era la hermana de María y de Lázaro y que vivía con ellos en Betania. Algunos escritores antiguos asocian a Marta con la hija, la esposa o la viuda de Simón el leproso y que al morir este, la casa pasó a ser propiedad de ella; de ahí que se haga referencia a la casa cuando se celebró la resurrección de Lázaro (Mateo 26:6; Marcos 14:3). Otros creen que Marta pudiera haber sido una pariente cercana de Simón a quien le sirvió de anfitriona, pero el relato sugiere que la casa pertenecía a Marta y puesto que era mayor que María y que Lázaro, ella tenía la responsabilidad de todo lo que estuviera relacionado con los asuntos caseros en el hogar en que «Jesús encontró que se le quitaba la maldición del viajante y al contrario de su propia descripción de su soledad y penuria, encontró un lugar donde recostar la cabeza». Lo que nos impresiona grandemente es que después de que Jesús dejara su hogar natal a la edad de treinta años para comenzar su ministerio público no leemos nada con respecto a que él regresara al mismo para descansar y relajarse. Era en el cálido y hospitalario hogar de Betania donde él se refugiaba pues amaba a los tres que vivían allí: Marta, María y Lázaro, en este mismo orden, algo que no leemos con respecto a sus hermanos y hermanas de acuerdo al texto.

Al parecer, Marta y María aparecen juntas en la galería de retratos de Dios, al igual que sucede con Caín y Abel, y Jacob y Esaú. Los expositores también asocian a las dos hermanas al comparar y contrastar sus características. Marta, ocupada con las tareas hogareñas; María, prefería sentarse junto a Jesús para recibir instrucción espiritual. Marta, siempre activa e impulsiva; María, meditabunda y reservada. Los caracteres de estas dos hermanas están verdaderamente delineados: Marta, por lo general, ocupada en la supervisión de la hospitalidad del hogar; María un tanto indiferente a las tareas de la casa, ansiosa solo por buscar lo que era espiritual. Pero no tenemos autorización en las Escrituras para afirmar que la diferencia

entre la tranquila y piadosa María y su laboriosa hermana fuera como la oposición entre la luz y las tinieblas. En la iglesia hay vasos de oro y otros de plata pero no tenemos justificación para decir que el carácter de María era de oro y el de Marta de plata. Estas dos hermanas de aquella familia de Betania tenían sus propios y respectivos talentos y acorde a estos cada una servía al maestro.

George Matheson desaprueba la intención de siempre asociar a María con Marta. Cada figura sobresale por sí misma. Estas dos hermanas han sufrido porque se les ve juntas, de manera uniforme y la asociación ha sido más perjudicial para Marta que para María. Decir que Marta contrasta con María es verdad pero es insuficiente. «Con demasiada frecuencia se ha expuesto a Marta a un desprecio sutil por ser una criatura de mente mundana y celosa y se ha exaltado a María por su indiferencia a los deberes de hospitalidad, con respecto a lo cual no sabemos nada y puede ser que en varias ocasiones ella haya sido tan entusiasta como Marta». Por lo tanto, analicemos a estos dos personajes femeninos por separado y observemos con cuánta nobleza Marta cumplió con su misión en la vida.

La mayoría de las mujeres de la Biblia se nos revelan en señalas efímeras. Ninguna de ellas aparece descrita en su totalidad, como nos gustaría. Pero cuando observamos a Marta nos parece que su carácter se revela mucho más que el de otras mujeres. Lucas nos ofrece un primer vistazo de ella en «una pieza de escritura que es una de las maravillas de la literatura», como expresara H.V. Morton. «No hay una palabra de la que pudiéramos prescindir, no obstante el cuadro está completo y enmarcado como si estuviera al lado de una puerta de cocina. Lucas lo cuenta en ciento seis palabras» (10:38-42). Tenemos evidencia dispersa en cuanto a la habilidad de Marta para cuidar de Jesús y de los santos en la forma práctica en que lo hacía. Su hogar en Betania era uno de los pocos en posición social y recursos con el que Jesús tenía vínculos amistosos. La hospitalidad que se le brindaba, la cena con ciertas ínfulas que Marta ofrecía a los invitados, el número y la calidad de los amigos que se reunían alrededor de las hermanas en su hora de dolor y la riqueza que se demostró en la unción de Jesús, demuestran la prosperidad. Cuando se habla de Betania como «el pueblo de María y Marta», se implica que ambas eran figuras importantes en la comunidad y que su casa era la más importante de la aldea.

¿Cuáles entonces son las características de Marta, la única mujer de la Biblia cuyo nombre se repitió como lo hizo Jesús cuando le dijo con cariño: ¡Marta! ¡Marta!»?

Era hospitalaria en gran manera.

El primer vistazo que tenemos de Marta es ese «dada a la hospitalidad» ya que leemos que ella «lo recibió en su casa», lo que sugiere que ella era la dueña. Entonces, al mandar a buscar a Jesús para que ayudara a Lázaro su hermano que estaba enfermo, leemos que cuando Marta se enteró de que Jesús venía «fue a su encuentro» y le dio la bienvenida (Juan 11:20, 30). La provisión de aquel hogar representaba mucho para Jesús. En una oportunidad él dijo: «El Hijo del hombre no tiene dónde recostar la cabeza», y luego en otra: «vino a Betania... y Marta le preparó la cena». En aquel cariñoso y hospitalario hogar su solitario corazón encontró a una mujer que quería ministrar a su cansancio y agotamiento y Jesús recibió el refrigerio físico que necesitaba del ágil cuidado de la tierna feminidad. Incluso cuando había muerte en el hogar, la dinámica y práctica Marta se secó las lágrimas y salió a recibir al Señor de la vida, dejando a la mística María sentada en la casa, aún sollozando. ¡Qué tremendo toque natural! «Cuando Marta supo

que Jesús llegaba, fue a su encuentro; pero María se quedó en la casa».

Al conocer a Marta como la conocemos, podemos estar seguros de que cada vez que Jesús visitaba su hogar, ella nunca tenía que disculparse por tener habitaciones desarregladas, una tarea descuidada o carencia de las provisiones necesarias. Para ella las responsabilidades del hogar nunca eran una carga pesada. Marta amaba su hogar, estaba orgullosa de él, lo mantenía impecable y siempre estaba preparada para atender a su huésped divino o a otros huéspedes que buscaran refugio bajo su hospitalario techo. Eugenia Price habla de este aspecto del carácter de Marta cuando dice:

> La excelente hospitalidad que él encontraba en el hogar de Marta le era de gran importancia. Nadie disfrutaba más su cocina que él. Nadie encontraba su espacioso hogar más hermoso o acogedor. Pero él siempre tenía los asuntos reales en perspectiva. No podía pasarlos por alto ni tan siquiera ante el cansancio de su cuerpo y su necesidad humana de los servicios de Marta.

Ella meditaba

No leemos bien la historia de Marta y María si creemos que la primera hacía todo el trabajo y la segunda solo se quedaba sentada. Demasiadas veces pensamos que María era la meditabunda y Marta la del aspecto práctico.

Pero la próxima impresión que tenemos de Marta nos muestra que estaba a los pies de Jesús y escuchaba su palabra. Así que ambas hermanas estudiaban en la Universidad de los Pies. En cambio la frase «mi hermana me ha dejado sirviendo sola» sugiere que María se unió a su hermana en el recibimiento de Jesús y trabajó con ella durante un rato, pero se fue a sentar a los pies de Jesús. Ni por un instante debemos pensar que María creía que servir no era para ella o que Marta tenía la idea de que sentarse iba más allá de la capacidad espiritual. Ambas se sentaron frente al

Maestro, pero mientras María creía que escuchar era mejor, Marta sentía que alimentar a Jesús era tan necesario como atender a su palabra. El servicio práctico de Marta estaba inspirado en lo que ella había escuchado de los labios de él y provenía de su amor por él. Como dice George Matheson:

> Cada artículo de la mesa de Marta estaba hecho de compasión, construido con las fibras de su corazón. La fiesta que ella preparaba era el fruto de preocupación por Jesús y no tenía razón de ser fuera de la misma.

Tuvo culpa por quejarse

Lucas, quien debe haber ido con Jesús a la casa, destaca que Marta «se sentía abrumada porque tenía mucho que hacer». La palabra «abrumada» significa «impedimento». Es la voluntad de Dios «que sin impedimento os acerquéis al Señor» (1 Corintios 7:35, RVR). Al ser la encargada del hogar y la que servía, Marta se sintió arrastrada de aquí para allá por preocupaciones en conflicto. Ella amaba a Jesús y quería que todos en la casa hicieran lo mejor para él. Así que tenemos una queja doble, la primera parte dirigida al propio Jesús: «Señor, ¿no te importa que mi hermana me haya dejado sirviendo sola?» La segunda parte de la queja es una orden: «¡Dile que me ayude!». Esto quiere decir que si Jesús todavía estaba hablando con María quien estaba sentada a sus pies, esta queja un tanto vehemente debe haber interrumpido el comportamiento calmado de nuestro Señor mientras conversaba con María. A Marta le irritaba ver a María fresca y desocupada mientras ella estaba ocupada alistando la comida para los visitantes y es lo más probable que además estuviera preparando cómo acomodarlos durante una noche o más.

Podría ser que en secreto Marta estaba «tan contrariada consigo mismo como con María pues esta última disfrutaba el privilegio de escuchar las palabras de Jesús sentada a sus pies mientras que ella no podía convencerse a sí misma de hacer lo mismo por temor a que no se le sirviera una comida lo suficientemente variada». Era como si Marta le hubiera dicho a Jesús: «Señor, aquí estoy con todo lo que hay que hacer y esta hermana mía no levanta ni un dedo; por lo tanto, yo me pierdo algo de tus labios y tú de nuestras manos; así que dile que me ayude».

Marta no se atrevería a alejar a su hermana de Jesús para que la ayudara. En su contrariado estado anímico incluyó a Jesús en su reproche, y le pidió que liberara a María de la meditación para que la ayudara con los deberes.

Jesús la regañó

En la respuesta de nuestro Señor a la queja de Marta no condenó su actividad pues él debe haber apreciado su cálida y práctica administración de la familia. Él sabía que ella trataba de agasajarlo dando lo mejor de sí y por lo tanto con amor le advirtió del peligro de olvidarse de lo necesario debido a sus muchas ocupaciones. Hay una amonestación afectuosa en la repetición de su nombre: Marta, Marta. El único otro ejemplo de la repetición de un nombre durante el ministerio de nuestro Señor fue cuando dijo: Simón, Simón (Lucas 22:31). Desde la gloria él dijo: Saulo, Saulo (Hechos 9:4). Después de su repetición, en la que había una mezcla misericordiosa de amabilidad, tristeza y sorpresa, Jesús prosigue a decirle a Marta que ella estaba preocupada y ocupada en muchas cosas, pero que una sola cosa era necesaria: la parte buena que María había escogido y que él no le quitaría. Jesús no le dijo a Marta que ella no tenía parte ni suerte con él ni que ella estaba permitiendo que los afanes de esta vida ahogaran la semilla. Él reconoció que ella estaba trabajando para él pero le recordó que ella estaba permitiendo que las cosas externas le fueran un estorbo espiritualmente hablando. Debido al énfasis equivocado con respecto a su trabajo necesario, su comunión interna con el Señor se estaba dañando. En su intranquilo ajetreo Marta sentía que su hermana llevaba «la calma y el apacible misticismo de su fe» demasiado lejos. H.V. Morton señala que en la respuesta de nuestro Señor a la queja de Marta puede percibirse un juego de ideas y que sus palabras pudieran interpretarse:

> Marta, Marta, estás ocupada con tantos tipos de comida cuando un solo plato sería más que suficiente. María escogió el mejor plato y no se le quitará.

El término «inquieta» se refiere a una ansiedad interior. Marta estaba afanosa en su mente, ansiosa con una mente dividida, algo que está prohibido (Mateo 6:22-31; 1 Corintios 7:32). «Preocupada» significa perturbada, distraída en su exterior por muchas cosas o platos. Fausset comenta que «el mucho servicio tiene su tiempo y lugar (1 Tesalonicenses 4:11; 2 Tesalonicenses 3:12; 1 Timoteo 5:14) pero tiene que ceder el lugar para escuchar cuando Jesús habla ya que la fe, que es la porción buena y duradera, viene por el oír» (Romanos 10:17). La «mejor parte» que María escogió se inclinaba hacia la dirección de lo que es espiritual.

El Señor la amaba

Juan comienza de manera maravillosa donde Lucas termina y con su hábil pincel completa los detalles del estudio del personaje de Marta «la práctica». En primer lugar el apóstol del amor nos dice que «Jesús amaba a Marta, a su hermana y a Lázaro». ¡Cuán diferentes eran sus personalidades y temperamentos, y no obstante Jesús los amaba a todos con igual amor! Él tenía un corazón humano que le permitía amar a aquellos que lo amaban y se preocupaban por él. Así que aquellos tres de aquel hogar de Betania tenían un lugar en su corazón y su santa bondad los rodeaba. Un amor así debe haber unido a esos hermanos con más ternura incluso

que el lazo del afecto natural. Jesús, que conocía todo acerca de Marta, la amaba, y ella a cambio lo amaba a él fervientemente y disfrutaba de su confianza y se convirtió en el objeto de una revelación sublime de su Señor.

Era una mujer de profunda tristeza

La enfermedad y la muerte ensombrecieron aquel hogar amoroso y hospitalario de Betania. Lázaro se enfermó y su hermana mandó a decirle a Jesús: «Señor, tu amigo querido está enfermo». Jesús no salió corriendo hacia Betania sino que se quedó donde estaba y cuando llegó a Betania ya Lázaro llevaba en la tumba cuatro días. ¿Había sido él indiferente al llamado y al dolor de Marta y María? Si él los amaba, ¿cómo pudo? Él quería que ellos aprendieran que sus demoras no son negaciones, que él conoce el momento exacto para demostrar su poder. Él sabía que esta muerte traería como resultado que él fuera glorificado como el Hijo de Dios (11:4).

Aunque muchos de los amigos judíos vinieron a consolar a las afligidas Marta y María, ellas aguardaban ansiosamente la llegada del divino Consolador y tan pronto como supieron que él estaba en camino, Marta se secó las lágrimas y salió a encontrarse con él dejando a María desconsolada en la casa. Enseguida que Marta se encontró con Jesús, profirió un reproche en su usual modo directo: «Señor, si hubieras estado aquí, mi hermano no habría muerto». Y, poniendo al descubierto el verdadero sentir de su alma, se apresuró a decir: «Pero yo sé que aun ahora [que mi querido hermano está en la tumba] Dios te dará todo lo que le pidas».

¡Qué fe y confianza tan ilimitadas ella tenía en la omnipotencia de su Señor! Lo que sigue fue una asombrosa conversación sobre la resurrección entre el Maestro y Marta. De inmediato Jesús sanó su quebrantado corazón al asegurarle que su hermano resucitaría. Él no dio ninguna explicación en cuanto a su demora, enseguida Jesús comenzó a revelar la verdad que implicaban tanto su demora como la muerte de Lázaro.

Ahora, en presencia del Príncipe de la vida, un corazón desolado expresaba su fe en la resurrección de los muertos, en el «jubileo de las edades», como Marta sabía que enseñaban las antiguas Escrituras hebreas. Pero no estaba preparada para la revelación de que el que estaba delante de ella era la resurrección y la vida. Jesús quería desviar los pensamientos de Marta de su hermano muerto hacia él, en quien el allá se convierte en aquí. Marta veía la resurrección de su muy querido hermano como un hecho muy lejano pero Jesús asevera que en él está el poder para que los muertos resuciten. La respuesta de Marta le ofrece al maestro la oportunidad de presentar una de las declaraciones más sobresalientes de la Biblia en cuanto a su deidad, poder y autoridad: «Yo soy la resurrección y la vida». Cuán sorprendida debe haber estado Marta al escuchar con respeto las tremendas verdades que fluían de los labios de Jesús. Cuándo él la desafía con su pregunta: «¿Crees esto?», ella hace una extraordinaria confesión de fe que algunos cristianos practicantes de hoy día, no pueden endosar: «Sí, Señor; yo creo que tú eres el Cristo, el Hijo de Dios, el que había de venir al mundo». Aunque Marta no podía comprender la profundidad de la revelación del maestro con respecto a sí mismo, ella creyó e hizo alusión a tres títulos bien conocidos de aquel que la amaba:

El Cristo: Aquel de quien se habían predicho cosas gloriosas como el profeta ungido, el sacerdote y el rey.

El Hijo de Dios: Una confesión de su deidad ya que es un título concerniente no a un cargo o posición sino a la naturaleza de su persona como el unigénito del Padre.

El que había de venir al mundo: Esta era una descripción común entre los judíos con respecto a aquel que fuera una vez el centro de las profecías, el objeto de las aspiraciones de todas las almas iluminadas y nacidas de nuevo, el deseado de todas las naciones (Hageo 2:7; Mateo 11:3).

Con su corazón aquietado por el misterioso y poderoso mensaje del Maestro, y aun más por la serena majestad de su presencia, Marta confesó su fe y aunque no entendía del todo la profundidad de sus propias palabras, la resurrección del Señor de entre los muertos le permitió comprender en cierta medida por qué había venido al mundo. Al dejarlo después de una experiencia así, Marta regresó a la casa y llamó a su hermana «en privado», quizá por miedo a los judíos. Este precioso gesto demuestra cuán preocupada estaba Marta por la seguridad de él que tanto había hecho por ella. A María le dijeron que el Maestro la llamaba, y se levantó «rápidamente» y fue a su encuentro.

Es el amor el que hace que nuestros pies dispuestos
se muevan prestos en obediencia.

Al encontrarse con Jesús, ella cayó a los pies donde le encantaba sentarse y, entre sollozos, repitió la queja de Marta: «Si hubieras estado aquí, mi hermano no habría muerto». De ninguna manera María se quedaba atrás en su amor por su hermano fallecido (11:19), su fe en el Señor Jesús (11:21) y su creencia en la resurrección final. Las lágrimas de María y el luto de los judíos tocaron el espíritu compasivo de Jesús quien afectado por semejante dolor se estremeció en su espíritu (11:33, 38).

Es probable que aquí el estremecimiento se refiera a un sentimiento interno de indignación ante la mofa del sufrimiento de los judíos que él sabía tratarían de matar a Lázaro luego de su resurrección (11:47; 12:10), y también lo matarían a él (11:53). Era esta hipocresía lo que provocaba una ira tan intensa en su espíritu que los nervios, los músculos y las extremidades temblaban bajo su fuerza. Entonces se produjo el espectáculo de un «Dios llorando» al llegar al versículo más corto de la Biblia: «Jesús lloró».

¡Cuán cierto es que en cada pena que desgarra el corazón, el Varón de Dolores tiene una parte! Aquí había una evidencia de su humanidad.

En la tumba, Marta vuelve a expresar sus sentimientos y afirma que como el cuerpo muerto de su hermano ya estaba oliendo mal, sería terrible verlo en ese estado. Pero el milagro ocurrió y la gloria de Dios se manifestó. Jesús pronunció la orden y Lázaro salió con un cuerpo más fresco que lo que había estado durante años. Así Jesús justificó la afirmación que le hizo a Marta diciendo que él era la «resurrección», no simplemente capaz de resucitar a los muertos sino también el poder de vida que conquista a la muerte en su propio territorio. El gran Yo Soy es la resurrección porque él mismo tiene las llaves de la muerte. Luego, cuando habló de sí mismo como «la vida», hizo la declaración de una de las expresiones más profundas de los Evangelios (Juan 14:6). Él es la vida, la primera vida, donde todo se origina, que todo lo comprende y es eterna. Es en él que vivimos.

Era una mujer alegre

¡Qué lágrimas de gozo deben haber derramado Marta y María al abrazar a su hermano que resucitó de la muerte! Aquel milagro físico trajo como resultado milagros espirituales porque muchos creyeron en Jesús. La última mención de Marta fue en la cena de su casa para celebrar la resurrección de Lázaro y como siempre ella estaba activa y servía. Mientras los huéspedes estaban sentados a su hospitalaria mesa, María ungía los pies de Jesús con un nardo costoso, pero Marta no puso ninguna objeción. Ella veía en el acto preparatorio de su hermana algo relacionado con el entierro del Cristo mismo. Dado lo que sabemos, Marta debe haber contribuido grandemente para la compra de dicho ungüento, el que Judas Iscario-

te pensó que era un malgasto. Aunque el servicio de Marta seguía siendo el mismo, su espíritu estaba bienaventuradamente transformado. Ya no estaba «distraída» a causa de sus tareas, ni ansiosa mentalmente, ni agitada sino que tenía calma, confianza y estaba en pleno acuerdo con el acto de amor y devoción de su hermana hacia el Maestro. Por fin, también Marta escogió la Buena parte que no le sería quitada. Es muy probable que Marta también haya estado presente junto a las dos Marías y las otras mujeres devotas en la cruz y luego en la tumba vacía del Salvador y que se les haya unido como una mensajera a los discípulos de que Cristo ciertamente había resucitado (Mateo 28:1-11).

¿Cuáles son algunas de las lecciones que podemos aprender al pensar en la vida y el carácter de Marta? Uno de los actos más nobles fue abrirle su hogar a Jesús y agasajarlo. Ella sabía muy poco, al principio de sus visitas, que él era el Hijo de Dios con poder y que cuando nosotros lo recibimos en nuestros corazones como Salvador no sabemos todo con respecto a su majestad y poder. Solo la eternidad nos dará una revelación completa del por qué y de lo que él es.

Además, Marta representa a esas queridas mujeres religiosas que dejan que las tareas y obligaciones de su hogar las distraigan demasiado. Algunas son solo Marta, y no María. Otras son solo María y nada de Marta. La combinación feliz es la de Marta y María, el aspecto práctico y el espiritual hacen posible la gloria de lo común. La iglesia necesita tanto de Marías como de Martas pues ambas son necesarias para completar el carácter cristiano (1 Timoteo 4:13-16; Santiago 1:25-27). Se aprende algo de lo que hemos considerado, ¿verdad?

1. Aprendemos a sentarnos a los pies de Jesús y así aprender de él.
2. Mantener el «servicio secular» en el lugar adecuado, conscientes de que tanto el

servicio como el aprendizaje son deberes y en ambos debemos honrar a Dios.

3. Confiar al Señor todas nuestras preocupaciones, responsabilidades y penas sabiendo que él es capaz de llevarlas por nosotros. Si pareciera que su ayuda se demora, tenemos que recordar que él nunca se adelanta a su tiempo ni tampoco se atrasa.

4. Ofrecerle lo mejor de nosotros a quien quebró el frasco de alabastro de su propio cuerpo para que el perdón y la fragancia celestial pudieran ser nuestras.

MATRED

Referencias bíblicas: Génesis 36:39; 1 Crónicas 1:50

Significado del nombre: Impulsar hacia fuera o expulsar

Este nombre perteneció a la madre de Mehitabel, quien, a través del matrimonio de su hija con Hadad o Hadar se convirtió en la suegra del último de los reyes de Edom. La versión de los LXX designa a Matred como un hombre, hijo, no hija, de Mezahab.

MEHITABEL

Referencias bíblicas: Génesis 36:39; 1 Crónicas 1:50

Significado del nombre: A quien Dios hace feliz o beneficiaria de Dios.

La hija de Matred, Mehitabel, se convirtió en la esposa de Hadar o Hadad, quien aparentemente fue el último de los antiguos reyes de Edom. En los tiempos de Nehemías hubo un hombre que llevó este mismo nombre (6:10-13).

MERAB

Referencias bíblicas: 1 Samuel 14:49; 18:17, 19

Significado del nombre: Incremento o multiplicación

Este es el nombre de la hija mayor del rey Saúl. Como el contexto muestra, en 2 Samuel 21:8 en vez de Mical (RVR 1960) debe decir *Merab*. Saúl, padre de Merab, prometió a David que se la daría en matrimonio por su victoria en contra de Goliat, pero al final se la dio a Adriel el mejolatita (2 Samuel 21:8) de quien tuvo cinco hijos que los gabaonitas colgaron como venganza por el celo sangriento de Saúl contra ellos (2 Samuel 21:9). De esta manera el pecado de Saúl reculó sobre sí mismo y sobre sus hijos (Éxodo 34:7). Los comentaristas sugieren que posiblemente Merab murió relativamente joven y que sus hijos fueron entregados a su hermana Mical quien, como no tenía hijos, los cuidó como si fueran de ella (2 Samuel 6:20-23; 21:8).

MESULÉMET

Referencias bíblicas: 2 Reyes 21:19

Significado del nombre: Los que recompensan o retribución

Este es el nombre de la hija de Jaruz de Jotba, es la primera vez que se añade el lugar de nacimiento al nombre de una reina madre. Mesulémet llegó a ser la esposa de Manasés, hijo de Ezequías, y madre de Amón, quien sucedió a su padre Manasés como rey de Judá. Después de la mención de su nombre leemos que su hijo «hizo lo que ofende al SEÑOR». Nos preguntamos, ¿cuánto habrá contribuido la influencia de su madre a su alejamiento del Señor y la desobediencia a los mandamientos?

MICAÍAS

Referencias bíblicas: 2 Crónicas 13:2

Significado del nombre: ¿Quién es como Jehová?

Las varias formas de escribir este nombre son Miqueas, Micaía, Maacá, y su forma completa es Micaiahu. El nombre aparece al menos doce veces en el Antiguo Testamento y aparece como nombre de hombres y mujeres por igual. Micaías, o Maacá era la hija de

Uriel de Guibeá, y esposa de Jeroboán (véase MAACÁ NO. 3).

MICAL
LA MUJER QUE ENGAÑÓ A SU PADRE

Referencias bíblicas: 1 Samuel 14:49; 18:20-28; 19:11-17; 25:44; 2 Samuel 3:13,14; 6:16-23; 21:8; 1 Crónicas 15:29

Significado del nombre: Este nombre está relacionado con el anterior, Micaías, y también con Miguel, y significa lo mismo: «¿Quién es como Jehová?» Mical y sus semejantes ilustran la relativamente pequeña clase de nombres propios compuestos por más de dos palabras. Es un nombre que denota un admirable conocimiento de la majestad trascendente e inalcanzable de la naturaleza divina.

Nexos familiares: Mical era la hija menor de Saúl, el primer rey de Israel. Su madre fue Ajinoán. Llegó a ser la primera esposa del rey David, fue entregada por un tiempo a Paltiel hijo de Lais, oriundo de Galín, pero David la recuperó. Como tía de los cinco hijos de su hermana Merab, Mical cuidó de ellos tras la muerte en cierta medida prematura de su hermana.

Mical, aunque era una princesa, no parece haber tenido un carácter muy elogiable. El deseo de tener prestigio, apasionamiento, indiferencia ante la santidad y la idolatría distinguieron a esta judía que conocía el pacto de Dios y no obstante continuó con sus prácticas idólatras. Estrechamente vinculada a David, podemos dividir su trayectoria de la siguiente manera:

Amaba a David

¿Qué mujer no se sentiría atraída hacia un joven fuerte y atlético, «buen mozo, trigueño y de buena presencia»? Además, David fue el joven pastor que derrotó y mató al gigante Goliat que había aterrorizado al padre de Mical y a su pueblo. Así que Mical creció apasionadamente enamorada de David, y no hizo ningún esfuerzo por ocultar su amor por el tan vitoreado campeón de Israel. Aunque tal vez no haya mucho que admirar en Mical, no podemos sino expresar nuestra simpatía por sus experiencias en una época en que a las mujeres se les trataba como propiedades, lanzadas de un esposo a otro. Pero aunque «Mical, la ... hija de Saúl, se enamoró de David», no amaba al Señor como David lo hacía. ¡Qué historia tan diferente se podía haber escrito sobre ella si hubiera sido una mujer conforme al corazón de Dios!

Se casó con David

Saúl había jurado que el hombre que matara a Goliat se convertiría en su yerno, y Merab, la hija mayor de Saúl debía habérsele dado a David, pero Saúl, lamentando su promesa, se la dio a otro hombre. David era ahora un verdadero héroe entre el pueblo, y el celo de Saúl le llevó a buscar los medios para que a David lo mataran los filisteos. Al enterarse del amor que Mical sentía por David, Saúl pidió como dote, que usualmente se le pagaba al padre de acuerdo con la costumbre oriental, el prepucio de 100 filisteos. David mató a 200 filisteos y Saúl se vio obligado a darle a su hija por esposa al hombre cuya muerte había planeado. Como David salió victorioso, Saúl no se atrevió a dejar de cumplir lo que había dicho. Saúl ilustra muy bien el refrán de «Duros como el Seol (son) los celos». (RVR 1960)

Libró a David

Decidido a destruirlo, Saúl rodeó la casa de David. En un arranque de envidia «Saúl mandó a varios hombres a casa de David, para que lo vigilaran durante la noche y lo mataran al día siguiente», pero el amor de Mical se olió el peligro y, al descubrir las intenciones de su padre, «descolgó a David por la ventana, y así él pudo escapar».

Luego, como una verdadera esposa engañó a su padre y a sus emisarios. Una vez que su esposo estuvo a salvo, Mical puso la estatua de un ídolo cubierta de pelo en la cama de David, y cuando los hombres irrumpieron en la habitación del que supuestamente estaba enfermo, encontraron que hábilmente habían sido engañados. Cuando Saúl oyó que lo habían burlado, acusó a su hija de deslealtad a su padre y fue bien encarnizado en su acusación. Por su parte, Mical pretendió que David la había amenazado de muerte si no lo ayudaba a escapar.

Abandonó a David

Después de este incidente, el amor de Mical hacia David disminuyó. ¿Qué placer había en ser la esposa de un hombre obligado a pasar sus días como un fugitivo, cazado como a un animal salvaje en el desierto? Paltiel de Galín era una presa mucho mejor, pensaba ella, al ver que estaba en camino a convertirse en parte de la realeza, lo cual ella quería asegurar y mantener. Así que Mical se convirtió en la esposa de Paltiel. Esta fue una unión ilegítima pues David estaba vivo y de ninguna manera estaba legalmente separado de Mical. El que Paltiel quisiera a Mical lo prueba la manera en que la siguió, llorando, cuando esta decidió dejarlo para regresar a su primer esposo.

Le fue devuelta a David

Con la muerte de Saúl, las circunstancias cambiaron para David a quien Dios ya había escogido para que fuera el rey de su pueblo. Mical y su esposo Paltiel estuvieron viviendo al este del Jordán durante el corto reinado de Isboset. Abner hizo un acuerdo de ayudar a David a apoderarse del reinado de la nación, y David puso como única condición de la alianza la restauración de Mical. Así que a pesar de la afligida protesta de Paltiel, Mical le fue devuelta a David a la fuerza cuando este regresó de sus andanzas como rey. Evidente-

mente, su pasión por Mical era la misma que al principio, y su deseo de reclamarla prueba cuánto la quería como reina en Hebrón.

¡Qué patético es leer de Paltiel con quien Mical había vivido por un tiempo considerable! Vemos su tristeza cuando fue tras ella llorando, solo para que Abner lo mandara a regresar bruscamente. No leemos que Mical haya llorado cuando dejó al hombre que tanto afecto le había mostrado. No hizo falta mucha fuerza para hacerla dejar a Paltiel. Su orgullo y amor por el prestigio dejaban muy poco espacio para el llanto y aunque sabía que nunca podría ser el amor ideal de David por haber sido de otro hombre, no obstante como su primera esposa Mical pensó que el puesto en la corte sería suyo.

Despreció a David

La escena final entre Mical y David es muy emocionante, porque el amor que Mical pudo haber sentido por David se convirtió en menosprecio y desdén. Luego de hacer a Jerusalén la capital, David trajo a Moria el arca sagrada del pacto, el antiguo símbolo de la presencia de Jehová. El día del regreso del arca David estaba tan alegre que, quitándose las ropas reales «se puso a bailar ante el SEÑOR con gran entusiasmo». Cuando Mical miró desde una ventana y vio a David, el rey, saltando y bailando delante del Señor, «sintió por él un profundo desprecio». Aunque lo había amado y había arriesgado su vida por la seguridad de él, ahora lo aborrecía por la pérdida de su dignidad real. La participación de David, en semejante manifestación emocional, ofendió la arrogancia de Mical.

Mical, alimentando su desprecio, esperó hasta que David regresara a la casa. Cuando se encontraron, ella con agudo sarcasmo y revelando «su arrogancia y falta de sensibilidad ante la magnífica simplicidad de su esposo», le dijo en tono burlón: «¡Qué distinguido se ha visto hoy el rey de Israel, desnudándose como un cualquiera en presencia de las esclavas de sus oficiales!» Para ella no existían los sentimientos santos y afectuosos por el regreso del arca a Sión. Al igual que su padre Saúl, ella no sentía respeto alguno por el arca de Dios (1 Crónicas 13:3). Pero David, irritado por el orgullo de Mical como la hija de un rey, respondió con brusquedad. Resentido por su regaño, le dejó bien claro y en términos precisos, que no se sentía avergonzado de lo que había hecho «en presencia del SEÑOR» que lo había escogido en vez de a cualquier miembro de la familia de Saúl para ser el rey. Mical había pasado por alto la esencial importancia de que, a pesar de sus fallos, él era un hombre conforme al corazón de Dios. Como lo pone Alexander Whyte: «Lo que para David era carne, para Mical era veneno. Lo que para David era más dulce que la miel, para Mical era hiel y ajenjo...Ante la visión despreciable [del baile de David] ella se encolerizó con él, y se hundió en su silla con todo el infierno en su corazón. Mical es un espejo divino para todas las mujeres enojosas y boquifrescas».

Perdió a David

Tras ese despliegue de censura leemos que «Mical, hija de Saúl, murió sin haber tenido hijos», y un rotundo planteamiento final como ese prácticamente significa que vivió separada de David, más o menos divorciados (2 Samuel 6:16). El distanciamiento entre ellos posiblemente se agudizó aun más por el hecho de que ahora las otras mujeres compartían la prosperidad de David. Morir sin haber tenido hijos fue un castigo acorde con su transgresión. A David se le concedieron muchos hijos e hijas, y su hermana Merab le dio cinco hijos, pero Mical nunca tuvo la realización de ser madre. Terminó sus días sin el amor ni la compañía de un esposo, cuidando los cinco hijos de su hermana fallecida, que al final fueron decapitados.

¿Qué podemos aprender de esta historia de Mical y David? En su relación surgió la incomprensión debido a un enfrentamiento de temperamentos, puntos de vista y objetivos. Qué diferente habría sido para los dos si Mical hubiera compartido la fe de David en Dios. Pero Mical no se esforzó en lo absoluto por comprender los sentimientos de su esposo hacia Dios y le juzgó mal. Qué seguros tenemos que estar de las motivaciones de una persona al hacer algo o tener ciertas actitudes, antes de que la condenemos. Además, si Mical hubiera amado lo suficiente a David, hubiera buscado el perdón después que le explicó su comportamiento delante del Señor. «Ella lo adoró mientras que él era pobre y desconocido, y ahora que es rey, "sintió por él un profundo desprecio". David se dio cuenta de que ellos nunca podrían amar al mismo Dios. Por tanto, la sacó de su corazón». Al estar llena de orgullo no había tolerancia en su corazón y, por consiguiente, era imposible que hubiera armonía. El amor trae armonía y comprensión a la relación de cualquier ser humano. Un compañero en el ministerio le confió a Alexander Whyte que él predicaba y oraba mejor cuando su esposa se quedaba en casa. Esto fue parte del abismo entre David y Mical. ¡Qué diferente es cuando los esposos aman de verdad a sus esposas y las esposas respetan sinceramente a sus esposos!

MILCA No. 1

Referencias bíblicas: Génesis 11:29; 22:20, 23; 24:15, 24, 47

Significado del nombre: Reina o consejera

Nada ha quedado registrado de la vida y personalidad de esta hija de Jarán, que llegó a ser la esposa de su tío Najor, el hermano mayor de Abraham. Ella le dio ocho hijos a Najor, el más joven fue Betuel que llegó a ser el padre de Rebeca y Labán. Así que Milca fue la abuela de ellos.

MILCA No. 2

Referencias bíblicas: Números 26:33; 27:1; 36:11; Josué 17:3

Esta mujer del mismo nombre fue una de las cinco hijas de Zelofejad, y coheredera de su patrimonio. (véase JOGLÁ). Algunas autoridades afirman que Milca es una abreviatura de Bet-milca, y es un lugar geográfico en vez de un nombre personal.

MIRIAM No. 1
LA MUJER CUYOS CELOS TRAJERON CONSIGO JUICIO

Referencias bíblicas: Éxodo 15:20, 21; Números 12:1-15; 20:1; 26:59; Deuteronomio 24:9; Miqueas 6:4

Significado del nombre: Como nombre, Miriam pertenece a una familia de palabras que tiene diferentes raíces y todas sugieren «amargura», María, Mariana, Mara. (Véase *Significado del nombre:* MARÍA.) Miriam, por consiguiente, es lo mismo que María. Su significado es «amargura», «rebelión», muy a propósito pues debido a sus celos, la suerte de Miriam fue de extrema amargura.

Nexos familiares: Miriam era la hija mayor de Amirán y Jocabed, y hermana de Aarón y Moisés. Dice Bulwer: «Yo respeto el nacimiento y el linaje cuando se consideran como incentivos para esforzarse, no como títulos nobiliarios para la pereza». Miriam les debía mucho a sus ancestros. Era la hija de padres piadosos y hermana de dos de las figuras más grandes de Israel. Josefo, en sus *Antigüedades*, nos informa que Miriam llegó a ser la esposa de otro líder reconocido en Israel, Jur, uno de los jueces del pueblo cuando Moisés estaba en el Monte Sinaí (Éxodo 24:14). Esto convertiría a Miriam en la abuela de Bezalel, el famoso artista en la construcción del Tabernáculo (Éxodo 31:2). Sin embargo, la narración bíblica sugiere que Miriam permaneció soltera toda su vida. «Miriam se nos presenta sin absolutamente ninguna relación de tipo sexual», dice George Matheson, «no hay ni matrimonio ni noviazgo. No le interesan los asuntos matrimoniales, sino los de la nación. Su misión no era doméstica sino patriótica. Miriam, la soltera, era una heroína en una época en que el celibato femenino no era algo consagrado, en un libro en el que el lazo nupcial se consideraba la gloria de la feminidad».

Algunas de las mujeres más grandes que trajeron algún beneficio a la humanidad estaban contentas con permanecer solteras. ¿Ha existido algún otro ángel ministrador en forma humana como Florence Nightingale, «la señora de la lámpara», cuya obra de sacrificio entre los soldados que sufrían durante la guerra de Crimea sentaron las bases para la gran reforma que tuvo lugar en los hospitales del mundo? Muchas mujeres nobles no se casan por simple elección, como lo confirman las biografías de algunas misioneras y enfermeras. Veamos a Miriam:

Como una chica avispada en la orilla del río Nilo

Cuando tratamos a la madre de Miriam, Jocabed (que recomendamos ver), vimos que el faraón había ordenado que todos los bebés varones de los israelitas fueran ahogados en el Nilo, y cómo Jocabed tomó todas las precauciones posibles para la seguridad de su hermoso bebé. Con los comunes bejucos que crecían en la orilla del río, ella construyó una pequeña cesta-bote, y la impermeó por dentro con arcilla y por fuera con asfalto, acostó al bebé en su bote y lo puso en la corriente donde ella sabía que la princesa y su corte femenina frecuentaban.

La ansiosa madre tomó la sabia precaución de dejar cerca a la hermana del bebé, a Miriam, para que vigilara por su seguridad

(Éxodo 2:4). No sabemos si la hija del faraón descendió a bañarse en el río o a lavar su ropa en él. Entre los juncos vieron al pequeño bote con su preciosa carga y lo trajeron a la princesa quien, al verlo, le gustó. Cuando lo cargaron, lloró. Quería leche pero, ¿quién amamantaría a aquel pequeñín? Esa fue la oportunidad de la joven Miriam. Salió de entre las sombras, e inocentemente y aparentando curiosidad por los gritos del bebé y el desconcierto de la princesa, preguntó si quería que ella tratara de encontrarle una niñera hebrea. Miriam guardó silencio y no reveló su relación con el bebé y la niñera que buscó. De esta forma el ingenio de Miriam, una niña de diez o doce años, salvó a su hermano a quién la princesa nombró *Moisés*. Cuando se convirtió en el gran héroe, Miriam debió sentirse muy agradecida de colaborar en la preservación de su hermanito del cruel destino que tuvieron los demás infantes hebreos.

Como una talentosa poetisa y profetisa junto al Mar Rojo

El nombre de Miriam se menciona por primera vez cuando se le llama «profetisa» y se le identifica como la hermana de Aarón. Tanto sus palabras como sus obras están llenas de la inspiración de Dios y se le considera como líder y patrón a seguir para las mujeres de Israel. Los profetas y las profetisas son aquellos a quienes Dios levanta y su Espíritu inspira para proclamar la voluntad y propósito de Dios. Es junto al Mar Rojo que vemos a Miriam sobresalir de manera tan prominente, proclamando y cantando del poder y fidelidad de Dios. Fue ella quien guió a las mujeres israelitas en el baile y el acompañamiento musical mientras cantaba la oda de alabanza y de victoria (Éxodo 15:20, 21). Para ese entonces ya Miriam era de edad avanzada. Si tenía alrededor de 12 años cuando Moisés nació, y él pasó 40 años en Egipto y luego otros 40 en la tierra de Ma-

dián antes del dramático episodio del Mar Rojo, entonces Miriam era una mujer anciana en aquel tiempo en que la longevidad era algo normal.

Después de las plagas que azotaron Egipto, el faraón dejó ir al pueblo de Dios. Moisés, líder de casi dos millones de personas, junto con su hermano Aarón como sumo sacerdote, y su hermana Miriam como su líder de alabanza, salieron rumbo a la tierra prometida. Dios hizo que las aguas se retiraran y los israelitas cruzaron por tierra seca, pero en cuanto salieron, las aguas volvieron a ocupar su lugar y los egipcios que los perseguían se ahogaron. Miriam, la primera poetisa de la Biblia, guió las alegres aclamaciones de la multitud, y usando su pandereta, cantó: «Cantaré al SEÑOR, que se ha coronado de triunfo arrojando al mar caballos y jinetes». El cántico de Moisés y Miriam ha sido considerado uno de los himnos naturales más antiguos y espléndidos del mundo. No podemos decir con certeza si Miriam compuso el himno o no. Lo que sí sabemos es que ella tejió la poderosa e inigualable oda de victoria en la vida consciente del pueblo.

Henry Van Dyke nos recuerda que: «El espíritu y movimiento de la canción están bien expresados en los versos de la paráfrasis de Thomas Moore»:

> ¡Suene bien fuerte el pandero sobre el
>   oscuro mar de Egipto!
> Jehová ha triunfado, ¡su pueblo está libre!
> Canten, porque se rompió el orgullo del
>   opresor;
>   Sus carros, su caballería, todos
>   magníficos y valientes,
> ¡En vano era su jactancia! Tan solo habló el
>   Señor,
>   y carros y caballería se hundieron en la
>   corriente.
> ¡Suene bien fuerte el pandero sobre el
>   oscuro mar de Egipto!
> Jehová ha triunfado, ¡su pueblo está libre!
>
> ¡Alabad al Conquistador!, ¡alabad al Señor!
> Su palabra fue nuestra flecha, su aliento fue
>   nuestra espada

¿Quién regresará a Egipto para contar la
    historia
De aquellos que envió como muestra de su
    orgullo?
Porque el Señor miró desde su columna de
    gloria,
    Y a los miles de valientes arrojó a la mar.
¡Suene bien fuerte el pandero sobre el
    oscuro mar de Egipto!
Jehová ha triunfado, ¡su pueblo está libre!

Este es un verso poderoso, pero hay aun más majestad y fuerza en la forma de la oda tal y como se encuentra en el libro de Éxodo. Con qué majestuosidad entran en la descripción de la derrota del poder y el orgullo de Egipto las atribuciones antifonales de alabanza a Jehová.

El SEÑOR es un guerrero;
su nombre es el SEÑOR.

Pero con un soplo tuyo se los tragó el mar;
¡se hundieron como plomo en las aguas
    turbulentas!
¿Quién, SEÑOR, se te compara entre los
    dioses?
¿Quién se te compara en grandeza y
    santidad?
Tú, hacedor de maravillas,
nos impresionas con tus portentos.

Como la primera de los dulces cantores de Israel, Miriam cantó para Dios usando su don para elevar el alma humana a una vida superior. Los hijos de Israel se enfrentaban a un sombrío desierto, y Miriam sabía que si cantaban podían marchar mejor. Así que su canto fue de alegría y lleno de los recuerdos de lo que Dios había llevado a cabo por su pueblo. «El mayor estímulo para cruzar el Jordán es el hecho de que ya cruzamos el Mar Rojo», escribió George Matheson. «Fue sabio de parte de Miriam empezar con ese mar y sobre sus abatidas olas sonar su pandereta».

Una hermana celosa en el desierto

¡Qué espejo tan fiel es la Biblia de los personajes que refleja! Se revelan los defectos, así como las virtudes. Nos dice la verdad desnuda de aquellos a quienes describe. Existe una mancha en casi todos sus retratos, y «sus manchas son tanto éxito del arte como sus bellezas».

Hay dos características de los fallos de los héroes y heroínas de la Biblia. Una es que usualmente los fallos se asocian con la edad avanzada, después de la mañana inspirada por la esperanza, el valor es cosa del pasado, como en el caso de Miriam. Además, los fallos suceden donde no esperamos en las vidas que de otra manera serían íntegras y nobles. Miriam, por ejemplo, se rebeló contra la misión de su vida, que era proteger y colaborar con Moisés que había sido el medio de salvación para su país.

Miriam era, por sobre todas las cosas, una patriota fiel, con un amor por su país más grande que el amor por su célebre hermano. Es debido a que él fue el emisario que Dios escogió para guiar a Israel de la esclavitud a la libertad que ella se rebeló contra él de dos maneras. Los celos llevaron a Miriam a rechazar la posición de Moisés como líder de la multitud, y también rechazar a la esposa que él tomó como compañera. La administración y el matrimonio de Moisés le pareció irritante.

En primer lugar, Miriam se rebeló contra la esposa de Moisés cuya primera esposa, Séfora, era una Madianita o gentil (Éxodo 2:21). La segunda esposa fue una etíope, una Cusita, una belleza negra del país africano al sur de las cataratas del Nilo. En ese entonces Miriam era una anciana y posiblemente se resintió por la presencia de una mujer más joven y atractiva tan cerca de su hermano. Miriam despreció a la esposa de Moisés no por su color, sino porque era una extranjera. El orgullo racial hacía que la mujer etíope fuera censurable. No era tanto un celo femenino de parte de Miriam como un celo patriótico. Ella era miembro de la raza hebrea, y la muerte pendía sobre cualquier alianza con extranjeros. Debido a que la sangre de un antepasado malvado corría por las venas de la etíope cuyo pueblo odiaba la adoración al Dios verdadero, Miriam temió por la influencia que la nueva esposa pudiera ejercer sobre Moisés.

Pero la mayor ofensa de Miriam fue su sarcástico rechazo del liderazgo de Moisés. Hasta ahora ella había sido un símbolo de unidad al compartir los triunfos y esperanzas de Israel. Ahora, por desgracia, se destaca como una líder de discordia, división y descontento. Notaremos que a Aarón se le empareja con su hermana en el despliegue emocional contra la nueva adquisición y la autoridad de Moisés. Pero por el orden de los nombres es evidente que Miriam fue la instigadora y vocera de la revuelta. «Miriam y Aarón empezaron a murmurar contra él por causa de ella» (Números 12:1). Esto es comprensible debido a los cercanos lazos de amistad que existían entre ellos dos que nunca se habían separado. Después de que Miriam salvó la vida de Moisés siendo una jovencita, escasamente lo vio durante ochenta años, pero con Aarón ella había vivido tranquilamente en casa. Ahora toma la iniciativa en oposición contra su hermano menor, y usa a la esposa etíope como pretexto para rebelarse contra la autoridad de Moisés. Su corazón celoso la llevó a rechazar la discriminación de Dios a favor de Moisés y contra ella y Aarón.

Así, el celo personal y el miedo de sus respectivos liderazgo se mezclan en la pregunta: «¿Acaso no ha hablado el SEÑOR con otro que no sea Moisés? ¿No nos ha hablado también a nosotros?» Miriam y Aarón aspiraban a una asociación conjunta en el poder estatal y gobierno de Israel, y fracasaron. Si Moisés había errado al casarse con su esposa negra, era un error personal y no un crimen público. El principal error de Miriam consistió en su esfuerzo por romper la autoridad que Dios le había dado a Moisés, y como

consecuencia poner en peligro la unidad y esperanza de la nación. Su falta fue entonces mayor que la de Moisés, porque fue una ofensa contra la comunidad.

Es cierto que Miriam había fungido como profetisa y usado a Aarón como profeta, pero Dios había dicho claramente: «Pero esto no ocurre así con mi siervo Moisés, porque en toda mi casa él es mi hombre de confianza. Con él hablo cara a cara, claramente y sin enigmas». Tal era la elección soberana de Dios, y el pecado de Miriam fue gravoso porque se rebeló contra lo que Dios había dicho. Que una hermana así esté celosa de su hermano es inconcebible, pero la naturaleza humana es muy frágil incluso en sus mejores manifestaciones. Qué cierto es que «los celos son el temor de la superioridad, y sin lugar a dudas el encumbrado carácter de Moisés molestó la paz de Miriam». George Eliot tiene la frase: «Uno de los tormentos del celo es que nunca puede quitar su vista de lo que lo molesta». Pablo sitúa la «maledicencia» (RVR 1960) entre los pecados cardinales.

Moisés, el más manso de todos los hombres, actuó como un sordo que no oyó nada, y como un mudo que no abrió su boca. Dios había escuchado las quejas que Miriam había emitido y llamó a los tres líderes al tabernáculo de la congregación. Defendiendo a Moisés, Dios le dijo directamente a Miriam y Aarón en términos inequívocos que no solo habían herido a Moisés sino que habían fallado en su deber para con él. Moisés recibió reivindicación divina como siervo de Dios que había sido fiel, y como el que él había escogido como mediador de la revelación divina. Entonces Dios regañó a la rebelde hermana y al hermano por hablar mal de su respetable siervo. ¡Qué callados deben haber estado los tres cuando, parados a la puerta del tabernáculo, los silenció la austeridad y autoridad de la voz divina! Con justa ira Dios se retiró del santo lugar.

Una leprosa arrepentida en las afueras del campamento

Cuando la nube divina se retiró del tabernáculo, los ojos de Aarón buscaron a su amada y enérgica hermana, y para horror suyo vio que ella había sido castigada con lepra, la inmunda enfermedad que hacía que la víctima pareciera muerta, blanca como la nieve, un cadáver viviente (Números 12:12). La orgullosa y celosa profetisa se vio condenada a padecer la más humillante de las enfermedades. Aunque Aarón se unió a Miriam en rebelión contra Moisés, el juicio solo cayó sobre Miriam, lo cual indica que ella fue la instigadora, y la que influenció sobre su flexible hermano. «Mírala en su arrebato en el Mar Rojo, como quien está fuera del cuerpo con el gozo del Señor», dice Alexander Whyte, «y mira ahora a donde la llevó su malvado corazón y su malvada lengua. Mírala con su mano en la garganta, un paño en sus labios, y con su voz ronca, sepulcral y repugnante vagando lejos del campamento, y obligada a gritar cuando veía a alguien: ¡Inmunda! ¡Inmunda!»

Qué humillante debe haber sido para Miriam ver a las personas huyendo de ella, la que antes los había guiado tan triunfantemente. Su juicio fue sumarísimo y notable, aunque su desgracia fue temporal. Aarón y Moisés, llenos de lástima por su hermana condenada y llenos de amor fraternal, oraron por Miriam para que le fuera quitado el castigo. La oración a su favor fue contestada, y tras su separación del campamento durante siete días, quedó sana de su lepra. Evidentemente Miriam gozó de la simpatía de toda la nación durante su semana de purificación. Aunque ella detuvo el progreso de la multitud durante esos siete días, era tal su popularidad que «el pueblo no se puso en marcha [de Jazerot] hasta que ella se reintegró». Cuando Moisés escribió la ley con relación a la lepra, mencionó a su hermana Miriam como ejemplo (Deuteronomio 24:9). De esta forma su presuntuoso esfuerzo por cambiar el liderazgo de Israel finalizó en su humillación y en la reivindicación divina de Moisés como el indiscutible líder del pueblo. No se nos dice qué sucedió con Miriam durante los siete días fuera del campamento mientras soportaba la tristeza de ver detenida la marcha de Israel hacia la tierra prometida por culpa de sus celos. Sin duda alguna ella se arrepintió, pero su fortaleza se debilitó y el don de la profecía la abandonó. Uno también se pregunta qué habrá pensado la esposa de Moisés durante esa solitaria semana mientras pensaba en su cuñada castigada y excluida porque condenó a Moisés por casarse con ella. Además, ¿se resquebrajó tanto la confianza de Moisés en Aarón y Miriam como para hacerle andar solo? Una vez restaurada por la misericordia divina, quisiéramos pensar que Miriam fue noble y sumisa por el resto de sus días, aunque no oímos hablar más de ella hasta su muerte.

Una santa moribunda en Cades

Alexander Whyte considera que Miriam no vivió mucho después de esa terrible semana, que no murió por su avanzada edad ni por los efectos de la lepra, sino de un corazón destrozado. La Biblia calla en cuanto a otro servicio que ella haya ofrecido una vez que el campamento reinició su marcha. ¿Acaso la tristeza había destrozado su canción, y su presunción acalló su voz profética? Lo que sí sabemos es que al igual que a Moisés no se le permitió entrar a la tierra prometida porque «habló sin pensar lo que decía», tampoco a Miriam, por su pecado, murió antes de la entrada a Canaán y la enterraron en Cades Barnea, donde Israel hizo luto por ella. Ella murió en la última etapa de terminarse el viaje de cuarenta años del pueblo de Israel (Números 20:1). La tradición cuenta que se le hizo un funeral costoso y la enterraron en el monte de Zin, y la lloraron durante treinta días, pero su lugar de reposo, como el de su gran hermano Moisés, es uno de los secretos de Dios. Como epitafio para su tumba, dondequiera que sea que duerme, podemos escribir: «Cantó el cántico de Moisés, pero fue también el cántico del Cordero».

¿Cuáles son algunas de las lecciones que aprendemos del celo y ambición femenina, que fueron los defectos del carácter por lo demás dominante? En primer lugar, debemos aprender a evitar la tentación de ejercer poder a expensas de perder influencia. Miriam tuvo gran influencia en su esfera como profetisa y líder de las alabanzas de Israel, pero no estaba contenta. Codició el mismo poder que tenía Moisés. Entonces, ¿no es una insensatez tratar de añadir a nuestro prestigio e imponerlo a otros, como Miriam y Aarón cuando dieron rienda suelta a sus sentimientos contra Moisés? La lección más impresionante que debemos aprender de Miriam es que daña nuestro carácter estar descontento con nuestra propia distinción, y desear con envidia el lugar de honor más elevado que otro posee. Alma mía, nunca olvides que fue la envidia la que crucificó al Señor quien personificó la humildad.

MIRIAM No. 2
Referencias bíblicas: 1 Crónicas 4:17

Aunque se menciona como hija de Esdras de la tribu de Judá, los eruditos no están seguros de si se trata de un hombre o de una mujer.

NARA
Referencias bíblicas: 1 Crónicas 4:5, 6

Significado del nombre: Muchacha o niña del Señor

Nara fue una de las dos esposas de Asur, padre de Tecoa. Es también el nombre de un pueblo en la frontera de Efraín (Josué 16:7), al que también se le conocía como Narán (1 Crónicas 7:28).

NEJUSTÁ
Referencias bíblicas: 2 Reyes 24:8
Significado del nombre: Pedazo de bronce

Nejustá está relacionado con Nejustán (2 Reyes 18:4). Era la hija de Elnatán, hombre bien conocido de Jerusalén, y esposa del impío Joacim, hijo mayor de Josías (Jeremías 26:22). Cuando Nabucodonosor sojuzgó el reino de Joacim, su madre Nejustá, lo acompañó en la cautividad hacia Babilonia. No se nos dice nada del carácter de la reina madre. Como su hijo siguió los malvados pasos del padre, es de suponer que la influencia de su madre fue igualmente corrupta.

NOA
Referencias bíblicas: Números 26:33; 27:1
Significado del nombre: Descanso o comodidad

Aquí tenemos a otra de las cinco hijas de Zelofejad (véase JOGLÁ). Noa o más exactamente Noé es también el nombre del hijo de Lamec, predicador de justicia entre los antediluvianos que escapó del Diluvio con su familia (Génesis 6).

NOADÍAS
Referencias bíblicas: Nehemías 6:14
Significado del nombre: Al que se le reveló el Señor mismo

Aquí tenemos a un personaje femenino que contradijo el nombre que le pusieron. Fue una falsa profetisa, y se opuso a Hulda quien era una verdadera profetisa divinamente inspirada. Noadías fue una mujer excepcional pero muy peligrosa por su influencia. Sustituyó el seudo-éxtasis de sus propios sentimientos por la dirección del Espíritu mediante la palabra de Dios. Noadías es prominente como compañera, y posiblemente inspiradora de Sambalat y Tobías en su oposición a Nehemías a quien trataron de atemorizar. El reformador nunca trató de debatir con la satánica mujer ni sus malignos amigos, él simplemente oró: «¡Dios mío, recuerda las intrigas de Sambalat y Tobías! ¡Recuerda también a la profetisa Noadías y a los otros profetas que quisieron intimidarme!» Su oración fue contestada. Las tretas de Noadías fallaron y Nehemías terminó la obra de restauración.

Noadías fue también el nombre de un levita que vivió durante los días de Esdras (8:33).

NOAMÁ No. 1

Referencias bíblicas: Génesis 4:22

Significado del nombre: Agradable o dulzura

Este nombre pagano proviene de la misma fuente que Noemí y Naamán. Es uno de los primeros nombres femeninos que se registra en las Escrituras. Noamá es el femenino de Noán, hijo de Caleb (1 Crónicas 4:15); y es también el nombre de un pueblo en las llanuras de Judá que menciona Josué (15:41). Nuestra primera Noamá fue la hija de Lamec y Zila, y hermana de Tubal Caín, el primer artífice de hierro y bronce. El refinamiento y lujo de los descendientes de Caín aparece en los nombres de sus esposas e hijas (véase ADA y ZILA).

NOAMÁ No. 2

Referencias bíblicas: 1 Reyes 14:21, 31; 2 Crónicas 12:13

Este fue también el nombre de una de las numerosas esposas de Salomón. Procedía de la línea de descendencia real de los enemigos confirmados de Israel, los amonitas, y el pueblo de Israel detestó su malvada influencia al presenciar cómo desviaba a Salomón hacia sus prácticas idólatras. Como era la señora principal, el rey erigió un lugar alto para su dios, Moloc. Noamá fue la madre de Roboán, quien sucedió a Salomón y fue el último rey del reino unido de Israel. Roboá n vivió y

murió como un monumento del odio de su malvada madre hacia el verdadero Dios.

NOEMÍ
LA MUJER QUE BEBIÓ DE LA COPA DE LA AMARGURA

Referencias bíblicas: El libro de Rut

Significado del nombre: Como se indicó en Noamá No. 1 (que recomendamos ver) Noemí significa «mi gozo», «mi dicha» o «agrado de Jehová», y es un nombre que sugiere todo lo que es encantador, agradable y atractivo. Podemos asumir que Noemí tenía una naturaleza que correspondía con su nombre, hasta que una gran pena se apoderó de ella. Aunque su carácter llegó a depurarse y enriquecerse mediante el sufrimiento, Noemí tenía una nobleza innata que le daba a su personalidad un encanto irresistible.

Nexos familiares: Aunque tanto Noemí como Elimélec eran miembros fuertes de la raza hebrea, no se nos dice nada de su genealogía. Se cree que Elimélec, quien se casó con Noemí, haya pertenecido a una de las familias sobresalientes de Israel, pues era hermano de Salmón, príncipe de Judá, que se casó con Rajab. Si esto fue así, entonces Noemí comenzó su vida de casada en condiciones de comodidad. Noemí y Elimélec eran de Belén de Judá, donde nacieron sus dos hijos, Majlón y Quilión. El libro de Rut, que es uno de los idilios más encantadores de la literatura, y que ha hechizado a todas las generaciones, nos presenta a dos mujeres que están entre las más amadas en la historia y cuya narración todavía cautiva al mundo debido a su singular devoción. Noemí y Rut, su nuera, brindan un alivio al lector ante personajes como Tamar, Dalila y Jezabel. En esta representación tratemos de delinear la vida y la experiencia de Noemí quien sabía bastante de «el altisonante camino de los cambios», para usar la frase de Tennyson. Debido a los muchos cambios que ocurrieron en su vida, Noemí aprendió a temer a Dios de una manera más profunda (Salmo 55:19).

El cambio de país

Durante el gobierno de los Jueces, Israel atravesó una serie de hambrunas que se consideraron como uno de los castigos que venía sobre el pueblo cuando este había pecado (Levítico 26:14, 16). Consternado, Elimélec, el efrateo de Belén, decidió emigrar con su familia a otra tierra donde el alimento abundaba, así que se marchó de Judá y se estableció en la región montañosa de Moab. Para Noemí, el desarraigo de su tierra natal debe haber constituido un verdadero sacrificio. De fe sincera, ella amaba al pueblo de Dios y estaba fuertemente apegada a las tradiciones maravillosas de su raza.

Al tomar la iniciativa de irse de Belén a Moab, un país extranjero, el esposo de Noemí se salió de la voluntad de Dios. Si el hambre era un juicio sobre la nación, Elimélec debió haberse arrepentido, tratar de ayudar a sus compatriotas a volverse a Dios y orar para que se les quitara el castigo (Salmo 34:9, 10, 17). Uno puede argumentar que Elimélec actuó sabiamente al sacar a Noemí y sus dos hijos del área donde había carestía hacia otra tierra donde había suficiente alimento. Pero Elimélec era hebreo, y como tal tenía la promesa de que: «en épocas de hambre tendrán abundancia». Elimélec quiere decir: «Mi Dios es Rey». Si él hubiera creído que realmente Dios era su rey, debió haberse quedado en Belén sabiendo que la necesidad no podía contener a un Dios que es capaz de servir una mesa en el desierto. Pero Elimélec contradijo el nombre que llevaba cuando cambió a Belén «casa del pan» por Moab, que significa «desperdicio» o «la nada». Con toda su familia se fue de un lugar donde se honraba a Dios a otra tierra pagana en todas las cosas.

Aunque la tierra de Moab pudiera sonar como un lugar muy remoto, estaba solo a 48 kilómetros de Belén de Judá, pero era un viaje bastante largo en aquellos tiempos lejanos cuando no había medios de transporte. Sin embargo, la distancia no era en kilómetros, era en la mente. Como dice H.V. Morton: «En la Biblia las distancias no se miden de un lugar a otro, sino con relación a Dios. Noemí y su esposo sentían que se iban a un país lejano porque Moab era una tierra de adoración extraña». Por lo tanto, de Belén a Moab se medía la distancia desde Dios hasta la adoración extraña de un país extranjero. Qué sentimientos tan perturbadores debe haber tenido Noemí cuando se vio junto a su familia en una tierra extraña, desconocida y con todos los problemas de establecer un hogar en un medio repelente.

Cambio de relaciones

No pasó mucho tiempo antes de que Noemí descubriera el error de haberse marchado de Belén pues en la nueva tierra pagana la desgracia era lo único que tocaba su puerta.

Sus dos hijos se casaron con mujeres de Moab. En lugar de ayudar para sostener a su madre, tomaron esposas del país extranjero donde vivían. La ley judía prohibía el matrimonio con extranjeros. El esposo de Noemí, Elimélec, murió. Él había huido a Moab para escapar de la muerte a causa del hambre y murió en medio de la abundancia dejando viuda a su esposa en una tierra de idólatras. Al perder a su esposo, Noemí se quedó sin deseos de vivir en tierra extranjera.

Cuando el tallo muere,
las hojas que salieron de este
también perecen.

Noemí se convirtió en una de las viudas que Pablo describe como «desamparadas». Para añadir a su desolación y dolor, también perdió a sus dos hijos, así que Noemí se quedó sin hijos y sin esposo. Para entonces ella había envejecido y estaba desvalida, con dos nueras, Rut y Orfa, a quienes amparar. Como estas no eran de su pueblo ni tenían fe en Dios, Moab, fiel a su nombre, debe haber sido un lugar vacío, desolado y poco hospitalario para el corazón adolorido y entristecido de Noemí. Sin dudas, Rut y Orfa, cuyos corazones también se habían quedado vacíos, eran una fuente de Consuelo para Noemí, a pesar de que el matrimonio de estas con Majló y Quilión iba en contra de sus principios religiosos. Así que, como tan acertadamente lo expresa George Matheson:

> A los ojos de todos Noemí estaba desamparada. El esposo y los hijos ya no estaban, el lugar de su morada era una tierra de extranjeros, las voces del antiguo santuario habían callado. Su corazón y su espíritu estaban deshechos, y su conciencia se quejaba. Ella sentía que el Dios de sus padres la había abandonado porque ella lo abandonó primero. Ella tenía que rescatar el pasado, tenía que regresar a su antigua tierra, regresar al favor de su Dios.

Belén era la tierra natal de Noemí y allí estaban todos sus parientes y amigos. Así que partió hacia Belén, no tanto debido a la copa de amargura que bebió en Moab sino porque «se enteró de que el Señor había acudido en ayuda de su pueblo al proveerle alimentos».

Cambio de carácter

Noemí estaba decidida a regresar sola a Belén pero sus nueras se marcharon con ella, tal vez entusiasmadas con la idea de un nuevo comienzo en una nueva tierra. Sin embargo, en el viaje de regreso, Noemí se detuvo y les suplicó a Rut y a Orfa que regresaran a Moab. Sabía lo que significaría para ellas como moabitas cruzar la frontera e hizo énfasis en que en Canaán no tendrían muchas perspectivas para encontrar esposo. Qué momento debe haber sido ese para aquellas tres viudas en el lugar de la despedida. Orfa, sin mucha conmoción, besó a Noemí, y luego regresó a su pueblo idólatra, pero Rut se aferró a Noemí y le suplicó que la llevara consigo a Belén (véase RUT).

Mientras Noemí y Rut entraban juntas a la ciudad, los pensamientos de cada una deben haber sido diferentes. A Noemí volvieron pensamientos de una juventud feliz y una vida en paz con Dios, pensamientos que tendían a agravar su desolación. Pero para Rut era lo novedoso y la rareza de un pueblo extranjero, una lengua que no entendía del todo y la búsqueda de una nueva aventura típica de la juventud. La llegada de Noemí a la antigua comunidad causó sensación. Enseguida se corrió la voz que la famosa, bella y agradable mujer que se había marchado hacía diez años estaba de regreso y ella lloraba mientras toda la ciudad la saludaba: «¿No es ésta Noemí?» ¿Por qué le daban la bienvenida en forma de pregunta? ¿Acaso notaron un cambio radical en su apariencia y porte? La repetición de su significativo nombre la irritaba al tiempo que lloraba:

> «Ya no me llamen Noemí [placentera, dulce, atractiva]. Llámenme Mara, [amarga] porque el Todopoderoso ha colmado mi vida de amargura. Me fui con las manos llenas, pero el Señor me ha hecho volver sin nada. ¿Por qué me llaman Noemí si me ha afligido el Señor, si me ha hecho desdichada el Todopoderoso?»

Noemí no podía soportar la contradicción entre su nombre y la persona que era. Los diez años en Moab, con toda su angustia y, además, la pérdida de comunión con Dios y con su pueblo habían secado sus mejores sentimientos. Una vez dulce, ahora Noemí estaba amargada y culpaba a Dios por la pobreza y la desolación que atravesaba.

¿Pero por qué hacerle reproches a Dios? ¿Acaso su amargura no era el resultado de un acto de desobediencia cuando, junto a su esposo, se marchó de Belén y se fue a Moab?

Si se hubiera quedado en su propia tierra y hubiera mantenido su confianza en Dios a pesar de la hambruna, él se habría encargado de ella y de su familia y los hubiera sacado adelante. Pero el viaje a Moab era un viaje que la alejaba de Dios, y, por lo tanto, su amargura era el fruto de semejante acto de desobediencia.

Cambio de circunstancias

Noemí estaba de regreso en Belén «con las manos vacías». Se fue con mucho a Moab pero desanduvo el camino en la pobreza. ¡Cuán descriptivo es su lamento con respecto a las adversas circunstancias! «Me fui con las manos llenas, pero el Señor me ha hecho volver sin nada». Así que Noemí y Rut, aferradas la una a la otra, se zambulleron en la pobreza y la soledad que las enfrentaban, pero con una perspectiva diferente. Ambas eran viudas y víctimas, pero cuando se sufre en la vejez muchas veces se cae en la desesperanza y el desánimo; en cambio, en la juventud el sufrimiento rebota y busca ser sensible a la vida que la rodea. Por lo tanto, Rut sentía el sobresalto de la emoción en su nuevo ambiente. Ella y Noemí tenían que comer, y sabiendo que su suegra, a quien Rut rodeaba con cariñoso cuidado, estaba demasiado vieja para doblar la espalda y trabajar en el campo, Rut sale y consigue trabajo como espigadora en los campos de Booz. De acuerdo con la ley judía, a los pobres se les permitía espigar en cualquier sembrado, y Rut calificaba para la humilde tarea de seguir a las segadoras y así colectar espigas para ella y para Noemí.

El romance que siguió aparece más detallado en nuestro estudio de RUT (que recomendamos ver). Booz, emparentado con el esposo de Noemí, estaba, por tanto, emparentado con Rut por el matrimonio, y según la costumbre judía, como pariente más cercano Booz se podía consider para casarse legítimamente con Rut. Noemí, con su amargura dominada y su agradable disposición

anterior restaurada, tomó un vivo interés en la bondad de Booz hacia Rut, y sus consejos llevaron al matrimonio de Rut con Booz. La idílica conclusión se alcanzó porque Noemí, con su tierno valor, vio salir a Rut de la oscuridad y pobreza a un matrimonio con un hombre piadoso, así como poderoso en riquezas. Para Noemí, el invierno de desamparo era cosa del pasado, y había llegado la época del canto de los pájaros. Aunque había perdido sus esperanzas naturales, Noemí revivió en la vida de su querida y sacrificada nuera, hubo gran regocijo cuando llevaron a Obed, el primogénito de Rut, a los brazos de la abuela Noemí. Ahora su nuera que tanto la quería, era para Noemí mejor que «siete hijos». Con cuánto amor cuidaría del hijo de Rut y bendeciría a Dios porque, como dice el profesor R.G. Moulton:

> La familia que ella pensó que había perecido, se restauró a las genealogías de Israel, pues el bebé Obed vive para ser el padre de Isaí, e Isaí el padre del gran rey David. En el árbol genealógico de Mateo, la moabita que dejó a su pueblo por amor a Noemí se menciona debidamente como uno de los ancestros del Mesías mismo.

OLIBAMA (véase AHOLIBAMA)

ORFA

LA MUJER QUE RECHAZÓ
SU OPORTUNIDAD

Referencias bíblicas: Rut 1

Significado del nombre: Se le han dado varias interpretaciones a Orfa. Wilkinson dice que por un cambio de letras nada inusual se puede identificar como Ofra que significa, «cervatillo, o cierva joven» y es también el femenino de Efrón, un nombre cananeo que significa «corzo o venado». También se dice que Orfa significa «de doble ánimo» lo que se propone describir su dilema cuando tuvo que tomar una decisión en la crisis en el camino hacia

Belén de Judá. ¿Debía ella, como Rut, seguir hacia Belén junto a Noemí, o regresar sola a Moab? Santiago nos recuerda que la persona de doble ánimo es inconstante en todos sus caminos (1:8; 4:8 [RVR 1960]). Otros eruditos afirman que Orfa se deriva de una palabra hebrea para «cuello» y que, por tanto, significa «dura de cerviz» o «testaruda» debido a su decisión de regresar y separarse de las otras dos viudas (Rut 1:4-14; 4:9, 10).

Nexos familiares: De sus antecedentes no sabemos nada salvo que se casó con Quilión, uno de los hijos de Elimélec y Noemí después de que se fueran a vivir para Moab. Como Rut se casó con el otro hijo, Majlón, Orfa se convirtió en su cuñada. Después que Noemí perdió a su esposo y a sus dos hijos, es muy probable que tanto Orfa como Rut vivieran en la casa de Noemí, pero qué diferentes eran las dos mujeres moabitas, y de ahí la decisión personal que cada una tomó cuando Noemí, en camino de regreso a su país, instó a Orfa y a Rut a que regresaran al de ellas.

Ambas habían estado en contacto con la verdad de Jehová producto a su relación matrimonial con los hijos de Elimélec y Noemí, pero mientras Rut abrió su corazón a la revelación del Dios verdadero y estuvo preparada para decirle a Noemí, cuando esta urgió a las dos doncellas viudas para que regresaran a sus casas: «Tu pueblo será mi pueblo, y tu Dios será mi Dios»; Orfa continuó aceptando a Maloc, el dios pagano de Moab, como objeto de su adoración. Kuyper sugiere:

> Noemí había estudiado a Orfa, y había observado con frecuencia que bajo su apariencia de piedad estaba escondida la inconfundible influencia de sus antiguas tendencias paganas.

Noemí estaba decidida a ponerle a Orfa una prueba decisiva, pero cuando llegó la prueba, Orfa falló. Ella miró a la anciana y aunque sin duda alguna tenía un alto concepto de Noemí, esta no tenía hijos y estaba amargada. También vio a Rut decidida a seguir hasta el final con Noemí hacia un futuro incierto, y consideró que era mejor pájaro en mano que cien volando. Así que decidió a favor del rico y próspero Moab que conocía. De igual forma estaba consciente de que los judíos odiaban a los moabitas y prefirió estar con los suyos.

Rut le dijo a Noemí: «Tu Dios será mi Dios», pero Orfa no quería nada de Jehová. Ella había dejado Moab junto a Noemí y Rut, pero Moab estaba muy arraigado en su corazón así que, luego de abrazar a Noemí, Orfa regresó con su pueblo y sus dioses. Después del beso de despedida, Orfa se separó no solo de Noemí y Rut, sino del único Dios verdadero. Orfa regresó a Moab y a Maloc, y también a la oscuridad. Además desapareció de las páginas de la historia sagrada. El Calvario se representó en ese camino de Belén de Judá. De las dos mujeres que estuvieron al lado de Noemí, una entró en la vida abundante mientras que la otra se retiró a las tinieblas y la desesperación. De los dos ladrones al lado del herido Jesús, un ladrón pasó al paraíso y el otro a la perdición. (Véase RUT y NOEMÍ.)

PENINA

Referencias bíblicas: 1 Samuel 1:2, 6

Significado del nombre: Coral

Al tomar a Penina como su segunda esposa, Elcaná trajo mucho dolor a la vida de su primera esposa, Ana. No existe informe alguno de Penina aparte del hecho de que vivía en Ramá, era la esposa de Elcaná y madre de sus hijos. Debido a su esterilidad inicial, Ana se convirtió en el blanco de los celos de Penina, y su vida era un constante enojo por la tortura de la rival. Si ha existido una mujer desalmada, esa es Penina. Sus provocaciones se intensificaron debido al amor y la ternura que mostraba Elcaná hacia Ana cuyo corazón a menudo sufría por los ataques de celos de Penina. Pero la paciencia, dominio propio e intercesión, prevalecieron y ella llegó a ser la madre de Samuel quien fuera «más que un profeta» (véase ANA).

PENUEL

Referencias bíblicas: Lucas 2:36

Significado del nombre: Rostro, visión o apariencia de Dios

No es seguro si Penuel es el nombre del padre o de la madre de Ana la profetisa que fue la primera en proclamar a Jesús como el Mesías. El nombre es idéntico al que Jacob le dio al lugar donde luchó con el ángel.

PÉRSIDA

Referencias bíblicas: Romanos 16:12

Significado del nombre: El que vence por ataque

Aquí tenemos la ilustración de un nombre tomado de un país, pues el significado griego de Pérsida es «Persa», aunque no existe evidencia de que esta cristiana que laboró en la iglesia primitiva de Roma, fuera persa. Su nombre está muy acorde con su persona, y debido a su intenso trabajo en el Señor, debe haber tenido muchas oportunidades de testificar. A pesar de los obstáculos y dificultades, ella peleó la buena batalla de la fe. Herbert F. Stevenson destaca que se aprecia «una delicadeza indicativa de profunda cortesía cristiana en que el apóstol adapta la frase "mis amados" al referirse a dos personas, por "la amada" (RVR 1960) al escribirle a Pérsida, "que ha trabajado muchísimo en el Señor"». ¡Qué tremendo modelo de conducta cristiana era el apóstol! (véase MARÍA DE ROMA.)

PRISCA (véase PRISCILA)

PRISCILA
LA MUJER MÁS DESTACADA EN EL SERVICIO

Referencias bíblicas: Hechos 18:2, 18, 26; Romanos 16:3; 1 Corintios 16:19; 2 Timoteo 4:19

Significado del nombre: Priscila es el diminutivo de Prisca, forma femenina de Prisca que significa «primitiva», y de ahí, «digna, o venerable», por pertenecer a los buenos tiempos. Este nombre también lo encontramos como apellido en los antiguos anales de Roma, y aparece en la forma de «Prisca» en la Segunda Epístola de Pablo a Timoteo (4:19). Cruden dice que Priscila significa «antiguo, simplicidad a la antigua». También es interesante notar que Aquila, el esposo de Priscila, tenía el apellido del comandante de una legión, pues significa «águila» que era el emblema del ejército romano. Ambos nombres son romanos. Dada la prominencia que se le da en las inscripciones y leyendas romanas al nombre de Prisca llegamos a la conclusión de que pertenecía a una distinguida familia romana.

Nexos familiares: La Escritura calla acerca de los antecedentes y genealogía de Priscila. Sin duda alguna, al igual que su esposo, nació en Ponto. Ambos eran judíos de Asia menor, y como tales fueron expulsados de Roma por Claudio, y en Corinto, Priscila y Aquila se convirtieron en los honrados y muy amados amigos de Pablo. De hecho, ellos fueron los más distinguidos entre sus colaboradores en la causa de Cristo.

Como Priscila siempre se menciona junto a su esposo Aquila, es difícil separarla y colocarla sola en un pedestal. Sus corazones latían como uno solo. Ellos trabajaron juntos, armoniosamente, en el servicio de la iglesia. Caminaron como uno solo porque ambos habían estado de acuerdo en poner a Cristo primero. En tres referencias, de las seis donde se les menciona a ambos, el nombre de Priscila aparece primero, y en las otras tres aparece Aquila primero. Nunca se les menciona por separado. ¿Hay algún significado en el hecho de que no se mencione a Aquila primero en todas las ocasiones y que comparta igual cantidad de menciones con su esposa? Se han lanzado numerosas conjeturas sobre por qué Priscila aparece primero en algunas de las referencias a ambos. Algunos escritores sugieren que ella era la más enérgica de los dos, y quizás su carácter era más fuerte. Dinsdale Young piensa que tal vez Priscila haya sido creyente antes que su esposo, y que lo ganó para el Señor por su «conducta íntegra y respetuosa», o que quizás ella tenía la primacía en el carácter y el servicio, o una habilidad intelectual más sobresaliente, o que ella puede haber tenido más noble cuna y calidad social que Aquila.

Personalmente, no vemos razón alguna para que el nombre de Priscila aparezca primero en la mitad de las referencias bíblicas que de ella se hacen, aunque pudiera ser que recordara la maravillosa prominencia de las mujeres en el cristianismo primitivo, en el martirio y el servicio a Cristo. Si de alguna manera Priscila brillaba más que Aquila, este debe haber alabado al Dios por tener una esposa tan preciosamente dotada. Charles Kingsley hace decir a uno de los personajes de *Westward Ho!* [¡Oh!, hacia el occidente]: «En ella él encontró un tesoro y sabía lo que había encontrado». Este debe haber sido también el sentimiento de Aquila. Echemos ahora un vistazo a las múltiples facetas fascinantes de la unión de estos dos santos veteranos.

Eran uno en la dicha marital

Qué romance, amor y mezcla de personalidades está asociado a la frase común de «Aquila... con su Priscila». ¡Qué interesante hubiera sido saber cómo se conocieron, enamoraron y casaron! Como no se dice nada de que hayan tenido hijos que embellecieran

aun más su hermoso hogar, podemos asumir que no los tenían. Del registro que tenemos de Aquila y Priscila, vemos que su historia es un hermoso idilio de vida hogareña. Juntos desde el día de su matrimonio, siempre se les menciona juntos, eran inseparables. ¡Qué agradable cuadro de amor nos presentan! Para ellos dos el lazo matrimonial era una ordenanza divina y una unión indisoluble, una unión que reducía a la mitad sus penas y duplicaba sus gozos. Ellos no se unieron en yugo desigual, sino que se unieron en el Señor.

En el sentido más genuino, Aquila y Priscila «ya no son dos, sino uno solo», y todo lo que habían pactado realizar juntos desde el momento de sus votos matrimoniales se cumplió como resultado de la unidad de lo espiritual, naturaleza de propósito y de metas. Como estrellas gemelas, Aquila y Priscila «brillaban con rayos divinos». Ellos se movían en una misma órbita y se unieron en todas sus labores como en su amor. En Nabal y Abigaíl tenemos una triste ilustración de una esposa y un esposo que no tenían nada en común, que eran diametralmente opuestos en carácter y en quienes coexistían lo ridículo y lo sublime, pero con Aquila y Priscila era bien diferente pues ellos también, al igual que Zacarías y Elisabet, «eran rectos e intachables» y como aquellos, manifestaban una unión, idílica en su total gracia y encanto. Debido a que la Biblia es el libro de todos, es el libro de las personas casadas revelando cómo los Aquilas y Priscilas pueden vivir felices para siempre.

Eran uno en el Señor

Además, esta pareja cristiana era una en su experiencia del poder salvador de Dios, y así se convirtieron en uno en su celo santo por el Salvador y en su servicio por la iglesia. Ellos eran compañeros en fieles cometidos, no solamente para presentar a Cristo de palabra, sino también en la excelencia del andar y la conversación. La necesidad suprema de nuestros tiempos no es tener más predicadores, sino más obreros laicos como Aquila y Priscila, listos para mostrar a Cristo en el círculo común de la vida. Pablo descubrió a esta santa pareja cuando vino de Atenas a Corinto adónde habían tenido que ir debido al edicto de Claudio contra los judíos. Qué frase tan importante es esta: «Allí se *encontró* con un judío llamado Aquila, ...y con su esposa Priscila» (Hechos 18:2). ¡Qué tremendo hallazgo! Se han realizado muy pocos descubrimientos tan grandes como ese. «Pablo fue un descubridor maravilloso. Estaba siempre encontrando, ya fuera una verdad, una gracia, o una personalidad. Estaba siempre encontrando porque siempre estaba buscando». ¿A cuántos de nosotros ha encontrado el Señor?

La Escritura no nos dice exactamente cuándo Aquila y Priscila se convirtieron al Señor. Si no hubieran sido convertidos cuando Pablo los encontró, les habría sido imposible permanecer así ya que Pablo vivió en la casa de ellos durante dieciocho meses en los cuales disfrutaron de un constante contacto con la enseñanza que el apóstol les impartió sobre la Palabra de Dios en la sinagoga vecina. Se infiere que cuando Pablo los encontró, ya ellos estaban firmemente establecidos en la fe cristiana, y en ellos encontró a dos almas santas conformes a su corazón. Tanto Aquila como Priscila, como hebreos que eran, estaban empapados en las escrituras del Antiguo Testamento y habían encontrado en el Mesías prometido, a su Salvador y Señor, y así fueron capaces de entrar en el destacado ministerio de Pablo durante su estancia en Corinto. Con el honorable Pablo como huésped, qué buenos tiempos deben haber pasado los tres juntos en oración y meditación en la Palabra. Qué tremendo conocimiento espiritual deben haber adquirido Aquila y Priscila del más grande maestro de la Biblia de la iglesia primitiva. Debe haber sido un curso teológico completo.

Eran uno en su ocupación secular

Lucas nos informa que como oficio, Pablo «hacía tiendas de campaña al igual que ellos» (Hechos 18:3). Esto debe haber incrementado el deleite de Pablo al vivir con Aquila y Priscila pues tenía la misma ocupación y a veces se sustentó a sí mismo de esta manera (Hechos 20:34; 1 Tesalonicenses 2:9; 2 Tesalonicenses 3:8). Cuando no estaba predicando y enseñando, podemos imaginar a Pablo, Aquila y Priscila sentados juntos en el taller de Aquila mientras utilizaban sus agujas y confeccionaban o reparaban tiendas. Aquila y Priscila compartían los deberes de su taller. No se avergonzaban de este trabajo manual. Orgullosos como estaban de su oficio, podemos creer que el producto del trabajo conjunto era conocido por su excelente calidad. Las tiendas hechas en su establecimiento, confeccionadas con verdadero pelo de cabra, cosido con buen hilo y vendido a un precio razonable, le dieron a Aquila y Priscila una amplia reputación. Ellos estaban en el negocio de las tiendas, en primer lugar, para la honra de Dios.

Como judíos, a Pablo, Aquila y Priscila les enseñaron la profesión de las tiendas desde jóvenes, pues la enseñanza de los rabinos era que el padre que no enseñara a su hijo un oficio, lo enseñaba a ser un ladrón. A Jesús mismo le enseñaron un oficio, y así se le conoció no solo como «el hijo del carpintero» sino también como «el carpintero». De esta manera se nos enseña la dignidad del trabajo. Tal vez el oficio de Aquila y Priscila fuera común y corriente, pero lo asumieron con un espíritu extraordinario. Su faena era honrosa y con ella honraban a Dios, igual que hizo Jesús todos los años que trabajó en el banco. ¿Hacemos que nuestra profesión represente bien al Señor? «Un oficio en particular lo lleva a uno a asociarse con cierta clase de personas, y si uno se mantiene alerta y siempre está en los negocios del

Maestro, puede encontrar en su llamamiento particular una oportunidad especial para dar un testimonio del que otros, que no tienen el mismo oficio, están circunstancialmente excluidos».

Eran uno en su amistad con Pablo

Cuando leemos las referencias de Aquila y Priscila no podemos dejar de impresionarnos con el afecto que le tenían a Pablo, y la alta estima que él les tenía. De todos los colaboradores del apóstol, ninguno probó ser tan fiel y útil como estos dos. Como hombre solitario que era, y en constante necesidad de amistad y consuelo, nadie cuidó de Pablo como lo hizo aquella pareja. Su unidad en las cosas espirituales hizo que Aquila y Priscila fueran muy preciosos para Pablo quien los designó como «mis compañeros de trabajo en Cristo Jesús» (Romanos 16:3). Ellos eran trabajadores y no remolones en la viña divina, y sus trabajos con y por el apóstol no fueron en vano, puesto que fueron «en Cristo Jesús». También compartieron el ministerio itinerante de Pablo. Fueron a Éfeso y a Roma y ayudaron a su amigo de todas las maneras posibles. Como misioneros esparcieron la buena semilla del evangelio adondequiera que fueron (Hechos 18:18; Romanos 16:3; 2 Timoteo 4:19).

Es por eso que Pablo fue generoso en la mención y reconocimiento de su deuda para con estas almas piadosas, quienes, por amor a Cristo trabajaron con él de manera tan devota en el Evangelio. Cuando Pablo dejó Corinto después de haber vivido durante un año y medio en casa de Priscila y Aquila, ellos se fueron con él hacia Éfeso. Pasado un tiempo «los dejó allí», (RVR 1960) y zarpó rumbo a Jerusalén. El que él «los dejó allí» estaba en la providencia de Dios como veremos cuando veamos el contacto que tuvieron allí con Apolos. Pablo nos dice que en el avance del evangelio, Priscila y Aquila expusieron su vida por él, ganando de ahí en adelante no solo su más profunda gratitud, sino también la de las iglesias gentiles que Pablo había fundado. Moule traduce así este pasaje: «Por salvarme la vida, ellos sometieron sus cuellos al filo del cuchillo». (Romanos 16:3, 4), refiriéndose a alguna crisis severa completamente desconocida para nosotros pero bien conocida en el cielo. De una u otra manera, posiblemente durante el gran alboroto en Éfeso, ellos habían salvado al hombre que el Señor consagró al servicio del mundo gentil.

La manera en que Pablo describe su disposición a sacrificarse a sí mismos por él, conlleva la idea de que por salvarlo se vieron expuestos al martirio. Él nunca olvidó el sacrificio de Priscila y Aquila quienes, la mayor parte de sus vidas trabajaron en su oficio como tenderos, pero que eran capaces de nobles actos a la altura de la situación. En circunstancias peligrosas mostraron el sacrificio de un mártir, y, por consiguiente, imitaron el ejemplo del Maestro a quien tan fielmente servían. ¿Podemos decir que estamos listos para poner nuestras vidas por causas apostólicas? ¿No debemos confesar avergonzados nuestros esfuerzos por salvar el pellejo tanto como sea posible?

Aunque la última mención de Aquila y Priscila la encontramos en la Segunda Epístola de Pablo a Timoteo cuando se encontraban en Éfeso alrededor del año 66 d.C. (2 Timoteo 4:19), existe una tradición que plantea que al final ellos dieron su vida por la causa de Cristo. El 8 de julio es la fecha que a ellos se les designa en el martirologio de la iglesia romana cuando se dice que llevaron a la fiel pareja a las afueras de la ciudad y los decapitaron. Si esto fue así, no es muy difícil completar los detalles del patético cuadro. Aquila y Priscila se habían amado mutuamente a lo largo de los años, y juntos sirvieron fielmente al Señor. Ahora, con ojos llenos de amor imperecedero, como si se dijeran el uno al otro: «¡Adiós, no temas!»

estaban listos para el destello de la afilada hoja que los envió a ambos hacia Dios, y hacia el eterno compañerismo con Pablo, Apolos, y otros a los que habían ayudado.

Eran uno en su profundo conocimiento de las Escrituras. Uno de los aspectos más impresionantes de la influencia espiritual de Priscila y Aquila fue la manera en que Dios usó a estas dos almas sencillas, con un profundo conocimiento de la verdad cristiana, para abrir los ojos de un gran alejandrino a la realidad del evangelio. El elocuente y ferviente Apolos con todo su brillo y poder sufría de una lamentable limitación como predicador: «conocía sólo el bautismo de Juan» (Hechos 18:25, 26). No sabía nada acerca de la salvación mediante la cruz y las cosas relacionadas con la salvación. Las mayores verdades del evangelio de redención todavía le eran desconocidas. Priscila y Aquila siguieron a las multitudes que iban a escuchar a este popular y persuasivo predicador.

Mientras escuchaban, Priscila y su esposo detectaron los defectos negativos de la predicación de Apolos. Él no estaba enseñando nada erróneo, ni negaba los aspectos esenciales de la fe. Lo que predicaba era verdad. Apolos conocía la verdad, pero no toda la verdad, así que de manera discreta y con toda humildad, Priscila y Aquila comenzaron a corregir la aparente deficiencia de Apolos. Al invitarlo a su casa, no criticaron lo que le habían oído predicar, sino que con perfecta discreción lo instruyeron bíblicamente en la verdad del Salvador crucificado, resucitado y glorificado. «Le explicaron con mayor precisión el camino de Dios».

¿Cuál fue el resultado de aquel curso bíblico que recibió Apolos de aquellos dos creyentes piadosos e iluminados por el Espíritu? Pues bien, Apolos llegó a ser tan poderoso en el evangelio que se le llamó apóstol. De hecho, se volvió tan efectivo como verdadero predicador del evangelio que algunos de los Corintios lo pusieron antes que a Pedro y a Pablo, pero todo lo que Apolos llegó a ser se lo debía, después de a Dios, a la tranquila instrucción de Priscila y Aquila. En Apolos, Cristo ganó un predicador cuya influencia espiritual solo Pablo mismo superó. Dice Alexander Whyte en su capítulo relacionado con Aquila, Priscila y Apolos:

> Admiro tanto a estos tres, que realmente no sé a cuál admirar más; a Aquila y Priscila en su tremendamente extraordinaria sabiduría, tacto y valor, y especialmente amor; o a Apolos con su aun más extraordinaria humildad, modestia, y mentalidad de Cristo.

Si no podemos ser grandes, por la gracia de Dios podemos ser el medio para hacer que otros sean grandes. El tranquilo y sencillo Andrés, cuando trajo a su hermano Pedro a Cristo, no sabía que se convertiría en el poderoso apóstol a los judíos. Como esposo y esposa, y humildes fabricantes de tiendas, Aquila y Priscila enriquecieron grandemente los ministerios de Pablo y Apolos a quienes Dios, a cambio, usó para fundar iglesias.

Eran uno en el servicio de la iglesia

Pablo nos da una idea más completa del deseo apasionado de Aquila y Priscila de unir a los santos en comunión. A los Corintios les escribió: «Aquila y Priscila los saludan cordialmente en el Señor, como también la iglesia que se reúne en la casa de ellos». En Romanos, el apóstol les envía sus saludos y «a la iglesia que se reúne en la casa de ellos». En momentos designados ellos reunían a los seguidores de Cristo para adorar, meditar y recordar en el altar familiar, y por consiguiente, confirieron «al círculo doméstico de una santidad peculiar como origen de ese gran organismo que llamamos la Iglesia de Dios».

En aquellos días apostólicos, la pobreza y la persecución hacían que tener edificios destinados para la adoración fuera casi imposible, así que los hogares privados y santificados se convirtieron en la casa de Dios. Aquila y Priscila consagraron su hogar a Dios como lugar de reunión para los santos. Debido a esto, ellos fueron santificados por la palabra de Dios y la oración. Si una casa dedicada de esta manera es «la obra maestra del evangelio aplicado», ¿no debemos acaso tener cuidado de que nada entre a nuestro hogar que lo «desconsagre»? Quizás la iglesia de Dios podría convertirse en una fuerza espiritual mayor en el mundo si pudiera regresar a los aposentos altos y a las iglesias en los hogares.

Al despedirnos de Aquila y Priscila, recordamos que en la historia del cristianismo los personajes verdaderamente grandes siempre han sido mujeres y hombres sencillos y humildes. El Dios que hizo las montañas también hizo los valles, y ambos son necesarios. Pablo, consciente de su deuda para con las personas que pasan inadvertidas, rindió justo tributo a Aquila y Priscila. Ya sea que sobresalgamos o no, quiera Dios que lo estemos sirviendo a él hasta el límite de nuestras fuerzas. Cuánto le debemos a las vidas calladas y útiles del mundo como Aquila y Priscila, así como a otros santos más prominentes que nunca conoceremos en este lado del cielo. Los humildes fabricantes de tiendas en los que hemos meditado son, «un vigorizante y alentador estudio para los cristianos de todo tipo y condición. Ellos son especialmente un ejemplo relevante para los esposos y esposas cristianas. Sería una verdadera pérdida que nos negáramos a contemplar a esta pareja con una mente espiritual que anduvo sin mancha en todos los mandamientos y ordenanzas del Señor».

RAJAB
LA MUJER A QUIEN DIOS SACÓ DEL BASURERO

Referencias bíblicas: Josué 2:1, 3; 6:17-25; Mateo 1:5; Hebreos 11:31; Santiago 2:25

Significado del nombre: La primera parte de Rajab, «Ra», era el nombre de un dios egipcio. Como amorrea, Rajab pertene-

cía a un pueblo idólatra, y tenía un nombre cuyo significado es: «insolencia», «fiereza», o «amplio», «espacioso».

Nexos familiares: Aunque los padres, hermanos y hermanas de Rajab estaban vivos en el momento de su asociación con los espías que Josué envió, no se nos dan sus nombres (2:13). Algunos de los antiguos padres judíos que la tenían en gran estima consideran que ella fue la esposa de Josué, pero en la genealogía real de Jesús, a Rajab se le menciona como la esposa de Salmón, uno de los dos espías que ella albergó. En cambio, ella se convirtió en la madre de Booz, quien se casó con Rut, de cuyo hijo mayor, Obed, vino Isaí el padre de David, línea de descendencia de la que nació Jesús (Mateo 1:5). Salmón fue un príncipe de la casa de Judá, y así, Rajab, la que una vez fue una prostituta pagana, contrajo matrimonio con un miembro de una de las principales familias de Israel y llegó a ser uno de los antepasadas femeninos de nuestro Señor, las otras antepasadas extranjeras fueron Tamar, Rut y Betsabé. La gratitud que Salmón sintió por Rajab maduró en amor y cuando la gracia borró su vida anterior de vergüenza, la hizo su esposa. El comentario de Jerónimo sobre la inclusión de las cuatro mujeres extranjeras en la genealogía de Mateo es muy sugerente:

> En ella no se incluyen ninguna de las santas mujeres, solamente aquellas a las que las Escrituras culpan, para que Aquel que vino por los pecadores, habiendo nacido de pecadores, pudiera destruir los pecados de todos.

Los escritores, tanto judíos como cristianos, han tratado de probar que Rajab era otra mujer diferente de la que la Biblia siempre menciona como una «ramera». Para ellos es abominable que una persona de tan mala reputación fuera incluida en la genealogía de nuestro Señor y que Pablo la mencione como una mujer de fe y, por tanto, su historia se ha distorsionado para promover un sistema de salvación basado en la bondad humana. Aunque puede que se quede perplejo el sentido de buen gusto de los hombres, permanece en pie el hecho de que Rajab, Tamar y Betsabé eran mujeres pecadoras que Dios purificó y formaron parte de la línea real de la cual nació Jesús.

Se ha sugerido que la palabra «prostituta» puede traducirse como «mesonera», convirtiendo así a Rajab en la dueña de una taberna al borde del camino. Se han hecho conjeturas diciendo que ella había sido una concubina, así como lo fueron Agar y Zilpá, pero que en Jericó ella era una mujer de buena reputación identificada con un negocio respetable. Sin embargo, la Biblia no intenta suavizar el desagradable hecho de que Rajab había fue prostituta. Al esforzarnos por entender su carácter, tenemos:

Su pecado

A Rajab se le menciona tres veces como la prostituta, y el término hebreo *zoonah* y la palabra griega *porne* nunca han significado otra cosa que «prostituta», una mujer que se entrega indiscriminadamente a cualquier hombre que se le acerca. Rajab se entregaba en inmoral libertinaje cuando los mercaderes que estaban de paso por allí se alojaban en su residencia de mala fama. Es evidente que Rajab tenía su propia casa y vivía separada de sus padres y demás familiares. Aunque ella nunca dejó de interesarse en sus seres queridos, quizás la trataban como a una leprosa moral. Se dice que en aquel entonces la prostitución no era considerada con el mismo horror que ahora, pero la Biblia unánimemente habla de la prostitución con repugnancia moral y ostracismo social.

La casa de Rajab estaba construida contra la muralla del pueblo con el techo casi al nivel del muro y con unas escaleras que llevaban a un techo plano que parece haber sido continuación de la muralla. De esta forma, las personas de Jericó conocían todo acerca de los hombres que entraban y salían de su desprestigiada casa. Aunque su nombre fue santificado y ennoblecido, tanto Pablo como Santiago le dan el mismo calificativo, *la prostituta Rajab*. Ella siguió llevando el pecaminoso y distintivo nombre, proclamando así la peculiar gracia del poder transformador de Dios. No se nos dice cómo Rajab comenzó su mala profesión. Como muchas jóvenes de hoy, es probable que las restricciones de su respetable hogar le resultaran demasiado irritantes. Quería una vida más libre, una vida de emociones y apasionamiento, lejos de la aburrida monotonía del hogar que la vio nacer y la protegió. Así que, llena de energía e independiente, dejó a sus padres y arregló su propio apartamento con terribles consecuencias. Con frecuencia, mujeres como Rajab son más víctimas del pecado que pecadoras. La lujuria del hombre por lo ilegítimo es responsable de la prostitución.

Su plan

Fue de algunos de los viajeros a los que Rajab entretuvo y con los cuales pecó, que se enteró de los hechos acerca del éxodo de Israel, el milagro del Mar Rojo, y el derrocamiento de Sijón y Og. Así que cuando los dos espías de Josué buscaron refugio en su casa, ella supo que tarde o temprano el rey de Jericó se enteraría de la acogida que les había dado. Aquí estaban estos dos hombres, diferentes de los demás hombres que venían en busca de sus favores. Estos eran hombres de Dios, no idólatras, con una misión: derrocar a los enemigos de su pueblo, y de forma brillante planeó la protección y escapatoria. Los manojos de lino que tenía secándose sobre el techo de la casa y el cordón rojo que utilizó como señal, son indicadores de que Rajab fabricaba y también teñía lino. Si ella, como Lidia, se hubiera adherido a tan honrosa ocupación, qué historia tan diferente hubiera sido la suya.

El habilidoso plan de Rajab tuvo éxito. Los dos espías judíos tenían graves problemas pues los perseguidores amorreos estaban sobre su pista, pero Rajab, aunque su seguridad y patriotismo como amorrea se reafirmarían si ella delataba a los espías, decidió esconderlos y conservarlos con vida. Al ver su mirada aterrada por saberse perseguidos, Rajab los tranquilizó diciendo: «No teman, yo no los traicionaré ni a ustedes ni a su líder. Síganme», y llevándolos al techo de la casa, les ofreció que se cubrieran completamente en una pila de manojos de lino que se estaban secando. Poco después, cuando los perseguidores llegaron a la casa de Rejab siguiéndole la pista a los espías, ella los recibió con la excusa plausible de que habían estado allí, pero que se habían ido por la puerta oriental. Si dudaban de su palabra, podían entrar y revisar la casa. Pero los perseguidores salieron para alcanzar su presa, sin saber que Rajab estaba ayudando a los espías. Tan pronto como estuvo libre el camino, aprovechando la oscuridad de la noche, ella bajó a los espías desde una ventana en la muralla y, conocedora del país como lo era, dirigió a los espías por la mejor vía de escape.

Hay uno o dos detalles relacionados con este inteligente plan de Rajab que son dignos de mención. En primer lugar, aunque había sido una idólatra, con una fase de inmoralidad asociada a su vida idólatra, ella testificó tener una comprensión admirable de la soberanía del verdadero Dios, pues le dijo a los espías:

> Yo sé que el SEÑOR les ha dado esta tierra, y por eso estamos aterrorizados... Yo sé que el SEÑOR y Dios es Dios de dioses tanto en el cielo como en la tierra (Josué 2:9-11).

A pesar de haber sido una prostituta, había recibido una percepción de arriba de que los espías eran hombres de Dios, precursores de su pueblo que ejecutarían su voluntad, y que ponerse de su lado era ponerse del lado de Dios mismo.

Además, en la mente de Rajab, no importa cuán poco comprensible sea, había un llamado distintivo de parte de Dios de que ella había sido escogida de entre su propio pueblo idólatra para ayudar al Dios del cual tenía una concepción creciente.

Su fe en este Dios que obraba maravillas era admirable y singular. Fue ese llamado que la hizo estar dispuesta a sacrificar a su propia nación, acto que de otra manera sería traicionero. ¿Acaso su confesión del poder y propósito de Dios, y su servicio a los espías no indican que ella sabía que Dios maldecía la raza de la que formaba parte debido a los crímenes e idolatría, y que ella quería separarse de un pueblo destinado a la perdición e identificarse con el pueblo de Dios? La declaración de fe que hizo esta mujer cananea la coloca en una posición única entre las mujeres de la Biblia.

Su sacrificio

Cuando Rajab escondió a los espías, puso a los que los buscaban sobre una pista falsa, ayudó a los espías a escapar y escurrirse entre las sombras de la noche, y a esconderse hasta que pudieran llegar a Josué con su informe. Ella puso en juego su propia vida y no podemos sino admirar el valor y disposición a arriesgar su pellejo. Si hubieran descubierto aquellos espías escondidos en su casa, ella habría muerto en manos del rey de Jericó. Sin embargo, con una actitud calmada, y sin el menor indicio de agitación interior recibió a los perseguidores y tuvo éxito en ponerlos sobre una pista falsa. Con estos actos, Rajab estaba realmente traicionando a su país, y por una traición así habría recibido una muerte segura si la hubieran descubierto. Esconder espías era un crimen cuya condena era la muerte. Al ver los rostros llenos de miedo de los espías, Rajab reconfortó sus corazones pues estaba de su parte, y a pesar del sacrificio que esto implicaba, dijo: «Yo no los traicionaré. Síganme». Según la ley militar los espías estaban propensos a la muerte inmediata debido a la amenaza de guerra, y Rajab, dispuesta a hacer cualquier cosa a su alcance para proteger a los enemigos de su nación, enfrentaba un final igualmente terrible. ¡Qué gloriosamente atrevida era su fe, y qué ricamente recompensada fue por su disposición a sacrificar su vida por una causa que ella sabía era de Dios!

Su señal

Cuando Rajab se ofreció para albergar a los espías y ayudarlos a escapar, recibió de ellos la promesa de que cuando vinieran otra vez a su país, junto con Josué y su ejército, a ella y su familia se les perdonaría la vida. Aunque su pecado posiblemente la había separado de los seres queridos, ella se preocupaba por su seguridad tanto como por la suya propia. Rajab quería que la bondad que ella había mostrado a los espías le fuera reciprocada, y ellos le aseguraron que «seremos bondadosos contigo y cumpliremos nuestra promesa». Los espías dijeron: «¡Juramos por nuestra vida que la de ustedes no correrá peligro!» Entonces acordaron la señal del cordón rojo, su propio medio de escape. «Que sea tal como ustedes han dicho», dijo Rajab mientras bajaba a los espías por la muralla, y amarrando la cuerda escarlata, esperó por su propia salvación. Aquella señal roja en la ventana fue asimismo una señal para el mundo exterior de que Rajab creía en el triunfo final de Jehová.

Se ha dicho mucho acerca del engaño de Rajab cuando se enfrentó al rey de Jericó. Ella dijo una mentira y la Escritura prohíbe cualquier mentira o que «hagamos lo malo para que venga lo bueno» (Romanos 3:7, 8). Pero bajo las reglas de la guerra, a Rajab no se le debe culpar por proteger a aquellas fuerzas de la justicia que peleaban contra las fuerzas del mal. Lo que la Biblia elogia no es su engaño, sino la fe que fue la motivación principal de su conducta. El rasgo característico del cordón rojo era que esta tenía que ser colocada por fuera de la ventana para que Josué y sus hombres lo vieran. Los de adentro no vieron la señal de seguridad. Así como esa cuerda escarlata, por su color y por ser símbolo de seguridad, habla del sacrificio de Cristo (Hebreos 9:19, 22), el fundamento de nuestra seguridad de salvación no es la experiencia ni los sentimientos internos, sino la señal exterior. Como los israelitas, Rajab y sus familiares es posible que no se hubieran sentido seguros dentro de la casa, pero prevaleció la misma promesa: «veré la sangre y pasaré de vosotros» (Éxodo 12:13, RVR 1960).

Su salvación

Jericó era la peor de las ciudades de los amorreos, así que Dios ordenó a Josué que destruyera tanto a la ciudad como a sus habitantes. Por decreto divino, iba a ser destinada a una perpetua desolación. Cuando Josué entró a la ciudad ejecutó el mandamiento divino, pero respetó la promesa que los espías le hicieron a Rajab. Bajo la protección de la cuerda roja, a Rajab y todos sus parientes los sacaron de la casa. Los espías llegaron a su casa, no para satisfacerse en pecado con Rajab, sino para preparar el camino para que Josué tomara a Jericó. Ella salvó a los espías no por lástima humana, o por conveniencia, sino porque ella sabía que eran siervos del Señor. A cambio, la salvaron a ella. Los espías que había ocultado la sacaron a ella, su padre, su madre, sus hermanos y todo lo que ella tenía fuera de su casa que estaba condenada a la destrucción, y los pusieron a salvo fuera del campamento de Israel (Josué 6:17-25). Al sacarla de una ciudad condenada y de sus propios pecados que eran rojos como la escarlata, Rajab se convierta en una ilustración apropiada de otro milagro de la gracia divina: el llamamiento de su iglesia en medio de un mundo gentil y ateo.

Su estatus

Las tres referencias de Rajab que encontramos en el Nuevo Testamento revelan cómo ella se convirtió en una fiel seguidora del Señor. La tomaron de la pocilga y la colocaron entre los santos en la genealogía del Salvador (Mateo 1:5). Su extraordinaria fe era una fe santificadora que la llevó hacia una vida pura y una profesión honorable. Como resultado de su matrimonio con Salmón, uno de los dos espías a quienes había salvado, y que «le pagó la vida que le debía con un amor que era honroso y verdadero», Rajab llegó a ser una de las antepasadas en la línea real de la cual vino Jesús como el Salvador de las almas perdidas. «La pobre Rajab, la mugrienta, la prostituida, vino a ser el manantial del río del Agua de Vida que fluye del trono de Dios y del Cordero». Su nombre se santificó y ennobleció, y es digna de incluirse entre muchos santos.

Pablo elogia grandemente a Rajab por su enérgica fe y le otorga un lugar en el ilustre listado del Antiguo Testamento de aquellos que triunfaron por fe. «Por la fe la prostituta Rajab no murió junto con los desobedientes, pues había recibido en paz a los espías» (Hebreos 11:31). Qué toque tan sugerente es la frase «en paz». No solo hubo fe en su corazón de que Dios saldría victorioso, sino también una paz confiada cuando escondió a los espías que se encargarían de liberarla de la destrucción. Ella sabía lo que era descansar en fe. De hecho, Rajab es la única mujer además de Sara que se menciona como ejemplo de fe en la gran nube de testigos. Qué tremenda manifestación de la gracia divina es encontrar, a la que en otro tiempo fue prostituta clasificada, a la par de santos como Enoc, Noé, Abraham, José, Moisés y David.

El apóstol Santiago añade al informe de Pablo sobre Rajab que fue justificada por la fe, al decir que de igual manera fue declarada justa por las obras (2:25), y no hay contradicción entre esos dos aspectos porque los hechos valerosos de Rajab no fueron sino fe en acción. La fe había producido en ella un cambio de vida y corazón, y de la misma manera la posibilitó escudar a los espías como lo hizo con la confianza de que Dios triunfaría sobre sus enemigos. Ella demostró su fe por su valeroso acto, y así Santiago cita a Rajab como un ejemplo de la justificación *evidenciada por las obras*. Como dice Fausset:

> La justificación solo por fe, como Pablo la presenta, significa una fe no *muerta*, sino que obra por amor (Gálatas 5:6). Una vez más, el acto de Rajab no puede probar la justificación por obras como tal, pues ella era una mujer de mal carácter. Pero no hay otro ejemplo de *gracia* más apropiado —justificada a través de una fe *operativa* en vez de una mera fe verbal— que la «prostituta salvada». Ella creyó lo que sus compatriotas no creyeron, y actuó en concordancia; y todo esto ante la improbabilidad de que una fuerza nada preparada para la guerra conquistaría a un ejército bien armado y mucho más numeroso. Ella creyó con su corazón (Romanos 10:9, 10), confesó con su boca, y actuó de acuerdo a su profesión arriesgando su propia vida.

En conclusión, ¿cuáles son las lecciones que debemos reunir de la prostituta a la que Dios usó para llevar a cabo su propósito? En primer lugar, el cambio en la vida y corazón de Rajab nos recuerda que, «su sangre puede limpiar al más vil», y que «su sangre es efectiva para mí». ¿No fue acaso una maravillosa condescendencia de parte del Redentor cuando se manifestó en carne para tomar una raíz tan humilde como la pobre y despreciada Rajab para magnificar su abundante gracia para todos los pecadores? Bien valió la pena salvar a Rajab de su mala vida, tanto por su propio bien como por el lugar que ocupaba en el plan de Dios. Las otras mujeres de Jericó no veían ninguna belleza en Rajab como para desear su compañía, pero mediante la fe ella se convirtió en una de las heroínas de Dios, y está incluida entre las prostitutas que entrarán al reino de Dios antes que los que se autoproclaman justos. Los pecados de Rajab servían como la escarlata, pero la cuerda roja que permitió la liberación de los espías y permaneció como un símbolo de su seguridad, tipificaba la sangre roja de Jesús a través de la cual los peores pecadores pueden ser salvos del pecado y el infierno (Mateo 21:31, 32). Mientras que la puerta de la misericordia permanezca entreabierta, el pecador más vil puede regresar y conocer lo que es ser salvo y seguro.

Otra lección que podemos extraer de Rajab la ramera es el profundo interés que tenía por la salvación de los otros. Con la amenaza de muerte y destrucción cerniéndose sobre Jericó, Rajab obtuvo de los espías de Josué la promesa de no solo salvarla a ella, sino también a todos los que humanamente estaban emparentados con ella. Aunque su vida de pecado y vergüenza la habían indispuesto con la familia, en su petición de protección no se interesó en la seguridad de solo su persona. Ella deseaba que todos sus seres queridos compartieran su preservación. Qué vena de oro fue esa en una personalidad tan despreciable. No se nos dice cuándo ocurrió el poderoso cambio en la vida de Rajab y ella se transformó de ramera en una adoradora de Jehová. Al recibir y esconder a los espías, su tributo a la omnipotencia de Dios y su seguro triunfo sobre los enemigos, revela una perspicacia espiritual que Dios le concede a todo aquel que cree. Y una vez restaurada a honra y santidad, la prostituta redimida ruega por sus padres, hermanos y hermanas. ¿Hacemos nosotros de la oración de Rajab por la salvación de su familia, el grito por nuestros hogares? ¿Hacemos nuestra la misma súplica apasionada por todos nuestros seres queridos para que cuando la muerte llegue los encuentre refugiados por la sangre expiatoria del Redentor? Cuando el sol se oculte en la tarde, ¿estarán nuestros seres queridos como estrellas en nuestra corona?

Rajab es también un nombre poético y simbólico para referirse a Egipto (Salmo 87:4; 89:10; 51:9; véase MUJERES SIMBÓLICAS).

RAQUEL
LA MUJER EN QUIEN SE MEZCLARON EL ROMANCE Y LA TRAGEDIA

Referencias bíblicas: Génesis 29; 30; 31; 33:1, 2, 7; 35:16-26; 46:19, 22, 25; 48:7; Rut 4:11; 1 Samuel 10:2; Jeremías 31:15; Mateo 2:18

Significado del nombre: Raquel fue la primera persona en la Biblia en tener un nombre propio derivado de la creación. Wilkinson destaca «que, en su mayor parte, la formación de un nombre humano que se deriva del de un animal se debe a alguna peculiaridad observada o deseada en un individuo, esto se expresa así más inteligentemente en una época ruda y simple». Raquel, el nombre de la esposa amada de Jacob, significa «oveja», empleado más o menos como un título de cariño, tal y como lo es entre nosotros la palabra «cordero». Labán, acostumbrado a alimentar a las débiles ovejas cuando nacían, pensó que «oveja» sería un nombre apropiado para su segunda hija.

Nexos familiares: Raquel era hija de Labán, el hijo de Betuel y hermano de Rebeca. Raquel llegó a ser la segunda esposa de su sobrino Jacob y madre de sus dos hijos, José y Benjamín. (Véase el material sobre LEA.)

Como ya hemos mostrado, el rasgo característico de la Biblia de agrupar en parejas a ciertos individuos, que nos lleva a comparar y contrastar las vidas que vivieron juntos, hace bien difícil separar a cualquier pareja y tratar exclusivamente con uno u otro de ellos. Invariablemente, como en el ejemplo de Lea y Raquel, sus vidas estuvieron muy asociadas. No obstante, debemos intentarlo y aislar a Raquel de su hermana, pues la galaxia de las mujeres famosas de la Biblia estaría incompleta sin una estrella como esta. De seguro la esposa amada de Jacob y madre de José, el salvador de Israel, y también de Benjamín, no pudo haber sido una mujer común y corriente aunque brilló con una gloria reflejada. De las muchas referencias que se hacen de Raquel tenemos las siguientes facetas de su vida y carácter:

Era bella por naturaleza

Pareciera como si Raquel tuviera toda la belleza de su tía Rebeca. El registro sagrado habla de ella como «una mujer muy hermosa». Su hermana Lea tenía «ojos apagados», queriendo decir algún tipo de defecto en los ojos que la hacía menos atractiva que Raquel quien impresionó a Jacob físicamente. Al verla en todo su encanto y belleza natural, Jacob se enamoró de ella. Aunque la belleza fuera solo externa, no obstante merece admiración. La manera en que se describe a Raquel en hebreo (Génesis 29:17) sugiere que era «bella de cara y de cuerpo». Que Dios no mira solo el exterior lo corrobora el hecho de que, como nos recuerda Ellicott: «no fue Raquel, con su cara bonita y su proporcionada figura, y el amor eterno de su esposo, la que fue la madre del progenitor del Mesías, sino Lea la de los ojos apagados».

Fue divinamente guiada

Aunque, como hija menor, era tarea de Raquel ir al pozo y sacar agua para las ovejas de su padre, no fue ninguna coincidencia que haya ido aquel día cuando llegó Jacob. Ella podía haber estado enferma o haberse sentido indispuesta, y si Lea hubiera tenido que ir por agua *aquel* día, qué historia tan diferente se habría escrito acerca de Jacob, así como de la historia acerca de Israel. Jacob, huyendo de su casa hacia Jarán, se encontró con Dios en Betel y luego continuó su viaje (Génesis 29:1), la frase allí implica una presteza con alegría mientras continuaba su viaje con la promesa divina en el corazón: «Yo estoy contigo. Te protegeré por dondequiera que vayas» (Génesis 28:15). Así, con la seguridad de la presencia y dirección divina como garantía de aprobación y seguridad, se encontró con los pastores que le hablaron a Jacob acerca de Raquel (Génesis 29:6), nombre que hechizaría el corazón para el resto de su vida. Aquel encuentro entre Jacob y Raquel fue de Dios, y fue su providencia la que dispuso la primera mirada de cada uno junto al pozo. Tenemos la tendencia a olvidar que a menudo los incidentes de la vida aparentemente más comunes y corrientes son parte del plan divino así como las piezas más pequeñas de un reloj, y de esas piezas más pequeñas del plan dependen todas las otras. Nuestros pasos, cuando son ordenados por el Señor, nos llevan a grandes cosas.

En cuanto a Jacob y Raquel, aquel encuentro fue imprevisto y no premeditado. «Una vida divinamente dirigida a menudo se forma de circunstancias que la presciencia humana no podía haber previsto». En cuanto se conocieron hubo amor a primera vista, al menos de parte de Jacob. La figura y hermoso rostro de su prima lo hechizaron y él «besó a Raquel, [y] rompió en llanto». Como era su prima, nada le impedía a Jacob besar a Raquel según la etiqueta del Oriente, que era la sede de los cálidos sentimientos y las demostraciones de afecto. Probablemente las lágrimas que Jacob derramó eran de gratitud a Dios por llevarle hasta los parientes de su madre, y también lágrimas de gozo porque el instinto le dijo que la bella señorita que había besado sería su esposa. Jacob quitó la piedra de la boca del pozo, ayudó a Raquel a dar de beber al rebaño, le contó su historia, y la emocionada Raquel lo llevó a casa donde le dieron la bienvenida con mucha hospitalidad.

George Matheson llama nuestra atención al hecho interesante de que el encuentro de Jacob y Raquel es «el primer cortejo en la Biblia que nace de una relación de primos, en otras palabras, con raíces en una amistad previa». Jacob, poeta por naturaleza, deslumbrado por la belleza de Raquel, declaró un profundo amor *antes* del matrimonio, una idea para reflexionar en estos días en que a los jóvenes se les dice que las experiencias prematrimoniales están bien, para probar si están hechos el uno para el otro. Jacob iba a demostrar que la prueba típica del amor es la espera, y tuvo que esperar muchos años antes de que el amor de su vida, a quien amaba desde que la vio por primera vez, se convirtiera en su esposa.

Fue amada profundamente

Se nos dice específicamente que «Jacob se había enamorado de Raquel», y que los siete años que sirvió a Labán a cambio de su hija, «como estaba muy enamorado de ella le pareció poco tiempo» (Génesis 29:18, 20). Incluso después de descubrir que Labán lo había engañado y le había dado a Lea en vez de Raquel, Jacob sirvió y esperó otros siete años por Raquel porque «la amó mucho más que a Lea» (29:30). Desde la primera vez que Jacob vio a Raquel se enamoró de ella, y ella fue la esposa que escogió, pero aunque solo ella estaba en el corazón de su amado, «la verdadera elección la haría Dios y no Jacob, y en primer lugar Dios había escogido a Lea». En su segundo matrimonio, Raquel solo recibió la mitad de Jacob, la otra mitad le pertenecía a su hermana rival.

Aunque puede que Lea haya tenido «las llaves de la casa de Jacob, Raquel tenía las llaves de su corazón. Lea parece haber influido sobre su buen juicio; Raquel nunca dejó de tener su amor. Lea le dio a Jacob seis hijos robustos, Raquel fue la madre de solo dos: pero él quería más a los hijos de Raquel que a los de Lea». Jacob sobresale entre los amantes de la Biblia por el amor verdadero, romántico y duradero que profesó por Raquel. No se nos dice si ese amor tan ardiente y profundo era recíproco. La Biblia no hace ninguna referencia al amor de Raquel por Jacob. Ella aparece como un personaje un tanto tranquilo. No tenemos ningún récord de que haya sentido algún tipo de sufrimiento, o de protesta que haya hecho cuando descubrió cómo Lea ocupaba el primer lugar en la vida de Jacob. Nos gustaría creer que el amor de Raquel hacia Jacob fue tan romántico como el que él sentía por ella, y que también a ella le pareció poco tiempo los años que tuvo que esperar por él porque amaba a Jacob.

Fue cruelmente engañada

El engaño perpetrado por Labán contra Jacob, Lea y Raquel, añade nuevos tonos al registro. Labán engañó astutamente a Jacob para que se casara con la mayor y menos hermosa hermana de Raquel. Jacob había aceptado los términos de Labán de no recibir ningún pago por su trabajo en los campos, y al final de los siete años de espera contaba con recibir a Raquel. En la oscuridad la novia apareció cubierta con un velo como era la costumbre. Se celebró la ceremonia y la pareja recién casada regresó a la recámara nupcial. Pero a la luz de la mañana Jacob descubre el engaño de Labán, engaño del que Lea tiene que haber participado. Qué atónito debe haberse quedado Jacob al ver la sencilla e indeseada Lea en vez del rostro de su querida Raquel.

Lea, por el engaño de su padre, se había robado la bendición de su hermana. Isaac había bendecido a Jacob, pensando que era Esaú, y Jacob se casó con Lea creyendo que era Raquel. ¿Se habrá acordado Jacob en el momento de su sorprendente descubrimiento de cómo él le robó la primogenitura a su hermano cubriéndose con una piel velluda y olor a venado para parecerse a Esaú? ¿Fue este una retribución providencial por su engaño a su padre ciego y moribundo?

Labán disculpó su injusto acto diciendo

que en aquellos tiempos la hija menor no se debía dar en casamiento antes que la mayor. Él debió haberle dicho esto a Jacob cuando pactaron los siete años de servicio a cambio de Raquel, o al menos antes del matrimonio. Jacob entonces se involucró en dos matrimonios, lo cual no se consideraba incorrecto en una época en que la poligamia era tolerada incluso por hombres piadosos. Jacob trabajó arduamente durante otros siete años; el amor verdadero hizo posible que perseverara hasta que Raquel fue suya. Lo que más nos interesa es la ausencia de alguna protesta por parte de Raquel en contra del engaño de su padre. ¿Por qué no gritó cuando vio que era Lea y no ella la que sería entregada a Jacob? Si Raquel tenía algún resentimiento en el momento de los votos matrimoniales entre Jacob y Lea, debe haberlos reprimido. ¿Por qué estaba ella tan tranquila en medio de una calamidad como esa, al menos para el hombre que tanto la amaba? Sin quejarse, ella continuó esperando otros siete años, hasta que pudo compartir a Jacob con la mujer que para ese entonces ya le había dado muchos hijos. Quizás el profundo e invariable amor que Jacob sentía por Raquel encontró muy poca reciprocidad en el corazón de ella.

Lamentablemente era estéril, pero no para siempre

Después que Raquel se convirtió en la segunda esposa de Jacob, su esterilidad creó una preocupación irracional e impaciente en su alma. Ver los muchos y felices hijos de Lea despertó sus celos. Qué angustia está contenida en la frase: «Raquel permaneció estéril» (Génesis 29:31). Dice Donald Davidson: «Raquel podía burlarse de Lea por no tener el amor de su esposo, pero Lea encontraba venganza en la esterilidad de su rival». Todo el ser de Raquel estaba amarrado al deseo de ser madre, así que le gritó a Jacob: «¡Dame hijos! Si no me los das, ¡me muero!»

(30:1). Raquel debía haberle gritado a Dios en vez a Jacob, quien se enojó con ella por pedirle algo imposible. Verdaderamente él sentía por Raquel un amor verdadero y tierno, y la indignación a causa de ella, debe haber sido fuente de amargura. Él debió haber pensado en la amargura de la desilusión de Raquel, y tranquilamente le hizo notar el impedimento de la Providencia.

Pero el Señor no se olvidó de la pobre y estéril Raquel, pues se acordó de ella y le quitó la esterilidad (30:22-24). Ella dio a luz un hijo, quitándose así su desgracia. La agradecida madre se volvió profetisa, pues llamó a su bebé José, que significa, «Quiera el SEÑOR darme otro hijo», lo cual no era meramente una expresión de su deseo, sino la predicción de un vidente. De todos los hijos de Jacob, José llegó a ser el más piadoso y grande. Famoso por ser el salvador de Israel, se destaca en la Biblia como el prototipo más perfecto de aquel que nació de una mujer para ser el Salvador del mundo.

Fue idólatra en secreto

Llegó el momento de que Labán y Jacob se separaran. Aunque Labán aprendió por experiencia propia que había sido bendecido por causa de Jacob, el patriarca también había sido bendecido, y con sus mujeres, hijos y ricas posesiones decidió que no podía seguir viviendo en Jarán. Así que partió rumbo a su antiguo hogar, y se llevó consigo todo lo que Dios le había dado. Labán detestaba perder al diligente socio que tan fielmente había trabajado con él durante veinte años. Mientras Labán se ausentó por unos días para cuidar de sus muchas ovejas, Jacob reunió a toda su familia, ganado y posesiones, y se fue en secreto. Al regresar a casa y encontrar que Jacob se había marchado, Labán partió para alcanzar a los viajeros. Cuando los alcanzó, Labán le reclamó a Jacob no solo por irse a escondidas sino también por robarse algunos de sus bienes y dioses de la familia.

Fue esta acusación la que arrojó una luz nada hermosa sobre la bella Raquel. Aunque era la esposa del heredero de las promesas de Dios, evidentemente creía en secreto en las antiguas supersticiones paganas. Ella se robó los dioses de la familia, y cuando Labán los buscó entre los bienes de Jacob, ella se había sentado encima de ellos para esconderlos. Al esconder hábilmente las pequeñas imágenes con forma humana que se usaban para la adivinación y que tenían un significado religioso (Jueces 17:5; 18:14, 17, 18, 20, etc.), Raquel manifestó algo del carácter engañador de su padre. No fue sino hasta que Jacob llegó a la memorable Betel, que enterró aquellos ídolos extraños bajo el roble de Siquén. Esas deidades inanimadas, del tamaño de una muñeca en miniatura, eran consideradas como «evidencia indispensable de los derechos y privilegios de propiedad de la familia. De ahí la pregunta de Labán: «¿Por qué me robaste mis dioses?» (31:30). Debido a sus creencias supersticiosas, posiblemente Raquel robó los dioses para garantizar un viaje próspero. Esas reliquias de su viejo hogar garantizarían la completa continuidad de la buena suerte. La confianza de Jacob estaba puesta en el gran Dios que estaba en el tope de la escalera con ángeles ascendiendo y descendiendo por ella, pero Raquel quería dioses más modestos que ella pudiera ver. Además, aquellas divinidades familiares sugieren la poca rigidez de la verdadera adoración en el hogar.

Así que, aparte de vivir maritalmente en un estado de poligamia, Raquel también era culpable de poligamia religiosa. Profesaba tener una relación con el Dios de Israel, pero al mismo tiempo estaba casada con ídolos (30:23, 24). Raquel no tenía derecho a llevarse lo que no era suyo. Si ella hubiera sabido que aquellas imágenes robadas se convertirían en una terrible trampa para la familia de Jacob, quizás no las habría tomado (35:1-5). Las imágenes y las reliquias han sido siempre elementos peligrosos en relación con la verdadera adoración religiosa. ¡Qué propenso es el corazón humano a abandonar lo espiritual por lo material, lo que no se ve por lo que se ve y es temporal! Quiera Dios que tengamos un deseo constante de obedecer el mandato apostólico de apartarnos de los ídolos (1 Juan 5:21).

Murió de manera trágica

Llegamos ahora a una característica peculiar de Raquel como madre. La de ella es el primer ejemplo que menciona la Biblia de muerte durante el parto y su lápida sepulcral es la primera que se registra en la Biblia. Parece ser que Raquel entregó toda su idolatría antes de que la muerte la sorprendiera. Las influencias de bendición divina sobre su esposo y su descendencia como resultado de Betel, engendraron en ella un sentido de conciencia divina. La gran reverencia del joven José hacia Dios habla del entrenamiento piadoso que Raquel le dio durante sus años de muchacho. El amor de Jacob por ella y la fe fuerte de él (35:2-4) ayudaron a purificar el carácter de Raquel y ella vivió mucho después de su muerte en la vida de su noble hijo.

Mientras Jacob y su hueste iban de camino hacia Betel Efrata, la tragedia sorprendió a Jacob cuando Raquel murió dando a luz a su segundo hijo, Benjamín (35:16). Ella había nombrado a su primer hijo José, que significa: «Quiera el SEÑOR darme otro hijo», lo cual es una predicción que se cumplió cuando nació Benjamín. ¡Cuán a menudo la oscuridad de la muerte eclipsa las más radiantes expectativas de la vida. Raquel oró por un hijo, pero el comienzo de la vida de su segundo hijo fue el final de la suya. Qué angustia y dolor están encerrados en la frase, «Raquel dio a luz, pero tuvo un parto muy difícil ... ella se estaba muriendo» (Génesis 35:16, 18). Casi a punto de morir llamó a su hijo Benoní, que significa: «hijo de mi aflicción». El sufrimiento la había llevado hasta las puertas de la muerte y el don que codició resultó ser una carga aplastante bajo el peso de la cual se hundió. Pero Jacob escogió otro nombre para su hijo y lo llamó Benjamín, que significa, «hijo de mi mano derecha», y de esta manera mostró mucho cariño por el hijo que había quedado sin madre.

El último grito de Raquel antes de morir fue «Benoní», hijo de mi aflicción, y es en el espíritu de Benoní que la Biblia presenta a Raquel. Cuando Jacob murió de edad muy avanzada, habló con mucha tristeza de la temprana pérdida de su amada Raquel que a través de los años había estado atrapada en una red de mucho dolor e infelicidad. Él la había amado desde el principio y siempre. Con el corazón destrozado, Jacob enterró a Raquel en el camino a Belén, y levantó un monumento sobre su tumba. En «su corazón, aquella tumba siempre permaneció verde, y en su imaginación nunca dejó de adornarla con flores». En una tumba en Siquén había enterrado los ídolos de Raquel, y con ellos sus creencias supersticiosas. Ahora se encontraba ante la tumba que contenía los restos de su amada y la lápida que colocó sobre ella era el triste monumento de un corazón destrozado. Un tiempo después la tumba de Raquel se convirtió en una señal prominente (1 Samuel 10:2). Junto con Lea, Raquel había ayudado a construir la casa de Israel (Rut 4:11). Un día los preciosos restos de Raquel volverán a la vida y ella se sentará con el glorificado «Jacob en el reino de los cielos».

Se recuerda simbólicamente

El grito de Raquel por sus hijos fue un acto profético de la masacre de los inocentes que ocurrió cuando Cristo nació (Mateo 2:16-18). Jeremías describe a Raquel como levantándose de la tumba para llorar por los hijos que son llevados a Babilonia para nunca más regresar (Jeremías 31:15). De esta forma el «Benoní» del corazón de Raquel se ha repetido durante toda la historia de Israel. A menudo parece como si triunfara la tragedia, pero la clave del misterio de la aflicción puede encontrarse en las palabras de la iglesia que durante siglos le ha cantado a Raquel a quien Jacob amó:

> Triste Raquel, no llores,
> Tus hijos como mártires van a perecer;
> Ellos son los primogénitos de la simiente;
> Que de tu sangre comenzó a crecer;
> A pesar de los días de la temible tiranía
> Ellos florecen en gloria para alabanza de
> Dios.

REBECA
LA MUJER CUYO FAVORITISMO
LE TRAJO TRISTEZA

Referencias bíblicas: Génesis 22:23; 24; 25:20-28; 26:6-35; 27; 28:5; 29:12; 35:8; 49:31; Romanos 9:6-16

Significado del nombre: Rebeca es otro nombre que se deriva de un animal. Aunque no pertenece a ningún animal en particular, hace referencia a los animales de un limitado grupo y en unas condiciones peculiares. El nombre significa «cuerda para atar animales» o «un nudo» en dicha cuerda. Su raíz se encuentra en un sustantivo que significa «lugar para amarrar» o «establo» y está relacionado con una «ternera u oveja amarrada», un animal joven peculiarmente seleccionado y gordo. Aplicado a una fémina, la figura sugiere su belleza por la cual los hombres quedan atrapados o atados. Así que otro significado de Rebeca es: «cautivadora». Entonces, si Rebeca significa «una cuerda anudada», el lazo estaba firmemente alrededor del cuello de Isaac. Cuando Isaac la tomó como esposa olvidó el dolor por su madre muerta y vivió felizmente con su esposa durante veinte años, tiempo en el cuál no tuvieron hijos.

Nexos familiares: A Rebeca se le menciona por primera vez en la genealogía de los descendientes de Najor, el hermano de Abraham (Génesis 22:20-24). Cuando los peregrinos salieron de Ur de los Caldeos, Najor era uno de los del grupo, y se estableció en Jarán donde murió Téraj. Entre los hijos de Najor estaba Betuel quien, de una esposa desconocida, fue padre de Rebeca, la hermana de Labán. Rebeca se casó con Isaac hijo de Abraham, de quien tuvo dos hijos, Esaú y Jacob.

La historia de Isaac y Rebeca como un canto de amor lleno de romance y tierna belleza se ha relatado innumerables veces, y es un recuento encantador que nunca pierde su atractivo. Una narración idílica como esa es demasiado conocida como para tener que repasarla, y demasiado sencilla como para necesitar comentario, sin embargo, debido a que constituye una de las escenas más románticas de la Biblia, sus «conmovedoras situaciones, tan frescas e ingenuas en la simplicidad del mundo antiguo» tienen un atractivo aplicable para la sociedad de nuestros días. Las antiguas historias bíblicas con sus llamativos personajes y extraordinaria secuencia de acontecimientos y fortunas, deja una huella indeleble en nuestros corazones. El capítulo que recoge cómo encontraron una esposa para Isaac (Génesis 24) presenta un vínculo en la cadena de sucesos que llevaron a:

Ese tan remoto acontecimiento divino
Hacia el que se mueve toda la creación.

A través del matrimonio de Isaac y Rebeca, Abraham vio aquel día de Cristo en el que la iglesia se convertirá en la esposa de Cristo.

Casi dos milenios después de los días del patriarca al que Dios llamó su «amigo», había quienes consideraban un privilegio pertenecer a la raza que provenía de Abraham. Ser «hijo de Abraham» o de la línea de descendencia de tan grande antiguo sacerdote era un honor, pero Isaac disfrutó de una ventaja aún mayor pues Abraham era su padre

natural. ¡Qué dote de bendiciones tan rica debe haber sido la de Isaac debido a una relación tan estrecha como aquella! Él tuvo la inspiración de la santidad de su padre, y el beneficio de sus oraciones y sabios consejos, incluso en lo concerniente a conseguirle el tipo de esposa correcto.

La oposición de Abraham a la idolatría se observa en su petición de que la compañera de su hijo Isaac no podía ser «de esta tierra de Canaán» (24:3). De la misma manera que rechazó una tumba para su esposa Sara entre los sepulcros de los hititas (Génesis 23), así tampoco la esposa para su hijo debía buscarse entre sus hijas. De esta forma sucedió que Eliezer, el siervo piadoso y de confianza de Abraham, fue dirigido divinamente hasta Jarán donde se estableció Najor, el hermano de Abraham. Demasiado débil como para hacer el viaje él mismo, Abraham le dio a su criado instrucciones detalladas e imprimió en él el solemne significado de su misión. Confiado en el resultado de la búsqueda de una esposa adecuada para Isaac, Abraham le aseguró al buscador terrenal que el ángel de Dios le guiaría. Eliezer, el inteligente, prudente, obediente y ferviente siervo se puso en camino. Buscaba una señal de dirección divina, no para probar la fidelidad de Dios sino para su propia orientación en la elección de una mujer de carácter como esposa para el hijo de su amo, el sirviente llegó al pozo de Najor, y vio en Rebeca, que había venido a sacar agua, la respuesta a sus oraciones y a su búsqueda.

Eliezer no perdió tiempo y le dijo a Rebeca quién era, quién lo había mandado y el propósito de su búsqueda. Él reveló su tacto en la manera que persuadió y ganó el corazón de Rebeca. Los regalos que le dio y las cosas buenas que dijo de su amo, garantizaron el favor de la familia de Rebeca que dio su consentimiento a la propuesta de matrimonio. Al enfrentarla con la pronta separación de sus seres queridos, a Rebeca le dieron a escoger: «¿Quieres irte con este hombre?»

Sin dudar, sintiendo que ella también estaba siguiendo la dirección de Dios al igual que lo había hecho Eliezer, Rebeca respondió con voz firme: «Sí».

La caravana partió hacia la casa de Abraham, y ahora llegamos a un toque magnífico en la historia romántica. Isaac estaba en el campo al atardecer en su acostumbrado período de meditación. Vio aproximarse a los camellos y presintió el éxito de Eliezer en la elección de una esposa. Al acercarse a Isaac, Rebeca cubrió su rostro de acuerdo con la costumbre, y el fin de este exquisito poema del encuentro de la novia y el novio se describe en los siguientes términos: «Luego Isaac llevó a Rebeca a la carpa de Sara, su madre, y la tomó por esposa. Isaac amó a Rebeca».

Casarse «sin haberse visto antes» es una aventura muy peligrosa, pero en este caso tuvo éxito porque «el ángel del Señor» había dirigido los acontecimientos que llevaron a dicha unión. Cuando Rebeca vió al apuesto, tierno y meditativo Isaac, se enamoró de él. Por su parte Isaac, un hombre de cuarenta, unos veinte años más viejo que Rebeca, se enamoró instantáneamente de la mujer más hermosa que había visto, y ella fue su único amor. A algunas parejas matrimoniales se les ha descrito como «Emparejados por Lucifer», debido al choque de temperamentos y caracteres, pero el matrimonio de Isaac y Rebeca fue ciertamente «hecho en el cielo». Habría menos hogares rotos si los jóvenes que buscan pareja buscaran la dirección de Dios como lo hizo el siervo de Abraham. Estamos de acuerdo con Alexander Whyte cuando dice acerca del antiguo registro de las circunstancias que llevaron a la selección de una esposa para Isaac:

Nunca se ha escrito un capítulo más dulce que el veinticuatro de Génesis... El cuadro del anciano Abraham haciendo jurar a su sirviente de más confianza acerca de una esposa para su hijo Isaac; el viaje del criado a Padán Aram en el lejano oriente; Rebeca: primero en el pozo, y luego en la casa de su madre; y después la primera mirada a su futuro esposo, ese largo capítulo es una joya perfecta de autoría antigua.

Como con otras parejas en la Biblia, es prácticamente imposible separar a Isaac de Rebeca, cuyas vidas estuvieron tan estrechamente entretejidas. No obstante, veamos si podemos esbozar un retrato de Rebeca por sí sola.

Su carácter

Como damisela, es decir, una señorita de veinte años, Rebeca «era muy hermosa», queriendo decir que tenía una belleza oriental natural. Era virgen y poseía la inocencia de una niña. En ella no había vestigios de lascivia. Al igual que con su suegra Sara, la belleza trajo consigo algunos peligros. Durante la estancia en Guerar, Isaac temió que los encantos físicos de su esposa despertaran los deseos del rey de Guerar, así que mintió. Por consecuencia, Isaac la hizo pasar por su hermana, un modo de actuar que podía haber traído terribles consecuencias (Génesis 26:6-16). Él cometió el mismo error que su padre (véase SARA). Dice Fuller: «Las caídas de los que han ido antes que nosotros son como tantas rocas en las que muchos han encallado; y el registro de las mismas es como colocar una boya sobre ellas para la seguridad de los futuros marineros». En la historia de Isaac, la boya no sirvió de nada.

Abimélec habría tomado a la hermosa Rebeca, pero un día mientras miraba por la ventana vio a Isaac acariciando a Rebeca, y se dio cuenta que lo habían engañado. La falsedad de Isaac se descubrió, y un rey pagano regañó al heredero de las promesas de Dios por su engañosa mentira. En la providencia de Dios, Abimélec, un idólatra, fue constituido protector del niño de la promesa (véase Salmo 17:13). Como «una muchacha amable y hermosa», como lo sugiere su nombre, era hacendosa, porque aunque era miembro de una familia de cierta posición, no temía ensuciarse las manos. El duro trabajo de sacar y cargar el agua, la provisión que hizo para los camellos de Eliezer, y la comida que preparó, hablan de Rebeca como de quien no esquivaba los deberes domésticos. De acuerdo a lo que dice Pablo es evidente que era una mujer de fe por ser recipiente de una revelación directa del Señor en cuanto a la bendición universal mediante su favorito Jacob (Romanos 9:12).

Las mejores cualidades de Rebeca salen a relucir en la sencilla pero reconfortante narración de su respuesta al acercamiento de Eliezer, en la manera que le sirvió, y en su disposición para creer y actuar de acuerdo con lo que él le había dicho. En el sobresaliente camafeo que George Matheson hace de Rebeca emplea los siguientes términos o expresiones: «un comportamiento delicado», «extraordinario tacto», «un rayo de sol para su familia», «una joven muy hermosa, con el don del encanto físico que tendía a producir en ella timidez», «el don de la simpatía intelectual», «el rayo matutino de Rebeca es un rayo de perspicacia compasiva».

Modesta y mansa, franca y abierta, buen corazón, gran energía y fe, elegancia correspondiente con su encanto físico, son formas de describir a Rebeca. Cuando se convirtió en madre reveló cuán lista y astuta podía ser, en contraste directo con Isaac que probablemente era más simple, poco ingenioso, y de comportamiento más suave que su esposa. Las líneas de Wordsworth pueden expresar los sentimientos de Isaac cuando miró por primera vez a la bella Rebeca y experimentó su confortante amor a medida que ella llenó el vacío que había en su corazón por la muerte de su madre:

> Ella era un espíritu de deleite
> Cuando por primera vez brilló ante mis ojos;
> Una hermosa aparición, enviada
> Para ser el adorno de un instante;
> Sus ojos como estrellas del ocaso,
> Como el crepúsculo también su oscuro pelo.
> Pero todas las demás cosas sobre ella,
> Se sacan de los días de mayo y el alegre
>   amanecer.
> Una forma danzarina, una imagen alegre,
> Para perseguir, sorprender y emboscar.
> La vi un poco más de cerca,
> Un espíritu, ¡pero toda una mujer!

Sus hijos

La maternidad llegó a Rebeca un poco tarde en la vida cuando Isaac ya era un hombre de edad avanzada. Ella había sido estéril durante veinte años, y consciente de la promesa de Dios de que no se quebrantaría el pacto con Abraham, Isaac le imploraba a Dios que su esposa estéril durante tanto tiempo pudiera concebir. Él respondió gentilmente su encarecida intercesión (Génesis 25:19-34). Como su oración estaba de acuerdo con el propósito de Dios, la respuesta era algo seguro (1 Juan 5:14). Los años de espera de Isaac y Rebeca muestran que Dios tiene su propio momento para el cumplimiento de los propósitos.

> Al igual que el coral se trenza debajo del
>   mar
>   y crece fuerte y puro,
> los planes de Dios no muestran, al
>   desarrollarse,
>   señal alguna de la prisa humana.

En una época de una poligamia casi universal, Isaac no tomó ninguna criada, concubina ni segunda esposa. Rebeca y él estaban unidos por los lazos de un afecto mutuo, y aunque estéril, llegaron a ser los padres de dos hijos que estaban destinados a ser los progenitores de naciones diferentes. Cuando Rebeca dio a luz mellizos, la primera de dos mujeres de la Biblia que se mencionan como que dieron a luz mellizos; la otra fue Tamar (Génesis 38:27), de alguna manera cambió y su carácter fue diferente del de la joven novia que viajó hacia el sur tan alegremente para encontrarse con su amado en Canaán, como lo mostrará nuestro próximo fragmento acerca de ella.

El carácter antagónico de los mellizos de Rebeca, Esaú y Jacob, sacó a relucir el lado oscuro de la madre. Como Esaú fue el primero en salir de su vientre, tenía la prioridad y era, por tanto, el heredero de dos cosas: «la soberanía y el sacerdocio del clan, la primogenitura y la bendición. La primogenitura era el derecho de sucesión... La bendición era algo que se le daría durante la vida del padre». Sabemos que, a medida que los muchachos crecieron, «Esaú era un hombre de campo y se convirtió en un excelente cazador, mientras que Jacob era un hombre tranquilo que prefería quedarse en el campamento». En el momento de su nacimiento, Jacob agarró el talón de su hermano, un incidente profético del día en que suplantaría a Esaú. A menudo estas características en los niños predicen el comportamiento que tendrán de adultos.

La divergencia de temperamento, inclinación, ocupación y aspiraciones religiosas de los mellizos de Rebeca es muy reveladora. Esaú estaba envuelto en una ropa de pelo, un hombre rudo del desierto, un astuto cazador con algo del espíritu atrevido y salvaje del beduino moderno. Jacob era todo lo contrario de su hermano. Prefería permanecer en un lugar fijo, habitar en sus tiendas en vez de vagar por el desierto. Esaú era probablemente más brillante, atractivo, vigoroso y atrevido que su hermano gemelo. Jacob, a pesar de su debilidad y errores tenía un comportamiento más refinado, y en sentido general más fiel al Señor y más adecuado para poseer las bendiciones de la primogenitura. Además, estaba la diferencia de aprecio por parte de Isaac y Rebeca hacia sus dos hijos que resultó en dolor y separación.

Isaac quería más a Esaú, pero el amor era un tanto emocional. Él amaba a su hijo «porque le gustaba comer de lo que él cazaba». Un amor así es de una naturaleza carnal, porque el amor en su más alto sentido tiene que ver no tanto con lo que la persona amada *da* sino con lo que *es*.

Rebeca quería más a Jacob, no porque fuera el más «chico de su casa», ni porque tuviera una naturaleza más amorosa que él, sino porque Jacob era el preferido del Señor (Romanos 9:13). Esaú tuvo en tan poca estima la primogenitura que estuvo dispuesto a venderla por un plato de potaje, y ser culpable de ahí en adelante del pecado de la profanidad (Hebreos 12:16). Jacob, sin embargo, se dio cuenta de la solemnidad de la primogenitura y quiso poseerla. Esaú pensó que no tenía más valor que un bocado de comida, pero Jacob conocía algo del significado sagrado de la primogenitura y era, por tanto, un canal más adecuado para que las bendiciones de Dios pudieran fluir a la descendencia de Abraham.

Como a menudo se culpa a Rebeca por la parcialidad o favoritismo que mostraba hacia Jacob, puede ser beneficioso que consideremos el asunto de preferencia en la vida familiar. Cuando los padres escogen a uno de sus hijos como su preferido y derraman más amor y atenciones sobre ese que sobre los demás, dicho comportamiento tan poco sabio y anormal inevitablemente trae por consecuencia los celos y las disputas. Aunque Isaac encontró «en Esaú esa naturaleza práctica fuerte, y el carácter enérgico que caracterizaba a la mujer que tanto amaba; y Rebeca vio en el gentil Jacob una réplica del padre que de manera tan extraña le había atraído aquel primer día cuando lo conoció meditando en los campos al atardecer», la parcialidad era absolutamente insostenible y llevó a Rebeca a mentir y engañar.

¿Qué otra cosa podemos esperar sino confusión y problemas cuando se cruzan los propósitos de los padres en lo concerniente a sus hijos? La causa de la preferencia anormal y antimaternal de Rebeca por Jacob sobre Esaú y su forma de tratar a Esaú como si no lo fuera, ¿acaso fue la falta de amor profundo por su esposo y la unión de ideas espirituales y morales e ideales característico de todo verdadero matrimonio? Ciertamente se nos dice que Isaac amaba a Rebeca, pero no que ella amara a Isaac. De alguna manera sentimos que si el esposo y la esposa hubieran sido uno en todas las cosas en aquél antiguo hogar, Rebeca se habría preocupado más por el carácter de Jacob que por su prosperidad. Pero Isaac se parcializaba con Esaú y Rebeca con Jacob, favoritismo que resultó en que Esaú se marchara del hogar, y que Jacob huyera de este. De aquí que el registro de Rebeca muestra que aunque Isaac le fue fiel a ella, ella le fue infiel a Isaac en dos aspectos. En primer lugar, ella engañó a Esaú, su hijo mayor y favorito de Isaac, durante la concesión de la primogenitura. Luego, engaño a Esaú quitándole la bendición de su padre, cuya prerrogativa tenía el efecto de un legado testamentario.

Al comparar el capítulo del romántico encuentro de Isaac y Rebeca (Génesis 24), con su perfecta redacción y el oscuro capítulo del engaño de Rebeca (Génesis 28), Alexander Whyte dice: «Que el barco fuera lanzado en una mañana tan dorada, solo oscurece más las tinieblas circundantes cuando se va al fondo». Luego, al tratar acerca del alejamiento secreto que se desarrolló entre Isaac y Rebeca, el mismo reconocido expositor añade:

> Al criarse los dos hermanos gemelos día tras día y hora tras hora en una atmósfera de favoritismo, parcialidad, indulgencia e injusticia, de seguro no hace falta señalarle a ningún padre o madre toda la miseria inmediata ni la paga futura de semejante pecado que verá y esperará en aquel hogar tan malvado.

Un resultado de la preferencia de Rebeca por Jacob fue el resentimiento y el espectáculo de Esaú saliendo y afligiendo a sus padres al casarse con mujeres impías. Esaú tenía cuarenta años cuando hizo esto, la misma edad a la que Isaac se casó con Rebeca. En las esposas extranjeras que trajo a la casa, sus padres deben haber visto los primeros frutos del jardín del diablo que ellos mismos sembraron. «Su mayor aflicción parece haber sido casi la única cosa que los dos ancianos compartían en ese entonces». Esaú había visto poco que admirar y respetar en su madre; por tanto, nunca se sintió con deseos de agradarle. ¡Qué historia tan diferente se habría escrito si el hogar de Esaú hubiera sido sin «favoritismos»!

Sus embustes

Embuste es el acto de engañar deliberadamente, y este fue el pecado de Rebeca. El destino de su hijo favorito, Jacob, estuvo fuertemente influenciado por el carácter fuerte de su madre, y así ella se convirtió en la autora del traicionero plan para despojar a Esaú de la bendición de su padre. Isaac estaba viejo, endeble y ciego, y le informaron a los miembros de su familia que había llegado la hora de darle a Esaú, oficialmente, lo que le quedó tras vender su primogenitura, o sea, la bendición que llevaba consigo el reconocimiento de su liderazgo, la ratificación de su derecho como primogénito. Así que Isaac le dijo a su hijo favorito que tomara el arco y las flechas, fuera al campo y cazara el venado que tanto le gustaba e hiciera una sabrosa comida. En ese tiempo en el Oriente, y a través de los siglos, comer juntos era un símbolo común de un compromiso garantizado cuando padre e hijo participaban unidos. En un momento así de sagrada comunión, el padre confería al hijo mayor su lugar y posición.

Rebeca oyó casualmente, y su engañoso corazón se movilizó para la acción. Se propuso frustrar el propósito de su esposo. El impetuoso cazador a quien Isaac amaba no debía desplazar ni tirar por el suelo las esperanzas de su hijo favorito. Muy hábilmente ella ideó el plan de suplantación de identidad. Mientras Esaú estaba en el campo cazando,

Rebeca le dijo a Jacob que fuera al rebaño y trajera dos cabritos para ella prepararlos y cocinarlos y que parecieran carne de venado. Aunque cauteloso acerca de la duplicidad de su madre, no se opuso a la idea por razones de conciencia. Lo que hizo dudar a Jacob fue el hecho de que su hermano era un hombre velludo, mientras que él era lampiño, y que si su padre lo palpaba y se percataba del engaño, lo maldeciría en vez de bendecirlo.

Sin embargo, Rebeca tenía la solución para resolver los temores de Jacob, y él siguió los consejos de su traicionera madre. Se puso la piel de los cabritos sobre las manos y el cuello para dar así la sensación y olor de Esaú y de esta forma engañar a su anciano y ciego padre. Sin lugar a dudas Rebeca permaneció cerca en un escondite conveniente para ver los resultados de su malvado truco. Al oler las ropas de Esaú, y sentir las falsas manos peludas, Isaac estaba un poco dudoso y dijo: «La voz es la de Jacob, pero las manos son las de Esaú».

Pero tranquilizado por las repetidas mentiras de Jacob, el engañado padre otorgó la inalterable bendición sobre su hijo, y Jacob, mediante el fraude, se convirtió en el padre de la nación de Israel. Para descrédito suyo, desempeño con éxito el papel que su madre le había inculcado con magistral talento. Codiciosa de la sagrada bendición patriarcal para su hijo favorito, Rebeca sintió que tenía que recurrir al robo de identidad para obtener su objetivo, y al hacerlo prostituyó la autoridad paternal. «Hijo mío, escúchame bien, y haz lo que te mando» (Génesis 27:8), y Jacob, el hijo mal guiado, obedeció, y en la trayectoria subsiguiente recogió el amargo fruto de su conducta cuando Labán lo engañó en lo relacionado con Raquel.

Un Jacob engañador estaba
lleno de artes y mañas;
Durante largos años cargó su culpa,
Sin jamás arrepentirse.

Samuel Morely dijo en una ocasión: «Yo soy en gran medida lo que mi madre me ha hecho». Así mismo fue, pero en sentido negativo, en la vida de Jacob porque, como en el caso de Atalía, «su madre le aconsejaba que hiciera lo malo» (2 Crónicas 22:3). La minuciosidad con la que Jacob ejecutó el plan engañador de su madre es ciertamente una de las peores características de la historia. Temeroso del fracaso de la estratagema de su madre, Jacob dijo: «hará que me maldiga en vez de bendecirme». Pero Rebeca respondió: «Hijo mío, ¡que esa maldición caiga sobre mí! Tan sólo haz lo que te pido». Sin embargo, la vida futura de Jacob no fue sino la extensión de las cualidades deshonestas de su madre, y ambos sufrieron como resultado de emplear métodos falsos para alcanzar fines correctos.

Cuando Esaú descubrió que le habían robado la bendición mediante el astuto plan de su madre, se volvió un vengador implacable y juró la muerte de su hermano que se vio obligado a huir hacia Jarán, a unos 800 kilómetros de distancia, para salvar la vida. Rebeca nunca volvió a ver el rostro de su amado hijo. Para añadir a su oprobio tuvo que soportar el dolor de ver a su otro hijo casándose con mujeres paganas. Las esposas paganas de Esaú hicieron que Rebeca se hastiara de la vida (Génesis 27:46). Esaú recibió la promesa de su padre que sería el progenitor de una gran nación, los edomitas, y mucha miseria vino sobre Israel por causa de Edom. La ira de la enfurecida sangre de Esaú hirvió en la sangre de Herodes el Idumeo el día que blasfemó al Varón de dolores.

Hay algunos escritores que tratan de justificar las acciones de Rebeca diciendo que se vio impulsada a tomar el curso que tomó en lo relacionado con Jacob debido a la predicción de que «el mayor servirá al menor», pero Dios no tenía necesidad de trucos ni engaños para cumplir con su promesa. La ambición por su hijo, hizo que Rebeca sacrificara el amor de su esposo, que perdiera la estima del hijo mayor y la paz de su alma, pues nunca más volvió a ver al hijo idolatrado. Sin duda alguna, Jacob era el divinamente designado heredero de Abraham (Génesis 25:23), y Rebeca tratando de anular el propósito de Isaac en su bendición a Esaú, recurrió al engaño para lograr la voluntad de Dios. El principio que la guiaba era: «Hagamos lo malo para que venga lo bueno» (Romanos 3:8), pero lo mal hecho nunca puede estar bien (Santiago 1:20). Esaú había vendido su primogenitura por un plato de potaje, y Rebeca satisfizo el apetito carnal de Isaac para que se cumpliera el propósito divino. Si ella hubiera dejado a un lado «todo engaño, hipocresía» (1 Pedro 2:1), y hubiera razonado con su esposo sobre el serio asunto que estaba en juego se habría salvado de la desgracia que el modo de obrar mundano trajo sobre su propia cabeza y del dolor que otros tuvieron que vivir.

Casi la última imagen que tenemos de Rebeca es cuando presenció bañada en lágrimas la apresurada partida de su hijo favorito. «Una muchacha firme y fuerte de carácter se había convertido en una matriarca autocrática», y termina sus días como una mujer con el corazón destrozado. No se nos dice cuándo murió. Isaac, aunque mucho más viejo que Rebeca, aún vivía cuando Jacob regresó a Canaán más de 20 años después. Se asume que murió durante la larga ausencia de Jacob, y fue enterrada en la cueva de Macpela, cerca de Hebrón (Génesis 49:31). Un epitafio adecuado para su tumba sería: «Murió a causa de un corazón destrozado». El único monumento que Rebeca tiene se encuentra en el servicio matrimonial de *The Book of Common Prayer* [El libro de la oración común] de la iglesia anglicana donde leemos:

Así como Isaac y Rebeca vivieron fielmente juntos, de igual forma estas personas puedan actuar y mantener el voto y el pacto que hay entre ellos.

Aunque puede que ella haya sido fiel durante los primeros veinte años de matrimonio mientras era estéril, Rebeca, con su injustificable, traicionero y completamente inexplicable intervención a favor de su hijo favorito, manchó su solemne matrimonio.

Al revisar la vida y carácter de Rebeca, ¿cuáles son algunas advertencias que debemos seguir? ¿Acaso no se nos recuerda de un modo convincente que el amor que busca el éxito a costa de la verdad y la justicia es de la tierra, terrenal? La máxima del diablo es: «Nada resulta más exitoso que el éxito», pero desde el punto de vista de Dios nada tiene verdadero éxito si no sigue el camino de la verdad y la honestidad. Entonces, aunque ella tuvo belleza física, su dominio sobre Jacob y su plan para engañar a su esposo revelaron la falta de belleza y de un carácter piadoso. Además, Rebeca es una advertencia para todos los padres de que no debe haber favoritismos en la familia; que deben quererlos a todos por igual». Si hay preferencia por alguno en la familia, debe ser solamente por los que son débiles y desvalidos.

Otra advertencia que debemos atender es que cuando una esposa conspira contra su esposo, o viceversa, se vuelve culpable de una bajeza que las palabras no pueden describir. Cuando un cónyuge descubre que el otro lo ha traicionado, el mundo se vuelve un espacio en blanco.

> La mente tiene miles de ojos
> El corazón solo uno,
> Pero la luz de toda una vida muere,
> Cuando el amor se acaba.

Hay una aplicación muy beneficiosa que sacamos de la decisión impulsiva de Rebeca de seguir a Eliezer para encontrarse con su futuro esposo Isaac: *¡Sí, iré!* En relación con el más alto casamiento del alma con el Esposo celestial, Él viene al pecador diciéndole como Eliezer le dijo a Rebeca: «¿Irás conmigo? ¿Me seguirás a ese país donde reinan los santos inmortales?» Cuando los corazones responden a un llamado así: «¡Sí, Señor, iré! ¡Te seguiré adondequiera que vayas!» son doblemente bendecidos.

REUMÁ

Referencias bíblicas: Génesis 22:24

Significado del nombre: Exaltada

Reumá es la primera mujer en la Biblia a la que se llama «concubina». Sin embargo, no se dice nada de una naturaleza exaltada con respecto a esta esposa secundaria de Najor, hermano de Abraham, y quien fuera la madre de cuatro hijos: Tébaj, Gaján, Tajás y Macá.

RIZPA

LA MUJER QUE CUIDÓ A SUS MUERTOS

Referencias bíblicas: 2 Samuel 3:7; 21:8-14

Significado del nombre: «Una piedra caliente o para hornear». Rizpa ciertamente exhibió una pasión acalorada para proteger a sus hijos asesinados.

Nexos familiares: Fue hija de Ayá, o Aja, el horeo (Génesis 36:24; 1 Crónicas 1:40; 2 Samuel 3:7). Saúl la tomó como concubina y ella le dio a luz dos hijos: Armoní y Mefiboset. Isboset, otro hijo de Saúl de una mujer diferente, acusó a Abner, un primo, de incesto con Rizpa, y enojado por una acusación como esa Abner transfirió su lealtad de Saúl a David (2 Samuel 3:7-21).

Entre todos los episodios conmovedores de la Biblia, ninguno tan persuasivo y emocionante como la historia de Rizpa y su cuidado de los muertos. Esta historia es probablemente responsable del gran poema de Tennyson, *Rizpa*, uno de cuyos versos dice:

Carne de mi carne se ha marchado,
Pero ha quedado hueso de mis huesos

Los robé de un abogado,
¿Lo llamarías tú un robo?
Mi bebé, mis huesos, que me habían
    mamado,
Los huesos que habían reído y llorado
¿De ellos? ¡Oh, no! Son míos, no de ellos,
se habían movido a mi lado.

Donald Davidson nos recuerda que: «La belleza a veces se encuentra en los lugares más inesperados, y aquí encontramos la negrura de aquella noche antes de la venida de Cristo atravesada por un rayo puro y blanco de sacrificio y amor». Tal vez sea provechoso que presentemos un cuadro triple de esta valiente mujer.

Fue víctima de la venganza

Como millones de mujeres a lo largo de los siglos, Rizpa, atrapada en el holocausto del conflicto y la guerra nacional, se encontró privada de su esposo e hijos, y a solas para batallar contra la soledad y la pobreza. Se nos dicen explícitamente los antecedentes del corazón y hogar vacío de Rizpa. Saúl, quien fuera notable por su orgullo y terquedad, rompió un juramento que Josué había hecho a los gabaonitas. Aunque los idólatras gabaonitas engañaron a Josué, sin embargo, Israel hizo un pacto con ellos y un juramento para no destruirlos a espada que se selló en el nombre del Señor. Pero cuando Saúl llegó al poder comenzó a destruir a los enemigos de Israel, y tratando a los gabaonitas como un asentamiento pagano en una tierra santa, se empeñó en aniquilarlos. Tan pronto como Saúl encontró la muerte en el monte Guilboa, los gabaonitas procuraron la compensación de la profanación del juramento de Josué.

Una severa hambruna vino sobre la tierra de Israel durante tres años, y divinamente se le informó a David que la hambruna era consecuencia de la masacre de Saúl a los gabaonitas protegidos por el juramento. Ellos exigieron a manera de compensación que olgaran «delante del Señor» a siete de los hi - jos de Saúl en expiación por lo que se les había hecho allí. Así sucedió que hijos inocentes tuvieron que sufrir el duro castigo por causa del pecado de su padre. Los cinco hijos de Saúl y Merab, a quienes cuidaba Mical luego de la muerte de su hermana (véase MICAL), y los dos hijos de Saúl y Rizpa fueron apresados y colgados en una colina para que todos los vieran. De esta manera la venganza, una prerrogativa divina (Romanos 3:5; 12:19), fue quitada de las manos de Dios, y ejecutada por hombres vengativos en el nombre de Dios sobre siete hombres inocentes. Ellos fueron cruelmente masacrados, no para apaciguar la ira divina, sino para satisfacer la sed humana de venganza. La historia afirma que personas inocentes sufren por los pecados de sus gobernantes.

Fue una defensora de los muertos

El próximo atisbo de Rizpa ofrece un agudo contraste con la brutal venganza y asesinato que rompió su corazón de madre. ¡Qué ilustración tan efectiva nos da de un amor de madre tan fuerte como la muerte! ¡Qué escena tan espantosa debe haber sido aquella durante la cosecha de la cebada, con aquellos siete cuerpos cubiertos de sangre colgados en sus respectivos árboles y la noble Rizpa protegiéndolos de los buitres que esperaban para engullir los cadáveres! Durante los días y semanas que ella veló, aquellos cuerpos destrozados se ennegrecieron, descompusieron y desvanecieron gradualmente, pero nunca descansó de su vigilia. Ella no tenía poder alguno para prevenir el atroz asesinato de sus dos hijos, pero nadie podía evitar que hiciera el acto de misericordia de cuidar sus cuerpos mutilados colgados en los postes. Dejar aquellos cuerpos colgados sin sepultar testificaba de la venganza de los hombres y no de Dios, pues la ley demandaba que cualquiera que fuera colgado en un madero

fuera descolgado antes de la puesta del sol de ese mismo día.

Rizpa continuó vigilando los cuerpos descompuestos de los muertos que sobresalían lúgubremente contra el cielo. Su hermosa y sacrificada maternidad luchó durante días y noches de ansiedad con el inmundo hedor de aquellos cadáveres putrefactos que llenaban sus fosas nasales. Aquí tenemos un episodio incomparable de la literatura. Como viuda temerosa de Dios que era, quizás su tierno cuidado de los muertos implicaba una percepción instintiva de la resurrección.

Rizpa extendió cilicio sobre la roca. El cilicio no solamente se asocia con el luto por los muertos (Génesis 37:34; 2 Samuel 3:31), sino también con la expresión pública de humillación y penitencia en vista de alguna desgracia, presente o inminente (1 Reyes 21:27; Nehemías 9:1, etc.). ¿Fue el uso que Rizpa hizo del cilicio una señal de que la tierra se había arrepentido de su pecado? De todas formas ella defendió a los muertos hasta que vino la lluvia, una señal de que Dios había retirado su juicio. El agua proveniente del cielo, reviviendo la tierra azotada por la hambruna, se reconoció como la señal de la misericordia de Dios, y de que la dolorosa vigilancia de los muertos en cilicio había terminado. «Reprime tu llanto, las lágrimas de tus ojos, pues tus obras tendrán su recompensa: tus hijos volverán del país enemigo».

Terminó la larga vigilia de Rizpa. Ella se había aferrado a toda costa, con tenacidad desesperada y sacrificada, a cuidar los restos sin vida de los siete hijos de Saúl (Cantar de cantares 8:6; Isaías 49:15), ahora estaba en libertad de enterrar sus cadáveres marchitos. David oyó hablar de su devoción maternal y larga vigilia. Al recordar que los huesos abandonados de Saúl y Jonatán aún se encontraban expuestos en las calles de Betsán, ordenó que los recuperaran y los unieran con los preciosos huesos que Rizpa había cuidado, y que los enterraran en la tumba familiar en

Zela. «Dios tuvo piedad del país», y se cumplió el deseo de Rizpa de que se rindiera el debido respeto a sus muertos.

Ella tipificó la tristeza del Gólgota

Diferentes escritores han llamado la atención a las similitudes entre Rizpa de pie junto a aquellos siete maderos en la colina y María que estuvo junto al madero en el que fue colgado su Hijo. En aquel «monte, en presencia del SEÑOR» (2 Samuel 21:9), tenemos un reflejo del Gólgota. Siete hombres inocentes fueron colgados, o como dice la Versión Latina, *crucificados*, como expiación por el pecado de los demás. Ellos cargaron la maldición de un juramento quebrantado, pues «maldito todo el que es colgado de un madero», y aquellos árboles en el monte de Guibeá eran el reflejo del que cargaría el gran sacrificio expiatorio. Con su muerte en el madero, el Hijo de Dios satisfizo la justicia y rectitud de su Padre, y proveyó una salvación perfecta para una raza pecadora.

Es impresionante la manera en que se asemejan Rizpa, la madre de dos hijos, y María Magdalena, la devota seguidora de Cristo. Rizpa no pudo olvidar a los hijos fruto de su amor, y en la vigilia expiatoria de sus muertos expresó el instinto secreto de la fe en la esperanza de la resurrección. De igual forma, María se sentó junto al sepulcro vigilando el lugar donde enterraron a su querido Señor. Aunque no consciente de su ya predicha resurrección (Salmo 16:9, 10), ella estuvo en la tumba temprano a la mañana siguiente para ungir el cuerpo, y habría estado dispuesta a cuidarlo, como Rizpa defendió a sus muertos, pero aquel cuerpo ya no estaba en la tumba. Cristo estaba vivo para siempre, y María tuvo el privilegio de ser el primer testigo de esta verdad fundamental del cristianismo. Rizpa, como nosotros, vio cómo enterraban a sus muertos ocultándolos así de su vista (Génesis 23:4), pero el Crucificado, «murió y fue sepultado», pero no permaneció ocul-

to. Él se levantó otra vez, y proveyó, para todos los redimidos por su sangre, una gloriosa resurrección.

RODE
LA MUJER A LA QUE SE LE LLAMÓ LOCA

Referencias bíblicas: Hechos 12:1-19

Significado del nombre: De origen extranjero, esta sirvienta doméstica de María, la madre de Marcos, tenía un nombre griego cuyo significado es «rosa». Wilkinson destaca que así como «Bernabé, el hermano de María, era del país de Chipre, es muy lógico suponer que la familia residió allí y, por tanto, trajo consigo a esta criada que, como tantos de su país que nacieron en tierra extranjera, tenía un nombre griego». Aunque tenía uno de los nombres más hermosos, la llamaron por otro que no era tan agradable. Los santos de la casa de María le dijeron *Manías* que quiere decir «mujer loca».

En el episodio humano en el que Rode es el personaje principal no se menciona nada de genealogía. Como criada-esclava, ella no era digna de genealogía ninguna. Como sierva, no tenía horarios. El hecho de que era pasada la media noche cuando Pedro llegó a la casa de María y que Rode la portera abriera la puerta, indica que estaba dispuesta a servir hasta tarde. María, su ama, también encontró en Rode una ayuda espiritual. Sin lugar a dudas que ella también estaba de rodillas junto a los demás orando por Pedro y al oír el toque en la puerta fue a abrir. Tal vez pudiéramos dividir la historia en tres partes: Pedro tocó; Rode se queda sorprendida; los santos se burlan.

Pedro tocó

El origen de la historia que Rode comparte puede citarse brevemente. María de Jerusalén, una viuda rica y madre de Marcos el evangelista, era dueña de una casa grande y notable en la ciudad que puso al servicio del

Señor. Durante los días de la terrible persecución, los cristianos de Jerusalén se reunían con regularidad en su encantador hogar no solo para la lectura y exposición de la Palabra sino también para orar por los cristianos atribulados. En la noche en cuestión, los santos estaban concentrados en la liberación de una vida preciosa, particularmente, la de Pedro el líder. La espada de persecución de Herodes había caído con todo su peso sobre la iglesia en Jerusalén. Santiago, el mayor, ya había bebido de la copa del martirio que le profetizara su Señor, y los intercesores allí reunidos sabían que Pedro, puesto en prisión por Herodes, sería el próximo en morir. Si atacaron al pastor, ¿qué podrían hacer las ovejas? Una crisis semejante puso a los compañeros de Pedro de rodillas en una intercesión que duraría toda la noche.

Mientras la iglesia en la casa rogaba al Señor sin cesar, sus oraciones fueron escuchadas. En la prisión el Señor, por medio de un ángel, liberó a Pedro milagrosamente. Pedro pasó deprisa por entre los guardias, atravesó las puertas abiertas y llegó a la puerta cerrada de una casa donde él sabía que los cristianos estaban reunidos orando. Pedro tocó la puerta, pero a causa de la emoción de Rode, ella no la abrió. Pedro siguió tocando hasta que se abrió la puerta, no por medio de manos angelicales, como pasó en la prisión que acababa de abandonar, sino por medio de incrédulas manos humanas. Una demora así podía ser peligrosa si los guardias, al darse cuenta de que su prisionero había escapado, lo seguían y lo encontraban parado ante la puerta cerrada de la antigua casa de María.

Rode se queda sorprendida

Pedro no solo tocó sino que llamó, porque leemos que ella reconoció la voz, la voz querida que ella tantas veces había escuchado exponiendo las verdades sagradas de la Palabra. Pero estaba tan sorprendida y anonadada ante la respuesta a aquellas oraciones de media noche, que no logró quitar los cerrojos y dejar pasar a Pedro. «Ella no abrió la puerta a causa de la alegría». Pero tal alegría se habría convertido en tristeza si los soldados de Herodes hubieran aparecido en ese momento y se hubieran llevado a Pedro de vuelta a la prisión. Podemos entender que Rode no hubiera abierto la puerta enseguida que escuchó el toque. «Nunca abras una puerta en la oscuridad hasta que sepas quién está del otro lado». En aquellos días en que los cristianos no estaban seguros de quién sería el próximo en unirse al noble ejército de mártires se requería mucha precaución. Aquel toque podía ser una citación del cruel Herodes, asestando un nuevo ataque al rebaño. Pero cuando Rode preguntó: «¿Quién toca?» y recibió la tenue respuesta: «Es Pedro, abre rápido», debió abrir la puerta antes de abrir su boca para decir a los demás que Pedro estaba parado afuera. Al estar segura de que era Pedro, su deber como sirvienta era abrir la puerta. Pero estupefacta ante las buenas nuevas, no pensó por un instante.

Hay algunas características de esta doncella que solo se mencionan esta vez en las Escrituras y que son atractivas. En primer lugar su gozo era ilimitado. Lucas, el médico amado que escribió Hechos, analiza el estado de conciencia de Rode cuando las buenas nuevas de la oración respondida a favor de Pedro sobrecogieron la claridad de su mente. Ella se olvidó de sí y de su deber y corrió adentro a decirles a los intercesores que no oraran más porque Pedro estaba en la puerta. Podemos imaginar con cuánto entusiasmo ella gritaba: «¡Pedro está libre! ¡Pedro está tocando en la puerta!» Una niña espontánea por naturaleza, puso de manifiesto su exhuberancia. Si su naturaleza hubiera sido más calmada, menos apasionada, hubiera abierto la puerta al saber que era Pedro y luego hubiera ido a decirle al grupo de oración que Pedro estaba libre y a salvo.

Lo que es más, cuando los cristianos,

cuyas oraciones por la libertad de Pedro quedaron interrumpidas por el ataque jovial de Rode, desdeñaron la buena noticia, ella «insistía en que así era». Su joven corazón creía en Dios y en el poder de la oración, y al saber con toda certeza que la oración había sido respondida, no permitió que el grupo de oración reunido en la casa de su ama la amilanara e hiciera callar. Aunque ella solo era la criada, no iba a dejarse doblegar por las críticas sarcásticas del gran grupo presente. Ella sabía que se trataba de Pedro, y nada podría cambiar su opinión. Rode usó la rosa roja del valor de una manera muy hermosa al resistirse a la oposición y constantemente insistir en la verdad.

Los santos se burlan

¡Cuán reveladora fue la reacción de los que estaban reunidos ante el entusiasta anuncio de Rode! En primer lugar, le dijeron a la alegre sirvienta que estaba loca. ¡La acusaron de demencia! Pero Rode no era la única porque del Salvador, a quien ella había llegado a amar y conocer, se dijo que «deliraba». Luego, cuando los ojos de Pablo se iluminaron con el brillo de su mensaje, así como brillaba el rostro de Rode al hablar de la oración respondida, Festo dijo acerca del apóstol: «¡Estás loco, Pablo! —le gritó—. El mucho estudio te ha hecho perder la cabeza». El profeta habla de la locura del hombre espiritual (Oseas 9:7). ¿Alguna vez se nos ha creído locos por causa de Cristo o tontos por amor a él? Estamos en la mejor compañía si otros se burlan de nosotros al declarar y vivir el mensaje de poder de Dios a través de Cristo. Pero que le dijeran que estaba fuera de sus cabales no persuadió a Rode de repetir lo que ella creía que era verdad.

Al obviar sus acusaciones, el grupo dijo: «Debe de ser su ángel». Como no podían cambiar el persistente testimonio de Rode, los santos trataron su mensaje como si viniera del mundo de los muertos. Era una creencia común entre los judíos que todo israelita verdadero tenía un ángel asignado especialmente para él, quien, al aparecer en forma humana, se asemejaba al hombre a quien protegía. El toque insistente acalló esa interpretación del testimonio de Rode, pues las puertas cerradas no son un impedimento para que los ángeles guardianes lleven a cabo su misión. Así que, sintiendo que había algo insistentemente humano en aquel constante toque, «abrieron la puerta y lo vieron, quedaron pasmados».

¡Pasmados! Esta descripción de sus sentimientos reveló su incredulidad. Habían estado orando por Pedro durante horas, pero cuando Pedro se presentó a la puerta, no lo creyeron. Sus intercesiones estaban mezcladas con falta de fe y por eso se quedaron sorprendidos ante el milagro que Dios hizo en la huida de Pedro de la prisión. Nuestro Señor enseñó a los discípulos a orar creyendo «Que ya han recibido todo lo que estén pidiendo en oración». Spurgeon dijo en una ocasión: «Si el Señor quiere sorprender a su pueblo, solo tiene que responderles inmediatamente. Tan pronto como reciban la respuesta dirán: "¿Quién lo hubiera pensado?"» María de Jerusalén aprendió a darle valor a su piadosa criada Rode más que antes debido a la gran ayuda que había brindado aquel día inolvidable. Una vez dentro de la casa, Pedro debe haberla elogiado por su persistencia.

RUT
LA MUJER QUE SE LEVANTÓ DE LA OSCURIDAD A LAS RIQUEZAS

Referencias bíblicas: El libro de Rut; Mateo 1:5

Significado del nombre: Desde la Rut de los antiguos tiempos de la Biblia, su nombre ha sido siempre muy popular para las muchachas. Elsdon C. Smith, en su compilación de los cien nombres femeninos más populares en los Estados Unidos, coloca a Rut en el séptimo lugar de la lista, con un total estimado de casi un millón y medio de mujeres que llevan ese nombre. La única hija del autor lleva este honroso nombre. En cuanto al significado, no podemos hacer nada mejor que dar la interpretación que nos da Wilkinson en su *Personal Names of the Bible* en el capítulo sobre «Nombres paganos»:

La persona más distinguida de la raza moabita es Rut, quien llegó a ser la esposa de Booz, y antepasada de David. Su nombre es una contracción de *reut*, que puede ser la palabra para «el acto de ver», «vista», y de ahí, como en español, objetivamente «una vista», «algo digno de mirarse»; o la palabra para «amistad» o «una amiga», como *reu* en Reuel, «amigo de Dios». Si se adopta la primera etimología, debemos atribuir el nombre a la temprana belleza de la hija; si tomamos la última, puede ser debido a la exhibición en la infancia de esa disposición amistosa y cariñosa que fue tan característica de la mujer.

Ambos significados del nombre se cumplen en Rut, porque como una hermosa muchacha moabita que era, ciertamente era una vista digna de mirarse, y su carácter reveló que era una mujer capaz de una inusual amistad.

Hizo falta la gracia de Dios para hacer amistad con la amargada mujer en que se convirtió Noemí, pero Rut estaba unida a su suegra por los lazos del amor, y no existe en la literatura una amistad comparable con ese dramático episodio en el camino a Belén (Rut 1:16, 17). No queriendo regresar a Moab como lo hizo Orfa, Rut, adhiriéndose a Noemí dijo con voz apasionada:

¡No insistas en que te abandone o en que me separe de ti!
Porque iré a donde tú vayas, y viviré donde tú vivas.

Tu pueblo será mi pueblo, y tu Dios será mi Dios.
Moriré donde tú mueras, y allí seré sepultada.
¡Que me castigue el SEÑOR con toda severidad
si me separa de ti algo que no sea la muerte!

¡Qué demostración tan impresionante y conmovedora de amistad imperecedera! Rut lo dijo en serio, y mediante ella cambió la amargura de Noemí en dulzura. Tenemos amigos queridos que se apegan a nosotros como Rut, y otros como Orfa cuya amistad es solamente barniz y que nos dejan rápidamente (véase NOEMÍ y ORFA). La Escritura nos da un perfil en cinco partes de esta famosa moabita:

Una joven viuda

La primera imagen que tenemos de Rut es como una joven viuda. En nuestros camafeos de Noemí y Orfa ya hemos visto cómo Elimélec y su esposa, junto con sus dos hijos Majlón y Quilión, para escapar de la hambruna que reinaba en Belén, emigraron al país vecino de Moab, cuyos habitantes eran idólatras. Poco tiempo después murió Elimélec, y los dos hijos huérfanos de padre se casaron con mujeres de Moab. Majlón se casó con Rut, y Quilión con Orfa. Pasados diez años de vivir en Moab, Majlón y Quilión murieron dejando a sus esposas sin hijos. Al casarse con mujeres de Moab aquellos dos hebreos pecaron contra la ley mosaica que prohibía cualquier asociación con los idólatras moabitas (Deuteronomio 7:3; 23:3).

Majlón significa «el enfermizo», o «inválido»; Quilión, «el que languidece», o «debilitado», nombres probablemente relacionados con su fatal fragilidad de nacimiento. Puede que hayan sido mellizos, y desde su nacimiento Noemí tuvo que rodearlos de mucho cuidado y atención. Es evidente que la vida en Moab, con toda su comida y comodidades, aceleró su fin. Al igual que su padre

Elimélec, recibieron sepultura en tierra extranjera, y la desolación de la viudez vino sobre Rut y Orfa, quienes vinieron a compartir la desolación de Noemí. Diez años de viudez llevaron a las dos jóvenes a su edad madura. No se nos dice hasta qué punto las inclinó hacia Dios su matrimonio dentro de una familia hebrea, con su reconocimiento de Dios y no de sus ídolos como el único verdadero objeto de adoración. Como el esposo de Rut, Majlón, era el primogénito de Elimélec y Noemí, podemos imaginar cómo se esforzó durante los años que estuvieron juntos para alejarla de sus costumbres paganas. Con todo lo que sabemos de la naturaleza honesta de Rut, es bastante posible que ella recibiera cordialmente todo lo que su esposo le dijo acerca del poderoso Jehová.

Privada de su esposo, Rut, al igual que Orfa, quedaría sin recursos materiales para subsistir, y enfrentaría la dura y amarga suerte de una punzante pobreza, como sucede a muchas viudas cuando pierden al sustentador de la familia. Pero si Rut derramó alguna lágrima por su lamentable situación al enfrentar un futuro tenebroso sin su esposo, no ha quedado ningún registro de ello. Ella no mostró lástima por sí misma ni manifestó la amargura que había atrapado el corazón de Noemí debido a su triste situación. En medio de las sombras, Rut mantuvo una ecuanimidad y una serenidad que incluso su suegra debe haber envidiado. Cuando la muerte destroza a hogares felices, se necesita mucha gracia para decir: «El SEÑOR ha dado; el SEÑOR ha quitado. ¡Bendito sea el nombre del SEÑOR!» La amargura que Noemí confesó por la pérdida de su esposo e hijos habla de su falta de fe en la buena providencia de Dios. Pero Rut, aunque puede que haya sido pagana, parece asentir calmadamente con la voluntad divina.

Una nuera fiel

Unidas por el lazo de la aflicción común, las tres viudas encontraron consuelo la una en la compañía de las otras. «Los sentimientos de camaradería hacen de nosotros una especie maravillosa». La viuda Noemí, ahora privada de sus dos hijos que murieron sin descendencia, no tenía nada que la atara a Moab. Como la hambruna había terminado en Belén, tomó la decisión de desligarse y regresar a su país y con su gente, quizá con una leve esperanza de que Dios probaría ser el guardián de las viudas. «¡Tus viudas pueden confiar en mí!» ¿Y Rut y Orfa? Profundamente ligadas a su suegra, que se había convertido en una segunda madre para ellas, y a quien se aferraron como su amiga y consejera, decidieron acompañar a la peregrina en su camino. Noemí no las persuadió, sino que dejó que las dos jóvenes viudas tomaran su propia decisión. Por tanto, las tres se marcharon juntas de Moab, pero en el camino se detuvieron y Noemí les instó a que regresaran a su país, se volvieran a casar y se establecieran. Ella no quería que enfrentaran la incertidumbre en una tierra extraña. A la pobre Orfa la vencieron los lazos familiares y sus prácticas idólatras. Su corazón desfalleció, y besando a su suegra regresó a su pueblo y dioses. Es posible que cuando haya estado nuevamente entre los amigos paganos, la conciencia a menudo le susurrara lo equivocado de su decisión.

En cuanto a Rut, la decisión fue diferente. Ella amaba a Noemí y estaba dispuesta a dejar su tierra y compartir el futuro desconocido con la anciana a la que estaba ligada su vida. En los días más felices con Majlón, y ahora en su desolación y pérdida del ser querido, Rut encontró en Noemí un hogar para su corazón. Orfa dio muestras de afecto apasionado al darle un beso de despedida a su suegra, pero Rut, como siempre, reveló una callada fidelidad tan característica de su asociación con la amargada mujer que ahora regresaba a Belén. Coincidimos con el sentir de Alexander Whyte de que no hay otra historia de amor comparable al amor de la nuera moabita por su suegra hebrea.

El amor de Rut por la anciana madre de su fallecido esposo es tan puro como el oro y tan fuerte como la muerte. Las muchas aguas no pueden apagar el amor de Rut. Y la confesión de su amor, cuando se ve en la necesidad de confesarlo, es la más hermosa confesión de amor de todo el mundo.

La declaración de amor de Rut y su lealtad hacia Noemí se distingue como el más puro y la más desinteresada forma de devoción, especialmente cuando recordamos que Noemí tenía el doble de la edad de Rut, y que, proverbialmente, no es fácil vivir con una suegra. Aquí tenemos una fuerte contradicción con la frivolidad moderna, el afecto apasionado de una joven viuda por su también viuda suegra. La historia y la literatura no contienen una expresión de amor y lealtad más exquisita que la que encontramos en el bello idilio que lleva el nombre de la propia amante. La inigualable dureza de carácter de Rut se hizo presente cuando gritó: «¡No insistas en que te abandone o en que me separe de ti!» Como lo dice A.S. Geden: «La piedad y fidelidad de Rut se muestra desde temprano en el curso de la historia, y en que se negó a abandonar a su suegra, aunque Noemí misma la instó tres veces a que lo hiciera, debido a su avanzada edad y a que Rut encontraría mejores prospectos en su propio país. En una época como la nuestra, con su cada vez más creciente número de relaciones tirantes, hogares rotos y vidas sin amor, es bien refrescante regresar a la imagen encantadora de la lealtad que encontramos en un corto pero sublime libro en el que cada expectativa es agradable.

Una convertida decidida

A pesar de su origen pagano y su relación con la degenerada tribu de Moab, Rut se convirtió en una devota adoradora del Dios verdadero. No se nos dice exactamente cuándo ella echó fuera su idolatría con su insensatez de inclinarse ante dioses de madera y piedra, y se volvió a la belleza y bendición de la verdadera religión. Quizás en su un tanto corta vida matrimonial, su corazón fue movido por lo que su esposo le dijo sobre la grandeza de Jehová. Luego debe haber visto que el Dios de Noemí era totalmente diferente de las deidades inanimadas que ella adoraba. Lo que sí es evidente es que el estallido en un canto de devoción de por vida en el camino de Moab a Belén fue el nacimiento de una nueva vida. De ahí en adelante los hebreos serían su pueblo, y el Dios de Noemí su Dios. La recién encontrada fe la impulsó a decir: «¡Que me castigue el SEÑOR con toda severidad si me separa de ti algo que no sea la muerte!»

Si Rut hubiera acompañado a Orfa a Moab y la oscuridad, habría regresado a los altares de Baal. Pero ahora con Dios en su corazón, deseaba vivir con aquel pueblo «cuyo Dios es el SEÑOR». La fe irrumpió a la luz del día, en manso y humilde servicio, y permaneció sin que ningún rastro de orgullo o altivez espiritual la contaminara, como lo expresa Kuyper. A esto podemos añadir la opinión de Fausset de que, «Rut es un ejemplo del afecto natural hecho un instrumento para guiar a la verdadera religión. Una flor del reino pagano extendiendo la campana hacia la luz de la revelación en Israel».

La firme decisión de Rut de seguir a Jehová, y de identificarse completamente con su pueblo, le trajo una rica recompensa cuando se convirtió en antepasada del Salvador que vino al mundo a salvar a los idólatras y pecadores de todas las naciones. Al rendirse a las demandas de Dios, «la belleza de corazón, generosidad de alma, firme sentido del deber y mansedumbre» de Rut fueron santificadas y usadas para colocar su atractivo retrato entre los inmortales. Hay miles de padres cristianos cuyas pesadas cargas se quitarían si tan solo sus hijos no salvos regresaran un día a casa confesando: «Tu pueblo será mi pueblo, y tu Dios será mi Dios». El milagro sucedió en el corazón pagano de Rut, y Dios sigue siendo el mismo hoy que cuando ganó para sí a la joven viuda de Moab.

Una humilde espigadora

De regreso en Belén, Noemí recordó cómo sus aflicciones la habían cambiado. A los amigos les costaba trabajo creer que esta era la hermosa mujer que los había dejado diez años atrás. En aquel entonces ella se vestía muy bien, pero ahora lleva puesto un pobre y desastrado vestido. Su frente estaba arrugada y la espalda doblada, pero a su lado estaba la «extranjera», para compartir su aflicción, y para saborear cualquier gozo que pudiera venir a su vida. Al principio parecía como si se fueran a quedar solas y sin protección, pero afortunadamente era época de la cosecha, y se estaban recogiendo las doradas gavillas. Noemí y Rut tenían que vivir, y Rut, con la consideración que la caracterizaba, sabía que su anciana suegra no estaba en condiciones de trabajar. Así que salió y se le indicó que se uniera a los recolectores pobres en los campos del rico y piadoso hacendado Booz.

Estamos en desacuerdo con aquellos que tratan de presentar a Rut como una muchacha solitaria dominada por la nostalgia por sus antiguos amigos moabitas mientras doblaba su espalda para recolectar en un campo desconocido. En su *Ode to a Nightingale* [Oda a un ruiseñor], Keats trata de inmortalizar ese sentimiento en sus atractivas líneas:

Quizás la canción solitaria que se abrió paso
A través del triste corazón de Rut, cuando,
    nostálgica por su patria,
Se paraba llena de lágrimas en medio del
    extraño grano.

No existe absolutamente ningún indicio de esta nota triste en el registro de Rut. Luego de haber quebrado deliberadamente toda asociación con Moab, ella encontró el gozo en medio de las extrañas personas a las que había hecho su pueblo, y cuando salió aquella radiante mañana para seguir a los segadores, lo hizo con gozo y confianza en que el Dios bajo cuyas alas había venido a refugiarse se encargaría de ella. Así que preferimos mucho más el hermoso tributo que Thomas Hood nos da en su poema sobre *Rut*.

Se irguió con la frente en alto en medio del
    grano,
Abrazado por la luz dorada de la aurora,
Como la amada del sol,
Que muchos besos resplandecientes había
    ganado.

En su mejilla un rubor de otoño,
Profundamente maduro —tal era el rubor
En medio del pardo nació,
Como rojas amapolas crecidas con trigo.

Alrededor de sus redondos ojos cayeron sus
    mechones,
Nadie podía decir cuál de los dos era más
    negros,
Pero largas pestañas velaron una luz,
Que de otra manera habría sido demasiado
    brillante.

Y su sombrero, con sombría ala,
Oscurecía su frente con rizos
Así se paró entre los tresnales,
Alabando a Dios con dulces miradas.

«Seguro», dije yo, «No fue la intención del
    cielo,
Donde yo siego tú no debes sino recoger;
Deja tus gavillas en el suelo y ven,
Comparte mi cosecha en mi hogar».

Rut no se avergonzó de la baja categoría del trabajo al ocupar su lugar como recolectora con los pobres y desechados. El historiador sagrado nos dice que cuando Rut salió a conseguir alimentos para Noemí y para sí misma, «dio la casualidad de que el campo donde estaba trabajando pertenecía a Booz, el pariente de Elimélec». Pero su entrada en el campo de Booz, y no en el campo de otro hombre, no fue por casualidad. Bajo la ley judía Rut tenía el derecho de recolectar en cualquier campo en que se estuviera cosechando. Entonces, no fue la casualidad la que unió a Booz y a Rut, porque Dios dirige los pasos de sus hijos. En sus planes para los suyos no existe una cosa como la *suerte*. Decidida a no comer el pan de balde, la hacendosa Rut fue directamente hacia los brazos de la providencia divina. Ni en sueños se había imaginado que se convertiría en la amada esposa del dueño del campo en el que los segadores le habían dado amistosa acogida (Rut 2:12; Salmo 17:8; 36:7).

Booz, que era temeroso de Dios, y alguien que se preocupaba de los pobres, fue a donde estaban los segadores, les habló con amabilidad, y se ganó su bendición. Al llegar adonde estaba Rut quedó extasiado por su apariencia formal y modesta. Aunque pobremente vestida había dignidad en su semblante, un refinamiento que la distinguía, y Booz quedó impresionado con su belleza y personalidad. Al averiguar sobre ella, Booz se enteró de su sacrificio por Noemí, y de su conversión a la adoración de Jehová (2:6, 7), y ordenó a los segadores que dejaran caer gavillas extras a propósito para beneficiar a Rut. Booz también le ofreció a Rut que recogiera solamente en su campo, y permaneciera junto a las mujeres que trabajaban para él. Él quería mantenerla alejada del tosco contacto con hombres que podrían aprovecharse de una mujer pobre que, en sus ojos de admirador, era muy superior. No debía comer con los demás, sino asistir a sus banquetes.

En cuanto a Rut, su corazón estaba lleno de la bondad que le había mostrado un desconocido en la soledad de una tierra extraña. Qué emocionada debe haberse sentido cuando llegó a casa y le contó a Noemí acerca de su buena suerte, y le mostró todo el grano que había reunido. ¿Hubo una nota poética en la historia de Rut de aquel primer día? ¿Había percibido ella que de alguna manera Booz se había sentido atraído hacia ella, y de ahí su generosidad a pesar de la sangre extraña que corría por sus venas? En cuanto a Noemí, cuando Rut llegó mencionando el nombre de Booz, su benefactor, Noemí recordó el nombre como el del pariente de su fallecido esposo, Elimélec. Puede ser que en la mente de Noemí penetrara un sentimiento de que quizás ella y Rut tendrían un futuro mejor.

Una madre honrada

Todos sabemos cómo se desarrollaron las cosas entre Booz y Rut, e hicieron que Goethe dijera del libro de Rut que «no tenemos nada tan hermoso en toda la gama de la poesía épica e idílica». El nombre de Booz se inmortalizó debido a su bondad hacia Rut, la pobre moabita, mientras que se desconoce el nombre del pariente que no quiso redimir la herencia. Resultó que Booz era uno de los parientes más cercanos a Noemí y uno de los pocos parientes de la familia de su esposo. Por tanto, le fue posible amparar a la viuda de Majlón, el hijo de Elimélec, de acuerdo con el profundo principio extendido en la ley de Israel con respecto a la preservación de las familias. Esta ley del Levirato planteaba que cuando un esposo muriera sin dejar descendencia, la viuda podía recurrir al cuñado más cercano (*levir*) para que desempeñara los deberes de esposo, y levantara descendencia para el muerto.

Sin embargo, en el caso de Rut no había ningún cuñado disponible pues los hijos de Elimélec habían muerto. Como consecuencia, al pariente más cercano se le podía pedir que actuara como «redentor» (*goel*) del desafortunado, aliviándolos de ese modo de su desamparo. El familiar más cercano a Rut por matrimonio no podía hacer la función de *goel*, y al ser Booz el próximo pariente más cercano, no eludió su responsabilidad para con la bella mujer que había ganado su corazón. Ante el concilio de diez hombres a la puerta de la ciudad, anunció ante testigos su decisión de comprar la herencia de Rut y casarse con ella. Aunque el soltero Booz era de edad avanzada, estaba decidido a jugar su papel y como dijo Noemí: «este hombre no va a descansar hasta dejar resuelto este asunto hoy mismo» ¡y lo resolvió! Así se llegó al idílico final, con Rut levantada de la oscuridad a la feliz unión con Booz, el poderoso hombre de riquezas. Esta historia nos proporciona uno de los primeros registros de la historia del mundo sobre un ascenso de los harapos a las riquezas, de la pobreza a la abundancia.

Dios sonrió al matrimonio del honorable Booz y la virtuosa Rut, y los bendijo con un hijo al que pusieron por nombre Obed, que significa «un siervo que adora». Como Rut fue la sierva que vino a adorar a Jehová, podemos imaginar que el nombre de su hijo era una expresión de su propia conversión de la idolatría. Mediante el nacimiento de Obed, quien fue el padre de Isaí, quien a su vez fue el padre del rey David, Rut llegó a ser nombrada entre los elegidos, y Dios tejió el hilo de su vida aun más intrincada en la red de la historia de su pueblo, tanto antes como después de Cristo.

Aunque era gentil de nacimiento, Rut se convirtió en la línea escogida de la cual más tarde vino el Salvador del mundo. Puesto que él vino a redimir a judíos y gentiles por igual, era apropiado que la sangre de ambos se mezclara en sus venas. «Vale más la buena fama», dice Salomón, «que las muchas riquezas, y más que oro y plata, la buena reputación». Rut vio que era así, y de esta forma su buen nombre encontró un lugar en la genealogía real de Jesús (Mateo 1:5). Como tan bellamente lo dice George Matheson: «En el alma de Jesús, las campanas de la boda de Rut y Booz suenan una vez más. Aquí otra vez Moab e Israel se encuentran. En el corazón del hijo del Hombre, los gentiles se encuentran codo con codo con los judíos como recipientes de una común paternidad divina».

Los que de nosotros somos cristianos alabamos a Dios por la inclusión de Rut en su galería de arte, pues ella fue la antepasada del que, con su muerte, nos acercó a Dios. Fue de Booz, un israelita sin engaño, y de Rut, que llegó a ser una «israelita, no de raza, sino de mente; no por sangre sino por fe; no por tribu sino por virtud y benignidad», que vino Jesús como la expresión más perfecta de todas las gracias.

Uno podría decir mucho de los méritos y mensaje del libro al que Rut le dio su nombre, así como de las muchas lecciones que se podrían sacar de él. Benjamin Franklin, que fuera en un tiempo ridiculizado en París por defender la Biblia, estaba decidido a averiguar cuánto de ella habían leído sus burladores. Le informó a una de las sociedades intelectuales que se había encontrado una historia de vida pastoral en los tiempos antiguos que le parecía muy hermosa pero que le gustaría escuchar la opinión de la sociedad. Se acordó una noche para que Franklin leyera a la asamblea de eruditos un texto que lo había impresionado. El amante de la Biblia leyó el libro de Rut, y cuando terminó los eruditos estaban extasiados y le rogaron a Franklin que lo imprimiera. «Ya está impreso», dijo Franklin. «Forma parte de la Biblia que ustedes ridiculizan».

No existe nada en toda la variedad de biografía sagrada o profana, comparable a la idílica simplicidad, ternura y belleza de la historia de Rut, la joven viuda de Moab. Hay solamente dos libros de los sesenta y seis que conforman la Biblia que llevan nombre de mujer. Rut es uno de ellos, y el otro es Ester, y ambos libros han cautivado a las generaciones subsiguientes. Los judíos tienen una estima muy especial para ambos libros. Durante la fiesta de Purim leen Ester, y en la fiesta de Pentecostés, el rollo de Rut. Entre las muchas características típicas de la última, la más sobresaliente es la de la composición de la verdadera iglesia de Jesucristo. Rut era una gentil, Booz un hebreo. Booz redimió la posesión de Rut y luego se convirtió en su esposo. Todos han pecado, judíos y gentiles, pero Jesús murió por todos, y su iglesia está compuesta por judíos y gentiles regenerados a los que llama su Esposa. De esta forma, «las campanas nupciales de Rut en Belén fueron las mismas campanas que sonaron en la cena nupcial del Cordero».

De las cualidades sobresalientes de Rut de altruismo y lealtad, aprendemos que dichas virtudes son el único fundamento sobre el que puede construirse la felicidad. Sin ellas es imposible una amistad verdadera, se pierden los lazos hogareños, y la estructura social se debilita. Rut también nos enseña que vale la pena cultivar la atractiva gentileza; y que el odio racial y el fanatismo religioso pueden resolverse con una correcta relación con el que hizo a todas las naciones de una misma sangre. Además, la rara joya literaria del libro de Rut, cuya lectura demora unos quince minutos, nos muestra cómo pueden resolverse nuestros problemas industriales y de trabajo. Booz era un granjero adinerado, no obstante mantenía una relación agradable con los que trabajaban para él en un período oscuro y caótico de la historia israelita. Mientras caminaba por sus campos, al encontrarse con sus siervos, les diría: «El Señor sea contigo», y tal era la armonía que prevalecía que ellos responderían: «El Señor te bendiga». En nuestros tiempos, las relaciones tirantes entres dueños y empleados se resolvería rápidamente si se aplicara la buena voluntad manifestada en aquellos días de antaño. Combinando como lo hace todos los rasgos de la vida y el carácter humano, Rut es un libro que todos pueden leer con placer y provecho.

SAFIRA
LA MUJER QUE CAYÓ MUERTA

Referencias bíblicas: Hechos 5:1-11

Significado del nombre: Safira es un nombre hebreo que significa «zafiro», una piedra preciosa de azul profundo, y probablemente se le puso como alusión al color de los ojos. El nombre proviene de la palabra hebrea que significa «hermosa» o «agradable». El zafiro representa las venas azules de una persona hermosa (Ezequiel 28:13). La Biblia no registra nada acerca de Safira, ni de su esposo junto con quien pecó y murió. Aunque no conocemos su genealogía, sí se nos da una idea de su avaricia y engaño. No es fácil separar a estos dos que fueron cómplices en su falsedad. Por tanto, nuestro camafeo de Safira es también el de su esposo.

El engaño satánicamente inspirado de estos dos que acordaron mutuamente mentirle al Espíritu de Dios, fue el primer acto de desobediencia grave dentro de la recién formada iglesia cristiana, de ahí que se justifique el severo castigo infligido. Como dice Meyer, este fue «la primera demostración abierta de maldad deliberada» y el castigo fue «un acto aterrador de la divina disciplina en la iglesia». Así como Satanás trató de arruinar la creación original de Dios mediante la desobediencia de la primera pareja de la tierra, Adán y Eva, también aquí está activo una vez más buscando destruir el testimonio de la nueva creación de Dios, su iglesia comprada con sangre, mediante otra pareja, Ananías y Safira. En la iglesia cantamos: «Ella es su nueva creación», y sus primeros miembros se percataron de la necesidad de ser uno en Cristo Jesús, pero Satanás no ataca esa unidad espiritual desde afuera, sino desde adentro mediante dos de sus miembros que podían haber destruido la iglesia.

Algunos escritores han sugerido que Safira fue la instigadora de la engañosa transacción que le costó la vida a Ananías y a ella misma. Así como Eva tentó a Adán para que pecara, y Jezabel hizo que Acab cometiera sus terribles crímenes contra el antiguo Israel, también Safira llevó a pecar a su débil esposo para su propia ruina. La historia dice que «se pusieron de acuerdo» para mentir, y que ambos eran igualmente culpables, porque todo lo que Ananías dijo, lo hizo «en complicidad» con su esposa.

Discipulado

Un aspecto trágico de la decisión en la que Ananías y Safira se pusieron de acuerdo es que ambos eran cristianos profesantes que se habían vuelto del judaísmo y se habían asociado a la recién formada comunidad cristiana. Algún tipo de fe y celo les llevó a declararse creyentes. Cualquier cosa que hacían, la realizaban juntos, y algún tiempo después de Pentecostés vinieron juntos a formar parte de la multitud de «todos los creyentes» (Hechos 4:32). Por tanto, fue el discipulado que profesaban lo que agravó su pecado. El engaño y la mentira se deben desaprobar hasta en las vidas de aquellos que no son del Señor. Actúan así porque carecen de las normas éticas del cristianismo pero que dos de los seguidores de Cristo intentaran decepcionar al Espíritu Omnisciente era verdaderamente un pecado de muerte. Para los santos es la exhortación: «si alguien piensa que está firme, tenga cuidado de no caer».

Disposición

Para poder entender completamente la historia de Ananías y Safira debemos leerla a la luz de lo que se narra antes. Los días en los que ellos vivieron fueron días de un comunismo cristiano voluntario en la iglesia primitiva, donde no había un abandono obligatorio de la propiedad, ni una mancomunidad absoluta de bienes. El impío comunismo de hoy día en el que hay una distribución equitativa forzada de la propiedad y se niegan los derechos humanos, es totalmente diferente de la rendición voluntaria de las posesiones para el bien de todos, que se experimentó en la era apostólica.

En aquel entonces, «todos los *creyentes* eran de un solo sentir y pensar. Nadie consideraba suya ninguna de las posesiones, sino que las compartían... Quienes poseían casas o terrenos los vendían, llevaban el dinero de las ventas y lo entregaban a los apóstoles para que se distribuyera a cada uno según su necesidad». Ese abandono voluntario de las propiedades por causa de Cristo fue característico de los miembros de la iglesia en Jerusalén, después del descenso del Espíritu Santo en Pentecostés. Este acuerdo por parte de los creyentes de vender lo que poseían y colocar el dinero de la venta en un fondo común para el beneficio de los necesitados, fue una demostración asombrosa de su disposición de seguir el llamado del Maestro a dejarlo todo y seguirle. En la larga historia de la iglesia nunca ha habido una demostración tal de mayordomía cristiana y un sentido de responsabilidad individual ante los ojos de Dios.

Entre los que habían entregado sus bienes se destacaba Bernabé, quién había ganado alabanza y poder debido a su sacrificio personal. Él había vendido todas sus tierras y había entregado todo el dinero de la venta a Pedro, representante y vocero de los Doce y líder de la iglesia primitiva. Entonces llegamos al «melancólico *pero*», como Matthew Henry describe el comienzo del quinto capítulo de los Hechos. «Pero cierto hombre llamado Ananías, con Safira su mujer, vendió una heredad» (RVR 1960). La acción de Bernabé de venderlo todo fue inspirada por el Espíritu Santo. Ahora otros dos creyentes actúan por el espíritu del mal para simular una entrega parecida. Al ver la alegría y el entusiasmo de los demás que se convirtieron en generosos benefactores, y la manera tan halagüeña en que se hablaba de ellos por su sacrificio, Ananías y Safira no querían que pensaran que ellos eran egoístas por quedarse con lo que tenían. Ellos querían ser incluidos entre los que, con las más altas motivaciones, se habían privado de sus posesiones terrenales, así que trataron de imitar la intensa hermandad que otros creyentes habían manifestado. Pero la sinceridad y espontaneidad de la entrega de otros, solamente establece un oscuro contraste con el engaño premeditado que Ananías y su esposa iban a practicar.

Decepción

Ananías y Safira, actuando en combinación, vendieron la parcela de terreno que poseían, y trajeron solamente «parte del dinero» a Pedro. No había ninguna regla de la iglesia que los obligara a vender su tierra y dar determinada cantidad. Si no hubieran traído nada a donde estaba Pedro no hubieran tenido culpa de nada. Su pecado consistió en entregar una parte como si hubiera sido todo, y quedarse con la otra parte. Ellos querían dar la impresión de que todo lo que tenían estaba puesto en el altar, cuando no era así, y de esta forma fueron culpables de sacrilegio en el intento de obtener la reputación de santidad con la realidad del sacrificio. Fue un esfuerzo por servir a Dios y a Mamón. Ellos eran «inconstantes» en cuanto al corazón dividido entre el mundo y Dios que Santiago describe (1:8; 4:8). Su dinero era de ellos, ya fuera para quedarse con él o para darlo en parte o en su totalidad. «¿Acaso no era tuyo antes de venderlo?» Su engaño estuvo en tratar de presentarse a sí mismos tan sacrificados como Bernabé, pero al hacerlo representaron una mentira. La parte que dieron la ofrecieron como si fuera el total de las ganancias de la venta de la tierra. La frase «se quedó con parte del dinero», se traduce «defraudando» en el RVR, 1960, y conlleva la idea de algo a escondidas y de apropiación deshonesta (2:10), y se emplea acerca del pecado de avaricia de Acán (Josué 7:1).

Dos veces se hace referencia a la indigna acción de estos dos creyentes como «mentira». «Mintieras al Espíritu Santo»; «¡No has mentido a los hombres sino a Dios!» (5:3, 4). El margen nos da «engaño» por «mentira». Si existe alguna diferencia entre estos dos términos, es que el engaño es el fin y la mentira es el medio de obtenerlo. Hubo un intento de defraudar o engañar al Espíritu

Santo. Ananías y Safira pensaron que nadie sabría cuánto dinero generó su tierra, y deshonestamente se convirtió en una mentira deliberada. Por desgracia, ellos no tenían la motivación espiritual que Bernabé tuvo cuando vendió y lo entregó todo, así que en su imitación de una entrega total, Ananías y Safira fueron bien deshonestos. Ellos cayeron en la tentación y una trampa, y su avaricia terminó siendo un fraude. Pedro, quien sabía por experiencia propia las maquinaciones de Satanás, le dijo a la fraudulenta pareja que ellos habían permitido que Satanás se apoderara de sus corazones, igual que el mismo enemigo motivó a Judas para que vendiera a su Señor por dinero. Pero más que por el pecado de la avaricia, Ananías y Safira sufrieron este castigo tan severo por causa de la falsedad y la hipocresía.

Pedro no se limitó al exaltar al Espíritu Santo como *Dios* (compare las frases «Mintieras al Espíritu Santo»; «has mentido... a Dios»). Aquí se destaca la personalidad y deidad del Espíritu. No podemos mentirle a una simple influencia. Ananías y Safira probaron al omnisciente Espíritu al ponerse de acuerdo para tratar de engañar a hombres en quienes él claramente habitaba de una manera extraordinaria, y mediante quienes ahora hablaba y actuaba como hizo a través de Pedro, el legislador y guardián de la iglesia infante del Espíritu. ¡Qué engañados estaban al pensar que podían pecar en las tinieblas sin que el divino Escudriñador de los secretos de todos los corazones, incluyendo los de ellos, supiera de sus pretensiones!

Deceso

El juicio, sumario y severo, sobrevino a los dos conspiradores cuya repentina muerte fue una señal, prueba de la ira de Dios sobre su hipocresía como la de Judas. Si no hubiera sido por la exposición de la acción falsa y deshonesta de Ananías y Safira, la iglesia en Jerusalén habría continuado pensando que ellos eran unas personas piadosas que, como Bernabé y los demás, habían sacrificado sus posesiones por el beneficio del rebaño. Pero Pedro, reflejando la justa indignación del Señor por el engaño de Safira y su esposo, «desgarró la tela que había sido tejida con los hilos de apariencias piadosas y codicias».

Ananías fue el primero en sufrir por haber pecado contra el Espíritu Santo. Cuando trajo ante Pedro «el resto» de la venta de su tierra, el apóstol lo inculpó inmediatamente el haberse quedado con parte del precio. No sabemos si Pedro había oído de los demás cuál era la cantidad total, o si el omnisapiente Espíritu se lo reveló. Todo lo que Pedro hizo fue aprovechar la intensidad de la culpa de Ananías e inmediatamente este cayó muerto. Pedro no anunció ninguna sentencia de muerte sobre él. Debido a que la iglesia había acabado de ser establecida como institución divina que su fundador iba a usar para la extensión de su causa en el mundo, fue necesario condenar en su primera aparición la forma particular de maldad que Ananías había cometido con un juicio divino visible. Esta fue, por así decir, la peor corrupción de lo mejor, el esfuerzo por obtener «la reputación de un santo, sin la realidad de la santidad». Mientras sufría la vergüenza y la agonía del ser descubierto, el horror de la conciencia aún viva, paralizó los poderes de la vida y esto dio por resultado una muerte rápida; pero más allá de cualquier causa natural, estaba la visita de Dios. El entierro de Ananías vino a continuación, en el cementerio de la iglesia infante. Ellicott pregunta si el cementerio al que los santos tenían libre acceso era el campo del alfarero que había sido comprado para enterrar extranjeros y si Ananías fue enterrado cerca de Judas en el mismo suelo (Mateo 27:7,8).

Afortunadamente, Safira no estaba presente durante las tres horas en las que confrontaron a su esposo por el pecado del engaño, este cayó muerto y lo envolvieron en su sudario y lo enterraron. Al regresar a casa, ella esperaba recibir gran honor por su supuesto sacrificio, pero al encontrarse con Pedro, ella continuó con la mentira de Ananías. La pregunta del apóstol: «¿vendieron ustedes el terreno por tal precio?» es decir, la cantidad que habían dado y que ellos entregaban como la totalidad que habían recibido por la venta, le dio a Safira una oportunidad de decir la verdad y arrepentirse de formar parte en el engaño. Ella no sabía que era muy tarde para advertir a Ananías, pero estaba en sus manos el limpiar su propia conciencia con una confesión sincera y salvarse así de la muerte. Sin embargo, la mentira en la que se habían puesto de acuerdo salió rápidamente de sus labios, y se pronunció la solemne palabra de juicio. Safira escuchó de la suerte de su esposo y que por haber compartido su delito, ahora compartiría su condenación. Vino sobre ella una muerte repentina, y a la tumba llevaron su cuerpo caliente para descansar con los de su esposo.

Se hace necesario unas palabras en cuanto al ministerio de Pedro en este trágico episodio de exponer el terrible secreto de esos dos corazones. Mediante el advenimiento del Espíritu en Pentecostés, Pedro recibió una percepción profética que le permitió leer los pensamientos y las intenciones de Ananías y Safira, y rastrear su maldad hasta su fuente, o sea, Satanás, quien previamente había zarandeado a Pedro mismo. Los ateos han acusado a Pedro de crueldad al traer la destrucción sobre esas personas, pero él no estipuló ni deseó su muerte. Él solo declaró la pena que el Espíritu de Dios ejecutó sobre quien intentó el horrible engaño. Además, Ananías y Safira no murieron de una apoplejía causada por la conmoción de una desgracia repentina, sino que murieron milagrosamente mediante un golpe divino. La revelación que Pedro hizo del pecado de ellos fue el motivo de su muerte.

Recordemos que Safira y su esposo eran cristianos, entonces, ¿cómo su juicio repentino afectó su relación con Dios? Jeremy Taylor nos recuerda que a veces Dios acepta una muerte temporal en lugar de una muerte eterna, y que una muerte repentina se coloca en lugar de un largo y explícito arrepentimiento. Agustín y otros afirman que los dos que fueron destruidos repentinamente caen bajo la categoría de esos miembros de la iglesia entregados a Satanás para la destrucción de la carne, para que el espíritu sea salvo en el día del Señor Jesús (1 Corintios 5:5; 1 Pedro 4:6). Alexander Whyte expresa la vibrante esperanza de que «ellos fueron fulminados en disciplina santificadora, más bien que en condenación eterna. Y ellos murieron de esa manera para que aprendamos de ellos a vivir como si no fuéramos a morir. Esperemos que ambos, esposo y esposa, hayan tenido en ellos en ese momento lo verdaderamente importante; y que los veamos también salvados en aquel día, a pesar de Satanás y todas sus fatídicas entradas en sus corazones. ¡Que el Señor te reprenda, Satanás! ¿Acaso no es este hombre un tizón rescatado del fuego?»

El efecto de esta horrible experiencia en los primeros días de la iglesia fue inmediato. Un sentimiento de sobrecogimiento y temor se apoderó de la comunidad de creyentes. Cuando Ananías cayó muerto, «un gran temor se apoderó de todos los que se enteraron de lo sucedido», y cuando le tocó el turno a Safira de seguir a su esposo en la repentina salida leemos que «un gran temor se apoderó de toda la iglesia». La congregación, purgada de sus engañadores, continuó adelante para experimentar una sucesión de actos milagrosos. Aquellos santos quedaron atemorizados del pecado, como resultado de la exposición de la mentira de dos de sus miembros y del terrible juicio que vino sobre ellos. Nosotros también, en este lejano día, recibimos la advertencia del sutil pecado en el que Ananías y Safira sucumbieron. Debemos cuidarnos de la avaricia, el fraude, el engaño, la mentira, las falsas pretensiones. En la iglesia no se puede comprar el honor con dinero. ¡Cómo pecamos cuando cantamos: «Mi todo doy», y, sin embargo, no llevamos todos nuestros diezmos al alfolí! Si Dios tratara hoy día con sus santos que pecan como lo hizo mucho tiempo atrás con aquellos dos que mintieron al Espíritu, habría decenas de puestos vacíos en nuestras iglesias y congregaciones debido a los eliminados por muerte repentina. Como sus ojos escudriñadores todo lo ven, ¡quiera Dios que nos encuentre viviendo y caminando en la luz teniendo, por consiguiente, vidas claras y transparentes.

SALOMÉ No. 1
LA MUJER CUYO BAILE SIGNIFICÓ LA MUERTE

Referencias bíblicas: Mateo 14:6-11; Marcos 6:22-28

Significado del nombre: Salomé es la forma femenina de Salomón, y según Wilkinson, es la forma griega de *shalom*, que significa «paz». Cruden, sin embargo, dice que Salomé implica, «muy sombrío», lo cual es cierto sobre el degradado carácter de la hija de Herodías, que verdaderamente era sombría, moralmente hablando. El Nuevo Testamento no menciona su nombre. Es Josefo, el historiador judío, el que la identifica como Salomé.

Nexos familiares: Era hija de Herodías con su primer esposo, Herodes Felipe, uno de los hijos de Herodes el Grande. Josefo nos dice que Salomé primero estuvo casada con Felipe el tetrarca, y después con Aristóbulo, rey de Calcis, nieto de Herodes, y hermano de Agripa.

Ya hemos mencionado el papel que Salomé jugó en el cumpleaños de Herodes, y cómo por su sensual baile Juan el Bautista fue decapitado, y Herodes perdió su reino (véase

HERODÍAS). Kitto, el eminente expositor nos dice que: «En la época de Herodes, el baile era extremadamente raro y casi no se hablaba de él, y, por consiguiente, la condescendencia de Salomé, quien se ofreció voluntariamente para honrar el cumpleaños del monarca exhibiendo su hermosa persona guiando el complicado baile en los salones de Machaerus, se percibió como un cumplido que merecía la más alta recompensa». Sin embargo, fue más por la instigación de su malvada madre que por iniciativa propia, que Salomé formó parte de su baile de muerte.

Lo que debemos tener presente en nuestros tiempos modernos con sus malvados bailes mixtos es que en ninguna parte de la Biblia se habla de la mezcla de los sexos en el baile. Los únicos bailes sociales por simple entretenimiento fueron el practicado por hombres desvergonzados a los que Mical se refiere cuando regaña a su esposo por bailar solo *delante del Señor*; las familias impías que Job describe, las cuáles intensificaron la maldad y terminaron en destrucción; y el de Salomé que terminó en el impulsivo juramento de Herodes y en el asesinato de Juan el Bautista, precursor de nuestro Señor. Puesto que casi todas las formas de baile mixto se enseñan y practican en escuelas, facultades, y lamentablemente, se tolera en algunas iglesias, los padres cristianos están profundamente preocupados sobre el efecto moral del baile en la vida de sus hijos. Si se niegan a permitir a sus hijos que bailen, a los padres se les tilda de ser demasiado estrictos, anticuados, o estar fuera de moda. Bueno, de seguro Noé no estaba a la moda, pero se salvó junto con su familia del terrible diluvio, mientras que el mundo frívolo y corrupto que le rodeaba pereció. Puesto que la moda de este mundo va a pasar, ¿por qué los cristianos no deben participar en ella? Se nos dice que Moisés «prefirió ser maltratado con el pueblo de Dios a disfrutar de los efímeros placeres del pecado» (Hebreos 11:25). El co-razón malvado de Herodías planeó el inicuo acto del baile de Salomé, y el más grande profeta de Dios murió. De seguro dicha tragedia es suficiente como para condenar al baile tal y como lo conocemos.

SALOMÉ No. 2
LA MUJER QUE QUERÍA LO MEJOR
PARA SUS HIJOS

Referencias bíblicas: Mateo 20:20-24; 27:56; Marcos 10:35-40; 15:40, 41; 16:1, 2

Significado del nombre: véase SALOMÉ No.1. Solo Marcos da su nombre. Mateo la designa como «la madre de los hijos de Zebedeo».

Nexos familiares: Se han hecho legendarios intentos por relacionar a Salomé con José mediante un matrimonio anterior, y vincularla, por tanto, a la familia de María, o de hacerla una hija de Zacarías. Intentos inadecuados han tratado de identificarla como hermana de María, la madre de Jesús, utilizando Juan 19:25 como base para la asociación. La Escritura calla en cuanto a su genealogía. Todo lo que sabemos es que era la esposa de Zebedeo, el próspero pescador que había contratado sirvientes. La única imagen que tenemos de él es en su bote reparando sus redes, cuando Jesús llegó y llamó a sus dos hijos para que le siguieran. Que Zebedeo compartió la devoción de su esposa por Jesús lo prueba el hecho de que no hizo nada por impedir que sus hijos dejaran su negocio para acompañar a Jesús. Si leemos entre líneas, no es difícil detectar la armonía que existía en aquella familia de Capernaún, en lo relacionado con el llamamiento y las afirmaciones de Jesús (Mateo 4:21; Marcos 1:19, 20).

Su devoción

Salomé, una de las santas mujeres que siguieron a Jesús en Galilea y que le sirvieron, parece haber sido una de las discípulas desde el comienzo de su ministerio público (Marcos 15:40, 41; Mateo 20:20-28). No tenía ninguna duda de que él era el Mesías, y no le fue muy difícil persuadir a sus hijos, Santiago y Juan, para que la acompañaran en su obediencia a la palabra del Maestro. Zebedeo y Salomé, con su vida y enseñanza, prepararon a sus hijos para seguir a Jesús. Que ellos nunca olvidaron la influencia e instrucción de su hogar se ve en la profundidad de su devoción, amplitud de su visión y el santo regocijo que claramente revelan los escritos de Santiago y Juan, quienes llegaron a ser apóstoles. Salomé permaneció siendo una fiel discípula de Jesús hasta el final. Ella estuvo presente en la crucifixión, contemplando aquella cruel escena desde lejos, incluso cuando sus dos hijos se habían retirado. Salomé y las demás mujeres «se quedaron mirando desde lejos», probablemente debido a la maliciosa muchedumbre, los toscos soldados, y los horrores de la cruz, todo lo cual era suficiente para intimidarlas. Estaban llenas de amor y simpatía, aunque se quedaron lejos. Los ojos llenos de lágrimas con los que habían demostrado su devoción camino a la cruz (Lucas 23:28), todavía lo contemplaban mientras colgaban allí para morir.

Salomé estuvo también con las mujeres que vinieron a ungir el cuerpo de Jesús, y participaron de las gloriosas noticias de su resurrección (Lucas 24:10). Ellas se dieron prisa para realizar el último servicio por su Señor, pero no llegaron lo suficientemente rápido a la tumba para perfumar su cuerpo con especias. Su devoción fue recompensada por la revelación del ángel de que al que ellas amaban y por el que se lamentaron estaba vivo para siempre. Ellas salieron a proclamar la bendita verdad de la resurrección: un milagro sobre el cual el hijo de Salomé, Juan, iba a hacer énfasis cuando escribiera el último libro de la Biblia (Apocalipsis 1:17, 18).

Su petición

Salomé tenía ambiciones para sus hijos, y la ambición es encomiable cuando está de total acuerdo con la mente y el propósito de Dios. La ambición, cuando es inspirada por Dios, puede llevar a las alturas del honor, pero cuando se persigue por motivos egoístas, puede llevarlo a uno a las profundidades de la degradación. Salomé sabía que ella era una madre respetada porque dos de sus hijos, Santiago y Juan, eran dos de los discípulos más amados de Cristo y junto con Pedro, formaban el círculo íntimo entre los doce. En diferentes ocasiones Pedro, Santiago y Juan aparecen juntos. Salomé sabía que Cristo era el Mesías, pero como milenialista no podía separarlo de la gloria temporal de Israel. Al creer que el reino se establecería en breve, ella pidió que sus hijos fueran colocados uno a la derecha y el otro a la izquierda de Cristo cuando él estableciera su reino. Aunque semejante petición provenía del orgullo y el celo maternales, no provenía de la fe verdadera. Ella no sabía lo que estaba pidiendo (Mateo 20:20-24; Marcos 10:35-40) al buscar puestos de honor para sus hijos.

Cuando Cristo la reprendió por su ambición equivocada, no rechazó la petición de la madre para sus hijos sino que la corrigió y la aceptó de manera que ni la madre ni los hijos esperaban. Estar cerca de él de manera íntima, en su trono, implicaba comunión con él en sus sufrimientos. Nuestro Señor no trató la ambición de Salomé como si fuera pecaminosa sino que tuvo compasión ante la ignorancia que había detrás de aquella petición. Salomé no sabía «de qué espíritu era» (Lucas 9:55). De hecho, Jesús preguntó si sus hijos estaban preparados para beber la copa del sufrimiento e insinuó que Santiago y Juan compartirían su trono de sufrimiento. Y así fue ya que Santiago fue el primer mártir apostólico y Juan, el último: los sueños de Salomé del reinado de Cristo, el cual sus hijos compartirían, quedaron bruscamente deshechos cuando vio a su muy amado Mesías morir como un criminal en una horca de madera. Al igual que otros, ella pensaba que este era «aquel que salvaría a Israel» pero ahí estaba, colgando de una cruz en agonía y vergüenza. Salomé aprendió que el único camino al señorío es mediante el servicio sacrificado. «El que quiera hacerse grande entre ustedes deberá ser su servidor» (Mateo 20:26, 27). La madre buscaba coronas terrenales para sus hijos, pero al perder sus vidas por causa de Cristo, ganaron mayor honor en el cielo.

Dejamos a «la madre de los hijos de Zebedeo» con la comprensión de la influencia que tiene una madre piadosa en y sobre la vida de sus hijos. Con mucha frecuencia los hijos se empapan del amor de Dios por el tierno afecto de su madre, de manera que se vuelve casi parte de la naturaleza del niño. Además, no hay antídoto más fuerte contra el pecado de adentro y afuera que la fe en Dios generada por la vida santa y las enseñanzas de padres piadosos. Salomé y Zebedeo eran del Señor y sus dos hijos se convirtieron en sus seguidores y murieron por él. Felices y agradecidos son los padres cristianos que viven para ver a sus retoños completamente dedicados al servicio del Señor.

SARA, SARAY
LA MUJER QUE LLEGÓ A SER
MADRE DE NACIONES

Referencias bíblicas: Génesis 11:29-31; 12:5-17; 16:1-8; 17:15-21; 18; 20:2-18; 21:1-12; 23:1-19; 24:36, 37; 25:10, 12; 49:31; Isaías 51:2; Romanos 4:19; 9:9; Hebreos 11:11; 1 Pedro 3:6

Significado del nombre: En la clasificación de los nombres de la Biblia están aquellos conocidos como nombres sacramentales, y se les llama así porque fueron nombres dados por Dios mismo, o bajo su inspiración en relación con una promesa pacto o declaración particular suya, con respecto al carácter, destino o misión de aquellos que reciben el nombre distintivo. De esta manera el nombre sacramental venía a convertirse en un símbolo y sello de un pacto establecido entre Dios y el recipiente de dicho nombre. Dos personajes de la Biblia que llevan nombres sacramentales son Abraham y Sara, ambos denotan los propósitos y promesas de Dios.

A la esposa del patriarca se le conocía originalmente como Saray, que significa «principesco» o «princesa». Elsdon C. Smith sugiere que puede significar «contencioso» o «pendenciero», pero lo cambiaron a Sara, no por accidente ni por capricho de la portadora, sino por Dios mismo para que fuera una señal de su propósito, implicando la princesa, una princesa o princesas, la fuente de naciones y reyes. Sara o «caudillaje», el femenino de Sar, que significa «capitán» o «comandante» se usa repetidamente en este sentido como un sustantivo común, como por ejemplo, en Isaías donde se traduce como «reinas» (49:23). Se ha observado que entre los antiguos judíos había un cierto tipo de traducción cabalística de que «la letra hebrea *yod* significa el poder creativo de Dios en la naturaleza, mientras que la letra *hay* simboliza el estado de gracia, ese estado en el que Sara había entrado tras recibir las promesas pactadas». La promesa de ser la progenitora de muchas naciones vino con el cambio de nombre de *Saray* a *Sara*. «Yo la bendeciré, y por medio de ella te daré un hijo. Tanto la bendeciré, que será madre de naciones». Así se le asoció a su esposo en la gran bendición del pacto, a él también se le cambió el nombre de *Abram* a *Abraham*. El primero, el nombre original, significa «mi padre es exaltado», el último, «padre de muchas naciones». Los libros apócrifos hablan de Abraham como de un «padre de pueblos numerosos» (Eclesiástico 44:19, DHH).

La idea de la raíz de Sara significa «gobernar», y encaja en la personalidad de la portadora. Fue un nombre que intentaba ser un sello de la promesa dada a Abraham, «de ella surgirán reyes de pueblos». Pablo hace una referencia alegórica a Sara como tipo de la dispensación del evangelio: «Pero la Jerusalén celestial... es nuestra madre» (Gálatas 4:26). Así, Sara sería *la* princesa, no solamente «porque ella sería la antepasada de una gran nación *literalmente,* de muchas naciones *espiritualmente,* sino también porque sus descendientes poseerían rango y poder, o mejor dicho, porque el pueblo proveniente de ella sería gobernado por una dinastía real, por una sucesión de reyes de su propia raza y linaje derivados de ella». En la genealogía de los descendientes de Esaú, el nieto de Sara, leemos: «antes de que los israelitas tuvieran rey, éstos fueron los reyes que reinaron en el país de Edom». La línea de reyes descendientes de Sara terminaron con el Ungido de Dios, el Mesías, cuyo «reino no es de este mundo». El nombre sacramental de Sara, por tanto, también simboliza la simiente espiritual, toda la multitud de creyentes de todas las naciones que son «reyes y sacerdotes para Dios».

No debemos olvidar la aplicación personal del cambio de nombre. Al ser llamada *Sara* por Dios y los ángeles (Génesis 17:15; 18:9), ella exhibió los atributos de una princesa, «esgrimiendo un cetro mediante cuya magia ella pudo hacer que los corazones de los hombres hicieran su voluntad, haciendo que incluso reyes cayeran a sus pies. Si ella vino a este mundo con su propia voluntad como dote, la naturaleza la ayudó aun más desarrollándola con la gran belleza de su rostro y la gracia de su estatura. Con estos dones hizo que sus deseos fueran órdenes y desarmó la oposición». Tanto en su porte como en su carácter ella ejemplificó el significado de su nombre. A través de los largos años de callada y firme devoción de Abraham hacia Sara, reinó la paz en la tienda matrimonial, más por la gentileza, amabilidad y abnegación de Abraham, aunque vivió tanto tiempo con la forma de ser más expresiva y posesiva de Sara. El Nuevo Testamento se refiere a ella uniformemente como *Sara* (Romanos 4:19; 9:9; Hebreos 11:11; 1 Pedro 3:6).

Nexos familiares: Sara venía de Ur de los Caldeos, en Babilonia, y su nombre anterior, Saray, que significa princesa, denota que provenía de una familia respetable. Era la hija de Téraj y por lo tanto era medio hermana de Abram, quien le llevaba diez años (Génesis 17:17) y con quien se casó en Ur de los Caldeos. Aunque Abram y Saray tuvieron el mismo padre, tenían madres diferentes (Génesis 20:12). En aquellos tiempos los matrimonios entre parientes cercanos se veían con buenos ojos y eran comunes por motivos religiosos (Génesis 24:3, 4; 28:1, 2) pero no así con los matrimonios entre los que fueran de la misma madre. Saray estaba bien entrada en años y sin hijos cuando junto a Abram dejó su país y partió «sin saber a dónde iban» (Génesis 11:29, 30).

Hay varias maneras de mirar esta admirable mujer quien fue durante un gran tiempo la esposa de un profeta conocido como «el amigo de Dios».

Su singularidad

Aunque pueda parecer extraño, el primer judío fue un gentil ya que Abraham, que provenía del otro lado del Éufrates, fue el primer hombre a quien se le llamó hebreo, «Abram el hebreo» (Génesis 14:13). La palabra hebreo en sí significa «el inmigrante» y era sin dudas la denominación acostumbrada entre los cananeos. Así mismo Sara, su esposa, fue la primera hebrea, la fuente conjunta de la gran raza judía (Génesis 11:29-31; Isaías 51:2). A Abraham se le ha llamado «la fuente de la vida heroica judía» y a Sara la heroína de dicha vida. Ella sigue siendo, indudablemente, la primera mujer histórica de los judíos y su primera madre. Por lo tanto, ella es una de las figuras femeninas más importantes en la historia del mundo, como la fuente natural del pueblo judío a través de quien serían benditas las naciones de la tierra. En la lista de honor de la fe solamente se mencionan dos mujeres: Sara es la primera y Rajab la segunda (Hebreos 11:11, 31), ambas vivieron por fe y murieron en fe (Hebreos 11:13). Sara ha sido siempre un nombre femenino popular tanto entre judíos como entre gentiles.

Su belleza

El testimonio de la Biblia es que Sara era extraordinariamente bella (Génesis 12:11, 14). Los versos de Keats se cumplen en ella:

Algo de belleza es un gozo para siempre;
Su encanto aumenta; nunca quedará en la nada;
Sino que en silencio permanecerá
Una tranquila enramada para nosotros, y un dormir
Lleno de dulces sueños...

El folklore hebreo ha mantenido vivas historias de su admirable belleza y la clasifica junto a la mujer más perfecta que el mundo ha conocido: Eva, «la madre de todo ser viviente». Sara parece haber tenido una belleza que se ponía más atractiva con el paso de los años. «De las cosas que son desfavorables para la preservación de la belleza, los orientales consideran que viajar es una de las más destructivas, incluso fatales», dice Gustav Gottheil. «No obstante, cuando Sara llegó, tras un largo viaje a través de desiertos polvorientos y bajo un sol abrasador, a las fronteras de Egipto, estaba más bella que nunca, y esto explica el curioso discurso de Abraham a su esposa en aquella coyuntura: "Sé que eres mujer de hermoso aspecto." ¿Acaso no lo sabía desde antes? No de manera tan convincente, explica el rabí, como después que vio que incluso el viaje no había hecho mella en su aspecto».

Isaías dice que, «de la flor marchita de su gloriosa hermosura» (28:1), y una canción de antaño tiene la siguiente estrofa:

La belleza se lleva por dentro,
Y la fealdad también.
La belleza pronto desaparece,
Pero la fealdad permanece en pie.

Pero con Sara era diferente, porque incluso cuando tenía 90 años era tan hermosa que Abraham temía que los reyes se enamorarían de su fascinante belleza, cosa que sucedió con faraón y Abimélec, como lo probarán nuestros próximos acápites sobre ella. Siendo una de las mujeres más hermosas que jamás haya vivido, podemos imaginar que adondequiera que viajaba tenía admiradores mirándola. «Toda belleza es seria», y la célebre hermosura de Sara ciertamente trajo problemas.

Sus peligros

Cuando la hambruna llevó a Abraham y Sara a la tierra de Egipto, y ellos presintieron que reyes hostiles podían tomarlos prisioneros, a Abraham se le ocurrió la indecente y baja proposición de que si los apresaban su esposa se presentaría como su hermana. El miedo a la muerte lo descorazonó y lo llevó a arriesgar la deshonra de su esposa para salvar su pellejo. Ella amaba entrañablemente a su esposo y su vida era demasiado preciosa para ella como para pensar en la vergüenza en que podía incurrir. Sara hizo muy mal en ceder al plan de su esposo. Cuán correcto hubiera sido si ella se hubiera negado rotundamente diciéndole a Abraham: «¿Cómo podría yo cometer tal maldad y pecar así contra Dios?» Pero ella llamó «señor» a su esposo, y evidentemente él era el señor de su conciencia.

Abraham pensó que si los déspotas orientales se enteraban que Sara y él estaban casados, lo asesinarían a él y añadirían a la bella mujer a su harén. Estar casado con una belleza sobresaliente hizo que Abraham tuviera miedo, y recurrió a la falsedad para salvar su vida. Si los apresaban, Sara no debía decir que era su esposa sino su hermana. Esta afirmación no era mentira completamente, sino una media verdad, puesto que ella era su media hermana. Ellos eran hijos del mismo padre, pero no de la misma madre. Parece difícil de creer que un hombre tan bueno pudiera entregar a su bella esposa a un monarca pagano, pero lo hizo, y Sara entró al harén del faraón. Pero Dios la protegió enviando plagas sobre el monarca. El faraón la devolvió a su esposo sin haberla tocado. El mismo indigno plan se llevó a cabo cuando Abimélec, rey de los filisteos, enamorado de su cautivadora belleza hizo que la llevaran a su harén. Nuevamente Dios intervino y ordenó al rey que le devolviera Sara a Abraham pues era su esposa. Amenazado con una muerte violenta, Abimélec obedeció, pero reprendió severamente a Abraham por su engaño (Génesis 12:10-20; 20). Años más tarde Isaac, el hijo de Abraham y Sara, empleó esta misma forma de engaño (Génesis 26:6-13, véase REBECA).

Dios manifestó su disgusto con Abraham y su esposa por su plan mal concebido. Como justo, él no podía excusar dicho engaño. ¿No lo había él llamado a salir de su tierra con una misión específica? Y no era él capaz de protegerlo y preservarlo de daño y peligro? ¿No era acaso el hecho de decir la media mentira en dos ocasiones una muestra de falta de fe en el cuidado protector de Dios y en su poder para cumplir sus promesas? El alma noble de Abraham sufrió un eclipse de la virtud de la fe por la que se le conocía cuando utilizó ese plan de engaño, exponiendo a su esposa a gran peligro, y también obstaculizar el plan divino para y mediante Sara. (Véase HAGAR.) Al engaño de Abraham lo siguió un intento de calmar una ofensa, y el patriarca merecía más culpa que Sara quien debió haberse opuesto al peligroso plan de presentarse a sí misma para la gratificación sexual de otros hombres.

Una mentira que es una verdad a medias Es la peor de las mentiras.

Una media verdad es siempre una mentira. Aunque era cierto que Sara era hermana de Abraham, la afirmación era en realidad falsa. Después del fuerte regaño del faraón por su engaño, ellos debieron haber aprendido la lección, pero cometer el mismo pecado otra vez unos años después, y además poner en peligro el plan de Dios de hacer de ellos una gran nación, deja a Abraham y a Sara sin excusa. ¿Con cuánta lentitud aprendemos de nuestros errores pasados?

Su aflicción

El único gran dolor de Abraham y Sara era que en toda su larga vida juntos no habían tenido hijos. Para una mujer hebrea, la infertilidad se consideraba una pena insoportable, y a veces se consideraba una señal de desaprobación divina. Sara permaneció sin hijos hasta los 90 años, incluso cuando regresaron a Babilonia (Génesis 11:30; 16:1-8). Dios cumplió milagrosamente su promesa y la hizo madre del hijo de la promesa. A través de los años, «codo a codo con la prosperidad, latido a latido con el pulso del gozo de Abraham, palpitaba en el corazón de Sara un pulso de dolor... Todavía no hay heredero». La angustia constante de la esterilidad hizo que Sara se convirtiera en «La mujer que cometió un gran error». A pesar del hecho de que, junto con su esposo, ella había recibido la promesa divina de que de ella provendrían naciones, la posibilidad de llegar a ser madre murió en su corazón. Una cruz como la de la esterilidad inflamó e intensificó su orgullo y la obligó a buscar una salida a esta vergüenza para su esposo. «Sara se sacrificó a sí misma sobre el más cruel de los altares donde una mujer se ha colocado; pero las cuerdas del sacrificio fueron todo el tiempo las cuerdas de un orgullo suicida: pues el sacrificio era un gran pecado ante los ojos de

Dios, y un daño fatal a ella, a su esposo y a las generaciones inocentes todavía por nacer».

Sara reveló el triste defecto de sus cualidades cuando le dijo a Abraham: «Toma a Agar mi criada, y no permitamos que la promesa de Dios falle por mí. A través de ella yo puedo continuar tu línea hereditaria». Pero todo lo que la pobre Agar pudo hacer fue producir un Ismael. La simiente prometida solo podía venir a través de Sara. Aunque era una costumbre de aquella época que un hombre con una esposa estéril tomara una concubina para que pudiera tener un heredero, Abraham, un hombre temeroso de Dios, debió haberse opuesto enérgicamente a cooperar con el plan indigno, que al final produjo celos y tragedia. «Abram escuchó la voz de Saray», pero la voz era la sirena mortal de Satanás cuyo objetivo era destruir la simiente prometida (Génesis 3:15). Como lo expresara un escritor moderno:

Lo menos que Saray imaginó cuando persuadió a Abram para que tomara a Agar era que estaba dando lugar a una rivalidad que ha permanecido con la mayor hostilidad a través de las edades y la cual no han podido sofocar océanos de sangre.

En nuestro camafeo de Agar (la que ve) intentamos mostrar todo lo que sucedió al desatino de Sara cuando ella intervino en el plan de Dios y escogió su propio camino para preservar la posteridad de su esposo.

Su gozo

En su amor perdonador y en su misericordia, Dios se le apareció a Abram cuando tenía 99 años y le aseguró que su esposa, por años estéril, concebiría aunque ya tenía noventa años. Para confirmar su promesa, Dios le cambió el nombre a Abram, poniéndole Abraham y el de Sarai a Sara (Génesis 17; 18). Ante tal revelación de los propósitos de Dios, Abraham cayó postrado sobre su rostro «Abraham inclinó el rostro hasta el suelo y se rió». Aunque se maravillaba ante

la realización de un imposible, no obstante Abraham creyó y su risa era el gozo de un hombre de fe. En ocasiones la risa es locura (Eclesiastés 2:2) pero la de Abraham era grandemente racional. Él se regocijó al pensar que Isaac nacería, y quizá en ese momento tuvo una visión del Mesías. Jesús dijo: «Abraham, el padre de ustedes, se regocijó al pensar que vería mi día; y lo vio y se alegró». (Juan 8:56). En cuanto a Sara, ¿cuál fue su reacción cuando oyó sin querer al Señor decirle a su esposo: «Tu esposa Sara tendrá un hijo»?

La Biblia dice que «Sara se rió», pero la de ella fue una risa de duda. Sin embargo, cuando nació su hijo lo llamaron Isaac, que significa «risa», un monumento a su pecado (Génesis 18:13), y al gozo de su esposo (17:17). El gozo de Sara no tenía fronteras, «Dios me ha hecho reír» (21:6; 24:36). Ella se había reído antes, pero Dios no fue el autor de la risa de duda. El gozo de Sara en el nacimiento de Isaac nos recuerda la «mucha alegría» proclamada por los ángeles que dieron a conocer a los pastores el nacimiento de Cristo quien vino de la línea de descendencia de Isaac (Lucas 2:10; Romanos 4:18-21). Pablo nos recuerda que fue por fe que Sara concibió de manera sobrenatural (Hebreos 11:11). No fue solamente en sí mismo un milagro producido por fe, sino también en señal de algo mucho más grande, la encarnación de Jesucristo.

Su longevidad

Sara es la única mujer cuya edad específica se menciona en la Escritura. En los evangelios se nos da la edad aproximada de una muchacha. La hija única de Jairo a quién Jesús resucitó de los muertos tenía «unos doce años» (Lucas 8:42). Sara se autodenominó anciana cuando tenía 87 años (Génesis 18:12), pero al morir tenía 127 años. Abraham había alcanzado la edad patriarcal de 175 años cuando Dios lo llamó a su presencia. La santidad siempre ha sido algo favorable para la longevidad. La buena vejez (Génesis 15:15, RVR 1960) era una señal de la fidelidad del Señor. Cuando la Condesa de Huntingdon estaba a punto de morir, dijo: «Mi obra está acabada y no tengo nada más que hacer sino ir a mi Padre». Seguramente Sara y Abraham, quienes no estaban saciados sino satisfechos con la vida, experimentaron el mismo contentamiento. Abraham vivió otros 38 años después de la muerte de Sara antes de completar la tarea que Dios le había dado.

Así que llegó el día en que abandonaría Sara el mundo en que había morado durante tanto tiempo y la suya es la primera tumba que se menciona en las Escrituras. Aunque Abraham y Sara fueron nómadas que vivían en una tienda en el desierto, el anciano patriarca quería para su amada esposa un lugar de descanso más permanente que la movediza arena del desierto. Allí los buitres y las bestias rapaces esperaban para engullirse a los muertos dejando solo los huesos blancos. Abraham rompió con la antigua costumbre del entierro en el desierto y compró una cueva en Macpela para que fuera el sepulcro de su querida Sara, y cuando el propio Abraham murió, sus hijos los enterraron «junto a su esposa Sara». Así, de manera simbólica, fueron inseparables en la muerte como lo habían sido en su larga y azarosa vida juntos. Cuando murió Cornelia, la madre de Cayo y Tiberio Gracos, a quien ella llamaba sus «joyas», en su monumento inscribieron: «Cornelia, la madre de los Gracos». Si se hubiera erigido un monumento para la noble mujer que hemos estado analizando, una sencilla inscripción en el duradero mármol habría sido suficiente:

Aquí yace Sara, la dedicada esposa de Abraham y madre de Isaac.

Hay una leyenda que dice que Sara murió de tristeza cuando supo que Dios le ordenó a Abraham que sacrificara a su hijo Isaac en el monte de Moria. La espada atravesó su corazón, como mismo pasó con María cuando presenció el asesinato de su ilustre hijo en el Calvario. Cuando Sara vio salir de la tienda a su esposo y a su hijo, llevando consigo la madera y un enorme cuchillo, ella se horrorizó y murió. Cuando Abraham e Isaac regresaron (Isaac como si fuera de la muerte) fue solo para sufrir y llorar por Sara. Si hubiera estado viva, habría recibido a su hijo de la muerte, entregado por las manos de Dios y habría escuchado de su esposo cómo un ángel detuvo su mano: «No pongas tu mano sobre el muchacho, ni le hagas ningún daño. Ahora sé que temes a Dios, porque ni siquiera te has negado a darme a tu único hijo». Pero la leyenda continúa diciéndonos que los ojos y los oídos de la devota esposa y madre se cerraron a las cosas terrenales y que su corazón se aquietó para siempre más allá del alcance del temor del que la carne humana, y especialmente los corazones de las madres, son herederos.

Su ejemplo

Cuando Pablo destaca que la ley y la gracia no pueden existir juntas (Gálatas 4:19-31), y usa los dos hijos de Abraham para ilustrar el contraste, él menciona a Agar por su nombre pero no a Sara. El apóstol la llamó «la libre» y «madre de todos». Sin embargo, en Hebreos la que creemos ser paulina, el apóstol menciona a Sara como una en la nube de testigos fieles (Hebreos 11:11, 12). La razón por la que recibió fuerza para tener a Isaac cuando ya era tan anciana fue porque ella creyó en la fidelidad de Dios. Si Abraham es «padre de todos los que creen» (Romanos 4:11; Gálatas 3:7), de seguro Sara es la madre. «Sara habla de lo que está en la fe, y por la promesa, y es libre y por lo tanto continúa en aquellos que viven por las promesas de Dios mediante la fe en Cristo y tienen la libertad perfecta que solo se encuentra en Su servicio y por lo tanto pertenecen a la Jerusalén celestial».

Luego Pedro toma su pincel y añade otro toque al retrato de Sara (1 Pedro 3:5-7), en el que ella se distingue especialmente por la obediencia a su esposo, convirtiéndose así en un modelo de sujeción a los maridos. Sara, hermosa, de voluntad firme y decidida, aunque en dos oportunidades perdió la compostura, nunca desobedeció a su esposo. Desde el momento en que partió de Ur de los Caldeos con su esposo, se convirtió en una esposa obediente. Martín Lutero declaró una vez que si quería una esposa obediente, tendría que tallarla en mármol pero Pedro, al exhortar a las esposas a la obediencia, presenta a Sara como su modelo. Le llamó a Abraham «mi señor» (Génesis 18:12), no obstante, su declaración del señorío de su esposo sugería más incredulidad que obediencia en fe. A pesar de eso Pedro tenía razón porque en medio de todo su vagar por lugares desiertos y sus caprichos esporádicos, ella tenía la hebra dorada de una sumisión hermosa y amante a los intereses de su marido y en este sentido es una modelo para que las «mujeres santas» lo imiten. Sara y Abraham fueron «dos vidas fundidas en una» en la que la sumisión sacrificada de Sara era evidente. Al pensar en ella cuán oportunos son los versos de Longfellow:

Así como el lazo se debe al cordón,
Así se debe la mujer al hombre.
Aunque ella lo dobla, lo obedece,
Aunque tira de él, lo sigue.
¡Inútil uno sin el otro!

Este describe con fuerza peculiar a las esposas cristianas que manifiestan obediencia conyugal, las describe como hijas de Sara, mientras hacen el bien y no tienen miedo (1 Pedro 3:6). Por su fe y su obediencia, Saray se convirtió en una princesa entre las mujeres y nos enseña la lección de que si «el hombre propone, Dios dispone». Fue solo después de mucho sufrimiento y pena que

tuvo la gracia para mirar al rostro de Dios y decirle: «Que se haga tu voluntad y no la mía». Al hacer una aplicación de la vida de Sara con Abraham, María Hallet llama la atención hacia las debilidades de Sara, el celo y el egoísmo, semejante a nosotros pero en un agudo contraste, sus buenas cualidades nos indican un ideal para la perfección. Su notable belleza física pudiera considerarse con un indicio de su gracia interior.

No podemos dudar que al vivir con Abraham en una atmósfera de reverencia y adoración, Sara desarrolló una belleza espiritual. Tal vez esto pueda servir como sugerencia para que las jóvenes modernas tomen tiempo en su comunión con Dios ya que solo en la quietud, solo cuando escuchamos, podemos escuchar su inconfundible voz.

SARVIA

Referencias bíblicas: 2 Samuel 17:25; 1 Crónicas 2:16

Significado del nombre: Bálsamo de Jehová

El nombre de esta deseada y bien recibida hija expresaba un sentimiento similar en uno u otro de los padres. Sarvia, hermana de David, fue la madre de Abisay, Joab y Asael, de quienes siempre se dice que eran «los hijos de Sarvia». Edith Deen señala: «El hecho de que su nombre aparece veinticinco veces junto a los de sus hijos es prueba suficiente de que fue una madre distinguida con una marcada influencia en la vida de sus hijos». Podrían considerarse dos razones para la ausencia del nombre del padre. Este puede haber muerto mucho antes o Sarvia puede haber sido una mujer extraordinaria con una personalidad más impresionante o en la omisión tenemos un sobreviviente de la costumbre antigua de mostrar el parentesco mediante el lado femenino. Los hijos de Sarvia fueron prominentes en la historia de Israel durante el reinado de David.

SÉFORA
LA MUJER QUE INCORRECTAMENTE
SE OPUSO A SU ESPOSO

Referencias bíblicas: Éxodo 2:21, 22; 4:24, 25; 18:1-6

Significado del nombre: Nombre madianita que significa «avecilla», «gorrión». Wilkinson hace la observación de que «la terminación femenina *ah* añadida a la frecuente palabra *Sefor,* es también el nombre del padre de Balac, rey de Moab. Nombres como «paloma» o «cordero» originalmente eran términos afectuosos, y así usan la palabra *passer,* «gorrión», los poetas romanos. Encontramos *Passer* también como el apellido de una familia romana. La raíz de esta palabra es un verbo árabe que significa «gorjear».

Nexos familiares: Séfora era una de las siete hijas de Jetro a quien también se le llama Reuel y Ragüel (Éxodo 4:24, 25; 18:1-6; Números 10:29, RVR 1960). Fue a la casa de este sacerdote pastor de ovejas de Madián que Moisés llegó cuando huyó de Egipto a la edad de cuarenta años, y al encontrarse con las siete hijas que estaban sacando agua, las ayudó. Ellas regresaron a casa más temprano que de costumbre y le dijeron cómo el egipcio las había ayudado. Puesto que había sido criado como hijo del faraón, Moisés debe haber parecido egipcio de pies a cabeza. Lo invitaron a su casa y Moisés estaba feliz de vivir con la familia de Jetro, y se casó con Séfora, la mayor de las siete hijas. De esa unión nacieron dos hijos, Guersón y Eliezer. Algunos escritores afirman, sin respaldo adecuado, que la etíope negra, «la mujer cusita» de la que Miriam y Aarón sintieron celos, no es más que una descripción de Séfora, y que, por tanto, Moisés solo se casó una vez. Pero la afirmación «él había tomado mujer cusita», implica un hecho reciente y que Séfora, con quien

Moisés se había casado cuarenta años antes, había muerto. Es muy improbable que Miriam y Aarón hubieran esperado todos esos años para murmurar contra Moisés si Séfora y la etíope hubieran sido la misma mujer.

Séfora, como madianita que era, no compartía los valores espirituales de su distinguido esposo quien estaba actuando contra la sagrada tradición de Israel. Esta pudiera ser la razón por la cual él llamó a su segundo hijo Eliezer, que significa «El Señor de mi padre fue mi ayuda». Para mantener la paz, Moisés cedió terreno ante su esposa incrédula y no circuncidó, que era la señal del pacto de Dios, a Eliezer. El Señor intervino, y como señal de desagrado divino, sobrevino sobre Moisés una enfermedad mortal. Tanto Séfora como Moisés se dieron cuenta de que habían profanado el pacto de Dios, y Séfora cedió. Moisés estaba demasiado mal como para tomar un cuchillo y circuncidar a su hijo, así que su esposa cortó el prepucio del niño y, lanzándolo ante Moisés dijo: «No hay duda. Tú eres para mí un esposo de sangre».

Cuando Moisés recuperó su salud, las relaciones dentro del hogar no eran muy agradables, pues él continuó solo hacia Egipto, y Séfora y los dos hijos regresaron a su casa en Madián. Acerca de este desafortunado incidente, Alexander Whyte dice: «Estos son los tres versículos más obscuros y misteriosos en la historia de Moisés que significan, si es que significan algo para nosotros, simplemente una explosión tal de mal carácter que debe haber dejado su marca en el corazón de Moisés y Séfora hasta su muerte. Incluso la mejor de las esposas, su ayuda idónea dada por Dios, la más modesta de las mujeres, la esposa que guarda a su esposo en su corazón como el mejor y más sabio de los hombres, bajo suficiente prueba, provocación y exasperación, se vuelve y ataca con una sola palabra, una sola vez en toda su vida matrimonial».

Cuando Moisés se convirtió en el poderoso líder y legislador de Israel, hubo un episodio en el que Jetro, su suegro, fue al desierto a ver a Moisés y llevó consigo a Séfora y a sus dos hijos. La reunión estuvo desprovista de límite alguno, pues Moisés los recibió con amabilidad y ni rechazó ni ignoró a su esposa e hijos. Pero después de esta visita durante la cual Jetro le dio a su sobrecargado yerno algunos consejos prácticos, no se dice nada más de Séfora. Ella desaparece sin comentarios de la historia del pueblo judío en la que su esposo tanto se destacó. «Ni como esposa de su marido, ni como la madre de sus hijos ella dejó un legado de riquezas espirituales». ¡Qué diferente habría sido si ella hubiera compartido completamente la inusual mansedumbre y santidad de su esposo y, como él, hubiera dejado tras sí sus huellas en la arena del tiempo!

SELOMIT

Muchos de los nombres hebreos propios están agrupados en heterogéneos ya que representan a personas menos importantes que otras. Además, hay nombres masculinos con terminaciones femeninas y nombres de mujer con terminaciones masculinas. En los casos en que existen dos formas de una palabra, una femenina y otra masculina, se encuentra muchas veces que la forma femenina se usa como nombre masculino. Un caso para destacar es el nombre heterogéneo que estamos tratando. *Selomí* («mi paz» o «pacífico» Números 34:27), nombre de la tribu de Aser; y *Selomot* («Dios es paz», 1 Crónicas 24:22), un descendiente de Izar y *Selumiel* («Dios es paz», Números 1:6; 7:36), jefe de la tribu de Simeón y que fue oficial en el censo de Moisés, todos estos son formas masculinas y nombres masculinos de *Selomit*, que es la forma femenina del nombre de varios hombres y mujeres. Aparece siete veces en la Biblia pero solo en dos casos pueden identificarse a los individuos como mujeres.

SELOMIT No. 1
Referencias bíblicas: Levítico 24:10-13
Significado del nombre: Pacífica

Este era el nombre de la hija de Dibrí de la tribu de Dan en los días de Moisés, quien se casó con un egipcio al que no se identifica, una asociación desfavorable a la piedad (2 Corintios 6:14, 15). Ella fue la madre del hijo mestizo a quien apedrearon hasta morir por blasfemar contra «el nombre del Señor». Airado porque por ley divina quedó excluido de acampar junto a su madre israelita, maldijo a Dios que dio la ley, e insultó a los jueces que dictaron sentencia en su contra. La tradición cuenta que el padre egipcio de este blasfemo era el capataz para quien trabajaba el esposo de Selomit en Egipto y que este abusó de Selomit y luego mató a su esposo. Además, cuenta que este fue el egipcio a quien Moisés mató (Éxodo 2:11) por los daños que le hizo al hebreo y a su esposa. Es también el culpable de que aquí tratamos el asunto de una Selomit deshonrada por el egipcio asesinado. La versión caldea antigua que concuerda con esta leyenda dice:

Un hombre malvado, un rebelde contra el Dios del cielo, salió de Egipto. El hijo de un egipcio que mató a un israelita en Egipto y deshonró a su esposa quien concibió y crió a este hijo entre los hijos de Israel.

SELOMIT No. 2
Referencias bíblicas: 1 Crónicas 3:19

Esta portadora ulterior del nombre era la hija de Zorobabel, no de Zorobabel el grande que llevó de regreso a los judíos por mandato de Ciro, sino de su primo quien tenía el mismo nombre. Era la hermana de Mesulán y Jananías (véase Mateo 1:12; Lucas 3:27).

SELOMIT No. 3
Referencias bíblicas: 2 Crónicas 11:20

No está claro si el historiador se refiere al hijo o la hija de Macá y el rey Roboán. Si era una hija, entonces era la hermana del rey Abías de Judá.

SEMER

Referencias bíblicas: 2 Reyes 12:21

Significado del nombre: Guardián o protegida del Señor

Semer es un nombre masculino. Fue la madre moabita de Jozabad quien junto con Zabad mató al rey Joás mientras estaba en la cama. También se le llama Simrit (2 Crónicas 24:26).

SERA

Referencias bíblicas: Génesis 46:17; 1 Crónicas 7:30

Significado del nombre: Abundancia

Sera, una hija de Aser, era nieta de Jacob por parte de Zilpá, la sierva de su esposa Lea.

SERÁ

Referencias bíblicas: 1 Crónicas 7:24

Significado del nombre: Un parentesco femenino de sangre.

Este nombre heterogéneo perteneció a una hija de Efraín que debe haber sido una mujer con fortaleza física ya que construyó o fortificó tres ciudades, las que probablemente recibió como herencia y las agrandó por motivos familiares (2 Crónicas 8:5).

SIBIA

Referencias bíblicas: 2 Reyes 12:1; 2 Crónicas 24:1

Significado del nombre: Gacela

El nombre de esta princesa de Judá implica la idea de gracia, agilidad y belleza. Sibia, una mujer de Berseba, fue la esposa del rey Ocozías y madre de Joás, a quien rescataron del asesinato durante la niñez y vivió para convertirse en rey de Judá y reinar cuarenta años. Todo lo que sabemos de Sibia es su nombre, pero el hecho de que de su noble hijo se diga que fue alguien que hizo «durante toda su vida lo que agrada al SEÑOR, pues siguió las enseñanzas del sacerdote Joyadá», es una muestra de su cuidado al criar al hijo en el temor del Señor, y también su disposición para seguir el consejo piadoso de Joyadá, su representante designado. ¡Cuán agradecidos debemos estar por la instrucción espiritual de aquellos a quienes el mismo Señor enseña!

SIFRÁ

Referencias bíblicas: Éxodo 1:15

Significado del nombre: Prolífica o procrear

Cuando hablamos de Fuvá (que recomendamos ver), llamamos la atención sobre esta partera que junto con su compañera arriesgó la vida para salvar a los bebés varones de las madres israelitas. Sifrá y Fuvá fueron las precursoras de una multitud de mujeres nobles que ayudan a traer los niños al mundo y quienes les imparten un cariñoso cuidado en los primeros días de la infancia.

SIMAT

Referencias bíblicas: 2 Reyes 12:21; 2 Crónicas 24:26

Significado del nombre: Fama

La portadora de este interesante nombre fue la madre de Josacar o Zabad quien fue uno de los siervos que conspiró contra el enfermo rey de Judá, Joás y lo mató en su cama. Como amonita, su malévola influencia se reflejó en su hijo.

SIMRIT (Véase SEMER)

SÍNTIQUE

Referencias bíblicas: Filipenses 4:2

Significado del nombre: Afortunada

Lo que indicamos en nuestro bosquejo de Evodia (el cual recomendamos comparar) se aplica aquí. Síntique, una miembro activa de la primitiva iglesia de Filipos, sin duda llegó a serlo más en su relación con Evodia luego de la amonestación de Pablo.

SÚA

Referencias bíblicas: Génesis 38:1, 2; 1 Crónicas 7:32

Significado del nombre: Rica, prosperidad o noble

He aquí otro nombre que se usa para ambos sexos. Entre los hombres que se citan en las Escrituras está Súa, el cananeo cuya hija se convirtió en esposa de Judá. Súa era un nombre cananita y denomina a las hijas de Éter, el nieto de Aser. También era la hermana de Jaflet, Semer, Jotán. No se mencionan otros detalles.

SUSANA

Referencias bíblicas: Lucas 8:2, 3

Significado del nombre: Lirio blanco

Susana viene de la raíz *shush*. Susana fue una de las mujeres a quien Cristo sanó tanto física como espiritualmente y quien mostró su gratitud al seguirle y ministrarle a él y a sus discípulos con sus propios recursos. Susana era el nombre de la madre de Juan y Carlos Wesley, y junto con su forma abreviada, Susan, siempre ha sido un nombre muy popular para las mujeres. En la literatura apócrifa también es el nombre de la heroína en *La historia de Susana*.

TABITA (véase DORCAS)

TAFAT

Referencias bíblicas: 1 Reyes 4:11

Significado del nombre: Gota de mirra o *stacti*

Entre los nombres de la Biblia hay unos pocos relacionados con algún tipo de perfume, como el que tenemos ante nosotros. La única mujer con este nombre fue una de las hijas de Salomón que se casó con un hijo de Ben Abinadab quien era gobernador de Salomón en Nafot Dor.

TAMAR

Solo unos pocos de los nombres propios en la Biblia están relacionados con árboles y flores (Susana, lirio blanco) y sería un ejercicio provechoso agrupar estos nombres. Tamar, que se usa para tres mujeres y que significa «una palmera», es uno de esos nombres. Abiatar, un nombre compuesto de Tamar, significa «una isla de palmas» o «como una palma». Como la palmera es el más valioso entre los árboles orientales, en estos nombres se conjugan las ideas de belleza y riqueza. Sin embargo, es muy raro encontrarse una mujer de los tiempos modernos que lleve el nombre de Tamar, a pesar de su valioso significado.

TAMAR No. 1
LA MUJER CON UNA HISTORIA PATÉTICA

Referencias bíblicas: Génesis 38:6-30; Rut 4:12; 1 Crónicas 2:4; Mateo 1:3

Nexos familiares: La Biblia guarda silencio en cuanto a su genealogía. Todo lo que sabemos es que era una cananea, como sugiere su nombre pagano, y que cuando enviudó por segunda vez, regresó a la casa de su padre pero no se nos dice quién era él ni dónde vivía. Lo que sí sabemos es que cuando se casó en la familia de Judá, la angustia y la tragedia fueron su suerte.

En primer lugar, Tamar se casó con Er, el hijo mayor de Judá y de Súa quien, al igual que Tamar, también era cananea. No se nos cuenta qué hizo Er que desagradó a Dios. Lo que haya sido, fue lo suficientemente pecaminoso como para que Dios lo matara. Se declara la maldad de Er pero no se describe. No hay pecados que Dios no pueda ver y hay pecados que solo él puede ver. La Biblia nos proporciona muchos ejemplos de la intervención personal de Dios con el propósito de castigar el pecado de ciertos individuos y de comunidades mediante la muerte. Pero Tamar no se quedó viuda durante mucho tiempo ya que de acuerdo a la ley hebrea, ella se casó con el hijo siguiente de la familia para que este pudiera darle descendencia a su hermano fallecido.

Onán fue el segundo esposo de Tamar pero él no cumplió con su responsabilidad para con la memoria y posteridad de su hermano. Reacio a cumplir con su deber según la ley del levirato con respecto al matrimonio, y sabiendo que ningún hijo sería suyo, Onán derramaba su semen en la tierra y por este acto de deslealtad a los muertos, Dios también le quitó la vida. Viuda otra vez, en el curso normal de los acontecimientos, Selá, el siguiente hijo de Judá, debía convertirse en el tercer esposo de Tamar como requería la ley tribal (Deuteronomio 25:5; Mateo 22:24). Judá prometió darle a la viuda sin hijos su tercer hijo pero cuando Selá llegó a la edad, su padre rompió la promesa. Tal vez Judá temía que el destino de sus otros dos hijos podría ser también el de Selá y su negativa de darle a Tamar en matrimonio a su hijo Selá tuvo consecuencias de gran repercusión.

Aunque no tenemos evidencia de la fe de Tamar en Jehová, ella debe haber tenido alguna idea de la importante envergadura mesiánica de la línea de descendencia de Judá, pues al negársele Selá, estuvo decidida, aunque de una manera incestuosa, a salvar de la extinción a la familia y tribu de la cual vendría el Mesías. Puede que Tamar haya pensado que si ella no se podía casar con Selá, entonces, de acuerdo con la ley del país el padre de él debía casarse con ella. Así que para asegurarse de obtener el fin que deseaba, recurrió a un método que no podemos excusar. De esta forma sucedió que le tendió una trampa a Judá, y como consecuencia ella y sus hijos hallaron un lugar en la más grande de todas las genealogías.

Tras la muerte de su esposa, Súa, Judá se

afligió mucho. Privado de sus dos hijos malvados, y ahora de su esposa quien, a pesar de su nacionalidad idólatra, no tenía nada contra su carácter, Judá fue a ver a su amigo Hirá, el adulanita. Cuando Tamar se enteró de esto, preparó una trampa para alcanzar lo que tres veces se le había negado. Disfrazándose para parecer una prostituta, se sentó en un lugar abierto donde pudieran verla. Judá, desconociendo la verdadera identidad de Tamar negoció sus favores y los obtuvo. Se expone el deseo de tener relaciones sexuales con una prostituta sin hacer ningún juicio moral, puesto que «había poco o ningún prejuicio contra la prostitución puramente secular en Israel».

Al enterarse que Tamar había estado haciéndose pasar por prostituta, ordenó: «¡Sáquenla y quémenla!» Pero cuando supo que él era el causante de su culpa, Judá se vio obligado a vindicar a Tamar y se vio forzado a admitir que ella había sido más justa que él. La despreciable conducta de Judá fue motivada única y exclusivamente por su deseo carnal, pero Tamar tuvo motivos más nobles: convertirse en la madre del representante tribal de Judá. De esa incestuosa unión nacieron dos hermanos gemelos, Fares, y Zera, o Zara. Mediante Fares, Judá y Tamar llegaron a ser los antepasados de Jesús (Mateo 1:3).

Aunque nos conmociona la incestuosa manera en que Tamar buscó la perpetuidad del linaje de Judá, de ella provino una raza fructífera. «Dios no sancionó sino que invalidó el mal para ejecutar su buen propósito» (Rut 4:12, 18; Romanos 3:5-8). Resulta chocante para nuestros más profundos y refinados sentimientos el ver el linaje de Cristo entremezclado con tan detestable degradación como la de este capítulo (Génesis 38). No podemos sino maravillarnos de cómo Judá y Tamar tienen la distinción de ser mencionados en la sagrada genealogía de Jesucristo, pero como lo expresa el Obispo Hall: «La elección de Dios es solamente por gracia, porque de lo contrario Judá nunca habría sido escogido». Judá era judío; Tamar, una gentil, y así podemos mirar a su paternidad de Fares (Mateo 1:3) como un anuncio del hecho de que ambos, judíos y gentiles compartirían las bendiciones del evangelio.

TAMAR No. 2
LA MUJER QUE FUE SEDUCIDA
POR SU PROPIO HERMANO

Referencias bíblicas: 2 Samuel 13; 1 Crónicas 3:9

Nexos familiares: Esta segunda Tamar fue la hermosa hija de David y Macá, hermana de Absalón, y media hermana de Amnón, hijo de David con otra de sus esposas, Ajinoán. Amnón, inflamado de pasión viendo la belleza de Tamar, escuchó la abominable sugerencia de su mal amigo, Jonadab, de que sedujera a Tamar. ¡Qué engañadora es la belleza física a menos que la gracia la acompañe y la guarde! (Proverbios 31:30). Amnón invitó a Tamar a sus aposentos, y sabiendo que era una excelente cocinera, fingió estar enfermo y pidió que ella lo cuidara y atendiera.

Tamar trató de resistirse al incesto, pero Amnón la tomó a la fuerza, y después de su acto pecaminoso se volvió con odio hacia Tamar y la hizo salir de su apartamento. Humillada, huyó hacia la casa de su hermano Absalón, porque su padre David no quiso castigar al hijo Amnón por este crimen. Para descrédito de David, no hizo cumplir la ley de Dios contra el incesto (Levítico 18:9, 11). Incluso Absalón pareció pensar que el pecado contra su hermana no era demasiado atroz porque, tratando de consolarla, le dijo: «Pues bien, hermana mía, cálmate y no digas nada. Al fin de cuentas, es tu hermano», un aspecto colateral del bajo nivel moral de la casa de David debido a su poligamia.

Pero en el corazón, Absalón odiaba a Amnón por violar a su hermana Tamar. La violación envenenó su corazón durante dos años al cabo de los cuales preparó el asesinato de su medio hermano por la violación de Tamar (2 Samuel 13:10, 22, 32). Qué terrible es el pecado; un paso conduce al otro y nunca sabemos cuál será el final.

TAMAR No. 3
Referencias bíblicas: 2 Samuel 14:27

Probablemente por consideración hacia su hermana Tamar, Absalón nombró a su única y bella hija con el mismo nombre. Como una palmera, debe haber sido alta, atractiva, tal y como lo fue su padre. Parece haber sido además un mejoramiento moral sobre las otras Tamar. Se casó con Uriel de Guibeá, y dio a luz a Macá, la esposa de Jeroboán, rey de Judá (1 Reyes 15:2; 2 Crónicas 11:20-22; 13:2), y se convirtió en la madre de Abías.

Tamar es también el nombre que Ezequiel le dio al territorio de la futura Tierra Santa que ocupará Israel (47:19; 48:28. Véase también 1 Reyes 9:18; 2 Crónicas 20:2).

TAPENÉS
Referencias bíblicas: 1 Reyes 11:19, 20

Significado del nombre: La cabeza de la generación

Entre los nombres paganos de las Escrituras encontramos a Tapenés. Este nombre en una forma variada describe una ciudad egipcia, pero en su forma original era el nombre de la reina de un rey de Egipto en los tiempos de Salomón cuya hermana era la esposa de Hadad, un rey edomita. Cuando esta hermana, cuyo nombre no se menciona, murió, tal vez durante el parto, Tapenés se convirtió en la madre adoptiva de su único hijo, Guenubat, y lo crió como suyo propio.

TIMNÁ
Referencias bíblicas: Génesis 36:12, 22; 1 Crónicas 1:39

Significado del nombre: Refrenamiento

Dos mujeres llevaron este nombre. La primera fue la concubina de Elifaz, un hijo de Esaú, que fue la madre de Amalec. Es muy probable que haya sido tomada como esclava durante la guerra entre los edomitas y los horeos. Se le conoce también como hermana de Lotán. La otra mujer con el mismo nombre fue probablemente la hija de la primera Timná.

TIRZÁ

Referencias bíblicas: Números 26:33

Significado del nombre: Agrado

Este fue el nombre de una de las cinco hijas de Zelofejad (véase JOGLÁ). Tirzá es también el nombre de una ciudad capturada por Josué (12:24).

TRIFENA Y TRIFOSA

Referencias bíblicas: Romanos 16:12

Significado del nombre: Delicada o exquisita

Ya que Pablo vincula a estas dos señoras cristianas, debemos pensar en ellas como una sola, lo que así eran en muchos sentidos. Probablemente eran hermanas gemelas de sangre, así como en Cristo, o parientes muy cercanas que pertenecían a la misma noble familia romana. Deben haberse distinguido en el servicio de la iglesia en Roma, quizás diaconisas, pues de lo contrario Pablo no las habría mencionado en su expresión de gratitud por su devoto trabajo en el Señor.

Sus nombres, típicamente paganos, contrastan con la relevancia de ellas. Puesto que si eran mellizas eran semejantes en cuanto a apariencia y constitución, se les dieron nombres con significados similares. Siendo de noble cuna «vivieron delicadamente», es decir, en abundancia y con lujo y placer. Lightfoot dice que: «Era usual designar a miembros de la misma familia usando derivados de la misma raíz». «Delicada» puede, por supuesto, referirse a debilidad física, y como mujeres tiernas y delicadas que eran, Trifena y Trifosa sobresalen como uno de los primeros ejemplos de trabajo arduo e incesante en el servicio de la iglesia.

Ya fuera que tuvieran modales suaves y refinados, o que fueran delicadas de salud, o ambos, estas activas trabajadoras se hicieron un sitio en la galería de Pablo de cuadros de los santos. Inscripciones cristianas primitivas en cementerios usados principalmente para los sirvientes del emperador contienen estos dos nombres femeninos, y, por tanto, pueden identificarse como parte de «los santos... de la casa del emperador» (Filipenses 4:22). Bendecimos a Dios por el registro de aquellas «mujeres distinguidas» (Hechos 17:12) de entre los griegos, que llegaron a ser humildes seguidoras del Cordero.

VASTI

LA MUJER QUE DIGNIFICÓ EL PUDOR

Referencias bíblicas: Ester 1; 2:1; 4:17

Significado del nombre: Vasti correspondió al significado de su nombre: «mujer hermosa». Debe haber sido una de las mujeres más bellas del reino del rey Asuero, quien pensó tanto en los encantos físicos de su esposa que embriagado en un banquete quería exhibir su belleza pues «realmente era muy hermosa».

Nexos familiares: Bullinger identifica a esta belleza persa como la hija de Alyattes, rey de Lidia, pero el único informe auténtico de Vasti es el que tenemos en su breve aparición en la Escritura como reina de la corte de Asuero o Artajerjes. Sería interesante saber qué fue de la noble esposa después de su desgracia y divorcio de su indigno y borracho marido.

Aunque el libro de Ester ocupa un alto lugar en la literatura sagrada de los judíos, este no menciona a Dios ni la tierra santa, y no contiene una enseñanza religiosa definida. Se dice que Martín Lutero arrojó el libro al río Elba, diciendo que deseaba que no existiera pues «tenía demasiado del judaísmo y mucho de imaginación pagana». El libro contiene una genuina veta de interés humano, pero también está cargado con el aire de la providencia divina (véase ESTER). Aunque la historia de Vasti solamente cubre unos pocos párrafos del libro, no obstante en el escenario de la grandeza oriental tenemos elementos de un drama imperecedero. Aunque el grueso del libro gira alrededor de Ester, desde nuestro punto de vista el personaje resplandeciente de la historia es la reina Vasti, a quien obligaron a irse porque se negó a mostrar su bello rostro y su figura ante los lujuriosos ojos de una corte borracha.

Vasti era una princesa persa de nacimiento, y poseía, junto con su porte real, una extraordinaria y frágil belleza. Aunque su esposo era un rey «que reinó sobre ciento veintisiete provincias que se extendían desde la India hasta Cus», su autoestima y elevado carácter significaban más para ella que el vasto reino de su esposo. En vez de satisfacer la vanidad y sensualidad de los borrachos, ella sacrificó valientemente un reino. En vez de bajar la bandera blanca de la modestia femenina, Vasti aceptó la desgracia y la destitución. La única verdadera soberana en aquella corte de borrachos era la mujer que se negó a exhibirse, aunque se lo ordenaba el rey.

La exigencia

Se celebraba un banquete impresionante en Susa la capital de Persia, que duraría siete días, donde el rey y sus dignatarios se unirían a cientos de invitados en un incesante ir y venir de festividades durante las cuales el vino fluiría libremente. Tanto los más importantes como los de menor importancia se encontrarían «en el jardín interior de su palacio». Luego vino el toque final del capricho de un tirano. Cuando «a causa del vino el rey

Asuero estaba muy alegre» ordenó que Vasti, su compañera real, compareciera ante los invitados. Durante una semana, enardecido por el vino y la adulación, había mostrado la espléndida riqueza y poder de su reino, y los príncipes habían derrochado adulaciones sobre él. Y ahora, ¡el clímax! Que todos los invitados medio borrachos vieran su más bella posesión, la reina Vasti, quien probablemente era la mujer más hermosa de su reino. Él quería que los alegres e intoxicados señores recrearan sus ojos con ella. La Biblia sencillamente declara que Asuero llamó a su esposa a la fiesta simplemente «a fin de exhibir su belleza».

Si el rey hubiera estado sobrio no habría considerado una violación tal de las costumbres, pues él sabía que las mujeres orientales vivían recluidas y que una petición como esa que hizo en su borrachera constituía un insulto grosero. «El hecho de que Vasti apareciera en el salón del banquete, aunque estuviera vestida con sus ropas reales y su corona, sería casi tan degradante como lo sería para una mujer moderna salir desnuda en la fiesta de un hombre». Lo que Asuero pidió fue la entrega del honor femenino, y Vasti, que no era ni engreída ni promiscua, no estuvo dispuesta a acceder. Plutarco nos recuerda que era costumbre del rey persa tener a su reina al lado en los banquetes, pero cuando él deseó formar alboroto y beber, mandó a salir a su reina y llamó a las esposas de menor rango, sus concubinas. Quizás esa es la pista histórica para la indignada negativa de Vasti, pues ella sabía bien que la costumbre persa estipulaba que la reina se mantuviera recluida durante las fiestas en que el vino fluyera libremente.

La desobediencia

Para Vasti, la orden del rey, su esposo, que era el único con derecho de mirar su hermosa figura, fue asqueroso para su sentido de la decencia, y a sabiendas de las consecuencias que traería el negarse a comparecer ante el grupo medio borracho, se negó rotundamente a acceder a la demanda del rey. Ella mantuvo firme su autoestima como mujer y «se negó a ir». Su noble desprecio a su dignidad amenazada merece el más alto reconocimiento. Lo que el rey perseguía habría violado su elevado pudor femenino, por tanto, ella tenía todo el derecho de desobedecer a su embriagado esposo. Una esposa ni debe ni puede obedecer a su esposo en cosas que se opongan a las leyes de Dios y a las leyes de la decencia y el honor femenino. Toda alabanza a la heroica Vasti por su decente desobediencia.

La destitución

La desobediencia de Vasti hizo que el rey se enojara. Nadie, especialmente una mujer, se había atrevido jamás a humillar a un déspota como él cuya palabra era ley en su reino. Esa humillación no tuvo sino un resultado, la emisión de un decreto: «que Vasti nunca vuelva a presentarse ante Su Majestad». Esta destitución también significaba el divorcio, no solo de su esposo, sino también de la vida y el lujo a la que estaba acostumbrada.

De esta forma en medio de la trágica oscuridad, la reina Vasti, que fue más reina por esa negativa, desaparece como una sombra resplandeciente. Los sabios, astrólogos de la corte y príncipes estuvieron de acuerdo con el rey en que el único castigo apropiado para un delito tal era desterrarla de palacio. Ellos sabían que la valiente posición de Vasti podía incitar a otras señoras persas a desobedecer a sus señores feudales, así que el decreto, tan absurdo como real, se emitió. «Todas las mujeres respetarán a sus esposos, desde los más importantes hasta los menos importantes».

Como la ley persa una vez hecha no podía ser revocada, Asuero, ya sobrio y probablemente arrepentido de su ira impulsiva no po-

día restituir a Vasti, así que escogió a Ester para sustituir a la reina. Es muy probable que «Vasti siguiera viviendo en la familia real, despojada de la insignia de la realeza pero con su propia integridad vestida de púrpura». Al entregar la diadema de Persa, Vasti se puso una corona que estaba más allá del poder de un rey déspota para poner o quitar, es decir, la corona de la feminidad exaltada. Cuán oportunas son las palabras de Tennyson cuando pensamos en el excelente carácter de Vasti, la persa pagana:

> Reverencia y conocimientos propios,
>   autocontrol,
> Solo estos tres dan vida al monarca.
> Sin embargo, no para el poder (el poder
>   vendrá por si solo, sin que se le llame),
>   sino para vivir de acuerdo a la ley.
> Al cumplir la ley vivimos sin miedo.
> Y porque lo recto es lo correcto,
> Seguir lo correcto es sabio sin temer a las
>   consecuencias.

Vasti escogió la destitución en lugar de la deshonra con una vergonzosa negativa a obedecer. Su negativa a exibirse fue recibida con un «castigo lo suficientemente severo para reestablecer la supremacía que esta amenazaba con derrocar». Pero para Vasti la conciencia y la dignidad personal tenían un lugar de gran supremacía y por este ideal ella fue destronada. Ligados a su belleza y encanto real estaban la valentía y el heroísmo, lo que protegía su carácter de la podredumbre del poder.

Vasti tenía un alma propia y preservaba su integridad y si las mujeres de hoy no dan honor a sus vidas, nunca obtendrán lo mejor que Dios tiene para ellas. Es una pena que en nuestro mundo moderno muchas mujeres no sean tan cuidadosas como la pagana Vasti en cuidar la dignidad del cuerpo. La moda y la popularidad son un precio muy bajo a pagar por la pérdida del respeto hacia uno mismo. Los ideales cristianos para la mujer pudieran parecer anticuados y en conflicto con las tendencias de los tiempos pero el favor divino reposa sobre aquellos que tienen el valor de ser ridiculizados por tener tan grandes ideales. Como dijera María Hallet, cualquier mujer será conforme al corazón de Dios cuando decida, por la gracia de él:

Permanecer refinada en su actuar y en su hablar cuando la moda es mostrarse «dura de carácter»; ser digna cuando las demás tratan de parecer «desenfrenadas»; mantener una verdadera perspectiva, un sentido real de los valores en una época irresponsable.

ZEBUDÁ
Referencias bíblicas 2 Reyes 23:36

Significado del nombre: Dádiva o regalo

En muchas ocasiones los nombres de Dios se combinan con otras palabras para formar nombres propios y se encuentran en aquellos nombres que exaltan a Dios como el Dador, como en el caso de Zabad que significa: «Él ha dado» y del cual Zebudá es la forma femenina. En el Nuevo Testamento Zebedeo implica «Jehová ha dado».

Zebudá era la hija de Pedaías de Rumá y fue la esposa del rey Josías y la madre de sus hijos Joacim y Joacaz. De Joacim, quien sucedió a su padre como rey a la edad de veinticinco años y reinó durante once años en Jerusalén, leemos que «hizo lo que ofende al SEÑOR, tal como lo hicieron sus antepasados». ¿Pudiera ser que su vida impía fuera el fruto de la influencia malsana de su madre durante los primeros años?

ZERES
Referencias bíblicas: Ester 5:10, 14; 6:13

Significado del nombre: Estrella de adoración u oro

¡Qué trágica experiencia debe haber sido para esta esposa y madre ver a su esposo y a sus hijos colgando de la horca! Aquí tenemos el nombre persa de la esposa de Amán.

Amán el agagueo, cruel enemigo de los judíos, era el primer ministro en el reinado de Asuero y el visir favorito del monarca. Cuando Zeres, su esposa, se enteró de que Mardoqueo, a quien Amán despreciaba, era judío, predijo la caída de su esposo (véase Isaías 54:17). Lo irónico de la historia es que Amán fue ahorcado en la misma horca que mandó a construir para Mardoqueo (véase ESTER).

ZERÚA
Referencias bíblicas: 1 Reyes 11:26-40

Significado del nombre: Leproso

El significado del nombre de la madre de Jeroboán, quien fuera el rey de las diez tribus que se rebelaron contra Roboán, el hijo y sucesor de Salomón, es un tanto incierto. Ella se casó con Nabat de Seredá, quien era un siervo en la corte de Salomón. Se dice que era «viuda», porque su esposo murió antes que su hijo levantara la mano contra el rey.

ZILA
Referencias bíblicas: Génesis 4:19-23

Significado del nombre: Sombra de oscuridad o protección

Lamec tuvo dos mujeres, Zila y Ada (con la que recomendamos comparar). Zila fue la madre de Noamá (que recomendamos ver), la primera hija que se menciona en la Biblia cuyo nombre indica «belleza». Zila fue también la madre de Tubal Caín, que fue el fundador del antiguo oficio de herrero y forjador de bronce y hierro. En el informe de Lamec y su familia no hay nada que sugiera a Dios ni a su servicio. Los nombres que él y sus esposas dieron a sus hijos «marca el crecimiento de la sensualidad y la lujuria de los cananeos. Fue el período de transición al arte y el refinamiento; concurrido por los males que a menudo acompañan a esas épocas».

ZILPÁ

Referencias bíblicas: Génesis 29:24; 30:9, 10; 35:26; 37:2; 46:18

Significado del nombre: Indeterminado

La muchacha esclava que Labán le dio a su hija Lea como sirvienta vino a formar parte del desarrollo de Israel como nación. Cuando, durante un tiempo, Lea dejó de tener hijos, le dio a Zilpá a Jacob para incrementar así sus descendientes mediante la criada, de esta forma Zilpá se convirtió en la madre de dos hijos: Gad y Aser. Estos fueron los progenitores de dos de las tribus de Israel (véase Lea).

Al mirar atrás, al gran número de mujeres cuyos nombres aparecen en los escritos sagrados, nos percatamos de que juntas representan todos los aspectos de la naturaleza humana: bueno, malo e indiferente. La mayoría de ellas vivieron sus vidas, mientras pasaban por esta corta escena de prueba hacia la eternidad, dejando muy poco rastro tras de sí. Pero como hemos visto, otras, por su carácter e historia, han dejado sus nombres grabados en la roca invulnerable de las Santas Escrituras, y sus historias nos sirven como señales de advertencia en las que se destacaron por su maldad, o como brillantes ejemplos de gran esfuerzo, donde vivieron sus vidas como para el que creó tanto al hombre como a la mujer para su gloria.

De hecho, todo lo que se escribió en el pasado se escribió para enseñarnos, a fin de que, alentados por las Escrituras, perseveremos en mantener nuestra esperanza (Romanos 15:4).

3

Mujeres anónimas de la Biblia

Aunque es bastante fascinante conocer a la mayoría de las mujeres de la Biblia a las que se mencionan por *nombre*, a menudo algunos escritores de biografías femeninas echan a un lado a las mujeres *anónimas*, de las cuales muchas ocupan un lugar prominente en la historia sagrada.

Una pregunta un tanto desconcertante es: «¿Por qué no se menciona el nombre de esas mujeres relacionadas con hombres muy conocidos y acontecimientos tan sobresalientes? ¿Cuál es la razón para su anonimato? Por ejemplo, tenemos los nombres de los hijos de Noé, pero no los de su esposa ni los de las nueras. Tenemos un cuadro completo del «justo Lot», pero prevalece el silencio en cuanto a los nombres de la esposa y las dos hijas. Las tres hijas de Job se mencionan por nombre, pero no tenemos la más mínima idea de la identidad de la esposa ni la de sus hijos. Las Escrituras nos dan el nombre de los hermanos naturales de Jesús, pero no de las hermanas. Los nombres de las dos hermanas de Betania, a quienes Jesús amaba, eran bien conocidos, pero reina el silencio en cuanto al nombre de sus hermanas. Pedro «el gran pescador», ocupa un gran puesto en la galería de retratos del Nuevo Testamento, pero todo lo que se dice de la querida pareja es que era su esposa. ¿Se ha preguntado alguna vez cuál sería su nombre y cuál el de su madre? Debido al estrecho compañerismo que existía entre Cristo y los Doce, tanto el Maestro como el gran círculo de los discípulos debían conocer a las esposas de estos últimos, si es que todos estaban casados, sin embargo, la Biblia calla en cuanto a su existencia y a

los nombres que tenían. ¿Por qué Pablo no nos da el nombre de su hermana de sangre?

No existe una respuesta satisfactoria para el silencio de las Escrituras con respecto a la identidad de las mujeres anónimas. George Eliot una vez destacó que: «Las mujeres más felices, al igual que las naciones más felices, no tienen historia». Pero muchas de las mujeres desconocidas de la Biblia, felices e infelices, dejaron un profundo impacto en la historia. Ellas jugaron un papel en los acontecimientos, pero sus firmas no están junto al servicio que prestaron. Claro está, la omisión de los nombres en las biografías de las mujeres cuyos hechos se publican no fue por descuido de los escritores de la Biblia. Lo que muchas de ellas hicieron es historia, pero una historia sin portada. ¿Acaso sería que ellas deseaban mantener su identidad en silencio? La realidad es que muchos de esos personajes femeninos anónimos estaban lejos de ser justos, como la sensual esposa de Potifar y la mujer samaritana. Tal vez los historiadores consideraron que eran indignas de mencionarse por su nombre. En otros casos, quizás los miembros masculinos de una familia se mencionan por lo que llegaron a ser o alcanzar, mientras que a los miembros femeninos no se les nombra porque no realizaron nada meritorio del uso de sus nombres. Los hermanos y hermanas de Jesús no creían en su misión divina, pero como resultado de la cruz los hermanos lo aceptaron como al Mesías y dos de ellos se cuentan entre los apóstoles (Mateo 13:55, 56; Gálatas 1:19; Judas 1). No se dice nada de que las hermanas se rindieran ante sus afirmaciones.

En la Biblia, el volumen intensamente biográfico de la humanidad, tenemos vívidas reseñas de un considerable número de mujeres santas a quienes «solo se les recuerda por lo que hicieron». Sus hechos son imperecederos y los caracteres brillan en las páginas sagradas, pero solo el ángel que las registró sabe quiénes fueron. Sir John Suckling nos da las siguientes líneas:

> El cielo es como la Vía Láctea,
> Un cúmulo de delicadas luces sin nombre.

Como vamos a ver en el capítulo que recién comenzamos, en la Biblia hay muchas «delicadas luces sin nombre», por supuesto, igual que en la historia mundial. La galería de retratos sin etiquetas bien merece repetidas visitas, pues estas desconocidas tienen, como la belleza, una excusa propia para existir. Aunque por alguna razón inescrutable se nos ha privado de los nombres de tantas nobles mujeres, no obstante ellas tienen algo de la inmortalidad de la que tan impresionantemente Rupert Hughes escribió:

> A veces, de noche en un parque boscoso,
> Como una caverna oceánica, penetra
> 　　profundo en la oscuridad,
> Dulces fragancias, como himnos, se
> 　　desprenden de flores ocultas,
> Y hacen feliz al peregrino; aunque las
> 　　tinieblas
> Oscurecen sus colores, *sus nombres*, ellas
> 　　florecen bellamente.
>
> Así en las pobladas crónicas de la fama,
> Cuelgan hechos inmortales de almas
> 　　desconocidas;
> Perduran como perfumando el humo que
> 　　asciende
> De sacrificios generosos. ¡Adiós, rostro y
> 　　nombre!
> Los hechos, cual fantasmas sin hogar, viven
> 　　por sí solos.

Plutarco, el biógrafo griego de la antigüedad, dijo en una ocasión que él «no escribiría las vidas de los hombres malos», pero el divino Autor de la Biblia consideró adecuado delinear, no solo a los hombres y mujeres buenas, sino también a los malos y corruptos. Si queremos saber lo que es en verdad la naturaleza humana en los impíos o en los piadosos, todo lo que tenemos que hacer es estudiar las biografías alrededor de las cuales gira la Biblia. Es por eso que hemos trabajado arduamente para exponer a *todas* las mujeres anónimas para que aprendamos de las lecciones de los vicios de los malos, así como de las virtudes de los justos. Como se puede apreciar, hemos tratado con esas mujeres anónimas en el orden bíblico. Creemos que de esa manera se pueden buscar fácilmente, y también encontrar cómo fueron maravillosamente tejidas en la tela de una revelación divina y progresiva que constituye la Biblia. Edgar Allan Poe tiene las siguientes líneas:

> Tristeza por la perdida Lenore
> Por la rara y hermosa doncella,
> A quien los ángeles nombraron Lenore
> Anónima aquí por siempre jamás.

Cualquiera que sea el nombre que hayan tenido en el cielo las piadosas mujeres no identificadas de la Biblia, ellas permanecen «anónimas aquí por siempre jamás».

LA ESPOSA DE CAÍN
Génesis 4:17

Una pregunta que es una «vieja castaña», y una que los agnósticos y abucheadores les gusta echarle en cara a los defensores de la autoridad de la Biblia es: «¿De dónde Caín sacó a su esposa?» Para muchos que no son enemigos de la fe, una pregunta como esa puede provocar una ansiedad innecesaria. Como Adán y Eva fue la primera pareja humana sobre la tierra, y por generación natural tuvieron tres hijos de los que se dan sus nombres: Caín, Abel y Set, y no se mencionan los nombres de ninguna de las hijas; parece como si hubiera un problema en saber de dónde vino la mujer a quien Caín hizo su esposa. En la genealogía de Adán, como cabeza natural de la raza humana, se nos dice que «Adán... tuvo otros hijos y otras hijas» (Génesis 5:4). No se nos dice cuántos hijos hubo, aparte de los tres que se nombran, ni cuántas hijas dio a luz Eva. Puesto que ellos vivieron mucho tiempo antes de que se dieran las leyes sinaíticas, no había ninguna dificultad moral en el matrimonio de parientes cercanos. Con Caín, el curso a seguir era obviamente necesario como también lo fue para sus hermanos: casarse con las hermanas. Como ya hemos visto, Abraham se casó con su media hermana, Sara.

Después que Set nació, Adán vivió otros 800 años, y murió a la edad de 930. No se nos dice cuándo murió Eva, pero si vivió tanto como su esposo, y fue capaz de seguir procreando durante los siglos, entonces la familia de la primera pareja de la tierra debe haber sido verdaderamente grande. El registro de nacimientos y muertes de Génesis 5 es un informe instructivo de sobresaliente longevidad. Se nos dan los nombres de los primeros patriarcas y los largos años que cada uno de ellos vivió sobre la tierra. Si sumamos los años que cada uno vivió, encontraremos que sus vidas cubren un período verdaderamente largo. Enoc vivió el período más corto, 365 años, un año por cada día de nuestro año normal; mientras que Matusalén vivió más que cualquier otro hombre, 969 años, 31 años para completar un milenio. Adán vivió poco más de cien años después del nacimiento de Matusalén, y este último debe haber tenido más de 300 años cuando nació su nieto Noé. Hay poco razón para dudar que Enoc, séptimo desde Adán, tuviera el privilegio de conversar con el primer hombre de la tierra. Para fines de los primeros dos milenios la población de la tierra mediante matrimonios entre parientes cercanos debe haber sido enorme.

Ya que debe haber habido un lapso de muchos, muchos años antes del matrimonio de Caín, es probable que algunos de los hijos e hijas de Adán y Eva, que no se nombran, nacieran durante un período semejante a los 130 años que pasaron entre el nacimiento de Caín y Set, el sustituto del asesinado Abel. Como no había otros seres humanos sobre la tierra aparte de los descendientes de Adán y Eva, Caín, se sintió atraído hacia una de sus hermanas y la tomó como esposa. Sea quien sea la hermana que decidió ir al destierro con su marcado hermano, merece crédito por la disposición de compartir la maldición y peregrinajes de Caín. Es significativo que llamaran a su primer hijo Enoc, que significa «dedicado», y puede sugerir un cambio de carácter en Caín. La palabra es semejante a la palabra «instruye» que se encuentra en la frase, «Instruye al niño en el camino correcto» (Proverbios 22:6), y también se utiliza en la dedicación de una casa nueva (Deuteronomio 20:5). Caín le puso a la ciudad que construyó el nombre de su hijo «Enoc», o «dedicado», y, como comenta Ellicott:

En los viejos tiempos las ideas de instruir y dedicar estaban estrechamente relacionadas porque la enseñanza generalmente asumía la forma de iniciación en los ritos sagrados, y al que se iniciaba se le consideraba una persona consagrada. Entonces, aunque la esposa [de Caín] puede haber tenido mucho que ver con ponerle el nombre, no obstante, vemos aquí la intención de que el niño fuera un hombre instruido y consagrado; y Caín debe haber puesto a un lado aquellos hábitos crueles y violentos que le habían llevado a cometer un crimen tan terrible. Podemos añadir que esto prepara nuestra mente para el rápido avance de los cainitas en las artes de la civilización, y para el siguiente paso relevante que dio Caín: un lugar apropiado donde habitaran sus descendientes todos juntos en una morada común *dedicada*.

HIJAS DE SET
Génesis 5:6-8

Al igual que su padre Adán, Set tuvo muchas hijas a las que no se identifican. No se da el nombre de la esposa de Caín, y la esposa de Set, quien posiblemente vivió tanto como su esposo (912), ni siquiera se menciona. Había suficientes esposas para los numerosos hijos que les nacieron a aquellos primeros patriarcas. Sin embargo, muchas de las hijas de esos hombres estaban entre las personas que el diluvio sorprendió debido a la perversa unión con los ángeles caídos (Génesis 6:12).

HIJAS DE ENÓS
Génesis 5:9-11

Las genealogías hebreas omiten los nombres de muchos hijos, así como de hijas. Donde se mencionan predominan los hijos porque, a medida que se expandía la civilización, las hijas no tenían el mismo valor que los hijos. Algunas veces un padre vendía a su hija como sierva (Éxodo 21:7), pero solo dentro de Israel (21:8).

HIJAS DE CAINÁN
Génesis 5:12-14

Cainán vivió 910 años, y debe haber tenido mucho placer en sus hijos e hijas. Cuánto más fascinantes habrían sido esas genealogías antediluvianas si hubieran estado repletas de los nombres, matrimonios e incidentes de las vidas de sus anónimas integrantes femeninas.

HIJAS DE MALALEL
Génesis 5:15-17

En esta sexta generación desde Adán tenemos la repetición de la frase «tuvo otros hijos y otras hijas», pero sin mencionar la cantidad ni sus nombres.

HIJAS DE JARED
Génesis 5:18-20

Como se observará, después de las esposas de Lamec, a quienes se mencionan por nombre (4:19-23), las esposas de los patriarcas siguientes hasta Noé ni siquiera se mencionan. Ellas comparten el mismo anonimato que las hijas y algunos de los hijos. Entre los hijos e *hijas* de Jared estaba un hijo que, debido a sus excelencias espirituales, se le menciona como «el séptimo patriarca a partir de Adán», y como profeta (Judas 14). Siete es el número de la perfección, de manera que Enoc obtuvo el más alto rango entre los patriarcas. Jared vivió 800 años después del nacimiento de su piadoso hijo, y nos preguntamos cuánta influencia tuvo Jared sobre Enoc, y qué pensaban las hermanas y hermanos de su vida única y de su traslación a los cielos, a los 365 años, sin probar la muerte.

HIJAS DE ENOC
Génesis 5:21-24

Matusalén es el único hijo de Enoc que se menciona por nombre. Debe haber sido un hombre distinguido por llegar a tener la mayor edad conocida en la historia humana. Murió a los 969 años. Es significativo que podamos leer que fue después del nacimiento de Matusalén que «Enoc anduvo fielmente con Dios trescientos años más, y tuvo otros hijos y otras hijas». Durante esos 300 años que pasó en la presencia misma de Dios y en constante comunión con él, podemos imaginar qué hogar tan piadoso debe haber tenido Enoc, con una esposa que compartía sus elevados ideales y todos los hijos e hijas tratando de agradar a Dios. En estas genealogías el triste estribillo *murió* no se repite en Enoc pues Dios lo trasladó para que no muriera. En comparación con la longevidad de aquellos que murieron, el peregrinaje de Enoc antes de que Dios se lo llevara fue de corta duración: ¡365 años! ¿No trata usted de imaginar lo que sentirían la esposa, hijos e hijas de Enoc el día que Dios se llevó a este para estar con él? Esperamos que todos en la familia siguieran a Enoc haciendo el bien continuamente y que sus hijas fueran «como columnas esculpidas para adornar un palacio» (Salmo 144:12), y su querida esposa de tantas décadas fuera «como vid que lleva fruto a los lados de tu casa» (Salmo 128:3, RVR 1960).

HIJAS DE MATUSALÉN
Génesis 5:25-27

Enoc le puso a su hijo un nombre profético pues Matusalén significa: «cuando muera será enviado», es decir, el diluvio con su terrible destrucción. Luego de vivir durante casi un milenio, Matusalén y su esposa deben haber tenido una descendencia numerosa, contando a los hijos e hijas y a los nietos. ¿A quién no le gustaría tener algún tipo de pista que indicara el tipo de hijas que tuvo el hombre que tanto vivió? Solo podemos esperar que como su abuelo Enoc, ellas también hayan caminado con Dios.

HIJAS DE LAMEC
Génesis 5:28-31

A su primer hijo, Lamec le puso por nombre Noé que significa «descanso» o «alivio». Este es «el primer ejemplo que se recoge, desde los días de Eva, de un hijo que se nombra al nacer y que en ambos casos el nombre resultó en desilusión. Noé no trajo ningún «descanso» sino que en sus días vino el diluvio como castigo del pecado humano». Sin embargo, el anhelo de alivio que sentía Lamec, contrasta grandemente con la arrogancia de su tocayo en el linaje de Caín (4:18). Después del nacimiento de Noé, Lamec «tuvo otros hijos y otras hijas» con una esposa desconocida. Evidentemente estos otros hijos no compartían la fe de su notable hermano y perecieron en el diluvio del que Noé, su esposa, tres hijos y sus esposas se salvaron.

HIJAS DE LOS SERES HUMANOS
Génesis 6:1-8

Esta extraordinaria porción de las Escrituras se ha interpretado de varias maneras. Ante todo, ¿quiénes eran las anónimas «hijas de los seres humanos» que se mencionan tres veces? Eran descendentes de los hombres que comenzaron a multiplicarse sobre la faz de la tierra, y aquí están incluidas algunas de las hijas que ya hemos considerado. Hay expositores que sugieren que esas «hijas», con su sofisticada belleza pero corruptas costumbres, eran cainitas, descendientes del Caín fundador de las instituciones civiles y la vida social, y que «los hijos de Dios» eran «hijos de Set», hombres piadosos de noble categoría. Pero no existe evidencia bíblica de que ni Set ni sus descendientes se destacaran por ser buenos moralmente, excepto Enoc. En la genealogía humana de nuestro Señor a Adán se le llama «hijo de Dios» (Lucas 3:38). Así que la interpretación habitual es que los descendientes píos de Set empezaron a unirse con las mujeres del linaje corrupto de Caín.

Pero tales matrimonios entre humanos, hombres piadosos y mujeres inferiores, no podrían producir «gigantes», «hombres poderosos», «hombres famosos» (6:4). Pedro, al tratar acerca del diluvio que se apoderó del mundo de los impíos, menciona ángeles que pecaron y que los desterraron del cielo (2 Pedro 2:4, 5), y Judas se refiere a estos seres angelicales como los que abandonaron su morada y se fueron «en pos de vicios contra naturaleza» (Judas 6, 7). Estamos convencidos de que los hombres anormales que aparecieron fueron el fruto de la unión corrupta entre ángeles caídos y mujeres impías, y que fue esta etapa terrible de maldad la que precipitó el diluvio que lo destruyó todo con excepción de Noé y su familia. Es cierto que los ángeles, siempre y cuando se mantengan como ángeles sin pecado, «ni se casan ni se dan en casamiento» pero cuando abandonan este estado original bienaventurado y van en pos de vicios contra naturaleza, ajenos a ellos, emergen criaturas únicas como resultado de esta ilícita unión. Era necesario un diluvio para limpiar la tierra de semejante contaminación. En el espiritismo existen matrimonios espirituales entre las médium femeninas y los espíritus del mundo invisible.

Wm. Kelly al referirse a Génesis 6:2 en su libro *Lectures on the Pentateuco* [Conferencias acerca del Pentateuco] dijo que: «En mi opinión, los hijos de Dios, son los mismos seres en *Génesis* que en *Job* (1:6; 2:1). Este punto sería suficiente para indicar su culpa principal al cruzar las fronteras que Dios estableció para sus criaturas. No es de extrañar que la ruina total ocurriera con tanta rapidez». Además, esta narración acerca de esta unión antinatural se convirtió en la base para algunas de las historias mitológicas en las cuales los dioses y las mujeres se casan entre sí y dan fruto a grandes héroes. En su extraordinario poema *Yesterday, Today, Forever* [Ayer, hoy, siempre], el obispo E.H. Bickersteth describe la descendencia de los espíritus malignos caídos y selecciona a dos como culpables de la violencia y corrupción que requirió un diluvio total para borrarlos de la tierra:

De quienes
Eran Uziel y Samihasai su compañero,
Hijos de Dios por derecho de nacimiento,
    ahora hijos de ira,
Que impulsados por la jactancia de Lucifer,
La humanidad debía ser su esposa, y
    estimulados por la lujuria,
Se mezclaron con las hijas de la infeliz Eva,
Herederas de su belleza, no de su
    penitencia,
En unión matrimonial. ¡Alianza fatal!
    De la que pronto emergió
La monstruosa cría de gigantes,
    linaje despiadado,
Engendro de seres humanos y angélicos,
Quienes crean ahora mayor confusión,
    y manchan
A los más puros hogares con violencia y
    sangre
La rapiña corrió alborotando la tierra.

Mientras la sombra del juicio se reúne alrededor de un mundo culpable, «espíritus seductores» se vuelven cada vez más activos, y la venidera «Gran Tribulación» puede proporcionarle a la tierra una repetición de las espantosas condiciones que resultaron de las aguas de la ira divina. En los días de Noé las cosas estaban tan podridas como era posible, pero tuvo la gracia para hablar con Dios y vivir tan perfectamente como podía en una generación que continuamente era vil y malvada. Así se salvó del juicio.

LA ESPOSA DE NOÉ,
LAS ESPOSAS DE SUS HIJOS
Génesis 6:18; 7:1, 7, 13; 8:16, 18

Aunque no se dice nada de la integridad de la esposa de Noé, cuyo nombre desconocemos, los tres hijos de los cuales se ofrecen sus nombres y sus esposas anónimas, deben haber compartido la justicia que Dios elogió en Noé (7:1), porque de otra manera no se habrían salvado por agua (1 Pedro 3:20). Ellos estaban entre la carne incorrupta que se incluye en la invitación divina: «Entra en el arca con toda tu familia». Puesto que Noé tenía 600 años cuando llegó el diluvio (7:6), él había tenido una larga vida caminando con Dios. Había soportado mucho menosprecio de los impíos mientras construía el arca y predicaba la justicia, llamando a los impíos al arrepentimiento antes de que cayera el juicio de Dios. Durante todos esos años de prueba, y en la tremenda aventura de entrar al arca con toda su carga viviente, la esposa de Noé debe haber sido fuente de gran aliento para él. En los hijos y sus esposas encontró a los que simpatizaban completamente con su fe y testimonio, y así se convirtió en la fuente de una nueva raza en una tierra purificada. Todas las naciones de la tierra brotaron de los hijos de las esposas anónimas de Sem, Cam y Jafet, quienes dieron a luz a sus hijos después de establecerse nuevamente sobre la tierra (Génesis 9:8, 9).

HIJAS DE SEM
Génesis 11:10-32

Mientras que las genealogías de Cam y

Jafet tienen información fragmentada de los hijos que les nacieron y de sus sucesores, no se menciona ninguna hija aunque debe haber habido varias de ellas (Génesis 10). Cuando llegamos a Set y a sus sucesores Salah, Eber, Peleg, Ren, Serug y Nahor tenemos la frase que se repite: «tuvieron hijos e hijas». Dos años después del diluvio, cuando Sem tenía 100 años, tuvo a su primogénito Arfaxad, y luego vivió durante otros 500 años, durante los cuales su descendencia debe haber sido numerosa. El diluvio fue universal y una vez que las aguas descendieron, Noé y su familia eran las únicas personas sobre la tierra. Para volver a llenar la tierra era necesario, como sucedió en el principio con Adán y Eva, que los hermanos se casaran con sus hermanas. De esta forma, los hijos y nietos de Sem, Cam y Jafet se casaron entre sí, y sentaron las bases de las naciones divididas sobre la tierra después del diluvio.

ESPOSA DE LOT
Génesis 19:15-26; Lucas 17:29-33

Abraham, al oír que los reyes de Sodoma y Gomorra se habían llevado cautivo a su sobrino Lot, persiguió a los enemigos y liberó a Lot y a «las mujeres y la demás gente». Las Escrituras no dicen quiénes eran estas mujeres. Pueden haber sido la esposa de Lot y las hijas, o sirvientas sodomitas. La primera referencia directa que tenemos de la anónima esposa de Lot es cuando los ángeles vienen a sacar apresuradamente a la familia de la condenada Sodoma (Génesis 19:15). La Biblia calla con respecto a quién era, de qué raza y familia, cómo era su vida y carácter y cuál era su nombre. Toda la información que tenemos acerca de ella está concentrada en un corto versículo: «Pero la esposa de Lot miró hacia atrás, y se quedó convertida en estatua de sal». No obstante, debemos prestarle atención, pues fue el dedo de Dios el que escribió estas llameantes palabras:

«¡Acuérdense de la esposa de Lot!»

Poco más de una docena de palabras en el Antiguo Testamento, y seis palabras en el Nuevo Testamento, es todo lo que tenemos de este personaje femenino.

Cuando, debido a un antagonismo, Abraham y su sobrino Lot se separaron, Abraham dejó que Lot escogiera de la tierra que tenían frente a ellos. Lot egoístamente escogió la mejor faja de terreno del país, «era tierra de regadío, como el jardín del SEÑOR» (13:10), pero esa selección avariciosa trajo resultados funestos. Lot estableció su campamento *cerca de* Sodoma, y en poco tiempo estaba en Sodoma cuyos habitantes «eran malvados y cometían muy graves pecados contra el SEÑOR» (13:13). Lot se convirtió en ciudadano de Sodoma, sentado a la entrada como el alcalde de la ciudad, y lo trataron con honor y reverencia como pariente que era del poderoso Abraham que había librado a Sodoma de la invasión elamita. Aunque Pedro habla de Lot como justo y con un alma justa y atribulada por las sucias vidas de los sodomitas (2 Pedro 2:7-9), no obstante, él, de alguna manera cerró los ojos a la maldad del pueblo, se casó con una mujer de Sodoma y consintió en que sus dos hijas que nacieron en Sodoma se casaran con sodomitas.

Sodoma era un sumidero tal de iniquidad que Dios dijo que la destruiría, pero debido a la presencia de Lot en la ciudad, Abraham intercedió para preservarla. Si encontraban a diez justos en ella, Dios dijo que tendría piedad de ella. La única persona justa en ella —cuya justicia se había vuelto inefectiva a causa de las concesiones que hizo— era Lot. Así que los dos ángeles vinieron a librar a Lot y a su familia del terrible juicio que estaba a punto de caer sobre Sodoma. Fueron atendidos durante la noche, y la esposa de Lot, sin lugar a dudas, participó de la hospitalidad que les mostraron. Temprano, a la mañana siguiente, los ángeles intentaron apurar a Lot y a su familia para que salieran de la ciudad, pero ellos se demoraban mucho. Detestaban tener que dejar el lujo, el placer y el pecado de Sodoma, así que los libertadores angelicales tuvieron que sacarlos a la fuerza de la ciudad y obligarlos a huir para salvar sus vidas.

El relato de la tragedia se narra con brevedad. Mientras caía fuego y azufre sobre Sodoma, la esposa de Lot miró hacia atrás a espaldas de su esposo. En los países orientales estaba estipulado que la esposa caminara a cierta distancia detrás del esposo, pero cuando la esposa de Lot se demoró y miró atrás, la alcanzaron vapores sulfurosos y pereció en ese mismo lugar incrustada con sal. Sepultada como una columna, se convirtió en un «recuerdo de una persona que no creyó» en una región desolada donde, «en prueba de aquella maldad, todavía queda el desierto humeante» (Sabiduría 10:7, DHH). La esposa de Lot miró atrás a la antigua ciudad lamentando haber tenido que partir de sus placeres pecaminosos. La habían obligado a salir de Sodoma como ciudad, pero todo lo que Sodoma representaba estaba muy metido en su corazón.

Durante todo el tiempo que la esposa de Lot estuvo en Sodoma, las «sucias comunicaciones» impregnaron su alma, tanto así que cuando el ángel de misericordia intentó salvarla del ángel del juicio, no pudo salvarla. En su mirada atrás, a Sodoma, había pesar por todo lo que estaba dejando a cambio de la vida desconocida que tenía por delante, y al suspirar, el aire salado blanqueó su cuerpo convirtiéndolo en mármol, y «la naturaleza hizo para ella una tumba y un monumento al mismo tiempo». «Quedó convertida en estatua de sal», y en esa palabra tenemos un símbolo de *carácter* así como un monumento de *destino*. Una estatua de sal es la imagen de muchas mujeres de nuestra sociedad hoy día. La dulce sangre del verdadero corazón de una mujer se ha puesto salobre con la vida que lleva. En vez de una mujer, lo único

que tiene es *una estatua de sal*. En Sodoma, la esposa de Lot vivía en placeres, pero estaba muerta en vida. Como esposa de un hombre justo, tenía una buena reputación, pero la vida alegre de Sodoma asfixió su alma. De esta manera, cuando sonó en su oído la voz de advertencia de Dios, puede que la haya escuchado, pero no le hizo caso. El todo de su vida había sido Sodoma con su sociedad y pecado.

Al referirse a la verdad de la Segunda Venida, nuestro Señor usó la destrucción de Sodoma y Gomorra y la liberación de Lot de su destrucción como una ilustración de la liberación de los suyos de la catástrofe que le sobrevendrá al mundo impío. Así advierte a los creyentes que se acuerden de la esposa de Lot para que no se retrasen, miren atrás y se pierdan. Nosotros, los que esperamos su venida, no debemos mirar atrás ni retroceder, sino *mirar hacia arriba* esperando el día de nuestra redención. ¡Qué llamativa es la exhortación de Cristo! «¡Acuérdense de la esposa de Lot!» El acto piadoso de María, al romper el vaso de alabastro con preciado nardo, le concedió un memorial perpetuo, y de igual manera el trágico acto de la esposa de Lot le trajo un tipo diferente de recordatorio. Para todos los que predican el evangelio, qué tremenda apelación a la decisión inmediata hay en la urgente invitación de los ángeles a Lot y su familia: «¡Escápate! No mires hacia atrás... no sea que perezcas». Ese apasionante himno evangelístico ha llevado a muchos pecadores a escapar a los brazos del Salvador:

Las campanas del evangelio advierten
   Al sonar de día a día.
Del destino que espera
   A quien que siempre demora,
Escapa tú por tu vida;
   No demores en la llanura.
Ni mires tras de ti nunca,
   A no ser que en dolor te consuma.

HIJAS DE LOT
Génesis 19:12-17, 30-38

Las dos hijas que le nacieron a Lot en Sodoma eran tan desvergonzadas como anónimas. Su padre, aunque era justo en comparación con la impiedad que le rodeaba, no ejerció ninguna influencia sobre ellas. De hecho, cuando Lot fue a advertirles a ellas y a sus esposos que abandonaran Sodoma a causa de la inminente condena, pareció que se estaban burlando de ellos, o como quien está jugando y no que hablaba en serio. Para los suyos, la advertencia de Lot sencillamente no tenía sentido. ¿Acaso no se había establecido en Sodoma, y se había casado con una de sus mujeres, y «titubeó» en el lugar que escogió, y se identificó con su vida y lujuria? Además, cuando llegaron los hombres de Sodoma a querer cometer sodomía (que ahora hemos legalizado y la llamamos homosexualismo) ¿Lot no les ofreció a sus hijas vírgenes a los sodomitas para que las violaran (19:7, 8)? ¡No es de extrañar que las muchachas no respetaran a su padre! A esto se añade la mala influencia de su madre de la alta sociedad que formaba parte de la vida de Sodoma.

La falta de la más mínima moralidad genuina en las hijas de Lot se pone en evidencia con lo que sucedió en la cueva una vez que los tres estaban a salvo de la humeante Sodoma. No se menciona que hubiera ningún remordimiento de su parte por el pecado que ocasionó la destrucción de la ciudad, ni la trágica muerte de su madre. Su ulterior degradación que culminó en la profunda vergüenza de Lot es la parte más terrible de su historia. ¡Qué repugnante la conducta de las hijas cuando emborracharon a su padre para convertirlo en el involuntario padre de sus hijos Moab y Ben Amí, que fueron concebidos en vergüenza y tuvieron una historia vergonzosa! (Deuteronomio 29:19; Salmo 83:8). La familia de Lot era un grupo malo; desgracia, desastre y muerte están escritos

en sus epitafios. Permanecen por siempre como un recordatorio solemne de la verdad de que «de Dios nadie se burla. Cada uno cosecha lo que siembra» (Gálatas 6:7).

LA ESPOSA DE POTIFAR
Génesis 39

H.V. Morton, en su perfil de la esposa de Potifar, dice: «ella ocupa un lugar prominente como la primera sensualista en la galería de mujeres de las Escrituras. Los pecados contra la moral que hasta este punto en la historia bíblica cometían las mujeres se debían a razones dinásticas, o debido a las costumbres de la época». La historia inmortal de la lujuria por José, de parte de la esposa del funcionario del faraón, es «el cuadro de una mujer malcriada, rica y bella, producto de una civilización lujosa y licenciosa», que codiciaba a uno de los hombres más santos y atractivos de Egipto. José disfrutaba del favor de Dios quien lo prosperó en el servicio para la casa de Potifar, el jefe de la guardia. Se sabe que había ganado la confianza de su amo porque «por causa de José, el SEÑOR bendijo la casa del egipcio Potifar». Sodoma no se habría destruido si hubiera tenido a diez como él.

Pero la prosperidad temporal no era una pura bendición para José. Él «tenía muy buen físico y era muy atractivo», y su cuerpo y rostro le traerían días de pruebas. Potifar tenía una esposa impía cuyo carácter se revela en su breve biografía. Si una mujer absolutamente mala es la obra maestra de Satanás, entonces la anónima esposa de Potifar se lleva el premio por su astucia diabólica y cobarde malicia. José era un joven con instintos naturales, pero la gracia divina lo guardó de ir tras las pasiones juveniles y lo capacitó para resistir las proposiciones de la infiel esposa de Potifar para que compartiera su cama. Ella fue persistente en su empeño de que José «se acostara con ella». Esta miserable mujer «día tras día» (39:10) lo tentaba a que cometiera adulterio. Mientras más insistía ella, más fácil le era a José decir: ¡No! Cada victoria lo ayudaba en la batalla por ganar. Uno de esos días de severo conflicto, leemos que: «todo el personal de servicio se encontraba ausente». Lo secreto a menudo proporciona la facilidad para pecar, pero José sabía lo que era estar solo con Dios y, por tanto, estar a solas con su tentadora no lo perturbó.

En medio de la intensa prueba, José actuó muy bien. Él sentía un profundo respeto hacia el esposo de la lujuriosa esposa y no podía pecar contra Potifar quien le confió a José todo lo que tenía y lo colocó en una posición de influencia y autoridad. Ni por un instante había tenido la más mínima duda de la integridad de José. Ese era el lado humano: la resuelta determinación a no traicionar a su amo que tan completamente confiaba en él. También contaba la opinión de José sobre lo que la esposa de Potifar constantemente le empujaba a hacer. Al adulterio que se le sugería él lo llamó «este gran mal». En su antiguo hogar hebreo se le enseñó que era un serio pecado despreciar la santidad de la ley matrimonial, y así José tuvo fuerzas para honrar las afirmaciones de castidad. Pero por encima de todo esto y más allá de cualquier razón por la cual no debía pecar de la manera en que se le incitaba, estaba el reconocimiento de las demandas de Dios: «¿Cómo podría yo cometer tal maldad y pecar así contra Dios?» José sabía que Dios era lo opuesto de todo mal, así que se puso de su lado.

El último día del período de tentación de José fue el más fatal. Al entrar a la casa para cumplir con sus responsabilidades, José vio que él y la diabla estaban solos y con un arranque apasionado ella gritó mientras se aferraba a sus ropas: «¡Acuéstate conmigo!» José huyó zafándose de su agarre y dejando algunas de sus ropas rasgadas en las manos de ella. Pero lo que no sabía José era que al huir de la pasión de una mujer, estaba huyendo hacia la cárcel. Las tiras de la ropa de José en las manos de la mujer le dieron una idea diabólica. Esa atracción hacia José se convirtió en odio, el deseo se convirtió en mentira y el adulterio en acusación. Llamó a los sirvientes y les mostró los pedazos de la ropa de José como evidencia circunstancial de cómo había tratado de obligarla a acostarse con él. El rápido abandono de José de la esposa de Potifar subraya la fortaleza de un carácter sin defecto, pero la calumnia de la mujer arrojó una sombra de duda sobre su piedad. Despectivamente se refirió a José como «el hebreo» que su esposo trajo a la casa para burlarse de los habitantes. Puede que ella haya sido la primera mujer, aunque ciertamente no la última, en «mostrar la clásica venganza de la mujer despreciada».

Cuando Potifar regresó, su esposa le mostró los pedazos del vestido de José que le había arrancado, y añadiendo un poco más, le repitió la infame mentira. ¡Cuánto debe haberle dolido en el corazón del piadoso José la falsa acusación, mientras que el amo, a quien respetaba, lo incriminaba de un pecado que aborrecía y que nunca cometió! La ira de Potifar se encendió, alimentada por los celos y falsedades de su esposa, y José sufrió el injusto castigo de ser echado a la cárcel. Pero hasta en la prisión José sabía que era mejor podrirse allí con una conciencia limpia, que prosperar en palacio si dicha prosperidad significaba degradación. Incluso en la cárcel, el Señor estaba con José, pues fue el buen Guardián del puro prisionero. Los demás culparon injustamente a José, pero él tenía la aprobación de su propia conciencia y la confianza de que el Dios contra el que se negó a pecar, lo vindicaría, tal y como ocurrió. Podemos imaginar cuántas noches de insomnio tendría la esposa de Potifar mientras pensaba en José en su estrecha celda y todo por su pasión y perjurio. Pero para crédito de José, no tenemos registro de que haya proferido palabra alguna en su defensa, o contra la malvada mujer responsable de su degradación. De esta forma:

Esta conmovedora historia antigua de un alma
Que se atrevió a hacer lo recto,
Está llena de útiles inspiraciones
Que nos mueven hacia la luz.

LA MADRE DE SAÚL
Génesis 46:10; Éxodo 6:15

A los israelitas les estaba prohibido tomar una esposa cananea (Génesis 24:3). Ellicott comenta: «La tradición judía presenta a Saúl como hijo de Dinab y un padre cananeo, Siquén, pero adoptado por Simeón para salvar el honor de su hermana, sin embargo, con una nota de que en parte era de sangre cananea».

LA HIJA DEL FARAÓN
LA MUJER QUE ADOPTÓ A UN BEBÉ

Éxodo 2:5-10; Hechos 7:21; Hebreos 11:24

Aunque ya hemos considerado brevemente a este personaje femenino incógnito y real (véase JOCABED), sería provechoso echar un vistazo más de cerca a la única madre que Moisés en realidad conoció. No sabemos exactamente quién era el nuevo rey de Egipto durante el tiempo del nacimiento de Moisés. Se han hecho conjeturas sobre si era Aahames I, Ramsés II o Seti I. De igual manera nadie sabe el nombre de su hija. Esta princesa a quien se le acredita con un hecho real, sin dejar su firma, se supone que haya sido Thermuthis, o Myrrina, o Mercis. Sea cual sea el nombre que le dé la leyenda, la Biblia preserva su anonimato, aunque «ella representa la dicha y el destino de la nación israelita como si fuera la salvadora providencial y auxiliar. La descripción de «la hija del faraón» sugiere que esta era la única hija del soberano egipcio. Nuestra primera impresión de la princesa es el contraste de carácter de esta con el de otra mujer egipcia sobre la que acabamos de escribir. La esposa de Potifar

manifiesta «las fuerzas indisciplinadas de la feminidad en su forma más violenta —la hija del faraón destruye ese oscuro cuadro y nos da el de una mujer— bondadosa, tierna y compasiva».

Era una mujer pagana

Aunque destinada a ser la mujer que salvaría a un bebé de una muerte terrible, lo cuidaría a pesar de ser hebreo y sentaría las bases de su gran obra para Dios, la hija del faraón era una egipcia, una idólatra que adoraba al sol. No obstante, en la crianza del hijo a quien rescató del Nilo y llamó Moisés, reveló estar por encima del plano pagano, incluso por encima de la crueldad de su padre pagano. Corrió el riesgo de poner en peligro el favor de su padre hacia ella, porque él había decretado que ahogaran a todos los bebés varones de los hebreos. Pero ella sintió que era demasiado cruel asesinar al precioso bultito humano que había encontrado entre los juncos.

Tenía un corazón humano

Por ser una mujer egipcia, la princesa gozaba de gran libertad. Junto a sus asistentes femeninas, ella vino a lavarse a una parte reservada del Nilo, pues esas aguas se consideraban ser saludables y fructíferas. Al ver la pequeña cesta, la hija del faraón envió a una de sus criadas a recogerla. Tan pronto como la abrió y vio al hermoso niño, tuvo compasión de él a pesar del hecho de que fuera uno de los hijos de los hebreos, a quienes su déspota padre había ordenado que mataran. El bebé lloró, y sus lágrimas abrieron un pozo de compasión en el corazón pagano de la princesa quien mostró un tierno afecto por el niño. Junto con ese amor se mezcló la preocupación por el bienestar del bebé y, como hemos visto, llamaron a su propia madre para que lo amamantara hasta que fuera destetado (véase MIRIAN). La hija del faraón no vio al pequeño Moisé s como a un bonito juguete para el palacio, sino como al niño abandonado por el que ella arriesgó su propia vida.

Se convirtió en la salvadora de Israel

Piense qué habría sucedido si la hija del faraón no hubiera descendido a las aguas a la hora que lo hizo; podían haber destruido al bebé de alguna manera. Pero de la misma manera en que Dios llamó «su siervo» a Ciro, un gobernante pagano, así usó a la princesa pagana para salvar al niño que se convertiría en uno de los más grandes héroes de Dios. Durante cuarenta años cuidaron y educaron a Moisés como al hijo de la hija del faraón, con todos los privilegios de un hijo de la corte real. Esteban declaró que «Moisés fue instruido en toda la sabiduría de los egipcios, y era poderoso en palabra y en obra» (Hechos 7:22). Rodeado de toda la riqueza y lujos de la corte del faraón, a Moisés se le enseñó a hablar y escribir correctamente el idioma egipcio. Debemos prestar atención a la gracia de estilo con la que más tarde escribiría Moisés los cinco primeros libros de la Biblia. Su educación también incluiría aritmética y geometría, algo en lo que los egipcios desde aquella época lejana, eran expertos. Moisés también adquirió conocimientos de la ley egipcia, a la que le dio buen uso cuando escribió la ley mosaica. De los sacerdotes de la religión aprendió mucho sobre la moralidad religiosa. Por lo tanto, en la educación que la princesa le dio a su hijo adoptivo, tenemos una evidencia del predominio de la providencia de Dios moldeando el futuro del gran líder de Israel. Theron Brown nos recuerda que:

> La nación hebrea (y el mundo entero), orgullosa del hombre magnífico que llegó a ser Moisés, le debe a ella su vida, su educación y su nombre... Solo ella se colocó entre él y la muerte... La tumba y restos de esta interesante mujer no se han encontrado. Si algún día saliera a la luz su imperecedera forma, vestida con las duraderas mortajas que envuelven la muerte de la familia real, entonces sabremos su nombre. Pero sería mejor conocer que su alma vive no lejos del hijo que adoptó y amó, el hombre más grande de la historia sagrada quien, si no fuera por ella, nunca lo hubiera sido.

Moisés nunca olvidó que era un hebreo, y durante muchos años en su estancia en Egipto tuvo que soportar la incesante e implacable envidia y hostilidad de los oficiales de la corte real. Pero la hija del faraón nunca perdió la fe en el talentoso hijo. Uno se pregunta si Moisés la habrá llevado a conocer a Jehová como Dios sobre todas las cosas. Debe haber sido angustioso para la madre adoptiva no poder proteger más a su hijo. En un arranque de indignación Moisés mató a un capataz egipcio por azotar salvajemente a un hebreo, y temiendo la venganza del faraón, Moisés escondió su cuerpo en la arena. Pero alguien presenció el hecho y Moisés huyó de la gran señora que, durante cuarenta años, derrochó cuidados y atenciones sobre él, haciendo que la vida fuera tolerable para él en medio de una tierra de esclavitud. ¿Volvería ella a verlo? ¿Estaría viva cuando, cuarenta años más tarde, él regresó a Egipto como el poderoso libertador de la nación israelita del cruel cautiverio? No lo sabemos. Pensamos en ella tal y como la Biblia la describe: una bondadosa princesa egipcia, una noble y tierna mujer que vivió en una época cruel. Por la providencia divina, ella fue el instrumento para salvar de la muerte al bebé que se convirtió en «Moisés, el siervo de Dios».

HIJAS DE REUEL
Éxodo 2:15-22

Cuando Moisés huyó del faraón, llegó a la tierra de Madián y mientras estaba sentado junto a un pozo, llegaron las siete hijas de Reuel, el sacerdote, o príncipe de Madián, a sacar agua para los rebaños de su padre. Las vírgenes tenían miedo de los pastores que las molestaban, pero Moisés, de apariencia muy egipcia, vino a ayudarlas y las asistió abrevando al rebaño. Las hijas invitaron a Moisés a venir a la casa, y él estaba contento y agradecido por la hospitalidad que le ofrecieron. Reuel, impresionado con los modales y apariencia de Moisés, lo invitó a vivir con ellos, lo cual hizo durante casi cuarenta años. Se casó con Séfora (la cual recomendamos ver), una de las hijas, y ella le dio a Moisés dos hijos, Gersón y Eliezer. Cuando se vio frente a frente con la necesidad de observar el rito de la circuncisión, Séfora, petulante y reprobadora, creyó que ese sangriento rito de la religión de su esposo era cruel y barbárico. Ella no comprendió el significado de la visita divina a Moisés, quien por ser negligente, no circuncidó al hijo recién nacido. A menudo, aquellos que están más cerca de nosotros no comprenden nuestra obediencia a Dios. Al no compartir el deseo de honrar al Señor, nuestros amigos íntimos piensan que la devoción a él es un poco extraña.

HIJAS DE FUTIEL
Éxodo 6:25

En la genealogía de Moisés y Aarón, que se da en este capítulo, el sacerdote Eleazar, hijo de Aarón, se dice que estaba casado con una de las hijas de Futiel. No se nos dice quién era Futiel, cuántas hijas tuvo, ni cuál era el nombre de la hija que Eleazar tomó como esposa y que le dio a luz a Finés. El celo de Finés por la causa del Señor fue posiblemente el fruto de la beneficiosa influencia de su hogar.

MUJERES EXPERTAS
Éxodo 35:22-29

El tabernáculo y todos sus servicios conforman el libro de láminas de Dios sobre la redención. Eran figuras de un santuario más glorioso y eterno (Hebreos 9). Todo el oro, la plata y los materiales necesarios para el tabernáculo fueron regalos de los egipcios cuando los israelitas partieron de Egipto

(Éxodo 3:22; 11:1-3), y estos, junto con los adornos personales tanto de los hombres como de las mujeres, hicieron posible el tabernáculo terrenal en el cual Dios se agradaba en habitar. Dios capacitó a hombres sabios como Bezalel y Aholiab para labrar los muebles del tabernáculo y las mujeres también desempeñaron su parte (35:22-29; 36:1-3). He aquí la constancia de su participación en este proyecto santo:

«Las mujeres expertas en artes manuales presentaron los hilos de lana púrpura, carmesí o escarlata que habían torcido, y lino. Otras, que conocían bien el oficio y se sintieron movidas a hacerlo, torcieron hilo de pelo de cabra» (35:25, 26).

Estas mujeres, hábiles con la rueda y el huso, trabajaron como para el Señor con corazones dispuestos. Sin quejarse dieron sus tesoros, su tiempo y sus talentos para que se terminara el tabernáculo que Dios mandó a Moisés que erigiera para que lo adoraran y rindieran culto en el desierto. En estas palabras tenemos una muestra de su prodigalidad al donar todo lo que era necesario.

«De ese modo los israelitas dejaron de llevar más ofrendas, pues lo que ya habían hecho era *más que suficiente* para llevar a cabo toda la obra».

¡Cuánto podría hacer la iglesia de hoy con un avivamiento semejante en el dar y en el trabajar! Dorcas (véase DORCAS) debe haber sido descendiente de aquellas mujeres sabias de antaño que servían a Dios con sus agujas e hilos. En la actualidad las mujeres predominan en la asistencia y en las actividades de la iglesia, lo que hace parecer que tienen en sus corazones mayor disposición que los hombres. En el campo misionero hay muchas necesidades que se satisfacen gracias a las mujeres cristianas que tejen con sus manos.

MUJERES DEL TABERNÁCULO
Éxodo 38:8

En la nota al margen se menciona que

estas mujeres adoradoras se reunían en grupos en la puerta del tabernáculo. Lo que impresionó mucho a Moisés fue cómo estas mujeres entregaron sus más preciosas posesiones, es decir, espejos de bronce perfectamente pulidos y ejemplares maravillosos de la artesanía egipcia que estas mujeres de Israel habían traído consigo desde Egipto. Como señal de su aprobación por la devoción de las mujeres, Moisés derritió los espejos y con ellos hizo el lavamanos y su pedestal y dejó constancia para dar crédito a las mujeres. Al renunciar a estos artículos asociados con la vanidad personal por la belleza más sublime de la santidad, estas mujeres anónimas hicieron posible la fabricación de un utensilio que sería de gran utilidad para los sacerdotes. Estos, luego de ofrecer sacrificios en el altar de bronce, tenían que pasar un tiempo en el lavamanos y lavarse las manos manchadas con sangre y los pies sucios antes de entrar en el lugar santo para adorar al Señor. Las manos representan el actuar y los pies representan el andar, ambos tenían que estar limpios en el servicio sacerdotal del tabernáculo. ¡Qué tremenda lección hay aquí para las mujeres y los hombres acerca de sacrificar al Señor los tesoros valiosos para satisfacer las necesidades de aquellos a quienes ha llamado a servirle!

HIJAS DE SACERDOTES
Levítico 21:9

La ley levítica habla mucho acerca del trato a las mujeres y también sobre los tipos de mujeres. Se trata a las prostitutas, las brujas, las adúlteras y las impuras en una manera elocuente de la santidad de Dios (Levítico 19:20). A los sacerdotes se les debía reverenciar, a causa de su oficio sagrado, y sus hijas, si se hallaban culpables de violar la santa ley de Dios, recibían un castigo mayor que cualquier hombre ordinario que pecara. La hija de un israelita que se desviara se castigaba con muerte por estrangulación (Levítico

20:10; Deuteronomio 22:23, 24), pero la hija deshonrada de un sacerdote tenía que soportar una muerte más severa al ser quemada. Había profanado a su padre al prostituirse y por consecuencia traía la misma vergüenza a su testimonio y cargo. Es alarmante que no todos los hijos de ministros cristianos comprenden la solemne obligación de vivir una vida que esté acorde con la profesión y la posición de sus padres a quienes Dios llamó para cuidar de las almas de los hombres.

LA ESPOSA ETÍOPE DE MOISÉS
Números 12:1

Conocemos el nombre de la primera esposa de Moisés y los nombres de sus hijos (véase SÉFORA y MIRIAM), pero su segunda esposa, a quien tomó después de la muerte de Séfora, era una cusita cuyo nombre no se menciona. Muchos cusitas salieron de Egipto junto con Israel y el matrimonio con estos no estaba prohibido por la ley (Éxodo 34:16). Este segundo matrimonio causó una separación entre Moisés, su hermana y su hermano. No todos los segundos matrimonios resultan felices.

LAS MUJERES MADIANITAS
Números 31:9

A Moisés, luego de haber hecho de Madián su hogar durante cuarenta años, le debe haber sido difícil luchar contra los madianitas y matar a sus reyes y gobernantes así como al pueblo. Llevaron cautivas a las mujeres madianitas junto con sus hijas, y uno puede imaginar la angustia de aquellas mujeres despojadas de sus maridos, arrancadas del hogar y despojadas de las posesiones. Pero muchas de estas mujeres, por medio de Balaam, causaron la apostasía de Israel y como consecuencia recibieron un castigo por su seducción. Como resultado de este trágico episodio, se promulgó la ley referente a los matrimonio con los cautivos (Deuteronomio 21:10-14). ¿No nos recuerda

Santiago que las guerras y los conflictos vienen de las pasiones (4:1, 2)?

LA MADRE DE SÍSARA
Jueces 5:28-31

Si Débora tenía alguna ternura en su corazón como «la madre de Israel», debe haberle sido difícil escribir sobre «la madre de Sísara», que esperaba con tantas ansias el regreso de su hijo, aunque Débora sabía que lo habían asesinado. Qué escena tan patética es la de la madre sentada junto a la ventana con un lamento de impaciencia que luego se convierte en gran preocupación y pregunta: «¿Por qué se demora su carro en venir? ¿Por qué se atrasa el estruendo de sus carros?» Qué tristeza había en aquel lamento y cuánto quebranto en su corazón cuando se supo la terrible verdad. Débora, profetisa y poetisa, nos presenta en un pequeño bosquejo la última escena de la conquista de los enemigos de Israel:

> La madre de Sísara y sus damas esperaban el triunfo y el regreso de los huestes con la misma confianza que las mujeres de España esperaban el regreso de la Armada o las mujeres de Aberdeen sentadas con sus abanicos en mano tratando de divisar las velas de Sir Patrick Spens.

Pero Sísara no regresó a la madre que lo amaba. Lo había matado la mano de otra mujer (véase JAEL). Las mujeres son siempre quienes más sufren en cualquier guerra. El anhelo, y no obstante el temor y el susto de la madre de Sísara, se multiplicó millones de veces en las guerras de la historia.

LAS ESPOSAS DE GEDEÓN
Jueces 8:29-31

Gedeón, aunque ilustre de muchas maneras, reveló el peor lado de su carácter en la práctica de vida polígama que imitó (Jueces 10:4; 12:9). Pasó por alto la ley mosaica en cuanto a la vida matrimonial de un rey o gobernante: «El rey no tomará para sí muchas mujeres, no sea que se extravíe su corazón, ni tampoco acumulará enormes cantidades de oro y plata» (Deuteronomio 17:17).

Gedeón tuvo muchas esposas, cuántas y quiénes eran, no se sabe. De estas esposas desconocidas hubo setenta hijos, todos los cuales fueron asesinados por otro hijo (9:56). Para estar acorde con la costumbre oriental, no se dice nada con respecto a las hijas. A la concubina de Gedeón la llamaban despectivamente «esclava» (9:18) y se menciona de manera especial como la madre de Abimélec, quien se convirtió en una mala reproducción de su padre. Tenía el coraje y la energía de su padre pero muy pocas de sus virtudes. Aunque la Biblia deja sin identificar a la madre de Abimélec, Josefo le llama Druma. A pesar de que Gedeón murió en paz y bien entrado en años, el mal que sembró recogió un fruto amargo en la generación siguiente (Jueces 9).

LA MUJER DE TEBES
Jueces 9:50-57; 2 Samuel 11:21

Abimélec encontró la muerte en las manos de su escudero (9:54). La mención constante de torres y fortalezas en un tiempo en que los hombres hacían lo que era correcto en su propia opinión, muestra el estado azaroso del país. La torre de Tebes, a la que todo el pueblo corrió en busca de protección mientras se acercaba el sanguinario Abimélec, habla del pánico que prevalecía. Impulsado por la ambición de poder y menospreciando el decreto de su padre: «Ni mi hijo reinará sobre ti. El Señor reinará sobre ti», Abimélec estaba decidido a convertirse en rey. Para asegurar el reinado, mató a todos los rivales, incluyendo a sus setenta hermanos, a todos excepto al joven Jotán que escapó. Abimélec, arrebatado por la victoria luego de la destrucción de Siquén, su propia ciudad, atacó Tebes, otra ciudad revuelta, pero allí experimentaría la venganza divina por su deseo de sangre y poder.

Parada en el techo de la torre estaba una desconocida hija de Israel, quien se convertiría en el instrumento del cielo para castigar a un pecador demasiado atrevido y malvado como para vivir. Esta heroína anónima de Tebes, que era una verdadera patriota, vio la oportunidad que se le presentaba cuando Abimélec corrió hacia la torre para quemarla junto con sus aterrados ocupantes, y tomando una enorme piedra de moler la lanzó con toda sus fuerzas sobre Abimélec cuando este se acercaba a la puerta de la torre. Igual que Dios guió a David para que este diera en el blanco cuando mató al gigante Goliat con su honda y su piedra, así dirigió la caída de la piedra de molino que cayó sobre la cabeza de Abimélec y le fracturó el cráneo. Cuando su escudero lo arrastró fuera del alcance peligroso de más piedras de molino, Abimélec recuperó el sentido por un instante y le ordenó a su escudero que lo matara para que no se dijera de él que una simple mujer desconocida lo había matado. No obstante, no escapó de la burla (2 Samuel 11:21).

En un momento crítico de la historia de la nación, esta mujer libró a su pueblo de un monstruo cruel, haciendo posible que hubiera cuarenta y cinco años de paz nacional. ¡Ah, y no hubo nadie que conservara para la historia ni que cantara alabanza a esta heroína que debe haber recibido la gratitud del pueblo de la ciudad ahora liberada! El destino de Abimélec en las manos de una mujer es solo otro ejemplo del método de la justicia que Dios emplea a menudo al escoger al débil para destruir al fuerte. La batalla no siempre es del fuerte. Los versículos finales de este oscuro capítulo se añadieron sin lugar a dudas para demostrar que «Dios castiga tanto el pecado individual como el nacional y que los vicios complacientes de los hombres se convierten en los instrumentos para castigarlos. El asesino de sus hermanos "sobre una misma piedra" (9:5) ahora resulta asesinado con una piedra lanzada sobre la cabeza

y los malévolos idólatras se queman en el templo de los ídolos».

LA ESPOSA DE GALAAD
Jueces 11:1-3

En la vida de Galaad, el nieto de Manasés, hay dos mujeres que deben destacarse. En primer lugar está la prostituta que dio a luz a Jefté, quien llegó a ser juez de Israel. Luego está la esposa anónima de Galaad quien le dio muchos hijos que luego echaron a Jefté de la casa de su padre por ser hijo de una ramera. Semejante acción estaba perfectamente de acuerdo con la ley y con las reglas familiares y las tradiciones (Génesis 21:10; 25:6; Deuteronomio 23:2, 3). La expulsión fue dura para Jefté quien no podía evitar su ilegitimidad. Decimos mal cuando llamamos a un niño ilegítimo. La culpa es de los padres que lo concibieron de manera ilegítima.

LA HIJA DE JEFTÉ
LA MUJER QUE SACRIFICARON
POR CAUSA DE UN JURAMENTO
Jueces 11:30-39

Después que echaron de su casa a Jefté, quien se hizo famoso por ser el líder valiente de un grupo de ladrones, los ancianos lo llamaron de Galaad para que los dirigiera en una guerra contra los amonitas quienes habían entrado en guerra con Israel. Jefté ofreció pelear con la condición de que si salía victorioso sobre Amón, a él lo reconocieran como a un líder. A pesar de su origen medio pagano, Jefté parecía tener una inclinación interior hacia Dios ya que se nos dice que «reiteró en Mizpa todas sus palabras en presencia del Señor». «Jefté, poseído por el Espíritu del Señor», «Jefté le hizo un juramento solemne al Señor», «Le juré algo al Señor» y su nombre aparece junto aquellos que se destacaron por su fe (Hebreos 11:32) mostrada en crisis memorables de la historia nacional.

Aunque no se nos menciona nada de la esposa de Jefté, la que tal vez murió dando a luz, a él se le recuerda por el afecto que sentía por su hija y el juramento que hizo con respecto a ella. Todo el patetismo de la historia está en el leguaje particularmente tierno que se usa. La muchacha anónima era «hija única, pues Jefté «no tenía otros hijos».

Esta preciosa hija siempre estaba a su lado. Él hizo un juramento precipitado a Dios: si Dios entregaba a Amón en sus manos, él sacrificaría al primero que saliera por la puerta de su casa a recibirlo luego de un victorioso regreso. Jefté dejó que Dios escogiera a la víctima y es probable que pensara que uno de los esclavos saldría a recibirlo y se convertiría en la ofrenda quemada. Dios le tomó la palabra a Jefté, pero este se quedó petrificado cuando vio a su preciosa hija cruzando el umbral para recibirlo. Dios le respondió la oración y lo castigó con su respuesta. Shakespeare, al escoger un ejemplo de ternura paternal, se valió de Jefté para la escena entre Hamlet y Polonio:

> HAMLET: ¡Ay, Jefté, juez de Israel qué tesoro tenía!
> POLONIO: ¿Qué tesoro tenía él, mi Señor?
> HAMLET: Una hija única y no más, que bien amaba.

Pero cuando Jefté sintió los brazos amorosos de su hija alrededor del cuello, gritó: «¡Ay, hija mía, me has destrozado por completo! ¡Eres la causa de mi desgracia! Le juré algo al Señor, y no puedo retractarme». ¿Cómo reaccionó la muchacha cuando vio la agonía en los ojos de su padre y escuchó a esa voz bien amada pronunciar su destino? ¿Qué pensó ella de la angustia de su padre y de la pronta comprensión de su propio destino?

La respuesta

La respuesta fue más que heroica. En ella no había un tono de resentimiento ni de rebeldía. No derramó lágrimas ni negó desanimada después de que su padre, con un corazón destrozado, le hablara del juramento. Aceptó tranquilamente el hecho de ser la ofrenda quemada que su padre había prometido. Esta joven tan loable, a la que solo se le conoce por el simple título de «la hija de Jefté», tal vez no tuvo los dones y talentos de otras mujeres de la Biblia, pero permanecerá como la encarnación de alguien dispuesto al sacrificio. «"Padre mío" replicó ella, "le has dado tu palabra al Señor. Haz conmigo conforme a tu juramento"». Si hay una cualidad por la que una mujer es suprema, esa es el sacrificio, y en esta virtud la obediente hija de Jefté dio el más noble de los regalos, se ofreció a sí misma. Su padre dijo: «No puedo retractarme», y ella no se retractó. No huyó de su padre sino que con verdadera devoción aceptó su voluntad y accedió al horrible mandato. Ella sintió que su sangre sería un buen precio a pagar por la venganza divina sobre los enemigos de Israel. Conocida solo como la hija de un padre famoso, esta encantadora muchacha reveló, en su noble aceptación, una nobleza de carácter que aviva nuestra imaginación y conmueve nuestra simpatía.

Enicott comenta: «Podemos muy bien regocijarnos en el destello de luz que arroja esta página sagrada acerca de la fidelidad de Jefté al no retractarse de su juramento a pesar de que era en detrimento suyo (Salmo 15:4), y en la hermosa devoción de su hija, que con toda disposición accedió a su propio sacrificio por el bien del país». La historia registra sacrificios similares como el que Mario ofreció a su hija por la victoria sobre los cimbrios. Tennyson captó el espíritu dispuesto de la sumisión de la hija al voto de su padre cuando escribió:

> Cuando la luna nueva apareció en el cielo,
> me vino una fuerza que igualó mi deseo.
> Qué hermoso morir
> por Dios y por mi señor.

Su petición

Para una doncella hebrea la angustia más amarga era morir sin casarse y sin tener hijos, y por eso la hija de Jefté pidió un plazo de dos meses para llorar su virginidad. «Dame un plazo de dos meses» indicaba un aplazamiento del voto por un propósito definido (véase Deuteronomio 9:14; 1 Samuel 11:3). Ella se fue a las montañas solitarias a llorar la pérdida de las esperanzas, que como doncella hebrea siempre había guardado, de realizar el sueño de la maternidad. El acongojado padre le concedió a su hija esta noble petición, sin lugar a dudas con la secreta esperanza de que ella nunca regresara y así evitarse la horrible visión de ver a su hija, su única hija, sacrificada sobre el altar. ¡Cuán a propósito llegan las líneas de Tennyson cuando pensamos en la ruina de todas las aspiraciones de tener un hijo que podría estar en el linaje mesiánico!

Mi Dios, mi tierra, mi padre, estos me apartaron
de la dicha de mi vida que la naturaleza me dio,
bajada suavemente con una cuerda de amor de tres dobleces, a una tumba silente.

Y seguí lamentándome: «Ningún noble joven hebreo
Me librará de mi culpa de ser doncella entre
las madres hebreas, despojada de todo gozo, Dejando el baile y el canto.

Dejando el huerto de olivos muy abajo, Dejando la promesa de mi emparrado nupcial,
Los valles cargados de viñas que resplandecen debajo de la torre de batalla.

Su renunciación

Fiel a la promesa, la triste doncella regresó de su lugar de luto en las montañas. Era una mujer de palabra y regresó para dar cumplimiento al juramento de su padre, «y él hizo con ella conforme a su juramento». Sin dudas, en las montañas su corazón reunió la fuerza y el valor para el sacrificio en los valles. Ruskin dice: «La mayor inspiración proviene de las montañas» (Salmos 121:1, 2; 123:1).

A las montañas,
    donde los torrentes llenan
con tormentas de las premisas del invierno,
    cerrada en el abrazo
    del dominio de la naturaleza,
cuenta allí la perdición de tu corazón.

La gran interrogante es: ¿Qué le hizo en realidad Jefté a su hija luego que esta regresara? El cumplimiento de ese juramento solo podía significar una cosa, es decir, ofrecer a su preciosa hija como una ofrenda quemada (11:31), pero los eruditos bíblicos discrepan en cuanto a qué se quiere decir exactamente con «holocausto». De acuerdo con una interpretación, el juramento de Jefté consistía en dos partes:

1. La persona que lo recibiera sería del Señor o dedicada a su servicio para siempre.
2. Cualquier bestia que lo recibiera se debía ofrecer en holocausto como los corderos en el tabernáculo o en el altar.

Basado en este punto de vista, se afirma que Jefté guardó a la hija en celibato sagrado por el resto de su vida, es por eso que lo que ella y sus amigas lamentaban no era la expectativa del sacrificio que se acercaba sino su virginidad. «Ella era virgen». Así que la frase: «él hizo con ella conforme a su juramento» aparece para destacar la exclusión de la hija como una especie de monja del Antiguo Testamento, entregada a vivir una vida recluida en el servicio del tabernáculo, una sacerdotisa virgen. De esta manera se suaviza de alguna manera la idea escalofriante de un terrible sacrificio humano.

No fue un sacrificio humano en el amplio sentido de la palabra, no era el asesinato de una víctima renuente sino la ofrenda de un corazón devoto para, según suponía ella, liberar a su padre y a su país de una obligación terrible. El heroísmo del padre y de la hija es de admirar y apreciar en medio de la superstición que lo rodeaba en el que este juega como un rayo de sol en un mar tempestuoso.

Se refuta el hecho de que Jefté no puede haber sacrificado a su hija en un verdadero holocausto de la siguiente manera:

1. El sacrificio de niños a Moloc era una abominación prohibida por una ley expresa y no hubo un ejemplo de sacrificio humano a Dios.
2. El caso de Abraham ofreciendo a Isaac no cuenta ya que no se sacrificó a Isaac. Se dio la orden solo para probar la fe de Abraham.
3. A ningún padre le era permitido matar a un hijo criminal sin el consentimiento de los magistrados.
4. Las leyes tradicionales de los judíos dicen: «Si un judío consagrara a su hijo o su hija, su siervo o su sierva que son hebreos, la consagración debe anularse».

Pero a pesar de las razones desarrolladas en contra del sacrificio humano, las Escrituras se inclinan mucho hacia el lado que dice que el juramento de Jefté su cumplió tal y como fue hecho. Martín Lutero escribió: «Algunos afirman que él no la sacrificó, pero el texto es lo suficientemente claro». Los judíos de antaño, que tenían un conocimiento íntimo de las costumbres de su raza y el significado singular de su idioma, siempre han entendido que la hija de Jefté fue literalmente un holocausto. El *Tárgum* de Jonatán tiene la explicación:

> Era costumbre en Israel para que nadie convirtiera a su hijo o hija en holocausto, como hizo Jefté, quien no consultó a Finés el sacerdote. De haberlo hecho, la habría redimido con dinero.

Aunque la ley levítica prohibía el sacrificio humano, el tiempo de los jueces fue una época en que «cada quien hacía lo que era correcto según su propia opinión», y por lo tanto fue un período de ignorancia y barbarismo durante el cual el sacrificio de la vida humana era común. Eran los tiempos de espantosa ignorancia en los que «Dios cerró sus ojos».

Desde luego que desaprobamos el apresurado juramento de Jefté y su terrible error al hacer semejante sacrificio baldío, pero él cumplió con su voto; no destinó a su hija a una virginidad perpetua como hace una muchacha cuando entra a un convento para convertirse en «novia de Cristo». Por lo tanto, él no la dedicó para luego ofrecer en holocausto a un animal con el que sellar su compromiso. La heroica virgen se convirtió en el holocausto y el hecho de entregar su vida transformó el malvado juramento del padre. Su amor expiatorio convirtió el hecho más oscuro de la historia antigua de Israel en el tema para «las canciones de las hijas de Israel».

Los escritores antiguos entretejen en la historia, en el drama y en la poesía, el tema trágico de semejante sacrificio propiciatorio. Virginia prefirió que su padre la apuñaleara el corazón antes que caer en manos de los enemigos de su país. Las madres espartanas les dijeron a sus hijos que regresaran victoriosos o que los trajeran muertos sobre sus escudos. El sacrificio de la hija de Jefté fue perfecto porque se hizo a causa de un amor doble: amor al padre y amor al país. Mackintosh Mackay nos recuerda que esta es la imagen que Tennyson nos da de ella en la hermosa descripción que hace en *Dream of Fair Women* [Sueño de mujeres hermosas]:

> En este espléndido desfile de mujeres ilustres de la historia, el cuadro más encantador de todos es el de esta humilde muchacha judía. Sobre su seno el poeta todavía ve la marca de la herida de espada, sobre su rostro la mirada de una trágica angustia. Sin embargo, cuando él intenta condolerse, ella rechaza la lástima que se le ofrece:
> > «el cielo dirige el número de delitos
> > con ese juramento descabellado».
>
> Ella no quería ni necesitaba piedad. Qué importaba que se sacrificara su pobre vida con tal que el país fuera libre.

Luego Tennyson nos dio una hermosa descripción de alguien que infunde su sacrificio con espíritu de amor perfecto, lo que hace hermosas todas las cosas:

> Me consuela refugiarme en este
> pensamiento,
> Que me someto a la voluntad de mi
> padre;
> Porque el beso que me dio, antes de que yo
> cayera,
> todavía suaviza el espíritu.
>
> Mas está escrito que mi raza
> Cortó Amón cadera y muslo de Aroer
> Del Arnón hasta Mahanaím.
> Aquí su rostro resplandeció, mientras yo
> la miraba
>
> Ella cerró sus labios: me dejó donde yo
> estaba;
> «Gloria a Dios», cantó ella y se fue a lo
> lejos,
> En camino por el sombrío bosque,
> Hacia la estrella de la mañana.

El recuerdo de ella

¿Será acaso de extrañar que las hijas de Israel recordaran y honraran el sacrificio de la hija de Jefté con una fiesta de cuatro días cada año? Aunque tal vez esta fuera solo una costumbre local, fue un gesto de gracia no «llorarla» sino «celebrarla» como implica la palabra. Los sentimientos de aquellas jóvenes judías hacia su difunta compañera eran similares a los de los romanos para con Cloelia, la mártir virgen de 280 d.C., y de otras heroínas nacionales cuyos sacrificios contribuyeron a la victoria de su nación. En estos versos Byron expresó sus sentimientos:

> Aunque las vírgenes de Salem se lamenten,
> Que el juez y el héroe no se tuercen;
> Por ti he peleado la gran batalla
> y mi padre y mi país son libres.

LAS HIJAS DE IBSÁN
JUECES 12:8, 9

El tiempo de los jueces en Israel fue un período de degeneración moral que siempre trae consigo debilidad nacional. Las riendas quedaron en manos de las pasiones de los hombres y al acumularse las riquezas, la poligamia se convirtió en algo común, como ya vimos en el caso de Gedeón (8:30). En la narrativa que nos ocupa tenemos el historial de Abdón con sus cuarenta hijos y treinta «nietos» (12:14), y también de Ibsán con sus treinta hijos y treinta hijas, así como otras treinta hijas que trajo de otras tribus para que se casaran con sus hijos. La historia de la poligamia está manchada con celos, odio, intrigas, favoritismo fatal y muerte.

LA ESPOSA DE MANOA
LA MUJER QUE FUE LA MADRE DEL HOMBRE MÁS FUERTE DE LA TIERRA

Jueces 13; 14:2-5; Hebreos 11:32

Saber el nombre de la madre de Sansón, hubiera añadido gran interés a su historia. Debe haber sido un nombre dulce y sugerente ya que era una buena mujer, pero a pesar de que se preservó el nombre de su esposo, ella está en el anonimato aunque el Talmud dice que se llamaba Jazelelponi o Zelelponi (véase 1 Crónicas 4:3), y era de la tribu de Judá. Zelelponi quiere decir «la sombra me cubre», y sin duda que la esposa de Manoa era alguien que moraba bajo la sombra del Altísimo y se convirtió en la madre del hombre más fuerte que viviera jamás.

Era una mujer decepcionada

Una vez encontramos la frase «era estéril», con la frase redundante y común de la literatura antigua: «no tenía hijos». «Sarai era estéril y no tenía hijos». «Vivirás y no morirás», etc. Como ya hemos visto, Dios hizo que muchas esposas estériles se regocijaran por el nacimiento de sus hijos (véase: SARA, REBECA, ANA, ELISABET). Esas piadosas mujeres que sintieron el intenso dolor y la desilusión de un hogar estéril, recibieron el anuncio divino y el cumplimiento del gozo maternal. La esposa de Manoa era una israelita temerosa de Dios cuya fe le enseñó que el cielo lo sabía todo en cuanto a la maternidad que tanto atesoraba y sobre la espera en vano que entristecía su vida. Es evidente que Manoa y su esposa tenían todos los beneficios materiales necesarios. Parece que eran bastante prósperos, aunque a su hogar se le negó el gozo mayor de todos. Sus corazones amaban y anhelaban tener un niño, pero nunca tuvieron esa satisfacción. Swinburne expresó este sentimiento de la siguiente manera:

Donde no hay hijos, no está el cielo.

Era una mujer privilegiada

La esposa de Manoa de Zora tuvo el gran honor de experimentar una aparición del Mesías antes de su encarnación. Por la frase «el ángel del Señor», que la visitó con el alegre mensaje de que terminaría su esterilidad y se convertiría en madre de un hijo bien inusual, no debemos entender un mensajero humano cualquiera, sino un ser sobrenatural. La frase que se emplea constantemente en los Jueces implica, «el ángel de su presencia», y es equivalente a referencias anteriores (Génesis 16:7; 22:11; Éxodo 2:2, 6, 14, etc.). El augusto visitante, que habla en primera persona, y que vino a la esposa de Manoa fue el mismo «comandante del ejército del SEÑOR» que se presentó a Josué (Josué 5:13-15). Los seres celestiales traían revelaciones a los individuos, pero los profetas eran el medio de revelarse a las naciones. El proclamador de las buenas noticias, «concebirás y darás a luz un hijo», adoptó forma humana, pues, al informarle a su esposo sobre la aparición, ella lo describió como: «Un hombre de Dios... Por su aspecto imponente, parecía un ángel de Dios».

Más tarde, cuando el visitante celestial se apareció, mientras Manoa y su esposa estaban juntos, repitió el mensaje de que se le contestaría la petición de oración por su hijo. De nuevo le preguntaron su nombre. «Ni él me dijo cómo se llamaba» (13:6). «¿Cómo te llamas...? (13:17). Pero el ángel respondió: «¿Por qué me preguntas mi nombre? Es un misterio maravilloso», o «admirable», como dice la Reina Valera en la cual se usa el mismo término para el Mesías prometido. «Se llamará su nombre Admirable» (Isaías 9:6). La misma palabra se usa en la frase «el ángel hizo milagro» (13:19). Como los ángeles no reciben adoración, la persona sobrenatural que vio la sobrecogida pareja no era un ángel común y corriente, pues ellos se postraron y dijeron: «¡Estamos condenados a morir! ¡Hemos visto a Dios!» (Éxodo 33:20). Por tanto, es evidente que Manoa y su esposa habían presenciado una de las teofanías de Cristo en el Antiguo Testamento.

Era una mujer piadosa

Para considerarse dignos de recibir una entrevista tan maravillosa como esa con el mensajero celestial, aquellos dos humildes israelitas deben haber caminado con Dios. Aunque la anónima esposa era estéril, ella creía. No tenemos ningún informe de queja ni impaciencia alguna por la condición de no tener hijos, como en el caso de Ana. Ella oraba constantemente pidiendo tener un hijo, y su oración aligeraba la carga de la soledad y sostenía su paciencia. Como una israelita temerosa de Dios, tenía fe en que él respondería a su oración.

Además, la promesa de que el hijo que se le anunció sería separado para Dios desde el vientre y hasta el día de su muerte, la señala como un vaso santificado.

La causa de Dios es santa,
Y él usa cosas santas.

Esta fiel mujer, sacrificada y santa, debe haber tenido una vida que correspondiera con el carácter apartado del hijo que iba a tener y tuvo la gracia para dedicárselo al Señor antes de su nacimiento. Su respuesta a la exclamación del marido pone de manifiesto que era también una mujer de sentido común santificado: «¡Estamos condenados a morir! ¡Hemos visto a Dios! Con calma y tino ella dijo: «Si el SEÑOR hubiera querido matarnos, no nos habría aceptado el holocausto ni la ofrenda de cereales de nuestras manos; tampoco nos habría mostrado todas esas cosas ni anunciado todo esto». Esta mujer de intuición piadosa sabía que por haber visto a Dios viviría como nunca antes. Un hijo divinamente prometido llegaría para alegrar el hogar.

Era una mujer feliz

Por fin llegó la respuesta a las oraciones de la esposa de Manoa y se convirtió en una madre feliz. «La mujer dio a luz un niño y lo llamó Sansón». ¡Cuán agradecida debe haber estado a Dios al ver que el hijo prometido era ahora una realidad y lo acurrucaba en su seno! Ella aceptó el predominio de Dios durante sus años de esterilidad, y se regocijó al saber que el tan esperado niño sería el salvador de Israel. En primer lugar notamos el significado del nombre que le dio: Sansón. El nombre de su padre, Manoa, significaba «descanso» o «consolación» mientras que el nombre del hijo implicaba «fuerza del sol», algo profético de su proeza como un Hércules hebreo. La asociación del sol con la fuerza era muy natural (Jueces 5:31; Salmo 19:5, 6). Los padres judíos de antaño decían que: «el nombre de Sansón fue puesto por el nombre Dios a quien se le llama sol y escudo de Israel» (Salmo 84:11). Otro erudito afirma que el nombre que la madre le puso al hijo proviene de una raíz egipcia que significa «el siervo de Dios», refiriéndose al voto nazareo de Sansón. Pero el nombre en sí es hebreo y para Manoa y su esposa significaba que el campeón que no tendría rival en Israel sostendría la gloria de la familia.

El segundo pensamiento es que el hijo que Dios ofreció para vengarse de los enemigos de su pueblo sería nazareo de nacimiento y el mensajero angelical les dio a Manoa y a su esposa instrucciones explícitas en cuanto a cómo debían vivir y cómo criar a este hijo que «juzgaría a Israel durante veinte años». La madre misma, mientras estuviera embarazada, estaría bajo un voto de dedicación y no podría beber vino ni comer nada impuro, así el hijo que ella había concebido sería un nazareo de pura cepa. Para Sansón, el pelo sin cortar sería la señal de que estaba separado para Dios (Números 6). A pesar de sus lapsos morales, él nunca rompió el voto sagrado hasta que una mujer seductora descubrió el secreto de su poder y lo dejó como una víctima indefensa de las pasiones carnales.

Era una mujer afligida

La esposa de Manoa, a quien se le concedió la bendición de la maternidad, debe haberse preguntado por qué le dieron a un hijo tan tormentoso como regalo del cielo. Era verdad que Sansón amaba a Israel y atacaba a los que eran opresores de su país. ¡Qué miedo le tenían los filisteos a este hombre gigante que no conocía el temor y qué insistentes fueron en sus esfuerzos para destruirlo! De seguro que cuando su madre vio cómo vencía a los enemigos de Israel, bendijo a Dios por crearlo a él como respuesta a su oración, por quitarle la esterilidad y darle un hijo como un Atlas al que le dio tendones de acero. Pero algunas de estas características indómitas deben haber ensombrecido su corazón. Aunque su nombre implicaba la idea de «esplendor» o «semejante al sol», algunos de sus deseos carecían del esplendor de ese nombre.

Sansón se fue a Timnat como el enemigo declarado de los filisteos, y codició a la hija de un «filisteo incircunciso» lo cual en labios de un judío era un término de odio peculiar (1 Samuel 17:36). Sansón instó a sus padres a que le pidieran a la mujer por esposa ya que era la costumbre que los padres hicieran los arreglos para el matrimonio y que pagaran la dote (Génesis 34:4-12). ¡Cuán repugnante debe haber sido aquel matrimonio para Manoa y para su esposa y qué pena deben haber sentido cuando Sansón regresó de una de sus conquistas y descubrió que le habían quitado a su esposa filistea y se la habían dado a otro hombre! Entonces vino su relación con Dalila la ramera (véase DALILA) quien fue la causa de su trágico final. Después del matrimonio de Sansón con la mujer filistea de Timnat, no leemos más nada acerca de sus padres. Lo mejor sería que estuvieran muerto para ahorrarse la tragedia de ver a su hijo seducido con astucia, despojado de su poderosa fuerza, ciego y convertido en un esclavo en Gaza. ¡Cuán diferente hubiera sido el final de Sansón de haber escogido una esposa que fuera conforme al carácter de la madre que lo dio a luz!

LA MADRE DE MICAÍAS

Jueces 17:1-7

El nombre de Micaías, el efrateo, es sugerente y quiere decir: «Quién es como Jehová» y sin dudas se lo pusieron unos padres piadosos. Sin embargo, su madre, cuyo nombre no se menciona, pecó contra el segundo mandamiento al fabricar una imagen tallada para adorar. Micaías primero le robó a su madre 1,100 monedas de plata y luego se las devolvió. Debido a su penitencia y a la confesión del robo, su madre lo perdonó y le dijo: «¡Que el Señor te bendiga, hijo mío!» Pero, tomó la plata y con la ayuda del hijo, la usó para establecer una forma idólatra de adoración. Habló de dedicar toda la plata «al Señor», pero, ¿cómo podía él recibir aquello que se usó para hacer una casa para los dioses? Tal vez Micaías y su madre no abandonaron por completo la adoración a Jehová, pero al tratar de combinar dicha adoración con la de los símbolos idólatras, pecaron contra el Señor. Como otros, ellos trataron de servir al Señor y no obstante se inclinaron ante ídolos que ellos mismos crearon. ¿Acaso no fue a los hijos redimidos de Dios que Juan les escribió: «apártense de los ídolos»?

LA CONCUBINA DEL LEVITA

Jueces 19:1-10, 20-30

Esta narrativa, un tanto sórdida, nos lleva a los tiempos salvajes en que el hombre era la ley para sí mismo y expresaba sus pasiones de forma turbulenta y atroz. Aquí tenemos un capítulo que revela «la indecible profundidad del libertinaje y la desvergüenza en la cual se habían hundido algunos de los israelitas. Al mismo tiempo vemos que el sentido moral de la nación todavía era lo suficientemente claro como para despertarse con el resplandor de la iluminación antinatural que de tal manera caía sobre sus conciencias». El levita, cuyo nombre no se menciona, debía mostrar una vida más encomiable debido a su afiliación sagrada. Vivía en Efraín y tomó una concubina de Belén de Judá. Aunque se dice que él era «su esposo», esta infiel mujer era en realidad una esposa con derechos inferiores. Mientras el levita estuvo fuera durante cuatro meses, su esposa le fue infiel. Cuando él regresó, buscó a su libertina esposa y le habló de reconciliarse.

Una tragedia terrible se apoderó de esta mujer como resultado de la conducta infame de los habitantes de Guibeá, quienes la violaron «toda la noche hasta el amanecer». Un episodio tan repulsivo es aun más repugnante cuando nos damos cuenta de que el levita sacrificó a su esposa indefensa a una noche de pecado y brutalidad. La miserable mujer, dando traspiés mientras amanecía, cayó al suelo y murió en el umbral. El levita descuartizó su cuerpo contaminado en doce pedazos, un pedazo por cada tribu de Israel, despertando los corazones de todos los que en Palestina buscaban una retribución para los habitantes culpables de Guibeá (Jueces 20:1-48). Todo Israel sintió la mancha y la vergüenza de aquella noche oscura (véase Oseas 9:9; 10:9). Un método similar de despertar a la nación para que actúe se encuentra durante el reinado de Saúl cuando este envió pedazos de bueyes descuartizados

(1 Samuel 11:7). Cuánto se conmueven nuestros corazones al tratar de imaginar a la mujer ultrajada extendiendo sus manos en el umbral luego de una noche de abuso espantoso como si las estuviera extendiendo en una última súplica agonizante. Juan Milton describe la corrupción de Guibeá aquella noche terrible:

> Cuando la noche oscurece las calles,
> entonces salen afuera los hijos de Belial,
> llevados por la insolencia y el vino.
> Vea las calles de Sodoma y aquella noche
> en Guibeá, la puerta hospitalaria
> mostró a una joven para evitar ultraje peor.

LAS CUATROCIENTAS VÍRGENES DE JABÉS GALAAD
Jueces 21

Once tribus de Israel decidieron que la tribu de Benjamín permitió la atrocidad en el asunto de la concubina del levita lo cual era inconsecuente con la estatura moral de Israel como un todo, y pidieron que les entregaran a los que habían cometido semejante monstruosidad para castigarlos. Pero los hombres de Benjamín se negaron a esta petición y salieron a defenderse por sí mismos contra el ataque de las otras tribus, como resultado murieron 18.000 benjaminitas valientes. Unos 600 escaparon y hallaron refugio en la peña de Rimón. Como casi toda la tribu de Benjamín resultó destruida, entonces el asunto era qué hacer para salvar a la tribu de una extinción total. Las otras tribus juraron que ninguna de sus hijas se casaría con un benjaminita. ¿Cómo entonces podía preservarse la tribu? Se supo que luego de la batalla de Jabés Galaad quedaron 400 vírgenes que le dieron como esposas a los benjaminitas dispersos y de las hijas de Siló se reunieron 200 más como esposas para los hombres restantes. Todos los hombres regresaron a casa con sus esposas y reconstruyeron las ciudades destruidas por la guerra.

LAS HIJAS DE ELCANÁ
1 Samuel 1:4; 2:21

No se nos dice cuántos hijos e hijas Penina le dio a Elcaná. No se menciona a ninguna de ellas por nombre. Sí sabemos que Ana, su otra esposa, tuvo seis hijos con él pero solo se menciona el nombre de uno, Samuel. El resto no se identifica (véase PENINA y ANA)

LAS MUJERES DEL TABERNÁCULO
1 Samuel 2:22-25

Elí el sacerdote, anciano y débil, culpable de indulgencia a causa de sus malvados hijos, trajo descrédito al santuario nacional que durante tantos años él había amado y servido con toda fidelidad. La conducta vergonzosa y adúltera de sus hijos, Ofni y Finés en el propio umbral del tabernáculo trajo como resultado una muerte terrible para ellos y sus familias. Las mujeres de las que ellos abusaban estaban de cierta forma relacionadas con el servicio en el tabernáculo, tal vez en el aspecto litúrgico de la adoración en el santuario. Los hijos de Elí, con sus actos inmorales, no solo pecaban contra las mujeres como tal sino también «contra el Señor» y contra su piadoso padre cuya voz de reproche ellos desdeñaron. Tenían corazones endurecidos y de repente los destruyeron. Su terrible transgresión parecía estar más allá de los límites del perdón divino.

LA MADRE DE ICABOD
1 Samuel 4:19-22

Las Escrituras no nos dan el nombre de la mujer de Finés, quien con su hermano murió a manos del Señor. Todo lo que se nos cuenta es su agonía y el nombre sorprendente que le puso al hijo a quien su padre nunca vio. Hay una semblanza extraordinaria entre esta esposa sin nombre y Raquel, ambas murieron al dar a luz, los amigos las consolaron y en la agonía de la muerte les pusieron a los hijos nombres impresionantes. Tal vez la historia de la madre de Icabod es más conmovedora que la de Raquel pues a pesar de la inmoralidad e impiedad de su esposo, ella murió como una mártir con su fe firme en Jehová. Los dolores prematuros del parto la sorprendieron cuando supo que el arca del Señor se había perdido, sin embargo, ella creyó.

La muerte fatal de su esposo y también la de Elí, su suegro, no la afectaron tanto como la pérdida del arca al momento del nacimiento de su hijo, a quien ella no le puso un nombre de familia sino que lo llamó Icabod que significa: «Ha partido la gloria», un hecho que ella confirmaba al repetir el lamento: «¡Se han llevado la gloria de Israel! ¡El arca de Dios ha sido capturada!» Ellicott dice que el nombre puede traducirse como: «¡Ay! La gloria». Ella sabía que la santidad y el honor de Dios se habían profanado y que el juicio divino era justo. «La esposa de este hombre profundamente corrupto», escribió Von Gerlach, «pone de manifiesto cuán empapado estaba todo el pueblo con este sentido del valor de su pacto con Dios». No podemos pensar en la trágica muerte de esta esposa y madre anónima, que tal vez sea uno de los lechos de muerte más conmovedores de la Biblia, sin decir que ella representa a muchas mujeres temerosas de Dios que a pesar de tener compañeros desvergonzados e impíos, permanecen fieles a las verdades divinas. Aunque estaba decepcionada y destruida, ya que la honra de Dios era su honra, de sus labios no salió ninguna palabra indigna contra su esposo ni tampoco emitió queja contra Dios por la muerte de su disoluto esposo.

Icabod, «dónde está la gloria», es un nombre triste y a la vez sugerente y puede dársele a muchas iglesias y vidas en las cuales se honra y glorifica a Dios. Hay campos religiosos como también cristianos practicantes que en un momento fueron más que sobresalientes en su fidelidad a Dios y a su Palabra. Qué influencia espiritual ejercieron, pero su gloria se marchó. Es posible que todavía tengan fama pero espiritualmente están muertos. El modernismo, la popularidad, la transigencia con el mundo, les robó el poder de Dios que una vez tuvieron en un mundo necesitado. La profesión permanece pero es lo mismo que un cascarón sin nuez. El gozo de antes y los frutos del servicio han desaparecido y la vida carece del celo por Dios que antes tenía. Los filisteos se habían llevado el arca, símbolo de la presencia y el favor de Dios, pero una vez que el pueblo se volvió al Señor de todo corazón, devolvieron el arca y con ella la manifestación fresca de la gloria de Dios (1 Samuel 7).

LAS JÓVENES QUE SACABAN AGUA
1 Samuel 9:11-14

Qué encantadora narración es la del principio de la vida de Saúl como un buen joven que tanto se preocupaba por las burras extraviadas de su padre. Mientras las buscaban, Saúl y su siervo recordaron que un hombre de Dios estaba cerca y pensaron que tal vez los podría dirigir en su búsqueda. Al acercarse a la ciudad, se encontraron con unas muchachas jóvenes que sacaban agua, una ocupación reconocida de las mujeres de aquellos tiempos y que además era propicia para los chismes familiares. Saúl abordó a unas jóvenes de Ramá y les preguntó si habían visto al profeta que ellos buscaban. Al igual que todo el pueblo en Ramá, estas muchachas sabían todo acerca de Samuel, sus idas y venidas. «"Sí, está más adelante", contestaron ellas. "Dense prisa, que acaba de llegar a la ciudad, y el pueblo va a ofrecer un sacrificio en el santuario del cerro. Cuando entren en la ciudad lo encontrarán"», dijeron las muchachas mientras señalaban hacia el cerro donde se ofrecían los sacrificios. Saúl y su siervo siguieron las instrucciones de las aguadoras y encontraron a Samuel, a quien el día anterior el Señor le reveló de la búsqueda de Saúl y de su elección para que él fuera el primer rey de Israel. Lo menos que se imaginaban esas muchachas eran las consecuencias trascendentales de la información que dieron acerca del paradero de Samuel. En muchas ocasiones, los detalles insignificantes tienen una parte en los grandes acontecimientos.

MUJERES MUSICALES
1 Samuel 18:6 9

El gozo de las mujeres que cantaban y danzaban por el triunfo de David sobre Goliat engendró celos en el corazón de Saúl. Su canción: «Saúl destruyó a un ejército, ¡pero David aniquiló a diez!», molestó a Saúl y sembró en él la decisión de matar a su rival. La música y el canto estaban estrechamente relacionadas con la danza (Éxodo 15:20, 21; 2 Samuel 6:14-16), y estas alegres mujeres se reunieron para alabar al joven David que había derrotado al terrible campeón filisteo. Siempre hay una canción que brota de parte de los que vencen en la guerra, pero, qué triste, solo lágrimas salen del conquistado.

LAS CINCO CRIADAS DE ABIGAÍL
1 Samuel 25:42

Después de la muerte de Nabal, su esposa Abigaíl recogió las posesiones y, pasado el tiempo de luto establecido, se convirtió en la esposa de David. Abigaíl se llevó cinco criadas, quizás sus siervas más devotas. No se nos dice quiénes eran y qué lugar ocuparon en la corte de David. No obstante, continuaron cuidando de Abigaíl y de su hijo Quileab (2 Samuel 3:3).

LA ADIVINA DE ENDOR
1 Samuel 28

Sin lugar a dudas, este es uno de los capítulos más misteriosos y difíciles de tratar de la Biblia. Samuel estaba muerto y enterrado (1 Samuel 28:3), no obstante, reaparece para sellar la suerte de Saúl. Aquí tenemos un recuento sorprendente y sin paralelo en las obras de los grandes maestros de la fic-

ción. Lord Byron dijo sobre la narración de la adivina de Endor:

> Yo siempre he pensado que esta es la mejor escena de brujas, y también la mejor terminada, que se haya escrito o concebido jamás, y usted coincidirá conmigo si considera todas las circunstancias de los actores del caso, junto con la seriedad, simplicidad y densidad del lenguaje. Está por encima de todas las escenas de fantasma que yo he leído.

Los actores del reparto son el rey Saúl, la adivina y el profeta Samuel, ¡qué trío tan fuera de lo común! Saúl estaba a punto de unirse a los muertos; la adivina y su negocio de invocación a los muertos y Samuel, traído a la vida de entre los muertos.

Saúl a punto de unirse a los muertos

En la galería de retratos de Dios no hay una figura más trágica que la de Saúl, el hijo de Kish, que en sus primeros tiempos era «la gloria de Israel». ¡Qué físico y qué personalidad la suya! Física y moralmente estaba tan alto que los demás apenas le llegaban al hombro, y cuando Samuel lo ungió como el primer rey de Israel, el pueblo tenía grandes esperanzas en su próspero reinado. Pero el poder lo corrompió, y el asesinato y los celos redujeron a este hermoso espécimen de hombre a un desastre físico y espiritual. Por fin, al enfrentarse a las huestes de los filisteos, los antiguos enemigos de Israel, Saúl sintió miedo y entendió que su hora de retribución estaba cerca y a menos que Dios lo ayudara, él perecería. Pero en vano clamó al cielo pues Dios no le respondería al arruinado gobernante «ni en sueños, ni por el Urim ni por los profetas». Incitado por el desánimo, Saúl buscó el fantasma del profeta quien con su prudencia y piedad había impedido la ruina de Israel durante el reinado de Saúl.

Como un hombre que se está ahogando y trata de agarrarse de la paja, Saúl llegó a apoyar aquello que tanto había condenado. Dio órdenes de que todo el que invocara muertos se debía destruir. «Saúl, por su parte, había expulsado del país a los adivinos y a los hechiceros». Pero qué aprensivo patetismo hay en Saúl incitado por el desánimo, saliendo de prisa para consultar «a la vieja encorvada y arrugada que se asomaba y murmuraba en las cuevas de las alturas de Endor». Cuando Saúl miró al ejército de los filisteos «le entró tal miedo que se descorazonó por completo» y ese miedo era una premonición del destino que se le acercaba. A pesar de que estaba lleno de temor, no hubo señal de arrepentimiento en Saúl y por eso cuando clamó al Señor, «él no le respondió». A causa de sus sombríos pecados, él se apartó a sí mismo de todo influencia divina y como último recurso, se disfrazó con el atuendo de un soldado común. Así abandonó a Dios para consultar a una adivina que le diera algún rayo de esperanza al traer el espíritu de Samuel cuyos consejos en el pasado Saúl había despreciado.

La adivina que invoca a los muertos

La tradición judía afirma que la médium anónima era la madre del gran Abner. Sea esto verdad o no, lo cierto es que esta adivina tenía algún tipo de distinción pues el rey de Israel fue a consultarla y como aparición tuvo a un profeta de Dios. Esta mujer bien conocida en Endor, que los sirvientes le presentaron a Saúl, tenía «un espíritu familiar», es decir, la supuesta posesión de un don para inducir u obligar a un espíritu que ya se ha marchado que vuelva al mundo y se someta a un interrogatorio. Esta aspecto de la «magia negra» era una de las cosas que los israelitas copiaron de los habitantes nativos de Canaán, pero la ley mosaica, con respecto a los que practicaban esas artes, es clara y decisiva: «No dejes con vida a ninguna hechicera» (Éxodo 22:18; Levítico 20:27).

Las múltiples formas de brujería habían prevalecido entre este pueblo y se les dan varios nombres: «hechicería», «necromancia», «espíritu familiar», «encantamiento», «magos», «observadores de tiempos», «soñadores», «adivinos», «encantadores», «consulta a los muertos». El Nuevo Testamento habla de «seductores», «espíritus encantadores», «espíritus inmundos que hacen milagros», todos los cuales están relacionados con las obras del maligno. Se mataban a los que tuvieran relaciones con el mundo invisible y se consideraban impuros todos los que buscaran el servicio de gente así (Levítico 19:31). La curiosidad y preocupación ociosa por el mundo invisible, que lleva a un interés pecaminoso en jugar con asuntos tan terribles, estaba estrictamente prohibida (Deuteronomio 12:30-32). La adivina de Endor sabía que practicar la magia negra era un delito grave que todavía se castigaba con la muerte. Así que le dijo a Saúl que, aunque sus supuestos poderes para comunicarse con el otro mundo no incluían la capacidad de reconocer a Saúl en su disfraz, se le estaba tendiendo una trampa para descubrirla y exponerla a la muerte tal y como exigía la ley. Pero con la garantía del juramento de Saúl de que nada le sucedería, ella le preguntó a quién quería ver reaparecer de entre los muertos.

Esta mujer era una adivina, el equivalente femenino de las médium en el espiritismo actual, y, sin embargo, la Biblia no la presenta como un personaje despreciable. Su gama no eran las ilusiones ni los trucos que tanto se practican en estos casos. En realidad ella se deleitaba en la comunicación prohibida con el mundo invisible de los espíritus. En ella no había engaño probado y no obstante, las virtudes femeninas naturales eran evidentes porque cuando descubrió la identidad de Saúl y escuchó a Samuel pronunciar el destino de este, trató de ayudar y consolar al rey que se había desplomado y estaba en el suelo frente a ella luego de escuchar su destino. Ella demostró su compasión por Saúl al hacer que sus sirvientes lo acostaran en su cama y al insistirle para que comiera; preparó comida abundante para él y para sus criados. A pesar de sus lados buenos, ella había vendido su alma al diablo. Uno se pregunta qué nivel de logro espiritual pudiera haber alcanzado si hubiera seguido al Señor por completo en lugar de a su magia negra.

Samuel regresa de los muertos

¡Cómo se refugian en este episodio, del aparente regreso de Samuel de los muertos, aquellos con tendencias espiritistas! Se propone como una prueba bíblica de la clarividencia; pero el espiritismo moderno, que es prácticamente una repetición de la abominación israelita, no es correcto desde el punto de vista espiritual y todavía está bajo la condenación divina ya que la ley mosaica en contra del mismo nunca ha sido abrogada, a pesar de que ya no se quema a los brujos. El asunto al que ahora nos enfrentamos es: ¿Obró Dios por medio de una médium espiritista, una bruja, para satisfacer la petición de Saúl? ¿Fue Samuel quien apareció en realidad? Dios, que había prohibido severamente la evocación de los muertos, ¿consintió en usar aquello que había condenado?

Siempre ha existido una gran variedad de opiniones en cuanto a que fuera una aparición genuina del fallecido Samuel. Algunos comentaristas creen que esta supuesta aparición fue un engaño de la adivina y que fue muy efectivo en Saúl debido a su condición distraída, nerviosa y frenética. Otros dicen que un espíritu maligno personificó a Samuel o que lo que apareció fue un fantasma o imagen del profeta, tal y como se nos puede aparecer en un sueño o visión la figura de un hombre al que conocimos y no tratarse del hombre en sí. Satanás y sus ministros son capaces de transformarse con apariencia de ángeles de luz y pudieron también haber representado al santo profeta, pero ¿cuáles son los hechos reales del caso?

Saúl le dijo a la adivina: «Evócame a Samuel», y se nos dice claramente: «Al ver a Samuel, la mujer pegó un grito». «Samuel le dijo a Saúl», y Saúl «estaba lleno de miedo por lo que Samuel le había dicho». La mujer describió la figura que vio semejante a Dios, majestuosa, envuelta en un manto y Saúl percibió que era Samuel. Así, mediante alguna «dispensación escondida de la voluntad divina, el profeta permitió que lo utilizaran», dice San Agustín, «tal y como nuestro Señor, en los días de su humillación se sometió a que Satanás lo llevara hasta el pináculo del templo». Se ha sugerido que cuando Dios envió a Samuel, la adivina se quedó consternada en el momento en que estaba a punto de recurrir a su magia acostumbrada; así que el mismo Dios intervino para responder por medio del profeta Samuel.

Además, el efecto abrumador que tuvo la aparición sobre Saúl, la reprimenda que recibió y la profecía de su muerte y la de sus hijos al día siguiente, implican la realidad y lo genuino de la aparición de Samuel. A los espíritus malos no se les permite impedir los decretos de Dios, así que ninguna adivina podía hacer la predicción que Samuel hizo. Por lo tanto, creemos que así como Dios permitió que Moisés y Elías regresaran para confortar a Cristo ante la inminencia de su cruz (Mateo 17), también permitió que Samuel regresar para advertirle a Saúl respecto a su destino. El obispo Wordsworth explica lo que sucedió en la cueva en Endor de esta manera:

> Dios estipuló que los ojos humanos reconocieran al espíritu de Samuel y, ¿cómo podía haber hecho esto sino por medio de objetos que son visibles para los sentidos humanos? Nuestro Señor habla de la *lengua* del espíritu desencarnado del hombre rico para darnos una idea de su sufrimiento; y en la transfiguración presentó la forma de Moisés en un vestido tal que los tres discípulos pudieran reconocerlo como Moisés.

Cuando Samuel apareció, Saúl le contó su

historia, pero le recordó que Dios no podía hacer nada por él debido a sus pecados descarados. El profeta le hizo recordar al rey sus iniquidades pasadas y sus efectos sobre la nación y luego Saúl escuchó el solemne anuncio: «Mañana tú y tus hijos se unirán a mí», y esta sentencia de muerte se cumplió en el monte Guilboa. No obstante, parecería que la misericordia se regocijara por encima del juicio divino, pues nótese que Samuel dijo: «Mañana tú y tus hijos se *unirán a mí*». ¿Dónde estaba Samuel en el mundo invisible? De seguro que no era en el reino de eterno lamento. De la misma manera que el Salvador le dijo al ladrón moribundo: «Te aseguro que hoy estarás *conmigo en el paraíso*», así también para Saúl, el afligido y tal vez completamente arrepentido, llegó el mensaje: «Tú y tus hijos se unirán a mí». ¡Mañana mismo con Samuel en la morada de eterno gozo! Qué pensamiento tan reconfortante debe haber sido este para el corazón atribulado de Saúl. Carlos Wesley preguntaba:

> ¿Qué auguraban estas palabras solemnes?
> Un rayo de esperanza cuando la vida
>   termina.
> Tú y tus hijos, aunque asesinados,
> Estarán mañana reposando conmigo.
>
> No en un estado de dolor infernal,
> Si Saúl permanece con Samuel.
> No en un estado de desesperada maldición,
> Si el amoroso Jonatán está allí.

Nuestro Dios se deleita en la misericordia, y el himno lo afirma:

> Mantened el faro ardiendo,
> arrojad su luz al mar,
> que si hay nautas pereciendo
> los podréis así salvar.

Si en aquella noche oscura en la cueva de la adivina, Saúl, endurecido, reprobado y condenado como estaba, escuchó la voz de Dios mientras Samuel hablaba y si en ese último día de su vida se lanzó a la misericordia divina, entonces su fin no fue con una tristeza desconsolada. Nos gustaría creer que antes de que Saúl saliera a la batalla para ser asesinado, dejó en orden la casa de su corazón. Agustín escribió que la palabra de Samuel «Te unirás a mí» no se refiere a un semejante en beatitud sino a una condición similar de muerte. El propio Samuel estaba bien vivo aunque su cuerpo estaba en un cementerio en Ramá. Si Samuel le hubiera dicho a Saúl: «Mañana estarás entre los condenados», eso lo habría destrozado por completo y probablemente lo habría endurecido en su obstinación. Al usar una expresión más gentil «se unirán a mí», Samuel exhortó a Saúl suavemente al arrepentimiento incluso al final de una vida un tanto trágica.

LAS HIJAS DE LOS FILISTEOS
2 Samuel 1:20; Ezequiel 16:27, 57, etc.

Con frecuencia vemos en la Biblia referencias a la costumbre de las mujeres de reunirse para celebrar la liberación y la victoria nacional (Éxodo 15:21; 1 Samuel 18:6). David no quería que las hijas de los incircuncisos filisteos se alegraran por la muerte de Saúl y Jonatán y por ende insta a «las hijas de Israel» a que lloren por el rey muerto que había traído tanta prosperidad en campañas anteriores. No obstante, en cualquier guerra, las mujeres de los conquistadores y también las de los conquistados, son quienes lloran más que regocijarse.

LA NODRIZA DE MEFIBOSET
2 Samuel 4:4

Mefiboset era el hijo de Jonatán. Había quedado lisiado de ambos pies desde que era un niño de cinco años, así que estaba físicamente incapacitado para el trono. Debido a esto, la casa de Saúl prácticamente se extinguió con la muerte de Isboset. El cuadro de la nodriza desconocida que por descuido fue responsable de la condición lisiada de Mefiboset se nos da en un solo pincelazo: «su nodriza lo cargó para huir pero, con el apuro, se le cayó y por eso quedó cojo». Las noticias de la guerra entre las tribus y el asesinato de Isboset obligaron a la devota nodriza a preservar la vida del niño, pero al huir se cayó de entre sus brazos y quedó paralítico de por vida. Quizá quiso ir más rápido de lo que podía, y se cayó con el niño. Puede que haya lamentado para siempre el verlo crecer y que no pudiera caminar.

MUJER DE TECOA
LA MUJER QUE ERA UNA BUENA ACTRIZ

2 Samuel 14:1-20

The Nameless Women of the Bible [Mujeres anónimas de la Biblia], es una obra de Theron Brown que se publicó hace sesenta años. En esta obra solo presentó a dieciséis de estas mujeres no identificadas pero también nos explica por qué no incluyó a *todas* las mujeres anónimas de la Biblia. Su propósito no fue escribir acerca de todas las mujeres anónimas que aparecen en la Biblia, como nos hemos propuesto hacer nosotros, sino llamar la atención a unas pocas de ellas «que por sus obras o influencia demostraron alguna virtud o señalaron alguna lección importante». Es por eso que Brown descarta en su prefacio a la sabia mujer de Tecoa con el siguiente párrafo:

> Cuya astuta parábola reconcilió a un padre con su hijo, se convierte en un ejemplo poco provechoso al analizarlo cuando resulta que el hijo es Absalón. La pregunta de si era o no un enemigo menos peligroso, o al menos un sujeto con un mejor comportamiento en el exilio de lo que podría serlo en el corazón de la capital, no parece ser digno de traer a discusión.

Sin embargo, rogamos nos permitan diferir en este punto, y estar de acuerdo con Clarence Macartney en su estudio sobre *The Woman of Tecoa* [La mujer de Tecoa] en que la oración de su elocuente discurso la ha inmortalizado: «Pero Dios no nos arrebata la vida, sino que provee los medios para que el desterrado no siga separado de él para siempre» (2 Samuel 14:14). Como un todo, el discurso de esta oradora es uno de los más grandes de la Biblia, lleno de hermosas metáforas y de frases conmovedoras. Es comparable a las elocuentes súplicas de Judá ante José para que permitiera que Benjamín regresara a casa de Jacob con los demás hermanos; y también al discurso de Abigaíl a David para que se tranquilizara cuando este estaba decidido a matar a Nabal y toda su casa.

Kuyper compara y contrasta de manera muy provechosa al personaje que acabamos de considerar, a la bruja de Endor, con la mujer de Tecoa: «Ambas se salieron de las esferas ocupacionales habituales de las mujeres. La de Tecoa escogió la intriga y la actuación. La bruja de Endor se identifica a sí misma con los poderes secretos y misteriosos. Ambas se ganaban la vida y obtuvieron su influencia en la comunidad recurriendo a ámbitos de actividades inusuales. La mujer de Tecoa creó su propio arte, planeó sus intrigas, y confió en sus habilidades de dramatización y oratoria. La mujer de Endor empleó medios un tanto diferentes. No tenía una personalidad particularmente impresionante. No era una artista ni mucho menos; no dijo nada extraordinariamente significativo. Sus recursos no los sacó de sí misma, ni los tomó prestados del Señor su Dios, sino de los demonios y de las fuerzas misteriosas de la naturaleza».

La ocasión de la parábola

Fue Joab el que vio cuánto el rey David añoraba ver a su hijo rebelde, Absalón, y quien concibió la treta para traerlo de regreso a casa. Como vivía cerca de Tecoa, es probable que Joab supiera acerca de la mujer sabia y de buena reputación que vivía allí. Ella no era una bruja ni una mujer de mala fama, sino una mujer *sabia*. La suya no era una sabiduría espiritual proveniente del temor del Señor, sino una sagacidad y sentido común complementado con la capacidad de hacer claro y efectivo su respaldo a cualquier asunto. Era mundanamente sabia, capaz y dispuesta a representar cualquier papel que se le asignara con agilidad. Cuando Joab le dio a esta competente mujer la esencia de la parábola que él sabía impresionaría a David, la mujer, en su elocuente manera, adornó la idea de Joab y la llevó a cabo con un encanto y un atractivo conmovedor. Tomó los huesos de la idea que Joab le había dado y los vistió de hermosa carne. Aunque dice que Joab «puso en mis labios todo lo que he dicho», ciertamente ella empleó sus habilidades oratorias para aumentar el encanto de aquellas palabras.

Joab, el competente y leal ayudante de David, conocía mejor que nadie el anhelo que sentía el rey por ver a su hijo. Absalón estuvo exiliado durante tres años por causa del asesinato de su hermano Amnón, quien había violado a su hermana Tamar (véase TAMAR). Joab podía ver cómo la aflicción estaba devorando el corazón de David, incapacitándolo para sus deberes reales. «En el pecho de David había un conflicto entre David el rey, el administrador de justicia, y David el padre», dice Macartney. David el rey, el defensor de la ley, está diciendo: «Absalón, eres un asesino. Mataste traicioneramente a tu hermano. Manchaste tus manos con la sangre de Amnón. Has quebrantado la ley de Dios y la ley de los hombres. Absalón, permanece en el exilio. Nunca más verás mi rostro».

Pero David el padre habla de manera muy diferente: «Absalón, regresa a casa. Sin ti la fiesta es insípida; sin ti mi corazón está disonante; sin ti los pasillos del palacio están apesadumbrados; sin ti la pompa y circunstancias de la guerra no son sino un espectáculo vacío. Tú has asesinado a tu hermano, pero yo te amo a pesar de todas tus faltas. ¡Absalón, hijo mío, hijo mío! ¡Absalón, regresa a casa!»

Así, durante tres largos y tristes años «él rey extrañaba mucho a Absalón», y Joab buscó la ayuda de la mujer de Tecoa, que tenía reputación por su astucia, tacto y elocuencia, para que la ayudara en un plan que trajera de regreso a casa al hijo desterrado.

La oratoria de la parábola

La mujer que Joab consiguió era muy capaz de disfrazarse y representar el papel de una viuda con el corazón destrozado por la amenaza de muerte del hijo que le quedaba. Así que se vistió con ropas de dolor y aflicción y hasta en el más mínimo detalle parecía una viuda enlutada y madre angustiada. Al extender el bosquejo del discurso que Joab le había dado, la mujer de Tecoa, de manera elocuente, utilizó metáforas conmovedoras como la siguiente para ilustrar su apelación: «apagarían la última luz de esperanza que me queda», lo cual era una alusión solapada y encubierta a Absalón como heredero de David. Qué sentimiento y poesía se concentra en esta conmovedora metáfora: «La luz de esperanza que me queda, su última braza de carbón brillando con afecto por su alma acongojada y brillando con la luz de la esperanza por su corazón solitario».

Con perfecta calma y aplomo permaneció en la presencia del rey, tras hacer una reverencia al presentarse ante él. Ella ejecutó su papel magistralmente, observando todo el tiempo el efecto de la historia de una viuda con dos hijos que riñeron y que se pelearon a golpes, dejando a uno asesinado y a un vengador que persigue al asesino. Si se llevaban y mataban a su único hijo, ¿qué podía hacer ella que era una viuda pobre, devastada, indefensa y sin hijos? ¿Intervendría el rey a su favor y protegería al hijo que le quedaba? David se compadeció y le dijo a la mujer que se fuera para su casa con la seguridad de que él se ocuparía del asunto. Pero la mujer quería una seguridad definitiva, y como actriz consumada que era, prolongó la entrevista para llevar al rey a comprometerse por completo, lo cual sucedió, afirmando que ni un solo cabello de su hijo caería a tierra. Con habilidad, la mujer adaptó su aproximación a las respuestas emocionales de David a su cuidadosamente preparada historia. Una vez que lo llevó a comprometerse con la solemnidad de un juramento, la mujer, con incomparable gracia, tacto y humildad, llegó al corazón de su súplica.

«Permita Su Majestad a esta servidora suya decir algo más». Fascinado por el comportamiento, encanto y elocuencia de esta mujer de Tecoa, David respondió: «Habla», sin esperar la directa apelación a su corazón concerniente a la necesidad de traer a su hijo de regreso a casa para que no muriera en el destierro. En efecto, su elocuente súplica se centraba en lo que David debía hacer por su hijo Absalón, lo que le había prometido hacer por el supuesto hijo de la viuda. La fuerza de sus argumentos era irresistible. Uno de los hijos del rey, Amnón, estaba muerto, y era inútil lamentarse por él; Dios no hace acepción de personas. Absalón debía morir también, y así moriría David mismo. Por tanto, él debía mejorar el tiempo y las bendiciones que quedaban mientras había alguna oportunidad de atenuar el juicio con misericordia.

El resultado de la parábola

Profundamente conmovido por las palabras, gestos, entonación y personalidad de la mujer, David presintió que ella estaba representando el papel de otra persona, y penetrando su disfraz le preguntó si «el astuto, ingenioso e inescrupuloso» Joab estaba detrás de su fingimiento. La mujer confesó que todo había sido planeado por él y trató de eximirse de toda responsabilidad por haberse presentado ante el rey. Los sentimientos hacia el príncipe exiliado no eran la causa de su motivación sino que simplemente se atenía a la petición de Joab. La brillante representación que la mujer hizo de la estratagema de Joab funcionó, y David mandó a buscar a su ayudante y le ordenó que trajera al joven Absalón de regreso a Jerusalén. El hijo desterrado regresó a casa, pero no a una comunión completa. Durante dos años Absalón no vio el rostro de su padre. No obstante, él forzó el asunto incendiando la siembra de Joab y coaccionándolo para que influyera en una reconciliación total con su padre. «El rey recibió a Absalón con un beso», aunque nos entristece lo que siguió a la reconciliación. ¡Qué diferente es el ministerio de reconciliación de nuestro Padre celestial cuando sus desterrados regresan a él! En el Calvario, mediante la muerte de su amado hijo, él diseñó el medio para que los hijos desterrados nunca más fueran expulsados de su presencia, y cuando Jesús gritó: «Todo se ha cumplido», se obtuvo una reconciliación total y perfecta para una raza pecadora y exiliada. ¡Qué glorioso evangelio es este que proclama que Dios, con su amoroso corazón, está esperando darle la bienvenida a los pecadores arrepentidos que regresan a casa!

DIEZ CONCUBINAS DE DAVID
2 Samuel 15:16; 16:22; 20:3

¡Qué dolor, vergüenza y degradación trae la poligamia sobre las mujeres! Cuando David huyó de su hijo rebelde, Absalón, dejó a diez de sus concubinas para que cuidaran el palacio, pero cuando Absalón llegó a donde estaba la corte real que estaba abandonada, siguió el consejo de Ajitofel de violar a esas mujeres, incapaces de resistirse o huir. En una carpa en el techo de la casa, a la vista de todo Israel, Absalón satisfizo su lujuriosa venganza con las diez mujeres indefensas. El profeta Natán había predicho que la naturaleza del castigo de David correspondería con el carácter de su delito secreto en su acto adúltero con Betsabé, y en el asesinato planificado de su esposo Urías. Ellicott observa:

El hecho de que este castigo se lleve a cabo en el mismo techo donde David había cedido a su pasión, lo hace particularmente impresionante.

Cuando David regresó a casa tras la trágica muerte de su hijo rebelde, tomó a las diez concubinas que Absalón había ultrajado y las mantuvo en una placentera cautividad como «viudas» o en «viudez de por vida», sin tener más contacto sexual con ellas. Qué tremendo beneficio trajo el cristianismo a la feminidad. Por gracia, se eleva a la mujer a la posición que Dios le ha otorgado como compañera del hombre, no una posesión.

LA CRIADA DE ENROGUEL
2 Samuel 17:17-19

La referencia bíblica probablemente indica una criada del Sumo Sacerdote bien conocida por todos que, aunque salvó a los mensajeros secretos, su hecho, bueno en sí, solo evitó un riesgo que parece haber sido innecesario, y sus palabras a los perseguidores invita a los casuistas a explicar «la mentira justificable». La criada de Bajurín estaba dedicada a la causa de David con toda su alma y corazón. Cuando Jonatán y Ajimaz hallaron un pozo vacío en un jardín, se metieron dentro del hoyo para escapar de sus perseguidores, y la criada, viéndolos por la ventana, comprendió la situación. Ella cubrió la boca del pozo con una tela y esparció trigo sobre ella para que pareciera como que estaba secando el grano al sol. Cuando los perseguidores llegaron, ella les indicó una dirección errónea y así le salvó la vida a David.

Es muy probable que David nunca oyera ni viera a esta anónima y fiel seguidora suya, sin embargo, Dios la escogió para inducir a los mensajeros de Absalón a seguir una pista falsa, y, por consiguiente, hizo fracasar la estrategia contra su padre. A menudo, en los grandes movimientos, la fortaleza de un conquistador no siempre se encuentra en sus amigos y aliados más destacados. La anónima mujer de Enroguel fue útil en un momento crucial para salvar la causa de David, y de igual manera la causa del reino.

MUJER SABIA DE ABEL
2 Samuel 20:16-22

La ciudad de Abel era legendaria por su sabiduría. El *Tárgum* judío, referente a Deuteronomio 20:10, dice: «¿Recuerdan lo que está escrito en el libro de la Ley acerca de hacerle primero una oferta de paz a una ciudad? ¿Lo has hecho así y le has preguntado a Abel si harán la paz?» (2 Samuel 20:18). Fue de este célebre centro de sabiduría que salió una mujer que se refirió a la ciudad como «la más pacífica y fiel del país, y muy importante en Israel» y le habló con tanta sabiduría al pueblo que los incitó a destruir al rebelde Sabá. Esta mujer desconocida manifestó un valor autoritario para actuar como vocera y campeona de «el lado más débil ante una tropa enardecida en una era en que la ética de la guerra no tenía ningún escrúpulo con los sexos». Su influencia sobre el pueblo y su habilidosa diplomacia la señalan como una señora de importancia. Joab retrocedió ante su reprensión, pero le aseguró a esta patriótica mujer que él no quería masacrar indiscriminadamente. Todo lo que quería era al hombre responsable de la revuelta entre las tribus. Cuando la mujer supo que al que buscaban era a Sabá y que se había atrincherado entre su pueblo, les contó a estos todo lo referente al crimen de este traidor. Entonces, los airados ciudadanos decapitaron a Sabá, le entregaron la cabeza a Joab, y salvaron a la ciudad de Abel. Mediante ese acto severo esta heroína desconocida entregó la vida de un culpable y salvó de esa manera a miles de vidas inocentes y también consiguió la paz en el reino de David. La historia, sagrada y secular, está repleta de ejemplos de mujeres quienes, por su ingenio y valentía en un tiempo de crisis, trajeron liberación y esperanza a sus naciones.

ESPOSAS Y CONCUBINAS
DE SALOMÓN
1 Reyes 11:1-8; Cantares 6:8

En la ley que regulaba la vida y reinado de un rey, se estipulada con claridad que él no debía tomar esposas que apartaran su corazón de Dios (Deuteronomio 17:17). Salomón, más que todos los demás reyes de Israel, pecó contra este decreto y las consecuencias fueron desastrosas. La anónima hija de faraón, con quien se casó Salomón, lo inició en el camino descendente de la idolatría (1 Reyes 3:1-3; 7:8). Él amó a muchas «mujeres extranjeras», es decir, mujeres de diferentes nacionalidades, además de Israel, y tuvo 700 esposas, princesas y 300 concubinas. Sus esposas apartaron el corazón hacia otros dioses, y debido a la idolatría incrementada por esa fuerte influencia femenina, Dios dijo que cuando muriera, él dividiría en dos el magnífico reino de Salomón. Aunque Salomón había construido un templo magnífico para Dios, también construyó altares paganos para sus esposas idólatras. «Nadie puede servir a dos señores», dijo el Maestro. «No pueden servir a Dios y a los ídolos del mundo». Quiera Dios que guardemos nuestros corazones perfectos hacia él y que no seamos culpables de buscarle y adorarle al mismo tiempo que tenemos un altar prohibido albergando a un ídolo.

DOS MADRES PROSTITUTAS
1 Reyes 3

La notable sabiduría y sagacidad instintiva de Salomón se revela en su apelación a los instintos maternales de esas dos prostitutas que vivían juntas, las cuales dieron a luz hijos con una diferencia de tres días de nacidos. El hijo de una de las mujeres murió ahogado accidentalmente durante la noche. Por la mañana, al descubrir que su hijo había muerto, acusó a su compañera de haberle cambiado el hijo vivo por el muerto. Era una afirmación vergonzosa, y uno se pregunta por qué la mujer cuyo hijo murió estaba ansiosa por uno vivo. Al ver que el hijo era la evidencia de su prostitución, uno habría pensado que ella se sentiría aliviada con la muerte del bebé, pues este era el fruto de una vida de abandono al pecado. Llena de miedo, quizás sintió que la responsabilizarían por su muerte. La madre del niño vivo protestaba su inocencia. Como israelitas que eran, además de individuos degradados, no había sino una forma de dilucidar el asunto. Salomón, su rey, era el hombre más sabio, y él sería capaz de decidir cuál de las dos era la madre del hijo vivo.

Estos demandantes femeninas en la corte presentaban un problema para el juez Salomón. Él tenía que resolver una situación difícil. La única evidencia para decidir el caso era la que presentaban las mismas marginadas por la sociedad. No había habido testigos del supuesto intercambio de bebés, y debido al bajo carácter de las madres, la palabra de una era tan buena como la de la otra. ¿Cuál de las dos estaba tratando de salvar su pellejo? Mientras ellas discutían entre sí, Salomón tuvo una idea genial. Le pidió a un oficial que trajera una espada, y la sala quedó en completo silencio. Cuando el oficial vino con la espada, Salomón le ordenó que cortara al niño vivo en dos y le diera una mitad a una madre y la otra mitad a la otra. Un grito angustiado rompió el silencio, y la verdadera madre del hijo vivo, a pesar de su naturaleza pecadora, manifestó verdadero afecto maternal. En vez de ver morir a su hijo, ella estaba dispuesta a entregarlo a su insensible compañera. Arrojándose ante el rey, le rogó que le perdonara la vida al niño. «¡Por favor, Su Majestad! ¡Déle usted a ella el niño que está vivo, pero no lo mate!» En cuanto a la otra mujer, su respuesta traicionó la mentirosa acusación, y aparentando ponerse de parte de la decisión judicial de Salomón, dijo: «¡Ni para mí ni para ti! ¡Que lo partan!» Aquel fue el fin del asunto. Salomón le ordenó al oficial que guardara su espada y señalando hacia la mujer postrada que estaba dispuesta a entregar a su hijo, dijo: «Entréguenle a la primera el niño que está vivo, pues ella es la madre». El juicio de Salomón en este caso aumentó grandemente su reputación, porque cuando las personas de su reino oyeron lo que había sucedido, «vieron que tenía sabiduría de Dios para administrar justicia».

Este informe es bien repugnante y destaca la vergüenza y el dolor de la práctica ilícita de la prostitución. No obstante, el noble afecto maternal que muestra la verdadera madre es una joya en el frágil montón de basura de la humanidad que representan estas dos prostitutas. Aunque era malvada, mantuvo un remanente de genuina dignidad. A diferencia de su compañera, ella estaba preparada para sacrificarse y nos recuerda que en lo profundo de los corazones más pecadores, yacen enterrados sentimientos que la gracia puede restaurar. Sería interesante tener el siguiente capítulo de la historia de aquellas dos prostitutas. ¿Se separaron y la más noble de ellas reformó su camino? ¿Trató de criar a su hijo, sin el nombre de su padre, en el temor del Señor?

MADRE DE HIRAM

1 Reyes 7:13-45;
2 Crónicas 2:13, 14; 4:11-16

Aquí está otro ejemplo de un hombre famoso cuyo nombre conocemos pero cuyos padres no se mencionan por nombre en la Escritura. Este artesano extraordinariamente dotado que tenía el mismo nombre que el rey de Tiro, también se menciona como Hiram Abí (2 Crónicas 4:11-16). Sabemos que Hiram, que «era sumamente hábil e inteligente, experto en toda clase de trabajo en bronce», tenía una madre viuda de la tribu de Neftalí, y que su padre era «un nativo de Tiro que era artesano en bronce». Pero no se nos dan sus nombres ni genealogía. El proceder de un matrimonio mixto, madre judía y padre nativo de Tiro, le posibilitó al brillante Hiram entrar en el espíritu de adoración israelita para el que Salomón preparaba el primoroso templo. Hiram trajo al templo todas las habilidades prácticas de un artífice de Tiro. Sin lugar a dudas recibió gran parte de sus habilidades en el trabajo metalúrgico de su desconocido padre. Aunque no tenemos informe alguno de que Hiram haya tenido vida religiosa alguna en su hogar, él debió haber oído de su madre el sueño de David de construir una casa para el Señor, y de la determinación de Salomón de llevar a cabo el sueño de su padre. Debido a la magnífica obra que realizó en el templo, parece ser que el Espíritu de Dios aumentó las habilidades de Hiram como lo hizo en la labor de Bezalel.

REINA DE SABÁ

LA MUJER QUE AMABA LA SABIDURÍA

1 Reyes 10:1-13; 2 Crónicas 9:1-12;
Mateo 12:42

Entre todas las reinas de la Biblia ninguna tan fascinante como la que vino de algún lugar en el golfo Pérsico hasta Jerusalén para comprobar por sí misma la profunda sabiduría de Salomón. (Consulte el volumen del autor sobre *All the Kings and Queens of the Bible* [Todos los reyes y reinas de la Biblia].) Lo que ella escuchó de labios del rey y vio de su riqueza y poder la dejaron atónita. No sabemos nada acerca de su belleza, pero seguramente era todo lo que se pudiera desear en ese aspecto. Como nos estamos percatando, se han omitido los nombres de algunas de las mujeres más sobresalientes de la Biblia. Aunque el nombre de esta reina no aparece en la Biblia, los escritores árabes la llaman Balquis, y los escritores etíopes la llaman Maqueda. De hecho, los abisinios no solo afirman que ella era su antigua reina, sino que remontan la descendencia de su actual rey a un hijo que, según dicen estas tradiciones, nació de ella y Salomón. Pero dicho argumento no tiene fundamento bíblico alguno. Después de su visita a Salomón, leemos que «la reina regresó a su país».

A qué vino

¿Cuál era el propósito de la visita de esta reina del sur? Ella no realizó el largo viaje por simple vanidad ni por curiosidad femenina debido a lo que había oído de la grandeza tan proclamada de Salomón. La suya no era una visita gubernamental para hacer un nuevo tratado de algún tipo, ni para contemplar la magnificencia de la corte de Salomón. No, ella buscaba sabiduría, así que realizó el tedioso viaje desde su palacio hasta el de Salomón para incrementar los conocimientos. El motivo de hacer esta visita fue la fama de Salomón, que había llegado hasta ella, como el hombre más sabio del Oriente. La Biblia específicamente dice «que fue a verlo para ponerlo a prueba con preguntas difíciles», y sus preguntas eran tanto numerosas como variadas. Esta reina anónima había oído que Salomón lo sabía todo sobre «el nombre del Señor», y fue este aspecto en particular de su sabiduría lo que la atrajo a Jerusalén. No había venido a ver las posesiones materiales ni los despliegues de riquezas del rey, pues como reina de considerable importancia que era, tenía abundancia de esas cosas. Vino a ver y a escuchar «la sabiduría de Salomón», como Cristo dijo de ella. De la misma manera que siglos después, hombres sabios vinieron del oriente a Belén a adorar al que apareció como, «la sabiduría de Dios», así la reina de Sabá vino a la ciudad santa en busca de un conocimiento superior. Ella no era solo una mujer emprendedora y rica sino que también tenía una mente penetrante. Al ser culta, tenía sed de intereses intelectuales más amplios y, por tanto, representaba el deseo en el corazón de todos los personajes aristocráticos de una comprensión más profunda del conocimiento verdadero.

El historiador judío Josefo dice de esta reina que: «era inquisitiva en cuanto a la filosofía y en esto, y en otros aspectos era digna de admiración». Hasta ella había llegado el comentario de que era el Dios de Salomón el que le había hecho tan extraordinariamente sabio, y como adoradora de otros dioses quería conocer acerca de este Jehová que había favorecido al rey de manera tan asombrosa. Por tanto, en su visita no estaba buscando la mera sensación. La fama de esa sabiduría sin precedentes la atrajo a Salomón, e ir a él reveló lo sabia que era. Posiblemente había leído algunos de los grandes proverbios de Salomón, y el que afirma que «el comienzo de la sabiduría es el temor del Señor» la atrapó e impulsó a buscar al rey que ocupaba el trono de Israel. Ella buscaba un conocimiento más profundo de su Dios. Aunque pronunció expresiones religiosas como: «¡Y alabado sea el Señor tu Dios, que se ha deleitado en ti y te ha puesto en el trono de Israel! En su eterno amor por Israel, el Señor te ha hecho rey para que gobiernes con justicia y rectitud», no tenemos evidencia bíblica de que ella se convirtiera de sus dioses paganos a la adoración del Dios de Salomón. Su reconocimiento de Dios no implica que lo aceptara. «Esto expresa la creencia de que él, como Dios guardián de Israel, se debe reverenciar de manera proporcional a la gloria extraordinaria que le ha dado a su nación». No podemos sino confiar que las verdades espirituales que Salomón expresó encontraron alojamiento en el corazón de la reina y produjeron mucho fruto en su vida después de regresar a su país.

Lo que oyó

Acostumbrada a las esplendorosas exquisiteces, la reina de Sabá era una estudiante ávida de un adorno más codiciado: verdad para la mente. No se nos dice cuál era la verdadera naturaleza de sus «preguntas difíciles». Lo que la narración sí dice es que Salomón «respondió a todas sus preguntas. No hubo ningún asunto, por difícil que fuera, que el rey no pudiera resolver». ¿Qué fue lo que él dijo? ¿Acaso recitó los hechos de la creación de la tierra y el hombre, la caída, la promesa del Redentor, el significado de la ley y los sacrificios, y de cómo la gloriosa «casa del Señor», que ella vio, se diseñó para honrar a Dios? ¿Reveló él la importancia de la elección y destino de Israel y cómo ella misma estaba relacionada con su nación a la que Dios había honrado? ¿Describió Salomón cómo ella era descendiente de Sabá, el hijo de Abraham y Cetura, que se alejó y se estableció en el país que llevaba su nombre y del que ella había venido?

La reina «le expuso todo lo que en su corazón tenía» (RVR 1960). ¡Su corazón! Salomón contestó todas las preguntas que ella tenía en su interior. Aunque ella era una persona instruida, encontró en Salomón un conocimiento superior. ¡Cómo debe haber escuchado mientras el rey abría sus labios y pronunciaba verdades que la dejaban sin habla! ¡Cómo las mentes de esas dos personas de la realeza deben haber «sacado chispas la una a la otra, siendo una llama saltarina la atracción mutua entre ellos!» Las líneas de Addison son muy apropiadas cuando pensamos en este rey y la reina deseando por sobre todas las cosas sabiduría y entendimiento:

Las grandes almas se vuelven la una a la otra
    por instinto,
Demandan alianza y arden en amistad.

Instintivamente la reina de Sabá se sintió atraída al sabio rey de Israel, y podemos imaginar que, después de separarse, cualquier otra pregunta que la reina tuvo recibió pronta respuesta de parte de Salomón.

Lo que vio y dijo

No solo «la sabiduría de Salomón excede la sabiduría de los hijos del país oriental», Dios también añadió a su sabiduría incontables posesiones valiosas. Aunque estaba acostumbrada a la grandeza, la magnificencia que la reina vio en Jerusalén estaba más allá de su imaginación. Lo que *vio* fue casi tan asombroso como lo que había oído: el exquisito palacio de Salomón con su séquito de sirvientes, ministros y coperos con sus flagrantes atavíos y también la hermosa casa del Señor, en la que el oro estaba por todas partes. Esa riqueza y prosperidad exterior la abrumó hasta que «se quedó atónita», implicando una condición casi sin habla debido a todas las maravillas que vio. La abundante y rica majestuosidad de la que fue testigo dejó atrás su mayor expectativa. Ver a Salomón en toda su gloria fascinó los sentidos de la reina y, sobrecogida, le confesó al rey:

¡Todo lo que escuché en mi país acerca de tus triunfos y de tu sabiduría es cierto! No podía creer nada de eso hasta que vine y lo vi con mis propios ojos. Pero en realidad, ¡no me habían contado ni siquiera la mitad! Tanto en sabiduría como en riqueza, superas todo lo que había oído decir. ¡Dichosos tus súbditos! ¡Dichosos estos servidores tuyos, que constantemente están en tu presencia bebiendo de tu sabiduría!

Ellicott dice de esa sincera emoción: «Respiraron a una vez el espíritu del elogio oriental y una cierta seriedad tanto en el tono como de una mente movida por una admiración y maravilla poco común».

Lo que dio

Después de expresar su sentida gratitud por todo lo que había visto y oído, ella le otorgó a Salomón excepcionales y costosos regalos. La reina estaba acompañada de «un séquito muy grande» o numerosos asistentes y sirvientes para cuidar los camellos cargados de regalos para Salomón —no porque él los necesitara. «La reina le regaló a Salomón tres mil novecientos sesenta kilos de oro, piedras preciosas y gran cantidad de perfumes. Nunca más llegaron a Israel tantos perfumes como los que la reina de Sabá le obsequió al rey Salomón». El valor representado por los perfumes y piedras debe haber sido fabuloso. En cuanto a los 3960 kilos de oro, el mismo era equivalente a un regalo de aproximadamente $54.000.000 dólares de parte de la adinerada reina.

Lo que recibió

Los regalos de la reina parecían derrochadores —y lo eran— sin embargo, eran a manera de tributo por lo que sus oídos habían oído y sus ojos visto. Cuando Salomón la colmó con regalos, le dio «en su magnanimidad». Leemos que le dio a la reina «todo lo que a ella se le antojó pedirle». Sin lugar a dudas, eran muchas maravillosas creaciones de Salomón las que ella alabó y codició, y todo lo que ella dijo que le gustaría tener en su palacio, el rey se lo dio. Además, lo que él le dio voluntariamente de su gran generosidad debe haber sido fabuloso, pero el mayor tesoro que se llevó a su regreso fue la sabiduría moral y espiritual que Dios había puesto en el corazón de Salomón.

Lo que Cristo dijo sobre ella

La historia termina cuando la reina de Sabá regresó a su país. No sabemos cómo actuó con el conocimiento de Dios que recibió por medio de Salomón ni cuándo murió. No sabemos más de ella hasta que el Señor Jesucristo, cuando vino al mundo y ejerció su ministerio público, le dijo a una multitud que se reunió a su alrededor:

> La reina del Sur se levantará en el día del juicio y condenará a esta gente; porque ella vino desde los confines de la tierra para escuchar la sabiduría de Salomón, y aquí tienen ustedes a uno más grande que Salomón.

La reina de Sabá era superior a la generación con la que Jesús tuvo que batallar ya que ella viajó unos 1,900 kilómetros para escuchar y ver a Salomón, sin embargo, en medio de ellos estaba uno más grande que Salomón y

ellos no escuchaban a las verdades de Dios que él les presentaba. No apreciaron a Cristo como la sabiduría encarnada. «Aquí tienen ustedes a uno más grande que Salomón». ¡Qué ciegos estaban los enemigos religiosos de Cristo al hecho de que la múltiple sabiduría de Dios, de parte de la cual Salomón fue recipiente, estaba personificada delante de ellos en aquel que se hizo sabiduría para nosotros! Así que la ilustre reina de Sabá «se levantará en juicio» y se queda entre la tierra y el cielo para que todos la vean. Ella no dice ni una palabra, pero Jesús expresa su apreciación y apropiación de la sabiduría divina que Salomón declaraba. La reina de Sabá no se levantará en juicio para condenar a ninguno de nosotros si en los corazones reina aquel que es en todo sentido mayor que Salomón. Ella buscó al maestro más sabio y maravilloso que conocía. Ella amaba las riquezas y las maravillas, pero amaba más la sabiduría, e hizo el largo y paciente viaje hasta la ciudad del trono del rey. ¿No es el colmo de la insensatez rechazar todo lo que el Rey de reyes, quien está tan cerca como el aire que respiramos, nos ofrece gratuitamente en su real magnanimidad?

LA ESPOSA DE HADAD
1 Reyes 11:19, 20

Hadad, un príncipe de la casa real de Edom, escapó de la masacre de Joab, y huyó a Egipto donde el faraón lo trató con mucha benevolencia. No se identifica a la pariente que el faraón le dio a Hadad como esposa. Era hermana de la reina Tapenés, la esposa del faraón que gobernó Egipto a fines del reinado de David, y le dio a Hadad un hijo llamado Guenubat, que significa «robo».

LA ESPOSA DE JEROBOÁN
1 Reyes 14:1-17

Debido a la idolatría que Jeroboán I introdujo en Betel, se le describe preeminentemente como: «los pecados que Jeroboán cometió e hizo cometer a los israelitas». Pero aunque estaba alejado de Dios, el vulgar idólatra buscó la dirección de Dios por medio del profeta Ahías. Abías, el hijo de Jeroboán, cayó enfermo, y él le indicó a su anónima esposa que se disfrazara como una mujer ordinaria y que viajara hasta donde estaba el profeta. Ella fingió ser otra mujer, es decir, aparentar no ser la esposa de un rey. Ahías estaba viejo y ciego, pero su sexto sentido le dijo que el sonido de los pies que escuchaba pertenecían a la distraída esposa de Jeroboán. «¿Por qué te haces pasar por otra?» Es muy probable que Dios, que le dio a Ahías el pesado o duro y trágico mensaje para Jeroboán, también le revelara la identidad de la visitante femenina, quien pronto tendría la respuesta en cuanto a si su hijo enfermo viviría o no. El profeta no solo le dijo que Abías moriría, sino que la casa idólatra de Jeroboán I sería destruida por completo, y el rey mismo tendría un final despreciable. Tan pronto como la esposa de Jeroboán regresó y cruzó el umbral de la puerta, el muchacho falleció según la palabra del profeta. Fue un acto de misericordia que el niño muriera antes de que la conducta inicua de su padre lo contaminara y lo alcanzara la merecida destrucción por echar a Dios a un lado. ¿No es cierto que de este trágico episodio aprendemos que no nos podemos burlar de Dios con nuestros disfraces?

LA VIUDA DE SAREPTA
LA MUJER QUE COMPARTIÓ
SU ÚLTIMO BOCADO

1 Reyes 17:8-24; Lucas 4:25, 26

¡Cuánto más profundamente nos interesaríamos por algunos de los personajes más sobresalientes de la Biblia si supiéramos sus nombres y significado! La célebre viuda de Sarepta, tan compasiva, amable y sacrificada, debe haber tenido un nombre hermoso. Sin embargo, no se nos dan ni su nombre, ni el de su hijo. El profeta Elías, que vivió con ellos durante mucho tiempo, debe haberlo conocido muy bien, pero nos deja sin siquiera una pista acerca de su identidad. Incluso el Señor, que tiene nuestros nombres grabados en la palma de sus manos, no quita la cortina del anonimato, sino que simplemente se refiere a esta encomiable mujer como «una viuda de Sarepta». Evidentemente, el centro de atención está en lo que hizo y no en quién era.

Su posición

Vivía en Sarepta que pertenecía a Sidón, un hecho que marca la extraordinaria providencia de Dios. Cuando la tierra de Israel era apóstata e insegura, Elías encontró un grato refugio en un país pagano, que además, era el lugar de origen de su más mortal enemigo, Jezabel, hija de Et Baal, rey de los sidonios. Aunque creció entre adoradores de dioses extraños, parece haber venido al conocimiento de la fe de los hebreos antes que el profeta Elías se encontrara con ella. Llegó a aceptarlo más a fondo como resultado de lo que vio y oyó durante el tiempo que Elías permaneció en su pobre hogar.

Pertenecía a un linaje forastero, y era una viuda con un hijo que mantener. A mitad de camino entre Tiro y Sidón, tenía el humilde hogar que su esposo le había dejado, unos pocos olivares y un pequeño campo de cebada con el cual era capaz de obtener un austero sustento para sí misma y para su hijo que estaba creciendo. Si la temporada era favorable, podía reunir lo suficiente para sus modestas necesidades, pero cuando una terrible sequía mató los sembrados, entonces se agudizó aun más su pobreza. Cuánto tienen que luchar algunas mujeres después de quedar viudas. Las circunstancias apretadas y las preocupaciones agobiantes hacen muy difícil la vida. Al quitárseles el sostén de la familia, es frecuente que las viudas tengan más preocupaciones que las que pueden soportar. No obstante, las viudas piadosas tienen la promesa de la provisión y protección divina, tal y como llegó a experimentar la viuda de Sarepta. Cuando llegó la hambruna, ella no sabía de dónde podía venir la próxima comida para mantenerlos a los dos vivos.

Su Proveedor

De lo que no se percataba la angustiada viuda era que la liberación estaba cerca, que nunca jamás ni ella ni su hijo sufrirían los dolores del hambre; que el extranjero de tosca apariencia que un día apareció a su puerta sería su proveedor durante muchos días. Elías era un hombre perseguido que estaba huyendo, pues la malvada reina Jezabel había puesto precio a su cabeza, y los investigadores de la malvada reina perseguían en vano al profeta que había pronunciado la ruina de Jezabel y también a su igualmente impío esposo Acab. Ellos nunca pensaron en buscar a Elías en el pobre hogar de una viuda muerta de hambre. Sin embargo, Dios la escogió para albergar al profeta durante unos dos años. Ella lo alimentó, como huésped protegido por el cielo, con una fe intrépida. Cuando Elías se encontró con la viuda, ella estaba recogiendo palitos para hacer una última e insuficiente comida de la última masa y aceite que tenía. ¿Qué sentimientos encontramos en la respuesta de la mujer a la petición que le hace Elías de agua para beber y un bocado de pan?

> Tan cierto como que vive el SEÑOR tu Dios —respondió ella—, no me queda ni un pedazo de pan; sólo tengo un puñado de harina en la tinaja y un poco de aceite en el jarro. Precisamente estaba recogiendo unos leños para llevármelos a casa y hacer una comida para mi hijo y para mí. ¡Será nuestra última comida antes de morirnos de hambre!

La hambruna en la tierra había demacrado a la viuda y a su hijo, y esta sería su última comida. Una vez que se comieran esto, lo único que quedaría por hacer era tirar sus cuerpos consumidos y sin carne en la cama y esperar la liberación del sufrimiento, la terrible muerte por inanición. Pero ella era la viuda a la que Dios le ordenaría alimentar a Elías. Su orden sería la que proveería, como comprobar día tras día. De allí en adelante ella y su hijo vivirían en pobres circunstancias, pero sería la mano de Dios quien los alimentaría a ellos y también al profeta.

Elías vino hasta la viuda como un extraño, en un momento crucial, pidiéndole agua y aunque ella habló de él como un «hombre de Dios», supo que era un profeta cuando este realizó el milagro de la multiplicación. No hay evidencia alguna de que la viuda reconociera que era verdaderamente el honroso siervo de Dios. Aunue Dios la había seleccionado como la viuda que sustentaría a Elías, ella no recibió ningún aviso por adelantado de que el mendigo que vendría sería el profeta. Ella no sabía de antemano el propósito de Dios pues estaba preparándose para morir. Tampoco sabía que el que le estaba pidiendo agua la preservaría milagrosamente a ella y a su hijo de morir de hambre. Tan pronto como Elías le dijo que continuara preparando lo que la viuda pensaba que sería su última comida, ella obedeció mecánicamente, creyendo lo que él había dicho en cuanto a que su comida nunca se agotaría y que no se acabaría el aceite en la vasija hasta que terminara la hambruna y entonces compartió su penuria con el profeta. «Ella fue e hizo lo que le había dicho Elías».

Esta mujer de una verdadera hospitalidad que, en su disposición de compartir su último bocado de comida con un extraño cuyo rostro indicaba un cansancio producido por la fatiga, la sed y el agotamiento producto de un largo viaje, no sabía que estaba recibiendo a un ángel. No obstante, ella hizo pasar al extraño y probó tener una noble forma de hospitalidad cristiana en lo que hizo de lo profundo de su pobreza. Puede que haya protestado cuando el mendigo le pidió alimentos diciendo: «¡Señor, tenga piedad! No se burle de mí, una viuda desamparada que, con un hijo moribundo, le queda una sola y escasa comida». Si esta mujer anónima hubiera satisfecho la petición de Elías con amargo desprecio, preguntándole qué esperaba encontrar en un hogar azotado por la hambruna; y también qué tipo de hombre era que venía a quitarle el último bocado de comida, habríamos entendido su negativa, pero no, ella no hizo ninguna de esas cosas. Puede ser que su buen corazón dijera: «Compartiré este último pan con él, pues la muerte pronto hará que termine nuestra hambre». Aunque sintió que compartir la última comida los perjudicaría a ella y a su hijo, se aventuró a darle una porción al hambriento hombre que había llegado hasta ella, sin darse cuenta que la suya iba a ser una aventura de fe, y sería la evidencia de lo que no se ve.

La viuda de Sarepta, entonces, continuó horneando y usó su último poco de comida. Le sirvió *primero* al extranjero porque eso era lo que había dicho: «Pero antes prepárame un panecillo con lo que tienes, y tráemelo; luego haz algo para ti y para tu hijo». La sorprendida mujer no tuvo nada que decir pues la atrevida predicción y la manera en que le hizo el anuncio, le dieron al mensaje de este hombre una solemnidad autoritaria y la convenció de que él no era un mendigo común y corriente. Al apresurarse a hacer lo que su amor innato de hospitalidad le impulsaba, probó que «lo poco es mucho si Dios está presente». Después de aquella primera comida juntos, que ella pensó sería la última, ¿puede imaginarse con cuánta ansiedad ella miraría la vasija vacía y examinaría su jarra de aceite para ver si se había cumplido la predicción del extraño?» Cómo debe haber saltado la esperanza en su corazón al sentir en sus dedos la fresca harina y ver llena la jarra vacía. ¡Verdaderamente el huésped con quien había estado dispuesta a compartir,

era un profeta! La viuda experimentaría un milagro continuo porque, hasta que llegaron las lluvias y terminó la hambruna:

> Y tal como la palabra del SEÑOR lo había anunciado por medio de Elías, no se agotó la harina de la tinaja ni se acabó el aceite del jarro.

Diariamente, la viuda de Sarepta comprobó que compartir lo que tenía con otro necesitado no empobrecía su vida, sino que la enriquecía grandemente, tal y como hace el Extraño celestial cuando le abrimos la puerta para que entre y cene con nosotros. Sí, Dios multiplicó su poco de comida y la jarra de aceite igual que Jesús multiplicó los cinco panes y dos peces para alimentar a la hambrienta multitud que lo seguía. Qué expresivas son las estrofas que un poeta estadounidense nos ha dado:

> ¿Se está vaciando la vasija de tu comodidad?
> Levántate y compártela con otro:
> Y durante todos los años de hambruna
> Te servirá a ti y a tu hermano.
>
> El amor divino llenará el granero,
> Y tu puñado seguirá renovando;
> A menudo una escasa ración para uno
> Es una fiesta real para dos.
>
> Porque el corazón se enriquece al dar;
> Toda su riqueza es grano dorado:
> Semillas, que se enmohecen en el granero,
> Si se esparcen vuelven dorada la pradera.
>
> ¿Es tu carga dura y pesada?
> ¿Arrastras tus pasos con cansancio?
> Ayuda a llevar la carga de tu hermano
> Y Dios llevará la de él y la tuya.

Su perplejidad

¡Qué tremendo cambio hizo el profeta enviado por Dios en el hogar de la viuda! Todas las pruebas eran cosas del pasado y día tras día aquel que abre su mano y suple lo que les falta a los suyos, suplía su necesidad. Antes de esto, la viuda había llegado a conocer que su huésped era un profeta y había recibido benditas verdades de sus labios. A medida que pasaban las semanas y los meses, Elías vino a formar parte de ese hogar y, sin exponerse innecesariamente, debe haber ayudado a recoger leños y con otras labores manuales que hicieran falta. También estaba el joven hijo de la viuda, quien, como el resto de los jóvenes, debe haber sido curioso y haber estado lleno de preguntas sobre el nombre y las experiencias del inquilino. La tosca personalidad de Elías debe haber impactado la mente de aquel muchacho, pues su llegada lo había salvado de morir de hambre.

Con el paso del tiempo, la viuda debe haber llegado a sentirse tan segura y calmada como lo estaba Elías mismo, quien sabía que al que el Señor esconde está seguro, pero un día la paz y contentamiento del hogar milagrosamente sustentado se vio afectada por la repentina enfermedad y muerte del hijo de la viuda. Una vez más, la viuda cayó en la desesperación. Antes de que Elías llegara a la casa, ella temía la muerte de su hijo producto de la hambruna. Ahora realmente está muerto y su corazón de madre está perplejo y desgarrado por una angustia indescriptible. ¿Por qué su hijo había sido rescatado de la muerte la primera vez para morir ahora? En su aflicción, su conciencia parece atormentarla. Ella siente que la muerte del hijo es una forma de juicio divino debido al pecado y le dice a Elías:

> ¿Por qué te entrometes, hombre de Dios? ¡Viniste a recordarme mi pecado y a matar a mi hijo!

La presencia del profeta en su hogar debe haberla impresionado con la realidad de Dios, resultando en una profunda conciencia de pecado dentro de sí, y, por tanto, relaciona a Elías, a quien había llegado a respetar, con esta terrible calamidad. Ella sintió que este hombre de Dios había mirado dentro de su corazón y había detectado que era pecador y que la venganza divina había caído sobre ella. Pero Elías sabía que la descon-

solada madre estaba fuera de sí, y que no había cometido ningún mal que mereciera la muerte de su hijo. Esta angustia sería otra prueba de su fe.

Su alabanza

Un poco amargada, a la viuda de Sarepta no se le permitió reprocharle a Elías que no la increpara ni le respondiera a su pregunta sino que simplemente dijo: «Dame a tu hijo». Colocó el cuerpo muerto que estaba abrazando en los brazos del profeta, quien subió el cuerpo sin vida a su recámara y le preguntó a Dios por qué él había permitido que un dolor así viniera sobre la viuda que tan amable había sido con él. Tres veces se acostó sobre el muchacho y oró intensamente para que volviera a la vida. Para la madre que estaba en el piso de abajo debe haber sido una espera agonizante, pero iba a ser testigo de otro milagro. El Señor oyó la oración de Elías, el alma del muchacho volvió a él, y, bajando rápidamente las escaleras, el profeta le entregó la preciosa carga diciendo: «¡Tu hijo vive! ¡Aquí lo tienes!» La fe de la madre regresó con mayor fuerza, y su dolor se convirtió en canción al alabar a Dios y exclamar:

> Ahora sé que eres un hombre de Dios, y que lo que sale de tu boca es realmente la palabra del SEÑOR.

En esta declaración tenemos la victoria final de la fe, sacada a la luz por la culminante misericordia de la resurrección de su hijo. El creciente temor de Dios de parte de la viuda se aprecia en su concepto acerca de él. Como mujer pagana hablando de Jehová desde afuera, ella dijo: «El SEÑOR tu Dios» (1 Reyes 17:12). No el Dios *de ella* sino el *de Elías* —*tu* Dios, y como «el Señor Dios de Israel». Ahora ella cree como nunca antes que Elías, el siervo de Dios, es verdaderamente «un hombre de Dios» y al aceptar «la palabra del SEÑOR» proveniente de sus labios como «la verdad» (RVR 1960) parece expresar indudablemente la completa rendición de la viuda a aquel que manifestó a su favor el poder milagroso a través de su siervo a quien ella había amparado.

Su prominencia

Debe haber sido un día triste cuando Dios llamó a Elías para que dejara el abrigo y el amor del hogar de la viuda y fuera a presentarse ante Acab y pronunciara el final de los tres años y medio de sequía. Aunque posiblemente Elías nunca perdió el contacto con la viuda de Sarepta que había venido a formar parte de su vida, la Biblia no nos dice nada más sobre ella y su hijo a quien Dios levantó de los muertos. Sin embargo, por la referencia que de ella hace nuestro Señor, se le recordará para siempre. Mientras estaba en la sinagoga de Nazaret, él seleccionó este incidente del Antiguo Testamento y dijo que aunque «en tiempos de Elías... muchas viudas vivían en Israel», el profeta no fue enviado a ninguna de ellas sino a la viuda de Sarepta (Lucas 4:26). Así como Dios visitó a la mujer pagana, Cristo había venido para reunir a los gentiles, así como a los judíos, alrededor de sí mismo. Jesús inmortalizó a aquella humilde mujer que tan hospitalaria fue, para enfatizar la verdad inmortal de que en esta dispensación de la gracia divina, Dios no hace acepción de personas. En su plan de salvación no hay ninguna nación favorecida, ni privilegios exclusivos. El favor de Dios se convierte en parte de aquellos que se arrepienten de sus pecados y aceptan a su Hijo como Salvador y Señor.

LA MADRE DE ELISEO
1 Reyes 19:20

Sea quien sea esta madre anónima, debe haber sido una santa mujer para tener a un hijo tan piadoso que hizo dos veces la cantidad de milagros de Elías. Evidentemente era un hogar en el cual los miembros se tenían

un profundo afecto unos a otros, pues cuando llegó el llamamiento de seguir a Elías, Eliseo dijo: «Permítame usted despedirme de mi padre y de mi madre con un beso, y luego lo seguiré». En la respuesta de Elías: «Anda, ve. Yo no te lo voy a impedir», tenemos un recordatorio de una petición similar que le hizo a nuestro Señor el joven que había declarado su disposición a seguirlo, pero quería tiempo para despedirse de los suyos (Lucas 9:61, 62). Dice Ellicott en su comentario sobre las palabras de Elías:

> La comparación sugiere que la respuesta de Elías es un regaño irónico a lo que parece ser una vacilación: «Anda, ve. Yo no te lo voy a impedir». En ambos casos tenemos el severo pero necesario rechazo del servicio poco entusiasta, incluso si el corazón se distrae por el amor más sagrado y natural. Pero Elías ve que Eliseo simplemente implica una despedida, y al parecer este espera hasta que esta termina.

LA VIUDA Y SU VASIJA DE ACEITE
LA MUJER QUE ESTABA SUMIDA EN DEUDAS

2 Reyes 4:1-7

Evidentemente esta acongojada mujer era la viuda de uno de los alumnos de Eliseo que, dejada con dos hijos, enfrentaba la angustia de ver a sus hijos llevados como esclavos en pago por las deudas que tenía. Ella le confesó a Eliseo que su esposo fallecido era un hombre «fiel al SEÑOR», aunque no fue capaz de proveer adecuadamente para ella y sus hijos. Como profeta, su llamamiento le impedía hacer dinero. He aquí otra viuda que iba a comprobar lo que Dios es capaz de hacer. Debido al interés que Eliseo tenía en todos sus estudiantes, la viuda de uno de ellos que estaba empobrecida se acercó al profeta para pedirle consejo y ayuda en su situación difícil. Aquellos «hijos de los profetas» no eran jóvenes solteros que vivieran una vida monástica bajo la supervisión de su jefe, sino jefes de familia que tenían casas propias y con Eliseo profundamente interesado en su bienestar.

«Ayúdate que yo te ayudaré», dice el refrán, pero ¿cómo podía esta mujer acosada por las deudas ayudarse a sí misma? Elías le dijo: «Dime, ¿qué tienes en casa? —Su servidora no tiene nada en casa —le respondió—, excepto un poco de aceite», y como la viuda de Sarepta, y el muchacho con sus panes y sus peces, la viuda del joven alumno-profeta iba a comprobar cómo Dios es capaz de multiplicar lo que rendimos a él.

Eliseo se destaca en la historia de la Biblia por ser un obrador de milagros. Para un análisis completo de los milagros que realizó, referimos al lector al volumen del autor sobre *All the Miracles of the Bible* [Todos los milagros de la Biblia]. El milagro de la vasija de aceite es muy instructivo. En primer lugar, nos recuerda la ley levítica relacionada con los hijos dados como pago de una deuda (Levítico 25:39), que continuaban en servidumbre hasta el año del Jubileo. Bajo las antigua y más severa ley romana, no había ninguna estipulación en cuanto a la liberación futura de un infeliz deudor (véase Mateo 18:26). Entonces, en cuanto al milagro en sí, vemos la combinación de fe y acción por parte de la joven viuda al creer que el profeta encontraría una salida para su problema y al obedecer su orden pidiendo prestadas a sus vecinos todas las vasijas que pudiera. A la pequeña vasija que poseía la viuda no le cabía suficiente aceite como para vender y liquidar las deudas de su marido, que no se debían a un modo de vida despilfarrador de su parte. Las vasijas prestadas tenían que estar vacías. A menudo oramos por la plenitud del Aceite Divino, pero no estamos lo suficientemente vacíos como para que él nos llene. «¡Vacío, para que tú puedas llenarme!»

Otro aspecto del milagro es que cuando todas las vasijas estuvieron reunidas, la viuda y sus hijos tuvieron que cerrar la puerta y seguir las instrucciones de Eliseo en privado. Tenían que evitar la curiosidad y la molestia de los de afuera porque no era deseable la publicidad de un milagro como este. Jesús impuso una orden similar de secreto a aquellos que sanó (Lucas 8:51, 54). Los milagros espirituales son completamente contingentes a puertas cerradas.

> Pero tú, cuando te pongas a orar, entra en tu cuarto, cierra la puerta y ora a tu Padre, que está en lo secreto. Así tu Padre, que ve lo que se hace en secreto, te recompensará.

Las vasijas vacías son de poca utilidad si no está la puerta cerrada. Con la puerta cerrada la viuda tomó su vasija de aceite y comenzó a llenar las jarras vacías, y al medir el aceite, este se multiplicaba milagrosamente, como el agua que se volvió vino (Juan 2:1-12). Cuando se llenaron todas las vasijas prestadas, la emocionada y agradecida viuda «le pidió a uno de sus hijos que le pasara otra más», y él respondió: «Ya no hay». Entonces viene la sugerente frase: «En ese momento se acabó el aceite».Dios nunca permite que su provisión se desperdicie.

La conclusión del milagro es igualmente sugerente. La fascinada viuda fue y le dijo a Eliseo la maravillosa cantidad de aceite que su propio y exiguo suministro había producido, y él le dijo que vendiera la abundancia de aceite que tenía y le pagara a sus acreedores, y junto con el resto de dinero vive tú y tus hijos. Por encima de lo que necesitaba para pagar las deudas que la viuda heredó, hubo suficiente para que la familia siguiera viviendo sin contraer ninguna otra deuda. ¡Qué típico de Dios es darnos más de lo podemos pedir o pensar! ¡Qué pródigo es al darnos! La benevolencia divina nunca es tacaña. Después del milagro de los panes y los peces, los discípulos recogieron doce cestas llenas de pedazos. El patrón de la bondad divina lo estableció Jesús en su Sermón del Monte: «una medida llena, apretada, sacudida y desbordante» (Lucas 6:28-46).

LA GRAN MUJER DE SUNÉN
LA MUJER QUE ERA TANTO ILUSTRE COMO BENIGNA

2 Reyes 4:8-37; 8:1-6

Aunque la tradición rabínica identifica a esta mujer con Abisag la sunamita (1 Reyes 1:3), la Biblia la viste en el anonimato. A pesar de ser ilustre en su propia ciudad, es decir, una mujer de alto rango y de riquezas (véase 1 Samuel 25:2; 2 Samuel 19:33), eminente y bien conocida, en las Escritura aparece sin nombre. Si Eliseo nos hubiera dado el nombre de esta noble mujer que fue tan amable con él y por quien él hizo tanto, hubiera añadido mayor interés al recuento de su hospitalidad y benevolencia. Todo lo que sabemos de esta mujer socialmente distinguida se narra en el capítulo que nos ocupa.

Su linaje

Es evidente que ella y su esposo eran de linaje judío y aunque tenían distinción social, eran adoradores humildes y devotos de Jehová. Como una verdadera hija de Isacar, ella era fiel al lema de su tribu: «Preparados para la carga». Sin lugar a dudas, esta pareja sin hijos no permitió que su decepción hogareña los amargara y decidieron usar su encantador hogar en la hermosa ciudad de Sunén en el valle de Jezrel para albergar al pueblo de Dios que pasara por allí. Antes de invitar a cualquier viajero como huésped, la esposa consultaba con su esposo dicha invitación. Obediente como era, nunca actuó por cuenta propia. Ella y su esposo eran uno, así que con ella siempre era en plural: «Hagámosle» (2 Reyes 4:10). Eliseo pudo disfrutar de la deliciosa armonía que prevalecía en su hogar y experimentó cómo esposo y esposa nunca desmayaban en su obra de felicidad que era su manera de servir al Señor. Pareciera como si esta «mujer de buena posición» fuera mucho más joven que su devoto esposo. «Ella no tiene hijos, y su esposo ya es anciano». La sunamita podía haberse abierto camino en el mundo pero, como adoradora de Jehová, tomó por esposo a alguien con más años y experiencia que ella y por ello estaba preparada para cuidar de Eliseo cuando este llegó a su casa.

Su percepción

Desde la ventana de su enorme casa, la sunaminta y su esposo tenían una vista maravillosa del transitado camino desde Samaria o del Carmelo hasta Sunén y observaban a los viajeros, notando a los que parecían diferentes de otros. Este transeúnte era un hombre de figura reposada y magistral, llevaba un atuendo pastoral y en su mano sostenía una vara larga. Aunque tal vez ellos no sabían quién era, su aire les llamó la atención y lo distinguieron como «un santo hombre de Dios». La capacidad de percepción de esta mujer le decía que este hombre que tantas veces pasaba por allí no era alguien ordinario y decidió invitarlo a la casa para que descansara de cualquiera que fuera la misión que lo traía por este rumbo. La percepción es en realidad un don útil y en este caso trajo como resultado verdadera consideración para un profeta agotado que necesitaba hospitalidad. Más de nosotros debíamos intentar cultivar este espíritu de percepción útil para que cuando pasen personas cansadas y necesitadas por frente a nuestras ventanas, podamos tener el gozo de construir para ellas una pequeña recámara en la azotea.

Cuando Eliseo era un hombre más joven, podía viajar en un mismo día desde su casa en la zona del Carmelo hasta Jezrel y no sentirse fatigado en lo absoluto, pero al envejecer, su paso se acortó y sus visitas periódicas se volvieron más agotadoras y extenuantes. Mientras pasaba por la casa de la mujer más prominente de Sunén, ella notó cómo se rezagaban los pasos del frecuente transeúnte, y junto con su esposo decidió invitar a este hombre de Dios, cuya fama era bien conocida en todo

Israel, para que compartiera el descanso y el alivio de su espacioso hogar. Ellos sentían que este hombre, con apariencia de profeta, debía ser un hombre santo que siempre estuviera haciendo el bien. Así que un día salieron para encontrarse con Eliseo cuando lo vieron aparecer y le ofrecieron la hospitalidad generosa de su hogar.

Su provisión

La decisión de invitar al profeta y de proveer para él un cuarto de huéspedes se tomó antes de que ellos se acercaran a Eliseo. En la azotea de su casa había una pequeña habitación con paredes a cada lado que a la sunamita y a su esposo les pareció que le garantizaría al profeta no tener interrupciones ni entrometimientos en su viaje. Ellos la arreglaron con lo esencial de los muebles orientales: una cama, una mesa con silla y una lámpara. Podemos imaginar qué placer era para esta mujer acaudalada preparar un cuarto para un pobre profeta. Es muy probable que le haya dicho a su esposo cuando todo estuvo preparado: «Listo, ahora cuando el cansado viajero pase otra vez por aquí, le pediremos que venga acá y le diremos que el cuarto estará disponible para él siempre y cuando lo necesite». ¡Qué santuario de bienestar y paz resultó ser aquella habitación para el agotado siervo de Dios!

Un día, mientras Eliseo viajaba por aquel camino que conocía tan bien, recibió una invitación para detenerse y descansar. De inmediato respondió a la bondad que se le ofrecía y debe haber estado agradecido de la provisión que se le brindaba para su comodidad y sus necesidades. Indudablemente él pasó muchas horas felices con aquella pareja piadosa. «Si no muchos días, por lo menos sí muchas noches», señala Theron Brown, «Eliseo disfrutó de la agradable recámara como su paradero regular, yendo y viniendo probablemente no menos de cuatro veces al año. ¿Alguna vez miró él a través de las venta-

nas a los próximos veintiocho siglos y contempló las múltiples comodidades que surgirían a partir de su cama, mesa, silla y lámpara para profetas que todavía estaban por nacer? Hay muchos recuentos en la Biblia de mujeres en diferentes circunstancias de la vida doméstica o pública —esposas, madres, reinas, profetisas— que estuvieron en contacto con profetas y apóstoles, incluso con el propio Jesús y que les ayudaron mucho al ministrar a los siervos de Dios con sus recursos. La ilustre y buena mujer de Sunén se encuentra entre estas benefactoras.

Su regalo

Debido a su acaudalada posición, la sunamita no necesitaba remuneración por la comida ni el alojamiento que le dio a Eliseo. De noble corazón como era, ya que le pertenecía a Dios y aunque hubiera sido tan pobre como la mujer con el poco de aceite, de todas maneras ella habría dado lo mejor de sí para auxiliar al profeta. Eliseo, con gran aprecio por todo lo que ella hizo por él, sintió que la sunamita debía recibir algo a cambio de su bondad. Así que un día envió a su criado Guiezi con un mensaje diciendo que quería premiarla por su amable y repetida hospitalidad. ¿Le gustaría a ella que el profeta fomentara sus intereses al asegurar un puesto para su esposo en la corte o en el ejército, ya que él tenía influencias tanto con el rey como con el jefe del ejército? Su respuesta fue característica de la nobleza que la caracterizaba. «Yo vivo segura en medio de mi pueblo» o «en medio de mi pueblo yo habito lejos de la corte y de los intereses de la misma. Mi esposo y yo somos plebeyos comunes, vivimos tranquilos en el campo y no buscamos la compañía de personas encumbradas».

Cuando Guiezi le contó la negativa de la mujer de aceptar cualquier gratificación por el servicio ofrecido, Eliseo dijo: «¿Qué puedo hacer por ella?» Él sentía que estaba grandemente endeudado con ella y de alguna manera tenía que pagarle. Guiezi le dijo al profeta: «Bueno, ella no tiene hijos, y su esposo ya es anciano». De inmediato Eliseo le dijo a su criado: «Llámala». Aquí tenemos que detenernos y prestar atención a la manera en que Eliseo trata con la sunamita. Como siervo del Altísimo, no había una familiaridad indebida ni costumbre mundanas. Eliseo se le acercó a través de Guiezi, su criado. Cuando ella se presentó ante el profeta «se detuvo en la puerta» y le escuchó decir el fin de su infortunio y reproche». Su esterilidad se acabaría. «El año que viene, por esta fecha, estarás abrazando a un hijo». Sobrecogida por la emoción ella dijo: «¡No, mi señor, hombre de Dios! ... No engañe usted a su servidora», queriendo decir que no quería que el profeta le diera falsas esperanzas (véase Isaías 58:11). Tal vez recordó la incredulidad de Sara cuando recibió la promesa de la maternidad (Génesis 18:12, 13). El milagro sucedió y el día feliz que la mujer de Sunén creyó que no llegaría, llegó y ella acurrucó en su pecho al prometido bebé. ¡Qué mayor recompensa podía darle Dios a ella y a su esposo por el trato bondadoso que le dieron a su siervo!

Su dolor

La agradecida sunamita tuvo tres o cuatro años de feliz maternidad. ¡Qué tremenda diferencia causó en su hogar aquel hijo! ¿No le gustaría a usted saber qué nombre le pusieron ella y su esposo? Con cuántas ansias observaban crecer a aquel muchacho y correr con su padre hacia los campos. Sin embargo, muchas veces las esperanzas humanas son inciertas y a veces quedan aplastadas. Un día el niñito, con la cabeza descubierta, salió solo al campo y se quedó allí durante largo rato bajo el sol abrasador de aquel clima cálido y tuvo una insolación y mientras se sostenía la frente hirviendo gritaba: «¡Ay, mi cabeza! ¡Me duele la cabeza!» El padre lo llevó de regreso junto a la agobiada madre

que tanto cuidado había puesto sobre el niño y ella lo cuidó hasta que murió. Subió las escaleras sosteniendo el pequeño cadáver. Lo puso con cuidado sobre la cama del hombre de Dios y cerró la puerta. Ellicott comenta:

> Ella quería guardar el secreto de la muerte y el cadáver intocable durante su ausencia intencional:

Como las experiencias muchas veces santifican los lugares, aquella preciosa habitación del profeta, en la que Eliseo había pasado tantas horas de oración y meditación, se guardaba con reverencia. Qué mejor lugar había entonces en la casa para el cuerpo sin vida del muchacho que había deleitado el hogar gracias al profeta. Como una mujer piadosa, la devastada madre sabía que su hijo estaba a salvo en los brazos del Señor y sin dudas sintió:

> Me pareció hermoso cuando llegó,
> pero ahora es santo.
> Alrededor de su pura frente angelical
> veo un halo delgado de fuego.

Su peregrinaje

En medio de su gran dolor la sunamita solo piensa en Dios y en el hombre de Dios por medio de quien le llegó la bendición de la maternidad. Así que decidió ir a ver a Eliseo con la esperanza en su corazón de que él sería capaz de devolverle su tesoro. Buscó la cooperación de su igualmente angustiado esposo y partió en un asno, acompañada de uno de sus criados, prometiendo regresar tan pronto como le fuera posible. Le dijo al sirviente que no se detuviera, pues la angustiada madre estaba ansiosa por contarle a Eliseo lo que había sucedido. Mientras viajaba a toda velocidad, su corazón albergaba la esperanza de que el poder milagroso del profeta revertiera el terrible golpe que la había dejado sin hijos. Al fin, llegaron al Carmelo y nunca antes una bestia de carga recogió tan rápido aquellos cincuenta kilómetros desde Sunén.

Eliseo reconoció a la mujer en la distancia, presintió que alguna calamidad la había sobrecogido y viendo que su visita era inusual, envió a su criado Guiezi a preguntar si estaban bien ella, su esposo y su hijo. A Guiezi ella le respondió «que todos estaban bien». Luego, puesto que había llegado a ver a Eliseo y no a su criado, la desesperada mujer cayó humilde y suplicante ante los pies de Eliseo. Guiezi, pensando que su apasionado arrebato era una ofensa a la dignidad de su amo, trató de separarla (véase Mateo 19:13; Juan 4:27). Eliseo intervino y dijo: «¡Déjala! Está muy angustiada, y el SEÑOR me ha ocultado lo que pasa; no me ha dicho nada». La última parte de la respuesta del profeta revela que el conocimiento sobrenatural de *todos* los acontecimientos no era una característica del don de profecía (véase 2 Samuel 7:3). La pregunta de la sunamita a Eliseo fue el derrame espontáneo del dolor conmovedor de una madre: «¿Acaso yo le pedí a usted un hijo? ¿No le rogué que no me engañara?» En efecto, ella quiso decir: Hubiera sido mejor no haber tenido hijo, que tenerlo y perderlo. De las pocas palabras que ella pronunció, Eliseo percibió que algo estaba mal con el muchacho y sospechando que había caído en un letargo similar a la muerte, o desvanecimiento, envió a Guiezi a la casa y le dijo que pusiera el bastón del profeta sobre el rostro del niño.

Pero una vara inanimada no era de mucha ayuda para resucitar a un niño muerto, y la madre atormentada sintió que lo que se había preparado era un sustituto barato, y juró que no abandonaría el Carmelo a menos que el profeta la acompañara. Convencido de la terrible necesidad que impulsaba a la sunamita a no regresar a su sombrío hogar sin el profeta, este partió con ella, y fuera de las puertas de Sunén, Eliseo se encontró con Guiezi que regresaba y confesó que el niño estaba muerto y que el bastón del profeta no era de mucha ayuda para revivirlo. «El ángel cuyo nombre es *muerte*», había visitado el hospitalario hogar de los piadosos padres. Eliseo subió apresuradamente a la habitación preservada como su habitación y allí, sobre la cama donde tantas veces él había refrescado sus cansados huesos, estaba acostado el cuerpo del niño. Eliseo cerró la puerta y quedándose solo con el difunto, oró al Señor implorándole que hiciera regresar el espíritu del muchacho.

La intercesión fervorosa estuvo acompañada por la vigorosa acción, pues Eliseo se tendió sobre el cuerpo sin vida, pecho sobre pecho y rostro sobre rostro, como si le impartiera el magnetismo de su propia vitalidad y calentara el inmóvil y pequeño corazón haciéndolo moverse otra vez. En esa caricia y beso de vida estaban concentrados toda la energía del amor y la fe del profeta, y así «el cuerpo del niño empezó a entrar en calor»; la vida del Espíritu divino, el Dador de la vida, se estaba impartiendo milagrosamente por el contacto con aquel cuerpo frío e inmóvil. «Toda la fuerza y virtud de la voluntad inspirada de Eliseo suplicó, durante ese contacto con el tierno barro, por el regreso de su alma ausente». Exhausto, el profeta dejó la cama y se paseó por el piso, luego regresó a donde estaba el niño y repitió el mismo abrazo, orando aún por la vida de otro como nunca había orado por sí mismo. Entonces, qué alivio, una débil respiración sacudió el cuerpo del niño y este estornudó siete veces, la repetición del estornudo como señal de la respiración restaurada, y el muchacho abrió sus ojos y con deleite vio el santo rostro del profeta.

Agotado con el estrés de la prueba, Eliseo llamó a su criado y le dijo que hiciera pasar a la sunamita que, debilitada por las horas de esfuerzo, soledad e insomnio, se arrastró escaleras arriba. Pero pronto todo la desesperación, dolor y tensión se desvanecieron cuando llegó al «cuartito», vio a su muchacho vivo y oyó a Eliseo decir: «Puedes llevarte a tu hijo». La agonía dio paso al gozo, pues el funeral se había convertido en fiesta. Con el corazón de madre rebosando de gratitud, ella se arrojó a los pies de su benefactor en veneración profunda por su milagroso ministerio como siervo de Jehová.

> El hombre de Dios salió, le llevó el niño a su
>   madre y siguió su camino,
> Y allí estaba él, su precioso, su niño,
> Vivo y sonriéndole,
> Rodeándole el cuello con sus brazos
> Y con cálido aliento respirando sobre sus
>   labios
> Y en sus oídos, la música de su gentil voz
>   una vez más.

La sombra oscura se levantó de aquel cariñoso hogar y una vez más la risa del muchacho trajo gozo a sus amorosos padres. Sin dudas, Eliseo siguió visitando el hogar y disfrutando de su generosa hospitalidad. Alabó a Dios por el poder que daba vida mientras el niño alegre «se subía a la rodilla del profeta para compartir el envidiable beso».

Su penuria

¡Ay, nuestro último vistazo a la sunamita no es agradable! A Eliseo le había sido revelado que una hambruna de siete años se apoderaría de la tierra como juicio divino por la idolatría. Debido a su prolongada relación con la piadosa sunamita, Eliseo le aconsejó que dejara su querido hogar y la herencia en Sunén, que huyera junto con su hijo de los horrores de la hambruna y buscara exilio en la costa del sur. Por su fe y la reverencia que sentía por el profeta, dejó el hogar y «se fue con su familia al país de los filisteos».

Como no se vuelve a mencionar a su esposo, es probable que haya muerto justo antes o durante la hambruna. Durante todos esos años de la larga y terrible sequía, la mujer debe haber pensado con frecuencia en su antiguo hogar y en los campos desolados.

Su hijo, ahora un joven fuerte y galante, debe haber sido consuelo para ella durante ese período de prueba y cuando al final de la hambruna ella presentó su ruego para que se le restauraran sus posesiones abandonadas, la idea de lo que su hijo ya crecido podría hacer, la llenó de esperanza. El rey Jorán le pidió a Guiezi que le hiciera un recuento de los milagros que Eliseo había hecho y llegó a la resurrección del hijo de la sunamita. La propia mujer se apareció con su hijo, y el rey le preguntó a la mujer para verificar la historia, lo que ella hizo con tal convicción que debe haber impresionado al rey pues este ordenó que se le devolviera todo lo que le pertenecía. Aunque regresó sin esposo a su antiguo hogar, tenía a su hijo, la imagen de su padre, para consolarla y cuidar de ella en su vejez. Así, su historia tiene un final feliz y estaremos de acuerdo con Theron Brown en que:

> Ninguna de todas las féminas más gloriosas de la lista de las esposas, madres y reinas hebreas de la antigüedad se ganó alguna vez de manera más justa un lugar para su retrato en el gabinete sagrado de la nobleza y virtud que esta noble hija de Isacar; y ninguna de las anónimas se merece más que ella un nombre. Si fuéramos a inventarle uno sería: *Asjerel*, «Bendita de Dios».

Entre las lecciones que aprendemos de la historia de la sunamita hay dos que podemos escoger y enfatizar. En primer lugar, encontramos en ella la personificación de la hospitalidad que el Nuevo Testamento nos exhorta a manifestar. Se dice de ella que era una «gran mujer», una fase de la grandeza se manifestó en su bondad para con el siervo de Dios, Eliseo, para quien proveyó lo mejor. ¡Cuán amorosamente hospitalaria era! La hospitalidad se define como «la práctica de agasajar a extranjeros de manera gratuita; bondad para con los extraños», y la mujer de Sunén sobresalía en este arte. La palabra original de la que se deriva hospitalidad es *hospes* que quiere decir huésped y también anfitrión, alguien que agasaja a un huésped. De esta palabra han surgido nombres que describen instituciones, como hospital, para los enfermos y hospedería, un hostal para el beneficio de los viajeros. Así mismo la palabra hotel está relacionada con *hospes*. «Practiquen la hospitalidad entre ustedes sin quejarse», este era un principio rector de la iglesia primitiva (1 Pedro 4:9).

La otra valiosa lección la encontramos en la respuesta de la sunamita a la pregunta de Guiezi: «¿Le va bien... a tu hijo?» (RVR 1960). Aunque acababa de morir, «ella respondió que todos estaban bien». Aunque es posible que ella haya dicho eso para evitar más preguntas, deseosa de contarle su aflicción a Eliseo y a nadie más, su respuesta expresaba una fe inalterable en la providencia predominante de Dios y en la inmortalidad. Incluso con la muerte de su querido hijo, ella pudo decir: «Todo está bien». Cuando la muerte se roba un tesoro de nuestro hogar, ¿compartimos el secreto de la sunamita y confesamos, «Todo esta bien»?

LA ESPOSA DE NAAMÁN
2 Reyes 5:2-4

Aunque el capitán del ejército del rey de Siria, llamado Naamán, era honorable, gozaba del favor del rey y era un hombre valiente, no se identifica a su esposa. Naamán tenía lepra, aunque su caso no era tan grave como para incapacitarlo para su prominente servicio militar. Dicha condición debe haber causado mucha preocupación en su anónima esposa y cuando la criada de esta le habló del profeta de Samaria que hacía milagros y que podía sanar a su esposo de esa abominable enfermedad, ella, que estaba deseosa de probar cualquier cosa, le contó a su esposo lo que la criada le había dicho. Es evidente que el testimonio de la pequeña judía sonó convincente porque cuando la esposa de Naamán lo repitió y el rey de Siria se enteró,

enseguida se hizo lo necesario para comunicarse con Eliseo. ¡Qué afortunada es una esposa cuando tiene una criada fiel como la que tenía la esposa de Naamán!

LA CRIADA DE LA ESPOSA DE NAAMÁN
LA MUJER QUE COMPARTIÓ SU FE

2 Reyes 5:1-19

La fascinante historia de Naamán gira alrededor de la criada israelita, incógnita y cautiva. ¿Alguna vez se preguntó usted por qué no se da el nombre de esta criada mientras que el nombre de otra criada sí (Rode)? Unas veinte palabras cubren todo lo que sabemos de esta esclava judía cuyo informe solo consiste de un detalle que resulta suficiente para describir el carácter como lo hace en la historia de esta heroína anónima. Mary Holler nos recuerda que «una de las cosas más sorprendentes de las historias de la Biblia es su total limitación. Con uno o dos golpes hábiles se pinta una escena, se esboza un personaje o se describe un incidente. Yo diría que hay algo asombroso en la concisa poesía de la Biblia». Cuán cierta es esta observación en los tres breves párrafos en los que se describen los personajes principales, se sitúa la escena, y se presenta la obra. De lo que se narra de la muchacha cautiva entendemos que:

Era una creyente

El hogar de donde se la llevaron era un hogar hebreo piadoso en el que se honraba a Dios y se reverenciaba a Eliseo, su siervo. A pesar de que la criada era joven, le temía al Señor y su fe incorregible era una llama que iluminaba el espíritu del resto de los personajes del drama. Naamán y su esposa, el rey de Siria, los siervos que avivaron el espíritu de Naamán y el propio Eliseo, todos sintieron el impacto de la humilde criada que le pertenecía por entero al Señor y por lo tanto creía en su poder. La llevaron a vivir entre los idólatras, pero ella se aferró a su fe en el Dios viviente y quería impartirle a otros su conocimiento de él. Su fe era fuerte, contagiosa y le permitía vivir sin ningún sentimiento nostálgico en una tierra extraña y sin ningún resentimiento en contra de sus captores. Su amor por Dios la inspiraba a amar a sus amos y ganarse su afecto y confianza. Ella nunca escondió su luz debajo de un almud. Aunque era solo una criada, esta muchacha piadosa no sentía que era demasiado insignificante como para influir en otros.

Era esclava

Piense en las lágrimas y la tragedia involucradas en la frase: «capturaron a una muchacha israelita». Nada más que una esclava, a la muchacha hebrea se le contó entre «el botín de la guerra». La raptaron y la llevaron del otro lado de la frontera durante alguna de las incursiones sirias o de los asaltos rápidos. Tal vez el asalto ocurrió de noche y a ella la despertaron los gemidos de los que se estaban muriendo, entre los que se encontraba su padre. De inmediato sintió que un invasor la agarraba arrancándola de todo lo que ella quería. Esa trágica noche ella perdió todo lo que hacía hermosa la vida —sus seres queridos e incluso la libertad—, la llevaron al mercado de esclavos de Damasco donde Naamán la obtuvo para sierva de su esposa. ¿Puede usted imaginarse cuán perpleja, asustada y llorosa debe haber estado esta figura solitaria y entristecida cuando Naamán la compró? Los cielos han presenciado los océanos de lágrimas derramado por esclavos y han escuchado sus gemidos de angustia y hombres temerosos de Dios como Shaftesbury y Lincoln se han levantado para romper las cadenas de los cautivos. ¡Cómo aquella preciada joven debe haber vuelto su corazón hacia el cielo en busca del cuidado protector de Jehová que promete ser un abrigo en la tormenta!

Era criada

Entre las jóvenes esclavas, algunas se usaban para los trabajos en el campo y en los establos de sus captores, otras tenían mayor rango en la vida social de los tiempos de Naamán y se convertían en siervas de la casa y se entregaban a la señora de la casa como sirvientas. Fue así como la muchacha judía de la que Naamán se apropió servía a su esposa. Aunque un puesto tan despreciable era inferior a la posición que ella ocupaba en su casa antes de que los sirios la atacaran, ella se apegó a su amo a quien admiraba como un «hombre valiente» y a su ama, a quien le era sumamente leal y de cuya confianza disfrutaba. Aunque la esposa de Naamán no era seguidora de Jehová, debe haber respetado la fe religiosa de su criada quien sin duda la manifestó en más de una ocasión y que con toda certeza la vivía en su hogar de cautiverio. Al leer entre líneas, de alguna manera creemos que la señora siria era amable con la solitaria esclava, y la trataba más bien como una confidente. Las posibilidades y ambiente que circundaba a la sirvienta eran limitados, pero ella tenía una fe fuerte y un corazón amoroso, y aunque era humilde, fue fiel a su Dios en el momento de necesidad. Así pues, se le recuerda a través de las generaciones subsiguientes.

¿No nos enseña su fascinante historia, aunque breve, la extensa influencia de los más humildes e insignificantes en el servicio de Dios? Sirvientas y enfermeras piadosas, con un adecuado sentido de su responsabilidad, ejercen una tremenda influencia sobre los compañeros y también sobre los hijos y los padres en el hogar. Así sucedió con la niñera en el hogar de Earl de Shaftesbury a quien aquel gran reformador dijo que le debía su alma. Los padres tenían poco interés en su bienestar pero esta piadosa nodriza lo amaba y llenó sus días de infancia con gozo y lo llevó al Salvador. Shaftesbury le debía mucho a aquella niñera y nunca la olvidó. Aquellos que están en esferas humildes de trabajo deben recordar siempre que sus oportunidades de servicio al Señor no son tan restringidas como piensan.

Fue mensajera

Mientras servía obedientemente a la esposa de Naamán, la criada cautiva supo de la enfermedad del gran soldado y lo preocupada que estaba su ama por esa situación. Tal vez un día, mientras la criada le servía, ella expresó sus sentimientos: «Si tan solo pudiera hacerse algo por la lepra de mi esposo ¡qué alivio yo tendría! Aunque no es un tipo grave de la enfermedad, quisiera que se encontrara alguna manera de sanarlo». La criada puede haber notado cómo la incurable enfermedad estaba atacando la mente y el cuerpo de su bondadoso amo. Esta sombra sobre la familia le dio la oportunidad a la sirvienta y ya que había aprendido a cantar la canción del Señor en una tierra extraña, estaba lista para decirle a su angustiada señora que su esposo podía curarse. Escuche el grito que se abrió camino desde el corazón de esta joven mensajera hebrea:

> «Ojalá el amo fuera a ver al profeta que hay en Samaria, porque él lo sanaría de su lepra».

Debido a su preocupación, la esposa de Naamán estaba dispuesta a recibir cualquier compasión y a tomar cualquier señal de alivio para su esposo. La lástima y la fe en el rostro de su criada no escaparon de su vista, e inmediatamente le dijo al hombre leproso las buenas noticias que su criada había declarado tan positivamente.

Naamán creyó lo que la criada dijo, se lo hizo saber a su gobernante quien, impresionado con el testimonio de la muchacha, envió un embajador al rey de Israel pidiéndole que a Eliseo se le permitiera curar a su brillante pero enfermo comandante. Aunque

puede que haya sido una carta muy diplomática de parte del rey Ben Adad para el rey Jorán, y que Naamán llegara con gran pompa a la casa del profeta Eliseo, su orgullo recibió un golpe cuando lo recibió Guiezi, el criado de Eliseo, quien le dio a Naamán el mensaje de que si quería curarse de su lepra debía bañarse siete veces en las turbias aguas del Jordán. Al principio, Naamán se enfureció y se sintió humillado, pero los sirvientes lo calmaron y él, recordando el convincente testimonio de la criada sobre el poder de Eliseo para hacer milagros, siguió las instrucciones del profeta y después del séptimo baño, salió del río completamente sanado de su lepra. Regresó a Siria, no solo con un cuerpo totalmente sano, sino también con un alma limpia. Dejó de ser un adorador de los ídolos y se convirtió en un adorador declarado de Jehová y recibió la bendición de Eliseo por su confesión de fe.

¡Cuán recompensada debe haberse sentido la criada por su lealtad a Dios al formar parte de todo este episodio! Wordsworth escribió sobre ella como de «alguien en quien la persuasión y la creencia habían madurado en fe, y la fe se convirtió en una resolución apasionada». Si ella no hubiera expresado su fe cuando el ama expresó la ansiedad sobre la lepra de su esposo, la historia que tenemos delante de nosotros nunca se habría escrito, y nos habríamos «perdido uno de los fragmentos de perfección literaria y de inspiración religiosa más refinados de las Escrituras». Mackintosh Mackay escribió sobre la pequeña criada cautiva como: «La primera muchacha guía» porque, «en primer lugar fue una guía para Naamán, una guía para él hacia aquellas aguas de bendición en las que solamente pudo encontrar sanidad. En segundo lugar, ella evidentemente pertenecía en espíritu a esa hermandad que cree en hacer una buena obra cada día».

No nos cabe duda alguna de que la señora de la criada llegó a participar de la reciente fe en Dios que su esposo había descubierto y su hogar se transformó por completo. Se puede colocar una estrella sobre la cabeza de la muchacha judía por ser la que trajo tanto alivio y bendiciones sobre él. Siempre se recordará a esta cautiva despreciada, demasiado desconocida como para mencionarla por su nombre, por haber aceptado la suerte humilde que le tocó, su fe sencilla y dulce intercesión. Como una verdadera hija de Abraham, ella fue fiel a Dios en medio de una familia idólatra. Aunque no se nos dice más nada acerca de la criada después de su fiel testimonio, creemos que Naamán no haya olvidado a la joven benefactora como el copero se olvidó de su amigo José.

El valiente soldado tenía un corazón generoso y quería recompensar a Eliseo con un regalo como muestra de su gratitud por el regalo de la sanidad, pero el profeta rechazó el regalo. Sin embargo, Guiezi pensaba diferente, y la forma liberal en que Naamán trató a Guiezi revela lo generoso que era. Nos preguntamos cómo trató el poderoso hombre restaurado a la criada cuando regresó. ¿La recompensó con la libertad por todo lo que había significado para él, enviándola con ricos regalos a la casa de sus familiares sobrevivientes para que se estableciera entre los suyos? Sea cual sea la recompensa que Naamán le dio a la maravillosa criada de su esposa, sabemos que fue una expresión de su agradecido corazón y noble carácter.

MADRES QUE SE COMIERON A SUS HIJOS
2 Reyes 6:26-30

Cuando el rey Ben Adad de Siria sitió a Samaria, sobrevino una hambruna a la ciudad, y mientras Jorán, rey de Israel, recorría las guarniciones, una mujer que lo vio acudió a él pidiéndole justicia contra su vecino. Las dos mujeres, en medio de la desesperación por la terrible escasez de alimentos, hicieron un pacto para comerse a sus hijos. Un día las dos mujeres se comieron a uno de los muchachos, pero al día siguiente la madre cuyo hijo todavía estaba vivo, lo escondió y se negó a entregarlo para el consumo humano. Cuando el rey escuchó la espeluznante historia que contó la mujer cuyo hijo se habían comido, se vistió de tela de saco, una señal de su deseo de aplacar la ira de Jehová quien permitió la espantosa carestía porque la nación se había apartado de él. Jorán, responsabilizando a Eliseo por la hambruna, amenazó con matarlo, pero oyó del profeta la predicción de días de abundancia. El abominable recurso de comer carne humana en tiempos de sitio se menciona en otros lugares (Deuteronomio 28:55; Ezequiel 5:10).

LA HIJA DE SESÁN
1 Crónicas 2:34, 35

En la descendencia de Jeramel se menciona a Sesán, quien tuvo hijas pero no hijos; y a su esclavo egipcio, Yarjá, le dio como esposa a una de sus anónimas hijas y esta dio a luz a Atay.

LA MADRE DE JABÉS
1 Crónicas 4:9, 10

Cuando esta mujer anónima dio a luz a su hijo le puso por nombre Jabés que significa «aflicción», porque como ella misma dijo, lo dio a luz con aflicción o con mucho dolor. En su oración, Jabés pidió ser librado de la aflicción o dolor. Detrás de su fe en Dios y su deseo de que él lo bendijera y también por haber sido más ilustre que sus hermanos, uno puede detectar la influencia de su incógnita, pero buena madre.

LAS HIJAS DE SIMÍ
1 Crónicas 4:27

Ninguno de los dieciséis hijos ni las seis hijas de Simí se mencionan por nombre en la genealogía de la tribu de Simeón, cuya tribu aumentó grandemente, pero no tanto como la prolífera tribu de Judá.

LA ESPOSA DE MAQUIR
1 Crónicas 7:14, 15

No es fácil explicar el curioso registro tribal en partes de este capítulo. La mujer que Maquir tomó como esposa era en realidad una hermana de Macá, pero no se nos da su identidad. Para la mención de las hijas de Zelofejad en este pasaje, véase JOGLÁ.

LAS HIJAS DE HEMÁN
1 Crónicas 25:5, 6

A Hemán, el célebre músico, Dios le dio catorce hijos y tres hijas, y todos ayudaban a su padre con las alabanzas en el santuario. No se nos da el nombre de ninguno de sus hijos, y la mención de «las tres hijas», en conexión con el servicio de los cantos, confirma la descripción de David de la adoración a Dios en su santuario. Los cantores y los que tocaban los instrumentos estaban «entre doncellas que tocan panderetas» (Salmo 68:25). En nuestros días las mujeres juegan un gran papel dirigiendo las congregaciones de nuestras iglesias en acciones de gracias y alabanza (véase Nehemías 7:67).

LA REINA DE ARTAJERJES
Nehemías 2:6

No fue en una fiesta pública que Nehemías le reveló el deseo de su corazón al rey. Usualmente la reina no estaba presente en las fiestas públicas (Ester 1:9-12). Aquí Artajerjes y su anónima reina estaban comiendo y bebiendo vino en privado y Nehemías, como era el copero, estaba sirviéndoles. La palabra que se usa aquí para «reina» es *Shegal*, y se encuentra nuevamente en el Salmo 45:9. «...a tu derecha se halla la novia real luciendo el oro más fino». No se nos dice quién era la reina legítima, esposa de Artajerjes. La tradición la identifica como Damaspia.

LAS HIJAS DE SALÚN
Nehemías 3:12

Evidentemente Salún, gobernador de la segunda mitad del distrito alrededor de Jerusalén, no tuvo hijos que lo ayudaran en la reparación de los muros de la ciudad, pero tenía hijas. No se nos informa de cuántas eran, y esas féminas anónimas ayudaron voluntariamente en la obra de restauración. De esta manera fueron las precursoras de aquellas buenas mujeres que trabajaron con Pablo en el evangelio (Filipenses 4:3).

LAS HIJAS DE BARZILAY
Nehemías 7:63, 64

Barzilay tenía ese nombre porque se casó con una de las hijas del reconocido Barzilay el galaadita. El nombre de la hija, así como el de las hermanas, no se menciona. Tal vez sus nombres estaban entre las inscripciones que se perdieron.

MUJERES DE MATRIMONIOS MIXTOS
Nehemías 13:23-29

Los hombres judíos que se casaban con mujeres que no fueran israelitas, pecaban contra la ley (Esdras 9:12, 14; Nehemías 10:30). Esdras, quien trabajó junto con Nehemías en la restauración de Israel luego de la cautividad, es más explícito en cuanto a descifrar los matrimonios mixtos o la afinidad de los hombres judíos con las mujeres de otras naciones fuera de Israel. Ya que Israel era una «nación santa», «pueblo escogido», «simiente santa», la afiliación con mujeres idólatras era una profanación (Éxodo 19:6; Esdras 9:1, 2, 12-15; Deuteronomio 7:3; Isaías 6:13). Nehemías descubrió que los hijos nacidos de las mujeres de Asdod, de Amón y de Moab con quienes los judíos se casaban, hablaban una especie de idioma mestizo. Criados por sus madres, el habla de los muchachos los delataba. Les resultaba difícil aprender el hebreo de sus padres. Por consiguiente, como los judíos deben hablar el idioma de los judíos, Nehemías se dispuso a corregir semejante desnaturalización del idioma nacional.

LA ESPOSA DE JOB
LA MUJER QUE INSTÓ A SU ESPOSO
A QUE COMETIERA SUICIDIO

Job 2:9, 10; 19:17; 31:10

¿No nos resulta extraño que aunque tengamos los nombres de las tres hijas de Job (42:14, 15), no tenemos el de su esposa que permaneció a su lado durante todas sus pruebas y tribulaciones? A ella solo se le identifica por diez palabras que le dijo a su esposo cuando lo vio sufriendo a causa de tanto dolor corporal e incomodidad: «¿Todavía mantienes firme tu integridad? ¡Maldice a Dios y muérete!» o «Maldice a Dios y quítate la vida», «termina tu sufrimiento quitándote la vida». Ella lo incitaba a que cometiera suicidio y así se evitara mayor angustia. Además, estaba la sugerencia diabólica de que renegara de su fe en Dios al ver que este le permitía pasar por semejante tormento físico y pérdida material. Los comentaristas hablan mal de ella porque permitió que Satanás la usara como un instrumento para afligir a su esposo en lugar de consolarlo. Agustín se refirió a ella como «la cómplice del diablo» y Calvino escribió de ella: «un instrumento de Satanás», «una furia diabólica». Lo poco que le dijo a su esposo, cuyo corazón estaba a punto de romperse, era suficiente como para aplastarlo por completo. La que estaba más cerca de él que todos los demás debió haberlo animado y haberle ofrecido simpatía humana. Sin embargo, la esposa de Job era la adversaria femenina en la casa y nos recuerda que «la peor prueba de todas es cuando aquellos más cercanos a nosotros, en lugar de fortalecer nuestra mano en Dios y confirmar nuestra fue, conspiran para destruirla» (véase Miqueas 7:6; Mateo 10:36).

La fe triunfante de Job se puede apreciar en la respuesta sumamente apropiada que le dio a su esposa: «¿Qué, alejarme de Dios y quitarme la vida?» Sentado en medio de las cenizas respondió: «Mujer, hablas como una necia». Él no estaba amargado, ni fue mordaz, ni la estaba condenando sino que le hizo una pregunta en la que multitudes de corazones perplejos han hallado consuelo a través de las edades: «Si de Dios sabemos recibir lo bueno, ¿no sabremos también recibir lo malo?» Job estaba decidido a no pecar con sus labios como lo había hecho su insensata esposa. ¡Qué sublime contraste hay entre la prueba de Job y la de Jesús! (Mateo 26:39-42; Hebreos 5:8). Ya que Dios le ha dado a la mujer un corazón afectuoso y una gran capacidad para la simpatía y la compasión, es el deber de las mujeres que profesan fe en Cristo, vincular a sus esposos a Cristo e insistir en animarlos en momentos de gran prueba y tragedia. Es solo así que la mujer actúa como Dios la concibió: «ayuda idónea».

LA MADRE DE LEMUEL
Proverbios 31:1

Se han hecho fallidos esfuerzos para hacer que Lemuel sea otro nombre para Salomón, pero no se revela quién fue él en realidad. La oración inicial dice: «Los dichos del rey Lemuel. Oráculo mediante el cual su madre lo instruyó». Como a las madres, especialmente a las reinas madres, se les tenía gran veneración y se les trataba con notable respeto en Oriente, esta madre esperaba que su hijo, perteneciente a la realeza, prestara atención a lo que ella decía con respecto a huir de los vicios de las mujeres y también sobre qué virtudes femeninas buscar en la que él escogería como compañera para la vida (véase LA MUJER IDEAL DE LA BIBLIA).

LAS HIJAS DE SIÓN
Isaías 3:16-26

En este capítulo Isaías describe la desolación de Jerusalén, con su tiranía, anarquía, la opresión de los pobres y la vida lujosa de unos pocos. En este fragmento el profeta se vuelve de los príncipes que hicieron que el pueblo errara, a sus esposas, hermanas y concubinas que se manifestaron como las hijas degeneradas de las piadosas Sara y Rebeca (véase también 32:9-12). Sería interesante saber cuánto influyó el punto de vista divino de Isaías cuando denunció la enorme extravagancia de las hijas de Sión. Los detalles minuciosos que se dan de las vestiduras y adornos serían un indicio de que la esposa de Isaías le contó todo que podía encontrarse en el tocador de una de las líderes de la moda en Jerusalén. En total se mencionan veintiún artículos diferentes, la mayoría de ellos tenía una asociación extranjera. El profeta predijo la caída de las hijas de Sión que pusieron la moda por encima de la fe. Cómo se deleitan las mujeres cristianas al prestar atención a lo que Pedro dice acerca del adorno exterior y el interior (1 Pedro 3:1-7). Los hombres, al igual que las mujeres, necesitan tener el adorno de un espíritu humilde y tranquilo.

VÍRGENES DE HONOR
Isaías 7:14-16

La profecía un tanto misteriosa que el Señor le dio a Acaz con respecto a la virgen y su eminente hijo se ha interpretado de diferentes maneras. Están los escritores que ven en esta porción una señal que Isaías le dio al rey infiel sobre una joven virgen o novia que daría a luz un hijo cuyo nombre sería un reproche a la infidelidad de Acaz. Emanuel, que significa «Dios con nosotros», sería un testigo de la presencia real de Dios entre su pueblo. La tierra de Israel era en particular la tierra de Emanuel (Isaías 8:8) y eso a pesar del pecado de sus habitantes. Dios todavía estaba en medio de ellos para restaurarles los años que las langostas se habían comido.

El punto de vista que por lo general se acepta con respecto a la virgen y su hijo es que son una profecía del Mesías, el hijo que nacería de una madre virgen y cuyo nombre sería Emanuel (Mateo 1:23). El profeta Isaías, inspirado por el Espíritu, declaró la verdad de la venida de Cristo. En cuanto a la madre virgen de la que le habló a Acaz, Isaías tuvo una visión del suceso futuro de la encarnación. La aplicación directa y actual de la profecía de Isaías era el nacimiento natural de un niño cuya madre le pondría Emanuel. Este sería una prenda y promesa de la presencia permanente de Dios con su pueblo durante la generación del profeta ya que la profecía tiene sus «logros de brote y germinación». La profecía de Isaías también da un paso más hacia la aparición de Jesús, el Emanuel postrero y verdadero. ¡Qué consuelo podemos obtener continuamente del nombre que la virgen le dio a su hijo: Emanuel, «Dios con nosotros»! El amado Hijo de Dios está muy cerca y ha prometido estar siempre con nosotros, incluso hasta el fin de los tiempos.

LA ESPOSA DE ISAÍAS
Isaías 8:1-4

Además del hecho de que Isaías, el profeta evangelista, era el hijo de Amós, casi no sabemos nada de su origen. Su nombre, que significa: «Ayuda de Dios» o «Dios ayuda», sin duda se lo pusieron padres que experimentaron el auxilio divino en sus vidas. Por supuesto que el propio Isaías conocía a Dios como su ayudador infalible. Sabemos que su esposa era una profetisa y que hubo dos hijos que les fueron dados como señales (8:18). Como profetisa, la esposa del profeta al igual que Débora y Hulda (véase en las entradas correspondientes), tenía dones proféticos que usaba en el servicio de Dios. Isaías y su incógnita esposa eran como uno en el entendimiento de los pensamientos de Dios y sus consejos. Su vida en común fue muy diferente de la vida célibe de Jeremías (16:2), las miserias de la vida familiar de Oseas (1:2) y la trágica pérdida que tuvo Ezequiel (24:16-18). El primero de sus dos hijos fue Sear Yasub, quien era lo suficiente mayor como para que lo llevaran a conocer a Acaz (7:3) y cuyo nombre significa «el remanente volverá» y era una profecía del regreso literal y espiritual de Israel. Como Isaías y su esposa tenían el don de profecía, le pusieron a su hijo un nombre que era muy significativo.

El segundo hijo tuvo un nombre largo y místico: Maher Salal Jasbaz, que significa «apurar, despojo, acelerar, cazar», implica que «Ellos —los asirios— se apuran para el despojo (tomar a Siria y a Samaria), se aceleran para cazar la presa». Un nombre así, profecía de la huida desesperada de los ejércitos sirio y samaritano frente a sus conquistadores, se consideraba un enigma en Jerusalén. La profecía se cumplió en el año 732 a.C. cuando Tig-lath-pileser III conquistó a Damasco. ¡Qué agradecido debe haber estado el santo profeta de tener una esposa que tuviera en común su perspectiva profética!

LA MADRE DE JEREMÍAS
Jeremías 15:10

Jeremías, «el profeta llorón», nos da el nombre de su padre: Jilquías, tal vez fuera el sumo sacerdote de ese nombre (1:1; 2 Reyes 22:4; 23:4), pero deja a su madre en la incógnita. Aunque anónima, era piadosa pues Jeremías salió de su vientre santificado y destinado a ser un profeta para las naciones (1:5). Llamado a la extraordinaria labor de profeta cuando todavía era bastante joven, ejerció su gran ministerio por lo menos durante cuarenta años. Su nombre, que significa «excelso o exaltado del Señor» y que se lo pusieron unos padres que honraban a Dios, expresaba el deseo que estos tenían de apartar a su hijo para el Señor desde el nacimiento para magnificarlo y exaltarlo como lo hizo. Pero qué intenso era el dolor de Jeremías mientras encarecidamente y con constancia llamaba al pueblo de Dios al arrepentimiento. Sus reprensiones y amenazas por los pecados de ellos estaban saturadas con sus lágrimas. A pesar de estar encarcelado por su fiel ministerio, vivió para ver al pueblo regresar del cautiverio.

En el extraordinario mural de la Capilla Sixtina en Roma, Miguel Ángel presentó a Jeremías con ojos reflexivos, abatidos y en una meditación pesarosa lo cual describe muy bien el carácter y la vida de este profeta llorón. De todos los profetas del Antiguo Testamento, Jeremías parece tener la porción de sufrimiento más fuerte. ¿Había algún «sufrimiento como el mío» (Lamentaciones 1:12; 3:1)? Él parecía protestar sin resultado alguno por los pecados de su época. En el fragmento en el que él se dirige a su madre con un tono de ternura poética, pareciera como si ella todavía estuviera viva y que la idea de su sufrimiento por causa del dolor de su hijo solo añadía a la carga de este. La espada de angustia por los pecados de la nación, atravesaba también su alma (Lucas 2:35). Qué dolor hay tras su clamor: «¡Ay de mí, madre mía, que me diste a luz como hombre de contiendas y disputas contra toda la nación!» En los versículos anteriores, Jeremías habla de viudas que serían más que la arena de los mares y sin dudas que su querida madre era una de ellas. Cuando se dirige a ella, él quiera que entienda «el horror de su llamamiento como un vaso de la verdad de Dios» y que él había descubierto que no fue criado para «traer paz sino espada» como el Gran Profeta que le seguiría (Mateo 10:34). Mientras la madre de Jeremías estuvo viva, debe haber consolado al afligido corazón de su hijo dado que por mandato divino se le prohibía tomar a una esposa que llorara junto con él (16:2). El libro de Jeremías es insuperable en cuanto a imágenes, patetismo e intensidad apasionados.

LAS HIJAS DE EZEQUÍAS
Jeremías 41:10

¡Qué destructor tan terrible es la guerra! ¡Cómo destruye la vida familiar de los muchos atrapados en este holocausto de saqueo y matanza! Los hijos del rey Ezequías fueron asesinados frente a él y luego les sacaron los ojos. Atado con grilletes lo llevaron a

Babilonia y el fuego consumió su casa real. Ahora las hijas de Ezequías sufrían los horrores de la guerra. Afortunadamente les respetaron la vida pero las llevaron cautivas bajo la protección de Guedalías. Sin dudas que estas princesas y sobrevivientes del harén de Ezequías estuvieron entre las mujeres a las que pusieron en libertad luego de la muerte de Guedalías (41:16).

ESPOSAS HEBREAS MALVADAS
Jeremías 44:7-10, 15-30

La maldad de estas mujeres, como la de los hombres, que el profeta condenaba, consistía en la participación en las prácticas idólatras que adoptaron los israelitas exiliados en Egipto. Las mujeres fueron responsables de llevar a Salomón así como a algunos de sus sucesores a una enorme idolatría (1 Reyes 11:4; 15:13; 2 Crónicas 22:2). La forma específica de idolatría que aprobaban las esposas y que asimilaron sus esposos era quemar incienso a una diosa imaginaria, la reina del cielo y consistía en ofrecer pasteles en forma de luna creciente y en el derramamiento de ofrendas libadas. Mientras que los esposos trataron de excusarse a sí mismos cuando estuvieron bajo la solemne advertencia de Jeremías, las mujeres fueron declaradas culpables cuando él expuso sus prácticas idólatras, pero negaron ser las únicas responsables de tal adoración prohibida. ¿Acaso sus esposos no se hicieron los de la vista gorda y de igual manera le rindieron pleitesía a la diosa? Como israelitas ellos eran doblemente culpables pues tenían la ley: «No tengas otros dioses además de mí».

LAS MUJERES QUE LLORARON POR TAMUZ
Ezequiel 8:13-15

La tradición antigua identifica a Tamuz, que no se menciona en ningún otro lugar de las Escrituras, con el dios babilónico que se reconocía como el rey de ultra tumba y que le dio nombre al cuarto mes de los judíos. Se cree que este Adonis murió y que luego regresó a la vida. En una fiesta anual, acompañadas por terribles abominaciones y desenfrenos, las mujeres se involucraron en un servicio idólatra cerca del templo y se abandonaron a la maldad que Jeremías puso en evidencia, condenándolo como algo corrupto y degradante (2 Reyes 23:7; Jeremías 7:18).

LA ESPOSA DE EZEQUIEL
Ezequiel 24:15-27

Muchas de las acciones de Dios son difíciles de comprender en nuestras mentes finitas. «Ahora vemos de manera indirecta y velada, como en un espejo». La esposa de Ezequiel fue muy amada, «la mujer que te deleita la vista»; sin embargo, de un solo golpe Dios se la separó del esposo a quien ella amaba. Para colmo de semejante separación, Ezequiel no debía llorar por ella ni llevar el acostumbrado período de luto sino trabajar como si nada hubiera sucedido. ¿No se merecía las lágrimas su esposa? ¿Fue ella una mujer depravada y digna de partir sin que se le extrañara? No, la esposa de Ezequiel era la mejor de las mujeres con un rostro encantador y un alma todavía más encantadora, una mujer que era una verdadera consoladora para su esposo profeta en su difícil y penosa tarea. No obstante, a Ezequiel se le prohibió una despedida final de su amada.

La razón que se da para esta terrible experiencia es que Ezequiel, con su pérdida, sería un símbolo de lo que Dios le quitaría al pueblo por haberse alejado de Él. Como lo expresan los versos de una poetisa anónima escocesa:

Él me necesitaba, para que yo le fuera de
    señal;
Que mi muerte se levantara
como una figura para mi pueblo
de las cosas que él les haría
a menos que ellos se volvieran y buscaran su
    rostro.

Estoy tan contenta de morir por esto.
No puedo hablar en lugar de Dios
como tú tan bien has hecho,
pero puedo ser, para Dios y para mi pueblo
y para ti una ayuda en tu gran obra, una
      señal.

Ella murió como una señal y a la mañana siguiente el profeta, con la pena enterrada en su corazón, cumplió austeramente con el mandato divino. Cuando aquellos que sabían cómo él y su esposa se habían amado, lo amonestaron. Él les dijo que aquella dolorosa experiencia no era más que la señal de una pena mucho mayor que ellos tendrían que soportar y que cuando eso les sucediera «tendrían que comportarse con valentía, como hombres, no hundirse en el desánimo sino con coraje y con arrepentimiento preparar el camino para la resurrección nacional en el futuro distante». La verdad prominente para nuestros corazones de la entrega que Ezequiel fue llamado a hacer es que «hay momentos en la vida en los que el amor y el deber siempre deben ser superiores». Nuestro afecto y deseos naturales deben estar sujetos a un amor más elevado.

No podría amarte tanto, querida,
si no amara más el honor.

LA MADRE DE BELSASAR
Daniel 5:10-12

No se mencionan los nombres de ningunas de las esposas o concubinas del rey (Daniel 5:2), ni tampoco aparece el nombre de su madre, la reina madre. Heródoto, conocido como «el padre de la historia», nos hace creer que esta reina tiene nombre. Él la reconoce como la reina Nitocris que hizo tanto por embellecer a la fabulosa Babilonia pero en la narración que Daniel hace de ella «aparece y desaparece como un rostro en la ventana, ni tan siquiera se nos da un seudónimo. Así que por lo tanto ella pertenece al grupo de luminarias sin clasificar de nuestra Biblia». Ella es notable en esta narrativa por el

discurso corto y sencillo que le da a su atemorizado hijo.

Cuando Belsasar sucedió a su ilustre padre, se entregó a placeres viciosos. Es probable que durante estos períodos de disipación su madre, fuerte y sabia, instruida en administración, se encargara de algunos de los asuntos del estado como reina regente. Así, cuando durante la extravagante fiesta en que Belsasar profanó las copas consagradas del templo de Dios para usarlas en su libertinaje, la forma de una mano desnuda se movió por la pared. Con sus dedos escribió tres palabras misteriosas y un horror se apoderó de la turba de borrachos. El aterrorizado rey mandó a buscar a sus hombres sabios, los magos babilónicos que decían tener el poder de interpretar señales pero todos estaban asombrados por la mística escritura sobre la pared. Fue entonces que la majestuosa reina entró en el salón del banquete y como dueña de la situación, le dijo a su hijo: «¡Que viva Su Majestad por siempre!», una fórmula que se desmoronaría pronto.

Aunque era idólatra, la reina intuía que Daniel era superior a todos los sabios de Babilonia. Ella contó cómo el profeta por inspiración divina había interpretado los sueños del padre de Belsasar y ya que él tenía la sabiduría de los dioses, sería capaz de leer el significado de la escritura que estaba en la pared. El rey obedeció la orden de su madre. Se mandó buscar a Daniel para que interpretara las palabras, lo cual hizo para consternación de Belsasar quien escuchó a Daniel pronunciar la condena. Uno se pregunta cuáles serían los pensamientos de la madre mientras ella escuchaba la aplastante sentencia pronunciada por el gran profeta hebreo a quien ella había llegado a reverenciar. Theron Brown le concede un lugar entre las reinas del mundo. Fue ella quien presentó al profeta como el intérprete del mensaje celestial aunque ella temía su trágico significado. Como lo expresa Brown:

Nos la imaginamos enfrentando con entereza heroica el decreto del cielo que hacía de su ciudad la presa de un extranjero y de ella misma la esposa de un cautivo sin corona y la madre de un hijo destronado. Ella sobresale como la figura más grande, después de Daniel, en uno de los sucesos más dramáticos del mundo. El intérprete y vidente hebreo estaba allí por instrucciones de ella y fue el testimonio de ella lo que le servía de garantía y su noble candidez no refutaría sus palabras. Ella sabía que al fin la venganza divina tenía que castigar el trono de Babilonia y ningún descendiente de ella volvería a ascender al trono...

Su pluma de honor era su amistad con el gran profeta hebreo que predijo la venida de Cristo.

LA HIJA DEL REY DEL SUR
Daniel 11:6-9, 17

Cualquier aplicación futurista que haya en la profecía de Daniel sobre esta princesa del sur, no debe hacernos perder de vista su realidad histórica. Hay algunos expositores que afirman que el lenguaje que se usa aquí es muy general y que la «hija» se refiere al propio reino del sur más que a una princesa del mismo. La interpretación histórica que por lo general se acepta es en este sentido. La hija del rey del sur se refiere a Berenice, la hija de Ptolomeo Filadelfo de Egipto. Para terminar su guerra con Antíoco Teos, «el rey del norte» o Siria, Ptolomeo le entregó a Berenice a Antíoco, quien acto seguido se divorció de su esposa anterior, Laodicea, y desheredó a su hijo, Seleneus Callinicus. Pero

Berenice no pudo llevar a cabo el propósito de la alianza, es decir, convertirse en el pilar de la paz. Cuando Ptolomeo murió, Antíoco volvió a tomar a Laodice quien lo envenenó y mandó a que mataran a Berenice y a su hijo y puso en el trono a su propio hijo, Seleneus Nicator. Las intrigas que siguieron a este plan abortivo están relacionadas con los desastres que se apoderaron de Egipto.

En cuanto a la referencia «le dará su hija en matrimonio, con miras a derrocar su reino, pero sus planes no tendrán el éxito esperado» (11:17), lo mismo es el astuto propósito de Antíoco quien, en lugar de invadir de inmediato el país de Ptolomeo con toda su fuerza, ideó el plan de darle a Ptolomeo Epífanes a su hija Cleopatra en matrimonio y como dote Coelo, Siria y Judea, asegurando así neutralidad en la guerra con Roma. Mediante su hija esperaba obtener a Siria, Cilicia y Licia y al final hasta el propio Egipto. Pero la estratagema falló porque Cleopatra favoreció a su esposo más que a su padre. Para el significado profético de los reyes del sur, referimos al lector a la misma exposición que se encuentra en *The Climax of the Ages* [El clímax de las edades] del Dr. F.A. Tatford. A través de la historia se han usado a las mujeres como meros instrumentos, tanto en la política nacional como internacional, en algunas ocasiones de manera beneficiosa pero muchas veces con resultados trágicos.

Las mujeres del Nuevo Testamento

Al acercarnos a las mujeres anónimas del Nuevo Testamento, la mayoría de las cuales se mencionan en los cuatro Evangelios, el método de estudio más provechoso es investigar cuál era la actitud de nuestro Señor hacia las mujeres. Lucas, el médico amado, cuyo Evangelio describe a Cristo como «el hombre», tiene mucho que decir acerca del trato a las mujeres que se cruzaron en su camino. Dispuesto a nacer de una mujer, Cristo exaltó el sexo femenino y en todas las generaciones muchos se han levantado para llamar bienaventurada a la madre del Redentor (Lucas 1:48). Cuando pensamos en Jesús entre las mujeres, notamos las siguientes formas en que él las trató.

Él elevó a la mujer

Jesús elevó su posición social y dondequiera que llega el cristianismo y este se acepta, la mujer se emancipa de su inferioridad y gana igual respeto que el hombre. Piense en las cinco viudas que Lucas menciona y vea como Jesús les da prominencia: Ana (2:6), la viuda de Sarepta (4:25), la viuda de Naín (7:11), la viuda angustiada (18:3), la viuda de la ofrenda (21:1-4). Así mismo se ve la elevación de la mujer en el lugar que se le ha dado en la iglesia cristiana. Estuvieron presentes en el aposento alto orando y esperando el Pentecostés (Hechos 1:13) «Con las mujeres». «Tanto hombres como mujeres» (Hechos 5:15). Este hecho es más que sobresaliente si tenemos en cuenta que en aquel tiempo la participación en la adoración y el servicio a Dios era principalmente cosa de los hombres. Era hasta cierto punto nuevo para las mujeres reunirse con los hombres en una asamblea religiosa. Las mujeres le deben más de lo que se imaginan al ejemplo y las enseñanzas de Jesús quien vivió con su madre durante treinta años.

Él conocía y satisfizo los anhelos de la mujer

Cuando Juan dijo que Cristo sabía lo que había en el hombre, el término genérico para hombre incluye a la mujer. Él sabía todo acerca de la mujer de Samaria, como veremos dentro de poco y satisfizo su instinto para la adoración, que está marcado con más fuerza en la mujer que en el hombre (Juan 4). Fue al instinto de meditación profunda a lo que respondió Jesús en María de Betania (Lucas 10:39). Marta, su hermana, estaba más preocupada por servir a Jesús y él apreciaba tal servicio. Entonces observe cómo trató él con el ideal que Salomé tenía para sus dos hijos.

Él ennobleció la relación matrimonial

Jesús dio su sello a la monogamia lo que es lo mismo que el propósito original de Dios en la creación de la primera pareja: un hombre, una esposa. Detrás de su enseñanza sobre el matrimonio está la idea de que tal unión significa la devoción de una persona por entero a otra persona por entero. El uso de la relación de una mujer con su esposo como símbolo de la indisoluble unión de Cristo con la iglesia es una prueba de que el cristianismo mejora dicha relación (Efesios 5:23-33). El hogar donde él es la cabeza está protegido contra las influencias del mundo exterior a favor de la desintegración. El respeto por la relación sagrada del matrimonio en el humilde hogar de Nazaret donde él vivió durante tanto tiempo dio color a las enseñanzas de Cristo sobre los asuntos maritales y fomentó la compasión por el cuidado maternal y el sufrimiento, lo que se ven en la compasión que tuvo por la viuda de Naín cuando esta enterró a su único hijo (Lucas 7:13).

Él alivió las enfermedades físicas de las mujeres

Tanto las mujeres identificadas como las no identificadas disfrutaron del poder sanador de Cristo cuando él respondió a su fe y a su clamor. Cualquiera que haya sido la naturaleza de su dolencia física o enfermedad, él aligeró sus cuerpos mortales y en el caso de la hija de Jairo, la resucitó (Lucas 8:43, 47, 49; 13:11). Muchas de las mujeres a las que él sanó, le sirvieron con sus tesoros y su tiempo y él consintió en aceptar y honrar lo que ellas daban. Cuánto ensalzó la mente sacrificada de la viuda pobre que dio todo lo que tenía (21:1-4).

Él aceptó el servicio de las mujeres

Lucas comienza su Evangelio con varias canciones de alabanza en las cuales las mujeres desempeñan un papel prominente: Ana,

Elisabet y María (1:42-55; 2:36-38). Cristo canto las alabanzas de María cuando esta le ungió sus pies y se ganó el testimonio: «Esta ha hecho todo lo que podía». Estaba agradecido a las mujeres que lo seguían en sus misiones itinerantes y se preocupaban por sus necesidades materiales y a quienes premió al hacerlas testigos y mensajeras de su resurrección. Luego sus apóstoles reconocieron también el papel que las mujeres pueden desempeñar en las tareas de la causa de Cristo. Piense en Dorcas, Febe, Evodia, Síntique, Priscila y otras que trabajaban con Pablo en el evangelio. (Véanse en los nombres correspondientes.) A través de las edades la vida práctica de las mujeres cristianas ha sido una demostración viva de su gratitud hacia Cristo por todo lo que él ha significado y significa para las mujeres del mundo.

Ahora llegamos a las mujeres no identificadas del Nuevo Testamento en las que los escritores, al dejar constancia de estas mujeres desconocidas han dejado en lo oscuro «su tienda, su nombre, su esplendor». Aunque puede ser verdad que «las vidas escritas que no responden a un nombre propio son únicas ya que mantienen tanto en el narrador como en el lector el deseo de encontrar el nombre que falta», sería más fascinante tener los nombres y orígenes de muchas de las mujeres ya sean más o menos prominentes en su orden cronológico en los Evangelios.

LA ESPOSA DE PEDRO
Mateo 8:14-18; Marcos 1:29-34; Lucas 4:38-41

En las referencias a la esposa incógnita de Pedro la atención se centra en su madre, igualmente incógnita. Aunque a la iglesia católica le gustaría desacreditar el hecho de que el apóstol tuvo una esposa, la Escritura destaca su afirmación de que él tuvo ambas cosas: una esposa y una suegra que vivía con ellos y a la cual Jesús sanó. De Pablo aprendemos que la esposa de Pedro acompañaba a su esposo en algunos de los viajes misioneros y se ocupaba de sus muchas necesidades (1 Corintios 9:5). No sabemos por qué se nos oculta el nombre de esta noble mujer que fue una fiel compañera de Pedro en los días en los que él pescaba para ganarse la vida y luego durante los largos años de su apostolado. Los escritos de Pedro en el Nuevo Testamento se escribieron después que él se entregó al llamado de Cristo, pero detrás de él, como detrás de muchos hombres de eminencia hubo una mujer compasiva, discreta y comprensiva.

Desde luego, Pedro era un hombre impulsivo y tenía la tendencia a rendirse cuando las cosas no salían bien. Al regresar a casa con semejante estado de ánimo podemos imaginarnos cómo su esposa razonaría con él, lo alertaría para que tuviera más calma y lo animaría a sobreponerse a las pruebas y los desencantos. Ella sería su consuelo en la enfermedad como lo hizo cuando su propia madre se enfermó de una fiebre. No se nos dice si hubo hijos en su hogar de Capernaum. Si los hubo, estamos seguros de que la esposa de Pedro fue la mejor de las madres. Cuando el apóstol escribió sus dos epístolas y describió en ellas el ideal de mujer y de esposa, ¿tenía frente a él el ejemplo de su esposa como alguien que era igual a su esposo, pero que se sometía a él y era digna de honor como un vaso más débil (1 Pedro 3:1-12)? ¿Inspiró ella la descripción que Pedro hizo de la mujer que se viste con modestia, quien piensa más en el adorno de un espíritu suave y apacible en lugar de un vestuario lujoso? Nos da la impresión de que ella era una esposa muy digna, dispuesta a estar oculta para que la causa del Maestro a quien Pedro y ella estaban dedicados pudiera avanzar y estar adornada.

La tradición dice que la esposa de Pedro era hija de Aristóbulo, así que cuando se describe a Marcos como «el sobrino de Bernabé» (RVR 1960) era también cuñado de Pedro.

Existe, además, una conmovedora leyenda con respecto a los cristianos en Roma que no dejaban de insistirle a Pedro que escapara cuando lo buscaron y lo metieron en la prisión para que continuara siendo útil a toda la iglesia. El apóstol cedió a sus ruegos y de alguna forma escapó, pero una vez libre, en la calle, una visión de Cristo lo detuvo y Pedro le preguntó: «¿Adónde vas?» El glorificado le respondió: «Vengo a Roma para ser crucificado por segunda vez». Pedro, humillado, regresó a la prisión. Cuando vino la muerte, su esposa fue mártir primero y cuando la sacaban para morir, Pedro la consolaba con estas palabras: «Acuérdate del Señor». Cuando llegó su turno, él les suplicó a los verdugos que lo pusieran con la cabeza hacia abajo pues consideró indigno morir de la misma forma que su Señor. En el cielo, Pedro y su fiel esposa brillan juntos, como estrellas, por haber llevado a muchos a la justicia.

LA SUEGRA DE PEDRO
(Véase las referencias anteriores)

Los Evangelios no dicen si Andrés, el hermano de Pedro, estaba casado, pero es evidente que los hermanos tenían una casa en Betsaida o en Capernaúm, es probable que fuera el legado de sus padres y que este fuera el hogar que la suegra de Pedro compartiera luego de la muerte de su esposo. Las suegras han sido el objeto de ridiculizaciones pero en aquel hogar antiguo había una relación doméstica feliz en la que Pedro amaba a su suegra tanto como a la hija de esta. Fue debido a este amor filial, característico de las familias de Israel, que todos los familiares se preocuparon cuando la fiebre puso a la suegra de Pedro a las puertas de la muerte. Preocupado por ella, Pedro le habló a Jesús de su condición y de inmediato él fue a su casa, extendió su mano, la tocó y ella quedó sana. La sanidad ocurrió por contacto personal pues Jesús la tomó por su mano. Fue una sanidad rápida pues ella se levantó de inmediato. La realidad de dicha sanidad se manifestó en que ella ministró a todos los que estaban presentes tan pronto como se sanó. Lo que ella hizo enseguida que estuvo curada sugiere su amor por la hospitalidad y su hábito de servir. Completamente sana, fue a la cocina y preparó una comida para su sanador y para todos los que habían presenciado el milagro. El servicio era una parte tan esencial de su carácter que hasta en el momento emocionante de la recuperación ella no pudo contenerse de hacer tareas serviles pero no obstante necesarias. Esta suegra agradecida amaba y era amada y se deleitaba en cuidar de aquellos que la amaban, algo que el evangelista notó: «enseguida se lo dijeron a Jesús». ¡Cuán tontos somos al no buscar a Jesús en nuestras horas de necesidad! Todo lo que él tiene para los dolores y sufrimientos que puedan surgir es nuestro con tan solo pedírselo.

LA MUJER CON FLUJO DE SANGRE
LA MUJER QUE SE SANÓ CON UN TOQUE

Mateo 9:20-22; Marcos 5:25-34; Lucas 8:43-48

Esta mujer enferma y anónima debe haber estado delgada en extremo tras una hemorragia que le había durado doce años, y que la hacía legalmente inmunda. Por tanto, ella no podía arrojarse a los pies de Cristo para plantearle su problema. Su modestia, humildad, inmundicia y la presión de la multitud hacía que el contacto cercano fuera prácticamente imposible, de ahí su ansiedad por tocar el borde de su vestidura de alguna manera y sin que nadie se diera cuenta. ¿Quién era esta mujer de fe? La iglesia primitiva la llamó Verónica, considerando que era digna de un nombre y que vivía en Cesárea de Filipo, pero en los Evangelios se encuentra en el listado de las mujeres anónimas. Hay varios aspectos de su curación dignos de destacarse:

Se curó después de muchos fracasos

Lo que esta pobre mujer verdaderamente pasó en manos de los médicos de la época se deja a nuestra imaginación. Qué toque de realismo le da a su historia el conocimiento de lo mucho que había sufrido a mano de varios médicos y en vez de mejorar «iba de mal en peor». Cuando los hombres fallan, Cristo tiene éxito. En todas las eras, Cristo ha restaurado a los hombres y mujeres que todas los medios daban por perdidos. Lo que no es posible con los hombres es benditamente posible con Dios. Su enfermedad era de mucho tiempo, sin embargo, se sanó instantáneamente, pues tan pronto como tocó el borde de su manto, «al instante cesó su hemorragia». Si una persona sufre de una molestia durante un tiempo y no consulta a un médico, pero al fin y al cabo va a verlo, este invariablemente dice: «Usted debió haber venido antes», pero para gloria de Cristo, él puede sanar a aquellos que vienen tarde a donde él está.

Se curó al instante

La frase favorita de Marcos, «al instante», que utiliza veintisiete veces en su evangelio, está relacionada en la mayoría de los casos con las rápidas curaciones de Cristo. ¡Qué rápido aliviaba al que sufría! Al igual que en la creación, en sus milagros de sanidad, «él dijo, y fue hecho». (Salmo 33:9, RVR 1960) Paralelos espirituales de su poder instantáneo se pueden ver en las conversiones de Mateo, Pablo y el ladrón moribundo. Muchos de nosotros también podemos testificar que él puede transformar el carácter en un instante. El término que Jesús empleó para dirigirse a la anónima víctima sugiere que ella era todavía joven, aunque consumida y marchita por la dolencia que la hacía parecer más vieja de lo que era, pero la naturaleza de la enfermedad y la edad de la paciente no cambian el hecho de que Cristo sana al

enfermo y salva al perdido. Mientras Jesús pasaba por allí, los marchitos dedos de la mujer rozaron el borde del sagrado vestido de Cristo, y al instante su delgado cuerpo sintió regresar la salud de su niñez. Una fortaleza que no había experimentado durante doce años renovó su ser, y supo que Jesús la había sanado completamente.

Reconoció haber recibido el beneficio que se le había conferido

Tan pronto como la mujer tocó el manto de Cristo, «Jesús se dio cuenta de que de él había salido poder», y se volvió y preguntó: «¿Quién me ha tocado la ropa?» Los discípulos increparon suavemente a Jesús: «Ves que te apretuja la gente... y aun así preguntas: "¿Quién me ha tocado?"» Quizá su toque había pasado desapercibido a los ojos de los que estaban a su alrededor, y ella debe haber sido una de las tantas personas que tocaron al Maestro ese día mientras avanzaba en su ministerio de amor, pero un toque de fe no podía esconderse de él. Enseguida el Médico vio a la paciente y, temblando de timidez pero demasiado alegre y agradecida como para titubear, confesó haber tocado su manto. «Le confesó toda la verdad». Ella experimentó que la confesión abierta es buena para el alma. ¡Qué brillo de gratitud debe haber tenido su rostro cuando afirmó que le había quitado la carga que llevó durante doce años!

Fue elogiada por su fe

La multitud que escuchó su confesión también oyó la bendición del Salvador: «¡Hija, tu fe te ha sanado! Vete en paz y queda sana de tu aflicción». Como verdadera hija de Abraham que era (Lucas 13:16), el Maestro coronó su fe. La suya no era una fe sin un toque, o un toque sin fe. Al creer, ella se apropió y se sanó. Jesús usó un término cariñoso: «Hija». Algo tierno percibió que lo llevó a usarlo. Theron Brown usa estos hermosos términos como sigue:

> La enferma restaurada nunca olvidaría la amistosa benignidad que la sorprendió con un epíteto indulgente de simpatía en ese cariñoso término con el que el Mesías de Israel la reconoció como suya... Ella siempre llevó en el corazón su deuda para con el Hombre de Galilea.

Ocupa un lugar en la leyenda

Se dice que esta mujer, que fue sanada de su flagelo, caminó con Jesús mientras iba hacia la cruz, y que al ver su sangre y sudor, sacó un pañuelo y secó su frente. Más tarde, mientras acariciaba reverentemente el pedazo de lino, encontró la imagen del rostro teñido de sangre de Jesús marcado en este. A los sudarios de las catacumbas romanas que supuestamente tenían marcadas sus facciones se les llamaba Verónicas. Por el año 320 d.C., Eusebio, obispo de Cesarea e historiador confiable, registra que cuando visitó Cesarea de Filipo oyó decir que, como gratitud por su curación, la mujer sanada de flujo de sangre había erigido dos figuras de metal a la entrada de su casa, una representando a una mujer suplicante doblada sobre las rodillas, y la otra hecha a semejanza de Jesús, extendiendo su mano para ayudarla. La estatua tiene dos capas de bronce. Eusebio añade el siguiente planteamiento explícito a estas figuras: «Estas existen aun en nuestros días y nosotros las vimos con nuestros propios ojos cuando estuvimos en la ciudad». El famoso himno evangélico de Sankey recuerda y aplica la historia de la mujer anónima a quien Jesús sanó:

> Ella tocó el borde de su manto,
>   Mientras estuvo a su lado,
> En medio de la multitud que lo rodeaba,
>   Y enseguida fue sanada.

Es alentador saber que su poder salvador en este mismo momento puede dar nueva luz a todo el que por fe se apropia de él (Zacarías 8:23).

LA HIJA DE JAIRO
LA MUJERCITA A LA QUE JESÚS RESUCITÓ DE LOS MUERTOS

Mateo 9:18-25; Marcos 5:21-43; Lucas 8:41-56

En realidad, el milagro que acabamos de analizar fue «un milagro dentro de otro milagro», porque Jesús «iba volando», atravesando una ciudad muy concurrida camino a la casa de Jairo para sanar a su hija. Así que la sanidad de la mujer con flujo de sangre fue una historia desarrollada dentro de otra historia, y refleja vívidamente el veloz y agotador ministerio de Jesús mientras estuvo en Galilea. El incidente que ocurrió al borde del camino de la mujer y su repentino interés en tocar a Jesús fue una interrupción en su camino como respuesta al llamado de Jairo. Pero qué tremendo milagro realizó durante esa interrupción. A menudo, cuando estamos extremadamente ocupados, lamentamos cualquier interrupción, pero Jesús hacía que las interrupciones fueran para bien.

El personaje en cuestión en este camafeo es una muchacha cuyo nombre no llegó hasta nosotros, así como también es desconocido el nombre de la madre que compartió la profunda ansiedad de Jairo por su hija. A diferencia de la vida y carácter de otras muchas mujeres anónimas, el papel de esta jovencita de doce primaveras en el recuento bíblico es pasivo, no activo. La mujer que Jesús sanó en su camino hacia ella, llevaba doce años sufriendo; la chica tenía solo doce años. ¡Qué golpe tan tremendo es para una familia donde reina el amor, cuando uno de sus miembros muere en la flor de su vida. El milagro que Jesús realizó al resucitar a la hija de Jairo de entre los muertos marcó el comienzo del fin para Jesús, a quien el Sanedrín vigilaba bien de cerca y sus miembros lo odiaban y buscaban su muerte. No le quedaron ya muchos más días felices en Galilea y, «cuando resucitó a la pequeña jovencita de Israel fue como si, con un dulce acto de amor familiar, buscara dejar en su querida ciudad una vida joven que esparciera su gratitud en su senda de dolor, y asegurar una bienvenida por si alguna vez regresara a los suyos y los suyos no le recibieran. Quizás había salvado a una futura madre cristiana». Nos gustaría creer que cuando la resucitada jovencita judía creció, fue contada entre el grupo de santos que amaban y adoraban al Redentor, y que tenía comunión con su ser resucitado. Para aquellos que desean desarrollar un mensaje sobre la petición de Jairo y la resurrección de su hija de entre los muertos, el siguiente bosquejo pudiera ayudarlos:

Su posición

Jairo era «uno de los jefes de la sinagoga», y era presumiblemente un hombre de bastantes recursos materiales con una distinción heredada, así como la suya propia. Sin embargo, con toda su encumbrada posición y posesiones, fue incapaz de hacer algo por aliviar a su querida hija. El hecho de que acudiera a Cristo prueba cómo Jesús extiende su mano a todas las clases sociales, grandes y pequeñas, así como el sol brilla igual sobre una choza que sobre un palacio. Los jefes religiosos de los que Jairo era uno, eran, como cuerpo, contrarios a las afirmaciones de Cristo (Isaías 53:3; Mateo 11:19; Juan 10:20). La apariencia y posición social de Jesús, pobremente vestido y sin recursos monetarios no lo señalaba como el Mesías esperado, pero uno de los jefes tuvo el valor moral para manifestar su fe en la autoridad de Cristo, y el tributo que le pagó es una pequeña anticipación de la adulación universal que está aún por recibir (Romanos 14:11).

Su oración

Jairo cayó a los pies de Jesús y presentó su petición: «Mi hijita se está muriendo». La dificultad, un denominador común, lo hizo acudir al Varón de Dolores, familiarizado con el dolor humano, y en él como gran Jefe encontró el alivio que buscaba.

> Las pruebas dan nueva vida a la oración;
> Las pruebas me llevan a sus pies,
> Humíllame y manténme allí.

Su percepción

Este jefe con su misión urgente se vio demorado por la interrupción de la curación de la mujer con flujo de sangre. Cada segundo contaba para salvar la vida de su hija. No obstante, la sanidad que Jesús hizo «en camino» mientras se abría paso hacia la casa de Jairo fue un aliento para su fe. Él creía que si Jesús ponía su mano sobre la muchacha enferma de muerte, esta viviría, pero su fe fue probada cuando le llegó el mensaje de que su hija había muerto mientras le pedía ayuda a Cristo. Sin embargo, esa noticia abrió aun más espacio para su confianza en el poder de Cristo. Aunque la triste noticia añadía un último dolor a su aflicción, su fe no se debilitó. ¿Acaso no había buscado la ayuda del que había resucitado al hijo de la viuda de Naín?

Su promesa

El padre sumido en dolor recibió de Jesús la mejor de las promesas: «No tengas miedo; cree nada más». ¡Qué tremendo bastón para recostarse en el valle de sombra de muerte! ¡Cuánta fortaleza recibe la fe de las promesas divinas! (2 Pedro 1:4; 3:13). Al fin Jesús llegó al hogar azotado por la muerte y la fe del jefe fue honrada cuando su hija volvió a la vida. Los que habían sido contratados para que se lamentaran atraían la atención con su «alboroto y llanto» (Marcos 5:39, 40). Reprendió con autoridad la inapropiada bulla de aquellos cuya presencia en el cuarto de muerte era una impertinencia. Aquellos lamentadores profesionales se burlaron de Jesús cuando dijo: «La niña no está muerta sino dormida», refiriéndose al cuerpo (véase Juan 11:11-13; 12:1).

Su alabanza

Cómo debe haberse llenado el corazón de Jairo de alabanza y adoración al presenciar el poder de Cristo como «la resurrección y la vida». Junto a la llorosa madre, el afligido padre, Pedro, Santiago y Juan, Jesús entró a la habitación donde reposaba la jovencita en un mundo sin sueños. Ya ella había escuchado la voz celestial diciendo: «¡Sube acá!» Ahora iba a oír la majestuosa voz del que podía dar órdenes en ambos mundos.

De pie junto a la camita, Jesús tomó una de las frías manos de la muchacha entre las suyas y tiernamente dijo en su lengua aramea: «Niña, a ti te digo, ¡levántate!» No fue necesario un proceso prolongado una vez que se puso la mano divina. Vigorizada por su palabra y su toque, la chica muerta revivió, vio al Salvador, se levantó de la cama y caminó. Al describir el milagro, el médico Lucas dice: «Recobró la vida... Los padres se quedaron atónitos». La orden de Jesús de que los agradecidos padres no debían publicar el milagro tenía el objetivo de librarlos de la tentación de hablar innecesariamente acerca del maravillosos acontecimiento y perder así todos los beneficios de la bendición que habían recibido. Luego, cuando Jesús pidió que le dieran alimento a la muchacha resucitada, mostró cuán realista era, y cómo reconocía y honraba completamente las leyes naturales. No obstante, los dos milagros de ese breve período hicieron que su fama se extendiera «por toda aquella región», a pesar del silencio impuesto sobre Jairo y su anónima esposa cuya alabanza por lo que hizo Jesús no tenía límites. De esta forma, una mujer con su irreparable enfermedad de doce años quitada en un instante y la vida extinta de una muchacha de doce años encendida nuevamente para arder en

gratitud, vivieron para glorificar al Señor y Dador de la vida. ¡Cuán ligados a Jesús deben haber estado Jairo, su esposa y la hija restaurada en fe leal, y cómo deben haber consolado su corazón solitario cuando los amigos que no comprendieron su misión «dejaron de andar con él!»

LAS HERMANAS DE JESÚS
Mateo 13:55, 56; Marcos 6:3

Aunque tenemos los nombres de los hermanos naturales de Jesús, no sabemos nada de la cantidad, nombres, historia, creencia o incredulidad de sus hermanas. Cuando Jesús declaró quiénes eran sus familiares espirituales, dijo: «Cualquiera que hace la voluntad de Dios es mi hermano, mi hermana y mi madre». Pareciera, como sugiere Ellicott, que la mención especial de la hermana implicara la idea de que aquellos que llevaban ese nombre se habían unido a sus hermanos en el intento de interrumpir la obra de Jesús. Madre, hijos e hijas se escandalizaron a causa de él (Marcos 6:4). Entre los opositores estaban los de su propia casa. ¿Será que las privilegiadas hermanas de Jesús llegaron a reconocer en él al Salvador del mundo, y experimentar que en él tenían un Amigo más que a un hermano?

LA HIJA DE HERODÍAS
(Véase SALOMÉ)

LA MUJER SIROFENICIA
LA MUJER QUE MENDIGÓ COMO UN PERRO

Mateo 15:21-28; Marcos 7:24-30

Mateo llama a esta extraordinaria mujer de la biografía bíblica, «una mujer cananea», y Marcos dice que «era extranjera». Aquí no hay contradicción porque el término extranjera se usaba comúnmente para diferenciar a los gentiles de los judíos. Ella era una mujer pagana de linaje gentil que recibió un elogio poco común de parte de Jesús aunque era descendiente de los adoradores cananeos de Baal. Desconocemos su nombre y el de su esposo, e incluso el de su hija. Se nos presenta como a una madre que sufre un dolor indecible debido a la aflicción demoníaca de su hija. De igual manera se nos presenta como una mujer de voluntad resuelta al buscar alivio para su hija en el gran Sanador israelita de cuya fama había oído.

Su región

Esta infeliz mujer de entorno pagano pertenecía a las costas de Tiro y Sidón, cuyos habitantes eran dados a la idolatría y los hijos de Israel los despojaron (Ezequiel 28:22-26). No existía amor entre los judíos y los fenicios, pero Cristo, que atravesó Samaria donde los judíos no trataban a los samaritanos, dejó detrás una estela de bendición y ahora visitaba el distrito gentil del norte de Galilea para llegar a algunas de «las ovejas perdidas de la casa de Israel», mezcladas con los gentiles de la zona. Como Pastor que era, fue en busca de las ovejas (Lucas 15:4), y trajo salvación tanto para judíos como para gentiles (Lucas 10:9; 19:10). Puede ser que uno de los objetivos de este viaje poco común de Cristo a las costas de Tiro y Sidón fuera descansar y tener una comunión más íntima con su grupo apostólico, puesto que Capernaúm había dejado de ser un hogar de paz para él. Pero no se podía esconder. Su fama lo siguió y las noticias de este hacedor de milagros llegaron a oídos de esta pobre madre cananea, cuya agitación no le permitió esperar hasta que Jesús llegara. Corrió afuera como si quisiera ser la primera en encontrarse con él acariciando la esperanza de que él liberara a su hija. Al llegar ante él, le dijo inmediatamente su triste historia y procuró la misericordia.

Su petición

Con brevedad, pero claramente, la mujer cananea presentó su ruego que contenía tres elementos interesantes:

1. Su solicitud: «¡Señor, ayúdame!» En necesidad extrema dependemos de la misericordia infalible del Señor quien está lleno de compasión.

2. Su reconocimiento: «¡Señor, Hijo de David!» Aunque era pagana, no obstante esta madre golpeada por el dolor reconoció la autoridad y la deidad de aquel cuyo nombre era grande en Israel y también entre los gentiles (Salmo 76:1; Malaquías 1:11). Con el título real que ella utilizó estaba implicando que solo Jesús era capaz de sacar el demonio de su hija.

3. Su declaración: «Mi hija sufre terriblemente por estar endemoniada». Marcos dice que tenía «un espíritu maligno». Esta madre no malgastó palabras a la hora de declarar la terrible prueba que ensombrecía su hogar. El lenguaje elocuente no es necesario a la hora de presentarle nuestras necesidades a Aquel que las conoce antes que las planteemos.

Su rechazo

El Salvador compasivo, que nunca rechazó una petición de misericordia, no respondió a la enfática oración de la suplicante mujer. «Jesús no le respondió palabra». Cargado con la presión de su largo y arduo ministerio en Galilea, se retiró a una amistosa y hospitalaria casa en las cercanías, y dejó fuera a la madre que iba tras él. ¿Por qué nuestro Señor pareció hacer caso omiso a su clamor lastimero por la liberación de su hija afligida? Por lo general, él respondía de inmediato para que se ejerciera su poder, pero en esta ocasión guardó silencio y sus discípulos, como judíos prejuiciados que eran muy nacionalistas y despreciaban a los gentiles, también guardaron el silencio del maestro. ¿Por qué debía su Señor concederle un favor a una gentil?

Los artistas nunca dibujan a Cristo dando la espalda. Estaba de frente al ciego Bartimeo, al endemoniado que echaba espuma por la boca, al cojo paralítico, al mar turbulento que silenció, al muerto que levantó, pero aquí le dio la espalda a una mujer acongojada, tratando de desanimar su petición de manera positiva: «Señor, salva la vida de mi hija que está poseída por demonios, no te costará nada». Por todo lo que sabemos sobre el amor y la compasión de Cristo, no podemos creer que la intención de él fuera ignorar por completo su grito de ayuda. Muchas veces el problema de la oración no contestada es grave, pero aquel que escucha las súplicas de los que le buscan, siempre responde a la oración de su mejor manera. Quizás con esta madre gentil, el rechazo perseguía probar su fe, fe que probó ser del tipo que no acepta negativas.

Su firmeza

Impulsada por una necesidad apremiante, esta mujer de Canaán estaba decidida a no aceptar un ¡no! como respuesta. Ella sabía que Cristo era capaz de curar a su hija y estaba resuelta a obtener la ayuda que pedía. Así que molestó a los discípulos para obtener otra audiencia con Cristo cuya expresión acerca de su misión pudiera haber desanimado a su corazón gentil: «No fui enviado sino a las ovejas perdidas del pueblo de Israel». Él apeló a la vehemencia de la mujer, sin embargo, y para hacer su misericordia más evidente, enfrentó la insistencia de ella diciendo: «no está bien quitarles el pan a los hijos [esto se refiere a la salvación dada a los judíos] y echárselo a los perros» (o a los gentiles, que era la manera de hablar común de los judíos con respecto a los gentiles). El gentil Jesús, caballeroso y amante, nunca tuvo la intención de caracterizar a la mujer como a un perro.

Ni esta negativa ulterior la disuadió de caer a los pies del gran maestro galileo y llorar: «¡Señor, ayúdame!» Aunque era una gentil atrevida, le suplicó gracia al pastor de Judá. Con la pasión de su pena y determina-

ción, ella no lo dejaría ir sin que lo bendijera. Aunque él la rechazaba con sus palabras: «Deja que los hijos coman primero. No está bien quitarles el pan a los hijos y echárselo a los perros». Una declaración así debió haberla aplastado, pero la humildad inspirada le permitió responder con toda mansedumbre: «Sí, Señor; pero hasta los perros comen las migajas que caen de la mesa de sus amos».

Detrás del semblante aparentemente fruncido de Cristo, estaba la sonrisa del amor. A pesar de que él se había dirigido a la indefensa mujer de una manera un tanto austera y tradicional, su aplomo hizo que el premio final fuera más dulce. La extraña no había pedido una barra entera de pan, ni tan siquiera una tajada grande, solo las migajas que caían al piso. El maestro sintió el discernimiento, el ahínco, la estratagema y la fe de esta decidida mujer quien se atrevió a insistir en su desesperada petición y la expresión del corazón de él lo reveló en su verdadera misión: el Salvador de la humanidad.

Su premio

La pertinencia y la belleza reservada de su paciente respuesta encantaron a Jesús y ella le escuchó decir: «¡Mujer, qué grande es tu fe! Que se cumpla lo que quieres». Era como si él hubiera querido decir: «Me has conquistado. Tu hija ya está bien. Vete a casa, madre; pero antes de que llegues allí, ella saldrá saltando a saludarte. El diablo la ha dejado».

Su fe conquistadora mostró los tres grados ascendentes de una fe verdadera. La prueba de su fe consistió en el silencio (15:23), la negativa (15:24) y el reproche (15:26), todos los cuales Cristo usó intencionalmente con un propósito beneficioso y cordial. La prueba resultó en triunfo ya que la mujer convirtió una aparente negativa en un argumento a su favor y su fe tuvo resultados definidos y prácticos. El ciego Bartimeo se abrió paso entre obstáculos que los compatriotas pusieron, pero esta mujer se abrió paso en medio de aparentes obstáculos que incluso vinieron del mismo Cristo.

Al regresar a casa, la pobre madre cananea encontró a su querida hija totalmente cuerda, calmada y sonriente y cuánto debe haber alabado al hombre de Galilea su aliviado corazón. Su fe había prevalecido y los discípulos de Cristo empezaron a aprender que la piedad divina era mayor que las fronteras raciales y que la salvación de su Maestro era una fuente para todos. Una característica peculiar del milagro de Cristo a favor de la mujer cananea fue que este se hizo por control remoto. Él no fue a la casa del necesitado como en el caso de Jairo sino que se quedó donde estaba y desde el instante en que pronunció la palabra de sanidad, la muchacha endemoniada quedó sana. Fue una de sus «curas ausentes». La distancia no significa nada para el omnipotente. «Habló y fue hecho».

LA ESPOSA VENDIDA PARA SALDAR UNA DEUDA

Mateo 18:25; Lucas 17:3, 4

En la ley del perdón que Cristo le propuso como alternativa a Pedro, Jesús llamó la atención hacia el señor que ordenó a uno de sus sirvientes que estaba sumido en deudas que vendiera a su esposa, hijos y todo lo que tenía para pagar dicha deuda. Muchas mujeres justas fueron vendidas por plata, y una pobre mujer por un par de zapatos (Amós 2:6; 8:6; Nehemías 5:4, 5). Se estiraba la ley para permitir que quien no tuviera solvencia económica se vendiera a sí mismo y a su familia como esclavos para saldar una deuda (Levítico 25:39; 2 Reyes 4:1). En esta lejana e iluminada época, aún existen partes del mundo donde se hacen trueques con niños y mujeres.

CRIADAS PRESENTES EN LA NEGACIÓN DE PEDRO

Mateo 26:69-71; Marcos 14:66-69; Lucas 22:56-59; Juan 18:16, 17

La criada del palacio del sumo sacerdote le hizo preguntas a Pedro que hicieron que este negara al Maestro, al que había prometido ser fiel hasta el final.

Su primera negación ocurrió en el patio del palacio cuando respondió la pregunta de la esclava que cuidaba la puerta (Juan 18:17). La segunda negación vino como resultado de otro planteamiento de una segunda criada que posiblemente estaba atendiendo el fuego (Mateo 26:69). Como una hora más tarde, después que Pedro se alejó del fuego donde se calentaba, le respondió a la criada con quien había hablado antes (Marcos 14:69; Mateo 26:71).

Estas sirvientas anónimas empleadas por Caifás no imitaron las unas a las otras sus conversaciones con Pedro. Ambas sabían que Jesús, al que se estaba juzgando, no era un prisionero ordinario, y que se enfrentaba a la pena de muerte. Con intuición femenina, las criadas también detectaron la reticencia de Pedro y que estaba tratando de ocultarse. Al bromear con él por querer ocultar su identidad, dijeron cosas que desgarraron su corazón como la herida de un puñal. Muchachas desalmadas, se divirtieron a costa de la vergüenza de Pedro, y lo hicieron maldecir a su Señor.

¡Cómo deben haberse reído cuando vieron a Pedro llorando amargamente en profundo arrepentimiento por la manera en que le había fallado a su Maestro en un momento tan sombrío! De estas criadas chismosas aprendemos que la conversación superficial puede ser desastrosa, que las palabras innecesarias pueden hacer heridas dolorosas. ¡Cuán necesario es librarnos del pecado de los labios imprudentes!

LA ESPOSA DE PILATO
Mateo 27:19

Aunque la Biblia no nos dice quién era la esposa del gobernador Pilato, el libro apócrifo: el *Evangelio de Nicodemo*, la identifica como Claudia Prócula, nieta del emperador Augusto. El libro también dice que era prosélito del judaísmo, siendo una de las mujeres de clase alta sobre la que la religión judía ejercía considerable influencia. Su aparición es breve, y todo lo que sabemos sobre ella y sobre lo que hizo que fuera incluida entre los anónimos en la galería de arte de Dios, se nos dice en treinta y dos palabras. Mientras Pilato estaba juzgando a Jesús en el Pretorio, se le acercó apresuradamente un mensajero con una breve pero urgente nota de parte de su esposa. En el momento de crisis ella había tenido un sueño y le rogaba a su esposo que no condenara al prisionero que tenía delante.

> Mientras Pilato estaba sentado en el tribunal, su esposa le envió el siguiente recado: «No te metas con ese justo, pues por causa de él, hoy he sufrido mucho en un sueño».

Debido a su interés en la religión judía, ella debe haber discutido con Pilato el tema de Jesús, y la urgencia de su petición reveló un agudo reconocimiento de la tragedia que tenía delante. El hecho de que haya llamado a Jesús «justo», testifica acerca de la impresión que él había dejado en su mente, en contraste con los líderes religiosos que trataban de destruir a Jesús debido a sus afirmaciones. Podemos darnos cuenta por qué los griegos y abisinios la hicieron una santa, y la leyenda dice que llegó a ser cristiana, y puede haber sido la Claudia que Pablo menciona (véase CLAUDIA).

Le habían dado varias interpretaciones a su sueño, convenciendo a esta esposa de que Jesús era inocente, y que si su esposo lo condenaba, ciertamente invitaría el desastre. La manera más segura de comprender su sueño es que era un reflejo de sus pensamientos durante el día, como mujer sensible y devota que era, acerca de uno que era santo, justo e inocente. Dios dirigió ese sueño para añadir un sorprendente testimonio a la pureza de Aquel al que se juzgaba por la verdad que había declarado. La esposa de Pilato sintió que era su solemne responsabilidad e hizo su súplica, aunque su esposo, que también estaba convencido de la inocencia de Cristo, al final lo entregó para que fuera crucificado.

LAS MUJERES EN EL CALVARIO
Mateo 27:55

A diferencia de «las hijas de Jerusalén» (Lucas 23:28), este grupo de mujeres es igual al grupo de aquellas mujeres que seguían a Jesús y lo ministraban (Lucas 8:2, 3). No tenemos manera de saber quiénes eran las «muchas mujeres» que presenciaron las últimas agonías de la cruz. Se mencionan por su nombre dos o tres: las Marías, pero en cuanto al resto, eran aquellas anónimas que amaban al Señor y que estuvieron junto a él hasta el amargo final. De algo sí podemos estar seguros, sus nombres están escritos en el ilustre libro de la vida.

LA VIUDA DE LAS DOS BLANCAS
LA MUJER QUE LO DIO TODO
Marcos 12:41-44; Lucas 21:1-4

De todas las mujeres anónimas de la biografía femenina, esa viuda tan sacrificada es alguien cuyo nombre y origen nos encantaría conocer. Al leer los Evangelios su devoción siempre toca nuestros corazones y estamos agradecidos de que Jesús notara su sacrificio y se haya preservado su historia en el cuidado de su alabanza y su Palabra.

La ocasión

Durante la semana pascual, las mujeres de todas partes se aglomeraban en el atrio del templo con sus ofrendas para los distintos servicios de este. Junto a las paredes del atrio había receptáculos en los que la gente dejaba sus ofrendas. Muchos ricos echaban mucho y es muy probable que no se tomaran el trabajo de ocultar lo que daban. No hay duda alguna de que los escribas que devoraban las casas de las viudas, llevándose todo lo que pudieran, alardeaban de lo que daban, pero aquí encontramos a una viuda empeñada en un propósito mucho más noble, es decir, en dar todo lo que podía. Los escribas eran ricos pero egoístas; la viuda era pobre pero sacrificada (Marcos 10:24; Santiago 2:5). Entre las multitudes, esta viuda incógnita pasó inadvertida entre los que la rodeaban mientras echaba en uno de los cofres sus dos moneditas de cobre. Al dar la ofrenda, pasó inconsciente de que alguien con excepción de ella supiera la medida de su regalo y lo que este costaba. Cuando hablamos de «la ofrenda de la viuda» pensamos en una pequeña ofrenda, pero para esta viuda anónima su pequeña limosna representaba todo lo que ella tenía. Si los ricos hubieran dado en la misma proporción esa semana santa, ¡qué tremenda ofrenda hubiera tenido el templo! Entre todo el dinero que se recaudó ese día, ninguno tenía una mancha de sangre, con excepción de aquellas dos blancas. Ella dio todo lo que había ganado con verdadera devoción israelita y luego prosiguió su camino para ganar un poco más para las necesidades más simples y para las de cualquier hijo que pudiera tener.

La omnisciencia

Como israelita, la viuda debía conocer de Agar y de cómo ella llamó a Jehová por el nombre distinguido y consolador de «El Dios que me ve» (Génesis 16:13). Ella dio todo ese día sintiendo que solo los ojos de Dios verían la ofrenda. Lo menos que se imaginaba era que el que estaba sentado cerca del lugar donde se depositaban las ofrendas

era Dios hecho carne y que por su omnisciencia él sabía todo acerca de ella y también de la cantidad de la ofrenda. No sabemos si Jesús supo de esta viuda piadosa en una de sus visitas anteriores a Jerusalén. La narración parece sugerir que fue la perspicacia divina en las vidas y los caracteres de las personas como en los casos de Natanael (Juan 1:47, 48) y de la mujer de Samaria (Juan 4:18).

Debido a su pobreza, la viuda pasaba inadvertida en presencia de la multitud pues no tenía nada de lo que los fariseos ostentaban en sus vestiduras y en las ofrendas. Pero la vio un ojo que todo lo ve, supo su secreto e hizo un inventario en comparación con el pequeño regalo que ella echó en el tesoro. La Biblia no nos dice si Jesús le habló y le agradeció la ofrenda. Es probable que ella no estuviera consciente de lo que los ojos omniscientes habían visto y de cómo ese día su diminuta ofrenda —entre tantos regalo— había alegrado el alma atribulada de aquel que estaba en camino a darlo todo en el Calvario y, además, le proporcionó el texto para una lección eterna sobre lo que realmente es una ofrenda sacrificada.

Su ofrenda

¡Qué reprimenda les dio Jesús a los escribas y fariseos ricos que echan enormes regalos en las cajas del tesoro! Pero lo que ellos dieron era proporcionalmente insignificante al lado de lo que la viuda dio y su pequeña ofrenda motivó un mensaje, del mayor Dador de todos, que puso a los pobres en camaradería de servicio con los ricos en el reino de Dios: «Les aseguro que esta viuda pobre ha echado en el tesoro más que todos los demás. [Es posible que con esta oración Jesús haya inclinado su mano en dirección de aquellos a quienes les encantaba la adoración de los hombres y no de Dios.] Éstos dieron de lo que les sobraba; pero ella, de su pobreza, echó todo lo que tenía, todo su sustento».

Jesús puso la piedad de negarse a sí mismo contra la muestra del servicio fácil. Las dos moneditas de la viuda representaban esas dos manos que ganaban las dos moneditas y las que ganarían más por otra ofrenda sagrada para el Dios que ella adoraba. Pablo elogió a las iglesias de Macedonia porque su gran pobreza abundó en riquezas por su liberalidad (2 Corintios 8:1, 2). Ya que «él es quien juzga las acciones» (1 Samuel 2:3), en sus balanzas el acto amoroso de la pobre viuda tiene más peso que la filantropía de los fariseos ricos. Lo que cuenta para aquel que se dio a sí mismo por un mundo perdido no es lo que damos sino cómo lo damos. La viuda dio todo lo que tenía en ese momento y lo entregó contenta. Que siempre recordemos que al ofrendar nos debe inspirar lo que le debemos al que nos redimió por tan alto precio, y, además, debemos comparar nuestra ofrenda con lo que sobra después que ofrendamos. Cuán a propósito vienen las palabras de Salomón cuando pensamos en la viuda pobre, desapercibida, a quien Jesús premió con un recuerdo eterno: «Los ojos del Señor están en todo lugar, vigilando a los buenos y a los malos» (Proverbios 15:3).

LA VIUDA DE NAÍN
LA MUJER CUYO HIJO MUERTO
REGRESÓ DE LA TUMBA
Lucas 7:11-18

Entre las viudas que había en Israel (Lucas 4:25), unas cuantas se cruzaron en el camino de Jesús en los días que vivió en la carne. Él parecía tener un cuidado especial y cariñoso para estas mujeres a quienes la muerte empobreció y quienes muchas veces se convertían en la presa peculiar de personas inescrupulosas que las hacían víctimas de fraudes. En este libro ya escribimos acerca de la importancia de las viudas de la Biblia a quienes no se debía afligir y cuyo clamor el cielo siempre escucha (Éxodo 22:22; Jeremías 7:6; Mateo 23:14). Los relatos de viudas merecedoras de honor y cuidado son tanto instructivos como interesantes para nuestra conducta en la vida de la iglesia actual (1 Timoteo 5:3; Santiago 1:27). Tenemos ante nosotros otra viuda a quien Jesús ayudó en su aflicción. Como otras, esta viuda de Naín golpeada por el dolor, recibió una dispensación especial de manos celestiales, y es un ejemplo de «millones de madres desoladas cuyas penas se han endulzado gracias a alguna revelación de amor y compasión divinos».

La doliente

Solo Lucas registra la ruptura de la procesión fúnebre que Jesús se encontró de camino al cementerio. A la ciudad de Naín se llegaba por una subida muy pronunciada que tenía cuevas para enterrar a cada lado del camino. Jesús partió con sus discípulos en un viaje misionero alrededor del lago de Galilea al día siguiente de curar al siervo del centurión y mientras viajaba, el número de los seguidores aumentó. Cuando llegaban a las tumbas labradas en la piedra, se encontraron con un humilde séquito compuesto por una persona de duelo y unos pocos vecinos simpatizantes. Enseguida se enteraron de que la viuda había perdido a su único hijo y de las dos cosas que incrementaban la amargura de su pena. Ella era viuda, desprovista de su amado compañero de muchos años y ahora sin hijos pues se le había quitado el único apoyo de su vida, su esperanza y sostén. Sin lugar a dudas, el joven trabajaba y sostenía el hogar. Ahora estaba muerto y el futuro de la viuda parecía muy sombrío.

El Maestro

Una característica peculiar del milagro del Señor a favor de la viuda fue el hecho de que esta fue la primera manifestación de su poder para resucitar muertos. Le siguieron la resurrección de la hija de Jairo y la de Lázaro. Los profetas de la antigüedad como

Elías y Eliseo habían resucitado muertos y cuando él levantó al joven muerto la gente supo que él era un profeta del mismo tipo. Además, notamos que la acongojada viuda no buscó a Jesús sino que él vino a donde ella estaba. Desde el momento en que él vio su figura encorvada junto al féretro que cargaban en manos con su contenido carente de vida, sintió compasión por ella. El milagro que siguió no solo fue una credencial inconfundible de su deidad y su misión sino también un derrame espontáneo de su infinita compasión por el sufrimiento humano.

Observe los cuatro pasos de su acción:

«Le dijo: "No llores"». ¡Qué autoridad y consuelo había en aquella tierna exhortación! Como el Dios encarnado él era capaz de secar las lágrimas de la viuda.

«Tocó el féretro». En la camilla abierta yacía el cuerpo envuelto en una sábana con un pañuelo sobre el rostro y mientras Jesús tocaba el féretro, los que lo cargaban permanecieron inmóviles. A su alrededor todos sabían que él era un maestro y que la mayoría de los rabinos no tocaban a los muertos por miedo a contaminarse. Pero he aquí uno que tocaba a los muertos, y aquel cortejo, detenido en la marcha, experimentó que su toque todavía tenía el poder de antaño.

«Jesús dijo: "Joven, ¡te ordeno que te levantes!" El muerto se incorporó y comenzó a hablar». ¡Cuán impresionados deben haberse quedado los espectadores cuando en un instante, por la orden poderosa de Jesús, que llegó hasta la morada de los muertos, regresó el espíritu del único hijo de la viuda! Puesto que la madre no tenía idea de lo que sucedería cuando salió de su humilde hogar hacia la tumba, ¡qué impacto de gozo sería el suyo cuando su hijo se sentó y echando a un lado el enceramiento de la muerte, «comenzó a hablar». ¡Qué fascinante habría sido si Lucas hubiera registrado cuáles fueron las primeras palabras del muchacho cuando Jesús lo regresó de los muertos!

«Jesús se lo entregó a su madre». ¡Qué detalle tan hermoso! Literalmente significa: «Se lo dio a su madre». En su nacimiento este llegó como un regalo de Dios para el hogar; ahora que resucitaba de los muertos, Dios lo daba en un sentido mucho más elevado. Cuando al Señor de la vida le tocó morir, puso de manifiesto el mismo cuidado por María, su madre viuda. Al pensar en su incierto fututo, Jesús le dijo a Juan: «Ahí tienes a tu madre. Y desde aquel momento ese discípulo la recibió en su casa» por el resto de sus días.

La multitud

La fama de este milagro enseguida se difundió. La gente de la ciudad de Naín que acompañaron a la viuda, y aquellos que habían seguido a Cristo, estaban abrumados por su primer milagro de resurrección y un gran temor se apoderó de ellos. Glorificaban a Dios porque Dios había visitado su pueblo mediante aquel que había dado vida e inmortalidad. La agradecida banda veía en Jesús al Gran Profeta que Dios levantó y que era en verdad creador

> Creador de las cosas que ya son polvo;
> la muerte no es más que esperanza con las
>   alas plegadas.
> Cuando la luz fluye de su fuerte espíritu
> Y remueve el polvo frío para convertirlo en
>   sueños que respiran.

¿Cuál fue la reacción de aquella madre viuda cuando regresó a casa con su hijo restituido? Podemos imaginar cómo ambos expresaban su agradecimiento a Jesús y se dispusieron a aprender más sobre él y las verdades que enseñaba. La actitud de esta pobre judía de Galilea, al bendecirlo por su bondad inefable al devolverle a su hijo, debe haber sido:

> Sus ojos son la morada de una oración silente;
> No hay otro pensamiento que su mente
>   reciba,
> Sino «él estaba muerto, y ahora está en pie».

LA MUJER PECADORA
LA MUJER QUE PECÓ Y
NO OBSTANTE AMÓ MUCHO

Lucas 7:36-50

A partir de Eva, la primera pecadora del mundo, todas las mujeres han nacido pecadoras y pecadoras de nacimiento que luego se convierten en más o menos pecadoras por la práctica. Pero esta mujer a quien Jesús conoció en la casa de Simón tiene etiquetas notables: «tenía fama de pecadora», «una pecadora», «sus muchos pecados». Su destino parecía estar sellado con esa palabra, «pecadora». El historial sencillo pero conmovedor de esta mujer de mala fama que solo Lucas nos da, nos obliga a decir que no es invención de ninguna imaginación humana. Como dijera Mackintosh Mackay: «La historia tiene impregnado en su rostro la marca de aquel que habló como ningún otro hombre hablara jamás».

Un aspecto sorprendente del episodio que nos ocupa es la disposición de Jesús para tener comunión con los pecadores con el único propósito de ganar sus corazones con la verdad. Aunque nunca buscaba estas fiestas, como a la que Simón el fariseo lo invitó, él nunca se negaba sino que las consideraba como oportunidades para hacer la obra de su Padre. Aunque nunca comía con los pecadores con el objetivo de obtener una gratificación personal, era cuidadoso de no adoptar una actitud de «más santo que nadie» con respecto a ellos.

Separado de los pecadores, en cuanto a su pecado original y de práctica, no obstante estaba dispuesto a estar en compañía de ellos para transformar sus vidas. Así, cuando Simón lo invitó a una cena, Jesús aceptó con gentileza para instruirlo, tal y como lo hizo. Y cuando una reconocida pecadora trató de llegar a él durante la cena, él no rechazó la entrada de ella a su presencia, con gracia recibió los regalos de su penitencia y de su amor y la alabó por su fe. Si queremos rescatar a los perdidos, tenemos que estar dispuestos a ir donde ellos están.

Su pasado

La palabra que se usa para «pecadora» en relación con esta joven mujer de la ciudad sugiere el pecado de lujuria y que ella era conocida entre las personas de su comunidad por su profesión sensual y aborrecible: una mujer de la calle. Es evidente que Jesús sabía que «sus pecados eran muchos», lo que implica que su prostitución era habitual y que sus prácticas ilícitas eran continuas. Todos en Naín la conocían como una mujer que había rechazado sus virtudes y su honor. Ella había sacrificado la flor blanca de una vida sin mancha por ganancias monetarias. Harold Begbie, en uno de sus libros que describe los milagros de gracia experimentados en las actividades del Ejército de Salvación, cuenta de una prostituta rescatada de su pecado por el regalo de una flor que le hizo una miembro del Ejército de Salvación en una calle de Londres. Como lo dice un biógrafo:

> La flor era blanca. La idea de esta blancura impregnó su conciencia. Ella hizo un contraste entre la blancura de aquella flor y la oscuridad que se expandía en su alma. Se dijo a sí misma: «Yo fui una vez blanca como esta flor». Miró a la flor blanca a través de una bruma de dolor y se dijo: «Ojalá pudiera ser pura». Se cubrió los ojos con sus manos, hundió la cara en la almohada y lloró.

Así como aquella flor blanca descorrió el cerrojo del gabinete de la memoria y comenzó un proceso espiritual que trajo como resultado la transformación de su carácter, lo mismo sucedió con la mujer que era una pecadora. Ella vio su vida degradada bajo la luz blanca de la santidad divina de Jesús y mientras lloraba, sus lágrimas trajeron el triunfo sobre un pasado vergonzoso. Venir a la casa de Simón con toda su culpa; temerosa y avergonzada de mezclarse con los invitados, se lanzó a los pies de aquel que dijo que los publicanos y las rameras entrarían en su reino primero que los fariseos que creían en su propia justicia.

No hay evidencia bíblica en lo absoluto para identificar a esta mujer pecadora con María Magdalena o con María de Betania como han hecho algunos comentaristas. Mientras que de la primera María se dice que tenía «siete demonios», no hay evidencia de que fuera inmoral bajo la influencia demoníaca. La conducta de la mujer pecadora en casa de Simón era totalmente diferente al descontrolado frenesí de una endemoniada. En cuanto a María, la hermana de Marta, lo que se dice de su devoto espíritu es notablemente contrario al de una ramera de las calles. Mientras que probablemente la mujer «que era una pecadora» era conocida entre las mujeres que Jesús sanó de sus enfermedades (Lucas 8:1-3), la reserva en cuanto a su nombre tanto por parte de estas como de Lucas fue a la vez natural y considerada. Que fuera una mujer muy hundida en su pecado y no obstante encontrara libertad de su vergonzoso pasado confirma la verdad de que la sangre de Cristo puede hacer limpio al más vil.

Su penitencia

Sus lágrimas, evidencia de la pena por muchos pecados, limpiaron su visión y le dieron vista para ver a aquel que vino para salvar a los pecadores. La culpa produce dolor. Es evidente que ella sabía acerca de Jesús y seguía sus movimientos. Es muy probable que hubiera escuchado sobre su compasión por la viuda triste de Naín y que hubiera escuchado su parábola acerca del hijo pródigo. Como una hija pródiga de Israel, atraída por la piedad y la ternura inefables de sus palabras, ella, al igual que el hijo pródigo dijo: «Me levantaré e iré a mi Padre». De regreso a Dios y la pureza, ella se abrió camino en la casa de Simón donde su regalo y sus lágri-

mas revelaron cuánto le debía al Salvador y cuánto lo amaba ella.

Esta agradecida mujer trajo consigo un frasco de alabastro lleno de perfume y ungió los pies de Jesús, quien no rechazó semejante muestra de amor. Aunque no se dice que este ungüento aromático fuera tan costoso como el que María usó par ungir a Jesús, podemos asumir que relativamente era muy preciado. «El uso abundante y lujoso de perfumes caracterizaba la clase infeliz a la que la mujer pertenecía». Aquí ella trae lo que había almacenado para seducir a los hombres y con esto lo unge a él, el más puro de los hombres. Él aceptó el regalo y lo transformó en la devoción de un santo convirtiendo el instrumento de pecado en un símbolo de penitencia, y ella se rindió a los reclamos de Jesús.

Además, esta pecadora transformada no solo ungió los pies de Jesús con perfume sino que los lavó con sus lágrimas y los secó con los mechones sueltos de su cabello. Ella no pudo dar muestras más fuertes de su dolor por el pecado y de su fe en Jesús. Ella miró al rostro compasivo de Jesús que estaba a punto de ser traspasado y lloraba por su pecado (12:10).

Mientras Jesús se recostaba en un diván, la mujer, con modestia y sin atraer la atención de los huéspedes reunidos, reconoció con sus lágrimas y el perfume, el carácter augusto de aquel que la rescató del basurero. Aquellos sollozos y la obra a los pies de Jesús demostraban que la mujer tenía un carácter compasivo y ferviente. No estaba tan endurecida en su pecado como para ser incapaz de llorar. En esto ella difería tanto de la actitud fría y calculadora del incompasivo Simón que fue testigo de la expresión de gratitud y devoción de la mujer. Las diferentes emociones de vergüenza, penitencia, gozo, alabanza y amor, encontraron un alivio natural en sus lágrimas, su perfume y sus besos.

Su provocador

Qué estudio de contrastes tenemos en la actitud de la mujer pecadora y la de Simón el fariseo. Qué indignado estaba Simón por la forma en que Jesús permitió la atención tan extravagante de una mujer de tan mala reputación. Al expresar su irritación y desaprobación por la aceptación de parte del Salvador del regalo de lágrimas y perfume de la mujer, él recibió un regaño justo por su falta de comprensión compasiva de la situación. Debido a la conducta fría, austera y carente de amor del fariseo, la mujer sabía que no podía acercársele pues la despreciaría y la despediría. Pero con una revelación de la benevolencia y compasión del Salvador, ella creyó que él la recibiría misericordiosamente así que ella se arrojó a su misericordia.

Se nos dice que lo que Simón presenció a los pies de Jesús despertó sentimientos de protesta y provocación en su corazón. Él habló consigo mismo sobre la acción de alguien que profesaba ser un profeta y que recibía pleitesía de una mujer tan vergonzosa. ¿No era esto incoherente con el carácter de Jesús como profeta? Él nunca expresó la irritación que le causaba que Jesús recibiera a esta mujer, pero aquel que puede leer los secretos del corazón, respondió a los pensamientos tácitos del fariseo (1 Corintios 15:24, 25). Luego, de forma magistral, sin regañar directamente a Simón por sus pensamientos farisaicos, contó la historia de dos deudores que es similar a otra de sus parábolas (Mateo 18:25).

¡Qué clímax tan emocionante y conmovedor le da Lucas! Con un suave tono autoritario Jesús dijo: «Simón, tengo algo que decirte» y Simón, reconociéndolo como un maestro de parte de Dios, le respondió: «Dime, Maestro». Entonces surgió una pregunta: «en forma de una especie de proposición ética acerca de la suma de los deudores, uno que debía quinientas monedas de plata y el otro cincuenta. Fue una pregunta que no necesita respuesta».

Cualquier esperanza que tuviera uno de los dos deudores yacía en el hecho de que a ambos se les ofreció perdón como regalo y gratificación, y dejando claro el punto de que el acreedor había cancelado libremente y con sinceridad las sumas que se le debían, Jesús le hizo a Simón le pregunta con toda intención: «Ahora bien, ¿cuál de los dos lo amará más?» Él respondió un tanto indiferente, sin comprender el sentido de la parábola de Cristo: «Supongo que aquel a quien más le perdonó». Esta era la respuesta que se necesitaba para reprender a Simón, así que con una rapidez dramática, Jesús se volvió a la mujer medio escondida que adoraba y con un tono que vibraba de autoridad, indignación y condenación dijo:

> «¿Ves a esta mujer? Cuando entré en tu casa, no me diste agua para los pies, pero ella me ha bañado los pies en lágrimas y me los ha secado con sus cabellos. Tú no me besaste, pero ella, desde que entré, no ha dejado de besarme los pies. Tú no me ungiste la cabeza con aceite, pero ella me ungió los pies con perfume».

Los contrastes que Cristo utilizó fueron impresionantes. Simón no dio aceite, la mujer ungió sus pies con un perfume costoso. Simón no dio nada para la cabeza de Jesús, la mujer prodigó amor en sus pies. No se nos dice cómo reaccionó Simón al mensaje de Cristo acerca del perdón y el amor. Su corazón frío, poco amoroso e implacable se debe haber quedado impactado cuando Jesús reveló las profundidades del amor en el corazón de la mujer y en las palabras: «si ella ha amado mucho, es que sus muchos pecados le han sido perdonados. Pero a quien poco se le perdona, poco ama».

Su perdón

Dándole la espalada a Simón, quien debe haberse quedado intimidado por la defensa parabólica de las lágrimas y el regalo de la mujer, Jesús pronunció la frase tranquilizadora: «Tus pecados quedan perdonados». Cualquier temor que quedara en su corazón penitente en cuanto a la aceptación divina, se desvaneció y la seguridad se apoderó de ella. Los invitados a la fiesta, al ver y escuchar lo que había sucedido se preguntaban: «¿Quién es esta que también perdona pecados?» Esto era un eco de los escribas que decían que Jesús era un blasfemo porque perdonó los pecados del hombre paralítico (Mateo 9:3). ¿Quién puede perdonar pecados sino solo Dios? Y en la casa de Simón, Dios estaba presente en la persona de su hijo. Ya que él era Dios hecho carne, aceptó los sollozos de la mujer y su perfume como arras del perdón por el pasado y la promesa de una vida que se viviría para su gloria.

La palabra final de Cristo a la mujer salvada fue: «Tu fe te ha salvado; vete en paz». Dos veces él dijo que los pecados de ella quedaban perdonados y su alma salvada. Lo que él destacó para confirmar su liberación fue que ella era salva por fe. Cuando le dijo a Simón: «Sus pecados son perdonados porque amó mucho», debe prestársele atención a la palabra «porque». La frase no significa que Cristo la perdonó por su amor que se desbordaba, que por ser una mujer suave y cariñosa, Cristo perdonó las faltas tan normales en su vida pasada. Él no quiso decir: «Perdónala, ella tiene un corazón tierno y amable, y fue más víctima del pecado que pecadora». No fue su amor sino su fe lo que le trajo el perdón pues un alma pecadora solo puede salvarse por gracia mediante la fe en Cristo. Perdonada sobre la base de su penitencia y fe, el perdón se expresó a sí mismo en las muestras de su amor. «Vete en paz» fue la última frase que escuchó la prostituta transformada. Esto en realidad quiere decir: «Vete hacia la paz». La paz sería el nuevo hogar en que ella viviría, incluso la paz perfecta

de la que Pablo escribió en su carta a los Filipenses:

> Y la paz de Dios, que sobrepasa todo entendimiento, cuidará sus corazones y sus pensamientos en Cristo Jesús (Filipenses 4:7).

EL MENSAJE DE UNA CIERTA MUJER
Lucas 11:27, 28

Una mujer anónima de entre la multitud, rebosando de entusiasmo cuando Cristo sanó al endemoniado ciego y mudo, y por sus respuestas a los enemigos acerca de ser aliado del infierno, exclamó: «¡Dichosa la mujer que te dio a luz y te amamantó!» Este pequeño y encantador incidente, y este registro profundamente instructivo solo lo da Lucas que tenía un buen ojo para los detalles. Con verdadero sentimiento femenino, esta mujer no identificada sintió envidia de la madre de un Maestro tan maravilloso. Nuestro Señor no condenó a la mujer por lo que dijo, sino que respondió: «Dichosos más bien los que oyen la palabra de Dios y la obedecen» (Lucas 11:28). Las relaciones espirituales, que son posibles al aceptar su verdad salvadora, son mayores que cualquier relación natural o familiar. Cualquier mujer que se entrega completamente a Cristo es como su madre (Mateo 12:47).

LA AFLIGIDA HIJA DE ABRAHAM
LA MUJER QUE FUE ENDEREZADA

Lucas 13:11-13

El milagro de la mujer encorvada registrado por el historiador Lucas, no es solamente el informe de un observador entrenado sino que los términos médicos que utiliza muestran a Lucas como el médico amado y talentoso que es el único que cita el incidente que ocurrió un día de reposo en una sinagoga. Aunque puede parecer increíble, fue ese día, cuando los líderes religiosos iban a hacer sus oraciones, que vigilaban atentamente a Cristo con la esperanza de sorprenderlo al quebrantar alguna de las leyes concernientes al *Sabbat*. Nuestro Señor consagró ese día sagrado a los propósitos de su evangelio y realizó muchos de los milagros en él. ¡Qué ciegos guías de ciegos eran aquellos líderes! Ellos no lo vieron como uno mayor que el *Sabbat*. Pensaban más en el día que en su Diseñador. Este milagro en el día de reposo puede resumirse de la siguiente manera:

La hija que sufría la enfermedad

Cristo habló de esta mujer lisiada como «hija de Abraham» y por lo tanto era más preciosa a sus ojos que un buey o un burro por los cuales regañó a los fariseos. Este título que él le dio sugiere que ella pertenecía al círculo íntimo de los israelitas piadosos como Simeón o Zaqueo (Lucas 2:25; 19:9). Al ser descendiente de Abraham, esta mujer tenía su fe y debido a esta, estaba en la casa del Señor en el día del Señor. Como heredera de Abraham, estaba en el lugar indicado para que la sanaran. Aunque era una firme creyente en Jehová, no obstante había sido afligida durante largo tiempo. Sin embargo, su dolorosa enfermedad no le impedía asistir a la sinagoga. Caminar debe haber sido difícil para ella pero su puesto nunca estaba vacío cuando llegaba el día de reposo. ¡Imagínese lo que ella se habría perdido si se hubiera ausentado de la casa de Dios aquel sábado cuando Jesús la visitó! Qué inspiración da esta fiel hija de Abraham a todas las mujeres piadosas, que a pesar de sus enfermedades corporales y las tareas hogareñas, van al santuario donde el Señor siempre está presente para encargarse de los verdaderos adoradores.

La descripción de su enfermedad

Las frases que Lucas emplea revelan su toque profesional. En primer lugar, la mujer tenía un «espíritu de enfermedad» que no significa que tuviera un espíritu débil y enfermo sino un trastorno misterioso de su sistema nervioso. Estaba «encorvada y de ningún modo podía enderezarse», lenguaje que implica una curvatura física de la espalda, condición que produce oblicuidad mental. Estaba «encorvada», una frase que no aparece en ningún otro lugar de la Biblia y que indica una dislocación de las vértebras. Jesús dijo que Satanás la había tenido atada, que Satanás le había infligido su enfermedad tal y como afligió a Job con sus llagas. Su deformación debe haber hecho de ella un cuadro lastimero y debe haberle causado mucha desesperación mental pero estaba a punto de experimentar el poder de aquel que vino para destruir las obras del maligno y que era capaz de aliviar tanto las aflicciones físicas como mentales.

La duración de su enfermedad

Durante dieciocho largos años la mujer sufrió y dieciocho años es una larga porción de la vida de alguien. Su problema era viejo y sin esperanza y podemos imaginar cómo ella, con el paso de los años, y como «hija de Abraham» se resignó a la voluntad divina aunque no entendía por qué sufrió de esa aflicción durante todos esos años. Muchos santos están destinados a sufrir toda una vida pero lo aceptan en la voluntad de Dios al creer que como el alfarero, él sabe cómo moldear mejor el barro. Por esto, como lo expresa el profesor Laidlaw:

> Su joroba y su rostro arrugado eran para él como un libro en el que leyó la historia de sus dieciocho años de atadura y lucha paciente para sostener su enfermedad. Su fiel asistencia a la adoración divina y quizás otras características de las que no tenemos idea, le mostraron un genuino carácter religioso y espiritual.

Para el hacedor divino de milagros no importaba cuánto tiempo había sufrido una persona o lo arraigado de su enfermedad o dolencia. Una palabra de él bastaba para sanar lo peor.

El libertador de su enfermedad

Es muy útil estudiar los diferentes métodos de nuestro Señor para sanar a los enfermos. No curó a todos los que vinieron a él de la misma manera. En sus milagros no había una regla estándar. Observe las siguientes acciones en la demostración de poder que nos ocupa: vio, llamó, puso sus manos sobre ella. Nadie ni nada se escapaba de la mirada de Jesús. Allí en la sinagoga, en su devoción habitual, los ojos de él distinguieron su forma lisiada como un objeto especial de su misericordia. Luego, con esa compasiva voz que él tenía, llamó a la mujer a su lado y le dijo: «Mujer, quedas libre de tu enfermedad». La mujer no se acercó en busca de alivio. Cristo tomó la iniciativa y sin que se le pidiera, pronunció la palabra con la orden de sanidad. Sus ojos la vieron, su voz la llamó y su mano la tocó e inmediatamente le dio la cura. Ni la duración ni lo arraigado de su problema podía de alguna manera obstruir la acción combinada de sus ojos, sus labios y sus manos.

«Quedas libre de tu enfermedad».
«Al instante la mujer se enderezó».

Estas dos frases revelan el conocimiento de Lucas como médico. «Quedas libre», el único pasaje donde esta frase se usa con una enfermedad, es un término que usan los escritores de medicina para describir la liberación de una enfermedad, la relajación de tensiones y la eliminación de vendajes. Mediante la palabra y el toque de Cristo. Una corriente de vida nueva entró en el cuerpo deforme de la mujer y sus ataduras fueron rotas.

«La mujer se enderezó». Después de dieciocho años de esta aparente deformidad física, quedó recta de inmediato. Los músculos contraídos se relajaron, la curvatura de la columna vertebral desapareció y de una vez ella se paró derecha, una muestra encantadora de mujer. Lo que él hizo en el reino físico por esta mujer, lo puede lograr espiritualmente en nuestras vidas en las que hay tantas cosas torcidas que necesitan estar derechas (Isaías 42:16). Un milagro así trajo como resultado efectos contrarios:

La misma mujer glorificó a Dios. La manifestación inmediata, no solicitada, de poder divino, estuvo seguida de gratitud. Aunque estaba tan deformada, era constante en su asistencia a la sinagoga para adorar y alabar a Dios, pero este día trascendental trajo consigo el derramamiento de su gratitud en una continua melodía de alabanza. Ahora, al recibir la restauración de sus poderes físicos, sería capaz de servir al Señor como no había podido hacerlo en todos esos largos, duros y pesados dieciocho años de padecimiento.

La gente se alegró. Todos sus amigos, la gente que adoraba en la casa de Dios, que sabía de su piedad y dulce resignación ante la dura prueba, también «estaba encantada de tantas maravillas que él hacía». De seguro esta bendición debe haber deleitado el corazón del Sanador. Por desgracia, muchas veces él espera en vano la gratitud de aquellos a quienes bendice (Salmo 107:8).

El jefe de la sinagoga reaccionó con indignación. ¡Qué efecto tan opuesto tuvo el milagro sobre este líder religioso que debía haber sido el primero en dirigir las alabanzas de la congregación allí reunida por la misericordia del Maestro al sanar a la mujer necesitada! Pero no; mientras la multitud aclamaba a Cristo, sus adversarios lo acusaban. En el fondo, la crítica negativa del jefe por el milagro de Cristo no era tanto porque lo hubiera realizado el día de reposo, sino que la popularidad del Maestro hirió sus sentimientos. El orgullo de su posición se sintió herido al ver a las multitudes aplaudiendo a Cristo mientras este confirmaba su misión divina con esas manifestaciones de poder. El interés que manifestó el jefe por la observancia estricta del *Sabbat* era un delgado velo, detrás del cual se escondía un corazón desprovisto de compasión alguna por el que sufre.

En su respuesta al regaño indignado del principal, Cristo defendió su acto de misericordia de una manera incontestable, reconociendo tácitamente la necesidad de santificar el día de reposo y que no había mejor forma de honrarlo que cuidando de los necesitados. Su argumento convincente era que si los estrictos observadores del sábado se consideraban en la libertad de desatar a un buey o a un asno del establo para satisfacer sus necesidades materiales; de seguro el esfuerzo de desatar las penosas ataduras de un ser racional era más justificable, es especial cuando la atada era una hija de Abraham. ¿Acaso no era un acto digno del verdadero sábado sanar a una mujer que había sufrido tanto durante dieciocho años? Tan evidente fue el argumento de nuestro Señor, que sus adversarios se avergonzaron y guardaron silencio, y su carácter como el Mesías creció en la estima de los amigos de la mujer sanada, para quien aquel día de reposo fue verdaderamente inolvidable.

Qué consuelo podemos obtener de este milagro. En todos nuestros problemas Jesús está cerca, y ya sea que nuestros desórdenes sean espirituales o corporales, tenemos la palabra de su boca y el toque de su mano. Si estamos «del todo abatido», el Hijo de Dios está cerca con poder y «da vista a los ciegos... [y] sostiene a los agobiados» (Salmo 38:6; 146:8; Isaías 61:1). Todo lo que tiene que ver con los suyos le interesa profundamente.

HIJAS DE JERUSALÉN
Lucas 23:28

Después que Pilato había dictado sentencia de muerte contra Jesús, sabiendo que era inocente de las falsas acusaciones de los principales jefes de los judíos, lo llevaron a morir en la cruz, la que le obligaron a cargar seguido de una gran multitud de personas. Conformaban la multitud «mujeres que se golpeaban el pecho, lamentándose por él». ¿Quiénes eran esas mujeres cuya lamentación era tan alta y amarga al verlo a él despreciado y rechazado por los hombres? El comentarista Deutsch sugiere que pueden haber formado parte de una de las hermandades establecidas en Jerusalén para mitigar los sufrimientos de los criminales condenados con bebidas narcóticas. Entre aquellas mujeres que lloraban estaban las mujeres de Galilea, incluyendo a María y a Marta que habían seguido a Jesús durante muchos días (23:49). Él siempre había sido muy amable con el sexo de ellas, y las mujeres lo veían como su emancipador. Ahora expresaban, con las lágrimas, su profundo dolor.

Pero aunque Jesús debe haberse sentido confortado por la simpatía de aquellas mujeres, les dijo: «no lloren por mí». Visto desde afuera, Jesús estaba en una situación bien deplorable, pues lo estaban llevando al Calvario a morir como un criminal en una estaca de madera, pero él quería que ellas le vieran con los ojos de la fe, como quien iba hacia su coronación. ¡Qué maravilladas deben haber estado aquellas amorosas mujeres cuando, en su Vía Dolorosa, él les dijo: «no lloren por mí». Había algunos allí que nunca habían llorado por él. Para aquellos que pasaban por ese lugar, todo lo que él estaba sufriendo por ellos no significaba nada.

> ¿Acaso no tenemos lágrimas para llorar por él,
> mientras sus enemigos lo insultan y los hombres lo escarnecen?

Jesús aceptó aquellas lágrimas de lamento femenino, pero dio a entender que pronto se secarían porque su frente coronada con espinas en breve sería coronada con gloria. Debían guardar sus lágrimas para sí mismas y para sus hijos, y derramarlas cuando los oscuros días del juicio vinieran sobre la ciudad que lo rechazaba. Bajo Tito, en el año 70 d.C., las mujeres recordaron sus palabras de que la estéril sería bendita cuando vieran a los bebés entregados al cuchillo. Así que Jesús instó a aquellas mujeres a que no lloraran por él, sino por el pecado que lo llevaba a la cruz, y por el desastre nacional venidero que ocasionaría dicho pecado. Vivo para siempre, y como Príncipe de los reyes de la tierra, Cristo no necesita nuestras lágrimas, pero nuestro grotesco pecado contra él, sea personal o nacional, resultará en profunda contrición del alma.

LA MUJER DE SAMARIA
La mujer que dejó su cántaro
Juan 4

La elocuente frase que debemos subrayar en el incidente junto al pozo de Sicar, tan rica en instrucción espiritual, es el anuncio que Juan da al comienzo del capítulo: «tenía que pasar por Samaria». ¿Por qué esa necesidad? Aunque este era el camino más corto y más usual para un viajero que fuera de Galilea a Jerusalén (Lucas 9:52), los fariseos evitaban esta ruta habitual, y tomaban una más larga que daba un rodeo a través de Perea. Hacían esto para evitar cualquier contacto con los samaritanos con quienes, como judíos, no tenían trato. Aunque los judíos y samaritanos eran físicamente similares en muchas cosas, comían la misma comida, tenían los mismo oficios, tenían las mismas esperanzas y ambiciones, y sufrían las mismas enfermedades, no obstante, existía un odio racial que los mantenía separados.

El origen de esta hostilidad entre esos dos pueblos se remonta al tiempo cuando los asirios colonizaron la tierra de Israel (2 Reyes 17:21). Como consecuencia de esto, surgió el antagonismo de los samaritanos hacia los judíos en su regreso de la cautividad (Esdras 4; Nehemías 4), que llevó a la construcción del templo rival en el monte Gerizim. Esto era lo que estaba en la mente de la mujer junto al pozo cuando dijo: «Nuestros antepasados adoraron en este monte»

(4:20). Desde ese momento permaneció el espíritu de amargura religiosa, y esto fue responsable del reproche judío.

> «El que come el pan de un samaritano es como el que come carne de cerdo».
> «Ningún samaritano puede ser prosélito».
> «Ellos no tienen parte en la resurrección de los muertos».

Jesús habló de un samaritano como si fuera un extraño (Lucas 10:33; 17:16, 18), y a cambio, los judíos lo acusaron de ser él mismo un samaritano y de estar poseído por un demonio (Juan 8:48). Mientras que los judíos no trataban con los samaritanos, Jesús sí. Él habló bien de ellos, sanó a uno de ellos de lepra y regañó a dos de sus discípulos por desear destruir a algunos de ellos con fuego del cielo (Lucas 9:55, 56; 10:30-37). Como el Señor omnisciente, él sabía todo acerca de la mujer de Samaria y fue hasta allí para mostrar y enseñar que él estaba por encima de todos lo prejuicios religiosos y raciales y que la verdadera adoración consistía en adorar a Dios en espíritu y en verdad.

Fue así como la necesidad llevó a Jesús al lugar donde vivía la mujer samaritana y al llegar al pozo de Jacob, cansado por el largo viaje durante el mediodía, se sentó junto al pozo mientras sus discípulos iban a la ciudad para comprar comida. La realidad de la fatiga de nuestro Señor testifica la realidad de su humanidad. Como hombre, estaba cansado y necesitaba comida y agua pero, como Dios, pudo hablarle a la mujer que se encontró en el pozo sobre su pasado culpable y sobre la necesidad más profunda de su alma. Muchas veces Jesús se cansaba *por* su trabajo pero nunca se cansaba *de* este. Como hombre, él lo sabe todo acerca de nuestras necesidades humanas y espirituales, y como Dios, puede satisfacer cada una de ellas. Así que ese día cerca del mediodía, Cristo, un judío y Dios-Hombre, se encontró con una samaritana cuya vida sería transformada como resultado de aquel encuentro.

Su individualidad

En dos oportunidades se hace referencia a esta mujer anónima como «una mujer de Samaria» (4:7, 9). En esta frase sobresalen su posición religiosa y nacional. Para los judíos no era tan solo una extranjera, además, era pobre, ya que en aquellos tiempos las mujeres ricas no sacaban agua.

La mujer difiere de muchas de las otras que vinieron a Cristo durante su ministerio itinerante. Algunas de ellas hicieron presión para entrar al reino y otras entraron a la fuerza con sus fervientes oraciones. Recordamos a Ana, quien pasaba días y noche en ayuno y oración; la mujer pecadora de Canaán que lavó los pies de Jesús con sus lágrimas; la viuda de Naín que tocó su corazón con el llanto silencioso por la gran pérdida que había sufrido; pero a la mujer que ahora vemos no se le concedió ninguna petición ni milagro con excepción de su transformación espiritual. No obstante, fue una mujer privilegiada ya que Cristo le confesó que en verdad él era el Mesías, algo que él normalmente no confesaba ni tan siquiera a sus discípulos, dejando que fueran estos quienes discernieran la verdad de su divinidad a partir de sus obras y milagros de misericordia. Es por eso que esta mujer tiene una importancia individual ya que estuvo entre los que no lo buscaron (Isaías 65:1). Además, él no ofrecía sus regalos si no se lo pedían, por lo general esperaba a que los buscaran o pidieran. Aquí él le ofreció a la mujer el regalo indecible de sí mismo. Primero él le pidió alivio a la mujer y luego él le ofreció alivio a ella, no de agua común para apagar la sed sino de sí mismo, el pozo de la vida eterna.

Su iniquidad

¿Qué tipo de mujer, en cuanto a la moral, era esta aguadora samaritana? Cuando los discípulos regresaron de hacer sus compras, «se sorprendieron de verlo hablando con una mujer». Tal vez estaban sorprendidos de verlo hablando con una mujer en público, lo cual iba en contra de los preceptos rabínicos que decían que un hombre no debía hablar en público con su esposa y que era preferible quemar las palabras de la Ley que enseñarlas en público a una mujer. Es probable que haya tres razones por las que los discípulos se sorprendieran al ver a Jesús y a la mujer samaritana en una seria conversación. En primer lugar se cuestionaban que él, como rabino o maestro enviado por Dios, hablara con ella que era tan solo una mujer. En segundo lugar, era una mujer samaritana con la cual ningún judío debía tratar. Y en tercer lugar porque era una pecadora. Algunas versiones hablan de ella como «*la* mujer de Samaria» y es probable que fuera muy conocida por su asociación con los hombres.

Como samaritana, esta mujer tenía y conocía la ley del Pentateuco en contra del adulterio. Cuando Jesús la encontró, ella estaba viviendo con un hombre que no era su esposo pero él no denunció su pecado a otros. Él quería que ella misma se diera cuenta del pecado. Así que cuando ella le preguntó a Jesús por el agua viva de la que hablaba, él le contestó: «Ve a llamar a tu esposo, y vuelve acá». Su vida tenía que ser un recipiente limpio para poder contener al manantial vivo, por ello Jesús le reveló la maldad que había que destruir y su estocada dejó una marca. Su vida pasada y presente quedaron al desnudo cuando el Señor omnisciente dijo: «Bien has dicho que no tienes esposo. Es cierto que has tenido cinco, y el que ahora tienes no es tu esposo».

Si la muerte había invadido su hogar en cinco ocasiones y los cinco hombres con los que había vivido, uno detrás del otro, eran sus esposos en realidad, de seguro ella no recibió elogios por sus cinco matrimonios. Pero enterrar a su quinto esposo e ir y vivir con un hombre que no era su marido, revelaba cuánto había caído en las profundidades del pecado. Podemos imaginar que la gente de la localidad la evitaba por su falta de modestia y pureza femenina.

Detrás de las preguntas: «¿Qué pretendes?» o «¿De qué hablas con ella?» respecto a una mujer así, está la idea de que cualquiera que haya sido el tema de conversación, debía ser de naturaleza más elevada y en relación con su bienestar espiritual aunque fuera con una mujer de cuya reputación los discípulos ya habían oído en la ciudad. Aquellos discípulos creían que Jesús era perfecto, y que no tenía pecado, y por lo tanto no le podían achacar otras motivaciones a un Santo como él para que hablara con una cuyo pecado era evidente a la luz de su santidad.

Su ignorancia

Se infiere que la mujer accedió inmediatamente a la petición del sediento hombre por un poco de refrescante agua, aunque ella podía ver por sus rasgos y ropa que pertenecía a la nación que odiaba a su pueblo. Mientras sacaba agua del pozo, ella le preguntó: «¿Cómo se te ocurre pedirme agua, si tú eres judío y yo soy samaritana?» De lo que ella no se daba cuenta era que en su disposición de darle de beber a un judío, ella estaba cumpliendo la ley cristiana para con él: «Si tu enemigo tiene hambre, dale de comer; si tiene sed, dale de beber», y ese vaso de agua que ella le dio no quedó sin recompensa (Mateo 10:42). Jesús respondió la pregunta de la mujer convenciéndola de su ignorancia de la grandeza del que estaba sentado junto al pozo.

> Si supieras lo que Dios puede dar, y conocieras al que te está pidiendo agua —contestó Jesús—, tú le habrías pedido a él, y él te habría dado agua que da vida.

Lo que la mujer samaritana ignoraba era el hecho de que ella había ido todos los días a un profundo pozo de agua que había sido el regalo refrescante de Dios para hombres y bestias desde los días de Jacob, sin embargo, había un pozo más profundo de verdad espiritual, tan necesario para las necesidades escondidas del hombre, de las cuales ella no tenía conciencia. Ella era una viajera en el viaje de la vida, manchada en el camino por sus pecados, pero todavía no había descubierto la fuente abierta para la impureza. En vez de ser Cristo el que le rogara un sorbo refrescante de agua, ella debía haber sido la que le suplicara a él por el suministro infalible de agua espiritual del pozo eterno.

De sus modales poco amables y menosprecio hacia el pueblo de Cristo, ella respondió a su comentario con un tono respetuoso. Había algo en su voz y conducta que atrapó su corazón, y aunque no comprendió el mensaje, estaba consciente de su fuerza latente, y sintió que este viajero no era un hombre común y corriente. Parecía hablar con autoridad, y cuando se dirige a él, pasa de «si tú eres judío» —pronunciando la última palabra en tono despectivo— al reverente: «Señor». Como había tenido cinco maridos no se le derrotaba fácilmente en una conversación y quería saber dónde estaba el pozo que era mejor que el de Jacob, donde se podía conseguir el «agua que da vida», y su ignorancia comienza a desvanecerse cuando le pregunta: «¿Acaso eres tú superior a nuestro padre Jacob?»

Su instrucción

Mientras la mujer hablaba del profundo pozo que tenían delante y de que Cristo no tenía cubo con qué sacar agua más vivificante de las profundidades del pozo, Jesús, señalando hacia el antiguo pozo, dijo: «Todo el que beba de esta agua volverá a tener sed, pero el que beba del agua que yo le daré, no volverá a tener sed jamás, sino que dentro de él esa agua se convertirá en un manantial del que brotará vida eterna».

Lo que Jesús suministraba no era agua

externa para satisfacer la recurrente necesidad física, sino una fuente interna y eterna de agua espiritual inagotable y vivificadora. Esa agua viva era un regalo divino (Isaías 55:1), era Cristo mismo (4:10), fácilmente accesible. La mujer caminaba lejos para llegar al pozo de Jacob, pero el pozo espiritual está siempre al alcance de la mano y es un don satisfactorio e inagotable para «todo el que beba» (Apocalipsis 22:17). Cuando la luz brotó en su oscurecida mente, la mujer respondió a la enseñanza de Cristo: «Señor, dame de esa agua para que no vuelva a tener sed ni siga viniendo aquí a sacarla», pero aun no comprendía completamente sus palabras. Seguía pensando de esto en el sentido físico, ella piensa en las arduas horas y pesados viajes que podrían ahorrarse si ella conociera el maravilloso pozo del que el extranjero hablaba. Jesús respondió a su petición e interrumpió el alegato de ella con una orden que llegó directamente a su corazón: «Ve a llamar a tu esposo, y vuelve acá». Nuestro Señor quería llevarla, del estado mental de orgullo polémico a la humildad de la confesión. Aquí estaba una criatura pecadora digna de ser salvada, pero él tenía que despertarle la consciencia de su pecado, y cuando humildemente dijo: «No tengo esposo», se convirtió en una mujer diferente.

Jesús, procediendo con gentileza, respondió y reveló su omnisciencia al desenmascarar su secreto: «Bien has dicho que no tienes esposo. Es cierto que has tenido cinco, y el que ahora tienes no es tu esposo».

Su ojo que todo lo escudriña vio las heridas que su vergüenza estaba escondiendo, y la ignorancia da paso al entendimiento espiritual mientras confiesa reverentemente el don profético del que todo lo sabía sobre su vida pasada y presente, y le pide que resuelva el problema del lugar correcto de adoración tanto para judíos como samaritanos. La mujer estaba ocupada con el lugar de adoración, pero Jesús trató de enseñarle que el espíritu de la adoración era más importante que el lugar. Por desgracia, durante el día del Señor hay miles de personas que acuden al lugar de adoración en las iglesias, pero son extraños al espíritu de adoración que está relacionado con adorar a Dios en espíritu y verdad. Una adoración que el Espíritu Santo inspira en conformidad con la verdad de la Palabra.

Fue a esta mujer a la que Jesús reveló la única base para la adoración aceptable, y también la verdad de su condición de Mesías. Al percibir que Jesús era un profeta, la mujer sintió que él conocía la naturaleza de la verdadera adoración, o sea, la adoración espiritual de un ser espiritual no solo en Jerusalén o Gerizim, sino dondequiera que haya un corazón que lo busque. Con su mente abierta a la instrucción de Cristo sobre la adoración espiritual, la mujer samaritana confesó el poder de revelar todas las cosas del Mesías que vendría, y ahora tal vez sintió que si el judío que tenía delante le había dicho todo acerca de su vida, este debía ser el Mesías. Entonces llegó la dramática afirmación de Cristo: «Ése soy yo, el que habla contigo». ¡Qué privilegiada fue esta mujer pecadora de oír de los labios de Jesús mismo el secreto divino de su condición de Mesías!

Su influencia

Por el Espíritu, la mujer reconoció la verdad de la condición de Cristo como Mesías y su omnisciencia, e inmediatamente se convirtió en una testigo poderosa de su extraordinario descubrimiento. Con la mente llena de la nueva verdad que había aprendido, dejó su cántaro y, llena con el gran descubrimiento, regresó corriendo a la ciudad. En su entusiasmo dejó atrás el cántaro de agua como promesa de su regreso, no solo para buscar el agua natural, sino también para tomar otro sorbo espiritual del pozo de agua viva que había encontrado en Cristo. Al llegar a la ciudad, se encontró con los hombres que la conocían demasiado bien, y les declaró lo que había aprendido de que Cristo era el Mesías. Puesto que le reveló su vida pasada, este debía ser el Cristo que tanto judíos como samaritanos estaban esperando.

Su mente ignorante había captado el secreto de la verdadera adoración y de la misión de Cristo, y su instinto de contar la noticia se hizo claramente visible cuando dijo con la pasión de un evangelista: «Vengan a ver a un hombre que me ha dicho todo lo que he hecho. ¿No será éste el Cristo?» Él la había hecho despertar a una vida nueva y mejor, y fue tal el efecto de su impetuoso testimonio que muchos de aquellos samaritanos salieron y fueron a ver a Jesús junto al pozo. Durante dos días escucharon sus enseñanzas y llegaron a creer en él y a aceptarle como el Cristo, el Salvador del mundo. Esto no fue solamente por lo que había dicho sobre él la primera mujer evangelista nativa de Samaria, sino también porque lo habían oído y al oírle creyeron. En el fulgor de su recién nacida fe, la mujer tenía que hablarle a otros y decirles todo lo que había oído y experimentado.

Unos cuatro años más tarde, cuando Felipe el evangelista fue a predicar «a una ciudad de Samaria», sin lugar a dudas conoció a «la mujer de Samaria» y descubrió cuán maravillosamente el Espíritu Santo había usado su vida y testimonio, así como el testimonio de los samaritanos que habían venido a Cristo por medio de ella, para preparar el camino para su ministerio milagroso en Samaria. Cuando los discípulos regresaron de la ciudad y vieron a Jesús hablando con la mujer, sabían lo que él quería decir con que los campos estaban blancos para la siega. Gracias a la semilla sembrada por la mujer que, cuando encontró el pozo, dejó el cántaro, Felipe experimentó una gran cosecha de almas en Samaria, tanto fue así que hubo gran alegría en aquella ciudad. La habitante más alegre fue la mujer que confesó desde el fondo de su corazón: «Vengan a ver a un hombre que me ha dicho todo lo que he hecho. ¿No será éste el Cristo?» (Véase Hechos 8:5-25). Ella había sentado las bases de aquel Pentecostés samaritano. Junto al pozo de Jacob, ella vio la estrella de Jacob (Números 24:17), y al ascender por la escalera de Jacob (Juan 1:51) se convirtió en el medio para que otros subieran hasta Dios.

LA MUJER SORPRENDIDA EN ADULTERIO
LA MUJER QUE CRISTO SALVÓ DE MORIR APEDREADA

Juan 8:1-11; Deuteronomio 17:5, 6

Jesús, que vino a buscar y salvar a los perdidos, nunca evitó la asociación cercana con los pecadores. Comía y bebía con ellos para ganarlos para sí. En sus viajes conversó por lo menos con tres mujeres que eran culpables de adulterio: la mujer de Samaria, la mujer que vino a él en la casa de Simón y ahora la mujer de la historia que nos ocupa; su bondad y su tierna misericordia caracterizaron su trato con cada una de ellas. Es interesante observar las circunstancias que llevaron a la denuncia de la mujer sorprendida en adulterio. Después de pasar una noche en el Monte de los Olivos, Jesús se levantó temprano a la mañana siguiente y partió hacia el templo, donde enseguida se reunió un buen grupo de personas para escuchar acerca de su labor mesiánica. Pero mientras testificaba con valentía, el peligro rondaba a su alrededor ya que los miembros del Sanedrín trataban de matarlo y los escribas y los fariseos estaban de acuerdo con semejante plan malévolo. Mientras estaba sentado en el templo enseñando a la gente, llegó un gran número de escribas y fariseos trayendo con ellos a una mujer que había sido sorprendida cometiendo una ofensa bien seria y degradante.

Los acusadores

Los líderes religiosos que trajeron a la mujer delante de Cristo, que se inclinaban por acusarla y trataron de tenderle una trampa preguntándole que debían hacer con ella, pertenecían a una clase bien deseosa de tratar con prostitutas. Ellos se consideraban a sí mismos custodios de la moral pública y ay de aquellos que cayeran bajo la observación de estos inspectores auto-designados de los aspectos morales engorrosos. Conocedor de todos lo requisitos y castigos de la ley mosaica y de las tradiciones que los rodeaban, ellos trataban a los pecadores con desprecio santurrón. Para ellos era pecaminoso que los tocara una mujer como la que le trajeron a Jesús, pero como veremos, su fervor contra el pecado de otros era solo un manto sobre su propia corrupción.

¡Cuán parcializados estaban esos acusadores! Trajeron a la mujer sorprendida en el mismo acto del adulterio, ¿pero dónde estaba el hombre, el ofensor principal? ¿Por qué no lo trajeron? ¿Era acaso un fariseo que pertenecía a los enemigos de nuestro Señor y al que los principios le permitían escapar? La ley y la justicia exigían que el adúltero y la adúltera se trajeran juntos y fueran condenados a muerte (Levítico 20:10), pero fieles al proceder del mundo, estos enemigos de Cristo hicieron que la mujer cargara con la gravedad de su delito. Sin embargo, la justicia divina, es «imparcial» (Santiago 3:17).

La adúltera

La mujer, cuyos acusadores presentaron a Cristo, era sin dudas culpable de la conducta pecaminosa que se le imputaba y de ninguna manera él excusó su grave delito. Indudablemente él tuvo compasión por la debilidad de la mujer y entendió la fuerza de la tentación que la impulsaba a pecar. Pero consideró que su conducta era una manifestación de la maldad que se evidencia al darle la orden de que no pecara más. El adulterio toma su lugar en la primera fila de «las obras de la naturaleza pecaminosa» (Gálatas 5:19), y está en contra de la ley justa y santa del Creador en cuanto al

bienestar de la raza (Éxodo 20:14). ¿Pero habría algo más cruel o rudo que poner a esta mujer pecadora «en el medio» del templo, exponiéndola a las miradas de la multitud? La conducta de aquellos escribas y fariseos «mostraba un cinismo frío y duro de su parte, una brutalidad barbárica de corazón y conciencia carente de misericordia y compasión». Ya era suficientemente malo que la mujer estuviera consciente de la culpa de su pecado, pero exhibirla delante de otros fue un acto cruel y desprovisto del amor que está dispuesto a cubrir multitud de pecados (1 Pedro 4:8). Aunque Jesús nunca excusó el pecado de aquellos que venían a él, su trato para con ellos era tierno y misericordioso.

El abogado

Como judío y como el Mesías, Jesús estaba bajo solemne obligación de respetar la ley de Moisés (Deuteronomio 31:9; Mateo 5:17), y en su vida en la tierra él cumplió con la ley (Mateo 5:18). Por lo tanto, cuando los fariseos citaron la ley con respecto a que una adúltera debía ser apedreada hasta morir, ellos apelaron a una norma que él consideraba y honraba (Salmo 40:8), a pesar de que el predominio del adulterio había hecho que el castigo de morir apedreado quedara obsoleto. Nuestro Señor les dijo a los fariseos que Moisés era su acusador (Juan 5:40), ¿no es extraño entonces que en su acusación apelaran a Moisés? Su pregunta: «¿Tú qué dices?» implicaba que ellos no respetaban su enseñanza acerca de la ley. Todo lo que ellos esperaban era tender una trampa para que Jesús diera una respuesta contraria a la ley. Si él decía: «Que la apedreen», su ternura y bondad para tratar con los pecadores y degradados sería falsa. Si decía: «Déjenla ir», se produciría una revuelta entre aquellos que, aunque estaban a su favor, valoraban lo que Moisés enseñaba.

La sagacidad de la vieja serpiente, el diablo, estaba detrás del esfuerzo de los fariseos para tentar y acusar a Cristo y él necesitaba sabiduría para lidiar con dicha situación. Pero como él era capaz de leer los corazones de los hombres, él sabía cómo responder a su pregunta, lo que hizo exitosamente, con silencio. Se agachó y escribió en el polvo alrededor de sus pies «como si no los oyera». Aquí nos detendremos para hacer dos preguntas: ¿Por qué miró hacia el suelo? ¿Por qué escribió con su dedo en la tierra?

¿Por qué miró hacia el suelo?

Pudiera haber sido por consideración para con los sentimientos de culpa de la mujer que Jesús fijó sus ojos en la tierra y no en ella. Pedro dice que los hombres de corazones corruptos que «Tienen los ojos llenos de adulterio» (2 Pedro 2:14), podían fijar su mirada en la mujer expuesta, pero el Santo, que tiene un corazón compasivo, desvió la mirada de la mujer asustada a quien habían arrastrado a su presencia. Estaba humillada ante tantos ojos fijos en ella, pero allí estaba el amigo de los pecadores, no culpable de ninguna curiosidad mórbida, que inclinó su cabeza y miró hacia abajo.

Otra razón para su comportamiento pudiera haber indicado la falta de placer ante lo que se le estaba presentando. Él siempre miraba hacia arriba, al cielo, para hablar con su padre (Mateo 14:19), y directamente con Pedro y con otros a quienes quería restaurar su favor (Lucas 22:16), pero cuando se le pidió que pronunciara juicio contra un alma culpable, que era más víctima del pecado que pecadora, todo su ser se encoge ante semejante tarea (Juan 3:17; Lucas 9:56; 12:14). Como él vino a cumplir la ley, ahora no podía evadirla y así escudar a una pecadora declarada de su pecado al que la ley con justicia condenaba.

¿Por qué él escribió en el suelo?

Se ha sugerido que este era un método común de mostrar hacer poco caso con toda intención. Ciertamente Jesús actuó como si no hubiera escuchado a los acusadores de la mu-

jer. No se nos dice lo que en realidad escribió su dedo. Fue el dedo divino que escribió la ley (Éxodo 31:18), y quizás Jesús reflexionaba en este hecho mientras escribía en la tierra. Cuando se agachó en el templo para escribir, puede ser que nuestro Señor haya recordado cómo se agachó desde el cielo para que la ley rota se volviera a escribir en el templo del ser del hombre. La mujer había quebrantado la ley pero él la honraría. Los fariseos, indignados ante el desdén evidente de Cristo, y al discernir el simbolismo de su escritura, mantenían su exigencia de que se les respondiera su pregunta. Aquel silencio solemne era más de lo que ellos podían soportar porque hablaba con mayor poder que sus palabras. Él era lento para la ira, hasta con los más obstinados.

Cuando levantó la vista y habló, no vino la decisión judicial, pero lo que los fariseos escucharon los dejó asombrados. «Aquel de ustedes que esté libre de pecado [es decir, el tipo de pecado en que los hombres se involucraban con una mujer así, el pecado en particular por el que los fariseos la condenaban] que tire la primera piedra». El único presente aquel día sin pecado de ninguna clase era el Señor mismo, pero él no lanzaría una piedra ni haría juicio con respecto a lo que debía hacerse con la mujer haciendo el papel de un juez civil o eclesiástico. Volvió a inclinarse, posponiendo cualquier palabra de parte de la mujer, y escribió en el suelo; la repetición de la acción expresa su determinación para evitar el cargo de juez. Sus acusadores deben haber visto lo que escribió esta segunda vez y estos marcharon furtivamente, no fuera que él revelara la culpa de ellos. Una traducción antigua añade al verso repetido (8:8), las palabras: «Escribió en el suelo los pecados de cada uno de ellos».

Cualquiera que haya sido la escritura, la propia conciencia de los fariseos los inculpaba, y comenzando por el mayor, todos se marcharon dejando solos a Jesús y a la mujer.

Matthew Henry señala: «Aquellos a quienes su conciencia acusa serán condenados por su Juez si su Redentor no los resarce». ¡Cómo quedó expuesta la hipocresía de estos acusadores tanto de Cristo como de la mujer! Con el mismo pecado que le atribuyeron a la mujer, salió condenado hasta el más anciano entre ellos.

La absolución

La segunda vez que Jesús miró hacia arriba, no vio a nadie, solo a la mujer. Ella podía haber huido cuando los fariseos condenados salieron avergonzados del templo, pero de alguna manera ella se sentía obligada a quedarse con el que se había convertido en su abogado y libertador. Ahora, mirándola, Jesús le preguntó: «Mujer, ¿dónde están? ¿Ya nadie te condena?» La mujer simplemente respondió: «Nadie, Señor». Ella reconoció que él era el único que tenía el derecho de sentenciarla. Pero no hizo ningún intento por defenderse ni excusarse, no suplicó misericordia divina ni perdón. Él lo sabía todo sobre ella y por eso ella con reverencia lo llamó «Señor».

Luego vinieron las palabras que ella anhelaba escuchar: «Tampoco yo te condeno. Ahora vete, y no vuelvas a pecar». Los acusadores que acababan de marcharse no podían condenarla, tampoco lo haría Jesús. «Vete y no peques más» o «ya no seas más pecadora», era una declaración en armonía con su propósito de salvar a los pecadores de su pecado. Aunque no hubo una expresión de perdón o de paz como en el caso de otros (Mateo 9:2; Lucas 7:48), creemos que ella dio el paso y en obediencia a la orden de Cristo, entró en una nueva vida de perdón, paz y pureza. La vieja vida adúltera pasó y ella se convirtió en una nueva criatura. Sería muy interesante tener más de la historia de esta mujer anónima. Nuestra obligación es aprender estas lecciones tan obvias en el episodio, es decir, ser lentos para condenar el juicio humano del pecado de otro; condenar cada pecado en nuestras propias vidas; proclamar el perdón de Dios para cada pecador.

VIUDAS HEBREAS
Hechos 6:1-4

Está claro que algunas viudas e hijos de muchos judíos habían sido abandonados. Ellos eran el objetivo principal, en cuanto a la ayuda de un fondo común y de alguna manera sus necesidades se pasaron por alto y fue así como se designó a siete hombres honestos, llenos del Espíritu Santo y de sabiduría para cuidar a estas mujeres como decían las Escrituras (1 Timoteo 5:3-16). Entre ellos se encontraba Esteban. Como en términos generales las viudas estaban desamparadas de una manera especial, se les consideraba como quienes están bajo el cuidado especial de Dios ya que muy pocos se ocupaban de ellas y mostrarles bondad era estar apto para la aprobación y la bendición de Dios (Job 29:13; Salmos 68:5; 146:9; Isaías 1:17; Jeremías 7:6; (véase más en el índice, en Viudas).

LAS MUJERES DE ANTIOQUÍA
(Hechos 13:50)

Lucas menciona que estas mujeres eran prosélitos que se convirtieron del paganismo al judaísmo y quienes se sometían por completo a los rabinos y a los ancianos judíos. Estas mujeres tenían un hambre verdadera de una vida más pura y elevada que la que podían encontrar en la degradación infinita de las sociedades griega y romana. «La satisfacción y la gracia en la vida son el fruto de la gracia».

Cuando Pablo y Bernabé aparecieron en escena anunciando salvación y vida eterna, los líderes judíos trataron de influir en contra del ministerio eficaz apostólico entre estas «mujeres muy distinguidas y favorables al judaísmo», implicando que eran mujeres devotas de alto rango y posición. En cuanto a «los hombres más prominentes de la ciudad», estos deben haber sido los esposos de estas mujeres de reconocida posición social quienes evidentemente consintieron en la conversión de sus esposas al judaísmo. «La influencia potente del carácter femenino tanto a favor como en contra de la verdad se puede apreciar en todas las etapas de la historia de la iglesia».

LA DONCELLA POSEÍDA POR DEMONIOS
LA MUJER LIBERADA DE LA ADIVINACIÓN
Hechos 16:16-24

Fue después de la conversión de Lidia y su familia que Pablo y Silas, luego de un período de cortés hospitalidad en el amplio hogar de Lidia, salieron para tener un tiempo de oración en el próximo sábado, no junto al río (16:13), sino en un santuario donde se acostumbraba orar. En el camino la gente se reunió alrededor de los apóstoles cuya misión traía amigos y enemigos, y el entusiasmo era evidente mientras ellos proseguían su viaje, especialmente cuando una muchacha poseída por demonios gritaba tras ellos, y buscaba de ellos la manera de salvarse.

Su adivinación

¿Qué era exactamente el «espíritu de adivinación» que tenía esta esclava que hacía que su profecía fuera tan productiva para sus amos? La nota de la RVR1995 nos da la traducción «tenía un espíritu pitón» o como dicen algunos manuscritos y traduce la RV, «un espíritu pitónico». En la mitología griega Pitón era el nombre de una serpiente que cuidaba un oráculo en el monte Parnaso y que Apolo mató, llamándose de ahí en adelante *Pytho*, como si él mismo fuera el dios de la adivinación. Esta muchacha no era un ventrílocuo ni una impostora, tampoco una sonámbula o lunática como suponen algunos. Era una endemoniada que, cuando el demonio la poseía, ellos creían que tenía un

poder para adivinar y predecir y recibieron los gritos salvajes como oráculos. Los esclavos valiosos a menudo tenían copropietarios, y los amos de esta muchacha negociaban con su supuesta inspiración y la hacían responder a los que buscaban la dirección del oráculo para los problemas y perplejidades de sus vidas. Lucas, que en su Evangelio describe la «adivinación» como proveniente de los espíritus malos o inmundos, aquí en su registro de la muchacha endemoniada, reconoce en el fenómeno de ella uno idéntico al de las sacerdotisas de Delfos —las distorsiones salvajes, los gritos chillones, la locura de la inspiración demoníaca. ¡Qué ignorantes somos de la realidad del poder de los emisarios de Satanás, especialmente en estos últimos días en que su influencia es más evidente que nunca!

Su declaración

Si la muchacha estaba bajo el hechizo de un demonio, ¿cómo podemos explicar el contenido de su constante clamor: «Estos hombres son siervos del Dios Altísimo, y les anuncian a ustedes el camino de salvación»? Esta era en realidad una verdadera descripción de Pablo y sus compañeros en su ministerio itinerante. ¿Estaba el demonio usando a la muchacha para burlarse de los testigos apostólicos de Cristo y así hacer fracasar su obra? ¿Estaban las expresiones «del Dios Altísimo», y «el camino de salvación» entre las que la muchacha le había escuchado a Pablo usar con anterioridad? ¿Las repetía bajo influencia demoníaca sin saber lo que significaban y los demonios que Jesús había expulsado (Lucas 4:34; 8:28) ahora usaban con ironía despectiva o como un testimonio involuntario de la verdad que Pablo declaraba? ¿Indicaba la declaración algún motivo específico por parte de ella para conciliar a Pablo o para aumentar las ganancias de sus dueños al actuar como profetisa? ¿O sería que la desafortunada muchacha estaba impulsada por un deseo de emancipación de su influencia demoníaca y gritaba ese mensaje? ¿Había escuchado ella a Pablo y a Silas en la orilla del río, donde muchos se congregaron no solo para orar sino también para escuchar a los apóstoles predicar? ¿Sintió que estos hombres podían liberarla, por ser tan diferentes como fuera posible de sus amos que negociaban con su enloquecida miseria? El hecho es que ella llegó a experimentar que Pablo era un siervo del Altísimo con poder para sanarla.

Su liberación

Leemos que la muchacha siguió a Pablo y a sus compañeros durante varios días y Pablo se molestó ante la constante repetición de sus gritos que interferían con la tarea apostólica de hablar con los interesados. Tal vez Pablo estaba atribulado o lamentaba su constante clamor, no en el sentido de estar ofendido sino porque ella estaba poseída por demonios y por lo tanto no era responsable de lo que decía ni de lo que hacía. Es de notarse que en ningún momento Pablo reprobó a la muchacha sino que al enfrentarse a ella le habló al espíritu maligno que la poseía: «¡En el nombre de Jesucristo, te ordeno que salgas de ella!» Como representante de Cristo con autoridad, Pablo le ordenó al demonio que evacuara su morada de dentro de la muchacha. Dar una orden significa ordenar enfáticamente, como un oficial ordena a sus soldados, y ante el nombre de Jesús el demonio tuvo que someterse a Pablo y retiró su control sobre la muchacha.

Hay dos aspectos de su restauración que son notables. En primer lugar, fue instantánea: «Y en aquel mismo momento el espíritu la dejó». De inmediato, el milagro ocurrió y la muchacha se emancipó de manera maravillosa de su degradación. En segundo lugar, su liberación fue completa: «los amos de la joven se dieron cuenta de que se les había esfumado la esperanza de ganar dinero». La ganancia actual y futura que sacaban del don demoníaco

de la muchacha se había marchado. Allí estaba ella, callada y mansa, en sus cabales, ya no era esclava sino una muchacha transformada. Cuando «el espíritu de adivinación» se fue, con este se desvaneció el negocio lucrativo de sus dueños. Enojados con Pablo y con Silas por la aniquilación de su ganancia financiera, agarraron a los apóstoles y los llevaron ante las autoridades quienes los declararon culpables de los cargos falsos que imputaban los dueños de la esclava y los pusieron en prisión. Los apóstoles recibieron un trato áspero por la obra salvadora que Dios los capacitó para hacer, pero el triunfo fue de ellos ya que pudieron orar y cantar alabanzas aun en la prisión a media noche. Además, pudieron testificar una vez más del poder maravilloso de Dios en el terremoto y la salvación del carcelero y su familia.

¿Qué pasó con la muchacha cuya historia termina con la expulsión del demonio y su maligna influencia? No podemos creer que ella quedara desamparada para volver de nuevo a la ignorancia, la incredulidad y la posesión demoníaca. Lidia y las demás mujeres nobles sabrían acerca de la muchacha, ya que trabajaban con los apóstoles (Filipenses 4:3), y de seguro le proveyeron a la muchacha transformada todo el abrigo, consuelo y dirección necesarios. En cuanto a la misma muchacha, ¿le demostró su agradecimiento a Pablo por el milagro hecho en su vida al incluir su regalo entre los regalos que se le enviaron al apóstol para ayudarlo en su obra de salvación? (Filipenses 4:15). Ahora que ella misma era salva, ¿confesó con un corazón limpio y libre que «Pablo es en realidad siervo del Dios Altísimo ya que le mostró a ella el camino de la salvación»?

LAS HIJAS DE FELIPE
Hechos 21:8, 9

Felipe el evangelista fue unos de los siete discípulos apartados para ejercer un ministerio especial en la iglesia (Hechos 6:3).

Aunque fue bendecido con cuatro hijas admirables cuyos nombres no se mencionan, ni tampoco el de la madre, no se dice nada de si Felipe tuvo hijos varones. La ausencia de algún tipo de mención a la esposa de Felipe pudiera implicar que era viudo y que sus cuatro hijas se ocupaban de él y de su hogar. Con seguridad podemos asumir que su esposa fue una madre y esposa devota y que tuvo influencia formativa en las vidas de sus cuatro hijas quienes se convirtieron en un notable cuarteto de evangelistas que vivían entre sus vecinos paganos.

Las cuatro hijas son anónimas

Habría sido interesante tener sus nombres, así como tenemos los nombres de las tres hijas de Job, pero estas no estarían en la historia de la Biblia si no fuera por este único versículo que nos dice que realmente vivían y ocupaban un lugar tan importante en la comunión primitiva de la iglesia. Aceptamos la reticencia con respecto a su identidad como uno de los sabios silencios de la Biblia. Sus nombres están escritos en el rollo de los redimidos en el cielo. «No todas las flores que florecen en la tierra, ni todas las estrellas que se mueven en los cielos tienen un nombre en sílabas humanas pero igual sonríen y brillan y las hijas anónimas de Felipe representan a los incontables fieles que sirven a una generación que no los conoce».

Eran vírgenes

Nos imaginamos a estas cuatro hijas un poco más allá de la etapa de la juventud, mujeres maduras con mucha experiencia piadosa y ejerciendo dones espirituales excepcionales. Son mujeres que escogieron una vida de soltera considerándola preferible para las mujeres llamadas o especialmente calificadas para ser intérpretes de Dios como Miriam en la antigüedad. Los escritores católico romanos las consideran como las primeras monjas de la iglesia cristiana.

J.D. Alexander sugiere que su virginidad probablemente se menciona «solo como una razón por la cual todavía estaban en casa o como una relación necesaria con su inspiración». Pablo dio el visto bueno a la vida de soltero porque representa un modelo de excelencia más elevado que el de los deberes de la vida doméstica (1 Corintios 7:8-34).

Profetizaban

Joel profetizó que se derramarían dones espirituales extraordinarios sobre ambos sexos y sobre las hijas igual que sobre los hijos. En el Pentecostés, Pedro inspirado en esta predicción: «Tus hijos e hijas profetizarán». Podría ser que Felipe y sus cuatro hijas estuvieran presentes ese histórico día y compartieran el derramamiento maravilloso del Espíritu y se convirtieran mediante esa divina unción en exhortadores cristianos. Cómo esas cuatro doncellas de Cristo «que mantuvieron blanco su historial de solteras», deben haber sido bendecidas y usadas cuando declaraban un mensaje de parte de Dios no solo con predicciones sobre el futuro sino también exponiendo la Palabra para el esclarecimiento y edificación de aquellos que las escuchaban. Debido a las enseñanzas de Pablo acerca del silencio de las mujeres como predicadoras en las iglesias (1 Corintios 14:34; 1 Timoteo 2:12), es posible que las hijas de Felipe confinaran su ministerio a aquellas de su mismo sexo. Si y cuando ellas acompañaran a su padre en sus viajes misioneros, entonces tenía oportunidades de predicar a las mujeres tanto entre los judíos como entre los gentiles y de ayudar en el bautizo de las mujeres convertidas. Su completa devoción al Señor debe haber animado constantemente el corazón de su padre cuya fe ellas seguían. La iglesia nunca sabrá cuánto le debe a estas mujeres consagradas y desconocidas.

LA HERMANA DE PABLO
Hechos 23:16-22

Como Zinzendorf, Pablo tenía una pasión, es decir, Cristo, y, por tanto, el pasaje que nos ocupa es la única referencia que tenemos de alguno de los parientes del apóstol, su hermana y el hijo, ninguno de los cuales se nombra. Si su hermana y su sobrino eran cristianos, no se nos dice. El ansia del muchacho de salvar a su tío del peligro inminente nos sugiere que lo estimaba mucho. ¡Cómo podrían una madre y su hijo estar tan relacionados con el poderoso apóstol y no compartir su devoción por Cristo! Si la madre y su hijo estaban entre los parientes de Roma a quien Pablo menciona (Romanos 16:7, 11), entonces deben haber venido a Jerusalén para participar de la fiesta. Mientras estaban allí, el hijo escuchó del complot para a matar a su reconocido tío y así se convirtió en el medio de la huida de la muerte. Siempre agradecido a los que lo amaban en el Señor, Pablo debe haber estado agradecido por el sobrino que vino a él tan pronto que escuchó acerca de las intenciones de los enemigos del apóstol para deshacerse de él. Aquí, otra vez, nos maravillamos ante el silencio de las Escrituras en cuanto a la identidad de muchos que esta menciona. ¿Por qué Pablo nos da los nombres de otras mujeres y sus hijos y no obstante retiene los nombres de su querida hermana a quien debe haber estado muy ligado en su niñez y que ahora probablemente era viuda y el de su hijo?

LA MADRE DE RUFO
Romanos 16:13

Puede que haya quienes desechen el último capítulo de Romanos por ser tan solo un catálogo de nombres. Sin embargo, en muchos aspectos es un capítulo muy impresionante cuando vemos que contiene veintiséis personalidades mencionadas con algunos de sus parientes que aparecen anónimamente, como es el caso de la madre de Rufo. No sabemos casi nada de prácticamente ninguno de ellos. Podemos asumir que tenían sus alegrías y tristezas, cargas y preocupaciones, esperanzas y desilusiones, pruebas y triunfos, pues todos bebemos de la copa de la experiencia humana. Lo que sí es evidente es el hecho de que todos los que Pablo menciona como amigos suyos en este capítulo tan personal eran seguidores del Cordero, y habían servido de alguna manera al apóstol de quien ahora reciben su gratitud y cordiales saludos. Unos cuantos de ellos pueden haber sido familiares cercanos, sus parientes. El comentario de Handley G. Moule sobre este capítulo es digno de que lo citemos:

> Vemos a este grupo desconocido, pero muy amado, con un sentido de compañerismo y expectación imposible sin Cristo. Esta página no es una simple reliquia del pasado; es una lista de amistades para hacerlas de aquí en adelante, y para que las tengamos para siempre, en la vida eterna donde las personalidades serán verdaderamente eternas, pero donde también la unión de personalidades, en Cristo, irán más allá de nuestros más altos pensamientos.

¿Quién era exactamente Rufo, a cuya madre Pablo desea que saluden de su parte? Marcos habla de Simón de Cirene como el «padre de Alejandro y de Rufo» (15:21), y existe una substancial tradición de que el Rufo del que Pablo habla era el hijo de Simón. Como Marcos escribió principalmente para lectores romanos, él conocía bien a la familia, así que Pablo, escribiendo a los romanos, menciona al hijo del Simón que cargó la cruz, con quien tanta amistad tenía. Pablo habla de Rufo como de un hombre escogido en el Señor, «un santo de la *élite*» como lo llama Moule, o «ese cristiano escogido», como escribió de él el Dr. James Denny. Sin lugar a dudas, Rufo era prominente en el servicio de la iglesia. De joven, puede que haya visto a su padre llevando en sus hombros la cruz del Salvador hasta el Calvario, presenciado su muerte allí, y de ahí en adelante se haya convertido en su esclavo.

Además, ¿qué debemos entender por la inclusión de la frase en el saludo de Pablo para Rufo: «y a su madre y mía» (RVR 1960)? ¿Acaso tenía dos madres en mente, la de Rufo y la suya propia? De todas las madres desconocidas de la Biblia, la madre de Pablo es de la cual desearíamos haber tenido su biografía. Criado como fariseo de fariseos, los padres de Pablo deben haber sido judíos a cabalidad y antagonistas de las afirmaciones de Cristo cuando este apareció como el Mesías. ¿Atravesaría una espada el corazón de la madre de Pablo cuando supo que su brillante hijo había abandonado la religión judía y se había convertido en cristiano, o llegó ella a experimentar la gracia salvadora y poder de Jesús? ¿Aun vivía cuando Pablo escribió esta epístola a los Romanos, como algunos escritores parecen sugerir, viendo que menciona algunos de sus familiares en este épico capítulo, quienes, junto a su madre, se habían mudado de Tarso a Roma? Sin embargo, lo generalmente aceptado del saludo de Pablo —su madre y mía— es que la madre de Rufo había sido muy buena con él en varias ocasiones, cuidándolo como una madre en días de enfermedad y tensión, y que el apóstol la recuerda por todas sus atenciones amables. Dice Herbert F. Stevenson en su *Galaxy of Saints* [Galaxia de santos]:

> Mediante un desbordante amor y cuidado «maternal» hacia el apóstol, se estableció una tierna relación. Hasta el más robusto, independiente, rudo e ingenioso necesita ocasionalmente que lo «mimen»; y en este elegante tributo, Pablo le da a la madre de Rufo el mayor elogio que incluso un apóstol puede conferir.

Aunque la anónima madre de Rufo había jugado el papel de madre para el apóstol probablemente huérfano de madre en sus horas de necesidad, su nombre, junto con su bondad están registrados ahora «en el Libro de la Vida, tanto en el de aquí como en el del cielo».

LA HERMANA DE NEREO
Romanos 16:15

Sin duda alguna hubo otras mujeres piadosas entre «todos los hermanos» a los que Pablo alude en su saludo a Nereo y su hermana. El apóstol debe haber conocido el nombre de esta mujer tan bien como el de su hermano, pero por alguna razón la deja en el anonimato. Tenemos pequeños vislumbres de información sobre algunos de los mencionados en esta lista de nombres, pero ignorancia total acerca de otros, salvo que estaban en Cristo. El hecho de que Nereo y su hermana se mencionan juntos parece sugerir que no se habían casado y permanecían como los únicos miembros de la familia, y que cuidaban el uno del otro. La experiencia de Nereo, en las palabras de Christina G. Rossetti, era que:

> No hay amigo como una hermana
> En la calma o en tiempo tormentoso;
> Para animarlo a uno en el tedioso camino,
> Para buscarlo si uno se desvía,
> Para levantarlo si uno titubea,
> Para fortalecerlo mientras permanece
>   en pie.

De esta manera hemos llegado al final de la lista de las reales pero anónimas mujeres de la Biblia, contundente en crónicas de santas y pecadoras. Aunque desconocidas, ellas viven en sus hechos, ya sean buenas o malas.

4

Mujeres simbólicas y representativas de la Biblia

En la Biblia se usan tanto objetos animados como inanimados para ilustrar e imponer varios aspectos de la verdad y las mujeres conforman una parte grande de seres animados que se usan para tipificar diferentes vocaciones, vicios y virtudes. Incluso en nuestros tiempos los nombres femeninos están ligados a ciertos fenómenos. Durante muchos años en los Estados Unidos a los huracanes les dieron nombres de mujeres. El último se conoce como «el huracán Betsy».

Capaz de llegar a cumbres angelicales o a profundidades malignas, el sexo femenino se ha empleado siempre para representar los vicios o las virtudes de la raza humana. El antiguo pueblo de Israel se describía como la esposa adúltera de Dios; la confederación futura de religiones apóstatas se presenta como «la gran ramera» mientras que a la verdadera iglesia se le identifica como «la esposa del cordero». Muchas veces se le dan nombres femeninos a objetos familiares e indispensables, como los barcos y se hace referencia a ellos en forma femenina, por ejemplo, «ella es una nave digna del mar». Piense en las aplicaciones que tenemos del precioso término «madre». Un verdadero patriota habla de su tierra natal, que le concede privilegios y protección, como «la madre patria»:

Tierra de nuestro nacimiento, nuestra fe y nuestro orgullo,
Por los seres queridos mueren nuestros parientes,
O madre patria, nos comprometemos contigo,
Con mente, corazón y fuerza por los años que vivamos.

Debido a que tantas bendiciones necesarias brotan del gran mundo del cual tanto el hombre como las bestias dependen, nos referimos a este como «madre naturaleza». Además, lo primero que aprendemos a hacer después de nuestro nacimiento es a hablar y por eso al idioma que aprendemos de nuestros padres y que llegamos a usar es nuestra lengua, nuestra «lengua materna». Ya que Jerusalén nos dio nuestra fe cristiana nos referimos a ella como «la madre de nuestra religión» y a la iglesia que Jesús fundó como «la iglesia madre». De ahí que el aspecto de la biografía femenina de la Biblia que ahora vamos a considerar sea la forma en que se usa la feminidad como un uso simbólico y representativo. En la interpretación y aplicación de cualquier símbolo o metáfora de la Biblia, tenemos que guardarnos de un tratamiento extremo y sin fundamento. A menudo nos vemos tentados a leer en los símbolos cosas que los autores nunca pretendieron. Como puede ver el lector, hemos seguido la secuencia bíblica de estas mujeres específicas.

LA SIMIENTE DE LA MUJER
Génesis 3:15; 9:9, etc.

De manera metafórica, la simiente representa la descendencia, la raza, la familia. A todos los que descienden de Abraham se les llama «la simiente de Abraham" (Génesis 13:15; 17:8; Gálatas 3:7, 29). Cuando Juan escribió de la «simiente» dentro del creyente, tenía en mente energía vital o el principio intrínseco de la vida divina por el cual el hijo de Dios se abstiene del pecado. Luego de que nuestros primeros padres pecaron, el responsable de su pecado recibió la primera promesa y la primera profecía sobre la liberación del pecado. Fue Satanás quien escuchó el mensaje inicial de la cruz: «Pondré enemistad entre tú y la mujer, y entre tu simiente y la de ella». Cristo, en su encarnación, vino como «la simiente de la mujer» para cumplir la verdad predicha que Satanás recibió luego de engañar a Eva. Con su muerte y resurrección Cristo, nacido de mujer, hizo posible la libertad de la esclavitud de Satanás. Entre este y «su simiente» y todos los nacidos de Dios mediante Cristo y por el Espíritu hay constante enemistad. Podrían hacerse otras aplicaciones válidas de Cristo como la simiente.

LAS DIOSAS PAGANAS
1 Reyes 11:5, 33; 2 Reyes 21:3; 23:6

Entre las huestes celestiales que adoraban los paganos y, qué pena, los israelitas por su contacto con naciones idólatras, había deidades femeninas que existían solo en la imaginación de aquellos que las adoraban. Destacada entre los dioses cananeos tenemos a

Aserá

La adoraban como la diosa de la fertilidad. Aserá se representaba con un poste de madera que llevaba su nombre y se plantaba en la tierra (Jueces 6:24; 1 Reyes 14:22; 18:18; 2 Crónicas 15:16). En su adoración se usaban objetos los cuales compartía con Baal (2 Reyes 23:4). Se decía que su árbol sagrado era «una imagen abominable» y «una imagen tallada» (2 Reyes 21:7). Fue la imagen de Aserá la que Manasés puso en el templo y Josías destruyó (2 Reyes 21:7; 23:6). Los sacerdotes de esta diosa fueron ejecutados luego del reto de Elías en el Carmelo (1 Reyes 16:33). Aserá, que es la forma hebrea de Astoret, estaba en los lugares cananeos de adoración y se decoraba periódicamente con tapices tejidos hechos por sus adoradoras femeninas (2 Reyes 23:7).

El tótem de los indios tenía un significado simbólico semejante.

Astarot

Esta forma plural de Astoret era el nombre general de las diosas de los cananeos cuyo centro de adoración era el antiguo Basán (Deuteronomio 1:4; Josué 9:10). Astoret, paralela a Astarté, se ha identificado con Venus o Afrodita, diosas del amor. También aparece como la diosa de la guerra y la adoraban en Sidón. Con la adoración de Astoret se asociaban groseras orgías sexuales (1 Samuel 31:10; 1 Reyes 11:5, 33; 2 Reyes 23:13). La reina del cielo a la que se refiere Jeremías era probablemente esta misma diosa fenicia (Jeremías 7:18; 44:15-30). Algunos adoran erróneamente a la madre de nuestro Señor como «la reina universal del cielo y la tierra».

MÁS PRECIOSA QUE EL AMOR DE LAS MUJERES
2 Samuel 1:17- 27

No hay elogio tan patético y expresivo en el campo de la literatura como el que salió de los labios de David cuando supo de la muerte de Saúl y Jonatán en el monte Guilboa. Entre David y Jonatán hubo un afecto extraordinario a pesar de las circunstancias tan adversas y cuando David comparó la profunda amistad de su amigo como más preciosa que el amor de una esposa fiel hacia su esposo, expresó un afecto que solo podía existir entre dos criaturas tan nobles y unidas como estaban en el temor de Dios. La intensa pena de David por la muerte de su amigo se percibe en la alabanza que hace: «Más preciosa fue para mí tu amistad que el amor de las mujeres». David tiene entonces toda razón para hablar así de Jonatán, especialmente cuando este último sabía que aquel a quien amaba asumiría la corona y no obstante permanecía leal y afectuoso con su rival.

LA HIJA DEL REY:
HONORABLE Y GLORIOSA
Salmo 45

En este gran salmo del rey, tenemos referencias a su reina y sus hijas. Como uno de los salmos proféticos, se proyecta hacia el reino venidero de Cristo (Hebreos 1:8, 9). La reina es un símbolo de la iglesia, la reina consorte a quien, por un pacto eterno, Cristo ha desposado (Apocalipsis 19:7-9). A las hijas se les puede mirar como creyentes individuales, nacidas de arriba, gloriosas en su interior. Su belleza y santidad son inherentes y no meramente una relación superficial con el rey. ¡Cuál será su gozo cuando vayan juntas al palacio del rey a quien alabarán por la eternidad!

RAJAB APLASTADA
Salmo 89:10

Rajab no era solo el nombre de un personaje femenino (véase RAJAB), sino también el nombre poético de Egipto, transmitiendo la idea de arrogancia altanera y envanecida. «Rajab tranquila» era una caricatura política, pero fue aplastada (Salmo 87:4). Rajab era muy probablemente el nombre copto de un monstruo grande de mar o de río, simbólico de Egipto (véase Job 9:13, 26, 27), a quien Dios conquistó y aplastó (Isaías 30:1-7).

HIJAS COMO COLUMNAS
Salmo 144:12

¡Qué hermoso símil de las hijas de aquellos padres felices de los que Dios es el Señor! (Salmo 144:15). La frase «columnas» solo aparece una vez más en el Antiguo Testamento, en 9:15, donde se usa para las esquinas del altar. Estas columnas, labradas y pulidas (Isaías 51:1), asemejan un palacio majestuoso, una imagen sugerente de la muralla de la que habla Salomón (Cantares 8:9) e implica una castidad y virtud intachables. Estas hijas son «mujeres de fuerza o de una fortificación potente». El comentario de Matthew Henry sobre el simbolismo que se utiliza aquí es sugerente:

> Las familias están unidas por las hijas y conectadas a su fuerza mutua como lo están las partes de un edificio por las columnas; y cuando estas son tanto elegantes como hermosas en alma y cuerpo entonces se pulen según la similitud de una bella estructura. Cuando vemos a nuestras hijas bien establecidas y que permanecen en sabiduría y discreción, cuando las vemos unidas a Cristo mediante la fe, cuando las vemos purificadas y consagradas a Dios como templos vivientes, nos vemos felices en ellas.

En estos días de tanto sexo en los que muchas jóvenes están creciendo con una moral deformada, cuán agradecidos están los padres piadosos cuando ven a sus hijas como «las hijas del rey» cuya belleza interior él desea grandemente.

MADRES COMO BARCOS MERCANTES
Proverbios 31:14

A causa de su prolífica práctica de la poligamia, el rey Salomón sabía más acerca de las mujeres que cualquier otro hombre de su época. Sin duda alguna, él tuvo amplia oportunidad de estudiarlas desde todo ángulo aunque esto trajo como resultado que perdiera la sonrisa y el favor de Dios. Esta pudiera ser una razón por la cual tuvo mucho que decir sobre las mujeres, especialmente en Proverbios donde sobresalen los consejos que dio, pero no siguió, con respecto a las mujeres. En el capítulo 5, bajo «El ideal entre las mujeres de la Biblia», hemos resumido lo que Salomón escribió acerca de sus vicios y virtudes en su «libro de la sabiduría». En este momento llamamos la atención a una de las tantas formas con las que él simboliza el trabajo y valor de una mujer virtuosa: «Es como los barcos mercantes, que traen de muy lejos su alimento», dicha metáfora implica que siempre está a la expectativa de oportunidades para comprar a bajo precio lejos de casa, en lugar de pagar un elevado precio en el momento. Este símil impresionante de «los barcos mercantes» describe a la madre «cuyo valor es muy preciado» y el Dr. Fred John Meldau lo analizó de esta manera en un artículo para el Día de las Madres en su encomiable revista *Christian Victory* [Victoria cristiana].

1. Los barcos mercantes necesitan un timonel: una verdadera madre cristiana tiene a Jesucristo como el timonel de su corazón y de su hogar.

2. Los barcos mercantes se guían por una brújula y por la estrella polar: una verdadera madre cristiana conduce su vida y su hogar por la palabra de Dios.

3. Los barcos mercantes traen cargamentos preciados de lejanas tierras: las madres verdaderas transfieren las bendiciones del cielo a las vidas que las rodean.

4. Los barcos mercantes soportan las tormentas en el mar: las madres verdaderas tienen la protección divina cuando las tormentas morales y espirituales amenazan el bienestar de sus hijos.

5. Los barcos mercantes siempre están activos y bien suministrados para los viajes largos: las madres verdaderas siempre están de guardia para animar y consolar, exhortar y alentar.

6. Los barcos mercantes se dirigen a un puerto para dejar su cargamento: las madres verdaderas buscan traer a aquellos que las rodean al puerto de la seguridad y la salvación en Cristo. Quieren que sus hijos estén preparados para las mareas altas de la vida.

7. Los barcos mercantes no guardan nada para sí mismo, lo que cargan es para otros. Al llegar a su destino, descargan su mercancía para beneficiar a otros. Las verdaderas madres son desinteresadas y sacrificadas, gastan sus vidas para el enriquecimiento de otros y nunca dejan de dar lo mejor a los que las rodean. El hogar es siempre «un dulce hogar» para sus moradores en medio de circunstancias hostigadoras cuando su reina es una mujer conforme al corazón de Dios.

Ahí están en esta ruidosa marea
    abrumadora
Del cuidado y el delito humano,
Con quienes moran las melodías
De las campanillas eternas.
Quien lleva música en su corazón

A través de sendas oscuras y bulliciosos
    mercados,
Yendo de aquí para allá en sus tareas
    diarias con ocupados pies
Porque sus almas secretas repiten un
    santo compás.

¡Que Dios nos conceda más hogares donde las madres beban a diario del pozo del agua espiritual y quienes mediante su devoción a él traigan serenidad al hogar, salvaguardándolo así de la destrucción en medio del calor y la tensión de la vida moderna!

MUJERES COMO TRAMPAS Y REDES
Eclesiastés 7:26

Salomón experimentó que ninguno de sus disparates pecaminosos fue tan destructivo como trampas que lo seducían alejándolo de Dios, como las mujeres idólatras (1 Reyes 11:3, 4; Proverbios 5:3, 4; 22:14). Él sabía que «el favor de Dios es mejor que la vida» y que las mujeres que lo alejaron de Dios eran «más amargas que la muerte». Salomón usó «trampas» para describir a los que atrapan aves y a los que sitian a una ciudad (Eclesiastés 9:12, 14). En cuanto a las «redes» que emplean las mujeres impías para atrapar a sus peces, es lo mismo que utilizan los pescadores (Ezequiel 26:5; Habacuc 1:15). Las «cadenas» representan la condición de estar atado (Jueces 15:14). Salomón cita esta valoración denigrante del sexo femenino y la condición de la vida en los países donde se practica la poligamia. Es evidente que entre todas las mujeres que el rey tenía en su harén, no pudo encontrar una buena. No obstante reconoció la influencia saludable de una mujer que viviera su vida para Dios y no para las lujurias de los hombres (Proverbios 18:22; 19:14; 31:10).

LA SULAMITA
Cantares

Aunque Salomón compuso unas 1.005 canciones (1 Reyes 4:32), la que tenemos delante de nosotros, de su talentosa pluma, fue única y la llamó «Cantar de los cantares», queriendo decir que era una canción excelente o la mejor de sus canciones. Debido a la atmósfera sexual de esta canción o poema, algunos escritores han protestado su inclusión en las Sagradas Escrituras, no solo por su contenido amoroso sino porque carece del nombre de la divinidad o verdad teológica. «Cantares» de Salomón no es sencillamente un poema de amor oriental, lleno de una belleza y encanto exquisitos que se desarrolla en medio de hermosas escenas pastorales. Es también el retrato de una hermosa doncella, de humilde cuna, cuyo hogar estaba en el norte y a quien la riqueza y el esplendor de una vida lujosa en la corte no pudieron disuadir. Ella amaba a su amado por lo que él era, no por lo que tenía, le dio todo su amor y se negaba a compartir su amor con alguna otra mujer.

Pudiera ser que Salomón, inmerso como estaba en la poligamia, algo que en su corazón él sabía que estaba en contra de la ley de Dios, haya escrito esta canción como protesta ante una práctica casi universal y como un retrato de la pureza y la constancia del amor puro de una mujer y de la relación ideal que Dios ordenó para el hombre y la mujer. En la actualidad la sociedad humana está saturada, para su propio detrimento, de ideales más bajos de amor libre, prácticas disolutas y divorcios fáciles. La atractiva sulamita impresionó a las damas (?) de la corte con su amor y su lealtad al único hombre que la había cortejado y se ganó su corazón. De su confiada confesión podemos asumir que ella triunfó: «Yo soy de mi amado, y él me busca con pasión», y muchas aguas no podrían ahogar semejante amor. Por todas las edades mentes espirituales han visto en esta notable canción un símbolo de la nueva unión y comunión entre Cristo y su verdadera iglesia, su novia.

MUJERES DESPREOCUPADAS
Isaías 32:9-20

Pareciera como si aquí el profeta estuviera describiendo las indulgencias pecaminosas y egoístas del harén, que de alguna manera no se afectó con la reforma del rey Ezequías. «Mujeres relajadas», «hijas descuidadas», se les exhortó a que se arrepintieran antes de que la desolación se apoderara del país. Tenían que dejar su pereza y su vida negligente, despojarse de sus costosas galas y vestirse de silicio, el símbolo externo del arrepentimiento interno (Jonás 3:3-5). En el lujo constante de estas mujeres de vida fácil en Jerusalén, Isaías vio el precursor de las riquezas de las cuales sería despojada la ciudad cuando los palacios quedaran abandonados como resultado del juicio divino. Un escritor antiguo entendió por mujeres descuidadas a quienes les importaban poco las señales políticas de los tiempos, una referencia a las ciudades y pueblos de Judea (Ezequiel 16; Amós 6). En nuestra sociedad de consumo, la gente tiene más solaz que nunca. Acomodados y descuidados desaprovechan un tiempo precioso que pudiera usarse para el servicio de Dios en un mundo de pecado y necesidad. ¡Qué pena que demasiados cristianos estén cómodos en Sión y vivan descuidadamente! (Isaías 47:8).

SOBERANA DE LOS REINOS
Isaías 47:1-15

Aquí tenemos un ejemplo de una nación personificada en una mujer. La «hija virginal de Babilonia», «hija de los caldeos», «soberana de los reinos», «soberana por siempre», todos describen a Babilonia, invicta durante tanto tiempo pero a punto de ser destronada y obligada a sentarse en el polvo como una esclava servil. Despojada de las posesiones de las que se jactaba. Babilonia sería como una viuda que pierde a su esposo y a sus hijos y experimenta la amargura total de la viudez. Cuando Isaías describió a

Babilonia como «soberana por siempre», estaba ridiculizándola por todo su orgullo, cursilería y presunción. Pero el orgullo de las posesiones se convirtió en la vergüenza y la ruina de Babilonia. Mackintosh Mackay, al tratar con la denuncia de Isaías, dice que hay tres tipos del orgullo femenino que Babilonia manifestaba: el orgullo de la categoría, el orgullo de las riquezas y el orgullo del intelecto y nos da estas tres ilustraciones bíblicas de los mismos:

Mical, la esposa de David, quien amaba *el orgullo de la categoría.*

Salomé, la madre de los hijos de Zebedeo, que representa *el orgullo de la riqueza.*

Miriam, la hermana de Moisés, quien tipifica *el orgullo del intelecto.*

Babilonia era señora del mundo (Isaías 13:19), «soberana de los reinos», inflada con el orgullo de su categoría, riqueza e intelecto pero su completa humillación quedó demostrada y fue experimentada cuando mataron a su rey y ella se quedó como viuda y sin hijos porque los habitantes serían llevados como cautivos (Isaías 23:4; 54:1-5). De pronto el juicio se apoderó de la soberana de los reinos, «en un instante». Esto sucedió en una sola noche cuando Babilonia fue tomada, inesperadamente, por Ciro el rey pagano a quien Dios llamó su siervo.

LA MADRE QUE OLVIDA A SU NIÑO
Isaías 49:13-16

Al describir la conservación y restauración de Israel, Dios le recordó a su pueblo que incluso en esos días oscuros cuando parecía que él era indiferente ante sus pruebas, ellos estaban delante de él, grabados en las palmas de sus manos. Aunque es inconcebible que una madre pudiera actuar de manera tan antinatural y cruel para con un hijo de su vientre y olvidarse de él, el hecho es que algunas madres tienen este sentimiento hacia hijos no deseados. Pero Dios le aseguró a Israel, y también a nuestros corazones, que

los suyos son preciosos a sus ojos y él siempre los recuerda. Con demasiada frecuencia es a él a quien se olvida. En este mismo capítulo, cuando Isaías predice el juicio de los enemigos de sus hijos a quienes nunca olvida, él dice que «los reyes te adoptarán como hijo, y sus reinas serán tus nodrizas» (49:23).

¿Puede cesar el cuidado tierno de una mujer
para con el hijo que dio a luz?
Sí, ella pudiera ser olvidadiza
No obstante yo me acordaré de ti.

LAS MADRES QUE CONSUELAN
Isaías 66:13

Ya que Dios creó tanto al hombre como a la mujer, padre y madre, él combina en su propia naturaleza los atributos o virtudes más elevados y nobles de la parte femenina y masculina de su creación. Tal es así que él manifiesta una compasión paternal hacia sus hijos (Salmo 103:13), y en el tierno símil que nos ocupa, el consuelo de una madre para sus seres queridos. «Como madre que consuela a su hijo». ¿Cómo muestra una madre consuelo cuando su hijo tiene problemas o padece dolor? ¿No es acaso con su amor, simpatía, sus palabras consoladoras y su disposición de ir hasta los límites para ayudar a su retoño necesitado? ¡Qué consuelo le trae al hijo afligido el corazón amante y el seno tibio de una buena madre! Como Dios es Dios de toda consolación, la fuente de todo consuelo afectivo, no hay consuelo comparable al que él le ofrece a sus hijos atribulados (2 Corintios 1:3-7).

LA REINA DEL CIELO
Jeremías 7:18; 44:17-19

Se ha llamado la atención hacia esta diosa pagana (véase ASERÁ). Aquí nos detendremos para ver cómo las prácticas del culto asirio invadieron los propios recintos de Dios y en los tiempos de Jeremías eran una inundación. Incluso dentro del área del templo se había establecido la adoración de cuerpos celestiales: el sol, la luna, los planetas y las constelaciones. Ishtar, el planeta Venus, aparecía como la reina del cielo, y, como estrella de la mañana, era la diosa de la guerra y, como lucero de la tarde, era la diosa del amor y la prostitución. Se adoraba a esta supuesta reina en los techos de las casas de la ciudad y en cada hogar toda la familia se involucraba en el ritual de su adoración: los niños reunían el combustible, los padres encendían las llamas, y las mujeres amasaban la masa y hacían pasteles en su honor. Podemos inferir cuán profundamente arraigado estaba este sistema de falsa adoración por lo que los judíos exiliados en Egipto le dijeron al profeta: «En aquel tiempo teníamos comida en abundancia, nos iba muy bien y no sufríamos ninguna calamidad. Pero desde que dejamos de ofrecer incienso y libaciones a la Reina del Cielo nos ha faltado todo, y el hambre y la espada están acabando con nosotros». Qué explícito es el segundo mandamiento: «No te hagas ningún ídolo, ni nada que guarde semejanza con lo que hay arriba en el cielo, ni con lo que hay abajo en la tierra, ni con lo que hay en las aguas debajo de la tierra» (Éxodo 20:4, 5).

¿Hay alguna cosa debajo del sol
    que luche contigo para compartir mi
        corazón?
Entonces destrúyelo todo y reina solo tú,
    El Señor de todo movimiento:
Entonces mi corazón será libre del mundo,
Cuando haya encontrado reposo en ti.

MUJERES QUE HACEN OBJETOS DE HECHICERÍA
Ezequiel 13:17, 18

Al profeta se le ordenó que desenmascarara y testificara contra las mujeres de su nación que eran falsas profetisas y que hacían objetos de hechicería y sortilegios. Se suponía que las vendas y velos mágicos que hacían y vendían les daban a sus usuarios un sentido de seguridad. A estas mujeres que profetizaban de su propia inspiración y engañaban a las personas con los sortilegios que fabricaban y negociaban se les amenazó con merecido juicio. Esta supuesta transferencia de poder y paz por medio de pañuelos es semejante a la práctica engañosa de algunos sanadores religiosos con sus paños de lino por los que oran y luego ponen en venta. ¡Qué días de engaño religioso son estos!

LA HIJA CORRUPTA DE LAS MUJERES
Daniel 11:17

El lenguaje que Daniel usa aquí y también en un pasaje anterior en el que habla de la hija del rey (11:6), debe considerarse como simbólico y en un sentido general. Aunque se han hecho esfuerzos para identificar a «la hija» como una mujer histórica, en ambos casos el contexto parece sugerir que con «ella» la referencia es al rey del sur. ¿Acaso no compara Dios a la ciudad de Sión con una hija (Jeremías 6:2)? (Véase MUJERES ANÓNIMAS.)

LA MUJER Y LA LEVADURA
Mateo 13:33; Lucas 13:21

Para una exposición completa de esta parábola del ama de casa que usa la levadura y harina para hornear, así como una explicación sobre el simbolismo de todas las parábolas bíblicas, véase la obra del autor *All the parables of the Bible* [Todas las parábolas de la Biblia]. Dicho de forma breve, la parábola de la levadura representa la degeneración del poder, una ruptura de la comunión inspirada por Dios y la corrupta influencia de la apostasía. Muchas mujeres, como Mary Baker Eddy, fundadora de la Ciencia Cristiana, han sido culpables de mezclar la levadura, que en la Biblia simboliza el mal, con la harina.

LA MUJER CON SIETE ESPOSOS
Mateo 22:25-32; Lucas 20:2'7-38

Los saduceos, que consistían en gran medida en la clase superior de los sacerdotes (Hechos 5:17), se oponían totalmente a la doctrina de la resurrección al argumentar que no se mencionaba en la ley, su única regla de fe. Cuando le expusieron su caso a Jesús es poco probable que en realidad supieran de una mujer así, quien había enterrado a siete esposos, pero pensaron en una ilustración tan absurda para subrayar su punto. Ellicott comenta: «En los siete matrimonios de la mujer se destaca el hecho de que no tenía hijos para evitar la posible respuesta de que en la resurrección se le considerara esposa de aquel que le hubiera dado hijos».

Nuestro Señor, en su severa amonestación a estos oponentes de la resurrección, desenmascaró la causa de su error. En primer lugar, tenían un conocimiento imperfecto de las Escrituras del Antiguo Testamento en las que profesaban creer. Estaban ciegos a la defensa que estas hacen del estado futuro. En segundo lugar, tenían una concepción imperfecta de los atributos divinos y por ende ignoraban los límites del poder de Dios ante el cual desaparecen miles de dificultades (Marcos 12:24). Se ordenó el matrimonio para perpetuar la familia humana en la tierra pero en los cielos esta ordenanza cesa y los redimidos son como ángeles con respecto a la inmortalidad de su naturaleza. Se les llaman «los hijos de Dios» no solo por su carácter sino por su naturaleza con vistas a que compartan la inmortalidad del Padre (1 Timoteo 6:16). Como los «hijos de la resurrección» tienen una existencia que no perece (Romanos 8:21-23).

MUJERES EN EL MOLINO
Mateo 24:41

En este mensaje solemne sobre su Segunda Venida en gloria y juicio, nuestro Señor no solo describe la diversidad de caracteres que existen en medio de las relaciones más estrechas de la vida sino también la inevitable separación que se experimentara en su regreso. Al usar una escena que él muchas veces había presenciado, la de dos mujeres involucradas en la tarea femenina más humilde de aquel tiempo, Jesús fortalece su advertencia sobre la separación basada en el carácter. Aquí había dos pobres mujeres campesinas moliendo maíz con su pequeño molino de manos de dos piedras. Semanas tras semana, año tras año, estas dos mujeres continuaban su monótona rutina de labor difícil y tediosa. Se parecían y trabajaban por igual pero eran dos personajes muy diferentes. Una no veía más nada que una piedra de moler, mientras que la otra tenía una esperanza interior que le permitía ver más allá de su existencia de molino a la gloria venidera. La suya era un alma noble y por gracia vio el molino transformado mientras trataba de hacer su nimia tarea como para el Señor. Cuando él regrese, la mujer cuyo trabajo monótono la encarcelaba y la hacía insensible a las cosas eternas será dejada para el juicio pero, la otra mujer quien, aunque soportaba la misma prisión, pudo «remontarse como un ave al azul del cielo», será llevada con el Señor para siempre. La relación con Cristo no solo es un gran factor determinante en la vida humana, es también la garantía de traslado a su presencia cuando él regrese.

LAS DIEZ VÍRGENES
Mateo 25:1-7

Alexander Whyte, al introducir su capítulo acerca de este pasaje, dice: «Todo lo que nuestro Señor veía en la tierra, de inmediato lo hacía pensar en el reino de los cielos». Él supo de un matrimonio real en el cual había damas de honor listas para ser parte de una ocasión tan alegre y otras damas a quienes a pesar de haberse invitado, no pudieron participar de la boda debido a su olvido poco considerado, y usó tal incidente para tipificar lo que sucederá cuando él regrese. Con esta parábola, como con todas las demás, tenemos que tratar de no espiritualizar cada detalle sino descubrir la verdadera clave de la parábola y estar satisfechos con la misma. En líneas generales, esta parábola de las diez vírgenes enseña la necesidad de presteza para la venida de Cristo como el novio y también la *inclusión* y *exclusión* que esa hora feliz manifestará. (Véase la página 237 de *All the Parables of the Bible*.) ¡Qué remordimiento tendrán aquellos que encuentren una puerta cerrada y las temidas palabras: «Ya no puedes entrar»!

MATERNIDAD ESPIRITUAL
Mateo 12:46-50; Marcos 3:31-35; Lucas 8:19-21

La madre y hermanos naturales de nuestro Señor, preocupados por el antagonismo que él enfrentaba y conscientes de los esfuerzos que se hacían para quitarle la vida, fueron a aconsejarle que controlara y frenara el ministerio público. En su respuesta un tanto dura, Jesús, quien siempre reconoció los deberes de las relaciones naturales, reveló que estas se verán reemplazadas por las relaciones espirituales, que la devoción a Dios y el cumplimiento de su voluntad están primero que los deseos de aquellos más cercanos a él. Todos los que conocen y obedecen la voluntad de Dios y quienes se deleitan en hacer esta voluntad están unidos por lazos espirituales a Jesús como sus hermanos, hermanas y su madre. Estos son los miembros de una familia que trasciende y supera a la familia terrenal y representa el vínculo indisoluble de la unión entre Cristo y aquellos relacionados con él por su gracia.

LA MUJER QUE PERDIÓ SU MONEDA DE PLATA
Lucas 15:8-10

La clave de las tres incomparables parábolas que Jesús cuenta en este capítulo se encuentra al principio: «Este hombre recibe a los pecadores y come con ellos» (15:2). Mientras que los personajes que él presenta son representativos al igual que metafóricos, sin dudas que al contar estas parábolas él recordó casos reales que conoció mientras vivió su vida durante treinta años en el hogar de Nazaret. En más de una ocasión vio a regresar de su búsqueda a un pastor feliz, aunque cansado, cargando la oveja perdida en su hombro. Tal vez recordó el día en que su pobre madre perdió una preciosa moneda de plata en la casa y el alivio que sintió al recuperarla. Luego aparece el apurado joven feliz que quería disfrutar la vida y cuya conducta pródiga era muy bien conocida en la ciudad. Así, de la vida real, Jesús tomó a estos tres personajes y los vistió en la atractiva forma de una parábola.

En cada parábola es común la idea de alguien o algo perdido pero cuya recuperación trae mucho gozo. ¡Cuánto deben haber apreciado las mujeres que estaban entre los oyentes de nuestro Señor esta parábola acerca de una de su mismo sexo que al tener que vivir frugalmente y economizando el dinero para mantener el hogar, estuviera tan preocupada por encontrar la moneda perdida! También entendería sus emociones cuando al encontrar la pieza de plata llamó a sus amigas para que se alegraran con ella y de la misma manera entenderían la aplicación que nuestro Señor hizo de la historia, que él tenía todo el derecho de pedirnos que nos regocijemos con él y con los ángeles por las almas que se arrepienten de su pecado y se reconcilian con Dios.

A diferencia del pastor y del hijo pródigo, lo que la mujer perdió lo perdió en el hogar. ¿Acaso no hay muchos que viven en hogares cristianos o que buscan adorar y servir a Cristo en una iglesia cristiana y que están perdidos? Aquellos más cerca de nosotros tienen corazones destituidos de la gracia. Tal vez no sean tan notablemente pecadores ni degradados como el hijo pródigo, no obstante, están igual de perdidos y necesitan que los recupere el mismo Salvador que vino a buscar y salvar a los perdidos. Además, la mujer encontró su moneda y cómo se complace Dios en usar a mujeres consagradas para rescatar a aquello que las rodean y que perecen en su pecado.

LA VIUDA INSISTENTE
Lucas 18:1-8

En esta parábola en la que Jesús nos enseña que siempre tenemos que orar y no desmayar, él refleja de manera vívida a una viuda decidida que hizo entrar en razones a un juez impío e injusto. Las tres figuras que Jesús presenta tan admirablemente son la viuda insistente, el juez injusto y el juez divino y justo. El objetivo de la parábola era enseñar paciencia y perseverancia en la oración. Pueden venir ocasiones cuando parece que Dios no presta atención a nuestras peticiones. Oramos y oramos, pero los cielos parecen como bronce. No obstante tenemos que orar siempre, es decir, continuamente, tal y como la viuda que no dejó de pedir. «Pidan, y se les dará». Pidan está en el tiempo continuo, «sigan pidiendo». Tenemos que orar siempre «en el Espíritu en todo momento, con peticiones y ruegos» (Efesios 6:18). Además, no debemos «desmayarnos». A veces la demora produce desánimo. Si no se nos responde la oración, tenemos la tendencia a desalentarnos y perder las esperanzas. Pero toda oración inspirada por el Espíritu será respondida en el tiempo y forma del Señor. Él no es como el juez poco dispuesto que no quería ayudar a la viuda sino que está listo para escuchar y responder a nuestras peticiones de acuerdo con su voluntad (1 Juan 5:14, 15).

LA HIJA DE SIÓN
Juan 12:15; Mateo 21:5

Aquí nuestro Señor usa «hija» con un sentido representativo y citó de memoria la profecía de Zacarías: «¡Alégrate mucho, hija de Sión! ¡Grita de alegría, hija de Jerusalén!» (9:9). Hija implica que hubo padres que le dieron existencia y la rodearon con amor y provisión. Dios les dio la existencia a Jerusalén y a sus habitantes y los bendijo con su favor, les levantó un rey, hasta su propio hijo quien tendrá un dominio aún mayor que el de David o el de Salomón (Zacarías 9:10). Con Jerusalén, como su gran puesto de gobierno, «Jesús reinará doquiera salga el sol».

LA MUJER QUE ESTÁ
POR DAR A LUZ
Juan 16:20, 21

La figura de una mujer con dolores de parto se usa frecuentemente en la Biblia para expresar verdades divinas (Isaías 23:4; 54:1; 66:7, 8; Gálatas 4:19, 27; Apocalipsis 12:2, etc.). En el uso que nuestro Señor hace de este delicado símil, él explica que la pena que sentían sus discípulos a causa de su partida resultaría en gozosos dolores de parto ya que al igual que con una madre, el gozo de la maternidad hace desaparecer los dolores del parto. Los dolores cesan pero el gozo continúa. Se olvida de uno ante la plenitud del otro. La cruz estaba cerca con sus dolores de parto tanto para el Salvador como para sus discípulos, pero estos pasarían y la plenitud del gozo vendría con el entendimiento de la presencia permanente del Señor. La angustia por la separación sería solo temporal. Cuando él resucitara, el gozo que ellos tendrían por su cercanía constante no tendría límites. Muchos expositores místicos han interpretado el uso que nuestro Señor hace de una mujer con dolores de parto como un símbolo de su muerte y como el dolor de parto para el nacimiento de una humanidad perfecta. El uso que Pablo hace de la ilustración indica el dolor de parto que tenía en su corazón por la santificación de los creyentes de Galacia (Gálatas 4:19).

LA ESPOSA INCRÉDULA
1 Corintios 7:10-14

Entre sus varias amonestaciones a los casados, Pablo tiene instrucciones explícitas en cuanto al asunto de las esposas incrédulas de esposos cristianos y viceversa. ¿Cómo es que el marido santifica a la esposa incrédula, no cristiana? La santificación de la que Pablo habla aquí no es esa santificación interior que brota tras la acción del Espíritu Santo en el corazón del creyente sino la consagración que surge por estar en el cuerpo de Cristo, la iglesia verdadera (Romanos 11:6). Jamieson explica el consejo considerado de Pablo para implicar que

aquellos que estaban relacionados inseparablemente con el pueblo de Dios se santifican por esa razón, de manera que estos últimos puedan mantener la conexión sin dañar su propia santidad (1 Timoteo 4:5); es más, le imparten en lo exterior a los primeros un cierto grado de su propio carácter santo y así preparan el camino para que el incrédulo por fin se santifique en su interior por la fe.

ARTEMISA DE LOS EFESIOS
Hechos 19:24-41

A esta diosa pagana no se le llamaba «grande» meramente por la alabanza y admiración que recibía. Este era un epíteto de cierto nivel, un nombre propio que la distinguía de otras deidades inferiores que llevaban el mismo nombre de Diana o Artemisa. La gran diosa Artemisa semejaba los atributos de Astoret (véase ASTORET). Ella simbolizaba los poderes generativos y nutritivos de la naturaleza y por eso la representaban con muchos senos. Su templo original se fundó en el año 580 a.C., y Eróstrato lo quemó en el 356 a.C. El segundo templo se construyó durante el reinado de Alejandro Magno en Éfeso, la capital de Asia, y se convirtió en el centro de adoración de Diana y este era el ídolo «a quien adoran toda la provincia de Asia y el mundo entero». Los plateros desarrollaron un negocio lucrativo haciendo réplicas de plata de Artemisa. Como resultado del ministerio poderoso de Pablo en Éfeso, se quemaron no solo libros y objetos de arte sino que el santuario de plata de Diana también recibió su toque de muerte. Mediante la intervención del secretario del concejo municipal en Éfeso, Pablo se salvó del trato brutal de los enojados plateros.

LAS MUJERES CALLADAS
EN LAS IGLESIAS
1 Corintios 14:33-35

Hay diferentes y confusas interpretaciones con respecto a las reglas de Pablo para regular el ejercicio de los dones espirituales. Lo que el apóstol destacó fue que si Dios es Dios de paz y no de confusión, en la iglesia debe reinar el orden (1 Corintios 11:1-22). Con respecto a que las mujeres guardaran silencio en las iglesias, su ministerio público sería un acto de independencia, como si no estuvieran sujetas a sus maridos (1 Corintios 11:2-6; Efesios 5:21-26; 1 Timoteo 2:11, 12; Tito 2:5; 1 Pedro 3:1). Las esposas estaban sujetas o «sumisas» a sus esposos, y era a ellos a quienes debían buscar para obtener conocimiento. Podrían haber argumentado que si no entendían algún mensaje hablado por qué no podían hacer una pregunta en público para aprender. Pablo dijo: «¡No! Si quieren saber algo, que se lo pregunten en casa a sus esposos y no a un hermano ilustrado en público». Lo que no debe olvidarse acerca de la imposición del silencio a las mujeres es que el contexto se dedica al asunto de hablar y profetizar en lenguas y hacer preguntas sobre la interpretación de estas. La iglesia le debe mucho al eficaz ministerio público de mujeres consagradas.

MUJERES QUE PROFESAN
SERVIR A DIOS
1 Timoteo 2:9-15

La piedad que se profesa tiene que practicarse. La creencia interna tiene expresión en una conducta externa. Al asistir a la iglesia las mujeres, como adoradoras, tenían que adornarse «con modestia y recato, con buenas obras». Tenían que evitar cualquier cosa que pudiera atraer la atención como adornos ostentosos, vestidos costosos o peinados inusuales. Como mujeres cristianas devotas, tenían que practicar la sobriedad y alejarse de cualquier cosa impropia con respecto a su apariencia que pudiera distraer las mentes de los adoradores congregados. Su vestido y conducta debían ser en el espíritu. En estos tiempos modernos cuando nuestra afluente sociedad parece estar loca con la moda, realmente tenemos necesidad de pensar de nuevo sobre este asunto del atavío discreto y decoroso en nuestras reuniones para la adoración divina.

MUJERES OCIOSAS
1 Timoteo 5:11-13

Con respecto al trato de los peligros y faltas de los que hay que cuidarse en la iglesia, Pablo dice algunas cosas pertinentes sobre las viudas jóvenes quienes luego de su luto se tornan intranquilas y pierden su amor por aquel que prometió ser como un esposo para la viuda, se exponen al juicio correctivo de Dios por haber faltado a su compromiso con él.

> Van de casa en casa y se acostumbran a estar ociosas y no solo se vuelven holgazanas sino también chismosas y entrometidas, hablando de lo que no deben.

En lugar de usar su viudez para un propósito más alto y como «viudas de verdad» visitar los hogares necesitados con el objetivo de consolar a los que sufren y de instruir a los que desean un conocimiento más completo de la verdad, estas viudas jóvenes con malos hábitos gastaban su tiempo precioso entregándose a conversaciones frívolas y dañinas. Pablo no quería que estas viudas se alejaran del servicio público y vivieran una vida de ascetas. Sería mejor para ellas casarse y tener un hogar que glorifique a Cristo en lugar de desperdiciar su tiempo e influencia de casa en casa. Volverse a casar es recomendable como un antídoto contra la holgazanería y otros males (1 Timoteo 5:11-13).

MUJERES DÉBILES
2 Timoteo 3:6

Al hacer su exposición acerca de los propósitos malos de los falsos maestros, Pablo habla de la manera cautelosa en que se introducen con artimañas en hogares donde las mujeres débiles cuyas conciencias están cargadas de pecado son una presa fácil para los que prometen aliviar las conciencias si siguen sus enseñanzas erróneas. Estos maestros hipócritas de la fe cristiana deben haber sido muchos en la época del apóstol y, además, reconocidos por el poder que tenían sobre algunas de las mujeres de la iglesia de Éfeso.

Como estas mujeres vivían en un estado de exclusión comparativa se necesitaban el fraude y el engaño para que los falsos maestros pudieran entrar en sus apartamentos. El término que Pablo utiliza para describir a estas mujeres cuya vida hogareña interrumpían con frecuencia estos astutos maestros expresa desprecio. «Débiles» ha llegado a significar falta de sentido, estúpido, debilidad mental. El apóstol lo empleaba desdeñosamente para describir inmadurez de mujeres que se hacían llamar cristianas pero eran impulsivas y emotivas, les faltaba profundidad en el carácter y se volvían una presa fácil de las doctrinas engañosas y de la falsa paz que ofrecían aquellos que tenían una apariencia de piedad pero carecían de poder. Las mujeres cristianas de hoy tienen necesidad de orar constantemente por una intuición espiritual que de inmediato les permite volverse de voces extrañas a la verdad que con tanta claridad revela la Palabra de Dios.

MUJERES ANCIANAS Y JÓVENES
Tito 2:3-5

Entre los encargos para ambos sexos que

Pablo le mandó a Tito para que entregara a la iglesia en Creta estaban aquellos para las mujeres ancianas y las mujeres más jóvenes de la comunidad cristiana de allí. Las mujeres ancianas recibieron exhortaciones tanto positivas como negativas. En lo positivo, su conducta debía ser santa y debían ser maestras de buenas cosas para las mujeres jóvenes. En lo negativo, no debían ser calumniadoras ni adictas al mucho vino.

Estas mujeres ancianas del rebaño, al igual que los hombres ancianos, debían entender su enorme responsabilidad y vivir para Cristo. La palabra «conducta» incluía un comportamiento externo que surgía de una relación interna con un Dios verdaderamente santo. En el vestido, en la apariencia, en la conversación y en los modales, a esas mujeres ancianas se les instó a que manifestaran la belleza interna de Jesús. En todas las cosas debían tener una conducta sagrada. A su edad avanzada no debían ser culpables de calumnias ni murmuraciones ni de interferencia sino un ejemplo de verdad, fe, sobriedad y amor para sus jóvenes hermanas en la fe.

Como institutrices espirituales tenían que enseñar a las mujeres jóvenes de la siguiente manera:

Ser sobrias, es decir, practicar la autodisciplina y autocontrol.

Amar a sus esposos y a sus hijos. Como mujeres de Cristo su primer deber era hacer su vida hogareña bella mediante el amor sacrificado que trae como resultado el olvidarse de uno mismo.

Ser sensatas. La prudencia y la discreción eran las joyas que debían usar. ¡Qué virtudes tan preciadas son estas!

Ser castas. Aunque jóvenes, debían ser modestas, inmaculadas, puras de la carnalidad.

Cuidadosas del hogar. No debían ser callejeras sino atender las labores, cuidados y sacrificios de su hogar como la voluntad de Dios para sus vidas.

Bondadosas. Ya que el Dios a quien ellas sirven es bueno, entonces, como él, ellas deben ser afables, amables y consideradas con otros.

Sumisas a sus esposos. Al amar a Cristo, su maestro, tenían que reconocer la ley de subordinación a la autoridad indicada en la familia. Si cumplían con todas estas exhortaciones, entonces la palabra de Dios no sería blasfemada. No habría nada en sus vidas personales y hogareñas que contradijera su testimonio o que trajera vergüenza al nombre de Cristo. Mediante su vida buena y las correspondientes buenas obras ellas brillarían tanto en sus hogares que darían gloria al Padre del cielo a quien profesan servir. Al no olvidar nunca que eran cristianas, sus vidas reflejarían la belleza del Señor.

Podemos unir a los encargos que Pablo le dio a Tito, lo que dijo Pedro acerca de las verdaderas marcas de las *mujeres santas* que confían en Dios (1 Pedro 3:1-7). Junto con el decoro y el valor del adorno espiritual, en oposición al adorno personal, tenemos, además, referencia a la sujeción de las esposas a sus esposos. En cuanto a esta obediencia, Leighton dice:

> La esposa cristiana tiene que amar a Dios aunque su esposo no sea tan apuesto, sabio o de ninguna manera amigable como otros, no obstante, ya que es su esposo y debido al mandato del Señor en general y a su providencia en la disposición de los suyos, entonces ella ama y obedece.

LA SEÑORA ELEGIDA
LA MUJER QUE ERA UNA SEÑORA ELEGIDA

1 Juan 1:13 (RVR 1960)

La realidad y los nombres de las dos mujeres que Juan menciona en su breve epístola «la señora elegida» (versículo 1) y «tu hermana, la elegida» (versículo 13) han dado lugar a interminables discusiones. ¿Le escribió él a una mujer prominente en particular de la iglesia local o su preciosa carta estaba dirigida a la propia iglesia a quien Juan representó como una señora? Puesto que la Biblia fue escrita por hombres sencillos para gentes sencillas, para que pudieran entenderla de la manera más fácil, el lenguaje explícito que Juan usa implica que la mujer a la que él se dirigió era muy relevante en la vecindad de Éfeso y ya que tenía un carácter cristiano muy respetable, ella era digna de recibir una epístola exhortativa de su parte. Estamos de acuerdo con la afirmación de Dean Farrar en su comentario:

> Yo tomo la carta en su sentido natural, como si hubiera sido dirigida a una señora cristiana y a sus hijos. Parece ser que a algunos de los hijos el apóstol los conoció en una de sus visitas de supervisión a las iglesias de Asia. Puede que hubieran estado visitando a algunos de sus primos en una ciudad vecina.

Hay varias características de esta mujer cristiana, que era muy bien conocida y muy querida en la iglesia local.

Era una señora

De ninguna manera este era un término ajeno a las Escrituras. Aparece cuatro veces (Isaías 47:5, 7; 1 Juan 1, 5; RVR 1960) y los plurales «damas» o «señoras» aparecen dos veces (Jueces 5:29; Ester 1:18; RVR 1960) y es una palabra que implica un grado más elevado de mujer: una que posee más dignidad que otras. Señoras significa «princesas». Este término se aplica a la mujer que tiene derechos registrados, gobierno o autoridad —el equivalente femenino de «señor». Es por ello que la iglesia Católico Romana se refiere a la Virgen María como «Nuestra Señora». En Gran Bretaña una señora (*lady*) es la esposa de alguien que ha recibido un título o un honor de parte de la Corona, o una mujer de distinción o posición social, el equivalente del caballero. La palabra que Juan usa para «señora» es kuria, y como expresara el comentarista Bengel: «Un título tan elevado

como kuria se usaba muy raramente incluso para las reinas». El margen de la versión revisada (del inglés) convierte a Kuria en un nombre propio, «Kyria» o «Cyria», que se usaba en los tiempos de Juan.

En cuanto a la ausencia explícita del nombre verdadero de esta madre de familia, Ellicott señala que «no es absurdo suponer que los peligros de los tiempos o las persecuciones familiares hubieran hecho aconsejable que se retuviera tanto su nombre como el del autor».

Era una señora elegida

Pablo utiliza «elegida» de la misma manera cuando habla de Rufo, «escogido en el Señor» (Romanos 16:13 RVR 1960. Véase 1 Pedro 1:1, 2). La señora no era elegida solo en el sentido de ser una persona excelente sino porque junto con sus hijos y su hermana era elegida o escogida por el Señor de acuerdo a su propósito eterno para la herencia incorruptible y pura que no se desvanece. Es probable que esta señora elegida fuera una convertida del ministerio de Juan y por medio de él llegó a conocer lo que era descansar en fe en el seno del Padre y en esta epístola que sobresale «como un alto monumento blanco y agraciado erigido en su memoria, Juan la exalta por su devoción a aquel en quien ella estaba a salvo y segura».

Era una señora hospitalaria

Es evidente que el apóstol Juan la conocía muy bien y es muy posible que le hayan recibido con gentileza en su espacioso hogar. Ya que no se menciona ningún esposo, es probable que ella fuera una viuda rica con medios suficientes para cuidar de los santos de Dios que llegaban a ella. A todo su alrededor, los que conocían la verdad (versículo 1) compartían la esperanza que Juan expresa de tener el gozo de visitar el hogar de la señora otra vez y compartir con ella las verdades gloriosas que él había descubierto. Fue debido a que ella era dada a la hospitalidad que Juan la previno con respecto a recibir a falsos maestros.

Era una señora ejemplar

Milton escribió sobre «señoras de cuyos ojos brillantes se derrama influencia». La señora elegida que reflejaba su divina misión en la apariencia no solo tenía un semblante que irradiaba la paz interior de alguien que está en Cristo, sino que también ejercía una dulce influencia sobre los que la rodeaban. Sus hijos, seguían su fe, andaban en la verdad y debido a su piadoso testimonio y conversación, recibieron la alabanza de Juan por su andar en amor, un andar prudente y digno de su vocación. El apóstol sabía que el correcto andar cristiano así como el testimonio es el resultado de la instrucción temprana en la verdad y en amor. No es de extrañar que felicitara cálidamente a la piadosa madre por tener hijos que mostraran su apego a la Palabra de Dios con su conducta diaria. Ellos no solo creían en la verdad sino que andaban en ella.

Era una señora privilegiada

Además, esta señora era altamente privilegiada al tener al veterano apóstol que se llamaba a sí mismo «el anciano» como su guía en asuntos espirituales, que no solo la instruía en varias facetas de la verdad sino que la alertaba contra la naturaleza y las obras malas de los falsos profetas con piel de oveja. Al salvaguardarla de los peligros de estos engañadores que eran culpables de mentiras, tanto en el corazón como en la vida, Juan no tuvo pelos en la lengua. Estos comisarios de un anticristo no solo eran culpables de errores intelectuales sino de desviar la conducta de las personas. Su pensamiento equivocado resultaba en una vida equivocada y así toda su influencia era anticristiana (1 Juan 2:26).

Su error palpable estaba relacionado con el hecho y la realidad de la encarnación de Cristo. Ellos negaban que Cristo hubiera venido como Dios manifestado en la carne, cuya verdad es el corazón del cristianismo. De todos los errores de los que Satanás es responsable, este es el más destructivo. La prueba crucial de la ortodoxia de cualquier persona es el lugar que esta dé a Cristo en la economía de Dios. Así que él instó a la señora y a sus hijos a que no se dejaran extraviar sino que se guardaran de dos maneras. En primer lugar, teniendo cuidado de no perder lo que ya tenían; segundo, al evitar los errores tendrían la satisfacción de un premio íntegro. Debido a su estabilidad y firmeza en la verdad tenían el premio presente de la paz interior que sobrepasa todo entendimiento y más allá de la tierra, el premio de los que vencen (Apocalipsis 2:7, 11, 17).

En un lenguaje un tanto brusco tratándose de Juan, el apóstol del amor, le dijo a la señora que como una cristiana sincera, no debía tender su mano en camaradería a los engañadores ni recibirlos en su hogar. Su presencia sería peligrosa para el círculo familiar (2 Timoteo 3:6). Algunas personas se apoyan en este pasaje acerca de la exclusión de aquellos que son notables por su falsa doctrina y sus malas obras para declarar sus anatemas y excomuniones. «No lo reciban en casa» pudiera sonar anticristiano pero como dice Ellieott:

> Estos no son términos de cortesía común, la cual el apóstol no prohibió, sino un término de una intimidad cristiana estrecha y de comunión espiritual, el cultivo deliberado de relaciones personales e intercambio fraternal. El tipo más elevado de amor cristiano —es decir, el amor en su plenitud y verdad— solo puede encontrar reciprocidad en la misma atmósfera de Cristo, sobre la misma base y en las mismas características (2 Corintios 6:16).

Acomodar a aquellos que pervierten la doctrina de Cristo daña nuestro testimonio ortodoxo. Ofrecerles buena fortuna es ser partícipes de sus obras corruptas. Así Juan le advierte a la madre de familia que la única manera de protegerse de esto es el conocimiento siempre creciente de la verdad y la obediencia a esta. La base del amor del apóstol hacia esta señora y su familia era que ellos se aferraban a la verdad. «Verdad» aparece cinco veces; «mandamiento», 4 veces y «enseñanza», tres y así hacer de toda la verdad de Dios nuestro hogar (versículo 9) «permanecer en la enseñanza» es la provisión adecuada contra todo error.

Estamos seguros de que la señora elegida valoró el consejo espiritual de su anciano amigo y maestro y siguió su sugerencia práctica de mantenerse cerca de Cristo al mantenerse cerca de su verdad. Qué apropiada y necesaria es la exhortación apostólica para los santos en nuestra época de apostasía. Juan, solo en la isla de Patmos, un anciano ya, piensa en su querida amiga en Éfeso y recuerda todas las épocas dichosas de confraternidad que pasó en su encantador hogar cristiano; toma su pluma y le envía a la señora elegida una expresión tan llena de ternura: «espero visitarlos y hablar personalmente con ustedes para que nuestra alegría sea completa». El corazón de Juan estaba lleno de cosas sobre las que quería escribir pero esperaba un tiempo en que pudiera conversar ilimitadamente y experimentar la profunda satisfacción del intercambio de pensamientos espirituales, aspiraciones y experiencias que el material escrito no era capaz de brindar. Ya que vivía cerca de la hermana de la señora elegida, Juan le contaría de su carta y por eso incluye los saludos familiares, así como nosotros expresamos nuestro cariño y saludos cuando enviamos una carta a un ser querido que está lejos. De esta manera «al transmitir este mensaje familiar, Juan dio un final muy instructivo a lo que es un hermoso cuadro de principio a fin».

MUJERES EN EL APOCALIPSIS

El último libro de la Biblia, al ser altamente simbólico, deja perplejas a una buena mayoría. Al llegar al Apocalipsis en la lectura de sus Biblias, lo saltan y regresan a otras porciones que pueden entender con mayor facilidad. Pero esta no debe ser nuestra actitud ya que el libro de Apocalipsis no está envuelto en misterio sino que es una revelación como él mismo lo declara. Estamos en desacuerdo total con Edith Deen en su excelente obra *All the Women of the Bible* [Todas las mujeres de la Biblia] en que «se ha perdido la clave de su simbolismo apocalíptico». Sin dudas que el versículo inicial es lo suficientemente explícito: «Ésta es la revelación de Jesucristo, que Dios le dio para mostrar a sus siervos lo que sin demora tiene que suceder. Jesucristo envió a su ángel para dar a conocer la revelación a su siervo Juan». El libro es la revelación de la naturaleza de Jesucristo con respecto a:

El tiempo: pasado, presente y futuro (1:4);
Relación: con las iglesias (1:9–3:22), la tribulación (4–19), el reino (20–22);
Cargos: Sumo sacerdote (8:3-6), el novio (19:7-9), el rey-juez (20:1-15).

Él es la clave o el tema central de este dramático libro en el que todos los sucesos se mueven hacia una sublime consumación: «El reino terrenal de nuestro Señor y su Cristo ha llegado».

Reconocemos cuánta variedad de símbolos llenan las páginas de este libro que es una profecía (1:3) pero una guía sencilla para ayudarnos a entender el Apocalipsis es el hecho de que cualquier símbolo que uno se encuentra, aparece explicado en alguna otra parte de la Biblia, que es su propia intérprete. Por lo tanto, todo lo que usted necesita es una buena y útil concordancia bíblica para que cuando se encuentre con un símbolo, usted pueda rastrear su uso en todas las Escrituras y así descubrir qué verdad encierra el símbolo o metáfora. Gerhardt dice que Juan, el escritor, vistió sus pensamientos «en el cortinaje reverencial y apropiado del lenguaje y simbolismo sagrado de la antigüedad con la convicción de que el lector antiguo correría el velo y comprendería el sentido». Al concluir esta sección de nuestro estudio, consideremos las mujeres simbólicas y representativas de un libro que no fue escrito sin lágrimas y sin lágrimas no puede entenderse en su totalidad.

JEZABEL
Apocalipsis 2:20-23

Como ya vimos a esta mujer en la porción de las mujeres con nombre en la Biblia (véase JEZABEL No. 2), todo lo que necesitamos hacer en este momento es recordarle brevemente al lector la manera en que la iglesia debe tratar a esta mujer siniestra. Algunos escritores adoptan la interpretación, «tu esposa Jezabel» y por eso la consideran como una persona real, una falsa profetisa que buscaba seducir a los santos de la iglesia de Tiatira. Otros comentaristas consideran el nombre Jezabel no como que pertenece a un individuo sino representativo de una sección apóstata de la iglesia. «Parece mejor considerar el nombre como simbólico», señala Ellicott, «recordando siempre que el espíritu de Jezabel (espíritu de orgullo, de autoridad autodeclarada, pretensiones jactanciosas de superioridad en la santidad o de un conocimiento superior, ligado con un desdeño o tal vez con un desprecio orgulloso por el "legalismo" y seguido por una inmoralidad al descubierto) se ha repetido una y otra vez en las iglesias de Dios».

En esta, la carta más larga a las siete iglesias, Cristo pronuncia una solemne advertencia a aquellos que con persistencia se complacen en la prostitución espiritual. Si se niegan a arrepentirse, tienen que compartir la condenación de Jezabel. Qué misericordioso es el Señor, aun para con los peores de los que hacen el mal: «Le he dado tiempo para que se arrepienta».

A aquellos en Tiatira que no habían tenido la influencia de Jezabel y sus fornicaciones y profundos secretos de Satanás (versículo 24) se les prometió participar en el gobierno de Cristo (versículo 26). Las obras basadas en el amor juegan un papel significativo en esta carta (2:19, 26). Las obras y las profundidades pertenecen a Satanás (2:22, 24; RVR 1960). La estrella de la mañana es Cristo y todos los que venzan tendrán a Cristo. ¡Qué futuro les aguarda a todos los que huyeron de Jezabel y de sus malos caminos y que tienen a Cristo en su corazón como el precursor del día venidero!

LA MUJER VESTIDA DE SOL
Apocalipsis 12:1-17

Es evidente que hay algunos que tienen dificultad para identificar a la «mujer vestida de sol». Los católicos romanos dicen que es la virgen María. La ciencia cristiana ve a la mujer como Mary B. Eddy, fundadora de esta secta. Hay expositores conservadores que identifican a la mujer vestida de sol con la iglesia, la madre de todos nosotros. Pero la mujer, creemos nosotros, es Israel. Es verdad que tanto Israel como la iglesia están estrechamente relacionados con Cristo: Israel como la madre, y la iglesia como la esposa. Sin embargo, fue Israel quien se convirtió en la madre del Mesías (Isaías 9:6; 5:2; Romanos 9:5, etc.). Un pasaje como Isaías 54:1 es muy expresivo: «Tú, mujer estéril que nunca has dado a luz, ¡grita de alegría! Tú, que nunca tuviste dolores de parto, ¡prorrumpe en canciones y grita con júbilo. Porque más hijos que la casada tendrá la desamparada —dice el Señor».

Vestida de sol

Aquí se representa a Israel como el portador de la luz divina, sobrenatural. Tiene suprema autoridad; o el sol puede representar a Cristo a quien Israel, no obstante, reconocerá como el sol de justicia y quien la rodeará con gloria.

La luna debajo de sus pies

Como la luna está subordinada al sol y su luz se deriva de este, toda la gloria de Israel y su influencia se derivan de aquel que le dio existencia. La luna brilla de noche e Israel debe dar luz, un testimonio brillante en medio de la oscuridad del mundo.

Sobre su cabeza una corona de doce estrellas

Por las doce estrellas entendemos las doce tribus de Israel. En el sueño de José (Génesis 37:9) la gloria futura de estas tribus se representa de la misma manera. Por lo tanto, aquí se describen la gloria y el señorío futuros de Israel. A ella se le investirá con el esplendor y la completa autoridad gubernamental sobre la tierra. Doce, como sabemos, es el número que representa el gobierno.

Clamaba con dolores de parto

La metáfora del parto es muy común en las Escrituras (Juan 16:21; Gálatas 4:19). Con un pasaje como Isaías 66:7 delante de nosotros, se nos hace difícil reconciliar la angustia materna como algo aplicable a Israel. «Los dolores de parto se refieren a la hora venidera del juicio de Israel», señala Walter Scott. «Pero el Mesías nacerá antes de la gran tribulación». El profeta Miqueas confirma esto en este pasaje claro e inconfundible. Después de referirse al nacimiento del Mesías (5:2) añade: «Por eso Dios los entregará al enemigo hasta que tenga su hijo la que va a ser madre, y vuelva junto al pueblo de Israel el resto de sus hermanos» (versículo 3). Los dolores de la mujer son por lo menos, 2.000 años después del nacimiento del Mesías y se refieren a su pena por la llegada de la tribulación. «Antes de estar con dolores de parto, Jerusalén tuvo un hijo; antes que le llegaran los dolores, dio a luz un varón».

Solo queda por preguntar: ¿Por qué entonces se ponen los dolores de parto de la mujer en yuxtaposición al nacimiento del Mesías?

Primero, observe que al período prolongado actual del rechazo de Israel, de la manera que existe entre el nacimiento y los dolores, se pasa en silencio en el capítulo que nos ocupa; es un paréntesis, la historia de la cual no se da en la profecía sino que, por supuesto, se encuentra en algún otro lugar.

Segundo, refleja el profundo interés que el Mesías tiene en su pueblo. Pensó en la tribulación y hace muchos siglos hizo una cierta provisión condicional para aligerarla (Mateo 24:15-28).

Tercero, en el momento que se desarrolla este capítulo, la nación está a punto de entrar en su profunda pena y el objetivo de esta historia al regresar al nacimiento de Cristo, es relacionarla a él con ellos en el tiempo de dolor.

Por tanto, los dolores indican el sufrimiento de Israel durante la tribulación. Al presente los judíos padecen por la persecución pero todavía se avecinan días más oscuros para el pueblo escogido de Dios. A la última mitad de la tribulación se le conoce como «el tiempo de la pena de Jacob».

EL DRAGÓN ESCARLATA (12:3, 4)

Hay otro cuadro que sigue al primero y es inseparable de este. Ahora estamos en presencia de una extraordinaria señal, «un gran dragón escarlata». Sin lugar a dudas esta es una representación de Satanás en su peor expresión. Juan abiertamente identificó al diablo como al dragón en 20:2. Tanto al faraón como a Nabucodonosor se les llama grandes dragones debido a su crueldad y su arrogante independencia (Ezequiel 29:3, 6; Jeremías 51:34). Pudiera ser que el cocodrilo o leviatán del Antiguo Testamento sea el reptil que aquí se describe. El término solo se usa para Satanás en Apocalipsis y sugiere la fealdad y el horror de su gobierno (versículo 9).

El rojo, que es el color de la sangre, indica

la naturaleza asesina del diablo quien ha sido un homicida desde el principio (Juan 8:44). Satanás, que una vez fue el más bello de los seres angelicales, ahora es y siempre será el objeto de aversión.

Como imitador de Cristo, quien como el conquistador usará muchas diademas, Satanás se adorna con una corona de diademas. La cabeza con las siete coronas significa el ejercicio cruel y despótico del poder y autoridad terrenal, mientras que los diez cuernos significan los límites futuros del imperio dividido en diez reinos y el reinado de Satanás tiene forma de diez reinos. Satanás delega el poder y la autoridad a la primera bestia que se describe de forma similar en Apocalipsis 13:1.

La cola, que representa la parte más peligrosa de un dragón, es como un gran cometa en este monstruo (Daniel 8:10). Como Isaías iguala al profeta que enseña mentira con una cola (9:15), aquí se describe la influencia maligna de Satanás como mentiroso y engañador.

El espectáculo terrible del dragón parado frente a la mujer, esperando para devorar a su niño recién nacido se interpreta con facilidad. No era a la mujer sino su simiente lo que el monstruo quería destruir, al igual que faraón trató de devorar a todos los niños varones de Israel (Éxodo 1:15-22).

EL HIJO VARÓN (12:5, 6)

El hijo varón, como lo dice el original, con certeza representa a Cristo quien nació para reinar (Génesis 3:15; Salmo 2:9 con Apocalipsis 12:5; Salmo 110:1, 5; Daniel 4:26). No obstante, hay maestros que ven en este hijo varón a un grupo que sale de Israel. Los 144.000, por ejemplo, se identifican con Cristo de manera especial y por su relación con la persecución, aquí pudiera muy bien tratarse como un equivalente al hijo. Pero la profecía que sigue acerca del reinado universal, anula tal interpretación.

Fue la virgen María quien dio a luz al prometido hijo varón (Gálatas 4:4, 5) a quien Herodes trató de matar cuando todavía no tenía dos años. Cristo nació como rey y vino al mundo con dominio universal que todavía no ha ejercido (Salmo 8).

Aquel que viene a pastorear las naciones con vara de hierro romperá el imperio de hierro que hay sobre estas. Aquí la palabra «vara» quiere decir «cuidar como un pastor» y como tal, Cristo romperá los poderes de la tierra que se agruparon contra él y su pueblo. Con poder irresistible él repartirá juicio a los reyes y pueblos culpables en el oeste (Apocalipsis 19) para luego lidiar con aquellos del norte y el este (Isaías 10). Además, este gobierno con vara debido a la obstinación prolongada y continua, hasta que la sumisión resulte en obediencia, revela la naturaleza de su reino. La rebelión al final del milenio revela la sumisión forzada que caracteriza a los pueblos de la tierra.

Delante de nosotros tenemos la ascensión de Cristo «y su hijo fue arrebatado para Dios y para su trono» (Marcos 16:19; Lucas 24:50, 51; Hechos 1:9; 7:56). Aquí no se dice nada de la muerte del hijo varón, dado que él está relacionado con Israel y con el gobierno de todas las naciones, ambos dependen de su nacimiento y de la ascensión a su trono. Y no obstante, en la mano de ese pastor que agarra la vara estarán las marcas de los clavos. A propósito, desacreditamos del todo la interpretación de que aquí tenemos el rapto de aquellos que sean lo suficientemente santos cuando Jesús venga. Los que sostienen la teoría del «rapto parcial» a veces emplean la última parte del quinto versículo para hacer énfasis en la doctrina errónea de un rapto selectivo. Todos los que estén en Cristo, sin considerar su estado, serán arrebatados para encontrarse con el Señor. Si no son aptos, sufrirán con respecto a su recompensa.

Entre los versículos 5 y 6 tenemos todo el lapso de la historia desde la ascensión de

Cristo hasta la tribulación o el tiempo de la aflicción de Jacob.

Por el determinado consejo y el preconocimiento de Dios, se provee un lugar seguro y de sustento para el remanente. La huida rápida y el viaje de la mujer perseguida son de igual manera auxiliados por Dios. Entre la afirmación interrumpida del versículo 6 y su reanudación en el 14 tenemos el episodio de la guerra en el cielo y el consecuente regocijo por su éxito. La cuidadosa numeración de los días, 1,260 en total, testifica del tierno interés del Señor en el pueblo afligido. Esta última mitad de la semana profética del sufrimiento de Israel suscitará el cuidado constante y la provisión de parte del Señor.

El desierto, por supuesto, se usa como una condición destituida de recursos naturales, un lugar de aislamiento. En Ezequiel 20:35, 36, encontramos que se usa el desierto no de forma literal o local sino con un sentido espiritual, un estado de disciplina y prueba para los pueblos gentiles.

MIGUEL Y SUS ÁNGELES (12:7-12)

Después del cuadro completo de los primeros seis versículos dados como las dos «señales», llegamos al clímax del antagonismo de todos los siglos. El libro de Apocalipsis es un libro de guerras, y aquí en la guerra del cielo tenemos la más dramática de las batallas. Por fin está a punto de cumplirse la palabra profética de Isaías. «En aquel día el Señor castigará a los poderes celestiales en el cielo y a los reyes terrenales en la tierra» (24:21). La batalla más significativa de la historia se efectuará ahora. ¡Qué espectáculo! Están a punto de enfrentarse las fuerzas celestiales y las del infierno. En la Segunda Guerra Mundial teníamos a los aliados y al Eje. Ambos con ideologías diferentes agrupados de estas dos maneras. Bueno, Juan representa a los aliados: Miguel y sus ángeles; y los enemigos: Satanás y sus ángeles. Sobre los resultados no hay duda alguna. Cristo declara la victoria final sobre Satanás en Lucas 10:18 y Juan 12:31. Ciertamente esa esperanza debe animarnos a la actividad de salvar almas.

LA MUJER Y SU SIMIENTE (12:13-17)

Perseguida encarnecidamente, la mujer se ve obligada a huir (versículos 6 y 14) y recibe una maravillosa ayuda en su huida. «Se le dieron *las* dos alas de *la* gran águila». No podemos estar de acuerdo con los que interpretan estas alas de águila como los poderes mundiales de Babilonia y Egipto (Ezequiel 17:3,7). El águila representa la protección de Dios a los suyos. Su cuidado y liberación en el pasado del peligro inminente se indica de esta manera en Éxodo 19:4 y Deuteronomio 32:11, 12: «Ustedes son testigos de lo que hice con Egipto, y de que los he traído hacia mí como sobre alas de águila». «Como un águila que agita el nido y revolotea sobre sus polluelos, que despliega su plumaje y los lleva sobre sus alas. Sólo el SEÑOR lo guiaba; ningún Dios extraño iba con él».

Huir «lejos de la vista de la serpiente» (versículo 14) ofrece un fuerte contraste con la tierra y el cielo huyendo de la presencia del que estaba sentando en el gran trono blanco (20:11). La naturaleza astuta de Satanás se recalca en el esfuerzo de la serpiente por destruir a la mujer con una inundación. La tierra que se traga la inundación pudiera representar a aquellas naciones amigas dispuestas a ayudar a los judíos neutralizando y evadiendo el método sagaz de Satanás para impulsar a otras naciones contra los judíos. Tales frustraciones predominantes y providenciales harán subir la ira del dragón haciendo que en su ira le haga la guerra al remanente de Palestina. Obedecer los mandamientos de Dios y tener el testimonio de Jesucristo siempre incita el furor del maligno. «Hacer guerra» puede implicar cualquier forma de ataque a los santos ya sea mediante persecución o guerra. El daño físico o el mal de cualquier índole de la que el diablo sea capaz están bajo esta expresión técnica (11:7; 16:14; 17:14; 19:19). Tanto el hijo varón como los judíos temerosos de Dios son liberados del odio sanguinario del diablo. ¡Qué capítulo! No es de extrañar que Walter Scott concluya con estas palabras: «En este están agrupados tal vez los eventos mayores de este maravilloso libro. Es un capítulo que no tiene superación en el rango de sus temas y va mucho más atrás en su comprensión histórica que ninguna otra porción del libro. ¿Quién sino Dios podría haber proporcionado semejante grupo de eventos relacionados?»

LA MADRE DE LAS PROSTITUTAS
Apocalipsis 17:1-24

Los capítulos del 17 al 20 son altamente dramáticos. En esta sección Cristo, como el conquistador, se mueve rápidamente para subyugar a todos sus enemigos. ¡Qué acción tan rápida presentan estos capítulos! ¡Qué majestuosa es la escena del Señor Omnipotente cuando asume su poder y reino supremo! Una vez que se levanta para lidiar con todos los elementos antagónicos, ninguno puede resistirse a su poder. Con una vara de hierro quebranta a los más fuertes. Gobernantes orgullosos y arrogantes, tanto infernales como humanos, los arrojan en pedazos como una vasija de alfarero. Ya sean sistemas, ciudades o ciudadanos, todas las cosas y todo el mundo contrario a su voluntad y dominio caen delante de su mirada fulminante y su látigo.

En esta porción fascinante y a la vez espantosa, tenemos estas siete condenas:

De la mística Babilonia,	Capítulo 17
De la Babilonia material,	
	Capítulo 18–19:19
De la bestia,	Capítulo 19:20
Del falso profeta,	Capítulo 19:20
De las naciones,	Capítulo 19:21–20:9
De Satanás,	Capítulo 20:1-3,10
De los perdidos,	Capítulo 20:11-15

Es necesaria una palabra introductoria sobre la estrecha relación entre los capítulos 17 y 18 ya que ambos hablan sobre Babilona, aunque desde diferentes ángulos. En el 14:8 y el 16:19 se da una breve información sobre la destrucción de Babilonia. Lo que encontramos en los capítulos del 17 al 19 completa todos los detalles acerca del juicio de Dios sobre un sistema culpable. Es esencial tomar todos estos pasajes juntos y leerlos de una vez ya que están sincronizados.

En el capítulo 17 encontramos:	En el capítulo 18 encontramos:
Babilonia Mística	Babilonia material
Un sistema corrupto	Una ciudad condenada
Juicio a la iglesia falsa	Juicio al paganismo
Cristianismo apóstata	Comercialismo impío
La prostituta y la bestia	Dios y Babilonia
Pretensión religiosa	Orgullo mundanal
Deleite de los reyes de la tierra con la prostituta borracha, la babilonia mística.	Los gobernantes de la tierra llorarán y se lamentará por la destrucción de la verdadera Babilonia

Pudieran encontrarse otros antagonismos al comparar estos dos capítulos.

Es claramente evidente que el capítilo que nos ocupa se desarrolla en dos partes:

La gran prostituta domina a la bestia   (1-6)
La bestia destruye a la gran prostituta
                                     (7-18).

I. La gran prostituta domina a la bestia (1-6)

Se usan una mujer y una ciudad como símbolos de la iglesia (1 Corintios 11:12; Apocalipsis 21:9, 10), y es por eso que tenemos a ambas figuras frente a nosotros en esta porción descriptiva del cristianismo apóstata. En el versículo 18 a la mujer se le identifica como la ciudad: «La mujer que has visto es aquella gran ciudad que tiene poder de gobernar sobre los reyes de la tierra».

La mujer escarlata, una de las profundas maravillas de las Escrituras, es la obra maestra de Satanás en cuanto a las falsificaciones. ¡Qué parodia de la genuina iglesia es la madre de las prostitutas! El sueño de algunos líderes religiosos, que en la actualidad trabajan por la unidad de la iglesia, se realizará con la venidera iglesia universal controlada por el falso profeta.

Al creer, como lo hacemos, que el capítulo que nos ocupa establece la falsa religión en su forma más poderosa y perniciosa, la fuerza dominante en el cristianismo apóstata, busquemos clasificar nuestro material en secciones convenientes.

Su dominio

A la mujer se le presenta «sentada», lo que nos hace notar el asiento de la mujer. Está «sentada sobre muchas aguas» (17:1); «vi a una mujer montada en una bestia escarlata» (versículo 3); «siete colinas sobre las que está sentada esa mujer» (versículo 9). A «sentada sobre muchas aguas» Juan le da la siguiente exposición en el versículo 15: «Además, el ángel me dijo: «Las aguas que has visto, donde está sentada la prostituta, son pueblos, multitudes, naciones y lenguas». Las «aguas» por lo tanto caracterizan las vastas multitudes de la raza humana sobre la cual la mujer echa su encanto. La antigua Babilonia obtuvo su riqueza por medio del Éufrates y sus numerosos canales para la irrigación. Y la iglesia falsa engorda con las naciones que gobierna. «Sentada sobre las aguas» (Jeremías 51:13), indica que la gran prostituta gobierna y domina las naciones religiosamente así como la bestia lo hace en la política. Ya que representa un vasto sistema religioso, el séquito de la mujer es universal y que la apostasía está en camino a la supremacía mundial es un hecho que al presente nadie puede negar.

«Montada en una bestia» significa que la prostituta se sienta a horcajadas en la bestia. No solo ejerce dominio religioso sobre las multitudes sino que también es capaz de manejar y guiar a la bestia. Todos los reyes vasallos y los gobernantes humanos, especialmente dentro del avivado imperio romano, están

bajo su señorío. El poder civil y político está supeditado a su dominio y supremacía. Y ya se está preparando una sujeción total y completa sobre el vasto poder imperial y apóstata que la bestia capitanea. La mujer y la bestia representan dos ideas distintas. Podemos expresar los antagonismos de la siguiente manera:

La mujer personifica la corrupción de la verdad.
La bestia personifica el desafío abierto a Dios;
La mujer encierra todo lo que es licencioso,
La bestia encierra todo lo que es cruel e implacable.

De esa manera la corrupción y la violencia que dieron lugar al diluvio (Génesis 6:11) alcanzarán su clímax en la mujer y la bestia. «Montada en una bestia» es una profecía de que las naciones cargarán y apoyarán a la iglesia apóstata y esta reinará con poder temporal. La iglesia apóstata está trabajando en pro de ello y una vez que esté sentada sobre la espalda de los gobiernos humanos, intentará gobernar la tierra.

«Siete colinas sobre las que está sentada esa mujer». Este tercer aspecto de la postura de la mujer puede tener dos interpretaciones que «el entendimiento y la sabiduría» reconocerán.

En primer lugar, las siete cabezas representan siete montañas o colinas. Tanto los cristianos como los paganos se refieren a la Roma literal como «una ciudad de siete colinas». Es este hecho lo que identifica a la ciudad y a la mujer como Roma. «La mujer que has visto es aquella gran ciudad» (versículo 18). Solo Roma tenía el señorío en los tiempos de Juan. Por consiguiente, el tiempo presente del verbo tener «tiene un reino» debe significar Roma. Roma se está convirtiendo rápidamente en el asiento y centro de autoridad e influencia universales. Es evidente que hay los que planean una iglesia unida con elementos apóstatas protestantes y católicas. El texto parece indicar que la sede de esta iglesia universal será Roma.

En segundo lugar, las siete montañas son los siete reyes o formas sucesivas de gobierno político. De siete emperadores romanos, cinco «cayeron», lo que puede significar muerte de manera violenta antes de la época de Juan. Los cinco están enumerados como Julio César, Tiberius, Calígula, Claudio y Nerón. El sexto, que reinaba cuando Juan escribió el Apocalipsis, fue el blasfemo Dominico, a quien también asesinaron. A este se le puede considerar como «uno está gobernando». El otro, que todavía no había llegado en los días de Juan, será la séptima cabeza romana. La bestia será la octava, fuera de los siete. Aunque la bestia se distingue en carácter y obra, no obstante da continuidad al dominio autocrático de la séptima cabeza. Y es la mujer quien domina esta última expresión soberana de cada movimiento y secta anticristianos, que entonces será evidente, los consolida y controla Satanás. Los siguientes contrastes podrían resultar útiles:

La iglesia verdadera	La madre de las prostitutas
Virgen casta	Gran prostituta
Sujeta a Cristo	Sujeta a Satanás
Salida del cielo	Salida de la tierra
Vestida por Dios (19:8) Preservada por Cristo	Vestida por Satanás (17:4) Destruida por la bestia
Le aguarda gloria eterna	Ruina eterna
Novia verdadera	Iglesia falsa
Tiene un llamado celestial	Codicia las posesiones terrenales
Obra maestra de Cristo	Obra maestra de Satanás
En ella mora el Espíritu Santo	Poseída por un espíritu maligno
Misterio encubierto por las edades	Misterio de iniquidad
Arrebatada en el aire	Lanzada a la perdición
Ejerce poder espiritual	Busca poder secular
Exhibe la gloria de Cristo	Se gloría en las cosas sensuales
Sale de la cruz	Se arrodilla frente a un crucifijo
Cree en el acceso directo	Destaca el sacerdocio humano
Un cuerpo apartado	Cristianismo apóstata

Como «la gran prostituta», la apostasía representa un sistema aterrador, la hipocresía y la lujuria de las almas y los cuerpos de los hombres. Es, además, un término que revela el carácter licencioso de la iglesia apóstata en los últimos días.

«Misterio»

Una palabra así implica un hecho espiritual hasta ahora encubierto e imposible de descubrirse solo con el razonamiento, pero que ahora se revela. La unión entre Cristo y su iglesia es un misterio. Así mismo la unión entre la iglesia apóstata y el mundo será el misterio de la iniquidad.

«La gran Babilonia»

Este apelativo de la mujer sugiere un sistema difundido de maldad espiritual que representa la culminación de todos los males que operan contra la verdadera iglesia mientras que la misma esté en la tierra. Lo que tenemos delante de nosotros en este capítulo diecisiete es la Babilonia mística. El próximo capítulo nos presenta la Babilonia comercial. En el capítulo diecisiete se usa la palabra «Babilonia» en lugar de «Roma» mientras que en el dieciocho tenemos a la verdadera Babilonia. Y en el capítulo 11, versículo 9 donde Sodoma y Egipto se dan como equivalentes de Jerusalén, se evidencia que no hay nada forzado o poco común en tal transferencia de nombres.

Madre de las prostitutas y de las abominables idolatrías de la tierra

El nombre en la frente de la prostituta es otro ejemplo de las imitaciones de Satanás. El imperio romano es la madre de las prostitutas y de las abominables idolatrías de la tierra. El retoño de esta madre de las prostitutas será numeroso. El cristianismo apóstata será el padre de todo tipo de religiones, idolatrías y artes que usa Satanás para alejar a los hombres de Dios. Bajo la figura de la madre de las prostitutas encontramos la religión en su peor forma y la fuente de todo lo que es inmoral y aborrecible.

Su adulterio

Hay dos frases que describen la naturaleza abominable de «la gran prostituta», es decir, «el vino de su inmoralidad» y «una copa de oro llena de abominaciones y de la inmundicia de sus adulterios (versículos 2 y 4). El adulterio es el coito ilícito y la fornicación espiritual es equivalente a la idolatría. «Han cometido adulterio con sus ídolos malolientes» (Ezequiel 23:37).

Su vestimenta

Juan en su descripción nos muestra el atuendo lujoso de la prostituta; el Dr. A.T. Robertson dice que el apóstol emplea las galas de las prostitutas del templo en Asia Menor. El color escarlata es el distintivo de la mujer, no es difícil decir que la iglesia apóstata empleará los colores característicos de la iglesia católica. El escarlata está por todas partes en esta iglesia: color escarlata: cintas escarlatas, sombreros escarlatas, túnicas escarlatas para el pontífice y los sacerdotes. En total Roma tiene cinco artículos diferentes de vestir que son de color escarlata.

Su persecución

La frase: «Vi que la mujer se había emborrachado con la sangre de los santos y de los mártires (o testigos) de Jesús» indica un sistema sanguinario y moralmente licencioso (versículo 6). Lo que hizo que Juan se asombrara no fue la crueldad de la bestia (13:7), sino que la mujer inspirara semejante persecución diabólica. La persecución religiosa ha ido mucho más allá de la Roma pagana en el derramamiento de sangre y el asesinato de los santos. Fue el poder secular en manos de iglesias lo que ideó las crueldades indecibles e infernales de la Edad Media.

II. La bestia destruye a la gran prostituta (7-18)

La frase «te mostraré» ahora se convierte en «te explicaré» (versículos 1, 7). Ahora se ofrece una explicación del Apocalipsis. A Juan se le da la interpretación divina del misterio de la mujer y de la bestia que la llevaba. El apóstol se asombró ante el suspenso de una horrible sorpresa. Ahora le toca a la tierra asombrarse y admirar el derramamiento de juicio sobre la mujer y la bestia (versículo 8).

Se revela un misterio doble:

El misterio de la bestia (7-14)

El misterio de la prostituta (15-18)

Una parodia del misterio del Nuevo Testamento «con respecto a Cristo y la iglesia».

El misterio de la bestia (7-14)

La mujer y la bestia se tratan por separado ya que son diferentes aunque se acompañan en la maldad y la apostasía. Con la mujer tenemos poder eclesiástico. La bestia personifica el poder civil. A Juan se le explican cuatro facetas de la historia de la bestia. En cuatro breves y claras oraciones Juan se entera del curso y consumación del imperio más grande del mundo:

«era»

«ya no es»

«subir del abismo»

«rumbo a la destrucción»

El misterio de la prostituta (15-18)

En las aguas donde está sentada la prostituta pudiera haber una parodia impía de Jehová sentado sobre el diluvio. Las aguas que el vidente vio (versículo 1) se explican como representando a «pueblos, multitudes, naciones y lenguas». Aquí encontramos la inmensa influencia moral de la iglesia apóstata sobre amplias masas de la humanidad.

«Le cobrarán odio a la prostituta». ¡Qué despreciable desolación le aguarda a esta iglesia falsa! La bestia, decidida a deshacerse él y su imperio de la influencia sutil y empobrecedora de la prostituta, se vuelve y la quita de su asiento exaltado. Los gobernantes del imperio aliado despojan a la prostituta de toda su vestimenta seductora y llamativa. Las naciones confabuladas con su cabeza dominante, se unen en odio hacia la prostituta. La caída de la gran prostituta viene por un cambio súbito en los pueblos sometidos. Y como sucedió con la caída de Roma, así mismo será cuando esta renazca. Para la prostituta no solo hay abominación, desasosiego y saqueo de todas sus riquezas y atavíos sino que, además, devorarán su cuerpo. Aquí *cuerpo* aparece en plural y quiere decir masas de carne, posesiones terrenales, la plenitud de la carnalidad. Pero la bestia y los diez reyes que una vez fueron admiradores y esclavos de la prostituta, ahora son sus enemigos más acérrimos y se engullen las posesiones de esta.

Además, la destruyen con fuego. En este paso del castigo gradual, pudiera haber una referencia al castigo legal por la abominable fornicación. En ocasiones quemaban a las prostitutas.

En el último versículo de este capítulo se revela quién o qué es la mujer. A Juan se le descifra el misterio de la gran prostituta: «La mujer que has visto es aquella gran ciudad que tiene poder de gobernar sobre los reyes de la tierra».

Roma siempre será el asiento y el centro de la autoridad de la mujer escarlata. No obstante, el día de Roma llegará y al delegado de Satanás en la corrupción religiosa (16:19) se le obligará a soportar el odio de Dios y del hombre. Por lo tanto, la mística Babilonia del capítulo 17 que está delante de nosotros es la heredera del imperio romano que se prueba con la mención del escarlata, por la ubicación topográfica de las siete Colinas, por la referencia a la copa de oro que figura en medallas con la inscripción auto condenadora: *Sedet super universum* porque cuando Juan escribió, Roma era la dueña del mundo.

BABILONIA LA REINA
Apocalipsis 18:7, 8

En los capítulos 17 y 18 Juan revela, con detalles sobre su juicio, el carácter de Babilonia, su relación con la bestia y con los reyes de la tierra en general. En el capítulo 17, este vidente se asombra ante la contemplación del esplendor de Babilonia y su culpa. Aquí la prostituta es Babilonia la grande, pero en el capítulo 18 ella es Babilonia la reina, una combinación de orgullo mundanal y pretensión religiosa y, en su unión con un mundo enemigo de Dios, es culpable de la prostitución. El lenguaje que describe el lamento del mundo por su destino tiene una sublimidad y patetismo sin paralelo. El orgullo vino primero que la destrucción pues en medio de sus plagas dijo: «Estoy sentada como reina; no soy viuda» (véase Isaías 47:7, 8). «Degradada de su encumbrada posición por los reyes del mundo romano», señala Walter Scott, «no obstante mantiene su orgullo. Su espíritu y altanería permanecen a pesar de que se sienta en el polvo de su grandeza pasada y de que su fin está a las puertas». Todavía se jacta: «Estoy sentada como reina» y exclama, con la vana esperanza de que su estado de reina y su fortuna puedan recuperarse: «no soy viuda».

LA NOVIA, LA ESPOSA DEL CORDERO
Apocalipsis 19:7, 8; 21:2, 9; 22:17

En la actualidad existe mucha confusión entre los círculos cristianos acerca de quién o qué constituye la novia. Hace un año más o meno el autor escuchó a un creyente fundamentalista alardear de que le daría mil dólares a la persona que probara en las Escrituras que a la iglesia se la identifica alguna vez como la novia de Cristo. Este amigo alegaba que Israel era la novia. La iglesia, argumentaba él, no podía ser el cuerpo y la novia a la misma vez.

Hay algunos otros, cristianos ortodoxos, que creen que solo los de su denominación son la novia, y que todos los creyentes que no están en su comunión cercana son simplemente amigos de la novia. Es evidente que esta es una aristocracia espiritual que nadie puede compartir a menos que esté preparado para entrar en este grupo de intimidad privilegiada como la que existe entre la novia y el novio.

Ciertamente Israel estaba desposada con Dios (nótese que la palabra es *Dios*) y se convirtió en su esposa. Debido al rechazo que hizo a su Palabra y voluntad, Israel fue abandonada como una esposa adúltera. Más tarde se convertirá en la esposa restaurada de Jehová (Isaías 54:6, 7; 62:4, 5). Los que abogan que Israel es la novia enseñan erróneamente que «esposa» es su título terrenal y «novia» su denominación celestial. Pero un estudio de las siguientes Escrituras demuestra que Dios desechó a Israel como esposa y que es imposible que se case con esta como una «virgen» (Jeremías 3:1-18; Ezequiel 16; Oseas 2; 3:1-5). Jamieson, Fausset y Brown, en su reconocido comentario señalan: «Sobre el emblema de la novia y el novio celestial véase Mateo 22:2; 25:6, 10; 2 Corintios 11:2. En este símbolo del matrimonio están incluida una perfecta unión con él en lo personal y participación en su santidad, su gozo y su gloria; véase cualquier parte de Cantares. Además de la novia celestial, la iglesia transfigurada, trasladada y resucitada, que reina con Cristo sobre la tierra, está también la novia terrenal, Israel, en la carne, nunca se ha divorciado aunque por un tiempo está separada de su esposo divino, quien entonces se reunirá con el Señor y durante el milenio será la iglesia madre de la tierra a quien cristianizará. Debemos, como lo hace la Escritura, restringir el lenguaje que se saca del matrimonio: amar a la novia, la iglesia como un todo; no usar el término como individuos en nuestra relación con Cristo, como hace la iglesia católica en el caso de las monjas».

La iglesia como la novia

La porción de Apocalipsis 19:7-10, que describe la escena de la boda en la que el novio convierte en su esposa a la novia, es digna de completa consideración. Una mujer, por supuesto, solo se convierte en esposa al consumar su matrimonio con el hombre con quien ha estado comprometida. En esta era de gracia, la iglesia es la *novia comprometida* con Cristo. En las bodas del Cordero, ella se convierte en su esposa (Efesios 5:22, 23; 2 Corintios 11:2).

El gozo por una unión tan bendecida será mutuo. Será la ocasión de mayor gozo para Cristo cuando toda su iglesia redimida esté a su lado para siempre. La culminación de esta unión también será la fuente de alegría y gozo interminable.

Sin dudas, la iglesia tiene que prepararse para esta ocasión. En este momento su parte terrenal no está lista. La iglesia militante en la tierra no está sin manchas o arrugas. Pero el tribunal de Cristo producirá toda la presteza necesaria pues allí se ejecutarán todos los ajustes y rectificaciones. Entonces ella podrá vestir su hermoso atuendo nupcial que Juan describe en términos claros: lino fino, limpio y resplandeciente.

Se dice que esta vestimenta «se le ha concedido» (19:8). Todo lo que tenemos viene de Dios (véase 13:5). Pero el atavío es un proceso doble. Dios concede la vestimenta y la novia debe usarla. El lino fino implica que no hay mezcla de méritos humanos. El ajuar nupcial es blanco, símbolo de la santidad. Es limpio, es decir, libre de toda impureza terrenal. También se refieren a estas ropas como «la justicia de los santos», o como lo dice otra versión «las obras de justicia de los santos». Así que está claro que lo que tenemos aquí son las obras o hechos justos de los santos mismos y no la justicia atribuida a Cristo e impartida por él, que debe ser nuestra si estamos incluidos en la novia (Zacarías 3:4;

Lucas 15:22). Cada santo debe tener justicia, no solo ser justificado como si perteneciera a la iglesia por añadidura. Los santos, en conjunto, tienen justicia. A Cristo se le considera «el Señor de nuestra justicia» para cada creyente, la túnica se vuelve blanca en la sangre del Cordero. La justicia de los santos no es inherente sino «atribuida».

La iglesia como ciudad

Entre las muchas escenas maravillosas que Juan presenció estuvo la de la «la ciudad santa, la nueva Jerusalén, que bajaba del cielo, procedente de Dios, preparada como una novia hermosamente vestida para su prometido» (Apocalipsis 21:2). En el versículo 9, a esta gloriosa ciudad se le identifica con la novia, la esposa del cordero. Así que la iglesia glorificada es tanto una ciudad como una novia. Es «la ciudad de Dios» porque representa la suma de los individuos perfeccionados» En su amor y unidad ella es «la novia».

La novia y la ciudad son idénticas, así que la nueva Jerusalén es el hogar de la novia. Ella será el centro prominente de la ciudad y las naciones salvas compartirán su bienaventuranza (versículo 24). Su resplandor dará la luz en la que estas caminen. En ella morará su Señor y ella será el canal de bendiciones para la tierra nueva (véase Lucas 19:17, 19). La iglesia tiene que sobresalir como la más espléndida de todas las cosas creadas.

En la descripción que Juan nos da de la unidad perfecta, se percibe la relación gubernamental de la iglesia con el Cordero. El hogar eterno de Dios estará en la ciudad capital de la nueva creación. Aquí está el centro de la presencia divina y del gobierno de todo el universo de Dios y el Cordero. En cada vista de la ciudad se nombra al Cordero y a las siete referencias (21:9, 14, 22, 23, 27; 22:1-3) indican que aunque Cristo entregue el reino de Dios, no obstante lo comparte con los redimidos.

El Espíritu y la novia

Una breve mención es todo lo que se necesita en este último vistazo a la iglesia en las Santas Escrituras. «El Espíritu y la novia dicen: "¡Ven!"; y el que escuche diga: "¡Ven!"» (Apocalipsis 22:17). El llamado combinado se dirige a Cristo para que vuelva por su iglesia, no por Israel, aunque este también participará de las bendiciones de su regreso.

Luego de darle a Juan un panorama de los eventos venideros, Cristo regresa a su iglesia con una exhortación final: «Yo, Jesús, he enviado a mi ángel para darles a ustedes testimonio de estas cosas que conciernen a las iglesias» (22:16). ¿Pero en cuantas iglesias se testifica del libro de Apocalipsis? Por lo general, son culpables de un silencio pecaminoso cuando se trata del final de este libro de la Biblia.

La iglesia en colectivo está delante de nosotros en la «novia». Luego, en el segundo «¡Ven!», se expresa el anhelo individual de la aparición de Cristo. «y el que escuche diga: "¡Ven!"». La apelación al pecador para que beba del agua de la vida se basa en el regreso de Cristo (22:17). En el capítulo tenemos tres veces la promesa de Cristo de regresar y por eso el Espíritu Santo y todos los creyentes verdaderos en la iglesia claman al Señor para que se cumpla la promesa de su regreso. La respuesta de Juan a Cristo expresa el deseo de la novia por todas las edades: «¡Ven, Señor Jesús!»

Entre los símiles que se usan para la iglesia tenemos estos tres: *la novia*, en el que está la idea de una unión amorosa; *el cuerpo* (Efesios 1:23; 4:4, 12, 16) que implica la idea de un organismo vivo; *el edificio* (2 Corintios 6:16; Efesios 2:21,22) o *ciudad* (Apocalipsis 21:2; Filipenses 3:20) implicando la verdad de una unidad ordenada.

Hace mucho tiempo John Milton, el poeta ciego, escribió: «Sal de tu recámara real, oh, príncipe de todos los reyes de la tierra, ponte las vestimentas visibles de tu majestad imperial; toma ese cetro ilimitado que tu Padre Todopoderoso te ha entregado. Porque ahora la voz de tu novia te llama y toda la vista de la creación sea renovada». Se espera que esta meditación haya intensificado su anhelo de ver el rostro bendito del novio, quien, en su vida, transformará a todos los suyos a su semejanza.

La novia no contempla su ajuar,
    Sino el rostro de su novio;
No miraré la gloria,
    Sino la gracia de mi rey:
No a la corona que él entrega,
    Sino a su mano traspasada;
El Cordero es toda la gloria
    De la tierra de Emmanuel.

5

La mujer ideal entre las mujeres de la Biblia

Entre las muchas mujeres cuyas historias imperecederas están en la Biblia, hay algunas pocas que se destacan por sus personajes castos y admirables. Son ejemplos de la feminidad en su mejor expresión y como no se dice nada de que hayan tenido algún fracaso, parece sus vidas fueron «la flor blanca de una vida intachable». De hecho, si se compara, las mujeres de la Biblia salen mejor que los hombres. Es grato encontrar muy pocos personajes femeninos despreciables retratados en las páginas de las Santas Escrituras. En los últimos días y en la muerte del Salvador, ninguna de las mujeres que se mencionan actuó de manera dura, hiriente para aquel que nació de mujer. Acostumbradas como estaban al dolor y a la pena, lloraron por él.

En el Prefacio de su libro *Studies of Famous Women* [Estudios sobre mujeres famosas], H.T. Sell observa que:

Las mejores mujeres de la Biblia son dignas del estudio más cuidadoso ya que son las pioneras reconocidas para la mayor libertad de acción y pensamiento.

Luego, en su estudio de 21 de las mujeres más típicas, el Dr. Sell considera aspectos de sus vidas y carreras que sacan a la luz la importante contribución de estas a la alta posición social actual de la feminidad, destinado a ir aun más alto. De las peores mujeres de la Biblia el mismo autor dice que «la naturaleza humana no cambia, excepto para marcar los peligrosos escollos, arenas movedizas y rocas de la vida donde sus vidas encallan y los que todavía existen como trampas mortales».

No ha vivido ningún hombre que haya tenido tanta experiencia con las mujeres como el rey Salomón quien amó a «muchas mujeres extranjeras». Tuvo 700 esposas, princesas y 300 concubinas, todas las cuales al parecer eran idólatras, podemos entender con facilidad cómo alejaron su corazón de Dios (1 Reyes 11:1-8). Fue debido al enorme adulterio de Salomón y su idolatría que el reino que levantó a ilustres alturas se partiera a la mitad. Apegado por amor a sus cientos de esposas paganas (ninguna de las cuales se nombra con excepción de la madre de Roboam), podría esperarse que Salomón dijera algo acerca de los vicios y virtudes de las mujeres, como lo hace, especialmente en el libro de Proverbios.

Las mujeres extrañas que Salomón amó eran «extranjeras» o mujeres que no eran israelitas. Cuando los hombres de Israel tomaban esposas de tierras que no eran las suyas, pecaban contra el Señor. Sin embargo, las mujeres extrañas de las que Salomón escribe en Proverbios eran en realidad prostitutas. «Hijo... y de una prostituta» (Jueces 11:1, 12). En ningún otro libro de la Biblia encontramos tantas referencias a mujeres disolutas y advertencias inexorables en contra de cualquier asociación con estas, como en Proverbios (2:16; 5:3, 5, 20; 7:5; 20:16; 23:27, 33). Salomón sabía por su propia experiencia que «De los labios de la adúltera fluye miel; su lengua es más suave que el aceite.

Conscientes de que la mujer era hueso de los huesos de Adán y carne de su carne (Génesis 2:23), los líderes espirituales de Israel siempre abogaron por el respeto a la mujer y estaban prontos a alabar su diligencia, piedad y cualidades que valoraban más que la belleza. Es lamentable que un polígamo como Salomón no aplicara su proverbio a su propia vida: «Quien halla esposa halla la felicidad: muestras de su favor le ha dado el SEÑOR» (Proverbios 18:22). Si hubiera encontrado una esposa piadosa de entre Israel, hubiera sido más favorecido por el Señor. Pero debido a la gran variedad de sus esposas, su reino terminó en tragedia y en la confiscación del favor divino. ¡Cuánto más poderosa hubiera sido la fuerza espiritual de Salomón de haber tenido una esposa prudente del Señor! (Proverbios 19:14). Es interesante seguir en el libro de Proverbios las referencias de Salomón a las mujeres. Al tener cientos de mujeres a su alrededor, él aprendió mucho acerca de su influencia para bien o para mal.

¡Goza con la esposa de tu juventud! (5:18).

No abrigues en tu corazón deseos por su belleza, ni te dejes cautivar por sus ojos (6:25).

Pues tampoco quien se acuesta con la mujer ajena puede tocarla y quedar impune (6:29).

El que frecuenta rameras derrocha su fortuna (7:10, 11, 12; 29:3. Véase Lucas 15:30).

La mujer necia es escandalosa, frívola y desvergonzada (9:13).

La mujer bondadosa se gana el respeto (11:16).

Como argolla de oro en hocico de cerdo es la mujer bella pero indiscreta (11:22).

La mujer sabia edifica su casa; la necia, con sus manos la destruye (14:1).

La mujer pendenciera es gotera constante (19:13; 27:15).

No es fácil vivir con mujer pendenciera (21:9; 25:24).

Las mujeres airadas nunca son buenas compañías (21:19).

La mujer adúltera tiene pretensiones de superioridad (30:20).

Las mujeres detestables arruinan la paz de un hogar (30:21, 23).

Las mujeres disolutas son como trampas y redes (Eclesiastés 7:26; Proverbios 7:10).

Una mujer virtuosa es corona de su esposo (12:4).

El capítulo acerca de la mujer virtuosa (Proverbios 31) cuyo precio está por encima de los rubíes es una apología insuperable en la literatura clásica o religiosa. En la forma original aparece como un acróstico para hacer que la porción fuera más fácil de memorizar. Este método es característico de algunos de los Salmos de carácter didáctico (25; 36; 37; 119). Se han hecho interpretaciones místicas de la mujer virtuosa para representar a la ley, la iglesia y el Espíritu Santo. He aquí el arreglo que hizo el Dr. Richard Moulton de la delineación que Lemuel, rey de Massa, nos da de una buena esposa:

Acróstico anónimo a la mujer ejemplar

A. Mujer ejemplar, ¿dónde se hallará?
   ¡Es más valiosa que las piedras preciosas!

B. Su esposo confía plenamente en ella
   y no necesita de ganancias mal habidas.

C. Ella le es fuente de bien, no de mal,
   todos los días de su vida.

D. Anda en busca de lana y de lino,
   y gustosa trabaja con sus manos.

E. Es como los barcos mercantes,
   que traen de muy lejos su alimento.

F. Se levanta de madrugada,
   da de comer a su familia
   y asigna tareas a sus criadas.

G. Calcula el valor de un campo y lo compra;
   con sus ganancias planta un viñedo.

H. Decidida se ciñe la cintura
   y se apresta para el trabajo.

I. Se complace en la prosperidad de sus negocios,
   y no se apaga su lámpara en la noche.

K. Con una mano sostiene el huso
   y con la otra tuerce el hilo.

L. Tiende la mano al pobre,
   y con ella sostiene al necesitado.

M Si nieva, no tiene que preocuparse de su
   familia,
   pues todos están bien abrigados.

N. Las colchas las cose ella misma,
   y se viste de púrpura y lino fino.

O. Su esposo es respetado en la
   comunidad;
   ocupa un puesto entre las autoridades
   del lugar.

P. Confecciona ropa de lino y la vende;
   provee cinturones a los comerciantes.

R. Se reviste de fuerza y dignidad,
   y afronta segura el porvenir.

S. Cuando habla, lo hace con sabiduría;
   cuando instruye, lo hace con amor.

T. Está atenta a la marcha de su hogar,
   y el pan que come no es fruto del ocio.

U. Sus hijos se levantan y la felicitan;
   también su esposo la alaba:

W «Muchas mujeres han realizado
   proezas,
   pero tú las superas a todas».

Y. Engañoso es el encanto y pasajera la
   belleza;
   la mujer que teme al SEÑOR es digna de
   alabanza.

Z. ¡Sean reconocidos sus logros,
   y públicamente alabadas sus obras!

Proverbios 31:10-30

Del cuadro anterior de una reina entre las mujeres, se destacan estas características prominentes de su carácter y el maestro o el predicador pudieran ampliarlas.

1. Es una esposa y madre encomiable.
2. vive para su hogar y su familia.
3. Laborar constantemente.
4. Es auto disciplinada y ordenada.
5. Es una brillante mujer de negocios.
6. Tiene gusto bueno y refinado.
7. Manifiesta la gracia de la hospitalidad.
8. Es caritativa en tiempo de necesidad.
9. Es virtuosa porque se ocupa de lo espiritual.

Hace algún tiempo esta excelente paráfrasis de esta porción de Proverbios, que hizo William J. Krutza se usó en *The Sunday Times*. Reconocemos nuestra deuda para con este pujante semanario evangélico por la reaparición del tema más inigualable de Krutza:

La llaman Madre

¿Quién puede hallar una mujer virtuosa? Porque el valor de su vida va más allá de los cálculos monetarios. Su esposo tiene absoluta confianza en ella por lo que no tiene necesidad de satisfacción con ninguna otra mujer. Todos los días de su vida ella le hará bien y no mal.

Ella le mantiene la ropa al día, limpia y arreglada. Con disposición trabaja en la casa. Provee variedad en las comidas porque selecciona con sabiduría alimentos nutritivos y deliciosos. Se levanta temprano cada mañana y le prepara el desayuno y se ocupa también de que sus hijos coman adecuadamente.

Sabe reconocer lo que es un buen negocio y siempre está preocupada por la estabilidad futura y las provisiones de su hogar. La fortaleza de su carácter se muestra en su actitud ante las tareas hogareñas. Se enorgullece de hacer bien el trabajo incluso si tiene que trabajar hasta altas horas para lograrlo.

Sabe como usar la máquina de coser y la aguja. Tiene un corazón y mano compasivos para aquellos que padecen gran necesidad. En su hogar se benefician con sus talentos domésticos. Su propia ropa demuestra buen gusto y modestia. Hasta su esposo es conocido por la preocupación de ella por su vestimento. Muchas veces usa sus talentos hogareños para proporcionar una entrada extra a su hogar.

Se le conoce como una mujer de carácter honorable. La expresión humilde de este carácter le produce un gozo interior.

Es sabia en su hablar y especialmente sabe cómo decir palabras amables. Se preocupa por los intereses y problemas de su casa. No es chismosa ni hablantina. Sus hijos se alegran de hablarles de ella a sus amigos. Su esposo también la alaba ante otros.

Otras mujeres se han destacado pero este tipo de mujer y esposa está en primer lugar.

La popularidad es engañosa y el glamour es superficial, pero la mujer que tiene contacto personal con el Dios Santo, será alabada. Recibirá gran satisfacción por sus obras y otros hablarán de sus buenas obras dondequiera que vayan.

Matthew Henry en sus comentarios sobre Proverbios 31:10-31 dice que «esta descripción de la mujer virtuosa se diseñó para mostrar qué tipo de esposas deben ser las mujeres y qué tipo de esposas los hombres deben escoger... En el Nuevo Testamento tenemos el resumen de esto (1 Timoteo 2:9, 10; 1 Pedro 3:1-6) donde los deberes que se mandan a las esposas coinciden con esta descripción de una buena esposa». Estamos sinceramente de acuerdo con Dwight M. Pratt en su artículo acerca de las mujeres que aparecen en *Standard Bible Encyclopaedia* [Enciclopedia estándar de la Biblia]: «La literatura no tiene un tributo mejor a las virtudes domésticas y las cualidades espirituales de las mujeres que en el hermoso poema dedicado a la talentosa madre del rey Lemuel», quien dicen algunos escritores es solo otro nombre del rey Salomón.

Los apócrifos alaban las virtudes femeninas a mayor escala que el autor de Proverbios.

> ¡Dichoso el esposo de una mujer buena: vivirá el doble! Una mujer ejemplar hace prosperar a su marido
> y le alegra los años de su vida. ¡Qué buena suerte es encontrar una buena mujer! Es un regalo que Dios da a quienes lo respetan. Sea rico o pobre, estará contento y siempre tendrá la cara alegre.
> *Eclesiástico 26:1-4 (DHH)*

En el *Mishnah* judío encontramos tributos similares:

> Un hombre le debe gran respeto a su esposa, porque es solo mediante ella que la prosperidad llega al hombre.

> La muerte de una buena esposa es para el que la ama un infortunio tan grande como la lluvia de Jerusalén.

Un hombre debe amar a su esposa como a sí mismo y honrarla más que a él mismo.

J.R. Green, en su *History of the English People* [Historia del pueblo inglés], en la sección que trata sobre «Los puritanos» habla de cómo el más humilde de los campesinos se sentía engrandecido como hijo de Dios. Green cita el retrato de un tal John Wallington, un tornero de Eastcheap, quien nos dejó este comentario sobre su madre, un ama de casa londinense de alrededor de 1600 d.C.

> Era muy cariñosa y obediente a sus padres, amorosa y amable con su esposo, muy tierna con sus hijos y amaba todo lo que era piadoso, le disgustaba mucho lo malvado y lo profano. Era un modelo de sobriedad para muchos, muy pocas veces se veía afuera con excepción de cuando iba a la iglesia; cuando otros se recreaban en las vacaciones, ella tomaba su aguja para tejer y decía: «Esta es mi diversión"... Dios le dio un ingenio fructífero y una memoria excelente. Conocía con madurez y perfección todas las historias de la Biblia, así mismo las historias de los mártires, y con facilidad podía citarlos; también era perfecta y entendía bien las Crónicas Inglesas y el abolengo de los reyes de Inglaterra. Vivió en santo matrimonio con su esposo durante casi veinte años, le faltaron cuatro días.

A pesar de que muchos en nuestra época inmoral desprecian el puritanismo del siglo dieciséis, la sociedad actual haría muy bien en regresar a algunos de los principios puritanos; la adopción de estos traería como resultado un mundo mejor.

La Biblia, que alaba los valores y las virtudes de una feminidad noble, no guarda silencio en cuanto a su condenación de una feminidad envilecida. El juicio contra las mujeres indignas es más severo debido a la influencia que estas ejercen. Por eso *Amós* ataca enérgicamente a las mujeres disolutas de Samaria (4:1); *Isaías* se burla y amenaza a las mujeres coquetas de Jerusalén (3:16); *Eclesiástico* condena fuertemente a las mujeres malvadas:

> ¡No hay veneno como el de la serpiente, ni enojo como el de la mujer!

Prefiero vivir con un león o un dragón,
que vivir con una mujer malvada...
Pero una mujer celosa de otra es un
  sufrimiento terrible;
su lengua es como un látigo que a todo
  mundo hiere.
Una mujer malvada es como un yugo flojo;
tocarla es como agarrar un alacrán.
  Eclesiástico 25:15, 16; 26:6, 7 (DHH)

En este siglo veinte de locura sexual, donde las mujeres por lo general sacrifican su feminidad característica y su nobleza y están tan drogadas con nicotina como los hombres, es alentador saber que hay mujeres cristianas: solteras, esposas, madres, quienes luchan por mantenerse sin las manchas del mundo. No se escriben libros sobre su amor verdadero, su sacrificio, lealtad y días resignados. Estas preciosas mujeres están escribiendo su historia en las vidas de los que las rodean y a quienes aman y sirven. Aunque muchas veces se agotan en su labor, pues el de ellas no es un trabajo semanal de cuarenta horas, nunca se cansan de ella. Pasan sus vidas sin que el mundo las conozca, en el círculo estrecho de su hogar donde laboran sin cesar para Dios y para otros, pero no perderán su recompensa. Los ojos de Dios están sobre ellas mientras viven sus vidas en la órbita de la voluntad de Dios en medio de todos los cuidados, pruebas y penas del hogar. Un día, cuando se abran los libros, aquel que lo sabe todo y que todo lo ve, alabará su devoción. Podemos aplicar a ellas los expresivos versos de Alfred Tennyson sobre María de Betania In Memoriam:

Sus ojos son hogares de oración silente,
  Ningún otro pensamiento admite su
  mente
  Pero él estuvo muerto y ahí se sienta.
Y el que lo trajo de vuelta está allá.

Entonces un amor profundo

Sobrepasa a todos cuando su mirada
  ardiente
Merodea por el rostro del hermano vivo
Y descansa sobre la Vida misma.

Todo pensamiento sutil, todo temor
  curioso,
  Vencido por una felicidad tan completa,
  Ella se inclina, baña los pies del Salvador
Con nardo costoso y con lágrimas.

Tres veces benditos aquellos cuyas vidas,
  oraciones fieles son,
  Cuyos amores en un amor mayor
  perduran;
  ¿Qué alma posee más pureza?
  ¿O qué bendición como la de ellos?

De acuerdo a lo que hemos dicho con respecto a las características de la «mujer ideal», cuán a propósito vienen los versos de Wordsworth sobre:

Una mujer perfecta

La vi más de cerca,
Un espíritu y no obstante una mujer
  también
Su familia se mueve ligera y libre,
Y un paso de virginal libertad;
Un semblante donde se encuentran
Dulces historiales, promesas tan dulces;
Una criatura no demasiada brillante o
  buena
Para el alimento diario de la naturaleza
  humana,
Para penas pasajeras, simples artimañas,
Alabanza, culpa, amor, besos, lágrimas y
  sonrisas

Y ahora la veo con ojos serenos
El mismo pulso de una máquina;
Un ser que respira aliento pensativo,
Un viajero entre la vida y la muerte;
La razón firme, la voluntad atemperada,
Paciencia, previsión, fuerza y habilidad;
Una mujer perfecta, noblemente planeada,
Para advertir, consolar y ordenar;
Y no obstante un espíritu quieto y brillante
Con un algo de luz angelical.

6

Ayudas para grupos y reuniones de mujeres

El diseño de este capítulo es para ayudar a líderes y oradores de grupos y reuniones de mujeres a hacer que los personajes femeninos bíblicos y cristianos se apliquen a las mujeres de la actualidad. A estas reuniones semanales de mujeres asisten esposas, madres y viudas cuyas vidas están ensombrecidas con pena y para quienes la vida tiene muchos cuidados, problemas y angustias. Muchas entre ellas no conocen al Salvador que, cuando murió, estuvo atento al bienestar futuro de su propia madre. Para todas ellas es un oasis en el desierto la hora de compañerismo devocional que disfrutan con almas semejantes. Es también un momento que le presenta al líder u orador consagrado la magnífica oportunidad de impartir edificación espiritual para muchas mujeres cargadas de problemas.

Debido a las pesadas responsabilidades de la vida hogareña, y la influencia que una mujer ejerce allí dentro, las reuniones para mujeres deben tener un carácter brillante e inspirador y crearse para enviarlas a casa a vivir para Dios en medio de sus pruebas y tareas para que así puedan experimentar el sentimiento que expresó Alfred Tennyson:

El camino del deber era la senda a la gloria:
Aquel que siempre sigue sus órdenes,
Prosigue con trabajo de corazón, rodillas y
    manos,
Por el largo desfiladero hacia la lejana luz
Ha ganado su camino hacia arriba y
    prevaleció,
Encontrará que los derrocamientos de los
    riscos despeñaderos del deber
    escalonados
Están cerca sobre los brillantes altiplanos

A los cuales ¡el propio Dios es la luna y el sol!

Para líderes de grupo de mujeres y reuniones de madres, la editorial Zondervan, en Grand Rapids, Michigan, ha preparado literatura adecuada y prometedora. En primer lugar están los volúmenes escritos por Al Bryant bajo el título de *Encyclopedia of Devotional Programs for Women's Groups* [Enciclopedia de programas devocionales para grupos de mujeres]. El Volumen Uno, por ejemplo, contiene programas completamente planeados sobre temas variados. Además, están los tres volúmenes escritos por Lora Lee Parrot, *Programs for Women's Groups* [Programas para grupos de mujeres] y su volumen complementario, *Missionary Devotional Programs for Women's Groups* [Programas misioneros devocionales para grupos de mujeres] con dieciocho programas orientados hacia temas misioneros. Todas estas ayudas, muy dignas de elogio, siguen un patrón similar de:

Himnos para cantar
Escrituras para leer
Meditación para predicar
Oración para dar.

Con el permiso gentil del editor, incluimos aquí un ejemplo de cada uno de los programas mencionados anteriormente.

De la colección tan útil de Al Bryant citamos el siguiente programa para una reunión de mujeres en el Día de Acción de Gracias

GRATITUD

Nota preparatoria: Cuando planee este período devocional, prepare hojas de papel con las siguientes citas bíblicas. Estas deben distribuirse para que se lean en intervalos determinados: Salmo 92:1; Daniel 6:10; Mateo 26:27; Marcos 8:6; Juan 11:41; 1 Tesalonicenses 1:2; Filipenses 4:6; 2 Corintios 9:15; Colosenses 4:2.

Canción: «Que Jesucristo sea alabado».

Oración: Oh padre, te damos gracias por traernos aquí a alabarte, porque tú eres el único digno de ser alabado. Tú nos has hecho, oh, Dios, y nos has dado un hogar en la tierra. Nos has dado a cada una de nosotras un trabajo que hacer. Nos has restaurado en tu comunión y nos has dado el bendito privilegio de ser colaboradoras tuyas. Enséñanos el arte de la gratitud. En el nombre de Jesús oramos, Amén.

Escritura: Lucas 17:11-18

Charla devocional: El arte de la gratitud

En los tiempos del ministerio terrenal de Jesús, las colonias de leprosos como las conocemos en la actualidad, eran inauditas. Los desafortunados que padecían esa temida enfermedad moraban en cuevas o cabañas al otro lado de los muros de la ciudad o pueblo, por lo general en medio de la mugre y la miseria. Ni tan siquiera su sombra debía cruzarse con un caminante y el grito que los señalaba era la terrible palabra: ¡Inmundos!

Un día Jesús y sus discípulos iban de camino hacia Jerusalén y tomaron el camino que era la ruta más corta desde Galilea. Este los conducía por el territorio samaritano. Los judíos prejuiciados a menudo preferían la ruta más larga, que cruzaba el Jordán, antes de tener que tratar de alguna manera con los samaritanos. Pero usualmente Jesús tomaba la ruta más corta. Ese día, sin duda alguna, él y sus discípulos conversaban entre sí mientras caminaban, estaban conscientes del silencio de la naturaleza, donde tal vez solo se escuchaban las suaves pisadas de mulas o camellos que pasaban o el grito lejano de un águila. De pronto, mientras se acercaban a una villa samaritana, un grito penetrante rasgó el aire cuando diez leprosos surgieron en

la distancia y el llanto suplicante llegó a sus oídos: «¡Jesús, Maestro, ten compasión de nosotros!» Pudiera ser que alguien les hubiera dicho que Jesús venía por ese camino. Si tan solo ellos pudieran llegar al camino mientras él pasaba, podrían sentir el poder de su sanidad. Jesús nunca rechazaba una súplica. Cuando se encontró con ellos, les dio primero una lección de fe en forma de un acto de obediencia, su orden fue: «Vayan a presentarse a los sacerdotes». Y mientras iban, la tensión de la sanidad dentro de ellos aceleraba su paso. Nueve se apuraron hacia la salud y la libertad; uno, samaritano, hizo un alto para alabar y con la alabanza vino el deseo de volver sobre sus pasos y dar las gracias.

Tomaba tiempo regresar. Siempre toma tiempo ser agradecido. Pero la gratitud es una virtud pues ayuda al que es agradecido y envía rayos inconscientes de sanidad a la mente y el corazón del que la da.

Escudriñemos ahora la Palabra de Dios y en ella encontraremos que hay mucho que decir acerca de la gratitud y que por lo general la misma está vinculada con petición y alabanza.

(Pida que se lea el Salmo 92:1.)

El salmista conocía el valor de la gratitud y dice que es buena.

(Pida que se lea Daniel 6:10.)

Era un tiempo de prueba para el estadista Daniel. Nobles celosos formaron una conspiración en su contra que terminó en un decreto del rey Darío para que cualquier persona en el reino que hiciera una petición a algún Dios u hombre que no fuera el rey, se le lanzara al foso de los leones. Todos los ojos estaban sobre Daniel, pero cuando «Daniel supo que el edicto había sido firmado, entró en su casa... oraba y daba gracias delante de su Dios» (RVR 1960). Su petición ligada con gratitud demostraba su clave para la protección, la libertad y el honor.

No solo el Antiguo Testamento sino que

también el Nuevo Testamento está lleno de testimonios del valor de la gratitud. Escuchemos algunos de ellos.

(Pida que se lea Mateo 26:27.)
(Pida que se lea Marcos 8:6.)
(Pida que se lea Juan 11:41.)

Toda la vida de Jesús reflejaba gratitud. Las gracias a Dios parecían el requisito preliminar para cualquier acción. Y ese mismo espíritu agradecido dominaba las vidas de sus seguidores. Escuchemos sus testimonios.

(Pida que se lea 1 Tesalonicenses 1:2.)
(Pida que se lea Filipenses 4:6.)
(Pida que se lea 2 Corintios 9:15.)
(Pida que se lea Colosenses 4:2.)

Un viejo santo dijo una vez que la acción de gracias era el aria que interpretaba la armonía de su vida entera.

El regreso del único leproso agradecido debe haber llenado de afecto el corazón de Jesús, pues por su gratitud el leproso glorificó a Dios, el Padre. Además, la gratitud del leproso le trajo más bendición cuando el propio Jesús comentó: «Tu fe te ha sanado».

Canción: ¡Oh, es maravilloso!

Oración: Querido padre celestial, en medio de nuestras vidas ocupadas nos detenemos hoy para mirar hacia arriba con alabanza sincera y profunda gratitud por tu amor multiforme hacia nosotros. Te damos gracias por el universo maravilloso en que vivimos, por la vida misma con las oportunidades que esta ofrece. Te damos gracias por ti, nuestro Padre; por Jesús, tu hijo querido que murió por nosotros; por tu Espíritu Santo que nos guía. Te pedimos por aquellos cuyos corazones están tan ahogados en la pena o oscurecidos por el pecado que no te pueden alabar. Que el reflejo de tu amor a través de nuestras vidas les traiga esperanza y consuelo, que ellos también puedan conocer el gozo de alabarte. Amén.

–*RUBY I. KINGSWOOD*

Del muy popular «Programas devocionales para grupos de mujeres» hemos seleccionado este:

RADIACIÓN INCONSCIENTE

Música sugerida:
«Abre mis ojos a la luz» (Scott)
«No cedas a la tentación» (Palmer)
Escritura: Salmo 131
Texto: «Al descender del monte, no sabía Moisés que la piel de su rostro resplandecía, después que hubo hablado con Dios» (Éxodo 34:29, RVR 1960).
Meditación:

La Asociación Médica Norteamericana recientemente le dio consejos a las personas atrapadas en un ataque atómico. Si usted ve un rayo inusual de luz brillante en el cielo, tírese de inmediato al piso y cuente lentamente hasta cinco. Si llega hasta cinco, puede considerarse a salvo de la radiación de una bomba atómica. La radiación puede ser fatal, pero también puede ser una bendición. Déjeme explicarle:

Moisés estaba conversando con Dios en el monte Sinaí. Una gran nube lo separaba de su pueblo que lo esperaba abajo. Por fin Moisés descendió de la montaña para hablar con sus seguidores, ellos lo miraron y enseguida vieron un resplandor muy raro en su rostro. Moisés no se había percatado de esto pues la Escritura dice: «Al descender del monte, no sabía Moisés que la piel de su rostro resplandecía, después que hubo hablado con Dios» (Éxodo 34:29, RVR 1960).

Ya sea que nos demos cuenta o no, hay una radiación definida a través de nuestras personalidades. No podemos esconder una demostración del espíritu que tenemos dentro de nuestros corazones.

Abraham Lincoln dijo que contrataba a un hombre solo por su parecer. Alguien le dijo al señor Lincoln que esto no era justo ya que un hombre no es responsable de su rostro. Lincoln respondió: «Cualquier hombre con cuarenta años de edad es el autor de su propio rostro». Su rostro puede irradiar la bondad, la amabilidad y la gentileza de su alma o puede irradiar las líneas duras de un alma deteriorada por pensamientos y actos malignos.

Déjeme ilustrarlo. En las afuera de la puerta de Esteban en la ciudad de Jerusalén, colina abajo a solo unos pocos metros, hay un área pedregosa donde se nos dice que Esteban se arrodilló mientras se convertía en el primer mártir cristiano. La turba le lanzaba piedras hasta que su pobre cuerpo estuvo magullado. Salían chorros de sangre y gemidos. Mientras apedreaban a este hombre, Esteban, había un joven hebreo parado cerca que sujetaba las túnicas de los que hacían este acto terrible. Cada nuevo chorro de sangre o cada nuevo gemido proporcionaba gozo a este joven perseguidor conocido como Saulo de Tarso. Saulo era muy entusiasta en la persecución de los cristianos.

Poco después recibió cartas de autorización para que fuera a Jerusalén y a otros lugares para promover actos de persecución. Pero mientras iba camino de Damasco, seguía pensando en el rostro de Esteban. El rostro de Esteban brillaba como el de un ángel. Incluso en sus momentos finales, levantó su rostro y oró: «¡Señor, no les tomes en cuenta este pecado!» (Hechos 7:60). A pesar de que el sermón que Esteban predicó no había conmovido a Saulo de Tarso, él nunca olvidaría aquel rostro que irradiaba amor. Esteban nunca se dio cuenta de que su rostro estaba radiante, él tenía una influencia inconsciente que brilló sobre Saulo.

Y así debemos recordar que cada uno de nosotros tiene una radiación a través de su personalidad. Si estamos llenos del amor de Cristo y tenemos su Espíritu en nosotros, este puede brillar mediante nuestras vidas. Lo que usted es, es más importante que lo que hace o lo que dice pues lo que usted es

irradia a través de sus ojos y de las líneas de su rostro, no se puede esconder.

Es posible que por disciplina acatemos los Diez Mandamientos. Sin embargo, la ley no gobierna la radiación de un espíritu semejante a Cristo. No se puede poner. Solo viene cuando un corazón se llena del amor de Cristo. Es el testimonio más grande que tenemos, así que debemos cuidarlo con esmero.

Por desgracia, esta radiación cristiana se puede desvanecer. Incluso uno puede perderla y no saberlo. La Escritura dice: «Pero [Sansón] no sabía que el SEÑOR lo había abandonado» (Jueces 16:20). Sansón era un hombre apuesto que irradiaba fe y poder dondequiera que iba. Pero perdió su poder cuando cayó en las manos implacables de una joven tentadora. La historia comienza en Jueces 16:16: «Como todos los días lo presionaba con sus palabras, y lo acosaba hasta hacerlo sentirse harto de la vida, al fin se lo dijo todo. "Nunca ha pasado navaja sobre mi cabeza... Si se me afeitara la cabeza, perdería mi fuerza, y llegaría a ser tan débil como cualquier otro hombre".

»Cuando Dalila se dio cuenta de que esta vez le había confiado todo, mandó llamar a los jefes de los filisteos, y les dijo: "Vuelvan una vez más, que él me lo ha confiado todo"... Después de hacerlo dormir sobre sus rodillas, ella llamó a un hombre para que le cortara las siete trenzas de su cabello. Así comenzó a dominarlo. Y su fuerza lo abandonó...

»Sansón despertó de su sueño y pensó: "Me escaparé como las otras veces, y me los quitaré de encima". Pero no sabía que el SEÑOR lo había abandonado».

Los crueles filisteos ataron a Sansón y lo llevaron a Gaza donde le sacaron los ojos y lo convirtieron en esclavo. Molía el maíz y hacía mover los molinos en la prisión.

Muchas personas que un día tuvieron el poder de Cristo irradiando a través de su personalidad, hoy están moliendo en los molinos de Satanás porque permitieron que el Espíritu de Cristo se fuera de ellos.

Oración: Nuestro padre celestial, oramos para que entendamos la importancia de nuestra influencia inconsciente. Ayúdanos a comprender que nuestra personalidad irradia lo que tenemos dentro. Padre, que nunca nos llenemos de amargura ni resentimiento que se reflejarían en nuestras acciones hacia otros, sino manténnos llenos de tu divino amor. En tu nombre oramos. Amén.

Como guía para un impresionante servicio misionero a las mujeres, hemos escogido lo siguiente del libro de Lora Lee Parrott, «Programas misioneros para grupos de mujeres».

LA VOLUNTAD DE DIOS Y LA NUESTRA

Música sugerida: «Entre el vaivén de la ciudad» *(De Frank Mason North)*
«Pronto la noche viene» *(De Annie L. Coghill)*

Escritura: «Por tanto, también nosotros, que estamos rodeados de una multitud tan grande de testigos, despojémonos del lastre que nos estorba, en especial del pecado que nos asedia, y corramos con perseverancia la carrera que tenemos por delante. Fijemos la mirada en Jesús, el iniciador y perfeccionador de nuestra fe, quien por el gozo que le esperaba, soportó la cruz, menospreciando la vergüenza que ella significaba, y ahora está sentado a la derecha del trono de Dios» (Hebreos 12:1, 2).

Poema: *Tu voluntad*
Conocer tu voluntad, Señor, que escudriña
    la mente,
Aprender tu camino para mí, tu propósito
    bondadoso,
Seguir tu senda y hallar tu guía,
    Es mi oración.

Hacer tu voluntad, Señor del alma
    dispuesta,
Llevar mi inquietud bajo tu control,

Darte no una parte, sino todo,
    Es mi oración.

Amar tu voluntad, Señor, del corazón
    ardiente,
Despedir todo egoísmo, dejar toda pereza,
Compartir con alegría todo lo que eres y
    haces,
    Es mi oración.

—*Alice M. Kyle*

Meditación:
Cuando David Livingstone tenía 16 años, se obsesionó con el sueño de ser un médico misionero en China. Durante los largos años de estudio que lo prepararon para ejercer la medicina, nunca olvidó esa visión.

Pero cuando David Livingstone terminó toda su preparación y estaba listo para comenzar el servicio activo en el extranjero, Dios intervino para tomar su mano y trazar el destino. En China se había desatado una guerra del opio que disolvió sus sueños de trabajar en esa tierra. Durante los días oscuros que siguieron a la destrucción de sus sueños de entrar en China, David Livingstone fue a escuchar a Robert Moffat, misionero en Kuraman, África. En una gran iglesia de Londres, Livingstone oyó a Moffat contar cómo veía el humo de miles de aldeas donde ni los misioneros ni ningún hombre blanco habían llegado jamás. En una noche nació un nuevo sueño en el corazón de David Livingstone. Ahora soñaba con aquellas bocanadas de humo que surcaban el cielo de la jungla africana y una pasión se apoderó de Livingstone para invertir su vida en aquella tierra oscura.

En una conversación privada Robert Moffat le dijo al joven David Livingstone: «No se sienta en perezoso contentamiento. No escoja una estación vieja. Siga hasta el inmenso, desocupado y desconocido distrito del norte. En esa dirección, en una mañana clara, he visto el humo de miles de aldeas. Ahí no ha estado nunca ningún misionero. Ahí, señor, está su campo».

Conocer la voluntad de Dios para nosotros es una parte importante de nuestras vidas cristianas. Con certeza esta historia de la experiencia de David Livingstone debe darnos una nueva perspectiva sobre las formas que Dios usa para dirigir nuestros pasos. A veces lo que parece ser un sueño destruido es realmente una puerta cerrada que el Señor usa para dirigir nuestros pies por otras sendas. La Biblia dice: «El SEÑOR afirma los pasos del hombre» (Salmo 37:23).

Pero conocer la voluntad de Dios no es un problema solo de los misioneros. Cada uno de nosotros enfrenta este problema siempre que debe tomarse una nueva decisión. Reconforta saber que la Palabra de Dios dice: «Si a alguno de ustedes le falta sabiduría, pídasela a Dios y él se la dará, pues Dios da a todos generosamente...» (Santiago 1:5). Además de la confiabilidad de las Escrituras, hay tres formas que nos ayudan a saber la voluntad de Dios para nuestras vidas:

1. Tenemos que aprender a confiar en nuestro mejor juicio espiritual y en todo el sentido común que podamos reunir. Las decisiones sin pensar y el andar a ciegas son frustrantes pero el sentido común espiritual es como la vista. La Escritura dice: «Por tanto, no sean insensatos, sino entiendan cuál es la voluntad del Señor» (Efesios 5:17). También dice «Es que los de este mundo, en su trato con los que son como ellos, son más astutos que los que han recibido la luz» (Lucas 16:8). Al buscar la voluntad de Dios para nuestras vidas en cuanto a decisiones trascendentales, cada cristiano debe aprender el significado de buscar consejo de pastores piadosos, ancianos cristianos que han dado pruebas de sí mediante su exitosa vida y otras fuentes de ayuda que iluminen nuestro mejor juicio.

2. Tenemos que aprender a reconocer circunstancias providenciales que vienen de Dios. Aunque sea difícil, debemos aprender la lección de que una puerta que se cierra pudiera ser la voluntad de Dios para nosotros tanto como una puerta que se abre. Pablo tuvo esta experiencia en Troas cuando parecía que cada puerta que él mismo había planeado abrir se cerraba abruptamente mediante el freno interior del Espíritu Santo. Pero Dios tenía un propósito al cerrarle estas puertas a Pablo pues en una visión el misionero escuchó la voz que venía de Macedonia, la que al final lo llevó a cruzar el Mar Egeo y ser el primer predicador del evangelio en Europa.

3. Muchas veces conocemos la voluntad de Dios mediante un impulso interior de su Espíritu. Alguien sugirió que cuando algo está bien parece que hay una resonancia interior. Tal vez todos hayamos experimentado que las trabas del Espíritu nos han alejado de un camino peligroso. Si este impulso interior nos va a dirigir, tenemos que estar dispuestos a hacer su voluntad. La Escritura dice: «No lo hagan sólo cuando los estén mirando, como los que quieren ganarse el favor humano, sino como esclavos de Cristo, haciendo de todo corazón la voluntad de Dios» (Efesios 6:6).

Un consuelo final: aunque nos perdamos lo mejor de la voluntad de Dios para nuestras vidas, él no nos olvida. Si Dios solo nos amara en nuestros mejores momentos, con toda seguridad no habría enviado a su Hijo para morir en el Calvario ni hubiera planeado el regalo gratis de la salvación que no está condicionada a las obras. El plan de Dios es de cooperación entre nosotros y él. Y este espíritu que se manifiesta en nosotros día tras día es la mayor seguridad que podemos tener por confiar en los propósitos de Dios. Oración:

Nuestro Padre que estás en los cielos, te pedimos que nos ayudes en todo momento a vencer nuestras tendencias a la autocompasión debido a las injusticias que hemos sufrido. Que siempre recordemos que no habrá tentación que sea mayor que el hombre y que tú eres capaz de librarnos de cualquier prueba y tribulación. No nos dejes dar por sentadas nuestras bendiciones y que siempre seamos compasivos para con aquellos que son menos afortunados que nosotros. En tu santo nombre oramos. Amén.

Si para las reuniones de mujeres usted sigue un plan de culto similar, puede adaptar buena parte del material que hemos dado del volumen que tiene delante. Citemos uno o dos ejemplos del mundo de *Las mujeres de la Biblia*. Por ejemplo, la historia de Rut podría usarse bajo el título de:

RUT, LA ESPIGADORA

Himno inicial: «Adorad al rey».

Invocación: Padre misericordioso, te alabamos por darnos otra oportunidad de reunirnos en el nombre y los méritos de tu amado Hijo, nuestro Salvador. Prepara nuestros corazones para la revelación ulterior y más completa de tu persona mediante tu Palabra. Porque tú lo conoces todo acerca de nuestros pecados, penas y circunstancias, que esta hora nos traiga el socorro, el apoyo, la gracia y la dirección que necesitamos. En el nombre de Jesús, Amén. (Podría continuarse con el «Padre nuestro» en el que todos participen).

Lectura: Rut 2:1-12

Himno: «Solo confiando cada día».

Mensaje: Usar el material que se encuentra en la descripción de Rut.

Himno: «Amado con amor eterno».

Oración: Padre celestial, te damos gracias porque en tu galería de mujeres hay una como Rut que brilló solo de corazón y aunque era pobre, no obstante, sobresalió por su afecto doméstico. ¡Que tengamos gracia para servirte con tanta devoción como lo hizo Rut! Si entre nosotras hay alguien que no te conoce, que haga suya la decisión de Rut: «tu Dios será mi

Dios». Capacítanos para imitar su noble ejemplo al llegar a confiar bajo tus alas. ¡Que el Dios de ella sea nuestro Dios por siempre y siempre! Bendícenos en el nombre que es sobre todo nombre, en el incomparable nombre de Jesús. Amén.

ANA LA PIADOSA

Himno: «Dulces momentos llenos de bendiciones».

Invocación: «Padre celestial, te agradecemos tu bondad al permitirnos reunirnos otra vez en el nombre de tu querido Hijo, el Señor Jesucristo. Capacítanos para recordar que, durante la breve hora que tenemos para adorar y tener compañerismo, tú estás en medio nuestro. Encomendamos a ti nuestras hermanas que no pueden estar con nosotras. Dales la porción diaria del pan y bendícelas como nos has de bendecir a nosotros. En el nombre de Cristo, Amén.

(Repetir el «Padre nuestro» si lo desean.)

Lectura: 1 Samuel 1:9-19

Mensaje: Usar el material que aparece en Ana.

Himno: «Padre, mi alma se inclina ante tu trono».

Oración: Te agradecemos, Señor, por revelarte como el Dios que escucha y responde la oración. Hemos meditado en Ana que esperó en ti y no lo hizo en vano. Con la ayuda del Espíritu, permítenos reflejar su reverencia y manifestar su absoluta dependencia de ti. Como tú escuchaste el clamor de su corazón y respondiste su oración, así inclina tu oído y escucha los deseos y anhelos de cada corazón que aquí está delante de ti. Enséñanos cómo persistir en la oración y alabarte. Concédenos esas peticiones de acuerdo a tu voluntad, en el nombre de aquel cuyas oraciones fueron escuchadas porque tenía temor de ti. Cúbrenos al partir y tomar nuestros rumbos. Amén.

LA GLORIA DE LA MATERNIDAD
(Día de las madres).

Himno: «Oh, Dios, nuestra ayuda en el pasado».

Invocación: Señor misericordioso, te magnificamos por todo lo que has sido para los santos a través de las edades. Cuán fiel has probado ser en las vidas y experiencias de aquellos que confiaron en ti. Hoy, al pensar en aquellas a quienes les debemos nuestras vidas, y todo lo que hemos aprendido mediante su fe y su ejemplo, especialmente el amor, la devoción y el sacrificio de nuestras madres, que nuestro recordatorio se convierta en alabanza y gratitud por todo lo que nuestras madres significan para nosotros. Haznos conscientes de tu presencia al estar juntas y que no solo pensemos en la gloria y la influencia de una maternidad piadosa sino también en ti que creaste la primera mujer del mundo y que diste al mundo un Salvador que nació de una mujer. En su nombre, Amén.

(Si es conveniente use, el «Padre nuestro» conocido como la oración de la familia)

Lectura: Proverbios 31:10-31

Himno: «Dile a mi madre que estaré allí».

Mensaje: Escoja cualquiera de los bosquejos o mensajes que aparecen en el capítulo 8 de este volumen.

Himno: «Tengo un amigo, qué amigo».

Oración: Te damos gracias, Padre celestial, por la perfección de la paternidad noble y de la maternidad sacrificada que se encuentran en ti. ¿Acaso no has dicho tú que como un padre tiene compasión de sus hijos así mismo tú tienes compasión de nosotros; y que como una madre consuela a sus hijos, así consuelas tú nuestros corazones? Te agradecemos por nuestras madres quienes, como hijas del Rey, fueron los medios para llevarnos a muchos de nosotros al palacio de su gracia. Para aquellos que tenemos nuestras madres en el cielo, prepáranos para la reunión gloriosa allá arriba. Pero por las madres que aún están con nosotros, que siempre recordemos nuestros deberes para con ellas. Por aquellas que son ancianas y están enfermas, que tengan una luz creciente en el ocaso de sus vidas. Que tu favor siga sobre ellas y sobre nuestros corazones. Que la gracia del Señor Jesucristo, el amor de Dios, y la comunión del Espíritu Santo sean con todos, Amén.

Esperamos que estas ayudas hayan sido útiles. Para las oradoras que prefieran crear su propio mensaje acerca de un personaje bíblico para usarlo en grupos o reuniones de mujeres, podrían servirles de ayuda las sugerencias que damos en el Capítulo 7 sobre «Cómo preparar un estudio biográfico».

Deben aprovecharse también las lecciones que las mujeres pueden aprender de la fe y el testimonio de mujeres nobles y valientes a través de los siglos. ¡Qué riqueza hay en las numerosas biografías de mujeres cristianas, mártires y que una líder de mujeres tiene al alcance de la mano! Un volumen fascinante de este tipo, *Stories of the Lives of Noble Women* [Historias de las vidas de mujeres insignes], fue publicado por Nelson and Sons, en 1882, pero hace tiempo que se agotó. El objetivo de los once bosquejos biográficos de este libro era «recordar a las mujeres que se han distinguido no tanto en su vida doméstica como en sus virtudes públicas; en mujeres que han sido cristianas "fieles hasta el final" y patriotas firmes en su lealtad a su país así como en mujeres ilustres como esposas, madre, hijas o hermanas... Es conveniente que estos ejemplos se mantengan ante los ojos de los miembros más jóvenes de nuestras familias; y que se les anime a aspirar a un modelo del deber más alto sin olvidar que su verdadera felicidad estará siempre dentro del círculo del hogar». W.H. Davenport Adams, autor de estas historias, usa como prefacio las líneas de Tennyson:

> La causa de la mujer es la del hombre: Se arriesgan o se hunden juntos,
> Pequeños o semejantes a dioses, Esclavos o libres;
> Porque ella que del Leteo escala con el hombre los brillantes escalones de la naturaleza,
> Comparte con el hombre sus noches, sus días, se mueve con él hacia una meta,
> Todo su planeta queda hermoso en sus manos
> Caminaremos este mundo.
> Unido en todo ejercicio de un noble fin.

1. *Lo inquebrantable de la verdad*:
La historia de Anne Askew.

En su *History of England From the Fall of Wolsey* [Historia de Inglaterra desde la caída de Wolsey], Fraude dice que Anne Askew tiene su nombre escrito entre aquellos que sirven al cielo con su muerte más que con la vida. Tal vez fuera más real decir que ella era fiel en su brutal muerte a la edad de 28 porque luchó por ser fiel al cielo en vida. Con otros miles de mártires, el tema de este bosquejo está entre aquellos que:

> Han hecho de sus días una ofrenda,
> Por la verdad, por el cielo, por amor a la libertad,
> Se resignaron a tomar la amarga copa de la libertad,
> Y en silencio, con intrépida fe,
> Inclinaron sus nobles almas a la muerte.

Anne, nacida en 1520, en Kelsey, Lincolnshire, fue la segunda hija de Sir William Askew, y se convirtió en una joven de gran belleza, modales suaves, una imaginación cálida y talento poético. Aunque no se han conservado detalles del principio de su vida, su educación y su historia, sí sabemos que un matrimonio infeliz, impuesto por un padre severo, dio como resultado un hogar carente de amor, frío y lúgubre.

Durante 1525-26 cayó en las manos de Anne una copia de la traducción de Tyndale de la Biblia al inglés, que acababa de completarse, y tal era su sed de la Palabra que rápidamente pudo discernir la falsedad de las doctrinas de la iglesia romana de la cual había sido una miembro devota. Consciente de lo que sucedería si renunciaba al credo católico, dio el paso y se identificó con los seguidores de Wycliffe. Se separó de su impío esposo, se quitó el apellido Kyme y retomó su nombre original de Anne Askew.

Cuando llegó el día de su martirio, las condiciones horrorosas de su prisión y la tortura constante la tenían tan exhausta que sus enemigos se sintieron obligados a llevarla cargada hasta el lugar de la ejecución donde quemaron a Ana junto a otros tres insignes mártires. Como estas hogueras atraían grandes multitudes, una muchedumbre alborotada se movía como un mar mecido por el viento para ser testigos de la muerte de una santa frágil, acosada por el dolor. Cuando el fuego estaba a punto de ser encendido, se le entregó una absolución del rey Henry VIII, pero la rechazó diciendo: «No vine aquí para negar a mi Señor y maestro». Encendieron las gavillas de leña y Anne Askew, con «el semblante de un ángel y un rostro sonriente» se convirtió en otra noble mártir que selló su testimonio con la sangre de su vida. Antes de perecer, como el maestro al que tanto amaba, oró por sus enemigos:

Señor, de todo corazón te pido que por la voluntad de tu más grande bondad les perdones esta violencia que hacen y que me han hecho a mí. Abre también sus ciegos corazones para que a partir de ahora hagan delante de tu vista solo lo que es agradable delante de ti y que establezcan bien tu verdad sin ninguna fantasía de hombres pecadores. Así sea, Señor, así sea.

Mientras languidecía en la más horrible y sombría soledad de la prisión de Newgate, ella escribió el siguiente poema que tanto expresa su fe y esperanza en Dios a pesar de todo lo que estaba sufriendo:

Canción de la cárcel de Anne Askew

Como un caballero armado,
   En el campo de batalla,
Pelearé con este mundo,
   Y la fe será mi escudo.

La fe es esa poderosa arma
   Que nunca falla cuando la necesitas:
Por tanto, entre mis enemigos,
   Con ella avanzaré.

Como se obtienen las fuerzas
   y el poder de los caminos de Cristo
Al final prevalecerá
   Aunque los demonios digan no,

La fe de los antiguos padres
   Les hizo obtener justicia;
Eso me da mucho valor
   Para no temer a la ansiedad del mundo.

Ahora me regocijo en mi corazón,
   Y la esperanza me hace sentir así;
Pues Cristo me defenderá
   Y aliviará mi aflicción.

Señor, tú dijiste que,
   A los que tocaran, tú los atenderías,
Abre, por tanto, el cerrojo,
   Y envía tu poderoso poder.

Ahora tengo más enemigos
   Que pelos en mi cabeza;
No permitas que me corrompan,
   Sino pelea tú en mi lugar.

En ti deposito mi preocupación,
   Por todos sus rencores crueles;
No me fijo en su apuro,
   Pues tú eres mi delicia.

No soy de las que se inclinan para
   Dejar caer mi ancla,
Por cada llovizna que viene,
   Mi nave sustancial es

No muchas veces escribo
   En prosa, ni menos en rima;
A pesar de todo mostraré una visión
   Que vi en mi tiempo.

Vi un trono real,
   Donde la justicia se sentará,
Pero en su lugar había uno
   De ingenio cruel y caprichoso.

La justicia fue absorbida,
   Como del torrente enfurecido;
Satanás, en sus excesos,

Se bebió la sangre sin culpa.

Entonces pensé yo, Jesús, Señor,
   Cuando tú nos juzgues a todos,
Será difícil registrar
   Lo que sobre estos hombres caerá;

No obstante, Señor, deseo
   Por lo que ellos me hacen,
Haz que no reciban el justo
   Pago por su iniquidad.

En 1539, el parlamento estuvo de acuerdo en seis principios fundamentales, de carácter católica, para usarse en la Iglesia Inglesa. No cumplir con esos dogmas significaba la muerte en la hoguera. A este Decreto de los Seis Artículos se le conocía como «el látigo de las seis cuerdas; un látigo que dondequiera que caía, sacaba sangre». Anne Askew fue una de esas que se negó a reconocer los Artículos y se convirtió en una hereje a los ojos de la iglesia. Un oficinista del Tribunal de Chancery, llamado Wadloe, fue enviado a espiar a Anne de manera que hubiera suficiente evidencia como para meterla en la cárcel. Pero Wadloe regresó a sus superiores con el testimonio de que era la mujer más devota que había conocido. «A medianoche», dijo él, «cuando yo y los demás nos disponemos a dormir o trabajar, ella comienza a orar y no cesa durante horas».

Sin embargo, a fin de cuentas, mediante la hostilidad determinada de su propio esposo católico de quien se había separado, y los sacerdotes romanos, Anne Askew fue arrestada por haber dicho públicamente que mejor leía cinco líneas de la Biblia que escuchar cinco misas en la capilla. A continuación hubo interrogatorios y persecuciones, como lo registra espléndidamente en su *Story of Anne Askew* [Historia de Anne Askew]. Rechazó las oportunidades de retractarse y salvar su vida. Le aplicaron torturas extremas para cambiar su fe, y para que revelara los nombres de otros como ella, cuyo único crimen era servir y obedecer a Dios. En una era de horrores, la terrible crueldad que tuvo que soportar sobre el potro de tormento era considerado poco común. Pero a pesar de la brutal inhumanidad, ella se negó firmemente a renunciar a su fe. Ella le dijo a su insensible verdugo: «Al Señor mi Dios, agradezco su bondad infinita y me dará gracia para perseverar, y así lo haré hasta el final».

2. *Hospitalidad:*
La historia de Lady Alicia Lisle.

Esta es la historia de otra admirable señora que quemaron hasta las cenizas, no porque desafiara las doctrinas católicas, aunque era una protestante declarada, sino por su incansable benevolencia y por su generosa caridad. El único pasaporte necesario para llegar al corazón de Alicia Lisle, que nació como Alicia Beconsaw, era tener necesidad. Hija de Sir White Beconsaw, un caballero de ilustre linaje y carácter sin tacha, Alicia se casó con el hijo de Sir William Lisle, de la isla de Wight. John Lisle era un hombre de valor sobresaliente, brillante intelecto y ambición. Se convirtió en uno de los jueces de la Corte Suprema de Justicia que condenó a Charles I. Como caballero, le correspondió como presidente de la Corte sentenciar a los conspiradores reales. Luego de la restauración de Charles, Sir John Lisle huyó al continente. Se confiscaron sus posesiones y lo mataron el 21 de agosto de 1664 cuando entraba en la iglesia protestante de Lausanne. Su asesinato fue por instigación de Henrietta, duquesa de Orleans, la hija de Charles I, en venganza por la muerte de su padre.

Lady Alicia Lisle, viuda, se retiró a Hampshire con sus tres hijos; vivía en reclusión y se dedicó a hacer obras de caridad y filantropía. Hasta los monárquicos de su país la estimaban, ella tenía un gran corazón y protegía a monárquicos y caballeros por igual cuando tenían problemas. Cuando James II persiguió con gran crueldad los rebeldes contra su reinado, dos de estos hombres desafortunados —John Hicks, un ministro protestante, y Richard Melthorpe, un abogado— conociendo la fama de hospitalidad que tenía Lady Lisle, buscaron refugio en su siempre abierto hogar. Si ella hubiera sabido que sus huéspedes estaban relacionados con la insurrección, hubiera sido culpable de un crimen capital. Es cuestionable, sin embargo, si ella sabía que los hombres necesitados que albergaba eran rebeldes. Pero el salvaje e implacable James II no tuvo escrúpulos para consentir en la muerte cruel y vergonzosa de una dama tan benevolente por causa de una transgresión tan venial y afable. Cuando los soldados irrumpieron en su hogar y la condenaron por abrigar a los enemigos del rey, la respuesta de Lady Lisle fue: «No sé nada sobre ellos. Estoy ajena a esto que ustedes dicen». Cuando revisaron la casa, los soldados encontraron a Melthorpe escondido en la chimenea. Lady Lisle fue arrestada el 27 de agosto de 1685 y tuvo la mala fortuna de comparecer ante el monstruo cruel de la historia británica, el infame juez Jeffreys, cuyo nombre se convirtió en sinónimo de brutal crueldad y deseos de sangre.

A pesar de la edad y enfermedades de Lady Lisle, Jeffreys, el cruel juez, no le mostró respeto alguno a Lady Lisle en el tribunal. El jurado entendía que la noble mujer era inocente de los cargos que se le imputaban y así le dijeron a Jeffreys. Con una ira que se volvió incontrolable, amenazó al jurado con funestas consecuencias si no daban un veredicto de «culpable». Finalmente el jurado, amenazado e intimidado, con evidente renuencia, cedió a sus amenazas y dio el veredicto que Jeffreys quería. Durante su intenso juicio Lady Lisle mostró el valor y la compostura de una mártir cristiana. Su único delito fue cumplir con la exhortación apostólica de «ser dados a la hospitalidad». El día que la sentenciaron a quemarla viva, permaneció calmada y el 2 de septiembre de 1885 recibió con resignación su terrible destino en la plaza del mercado en Winchester. Así se completó el asesinato más bárbaro de una época bárbara por instigación de uno de los jueces más bárbaros que Inglaterra haya conocido jamás. Cuando Lady Lisle estaba a punto de morir, le dio al alguacil un pergamino que contenía la inocencia del crimen que se le imputaban y también con su esperanza eterna. Algunas oraciones de su larga declaración decían:

> Mis padres me instruyeron en el temor de Dios, y ahora muero por causa de la religión protestante reformada; que si alguna vez el papismo regresara a esta nación sería un juicio muy grande y severo; muero en la expectativa del perdón por todos mis pecados y de aceptación por parte de Dios el Padre, por la justicia impuesta por Jesucristo, él es el fin de la ley para justicia a todo aquel que cree... Perdono a todo el mundo y en ello, a todo el que me ha hecho mal.

Cuando Melthorpe vino para que lo ejecutaran, exoneró por completo a Lady Lisle del delito por el que se le había acusado en falso y cuando William III subió al trono en 1689, revocó los cargos en contra de ella. Así ninguna sombra reposó sobre la justa fama de una noble y generosa dama cristiana cuyos restos yacen enterrados en el patio de la iglesia Ellingham en Ringwood, Hampshire. Las líneas de Donne sobre Lady Alicia Lisle eran muy elocuentes:

> El valor cayó sobre ella como un vestido
> De solemne gracia;
> Una mente ordenada y un rostro sereno
> Le daban gracia a sus peligros.

3. *La paciencia del genio:* La historia de Charlotte Brönté.

El autor Evans inicia su último capítulo con el párrafo: «Entre las mujeres de las letras que dan tanto lustre a la historia de la literatura inglesa, debe asignársele un lugar primero a Charlotte Brönté, la autora de *Jane Eyre*. Como se ha escrito con tanta frecuencia de su vida y obra, y esta última se ha hecho popular mediante puestas en escena y filmes, no es necesario demorarnos mucho en la historia de Charlotte. Su padre fue el reverendo Patrick Brönté, del condado de Down, en Irlanda; y su madre, María, una mujer de considerable poder mental y mucha gentileza en su disposición. Durante la niñez murieron dos hijas, María y Elisabeth. Charlotte, su hermano Patrick, y sus hermanas Emily y Anne nacieron en la vicaría de Thornton. Charlotte tenía solo cinco años cuando su madre murió en 1821.

Solo con su familia, el afligido esposo, un ministro piadoso, rodeó a los niños huérfanos de madre con gran afecto y todos estaban unidos con un amor más allá de lo común. Vivían unos para otros. Dotados con un talento más que promedio, los niños crecieron apreciando las artes. Leían todos los libros que tenían a su alcance y entre ellos trataban de escribir obras teatrales, poemas y romances. Charlotte se destacó como la guía, filósofa y amiga para el resto. A pesar de la vida austera y monótona de la casa parroquial de Haworth, Charlotte leía mucho y cultivaba la facultad de la observación cercana y analítica a la que sus brillantes novelas le deben mucho de su poder. Todos los amantes de la talentosa familia Brönté están familiarizados con las muchas dificultades que Charlotte y sus dos hermanas, Emily y Anne, soportaron no solo en casa sino cuando estaban lejos de la parroquia, ganando su sostén para una vida exigua como institutrices y maestras. Fue la publicación de *Jane Eyre*, una de las obras de ficción más poderosas que se haya dado al mundo, lo que le trajo a Charlotte fama universal y gracias a este gran logro literario y a las obras que le siguieron, su nombre durará tanto como lo haga lo propia literatura inglesa. La muerte de su querido padre, luego la de su hermano y sus hermanas, dejó una marca en Charlotte cuya copa de amargura estaba llena hasta el borde. Aquellos que la conocieron mientras pasaba por el horno de la aflicción, admiraban su abnegación, su paciencia sublime y su dulce resignación a la voluntad de Dios. Al mirar a su rostro calmado e inteligente que refleja la firmeza y el control de una naturaleza elevada, viene a la mente la descripción de Wordsworth:

> Un ser que respira un aliento juicioso,
> Un viajero en medio de la vida y la muerte;
> La razón firme, la voluntad templada,
> Paciencia, previsión, fortaleza y talento,
> Una mujer perfecta, planeada con nobleza,
> Para alertar, consolar y ordenar;
> Y, sin embargo, un espíritu quieto y
>   brillante,
> Con algo de luz angelical.

Fue en la primavera de 1853 que Charlotte se unió en matrimonio con un presbítero en Haworth, el reverendo Nicholls, y después de una luna de miel en Irlanda, regresaron a Haworth a la quietud de una vida hogareña que fue inefablemente feliz mientras duró. Hacia el final del año Charlotte pescó un severo resfriado que duró todo el invierno y el deterioro de la fuerza física la alarmó ya que estaba el prospecto de la venidera maternidad. En marzo de 1854, su fin se acercó, y ella susurró al oído de su esposo: «Ay, no me voy a morir, ¿verdad? Dios no nos va a separar, hemos sido tan felices». Pero, qué triste, la separación llegó rápidamente un sábado en la mañana, el 31 de marzo, y el solemne repique de la campana de Haworth anunció que Charlotte Brontë, dotada con «las profundas intuiciones de una mujer talentosa, la fortaleza de un hombre, la paciencia de un héroe y la rectitud de una santa», había entrado en el reino de la dicha eterna. A pesar de estar muerta, todavía habla por medio de su obra inspiradora y admirable. La historia de su vida permite a las mujeres aprender la lección del deber y la nobleza del sacrificio personal.

Las otras «Vidas insignes de mujeres» que Davenport Adams trata de manera cautivante son:

La historia de Lady Vere: *Excelencia matronal*
La historia de Elizabeth Gaunt: *La caridad que permanece*
La historia de Elizabeth Inchbald: *Energía mental e independencia*
La historia de Lady Arabella Stuart: *Fiel hasta el final*
La historia de Lady Jane Grey: *virtudes femeninas en una posición encumbrada*
La historia de Mary, condesa de Pembroke: *Una noble madre inglesa*
La historia de la reina Jeanne D'Albert: *Una vida heroica*
La historia de Madame Roland: *La mujer entusiasta*

Aunque no son exactamente estudios bíblicos, las vidas de estas mujeres famosas muestran muchas virtudes cristianas y sus historias pueden usarse con gran repercusión para hablar a las mujeres. No será difícil acompañar alguno de estos bosquejos históricos, así como las historias de las primeras mujeres mártires y de las damas firmantes del Pacto de Escocia, con las escrituras, himnos y oraciones adecuados.

7

Estudio biográfico de una mujer de la Biblia

Es evidente que las biografías femeninas son siempre un aspecto útil y fascinante para la meditación, como lo prueba el hecho de que abunden los libros sobre las mujeres de la Biblia, como puede verse en el índice exhaustivo que Edith Deen cita al final de su propio libro acerca de las mujeres con o sin nombre de la Biblia. Un examen de unos 30 volúmenes que el autor posee acerca de este tema, revela que la mayoría de los autores tratan a lo máximo con unos 25 a 50 personajes y en la mayoría de los casos, las mismas mujeres. Pero como ya indicamos, en la Biblia se nombran casi 200 mujeres y hay casi el mismo número de mujeres anónimas. Por lo tanto el predicador o el maestro tienen un campo amplio para trabajar cuando se trata de material biográfico.

La Biblia gira alrededor de personalidades y es la biografía de la humanidad. Algunas veces las biografías de los hombres y mujeres fuera de la Biblia nos dejan fríos. Los personajes descritos parecen ser demasiado ideales. No podemos alcanzar sus alturas. No se dice nada acerca de sus faltas, debilidades y pecados. Pero con la Biblia ocurre diferente pues aquí hay hombres y mujeres de pasiones como las nuestras y como dijera Agustín: «La historia sagrada, como un espejo fiel, no tiene adulación en sus retratos». En un capítulo fascinante de su libro *The Joy of Bible Study* [El gozo del estudio bíblico], al tratar con «Retratos compuestos», el Dr. Harrington Lees nos recuerda que:

Las vidas de hombres y mujeres que nos hablan desde las páginas de las Escrituras pudieran ser una verdadera mina de oro de experiencia para nosotros si podemos recordar el hecho de que estos vivieron vidas similares a las nuestras y que triunfaron por fe, como nos recuerda el escritor de Hebreos, o si no entraron en su tierra prometida, fracasaron por desobediencia e incredulidad. Toda buena biografía es provechosa pero la biografía bíblica lo es de manera singular.

Al intentar tratar con cualquier personaje bíblico de manera biográfica, hay varios principios que debemos recordar.

En primer lugar es primordial compilar todas las referencias respecto a la persona en cuestión. Esto se puede hacer fácilmente con la ayuda de una concordancia bíblica. Por ejemplo, si tomamos a Eva, los pasajes en que se mencionan son Génesis 3:20; 4:1; 2 Corintios 11:3; 1 Timoteo 2:13. Si se escriben estos en una hoja de papel y se examinan cuidadosamente, pueden notarse todos los hechos concernientes a la primera mujer del mundo. En segundo lugar, con todos los pasajes delante de usted, verifique elementos de poder o debilidad, éxito o fracaso, privilegios o limitaciones, ventajas y desventajas; errores cometidos y peligros que deban evitarse, así como ayuda y perdón de parte del Señor. Encontrará que las luces y las sombras sobresalen en un relieve destacado. Los personajes y la conducta se presentan en términos claros. Se muestran alturas angelicales y abismos infernales que hacen que uno confiese junto con Carlyle que: «La biografía es la única historia verdadera».

En tercer lugar, deben cubrirse los vacíos así como la riqueza de los detalles que se dan. Se verá que algunas vidas se describen en más detalle que otras. Donde los hechos son pocos, la imaginación o la historia de los tiempos pueden ayudar a ampliar el material. No se dice mucho de la esposa de Lot, pero el conocimiento de Sodoma nos permite entender por qué esta mujer fue destruida cuando miró hacia atrás mientras la familia huía de allí. Ella dejó a Sodoma como lugar pero esta estuvo siempre en su corazón y ella detestaba abandonarla.

En cuarto lugar, los personajes pueden estudiarse de diversas formas. Uno puede seguirlos de manera consecutiva, señalando cuán fuertes y vulnerables eran al mismo tiempo. También puede verse las causas para el éxito y el fracaso. Las personas pueden tratarse de manera simbólica como en el caso de Jezabel cuando Juan lo hace en relación con la iglesia en Tiatira (Apocalipsis 2:20). Uno debe cuidarse de la tendencia a súper espiritualizar un personaje bíblico. Como dice Harrington Lees con relación a esto: «Se puede hacer en exceso, pero dando por sentado la cordura y la espiritualidad, entonces no se pueden negar que tanto nuestro Señor como sus apóstoles leyeron el Antiguo Testamento, hasta cierto punto, de esta manera. Las vidas de los individuos pueden bosquejarse y llenarse con meditación santa y sabia inferencia». Como la demostración vale más que la descripción, tomemos una o dos ilustraciones de biografías femeninas.

María de Betania, quien está entre las más reconocidas de la galería de retratos de Dios, nos aparece en Marcos 14:3-9; Lucas 10:39, 42; Juan 11:1-45; 12:3, todas estas referencias deben examinarse cuidadosamente para tener un camafeo completo de una de las mejores entre las mujeres de la Biblia. Ella era de Betania, un lugar favorito de nuestro Señor. Era miembro de una familia muy unida y junto con su hermana y su hermano, eran amados del Señor. Era de naturaleza profunda y meditabunda, piadosamente re-

ligiosa con una perspicacia intuitiva en cuanto a la misión de su Señor. Fue pródiga en la preparación de Jesús para su muerte. Al tratar con estas y otras características de su carácter, el maestro pudiera usar el poema de Tennyson que citamos al final del capítulo 5. Se puede destacar un aspecto central doble. Por el lado humano, María fue incomprendida pero por el lado divino, estaba en el lugar de la bendición cuando se sentó a los pies de Jesús. He aquí un bosquejo que combina ambas características:

1. Su incomprendida *quietud:* Lucas 10:40, entendimiento a los pies de Cristo; Lucas 10:39, 42; Isaías 60:13.
2. Su incomprendida *búsqueda:* Juan 11:31, 32, entendimiento a los pies de Cristo; Juan 11:31.
3. Su incomprendido *servicio:* Juan 12:2-8, entendimiento a los pies de Cristo; Juan 12:3, 7, 8.

Para un ejemplo perfecto de cómo tratar con un personaje femenino, vamos a *Biblical Character Sketches* [Bosquejos de personajes bíblicos], publicado por James Nisbet y Co., Londres, en 1896. Este raro volumen, agotado hace mucho tiempo, se compone de 13 personajes bíblicos masculinos y 7 femeninos. Entre los últimos hay una contribución del Dr. F.B. Meyer sobre María Magdalena, que considero debe recuperarse para el beneficio de los amantes de la Biblia en la actualidad. Helo aquí en su totalidad:

«No hay nada que atraiga al viajero moderno al lugar de Magdala con excepción de la fragancia del nombre de esta mujer. Una escuálida aldea árabe que sobresale en el sur de la llanura de Genesaret en el mismo lago zafirino, con sus colinas alrededor aunque ya no existen la agitación de la vida alegre, el brillo de las ciudades muy pobladas, tan familiares a sus ojos de niña. ¡Qué maravilloso es el interés con el que una vida humana puede situar los escenarios en los que fue criada!

»Allí probablemente llegó el Salvador, de camino hacia Galilea, y allí le sacó los siete demonios que sujetaban su alma como una pandilla de piratas persigue a un hombre y usa un barco que han desgarrado de su uso legítimo. Su caso fue uno de esos muchos milagros que no aparecen registrado y que se esconden bajo las declaraciones generales de los evangelios, como cuando se nos dice: "y les llevaban todos los que padecían de diversas enfermedades, los que sufrían de dolores graves, los endemoniados, los epilépticos y los paralíticos, y él los sanaba". Los milagros de los evangelios son una porción de aquellos que él obró mientras iba haciendo el bien y sanando a los que estaban oprimidos por el maligno.

»La tradición ha hecho más alusión a su nombre que lo usual y ha tejido muchas leyendas alrededor de las sencillas declaraciones de los Evangelios. Con la mayoría de estas no tenemos nada que ver, la mayoría fue dictada por el deseo de los enemigos de Cristo de rodear su nombre con desprecio.

»Están, sin embargo, los que la identifican con María de Betania, la hermana de Marta y de Lázaro a quienes se nos dice que Jesús amaba. Pero esto está de seguro ligado directamente con la declaración del propio Señor de que ella vino de antemano a ungirlo para su entierro. Esta interpretación, hecha por Jesús sobre su acto de amor, indica que ella tenía una simpatía más cercana a las intenciones de él y una perspectiva mayor que cualquier otro ser humano con respecto a las predicciones que él hacía sobre sí mismo. Probablemente ella se diera cuenta de la tragedia de su muerte y su entierro como nadie más en la pequeña banda que lo rodeaba y ella no habría pasado por alto su expresa anticipación de la resurrección.

»La única otra leyenda a la que necesitamos hacer referencia es la que tanto ha circulado en la iglesia occidental y que distingue a María Magdalena como la mujer anónima que ungió a Jesús al principio de su ministerio en la casa de Simón el fariseo, que mojó sus pies con sus lágrimas y los secó con su cabello. A esta tradición se le da un poco de colorido por la declaración de que Cristo echó de María Magdalena siete demonios. No importa lo que signifique esa expresión, y no hay razón para disputar su exactitud literal, es probable que hubo alguna confabulación entre ella y esos espíritus inmundos, tanto en disposición como en hábito, antes de que estos pudieran hacer de la naturaleza de ella, su hogar. Tales son las barreras que el Creador ha levantado entre nosotros y los espíritus malignos que visitan incluso los lugares celestiales, que no puedan entrar en nosotros a menos que nosotros quitemos la barra de la puerta y abramos desde adentro. Y por eso deducimos que una tripulación tan inmunda poseyera a María Magdalena, porque ella cedió ante la solicitación de los sentidos y permitió que su naturaleza fuera barrida con una indulgencia ilegítima ante la corriente de pasión incontenible y malvada, y que en alas de este bravío huracán, los espíritus del mal entraran en ella.

»Bajo la influencia de Jesús estas pasiones no consagradas fueron vencidas por amor santo. "Ella amó mucho". Sus lágrimas, su tierno ministerio a los pies amados, el frasco de aceite hecho pedazos, todos confirmaban la fortaleza y la vehemencia de su devoción. Pero, después de todo, había en esto mucho del elemento puramente humano. Ella ministró a sus necesidades físicas; esperó junto a su cruz, vigilando hasta que él expiró y se apresuró a ungir el cuerpo frío y rígido con toda la ternura de una mujer para con un maestro respetable y amado. Y Cristo intentó llevar este amor a un nivel más alto, de lo humano a lo divino, del sentido al espíritu, de la tierra al cielo "Suéltame, porque todavía no he vuelto al Padre".

»¡Qué desarrollo gentil del carácter le aguardaba a aquella mujer de buen corazón que estaba destinada a pasar de la gratitud apasionada por la liberación al "Raboni" de la mañana de Pascua y finalmente al recibimiento del Espíritu Santo el día de Pentecostés! "Todos, en un mismo espíritu, se dedicaban a la oración, junto con las mujeres..." "Todos fueron llenos del Espíritu Santo".

»Por lo tanto, hubo tres etapas en el desarrollo de su carácter. En primer lugar, *el amor reemplazó la pasión*. Con mucha frecuencia se confunden estos dos en el pensamiento y en el diario hablar; pero son esencialmente diferentes, tan diferentes como fueron las orgías en las arboledas de Astarté y el santuario de Afrodita del cortejo de Miles Standish. La pasión siempre es egoísta y no tolera obstáculos en el camino a la gratificación personal. Arrancaría los tablones de su propio hogar par alimentar sus llamas. El amor, por otra parte, está lleno de reverencia, respeto y consideración. Sufrirá el dolor más grande en lugar de buscar su propio bien a expensas de otro. No se ocupa de sus intereses sino de los intereses de los amados objetos de su desvelo. Es fuerte y mesurado, y vive aprestado a luchar.

»Por ende estos dos se destruyen mutuamente. Si se deja que la pasión se salga con las suyas, el amor muestra señales de depauperación. Languidece y se marchita. No puede vivir en el aire venenoso como el que acecha en la jungla tropical o junto al mortal Congo.

»Jesucristo viene a extinguir el pavoroso resplandor de la pasión. Pero su obra, grande y bendita como es, no termina aquí. Una simple negación no salva. No es suficiente extinguir en el altar los fuegos no consagrados de la pasión vaciando baldes de agua: todavía se necesita el fuego para el sacrificio y el verdadero Profeta del cielo debe proveer este último así como cumplir con lo primero o no satisfará la necesidad más urgente del hombre. Así la gloria de nuestro maestro yace en esto: él reemplaza las llamas del infierno con carbones vivos del altar celestial. Nos vuelve a ajustar con

relaciones humanas. Expulsa la tripulación pirata y llena la nave con una tripulación celestial. No solo se liberó a María del frenesí de una pasión indomable sino se le cubrió con túnicas blancas de pureza sin mancha. "Ella amó mucho".

»Pero además de esto, el amor humano se elevó al divino. El amor de María Magdalena hacia Jesús muestra todos esos rasgos que acostumbramos asociar con el amor de una mujer cuando este alcanza su ideal.

»Era tan fiel. Los hombres temen fracasar en la vida, no tanto por sí mismos como por la angustia que traerá sobre los que los aman. Muchas veces el hombre razona consigo mismo que fallar lo alienará de sus queridos amigos. Eso sucede con algunos. Son vacíos y superficiales. Como el Nautilos, nadan en la superficie con toda su gloria y belleza cuando hace buen tiempo, pero desaparece apenas se oculta el sol tras las nubes. No obstante, ningún hombre ha perdido jamás el amor de una verdadera mujer porque haya fallado. El fracaso, la pérdida y las dificultades solo saca a relucir las características más nobles de la mujer, y principalmente la tenacidad de su afecto, que las muchas aguas no pueden ahogar. Así que María se aferró a la cruz, a la tumba, al cuerpo mutilado. "Junto a la cruz de Jesús estaban... y María Magdalena», «pero María se quedó afuera, llorando junto al sepulcro".

»El amor de una mujer siempre tiene que encontrar algo que hacer por su amado. Mientras que una mujer pueda cuidar o ministrar, o preparar ungüentos, o venir a ungir, puede soportar su pena. Dejará a un lado la idea del vacío o el desánimo que pueda venir después ocupándose en hacer algo práctico en el presente. Esto la salva de un colapso total. Fue esto lo que hizo María, tan dispuesta a ungir el cuerpo querido, y quien tanto agonizó al ver que no estaba allí donde ella lo había dejado. Para ella ese ministerio era más de lo que podía comprender, era la salvación de la angustia.

»¡Y cuánto valor le dio! Ella era indiferente a los peligros de una ciudad oriental, un lugar nada adecuado para una mujer indefensa cuando todavía estaba oscuro. Con una mirada fija presenció las formas gloriosas de los ángeles que de otra manera la hubieran llenado de pánico. No dudó en asegurarle al jardinero que ella, sola y débil, cargaría el cuerpo sin ayuda si tan solo él le mostraba dónde estaba. Ay, el amor de una mujer, ¿qué no se atreverá a hacer? ¡La madre por su bebé! ¡La esposa por su esposo! ¡La muchacha por su enamorado!

»Por supuesto que había un error, craso y palpable, un error que era casi culpable pues él había intentado tantas veces explicar cada una de estas escenas ¡que sus amigos no debían sorprenderse cuando llegaran! Y, sin embargo, por todas partes brillaba aquel amor bendito que, como el río en la visión del profeta, ha hecho tanto por endulzar los pantanos y los mares muertos de nuestro mundo.

»Ay, hermanas, compitan con nosotros si quieren en literatura, ciencia y negocios pero no dejen nunca que nada les robe esta maravillosa facultad de amor santo, el don más divino de todos los que permanecen en medio de la destrucción y la ruina de nuestra caída, como el Pozo de la Virgen en medio de las ruinas del Foro Romano, tan antiguo como Roma pero fresco y hermoso en la actualidad.

»Pero este amor no se saciaba. Se aferró al hombre, al hermano, a la carne más que al Verbo que lo había asumido. Cristo la amó demasiado para estar dispuesta a pasar por encima de esta imperfección. Él es el verdadero jardinero de nuestras almas y cuando encuentra una planta capaz de lo mejor, él no dejará que produzca menos. Si el más alto ideal solo puede realizarse con el uso del cuchillo, él no dudará en usarlo. Y así el sepulcro quedó vacío, el cuerpo no estaba; aquellas manos amorosas nunca lo tocarían. El amor de Magdalena —frustrado, privado de su objeto— al principio estaba atontado, paralizado, mudo ante el dolor; de pronto entonces vio:

"brillando en lo alto, cosas más divinas".

Ella extendió sus manos hacia el Cristo resucitado; se dirigió a él en su lengua maternal: «¡Raboni!»; se dio cuenta de que aunque en esencia él no había cambiado, de ahora en lo adelante ella ya no lo conocería en la carne, sino entraría en una relación espiritual que le daría sorbos más profundos del agua del trono que viene de más arriba, que con lo divino satisface las capacidades divinas.

»Así que todavía el jardinero de nuestras almas trata con nosotros. No dejará que sus flores blancas se arrastren por la tierra, a no ser que se ensucien. Él las levanta hacia el sol en celosías, pero el proceso es muy doloroso y contra naturaleza. Los objetos terrenales a los que nos hemos aferrado se nos quitan. Clamamos. Nos parece que tenemos que morir. Preguntamos de qué vale vivir. Entonces él habla de su ascensión al Padre. Lentamente comprendemos lo que él quiere decir. Comenzamos a ascender. Ponemos nuestro afecto en las cosas de arriba. Buscamos las cosas donde él está sentado, a la diestra de Dios. Mientras el tiempo transcurre lentamente, muy lentamente, descubrimos que hemos ganado, no perdido. El molde se destruye pero queda la pieza fundida; se quita el andamiaje pero se termina la casa; lo terrenal y lo humano desaparecen pero lo celestial y lo divino son nuestros para siempre. Se permite que todo nuestro amor se entrelace con algún objeto humano y de pronto se quita pero la mano de un hombre quita las guedejas torcidas y con gentileza se les enseñan a agarrarse de lo invisible y lo eterno. La savia baja por un instante y luego regresa y palpita y late con una energía más intensa que antes. Tales cosas hace Dios muchas veces con hombres y mujeres.

»*Pero cuando termina el entrenamiento, los*

resultados son grandes. María Magdalena regresó a ungir al muerto; encontró al vivo que ya estaba ungido con el Espíritu Santo. Todas sus vestiduras olían a áloe y casia, los perfumes del cielo con los que su Padre lo hizo alegrar.

»Ella vino a una víctima pero encontró un sacerdote que estaba a punto de entrar a la presencia de Dios por ella y por toda la humanidad.

»Vino al vencido pero frente a ella estaba parado, radiante, un vencedor de los principados y las potestades del infierno, de su cinturón colgaban las llaves de Hades y de la tumba, el diablo aplastado bajo sus pies.

»Ella pensaba que había venido a dar el toque final a una vida triste y de fracaso irremediable; pero descubrió que en aquella mañana se inauguraba una vida que estaba destinada a ser eterna e incorruptible.

»Con qué mejor respuesta podría recibir a su Señor resucitado que con el clamor: ¡Raboni!, él es su hermano, pero, ¿también un rey? Por la puerta del servicio entramos al templo de la comunión. Solo los esclavos de Jesús se convierten en nobles y amigos. Obedecer es ser su madre, hermana y hermano. Entonces nos asociamos con sus hermanos y discípulos y esperamos en oración y súplica, y aguardamos expectantes en el aposento alto, hasta que se abran los cielos y la diadema de fuego rodee nuestra frente y se nos bautice en el fuego del amor celestial en tanto que el poder del Espíritu Santo entre para llenar e inundar el santuario interior del Espíritu.

»Así cuando las almas son bautizadas, se enorgullecen de ser los santos patrones y los faros para otras almas que están tan abajo como ellas estuvieron una vez. ¿No cree usted que incluso si María Magdalena nunca cayó tanto como los caídos de nuestras calles, ella estará orgullosa de identificarse con los esfuerzos del libertador de estos? Esta es la única luz en la que podemos hallar Consuelo por nuestros pecados pasados, que con ellos hemos aprendido los escalones a través del tronco del Estigio y a señalar el camino para aquellos que están casi al desmayar».

El estudio biográfico lo convence a uno de que no nos dieron las Escrituras para simplemente satisfacer el intelecto sino para enriquecer la vida de uno, para vigorizar la conciencia, para corregir el juicio, fortalecer la voluntad y dirigir los pasos. Si tomáramos en cuenta las diferencias de tiempo y lugar, las tentaciones y posibilidades que venían a las mujeres de la Biblia, veremos que estas coinciden con las de las hijas de Eva en la actualidad. Su Dios es el Dios de las mujeres modernas que tienen un arsenal espiritual que los santos de la Biblia no tuvieron. Las mujeres de este lado de la cruz y del Pentecostés no necesitan experimentar vergüenza ni derrota en la vida. El cristianismo le ha dado a la mujer su total emancipación.

8

Mensajes para el Día de las Madres

La celebración anual del trabajo y el valor de las madres se ha convertido en una celebración religiosa y en una ocasión comercial muy provechosa, especialmente en Norteamérica donde se originó esta fecha. Cuando se acerca, las tiendas se llenan de ávidos compradores que se esfuerzan por encontrar algo único o regalos, tarjetas y flores acostumbrados para producir una pronta sonrisa de agradecimiento en labios ancianos e iluminar ojos envejecidos. Se envían regalos a madres en lugares distantes.

Aunque podemos justificar la celebración del Día de las Madres basándose en que la Biblia está tan llena de exhortaciones con relación a la maternidad y de la influencia de madres piadosas que se esforzaron por criar a sus hijos en el temor del Señor, haciendo así una contribución sana y sustancial a la sociedad humana, tenemos que cuidarnos del sentimentalismo enfermizo, de la apología superficial y el emocionalismo que con tanta frecuencia caracterizan este día. Como la gran comisión de la iglesia es glorificar a Dios y proclamar su Palabra para la salvación y santificación de las almas, la simple alabanza de puras virtudes humanas está fuera de su mensaje. La exaltación de las cualidades humanas, como hace el humanismo, contradice las enseñanzas de la Palabra con respecto a la glorificación de la carne.

El aspecto que debe destacarse el Día de las Madres es que Dios creó a la mujer «para multiplicarse y llenar la tierra». Por lo tanto de las madres es «el privilegio de poblar la perfecta creación de Dios con seres cuyos corazones deben estar en total armonía con los de Dios, quienes deben reflejar la gloria de su creador en todas sus actividades y quienes vivirán por siempre en perfecta dicha y santidad». Qué pena, cuando la primera madre cedió ante la seductora voz de Satanás, la maternidad quedó bajo la ruina de la maldición de Dios; justo después de la caída de Eva vinieron la primera profecía y la promesa de un suceso que nuevamente santificaría la maternidad. Por medio de la gracia, cada mujer que tenga un hijo puede regocijarse en el hecho de que su hijo querido es una manifestación de la misericordia y privilegio divinos. Como resultado del Calvario, la maternidad ha sido santificada y por la aceptación de los méritos de Cristo, el hijo de María, las mujeres pueden traer al mundo a aquellos a quienes Dios ha anhelado por toda la eternidad y cuya salvación ha planeado.

Además, las madres no existen solo para satisfacer instintos maternales y para tener hijos a los que puedan cuidar y mimar, sino para traer al mundo entidades eternas, hombres y mujeres, que vivirán para bien o para mal por siempre y siempre.

Una de las características más grandiosas de la obra de Dios en la creación fue el poder que él les dio a todas las criaturas y las plantas de reproducirse según se especie, un hecho que se opone a la teoría de la evolución. Así fue con nuestros primeros padres, Adán y Eva, a quienes Dios dio la orden de: «Sean fructíferos y multiplíquense; llenen la tierra y sométanla» (Génesis 1:28). Entonces, la paternidad es el plan de Dios para un mundo que crece y se desarrolla constantemente y cada vez que una nueva vida surge, se magnifica a Dios el creador. En los tiempos bíblicos la infertilidad era la situación más penosa para las mujeres, especialmente en los días del Antiguo Testamento cuando cualquier mujer judía albergaba la esperanza de que pudiera convertirse en la madre del Mesías de Israel. En la actualidad, un número alarmante de matrimonios no tiene hijos tanto por razones naturales como antinaturales. Los fabricantes de materiales anticonceptivos y los comerciantes del aborto ilegal se hacen ricos con el deseo de las mujeres de no tener hijos. No obstante, sigue siendo verdad que los hijos son un bondadoso don de Dios, como nos recuerda el salmista:

> Los hijos son una herencia del SEÑOR, los
> frutos del vientre son una recompensa.
> Como flechas en las manos del guerrero son
> los hijos de la juventud.
> Dichosos los que llenan su aljaba con esta
> clase de flechas.

(Salmo 127:3-5).

Es verdad que Dios usa a las madres para el establecimiento y mantenimiento de las instituciones humanas en el gobierno y el estado, pero ante todo las madres cristianas están con el propósito de enviar a un mundo pecador aquellos que se convertirán en la sal de la tierra e invadirán el mundo con los ideales cristianos. Las madres son, o se esperaba que fueran, las principales moldeadoras de almas, constructoras del carácter, agentes de reclutamiento de Dios para los dominios eternos del cielo. Tanto las madres como los padres tienen una rica bendición del Señor cuando se acercan al trono de la gracia y oran con verdadera sinceridad:

> Con gozo te los presentamos, Señor,
> Te los dedicamos a ti,
> Y te imploramos que así como somos
> tuyos,
> Nuestra descendencia pertenezca a ti.

Una tienda que ofrece los regalos más adecuados para los que aman lo mejor, puso este acróstico de Madre:

M por el millón de cosas que te ha dado. (Hoy es tu oportunidad de darle algo a ella.)

A por el amor que arde en sus ojos. (Hay un amor que solo tiene una madre.)

D por el dolor que pasó para salvarte. (Ha sido mucho el dolor. No la hagas sufrir hoy.)

R porque tiene la razón. (¿Y quién dirá lo opuesto?)

E por encaminar. (La tarea de la madre es poner su familia en el buen camino y prepararlos para tener vidas independientes.)

Para los que no conocen la historia detrás del origen del Día de las Madres, que ahora se celebra en todo el mundo, contamos su humilde inicio:

Que la fama es fugaz y que los recuerdos de la mayoría de los hombres y las mujeres son cortos, se hace patente una vez más en la patética historia de Anna M. Jarvis, la fundadora del Día de las Madres.

Si no hubiera sido por el espíritu filantrópico de unos pocos en Filadelfia que vinieron hace poco en su rescate, la mujer de 83 años, ciega y sin dinero, hubiera estado destinada a pasar los últimos meses de su vida sola en un hospital de caridad. Fue hace más de 60 años que Miss Jarvis tuvo la idea de apartar un día en el que los hombres y las mujeres en toda la nación le rindieran honores especiales a sus madres.

La propia madre de Anna Jarvis, la señora Ann Reeves Jarvis, había muerto el segundo domingo de mayo en 1905 y es por eso que se designó este domingo en específico como el Día de las Madres. Primero se celebró en una iglesia pequeña en Grafton, West Virginia, el pueblo donde Ana nació.

Anna Jarvis tenía diez años por aquel entonces y asistía a la iglesia con sus padres, hermanos y hermanas. A la edad de 20 años se graduó del Seminario Femenino de Augusta en Staunton, Virginia, y regresó a casa para enseñar en escuelas públicas.

También enseñaba junto con su madre en la escuela dominical de la iglesia metodista de Andrews. En aquellos tiempos su madre tenía planes de apartar un día en honor de las madres del mundo pero nunca vivió para ver esta obra terminada.

Mudada a Filadelfia

El padre de Anna murió el 31 de diciembre de 1902, y la señora *Jarvis* y sus hijos se mudaron a Filadelfia para vivir con un hijo, Claude. Tres años después, el 9 de mayo de 1905, murió la señora Jarvis. En 1907, la señorita Jarvis invitó a algunos amigos a su casa en Filadelfia para conmemorar el aniversario de la muerte de su madre y anunció los planes para hacer el Día de las Madres una celebración nacional el segundo domingo de mayo.

Luego, la señorita Jarvis le escribió a L.L. Lear, superintendente de la escuela dominical de Andrews, con la sugerencia de celebrar el Día de las Madres en honor de su mamá.

El domingo 10 de mayo de 1908 se celebró el primer servicio por el Día de las Madres en la iglesia Andrews. Dos años después, el gobernador William E. Glasseoek de West Virginia proclamó oficialmente el primer Día de las Madres. Aunque detrás del movimiento había sin dudas una devoción sincera y una profunda comprensión de su pérdida, el verdadero comienzo del Día de las Madres debe decirse que data de la época después de la guerra civil cuando la propia madre de Anna organizó a las madres de la Unión y a las confederadas de su pequeña comunidad, en un esfuerzo para lograr la amistad entre los jóvenes soldados de bandos opuestos por la guerra civil. Anna continuó con esta obra.

En aquellos primeros días en Filadelfia, Anna Jarvis pagó de su bolsillo para que el Día de las Madres llevaran a la iglesia a los ancianos y a los inválidos. Compró y regaló cientos de claveles, el emblema que ella misma había designado.

Hizo costosos viajes al extranjero para difundir la costumbre del Día de las Madres en Europa. Anna escribió personalmente a editores, ministros, presidentes y hasta reyes.

Paulatinamente, al involucrarse más y más en lo que ella misma había creado, perdió contacto con la mayoría de sus amigos y su única compañera cercana era Elsa, la hermana ciega con quien vivía sola en una laberíntica casa de Filadelfia. Allí las dos mujeres envejecidas mantenían los muebles de la misma forma que habían estado durante la vida de su madre.

Pasaron los años y el dinero menguó. Todo se había gastado en la causa que parecía haberse convertido en su único interés en la vida.

Cuando murió Claude Jarvis en 1926, un hermano soltero y sagaz hombre de negocios, pensó que había dejado a sus dos hermanas bien abastecidas en su testamento. Pero como resultado de varias complicaciones legales y técnicas, las hermanas Jarvis no pudieron recibir la herencia que su hermano les había dejado.

Lucharon juntas lo mejor que pudieron hasta el día en que los ojos de Anna Jarvis comenzaron a apagarse. Finalmente estaba casi tan ciega como su hermana, pero para entonces muy pocas personas recordaban que esta ancianita arrugada había sido una vez una figura reconocida internacionalmente.

Ya nadie le prestaba atención a las idas o venidas de la mujer. Pero el doctor al que por fin consultó para sus ojos, estaba preocupado luego de mandarla a casa sin esperanza alguna de que ella volviera a recuperar el uso completo de su vista.

Le pidió a un trabajador social que diera una vuelta y averiguara si la señorita Jarvis estaba recibiendo el debido cuidado, sin saber que era responsabilidad de ella cuidar de alguien que estaba peor.

Allí, en una casa grande y fría el investigador encontró un caso verdadero de un ciego guiando a otro ciego. Y las dos hermanas inválidas estaban a punto de morir de hambre cuando las encontraron. Anna Jarvis, la solterona que fundó el Día de las Madres hace más de 60 años, parecía estar destinada a una vejez sin dinero y solitaria.

La señorita Anna sufrió un colapso nervioso y la enviaron al hospital de la ciudad. A Elsa la cuidó el servicio social hasta que murió en 1941.

Y ahí debió haber terminado la historia de la mujer que dedicó tantos años de su vida a honrar a las madres del mundo y que al final moriría sola y sin amigos.

Pero las noticias de la infeliz situación de la señorita Jarvis llegaron hasta un abogado que la conoció cuando era niño.

Reunió a los pocos hombres y mujeres que todavía sentían un aprecio cordial hacia la entonces indefensa anciana y escarbando en sus bolsillos recaudó un fondo lo suficientemente grande como para mudarla a una lujosa habitación privada en un sanatorio donde se satisfaría su más mínimo antojo durante el resto de sus días.

Cuando se supo lo que estos hijos e hijas de Filadelfia habían conseguido para ayudar a la fundadora del Día de las Madres, otras personas comenzaron a enviar contribuciones para su bienestar.

Floristas de cada estado de la nación, y de Hawai, hicieron regalos voluntarios en efectivo. También los fabricantes de tarjetas para el Día de las Madres hicieron su contribución a la causa.

Parte del dinero donado se utilizó para erigir un monumento al Día de las Madres y a su fundadora. La celebración de la fecha se difundió tanto que en 1934 el gobierno emitió un sello de correo que tenía un retrato que Whistler hizo de su madre.

En realidad es apropiado apartar un día para rendir tributos de amor y reverencia a la madre que nos trajo al mundo y nos crió en la infancia y nos ama incluso en la vejez. Se honra a las madres porque sus hijos son su primer pensamiento y preocupación. Son las que nos aplauden en nuestros éxitos y nos consuelan en nuestras derrotas. Pensamos en los millones de madres que vieron a sus hijos marchar a la guerra, muchos de los cuales nunca regresaron, otros regresaron mutilados de por vida. Es verdad que el sacrificio de los muchachos fue grande; igual de grandes fueron los sacrificios, sufrimientos y lágrimas de las madres que quedaban en casa para orar y esperar. ¿Quién puede medir el dolor de la ansiedad de una madre que aguarda las noticias de un hijo o esposo cuando la guerra afecta al mundo?

El que celebra este día y tiene una madre viva para honrar, es verdaderamente afortunado, porque todavía tiene la oportunidad de decir la palabra cariñosa, de agradecimiento y orgullo que es lo único que ella ambiciona.

El que celebra este día y solo tiene el recuerdo de una madre puede conocer la riqueza, la belleza y consuelo de esta al volver a pensar en el recuerdo y valorarlo, lo cual satisface la fe de quien le dio la vida.

Que el Día de las Madres traiga felicidad a donde pueda y que le dé la vuelta a la llave del recuerdo amoroso de los días querido del pasado cuando esto sea nuestro único recurso y habremos celebrado el día cumpliendo con su elevado y precioso propósito.

Sí, aceptamos la institución del Día de las Madres pero, ¿no es acaso más loable recordar a nuestras madres cada día y no reservar nuestras rosas, regalos y dulces para un solo día del año? Hay muchas madres solitarias, casi olvidadas a las que les resulta difícil sobrevivir y cuyos largos días se iluminarían mucho si tan solo los hijos desconsiderados e ingratos recordaran sus obligaciones para con aquellas que les dieron la vida.

Como los pastores y líderes de grupos de mujeres están siempre al tanto de materiales apropiados para mensajes y programas, incluimos unos pocos poemas adecuados que hemos recopilado en el camino. El 11 de mayo de 1946, Harry H. Schlacht escribió el siguiente poema exclusivo para *The New York Journal American* titulado «El Día de las Madres, hónrala». La última parte de este canto lírico de Schlacht aguarda el cumplimiento.

EL DÍA DE LAS MADRES, HÓNRELAS

Madre.
  Es la palabra más dulce del idioma.
  Es la primera palabra que sale del
    corazón.
  Es la primera palabra que aprendemos a
    susurrar cuando comenzamos la
    vida.
  Es la última palabra que decimos sin
    aliento al partir de la vida.
  Es el cordón dorado que liga la tierra al
    cielo.
  Es el amor que convierte la más pobre
    cabaña de campo en un paraíso.
  Es el amor más grande de todos.
  Es el amor eterno.

Ay, maravillosa palabra madre.
  Inclinamos nuestras cabezas ante tu
    santuario.
  Nos arrodillamos en el altar de memo-
    ria sagradas.
  Veneramos tu nombre sagrado.
  Nos transportamos en las alas de la ima-
    ginación hasta las escenas de nuestra
    niñez.
  Recordamos tus tiernas caricias, tu abra-
    zo amoroso y tu dulce canción de
    cuna al atardecer.
  Otra vez escuchamos tu suave voz que
    una vez hizo regocijar a nuestros co-
    razones infantiles.

De canciones y poemas inspirados por el
  amor, escuchamos; poemas conmovedores se entregan; usamos flores en su
  honor; plantamos árboles en su memoria; son todos tributos a su sublime
  influencia.
  Se cuenta la historia de un ángel que el
    cielo envió para que regresara con las
    tres cosas más hermosas de la tierra.
  En búsqueda de su misión, encontró
    una hermosa rosa, que, creyó él, lleva-
    ría de regreso.
  Entonces vio la sonrisa de un bebé; eso
    también debía llevarlo.
  Buscó y buscó hasta que al fin vio el sa-
    crificio que hacía el amor de una ma-
    dre por su hijo, y eso, concluyó él, se-
    ría lo tercero,
  Regresó al cielo y cuando llegó, la rosa
    se había marchitado, la sonrisa del
    bebé se había desvanecido y nada
    permanecía sino el amor de una
    madre.

Rayano más que nada es su amor al amor
  divino que Dios le concede al hombre.
  Ella camina sin temor por el valle de las
    sombras y emerge con nueva vida.
  Colma ese capullo de vida con su más
    tierna devoción.
  Es el pilar principal del hogar.
  Es la estrella que guía al hombre.
  Es la fuente de inspiración que estreme-
    ce los corazones de los hombres.
  Es la heroína verdadera de la guerra.

En tanto que ella pueda escuchar las palabras de honor y alabanza y sentir el

cálido abrazo de tu amor; antes de que se rompan las cuerdas débiles que la sostienen, llévala a tu corazón y dale tu devoción.

Benditos son los hijos que todavía tienen la bendición de sus ojos apagados y las caricias de sus labios temblorosos.

Para muchos de nosotros ella es un recuerdo sagrado.

Sus manos solo nos tocan en sueños.

Nunca ha habido un acto de heroísmo que pueda compararse con la obra de por vida de la más humilde de las madres.

Al soldado que cae en el campo de batalla le damos bronce y piedra.

Pero la de la madre es una batalla sin gloria.

No lleva las medallas de una nación.

Su insignia son las líneas que le surcan el rostro.

No se tocan trompetas para ella, solo el susurro de las plácidas corrientes y los pájaros en el aire.

Sean recordadas las madres.

Nos ocuparemos de que nunca más las fuerzas del mal sacrifiquen tu obra en los campos de batalla.

Nos ocuparemos de que las madres de cada raza y clima vean a sus hijos nacer en libertad, crecer en paz y madurar en hogares libres.

Veremos a Norteamérica, la madre histórica de los oprimidos del mundo, marcar la pauta.

Veremos al amor de una madre encontrar su total expresión en el mundo de mañana.

Construimos monumentos a generales, almirantes y estadistas.

Construyamos en Washington un memorial a la maternidad, al soldado más grande de todos.

Dediquémoslo a:

La erradicación de todas las causas de la guerra.
El fin de los prejuicios de raza y nación.
El fortalecimiento de los pacificadores.

Eso es lo que busca toda madre.

Eso es lo que toda madre debe tener.

Pues sabemos que:

«Tras lo oscuro desconocido
está Dios, entre las sombras,
velando a los suyos».

LA MADRE

Con un libro desatendido en su regazo, ella se sienta con ojos soñadores
Y mira desde la ventana hacia las colinas distantes que se levantan,
Pero pronto cruza todas las colinas y encuentra un sendero recto
A donde los niños se suben a la cerca, junto a la puerta;
A donde los niños la llaman con sus gritos de maravillosa alegría,
Pero el libro sigue, desatendido, yace medio abierto sobre sus rodillas.

Y lejos de la ventana el cielo se pandea en un nebuloso azul,
Y ella viaja por un camino que cruza las praderas,
Que desciende por las calles de la ciudad hasta que encuentra una puerta
Que se abre tras su gentil toque; y luego, como antaño muchas veces,
Escucha la risa de su niño, ella sufre cuando él pena.
Pero el libro todavía yace con su mano entre las hojas.

Y ahora ella toma otro rumbo, donde las montañas tocan el cielo;
Se abre caminos entre el espesor del bosque hasta que se acerca
A la pequeña cabaña donde su niña le ha ayudado a construir un hogar,
Donde, en el mar a la distancia hay destellos de la espuma que se levanta;
Y por un instante hablan de la alegría que aquello solía ser,
Pero el libro sigue, desatendido, entreabierto sobre su rodilla.

Y así ella viaja hasta la puesta del sol, se va lejos, muy lejos,
Pero siempre encuentra su refugio al final del día;
Y toma su libro y contempla baldía las páginas abiertas
Con ojos que tienen la suavidad que provocan las lágrimas que no se derraman,
Y algunas veces susurrará bajito y algunas veces sonreirá,
Porque sobre toda la tierra su corazón ha paseado.

—Wilbur D. Nesbit

LA VIGILANTE MADRE

Ella siempre se inclinaba para velar por
    nosotros,
    Ansiosa si llegábamos tarde,
En el invierno junto a la ventana,
    En el verano junto a la puerta.
Y aunque nos reíamos de ella con ternura,
    Quien tenía tal cuidado inocente,
El largo camino a casa parecía más seguro
    Porque ella esperaba allí.

Sus pensamientos estaban tan llenos de
    nosotros
¡Que ella nunca se podía olvidar!
Y por eso creo que donde ella esté
    Todavía debe estar vigilando.
Esperando a que regresemos a casa
    con ella,
    Ansiosa si llegamos tarde,
Observando desde la ventana del cielo,
    Inclinada desde la puerta del cielo.

— Margaret Widdemer

MADRE PARA SIEMPRE

Si yo pudiera vivir diez mil años,
    Todavía recordaría a mi madre,
Recordando sus sonrisas y sus lágrimas,
    Y cuánto nos amábamos.

Los años no pueden empañar esa brillante
    visión,
    Yo cuento mi tesoro más preciado;
Simplemente parecen derramar más luz
    Sobre su valor y medida.
La fe cristiana que brillaba a través de ella
    Todavía es mi inspiración;
Tengo la sabiduría de su conducta
    Con mucho agradecimiento.

Si pudiera vivir diez mil años,
    ¿Cómo crees tú, amigo y hermano,
que podría olvidar ese sueño que alegra
    y muchas veces trae de regreso a mi
    madre?

—Ralph T. Nordlund

UN TRIBUTO A LA MATERNIDAD

Dios hizo las corrientes que borbotean por la ladera morada de la montaña,
Hizo los bellos colores con que se tiñe la puesta del sol.
Hizo las colinas y las cubrió con gloria;
e hizo el destello en la gota de rocío y las salpicaduras de luz y sombra;

Entonces al saber que todo lo que la tierra necesitaba era un clímax para sus encantos,
creó a una pequeña mujer con un niño en sus brazos.
Él hizo el arco iris que surca el cielo,
Hizo las benditas flores que asienten y sonríen a nuestro paso;
Hizo la belleza alegre cuando ella se inclina con gracia de reina,
Pero más dulce que todo, hizo el amor que ilumina el rostro
que se inclina sobre un bebé protegiéndolo de las inquietudes del mundo.
Esa mujercita delicada con un bebé en sus brazos.
Una suave envoltura rosada, embellecida con una enredadera de hebras sedosas
Un gorro ligero, blanco como la nieve sobre la cabecita felpuda,
Un vestido que haría que la corriente del invierno parezca polvorienta a su lado,
Dos mejillas con un tinte de puro pétalo de rosa, dos ojos azules que se abren en
    asombro,
E inclinados sobre estos, el rostro de la madre imbuido con los mismos encantos del
    cielo,
Dios bendiga a la mujer pequeñita con un bebé en sus brazos.

— Autor desconocido

CRISTIANO GRACIAS A UNA MADRE

Porque alguien oró y de seguro fue mamá.

Porque recuerdo en las noches cuando el fuego ardía brillante que ella me llamaba a su
lado y decía: «Sé valiente, hijo mío, y fiel; y nunca te avergüences de las enseñanzas
que aprendiste en el querido nombre de tu madre».

Aunque han pasado los años no puedo olvidar esas palabras de amor que todavía escucho, la veo sentada junto a la vieja butaca, mi querida madre en humilde oración.

Pero un día el escenario cambió y cuán triste y cuán extraño también,
Ahora allí está la vieja chimenea y también la vieja butaca y allí está el querido sombre-
rito para el sol que mamá solía usar.

Ahí están las fotos en la pared y los floreros sobre el dintel, que seguro estoy,
Como un dulce recuerdo mamá me dio.

Ahí están las velas y la antigua lámpara, Y la alfombra de harapos sobre el piso,
Y por allí se sienta mamá con las suaves zapatillas, que sus tiernos pies ya no usarán
más.

Ahí está la vieja rueca y las bolas de hilo usted puede ver,
Y la querida Biblia de mamá que tanto me leía, vieja y manchada por el uso.

Era allí donde inclinábamos juntos nuestras cabezas cuando mama comenzaba a llamar al cielo;
Mi corazón era joven y tierno y sincero, como el Señor bien sabía y mi madre también.
Y mientras mamá oraba de día y de noche, aquellas hebras doradas se mezclaban con
gris,

Entonces la providencia se cruzó en nuestro camino un día y me puso triste, triste de verdad.

Estoy parado junto a tu tumba, madre, y los vientos surcan alto mientras las estrellas del invierno miran apagadas a tu hijo huérfano.
Nubes oscuras se ciernen en los cielos como tantas veces antes, y la luz de la luna sobre el césped escarchado luce muy pálida y fría.

Tuvimos un hogar feliz junto a mamá en la ladera de la montaña,
Y los pájaros veraniegos cantaban todo el día antes de que papá muriera.

Y querida mamá, sus mejillas se ponían más pálidas cada día
Hasta que por fin los ángeles vinieron y también se la llevaron.

Tenía yo entonces una hermana gentil; ella ahora no está conmigo,
Pero la sombra lúgubre de su tumba yace en mi frente infantil.

Y los extraños se reúnen junto a la vieja chimenea, junto al antiguo fuego.
Ay, madre, en este mundo frío y ancho estoy completamente solo, solo.

Me arrodillo junto a tu tumba, madre; no hay nada humano cerca
Y el único sonido que escucho es el susurro triste del viento.
Y tiemblo cuando el viejo árbol mece sus ramas hacia delante y hacia atrás,
Mientras cierro mis ojos y digo las oraciones que tú le enseñaste a mis labios infantiles tanto tiempo atrás.

Ahora me acuesto a dormir y le pido al Señor que guarde mi alma,
Y si muriera antes de despertarme, le pido al Señor que se lleve mi alma.

Entonces mamá diría, poniendo su mano sobre mi frente,
Gracias, Señor, y buenas noches, querido.

> —*Compuesto y arreglado por el Rev. Ben. G.W. Hartman*

LAS MADRES

Tan ligadas están todas las madres de la tierra,
Ya sean blancas, negras o amarillas,
No solo por el sufrimiento del alumbramiento,
Sino mediante la agonía más seria y grave
De la necesidad de todo un mundo, de hambre del alma
Y del cuerpo en esta hora crucial;
La necesidad de Cristo de convertir un mundo enfermo en un mundo sano;
La necesidad desesperada de su poder sustentador.

¡Ay, madres sobre sus rodillas! La oración persistente
se forja muchas veces por las mujeres cuando oran
por sus propios hijos, se extiende hasta compartir
con los hijos de otras madres a lo largo del camino.
Mujeres de la tierra, dentro de sus manos alzadas
Descansa la salvación segura de todas las patrias.

> *Grace Noll Crowell*

TANTO Y TAN POCO

¡Madre! ¡Madre! ¿Te acuerdas de mi
   almuerzo de hoy?
¿Cinco pequeños panes y dos pescados
   secos?
   ¡Todo lo regalé!
Me devolvieron un pan que él bendijo,
   Y también algo del pez.
Madre, Madre, comieron los cinco mil
   Todo lo que quisieron.
Sí, y había niños pequeños
   Y estaban sus madres también.

Ah, pero comieron todo lo que quisieron,
   Yo te traje un poco a ti.
No, no, madre, no estoy loco,
   Ellos no tenían nada que comer;
Uno de nombre Andrés le dijo al Maestro:
   «He aquí pan y carne».
Él los tomó con sus manos fuertes y firmes,
   (¡Cómo brillaba su faz!)
Lo bendijo, lo partió y a todos alimentó
   Con mi comida, madre, ¡mi comida!
Yo estaba asustado, ¡toda esa gente
   Y un bocado tan pequeño!
MADRE, MADRE, ¡SOLO IMAGÍNATE QUE NO
   LO HUBIERA DADO!
          —*Mrs. S. May Wyburn*

EL HOGAR CRISTIANO
(Para la semana del hogar)

El lugar más sagrado de la tierra
Creado, ordenado y bendecido por Dios
La primera institución del mundo
La cuna de la civilización
La primera universidad del niño
La más influyente de todas las instituciones
Típico de todo lo que es mejor y más
   duradero en la civilización
Los más grandes maestros de todas las
   edades
Han intentado magnificarlo
Los hombres se han sacrificado y han
   muerto por él
Las mujeres han trabajado y sufrido por él
Ahora es la mayor necesidad del mundo.

Los que planifican programas devocionales para grupos de mujeres pudieran encontrar en los retratos que hemos presentado de las mujeres de la Palabra, un material que puede ser útil en una serie de mensajes sobre los personajes femeninos. Para el mensaje requerido para el programa del Día de las Madres, se pudiera escoger de lo siguiente que hemos tomado de nuestro archivo personal.

DIOS Y NUESTRAS MADRES

El cristianismo es contrario a la exaltación de un simple mortal. El enaltecimiento de las virtudes o cualidades humanas se opone a la clara revelación de las Escrituras. Solo a Dios se debe glorificar.

Sin embargo, la celebración del Día de las Madres tiene respaldo bíblico, dado que la Biblia está llena de exhortaciones con relación a la justa honra de los padres. Es por esta razón que la iglesia no sanciona «el sentimentalismo enfermizo ni el emocionalismo superficial que con tanta frecuencia caracterizan» el Día de las Madres.

Las madres cristianas son el mayor bien que tiene el mundo. La mayor influencia humana, y la contribución más sana y sustancial a la sociedad humana provienen de nuestras madres. Joaquin Miller lo ha expresado:

La batalla más brava que se haya luchado
   jamás, ¿te digo dónde y cuándo?
En los mapas del mundo no la encontrarás,
La pelearon las madres de los hombres.

Se ha escrito mucho sobre cómo Dios usa a las madres fisiológicamente. El maravilloso misterio de la propagación humana nos hace reverenciar la maternidad. El propósito de

Dios era usar a la mujer para poblar su perfecta creación con seres que vivieran en completa armonía con él, pero la primera madre del mundo torció el santo plan de Dios. Así, bajo la ruina de la maldición del pecado, la maternidad se convirtió en una calamidad. Si embargo, Dios, por gracia, vino al rescate de la maternidad condenada. En el Calvario el Hijo de una madre llevó sobre sí la maldición que se pronunció a la mujer e hizo posible así recuperar la intención original de Dios de una maternidad santificada.

El propósito de Dios con la maternidad

Dios usa a las madres para el desarrollo de la vida del alma de sus hijos. Qué generación tan diferente de hijos tendríamos si tan solo todas las madres, cuando acarician a sus bebés pudieran entender que han traído al mundo «no animales sublimizados, ni meros organismos físicos que viven y respiran durante un tiempo y luego se mueren, sino mediante el poder de Dios... inmortalidad». Cualquier niño «que descanse sobre el pecho de una madre es un ente eterno, algo que nunca dejará de existir sino que vivirá para bien o para mal por siempre y siempre».

La influencia de las madres no tiene comparación ni competencia. La iglesia, las naciones, la sociedad, dependen de nuestras madres para su estabilidad. Dentro del hogar la madre es la reina. Por ende, cuando la vida hogareña decae, cada fase de la vida carece de salud. D'Aubigne, el historiador, argumenta que la Reforma nació en los primeros días de la niñez de Martín Lutero. Detrás del monje que sacudió al mundo estuvo la influencia de una madre.

La fe de nuestras madres, la fe cristiana,
En verdad más allá de nuestros credos
    tambaleantes,
Todavía sirven al hogar y salvan la iglesia,
Y su espíritu respira mediante nuestras
    obras:
La fe de nuestras madres, la fe cristiana,

Te seremos fieles hasta la muerte.

Sí, hacemos bien en honrar a las madres que son las constructoras fundamentales del reino, jefas moldeadoras de almas, edificadoras principales del carácter y las agentes reclutadoras preeminentes para los dominios eternos.

Cuando se acerque el Día de las Madres es adecuado expresar nuestra gratitud y estima honorable a las que nos trajeron al mundo y a cuyo amor sacrificado debemos nuestro lugar en este mundo. Fue ella quien nos aplaudió en nuestros éxitos y nos consoló en nuestras derrotas. La madre es un nombre sagrado y los hijos que no le dan tributo de amor y reverencia a su madre no son dignos del amor de esta.

Tal vez uno de los sentimientos más dulces con respecto a la maternidad es la oración de Henry W. Longfellow:

«Aunque Cristo murió por nosotros sobre una cruz, en la última hora de su indecible agonía de muerte, él pensó en su madre como para enseñarnos que este santo amor debía ser nuestro último pensamiento de este mundo».

Dios ofrece consolarnos como una madre divina y eterna. Con ternura nos acerca y nos lleva a su regazo.

La madre vigilante espera en la noche
Aunque el sueño ha cerrado los ojos de su
    infante;
Porque si se despertara y viera que ella no
    está,
Ella sabe que no podría soportar su gemido;
Pero yo soy más débil que un niño,
Y tú querida eres más que madre,
Sin ti, los cielos no serían más que un
    páramo,
Sin ti, la tierra, un lúgubre desierto.

LA COSA VIVA MÁS SANTA

El Día de las Madres se celebra nacionalmente durante el mes de mayo. La influencia e inspiración de la maternidad es mundial. Para nosotros hijos e hijas, vale la pena considerar por un instante o dos en lo que esto significa. He aquí entonces una fresca apreciación del valor de una madre.

Aunque muchas madres agradecen la conmemoración de su amor y sacrificio que trae consigo el Día de las Madres, sin lugar a dudas a ellas les gustaría que se les mostrara un poquito más de preocupación en otros días del año. Un ramo de flores es realmente halagador cuando se envía a una madre, cuando la nación busca recordar a sus madres, pero pudiera ser que el resto del año presencie un olvido cruel del cuidado que las madres debían recibir.

Podrían compilarse volúmenes de todas las cosas hermosas que se han dicho y escrito acerca de las madres. Una madre cariñosa es la imagen más tierna de Dios en la humanidad. Como lo expresara Coleridge:

Una madre es todavía una madre
La cosa viva más santa.

Washington Irving escribió: «El amor de una madre nunca se agota. Nunca cambia, nunca cansa, lo soporta todo, en las buenas y en las malas, ante la condena del mundo, el amor de una madre todavía perdura».

De la virtud de una buena madre dice Lowell:

Ella es una bendición, Dios la hizo así
Y de ella se desprenden cada semana
obras de santidad tan silentes como la
   nieve.

Entre una multitud de amigos un hombre solo tiene una madre, quien en la mayoría de los casos nunca se puede reemplazar.

Maurice Maeterlinck nos hace saber que «todas las mujeres son ricas cuando aman a los suyos. No hay madres pobres, ni feas, ni viejas. Su amor es siempre el más hermoso de todos los gozos. Y cuando parecen más tristes solo hace falta un beso que ellas den o reciban para convertir todas sus lágrimas en estrellas en la profundidad de sus ojos».

N.P. Willis nos recuerda que «una lámpara, el amor de su madre, entre las estrellas debe levantar su llama pura, inmutable y delante del trono de Dios arder por la eternidad».

Y se evidencia que las madres moldean los caracteres en el testimonio de aquellos que atribuyen su grandeza a la paciencia de una madre, su instrucción y su amor.

Emerson en una ocasión observó: «los hombres son lo que sus madres hacen de ellos». Phillips Brooks, el reconocido predicador confesó: «la parte más feliz de la vida que he vivido tan feliz ha sido mi madre y, con la ayuda de Dios, ella lo será más que nunca». John Quincy Adams añade su tributo de alabanza en la frase: «todo lo que soy mi madre me hizo serlo».

Charles Lamb creyó que el día del juicio el ángel del rollo perdonará mucho a aquel que pueda decir: «nunca conocí a mi madre». Bendito es el hombre cuya madre es su primera heroína.

Qué heroísmo tan poco reconocido hay tras las historias de madre como Jocabed, la madre de Moisés; Ana, la madre de Samuel; la madre sunamita; Eunice, la madre de Timoteo; María, la madre de nuestro Señor; Susana, la madre de Juan y Carlos Wesley. La gran obra de D.L. Moody surgió por las oraciones de una mujer. Casi cada logro notable ha llegado por las oraciones fervientes de una mujer.

Una vez en África del Norte hubo una madre de nombre Mónica que había orado durante años por su hijo descarriado. Antes de que su hijo se fuera a Italia, ella oró durante la noche para que no se fuera, pero con la luz de la mañana, la nave zarpó. Más adelante el hijo escribió: «Aquella noche yo me marché y ella se quedó atrás llorando y orando. ¿Y qué era lo que ella te pedía Señor, con tantas lágrimas sino que no me permitieras partir? Pero tú, en la profundidad de tu consejo, conociendo tu deseo, no le concediste lo que entonces te pedía para poder lograr algo mayor por lo que ella siempre te imploraba». Sin embargo, aunque demoró, las oraciones de la madre fueron respondidas y su hijo se convirtió en San Agustín.

Además, ¿qué revelación de Dios más completa o encantadora podríamos encontrar que la descripción en la que Dios se compara como una madre devota? «Como madre que consuela a su hijo, así yo los consolaré a ustedes» (Isaías 66:13). Una madre es un ángel que ministra en tiempos de dolor y pena. Tiene el arte de consolar mejor que un hombre. Y el corazón maternal de Dios es el que planta este amor de madre, inefablemente hermoso y tierno, en su pecho. El amor terrenal de la madre, no obstante, no es más que un pálido reflejo del sentimiento dentro del corazón de Dios ya que con una ternura que no falla, él consuela el espíritu cansado y herido de su hijo.

¡Qué puede sobrepasar al amor de una noble mujer, especialmente al amor de una esposa devota o al amor sacrificado de una madre! ¡Qué poder tiene una madre para vivir en otros, poder que es su «gentil prerrogativa y atributo más feliz» y a la vez su más aguda agonía! Es la mujer quien sufre más, y quien puede ocultar sus sentimientos con mayor efectividad que un hombre. Es ella la que lucha contra mucho dolor, dolor sangriento y hasta el pecado y quien en la hora en que se aproxima la muerte lucha para detener al inevitable demonio que se arrastra sobre su amado tesoro. ¡Y cuán típico de Dios es esto! ¡Cuán en silencio sufre él! ¡Cuánto lucha de miles maneras para evitar el eterno destino que enfrentan las almas y ganarlas para sí! La mujer pudiera olvidar a su hijo, pero la promesa de Dios es que él nunca se olvidará de los suyos (Isaías 49:15, 16).

Dios se ofrece a sí mismo como una madre divina, eterna. Con ternura nos atrae hacia él y nos pone en su regazo y con su sola proximidad nos consuela y conforta. «No te dejaré desamparado, vendré a ti».

La verdad, entonces, con respecto al amor maternal de Dios es que él se esfuerza por calmar, aliviar, limpiar y emancipar. ¡Y qué tontos somos al alejarnos de Dios quien hizo a todas las madres y quien espera hacer más por nosotros que lo que la madre mejor y más santa sea capaz de hacer!

LA MATERNIDAD DE DIOS

Como madre que consuela a su hijo, así yo los consolaré a ustedes (Isaías 66:13).

En estas sencillas palabras encontramos uno de los cuadros más dulces y más tiernos del carácter de Dios. ¡Y esa revelación no está en el Nuevo Testamento sino en el Antiguo! En el Nuevo Testamento Jesús nos enseña a pensar en Dios como nuestro Padre. Pero aquí, en el Antiguo Testamento, Dios se compara con una madre que consuela.

Los judíos tienen un dulce refrán al respecto: «Dios no puede estar en todas partes, así que hizo a las madres». Y esto es tan real porque una madre amorosa es la imagen más tierna de Dios en la humanidad.

Una madre es todavía una madre
La cosa viva más santa.

El amor terrenal de la madre, no obstante, no es más que un pálido reflejo del sentimiento dentro del corazón de Dios ya que con una ternura que no falla él consuela el espíritu cansado y herido de su hijo.

Dios combina en sí mismo todas las virtudes de un carácter perfecto. Los mejores por lo general carecen de una o más. Dios las tiene todas. Las virtudes masculinas y los encantos femeninos se encuentran en él. Tolo lo mejor, lo más santo, lo más dulce y lo más gentil de un hombre noble o de una mujer decente, se haya en el Señor quien es la fuente de todo. Él los creó varón y hembra, y el rasgo característico de ambos está en su amoroso corazón. Él une en su adorable persona el amor fuerte y protector del hombre y el amor paciente, tierno, pensativo, consolador y sacrificado de una mujer. John Oxenham lo expresa de forma hermosa en *The Father-Mother-hood* [La pater-mater-nidad]:

Tú eres padre y madre
en tu entero ser.
Justicia y misericordia entrelazadas,
Juicio exacto combinado con amor,
Ninguno es completo separado del otro.
Y así sabemos que cuando
Nuestro servicio es débil y vano,
El padre-justicia condenará,
La madre-amor tu ira apagará
Y nuestra condena será aliviada.

Es la mujer quien sufre más, y quien puede ocultar sus sentimientos con mayor efectividad que un hombre. Es ella quien lucha contra mucho dolor, dolor sangriento y hasta el pecado y quien en la hora en que se aproxima la muerte lucha para detener el inevitable fin que se arrastra sobre su amado tesoro. ¡Y cuán típico de Dios es esto! ¡Cuán en silencio sufre él! ¡Cuánto lucha de miles maneras para evitar el eterno destino que enfrentan las almas y ganarlas para sí! En verdad, el suyo es un amor que no nos dejará ir. Más adelante en esta misma profecía, Isaías vuelve a hablar de la manera en que el amor de Dios trasciende todo amor humano: «¿Puede una madre olvidar a su niño de pecho... Aunque ella lo olvidara, ¡yo no te olvidaré!» (Isaías 49:15). Sin dudas era este tierno versículo lo que tuvo en mente Robert Burns cuando terminó su lamento por James, el conde de Glencairn:

El novio pudiera olvidar a su novia
   Que hizo de su vida matrimonial ayer;
El monarca pudiera olvidar su corona
   Que ha estado en su cabeza una hora;
La madre pudiera olvidar al niño
   Que sonríe con tanto dulzura en su
      rodilla,
¡Pero yo me acordaré de ti, Glencairn,
Y de lo que tú has hecho por mí!

La presencia de una madre

La madre es la reina del hogar. La casa está apagada y fría cuando ella está ausente. Por ello su presencia significa consuelo, gozo, ayuda y amor. Es aún peor tener un corazón y un hogar sin Dios y no obstante este «Dios de toda consolación» (2 Corintios 1:3, 4) no está tan lejos de ninguno de nosotros. Siempre está cercano para aliviar y comprender, él levanta al hijo atribulado en sus brazos eternos y en silencio dobla a su alrededor una profunda sensación de su presencia y así el corazón se consuela.

Por supuesto, este aspecto del carácter de Dios nos hace recordar que la misma gracia que buscamos en él depende de lo que pensemos de él y de su cuidado. Muchos lo tratan a modo de conveniencia. Él es una torre a la que corren en busca de seguridad cuando aparecen las tormentas de la vida. Sin embargo, la tragedia es que tan pronto como pasan las tormentas, muchos se van de la torre y se olvidan de Dios hasta que las tormentas rompen otra vez.

¡Qué diferente es volvernos a Dios como nuestra madre! Y observe, el profeta no está pensando en un niño pequeño sino en un hombre adulto abatido y quebrantado que corre al consuelo de la presencia de su madre. «Como madre que consuela a su hijo, así yo los consolaré a ustedes». Más de un hombre cansado y destrozado por un mundo despiadado, con cosas en su contra, fortunas arruinadas o con seres queridos que ya no están, o con la fe a punto de flaquear, o enredado en la red del pecado, se ha retirado en esas horas oscuras y solitarias a la madre que le dio el ser. Más de un hombre ha vuelto a casa como un animal herido y se ha hecho sobre el amor de la madre que calentaba su corazón en los días de su niñez.

Y aquí está Dios, la fuente de nuestro ser, el antiguo hogar al que todos pertenecemos, que se ofrece a sí mismo como la madre divina, eterna.

La madre vigilante espera de cerca

Aunque el sueño ha cerrado los ojos de su
infante;
Porque si se despertara y viera que ella no
está,
Ella sabe que no podría soportar su gemido;
Pero yo soy más débil que un niño,
Y tú querida eres más que madre,
Sin ti, los cielos no serían más que un
páramo,
Sin ti, la tierra, un lúgubre desierto

El consejo de una madre

La primera maestra de un niño es su madre. De sus labios recibe sus primeras y más sagradas lecciones sobre Dios, la vida y el deber. Cuando se desanima, las palabras de la madre consuelan e inspiran. Cuando desobedece, su amonestación le trae penitencia. Cuando tiene dudas, su consejo lo lleva a una firme decisión. ¡Piense en los jóvenes que, en medio de las fuertes tentaciones de la vida en la ciudad, han sido animados a mantenerse firmes por el recuerdo y las oraciones y palabras que aprendieron en las rodillas de su madre!

Sí, ¿y no es acaso verdad que para el corazón de una madre su hijo nunca parece crecer? Para ella, él siempre será el niño que acurrucó a su lado. Él podrá salir al mundo y conocer honor o desgracia pero en su imaginación él siempre será el cuerpo pequeñito que se agarraba de su rodilla y corría a ella en busca de consuelo y cuyos dolores y penas ella aliviaba.

El hombre maduro, destrozado en las batallas de la vida o por su propio pecado, podrá regresar a su madre, pero no es al adulto al que ella ve, ¡ella solo ve a su niño! Así pasa con Dios. Para él, nosotros nunca seremos otra cosa que niños, débiles, tontos, inexpertos y errabundos. Dios consuela como una madre con sus suaves palabras. Él pronuncia «palabras de consuelo». Él ejerce la compasión de una madre con nuestro pecado y nuestra insensatez, permite todas nuestras circunstancias y luego, con su propio

corazón, aboga por nosotros. Qué escena tan patética cuando Jesús, al contemplar los que se marchaban, indispuestos a pagar el precio del discipulado, les dijo a los suyos: «¿Ustedes también se irán?» Cuán conmovedora fue la respuesta: «¿A quién iremos? Tú tienes palabras de vida eterna».

El silencio de una madre

Cuando tiene problemas, la madre recibe a su hijo sin hacer muchas preguntas. La intuición de madre le dice lo que anda mal. Es suficiente para ella saber que su hijo está afligido. Ella podrá adivinar mucho y temer más pero el consuelo es su primera consideración. Las explicaciones pueden esperar.

¡Cuán típico de la maternidad de Dios! Dios no indaga en la herida cuando hay poder para sanar. ¡Cuán hermosamente tierno es el consuelo maternal de Dios! Él no hace preguntas, no pronuncia reproche, no exige explicación. No tiene el escrutinio de un detective sino la simpatía de un padre devoto.

Una etapa de este consuelo silente es lo que el Dr. Carroll denomina «la no articulación» de la madre. Cuando el hijo corre a su madre en busca de consuelo, ¿con qué o cómo consuela la madre su angustiado ser? No con muchas palabras que por lo general aumentan el dolor del hijo. La madre es más sabia y tomando al hijo se inclina sobre él y lo asfixia con besos de amor. Y en el silencio su punzante dolor se sana. La compasión silente es un bálsamo tranquilizador. No fue nada que la madre dijera sino sencillamente su toque consolador y su presencia lo que trajo alivio.

Así sucede con Dios quien con un consuelo extraño, inarticulado calma el pecho apesadumbrado. No hace preguntas ni golpea las heridas. Le llevamos a él nuestras dudas atormentadoras, nuestras pérdidas mundanas, las puñaladas de corazón, profundas heridas de desengaño, ruinas del pecado dentro del alma y nos consuela con su presencia perdonadora. Puede que aquello por lo que lloramos permanezca, sin embargo, al llevarlo todo al corazón maternal de Dios, somos consolados. Nos arrodillamos delante de él pero no podemos ver su forma radiante; le hablamos pero no recibimos respuesta articulada. No obstante salimos de su presencia calmados y consolados como un niño acurrucado dentro del pecho en el silencio del amor.

La compasión de una madre

Un hijo sabio vierte sin reservas todas sus alegrías, tristezas y cargas en ese sagrado confesionario que es el oído de su madre, y la necesidad de un confidente no es solo característica de la niñez sino que es parte de todos nosotros. Es por eso que aquellos hombres descorazonados regresaron de la tumba y «fueron y se lo dijeron a Jesús».

Pero regresar a ser niño. Imagíneselo mientras regresa a toda prisa de la escuela y coloca sus libros en las manos de su madre, encontrando la principal recompensa por su diligencia en la sonrisa de aprobación de mamá. Además, es debido a su don de simpatía que él regresa a ella cuando se encuentra en dolor y tristeza.

Dios nos ofrece a nosotros la misma ternura y simpatía maternal. Él sana, alegra, muestra simpatía, ama y cuida como ninguna madre podría hacerlo. ¿Acaso no se puso a sí mismo el atractivo nombre de Consolador? Sin embargo, ¿no es extraño pensar que los hombres buscan consuelo en casi cualquier otra parte menos en el amor de Dios? ¿Acaso no detectamos el sollozo del amor no deseado en el lamento sobre Jerusalén, donde el compasivo Jesús emplea la figura de la gallina? «¡Jerusalén, Jerusalén...! ¡Cuántas veces quise reunir a tus hijos, como reúne la gallina a sus pollitos debajo de sus alas, pero no quisiste!»

Los hombres tratan de escapar de las tristezas ahogándolas en la bebida, buscando un cambio de circunstancias o el entorno, trabajando más duramente, en la profesión, en las distracciones del pecado y el placer, y mientras tanto Dios se mantiene dispuesto a recibir a todos los que sufren. Esta verdad concerniente a su maternidad significa que él se esfuerza por tranquilizar, aliviar, limpiar, emancipar. ¡Qué tontos somos en zafar nuestras amarras del Dios que hizo a todas las madres y que espera para hacer más por nosotros que lo que es capaz de hacer la mejor y más santa de las madres!

La disciplina de una madre

Cuando llegamos a ser adultos y tal vez ya tengamos nuestros propios hijos, cuán a menudo hemos hecho recordar lo que nos decía mamá: «Mamá *tiene* que castigarte». Ciertamente esa es la prueba más dolorosa del amor de madre. Por encima de cualquier otra cosa, ella quiere que sus hijos sean buenos hombres y mujeres cuando crezcan; y, aunque cause dolor en el corazón, no dejará de corregir la voluntariedad y desobediencia de aquellos a quienes tanto ama. Cuando Moisés trató de interpretar a los hijos de Israel el significado de sus pruebas y su vagar por el «vasto y horrible desierto», esto fue lo que dijo: «Reconoce en tu corazón que, así como un padre disciplina a su hijo, también el SEÑOR tu Dios te disciplina a ti» (Deuteronomio 8:5).

Esta «disciplina» no es necesariamente castigo; por lo menos es, como aprendemos a decir hoy día, «disciplina correctiva». «Hijo mío», dice el escritor de los Hebreos en la versión Reina-Valera de 1960, «no menosprecies la disciplina del Señor, ni desmayes cuando eres reprendido por él; porque el Señor al que ama, disciplina, y azota a todo el que recibe por hijo. Si soportáis la disciplina, Dios os trata como a hijos; porque ¿qué hijo es aquel a quien el padre no disciplina?» (Hebreos 12:5-7).

Esto tiene sentido acerca de la vida, pues

el carácter, el don más escogido de la vida, no se gana de ninguna otra manera. «Y no sólo en esto, sino también en nuestros sufrimientos», dice el apóstol Pablo, «porque sabemos que el sufrimiento produce perseverancia; la perseverancia, entereza de carácter; la entereza de carácter, esperanza. Y esta esperanza no nos defrauda, porque Dios ha derramado su amor en nuestro corazón por el Espíritu Santo que nos ha dado» (Romanos 5:3-5). Eso es carácter cristiano.

En un capítulo turbulento de la accidentada historia de Inglaterra, Samuel Rutherford aprendió ese secreto y la Sra. Cousin lo captó en su inmortal himno, *The Sands of Time* [Las arenas del tiempo].

> Con misericordia y con juicio
> Mi red del tiempo él tejió,
> Y el rocío de la aflicción
> Brilló por su amor;
> Bendeciré la mano que guió,
> Bendeciré el corazón que planificó,
> Cuando ocupe el trono donde habita la
> gloria
> En la tierra de Emmanuel.

El dulce ministerio de la maternidad

Como el mes de mayo nos trae nuestro día nacional de las madres, es muy apropiado que rindamos tributo a nuestras queridas madres que nos amamantaron en su seno y nos pusieron a dormir en la seguridad de sus brazos.

Hay muchas personas que al recordar a las madres que las trajeron al mundo, celebran un Día de las Madres cada día. Nunca olvidan el amor incansable, las oraciones en voz alta y en silencio, la agonía que los seguía por sus pecados y los traía de vuelta y el poder de sacrificio semejante al de Cristo. Y al honrar a sus madres están dando honor cada vez que se debe.

La elocuencia de la maternidad santa se expresa de manera hermosa en las siguientes líneas anónimas:

> Su amor sobrevive a todo amor humano,
> Su fe soporta la prueba más dura de la
> conquista;
> Su gracia y paciencia demuestran en toda
> una vida
> Que ella es una amiga, la más noble y la
> mejor.

Hay dos maneras en las que podemos honrar a nuestras madres a quienes les debemos nuestros hogares y cuyo amor maternal nos permitió echar un vistazo al corazón de Dios. En primer lugar, podemos expresar nuestro amor y gratitud de alguna forma tangible. Aunque, por supuesto, nunca podremos pagarle a nuestra madre por su amor, sus lágrimas y su paciencia, con toda certeza podemos utilizar una ocasión como el Día de las Madres para alegrar su corazón. ¡Que Dios tenga misericordia de usted si tiene una madre olvidada en algún lugar del mundo!

En segundo lugar, podemos decidir ser los hombres y mujeres que nuestras madres quieren que seamos. ¿Es usted un hijo de mucha oración? ¿Acaso una madre ha suspirado por usted y luchado para llevarlo a los pies del Salvador crucificado y no obstante hasta ahora sus oraciones y súplicas han sido en vano? ¡Qué carga le quitaría a su amoroso corazón si tan solo usted se entregara al maestro que ella ama de manera entrañable!

Si su madre amada ha viajado más allá de las sombras de la tierra, esté confiado de que incluso en la tierra de gloria, su corazón puede alegrarse por las nuevas de su salvación que les llevarán mensajeros divinos.

> Ay, madre, cuando pienso en ti,
> ¡Estoy a un paso del Calvario!
> Tu gentil mano sobre mi frente
> Me lleva ahora a Jesús.

LEYENDA PARA EL DÍA DE LAS MADRES

Cuenta la leyenda que una vez, hace mucho tiempo, había una madre en una tierra lejana que tenía un hijo en quien ella, como hacen siempre las madres y harán, centraba todos sus sueños y ambiciones. Desde temprano ella decidió que este su hijo debía convertirse en una persona grande y espléndida, que debía tener éxito, que cuando fuera hombre sus amigos lo miraran y dijera: «Este fue un buen muchacho y ahora es un hombre. Cuánto ha crecido y prosperado, y cuánto crédito le da a su madre».

Pero, como sucede con algunos hijos y sucederá siempre, el muchacho no creció como su madre deseaba. Es verdad que era un hijo obediente, nunca deshonró ni avergonzó a su madre. Escuchaba tranquilo pero sin mucho entusiasmo los sueños que de ella brotaban con respecto a él y para su inspiración, y estaba de acuerdo en que daría lo mejor de sí para justificar su fe en él y sus esfuerzos para hacer de él el hombre grande y exitoso que ella deseaba. Escuchó muchas historias entusiastas de alguno que alcanzó éxito y grandeza debido a la voluntad de su madre y sus propios esfuerzos. Y sonreía tranquilamente y asentía.

Y así el muchacho creció y se hizo hombre. Pero muchas veces, mientras crecía, a su madre le asaltaban las dudas en cuanto hasta qué punto este hijo estaba afectado por las ambiciones que ella tenía para él. Es verdad que él no era un fracaso, ni que lo fuera a ser pero tampoco era un éxito resplandeciente. Sonreía con quietud y sin perturbarse, observaba a los hombres a su alrededor que aumentaban sus posesiones y crecían en estatura a los ojos de sus coterráneos. Sin desanimarse, el hijo veía en hombres inferiores que le pasaban por el lado, las versiones del éxito con la cual su madre soñaba.

Entonces, debido a que su madre tenía en algún lugar más sabiduría que muchas madres, comenzó poco a poco a darse cuenta de que su hijo podría haber escogido la mejor parte. Un poco confusa al principio, ella comenzó a entender que podría tener más valor su serenidad, su quietud, su manera de verse a sí mismo y ver, con calma y sin envidia, a sus semejantes, que el éxito tangible que ella con tanta ansiedad había deseado para él. Poco a poco ella entendió que de alguna fuente interna desconocida su hijo sacaba la profunda confianza de que las únicas realidades son aquellas que no se pueden ver, que la vida es un río y no un estanque.

Esta comprensión fue lenta y difícil de aceptar. Este hombre en quien su hijo se había convertido, un hombre tranquilo que miraba al mundo con tanta claridad, no era el hijo que ella había deseado. Pero debido a que ella tenía una sabiduría mayor que la de muchas madres, por fin comprendió y entendió la verdad de que su hijo estaba haciendo lo que todos los hombres debían hacer si van a ser hombres: cumplir con su propio destino según su propio estilo. Con esta comprensión vino por fin la confianza de que su éxito era más profundo y más elevado que cualquier cosa que jamás ella hubiera soñado para él.

Del Capítulo 2 de este volumen puede obtenerse más ayudas para sermones sobre madres bíblicas. Véase en madres con nombres a: Eva, Sara, Rebeca, Raquel, Lea, Jocabed, Rut, Ana, Betsabé, María, Elisabet, Salomé, Eunice, Loida. Véase también a las madres en la sección de las mujeres anónimas.

Nuestra laboriosa tarea, a la vez agradable, está terminada y al decir adiós a todas las mujeres que entramos en la antigua galería de Dios, lo hacemos con una sensación de gratitud hacia él por darnos a tantas que brillan como resplandecientes ilustraciones de todo lo que es tan noble en una mujer. Muchas de ellas «parecen como una reina en un libro». Mi propia vida se ha enriquecido a través de una relación más cercana con ellas. Qué lástima que haya algunas como Dalila la destructora y Jezabel la asesina a quienes no conoceremos en el cielo a menos que en su último momento haya levantado sus corazones en penitencia a él que dijo: «Todo el que invocare el nombre del Señor será salvo».

Pero qué embeleso conmoverá nuestra alma cuando en un paraíso más justo contemplemos:

El cuerpo glorificado de *Eva*, la primera mujer que dio una sonrisa al camino solitario del hombre.

Sara, «la madre del fiel», la joya central en el seno glorificado de Abraham.

Rebeca, coronada con belleza celestial.

Raquel, que ya no llorará por sus hijos, sino que se alegrará por su felicidad eterna.

Rut, con sus brazos llenos de gavillas doradas.

Débora, parada junto a la palmera celestial.

La hija de Jefté, rodeada de gloria por su sacrificio gustoso.

Ana, inclinada ante el trono eterno con su famoso hijo, Samuel.

Abigaíl, la de noble corazón con vestiduras reales.

La mujer de Sunem, regocijándose en la hospitalidad de su mansión celestial.

Ester, inclinada ante la vara dorada del Altísimo.

Elisabet y María, benditas entre todas las mujeres, involucradas en dulce y santa conversación y adorando a aquel con quien en la tierra estuvieron emparentadas.

de Betania, derramando el perfume del amor y la adoración.

La señora elegida, con sus hijos a su alrededor, maravillados al mirar constantemente a aquel que vino como «la verdad».

Santas mujeres de la Biblia y mujeres de todas las edades que amaron al Salvador y le ministraron con sus propios recursos, conformarán una parte grande del círculo siempre creciente de los redimidos y se unirán en una canción que los ángeles no pueden cantar:

A él que nos amó y nos lavó de nuestros pecados con su propia sangre y nos ha hecho reyes y sacerdotes para Dios y su Padre, a él sean la gloria y el imperio por siempre y siempre. Amén.

Bibliografía

Adams, W. Davenport, *The Lives of Noble Women* [Las vidas de mujeres nobles], Nelson and Sons, NY, 1882.

Barley, Albert E., *Daily Life in Bible Times* [La vida cotidiana en tiempos bíblicos], Charles Scribner's Sons, NY, 1943.

Barnes, Albert, *Barnes New Testament Notes* [Notas Barnes del Nuevo Testamento], Kregel Publications, Grand Rapids, MI, 1962.

Batten, J. Rowena, *Women Alive* [Mujeres vivas], Marshall, Morgan & Scott, Londres, 1965.

Besse, H.T., *God's Heroes and Heroines* [Los héroes y heroínas de Dios], Wesleyan Publishing Association, 1909.

Bowman, W. D., *What Is Your Name?* [¿Cuál es su nombre?], Faber and Faber, Londres, 1982.

Brown, Theron, *Nameless Women of the Bible* [Mujeres anónimas de la Biblia], American Tract Society, NY, 1921.

Bullinger, E., *The Companion Bible* [La Biblia compañera], Oxford University Press, NY.

Bunyan, John, *Gracia Abundante*, Editorial CLIE, Terrassa, España.

Burrell, David J., *Paul's Companions* [Los compañeros de Pablo], American Tract Society, NY, 1921.

Chadwick, John White, *Women of the Bible* [Mujeres de la Biblia].

Cook, Vallance C., *Queens of the Bible* [Las reinas de la Biblia], Charles H. Kelly, Londres, 1908.

Corswant, W., *A Dictionary of Bible Life and Times*, [Un diccionario de la vida y los tiempos bíblicos], Oxford University Press, NY, 1960.

Cruden, Alexander, *Cruden's Complete Concordance* [La concordancia completa Crudens], The Zondervan Corporation, Grand Rapids, MI, 1949.

Davidson, Donald, *It Happened to Them* [Les sucedió], Marshall, Morgan & Scott, Londres, 1965.

Deen, Edith, *All the Women of the Bible* [Todas las mujeres de la Biblia], Harper's, NY, 1955.

Ellicott, Charles, *Ellicott's Bible Commentary* [El comentario bíblico de Ellicott], The Zondervan Corporation, Grand Rapids, MI, 1954.

Fairbairn, Patrick, *Fairbairn's Bible Encyclopedia* [La enciclopedia Fairbairn de la Biblia], The Zondervan Corporation, Grand Rapids, MI, 1957.

Fausset, A.R., *Bible Dictionary* [Diccionario bíblico], The Zondervan Corporation, Grand Rapids, MI, 1966.

Green, J.R., *History of the English People* [La historia del pueblo inglés], Harper and Row, NY, 1884.

Hallet, Mary, *Their Names Remain* [Quedan sus nombres], Abingdon Press, NY, 1938.

Hasting, James (ed.), *The Dictionary of the Bible* [El diccionario de la Biblia], T. and T. Clark, Edinburgh, 1909.

Henry, Matthew, *Commentary in One Volume* [Comentario en un tomo], The Zondervan Corporation, Grand Rapids, MI, 1968.

Jamieson, Fausset and Brown, *Commentary on the Whole Bible* [Comentario de la Biblia entera], The Zondervan Corporation, Grand Rapids, MI, 1966.

Kuyper, Abraham, *Women of the Old Testament* [Mujeres del Antiguo Testamento], The Zondervan Corporation, Grand Rapids, MI, 1934.

..., *Women of the New Testament*, The Zondervan Corporation, Grand Rapids, MI, 1934.

Lockyer, Herbert, *All the Kings and Queens of the Bible* [Todos los reyes y reinas de la Biblia], The Zondervan Corporation, Grand Rapids, MI, 1991.

..., *The Man Who Changed the World* [El hombre que cambió el mundo], The Zondervan Corporation, Grand Rapids, MI, 1966.

Lundholm, Algot Theodore, *Women of the Bible* [Mujeres de la Biblia], Augusta Book Concern, Rock Island, IL, 1923.

Lutero, Martín, *Tischreden* [Charlas de sobremesa], Langewiesche-Brandt, München, 1917 [*Table Talk*, World Publishing Co.]

Macartney, Clarence E., *The Woman of Tekoah* [La mujer de Tecoa], Abingdon Press, NY.

Mackay, W. Mackintosh, *Bible Types of Modern Women* [Tipos bíblicos de la mujer moderna], George H. Doran Co., NY, 1920.

Matheson, George, *Representative Women of the Bible* [Mujeres representativas de la Biblia], Hodder & Stoughton, Londres, 1906.

Moody, D. L. and T. D. Talmage, *Bible Characters* [Personajes bíblicas], The Zondervan Corporation, Grand Rapids, MI.

Morgan, G. Campbell, *The Minor Prophets* [Los profetas menores], Revell, Westwood, NJ, 1960.

Morton, H.V., *Women of the Bible* [Las mujeres de la Biblia], Methuen and Co., Londres, 1940.

Orr, James (ed.), *The International Standard Bible Encyclopedia* [La enciclopedia estándar internacional de la Biblia], Eerdman's, Grand Rapids, MI, 1957.

Oxenden, Ashton, *Portraits of the Bible* [Retratos de la Biblia], Hatchards, Londres, 1870.

Pfeiffer y Harrison, *The Wycliffe Bible Commentary* [El comentario bíblico Wycliffe], Moody Press, Chicago, IL, 1962.

Price, Eugenia, *God Speaks to Women Today* [Dios habla a las mujeres hoy], The Zondervan Corporation, Grand Rapids, MI, 1964.

Robinson, Thomas, *Scripture Characters* [Personajes de las Escrituras], Longmans, Londres, 1824.

Scott, Walter, *Exposition of the Revelation of Jesus Christ* [Exposición de la revelación de Jesúcristo], Revell, Westwood, NJ.

Sell, Henry T., *Studies of Famous Bible Women* [Estudios sobre mujeres famosas de la Biblia], Revell, Westwood, New Jersey, 1925.

Smith, Elsdon E., *The Story of Our Names* [La historia de nuestros nombres], Harper, NY, 1950.

Stevenson, Herbert F., *A Galaxy of Saints* [Una galaxia de los santos], Marshall, Morgan & Scott, Londres, 1957.

Tatford, F. A., *The Climax of the Ages* [El clímax de las edades].

Tenney, Merrill C., *Zondervan's Pictorial Bible Dictionary* [El diccionario ilustrado Zondervan de la Biblia], The Zondervan Corporation, Grand Rapids, MI, 1963.

Van Deursen, A., *Illustrated Dictionary of Bible Manners and Customs* [El diccionario ilustrado de modales y costumbres bíblicos], Marshall, Morgan Scott, Londres, 1958.

Wharton, Morton Byran, *Famous Women of the Bible* [Mujeres famosas de la Biblia], W. Blessing Co., Chicago, 1889.

Whyte, Alexander, *Bible Characters* [Personajes bíblicos], The Zondervan Corporation, Grand Rapids, MI, 1952.

Wilkinson, W.F., *Personal Names of the Bible* [Nombres personales de la Biblia], Alexander Straham, NY, 1866.

Williams, Isaac, *Female Characters of Holy Scriptures* [Personajes femeninas de las Santas Escrituras], Rivingtons, Londres, 1859.

Young, Dinsdale T., *Neglected People of the Bible* [Personas obviadas de la Biblia], Hodder & Stoughton, Londres, 1901.

Young, *Young's Analytical Concordance* [Concordancia analítica de Young], Religious Tract Society, Londres.

Índice temático

Índice de las Escrituras